秋

# 2

# 춘추전국이야기

· 영웅의 탄생
· 중원을 장악한 남방의 군주

공원국 지음

위즈덤하우스

## 제1부 주요 등장인물

### 진 헌공晉獻公(?~기원전 651?)

진나라 무공武公의 아들로 진나라의 공자公子들을 모두 죽이고 처음으로 강絳에 도읍을 정했다. 이군二軍을 설치해 주변 소국들을 차례로 멸망시키고 영토를 확장했다. 우虞나라에게 길을 빌려 괵虢나라를 멸망시키고 돌아오는 길에 우나라도 멸망시켰다(가도멸괵假途滅虢). 태자 신생申生, 공자 중이重耳, 이오夷吾 등 세 아들을 두었는데, 여희驪姬를 총애하여 그의 아들 해제奚齊를 태자로 세우고자 신생을 죽였다. 이때 공자 중이와 이오는 외국으로 달아났다.

### 진 혜공晉惠公(?~기원전 637)

진 헌공의 셋째 아들로 본명은 이오. 진 헌공이 여희의 참언으로 태자 신생을 죽이자 양梁나라로 달아났다. 헌공 사후, 해제가 즉위하자 신하 이극里克이 해제와 탁자卓子를 죽이고 그를 맞았다. 진 목공에게 하서河西의 땅을 대가로 군사를 요청하여 진晉나라로 들어가 군주가 되었으나 약속을 지키지 않았다. 이후 진 목공과 한원韓原에서 싸우다 포로가 되었다.

### 진 문공晉文公(기원전 697?~기원전 628)

진 헌공의 둘째 아들로 본명은 중이. 여희의 흉계로 쫓겨난 뒤 호언狐偃·조최趙衰·선진先軫 등 충신들의 보좌를 받으면서 천하를 주유하며 때를 기다렸다. 결국 19년의 유랑 생활 끝에 진 목공의 원조를 받아 진나라의 군위에 오른 후 공명정대한 정치로 내정을 안정시키고 군사, 경제를 부흥시켰다. 성복城濮전투에서 남방 초나라의 대군을 격파하면서 춘추시대의 두 번째 패자로 등극했다.

### 선진先軫(?~기원전 627)

진 문공의 주유천하를 함께한 공신. 군사 전술 방면에서 탁월한 능력을 발휘해 성복전투에서 성득신成得臣이 이끈 초나라 대군을 궤멸시키는 데 결정적인 공을 세웠다. 그러나 진 문공 사후 양공襄公 원년에 진秦나라와의 효산전투에서 붙잡은 진秦의 명장 맹명·서걸술·백을병을 양공이 그냥 석방한 것에 분노해 군주에게 침을 뱉는 무례를 범했다. 하지만 양공이 처벌하지 않고 용서해주자 이후 적狄나라와의 전투에서 용감하게 싸우다 전사했다.

### 송 양공宋襄公(?~기원전 637?)

제 환공이 죽은 뒤 패자가 되려고 초나라와 다투었다. 초나라와 홍수에서 싸우다가 패해 부상을 입고, 이듬해에 죽었다. 홍수전투에서 재상 목이目夷가 초나라 군대가 강을 건너오는 동안 공격하자고 주장했지만, 이를 수용하지 않고 강 건너오기를 기다려 싸웠기 때문에 크게 패했다. 이때 '베풀지 않아도 되는 쓸데없는 인정을 베푼다'는 뜻의 '송양지인宋襄之仁'이란 고사성어가 나왔다.

### 백리해百里奚(?~?)

진秦나라의 현인 정치가. 빈한한 가문에서 태어난 데다 불운하여 오랫동안 능력을 인정받지 못하고 떠돌았다. 진 목공이 그가 현명하다는 이야기를 듣고 다섯 마리 양가죽을 주고 그들 등용하여 이로 인해 '오고대부五羖大夫'로도 불린다. 이때 그의 나이 일흔이었다. 건숙蹇叔, 유여由餘 등과 함께 진 목공을 보필해 진나라를 서융의 패자로 부흥시킴으로써 후세에 중원을 경략할 토대를 튼튼히 했다.

### 초 성왕楚成王(?~기원전 626?)

초 문왕의 아들로 형인 초나라 왕 도오堵敖를 죽이고 왕위에 올랐다. 안으로는 덕정을 베풀고 밖으로는 제후들과 우호관계를 맺으면서 남쪽으로 국토 1000리를 개척했다. 송나라와 싸우다가 송 양공을 활로 쏴 부상을 입히고는 홍수에서 승리를 거두었다. 하지만 이후 진나라와 벌인 성복전투에서는 패했다.

## 제2부 주요 등장인물

### 초 장왕楚莊王(재위, 기원전 614~기원전 591)

초 목왕楚穆王의 아들로 춘추오패의 한 사람이다. 즉위한 뒤 손숙오孫叔敖를 기용해 내정을 정비하고 수리水利를 일으켰다. 장왕 3년 용庸나라를 멸망시키고 송나라를 공격했으며, 초나라 거대 씨족 약오씨若敖氏의 반란을 진압하고, 필邲에서 진晉나라 군대를 제압해 패업을 이루었다.

### 초 공왕楚共王(기원전 660~기원전 560)

춘추시대의 세 번째 패자인 장왕의 아들로 열 살의 어린 나이에 왕위를 계승했다. 재위 기간 동안 부친의 패업을 유지하기 위해 고군분투했으나, 기원전 575년 언릉鄢陵의 전투에서 한쪽 눈을 잃는 큰 부상을 입고 결국 패배함으로써 패권의 흐름을 다시 진나라로 넘겨주게 되었다.

### 손숙오孫叔敖(기원전 630?~기원전 593?)

초 장왕을 보좌해 초나라가 안으로는 부국강병을 이룩하고 밖으로는 패업을 성취하는 데 크게 공헌했다. 장왕이 그의 공적을 가상하고 고맙게 여겨 부유하고 넓은 읍邑을 하사하고자 했으나 고사하고, 아무도 탐내지 않는 침읍寢邑을 주길 청했다. 이로 인해 그의 자손들은 대대로 어려움 없이 침읍을 영유할 수 있었다.

### 굴무屈巫(?~?)

영윤 영제嬰齊(자중), 공자 측側(자반)과 대립하다 진나라에 망명해 상당한 정치적 파란을 일으켰다. 진晉나라가 그에게 형邢읍을 주고 대부로 삼자, 대노한 초 공왕楚共王과 영윤 자중이 굴무의 일족을 모두 처형하고 재산을 몰수했다. 이에 원망을 품은 굴무는 초나라에 복수하기 위해 장강 하류 지역에서 무섭게 성장하던 신흥 국가 오나라에 전차와 진법 등을 전수해주면서 초나라를 견제하게 했다.

### 하희夏姬(?~?)

정나라 목공穆公의 딸로 경국지색傾國之色의 미인으로 알려져 있다. 진陳나라 대부 하어숙夏御叔에게 출가해 아들 하징서夏徵舒만을 둔 채 과부가 되었다. 이후 그녀는 연윤 양노襄老에게 출가했지만, 그가 전사하자 굴무의 도움으로 고향인 정나라로 도망쳤고, 진나라로 망명한 굴무와 결혼했다.

## 진 영공晉靈公(재위, 기원전 620~기원전 607)

진 문공의 손자로 양공襄公의 아들이다. 어린 나이로 즉위하여 장성하자 사치하고 난폭해져 마구 사람을 죽였다. 조돈趙盾이 간언하니 서예鉏麑를 시켜 살해하게 했는데, 서예가 차마 죽이지 못하고 자살했다. 얼마 뒤 조돈을 불러 술을 마시다가 군사를 매복시키고 개를 풀어놓은 뒤 그를 사지로 몰아넣으려고 했지만 뜻을 이루지 못했다. 조돈의 동생 조천趙穿에게 살해당했다.

## 조돈趙盾(?~?)

진 문공의 공신 조최趙衰의 아들. 진 양공晉襄公 사후 공자 옹雍을 옹립하려다 조야의 반대로 번복하고 그대로 어린 세자 이고夷皋를 영공으로 옹립한 후 정권을 장악했다. 그러나 영공의 타락과 무도를 막지 못했고, 이후 성공成公을 옹립해 진나라를 이끌었다. 제후국 간의 외교 책략에 능했고 빠른 상황 판단력과 현실적인 정치 감각, 통솔력 등을 갖춘 인물이었다.

## 진 경공晉景公(?~기원전 581)

초 장왕楚莊王이 정鄭나라와 송宋나라를 정벌하자 이 일로 초나라와 대립하다 필邲에서 대패했다. 나중에 노魯나라와 위衛나라의 군대를 모아 제齊나라를 정벌했는데, 제나라의 경공頃公에게 상처를 입히고 안鞌에서 제나라 군에게 승리를 거두었다.

## 진 여공晉厲公(?~ 기원전 573)

경공景公의 아들. 정나라가 진나라를 배신하고 초나라와 동맹을 맺자 군사를 이끌고 정나라를 정벌했다. 초나라 사람들이 와서 구원하자 언릉에서 초나라 군대를 대파했다. 이후 경대부들의 세력이 커지자 이를 견제하기 위해 극郤씨 일족을 모두 제거하고 그들의 재산을 몰수했다. 하지만 교만하고 부도덕한 행동으로 난서欒書와 순언에게 살해당했다.

# 차 례

# 제2부 중원을 장악한 남방의 군주

## 답사기　초 땅에서 두 강골을 만나다　　761

1. 형주성에서 관우를 생각하다 ｜ 2. 굴원의 사당에서 초나라 병사들을 애도하다

## 부록

# 제1부

영웅의 탄생

# 들어가며

《춘추전국이야기 1》에서는 관중이라는 걸출한 인물이 춘추시대의 얼개를 짜는 것을 보았다. 관중과 환공은 동방에서 일어난 동쪽 방식의 인물들이다. 이제 이야기의 무대는 약간 서쪽으로 이동한다.

둘째 권의 첫 주인공은 춘추시대 두 번째 패자 진晉나라 문공이다. 그리고 그 조연은 진秦나라 목공이 맡는다. 진 문공은 장년기 전부를 외국에서 떠돌이 생활로 보내고 늘그막에 귀국하여 당당히 패자에 오른 사람이고, 진 목공은 '미개' 국가였던 진을 일약 서방의 최강국으로 만든 '문화文化' 군주다. 그러나 우리 이야기의 두 번째 주인공은 엄연히 진 문공이다. 가만히 사료들을 들추어 보면 춘추시대의 온갖 재미있는 이야기는 이 사람에게서 시작된다. 왜 그럴까? 이제 성인들의 시대가 가고 이른바 영웅시대가 시작되었기 때문이다.

# 1. 성인과 영웅

이 책부터 드디어 영웅들이 등장한다. 그럼 그전의 사람들은 영웅이 아니란 말인가?

'영英'이란 무엇인가? 글자 그대로 꽃부리다. 꽃이란 식물의 정수로 가장 아름답고, 무궁한 발전의 잠재력을 가지고 있는 존재다. 그래서 '영'이라는 말은 지혜롭다는 뜻으로 확장되었다. '웅雄'이란 또 무엇인가? '웅'이라는 글자를 풀어보면 커다란 새를 뜻한다. 날아다니는 커다란 새는 분명 수컷이며 모든 짐승의 위를 날아다닌다. 그래서 독수리를 웅응雄鷹이라 하듯이, '웅'은 수컷의 용맹과 힘의 상징으로 의미가 확대되었다. 그래서 영웅은 지혜로우면서 동시에 수컷의 거친 힘을 가진 존재여야 한다.

라틴어의 '영웅vir'은 역시 수컷이라는 의미가 있다. 그리스어의 '영웅Hero'에는 신의 힘을 가진 자라는 뜻이 있다. 영웅이라는 말은 그래서 남성의 감성을 물씬 풍긴다.

그러니 누구를 영웅이라 하는가? 영웅은 반드시 수컷의 자질을 가지고 있어야 한다. 그 수컷의 자질 중에는 지략[英]과 용맹[雄]이 반드시 포함되어야 한다. 그래서 영웅은 힘을 뿜어내는 존재로 묘사된다. 그는 도덕적일 수도 있지만 가끔 도덕의 터울을 벗어난다. 마치 그리스 신화의 영웅 아킬레우스처럼.

그럼 성인이란 누구인가? 고대의 성인이란 어떤 사람인가? 우리의 이야기에 맞게 공자의 말을 들어보자.

공자께서 말씀하시되, 오태백吳太伯의 덕은 지극하다고 할 것이로다. 세 번이나 천하를 양보했어도 백성은 그를 칭찬할 줄도 모르는구나!

-《논어》〈태백〉

오태백은 성인이다. 동생에게 천하를 양보하는 형이다. 영웅이 어떻게 권력을 버릴 수 있는가? 독수리가 어떻게 먹이를 측은하게 여길 수 있는가? 권력은 바로 힘이다. 영웅은 힘을 가진 사람이다. 영웅은 권력을 버릴 수 없지만, 성인은 버릴 수 있다. 또 영웅이 어떻게 뭇 사람들의 칭송을 거부할 수 있는가? 영웅은 힘을 뿜어내고 뭇 사람들의 시선을 즐긴다. 그러나 성인은 자신의 업적을 자랑하지 않는다.

그렇다면 동양에서 성인의 원형으로 추앙받는 주 문왕은 어떤 사람인가?

조심조심하시기를〔戰戰兢兢〕 깊은 연못 앞에 선 것같이, 살얼음 밟듯이 하셨네.

-《시경》〈소아〉'소민小旻'

독수리가 먹이 앞에서 전전긍긍하는가? 먹이 앞에서 그렇게 두려워하는가? 그럴 수도 있다. 그러나 결국은 먹기 위해서다. 하지만 성인은 항상 백성 자체를 두려워한다.

---

• 오나라의 시조로 알려져 있다. 주나라의 선조인 고공단보가 동생 계력을 마음에 두자 태백은 형이지만 왕의 자리를 양보하고 남방으로 떠났다고 한다.

그러면 성인은 어떻게 일을 하는가? 성인은 자신이 일하지 않으며 오직 인사人事로만 이룬다. 공자의 말을 한마디만 더 빌려보자.

> 위대하구나. 순임금과 우임금은 천하를 가지고 있었으나 (남에게 맡기고) 관여하지 않았도다.　　　　　　　　　　－《논어》〈태백〉

성인의 개성은 독단하지 않는 것이다. 그래서 성인의 개성은 남성보다는 여성에 가깝다. 성인은 커다란 어머니다. 성인은 오직 부계사회가 고착화되지 않은 곳에서 나타날 수 있다. 그들은 모계사회의 잔영이 남아 있는 곳에서만 온전히 존재할 수 있다. 그러나 영웅은 다르다. 권력을 어떻게 남에게 맡길 수 있단 말인가? 영웅은 다만 사람을 모으고 적절히 쓸 뿐이다. 수컷들이 역사를 차지한 이후 '성인'들은 사라졌다. 그렇지 않다면 공자가 기린이 잡혔다고 한탄하지도 않았을 것이다.


## 2. 영웅이 성인을 대체하다 ━━━━━━━

그런데 갑자기 지금 영웅을 이야기하는 까닭은 무엇인가? 그럼 이전에는 영웅이 없었단 말인가? 관중과 환공은 영웅이 아닌가? 엄밀히 말해서 그들은 영웅은 아니다. 관중과 환공은 영웅과 성인의 중간에 있는 사람이다. 그들은 지금 말하려는 진 문공이나 진 목공과는 다르다.

공자의 말을 또 빌려보자. 공자를 성인으로 믿기 때문이 아니라, 공자가 개념의 핵심을 가장 잘 짚고 있기 때문이다.

> 공자께서 말씀하시되, 진 문공은 (속은) 굽은 이로 (사실은) 바르지 않고, 제 환공은 (속도) 바르다[晉文公譎而不正 齊桓公正而不譎].
> 제나라 환공이 아홉 번이나 제후를 모아 회맹하면서도 무기를 쓰지 않은 것은 관중의 힘이다. 누가 그만큼 착하겠는가, 누가 그만큼 착하겠는가[如其仁 如其仁]?                    -《논어》〈헌문〉

공자는 제 환공이 비록 힘을 쓰는 패자였지만 바른 이라고 평한다. 또 비록 흠결이 있지만 무력을 쓰지 않고 천하를 다스린 관중을 착한 이라고 단정한다. 영웅이 바른 이인가? 영웅이 착한 이인가? 영웅은 바르게 보이는 사람이며 착하게 보이는 사람이지만, 꼭 착하고 바른 이는 아니다. 영웅을 만들어내는 상황이 그를 바르게도 만들고 굽게도 만든다.《삼국지》의 영웅 조조를 보라. 동양에서는 영웅 하면 조조, 조조 하면 영웅이다. 그가 바로 '치세에는 능신能臣이요, 난세에는 간웅姦雄'이라는 평을 받은 사람이다. 시대가 그의 도덕적인 능력을 더 크게 만들 수도 있고, 또 시대가 그의 '부도덕한' 야망을 더 크게 만들 수도 있다.

이 책이 영웅을 이야기하는 만큼 가끔 마키아벨리라는 '영웅론자'를 불러들일 것이다. 그가《군주론》에서 말하는 요지는 이렇다. "덕을 지키라. 그러나 권력을 잃을 정도로 지키지는 말라."(15장) "잔인하라. 그러나 관대하다는 평판은 들으라."(19장) 이런 이야기가 바로 마키아벨리가 그의 영웅인 군주에게 보내는 조언이다.

그 요지는 단순하다. 군주에게 좋은 평판을 받는 것은 좋은 일이지만, 실제로 좋은 사람이 되는 것은 좋지 않을 수 있다는 말이다. 그는 또 군주는 사나운 젊은이 같아야 한다고 말한다. 그가 생각하는 이상적인 군주는 '여우의 마음을 가진 사자', 바로 지모와 용맹을 가진 자, 그야말로 영웅이다. 공자는 문공이 가지고 있는 성격의 이면을 그대로 파악했다. 문공 속에는 마키아벨리가 들어 있다. 물론 문공은 마키아벨리가 말하는 '군주'처럼 천박하지는 않다. 그는 이탈리아의 조그만 도시국가를 다스리는 '군주'가 아니라, 수많은 국가가 난립한 춘추의 질서를 잡은 '패자覇者'였기 때문이다.


## 3. 영웅시대의 두 얼굴 ━━━━━━━

《춘추전국이야기 1》에서 살펴본 제나라 환공과 관중의 이야기는 왠지 보통 사람이 모방하기 어려운 느낌이 있다. 단번에 인재를 알아본 후 끝까지 중용하고, 도덕과 원칙을 이익보다 앞에 두고, 우두머리들은 직접 대결을 피하고 내공으로 힘을 겨룬다.

그래서 환공과 관중의 일처리 방식은 오늘날 현실과는 좀 동떨어져 보이는 것도 사실이다. 맹자가 말했듯이 '무력을 쓰면서도 인仁을 쓰는 것처럼 가장하는 사람이 바로 패자覇者'다. 그러나 첫 번째 패업을 이룬 관중은 실제로도 바탕이 인仁한 사람이다.

그러나 문공은 다르다. 그는 그야말로 천신만고 끝에 패업을 이룬 사람으로 현실 정치의 쓴맛을 누구보다 잘 알고 있었던 사람이다. 문공이 몸을 일으킨 땅은, 동으로는 바다의 이익이 있고 남으로는 태산의 이득이 있으며 제수濟水가 넓은 산동평원을 적시는 비옥한 제나라와는 판이하게 다른 태행산의 한 골짜기였다.

아버지는 그에게 칼을 들이댔고, 동생은 군주가 되기 위해 외국에서 떠도는 그를 핍박했으며, 열국의 군주들은 물론 심지어 첩까지도 그를 무시했다. 그러나 그는 기어이 귀국하여 진나라의 군주가 되었고, 진-초 성복대전을 승리로 마무리하고 패자의 지위에 올랐다. 그는 11라운드까지 두들겨 맞다가 12라운드에 역전시키는 파이터 같은 사람이다. 그런 사람에게 무작정 착하지 않았다고 비난하는 것은 사실 적절하지 않다.

문공의 처절하면서도 굴곡진 인생은 관중 사후 춘추시대 중원의 확고부동한 패자로 부상하는 진晉나라의 운명과도 비슷하다. 진나라는 지정학적으로 서로는 태생이 무사인 진秦나라 사람들을 맞아야 하고, 북으로는 이름 자체에 '싸움을 잘하는 사람들'이라는 의미를 지닌 융戎과 적狄을 상대해야 했다. 그들은 시작부터 이들과의 난타전을 통해 성장했고, 때로는 비굴함도 감수할 만큼 정치적이었다.

이렇게 주변의 강인한 족속들과의 경쟁을 통해 성장한 진은 강골이었다. 그들에게 관중의 '인仁'한 정치는 어울리지 않았다. 그들은 껍데기를 버리고 서서히 군국주의적인 본색을 드러냈다. 관중은 적이 비도덕적일 때 쳤지만 이들은 적이 약해지면 쳤다.

딱히 다른 나라들보다 인구가 많지도 않았던 진이 강해진 것은 변화하는 정세를 재빨리 간파하고 다른 나라들보다 먼저 준비했기 때문이다. 진은 군제, 전제, 행정체제 면에서 가장 많은 변화를 꾀했다. 관중이 일관되게 외교관계를 통해 국제체제의 현상을 유지하려고 했다면, 진 문공과 그의 후계자들은 자국을 실질적으로 강하게 하는 현실적인 체제를 만들어내려고 했다. 그들은 자국을 강하게 하기 위해서 속임수도 마다하지 않았다. 전국시대에도 삼진三晉(진이 분열되어 만들어진 한韓, 위魏, 조趙)의 인사들은 흔히 권모술수에 능하다고 평가받았는데, 그 선배 격이 바로 문공의 총신들이다.

그래서 이 이야기에서는 진晉을 중심에 두고 진秦과 초楚를 보조역으로 두고 이야기를 끌고 나갈 것이다. 진의 흥기를 통해 산악국가와 평원국가의 차이, 물질적인 조건과 정신력의 상관관계, 중앙집권화, 초보적인 영토국가의 탄생, 제왕학의 탄생, 귀족제의 발전과정 들을 하나하나 살펴볼 것이다.

문공의 인생은 중국식 정치가의 인생이었다. 그리고 그는 수천 년간 넘어져도 다시 일어나는 강인한 인간의 표상 역할을 해왔다. 그래서 씨줄과 날줄처럼 얽힌 춘추의 이야기 속에서 그의 역할은 단연 돋보일 수밖에 없다.

그가 패자의 자리에 오른 데는 분명 이유가 있을 것이다. 흔히 이야기하는 인내 때문일까? 보통 사람도 어려움이야 견딜 수 있다. 그래서 인내만으로 그의 성공을 다 설명할 수는 없다. 인내는 필요충분조건이 될 수 없다. 그래서 필자는 그 성공의 원인을 반성에서 찾을 것이다. 여러 기록을 살펴보아도 그는 관중이나 환공같이 타고난 자질이 뛰어난 사람은 아니었다. 그러나 그는 자신의 잘못을 고칠 줄 알았다. 그를 '반성하는 지도자'라고 불러도 좋을 것이다. 중국식 영웅의 원형에는 이렇게 성인의 자질이 하나 들어 있으니 그것이 바로 '반성'이다.

이렇게 영웅시대가 들어서고 성인들의 시대는 갔다. 사회가 퇴보한 것일까? 그렇지 않다. 처음에 신神의 시대가 가고 성인들의 시대가 왔다. 또 성인들의 시대가 가고 영웅들의 시대가 왔다. 그러면 언젠가 보통 사람들의 시대도 오기 마련이다. 점점 더 풍부한 인간의 시대로 들어가는 것이다. 그만그만한 인간들끼리 사회를 만들고, 한계를 가진 수많은 색깔의 개인들이 만들어가는 사회가 지금 우리가 살고 있는 사회가 아닌가? 그러니 어쩌면 성인들의 시대는 원래 없었는지도 모른다. 기다리고 기다리다 오는 사람이 메시아가 아니면 어떻게 할 것인가? 그러나 영웅들의 시대는 분명히 있었다. 아직까지는 마키아벨리가 말하는 영웅보다 훨씬 우아한 영웅들의 시대 말이다.

# 제1장

## 태행산 유람

‧‧‧

이 책의 이야기들이 펼쳐질 무대를 잠시 살펴보자.

오늘날 진晉이라면 태행산의 큰 골짜기 둘을 차지하고 있는 산서성 전체를 가리킨다. 그러나 원래 진은 태행산의 서쪽 골짜기인 분하汾河 계곡의 남부를 차지하고 있던 작은 나라였다. 그런데 어떤 이유로 이 골짜기에 자리 잡은 진이 춘추시대의 중심으로 부상했으며, 세 개로 갈라진 각 조각(조趙·한韓·위魏)들도 모두 전국칠웅의 한 자리를 차지할 수 있었을까? 그렇다면 그들이 자리를 잡은 태행산은 어떤 곳일까?

태행산은 중국의 역사를 동서남북으로 나눈 산이라고 해도 과언이 아니다. 비록 황당한 가정이지만 만약 이 산이 남북이 아니라 동서로 뻗어 있었다면 역사는 어떻게 되었을까? 아마도 현대 중국의 국경선은 지금과는 판이하게 다를 것이다.

춘추전국시대는 태행산의 지형을 빼놓으면 맥 빠진 이야기가 되고 만다. 왜 진晉과 진秦은 그토록 격렬하게 싸웠을까? 왜 진晉은 세 나라로 분열되고 말았을까? 합종과 연횡, 원교근공의 기본 원칙은 지형과 무슨 관계가 있는가? 이 모든 이야기의 답의 반은 태행산에 있다. 클레오파트라의 코가 한 치만 낮았더라면 역사가 바뀌었을 것이라는 이야기도 있지만, 태행산 주맥이 몇백 미터만 높고 낮았더라면 분명히 역사는 크게 바뀌었을 것이다. 히말라야처럼 걸어서는 넘지 못할 산도 아니지만 수레나 말로는 쉽게 통하지 못할 산, 그 어중간함 속에서 역사는 수도 없는 가지를 쳤다. 산이 깊으면 물이 깊다고 했던가? 태행산은 유유한 역사를 설명하는 수많은 이야기들의 물줄기를 안에 숨기고 있다.

역사를 거슬러 올라가서 우리가 태행산 남쪽에 자리를 잡고 있는 진이라는 나라의 군권을 책임지는 사람이라고 가정해보자. 그러면 태행산을 더 쉽게 이해할 수 있을 것이다.

## 1. 남북으로 통하고, 동서로 막혀 있다 ━━━━━━

딱딱한 이야기를 누그러뜨리기 위해 우리에게 익숙한 당나라 시인 두 명을 불러 태행산을 노래하게 해보자. 먼저 풍경 묘사의 달인 이백이다.

> 황하를 건너자니 얼음이 막고
> 태행산을 오르자니 눈발이 하늘을 가리네
>
> 〔欲渡黃河氷塞川 將登太行雪暗天〕　　　　　　　　　－〈행로난〉

　지금 이백은 어디에 서 있는가? 바로 진진秦晉대협곡이라는 골짜기, 황하의 동안東岸에 있다. 이백이 오르려는 산은 어떤 산인가? 태행산의 가장 오른쪽 줄기인 여량산呂梁山이다.

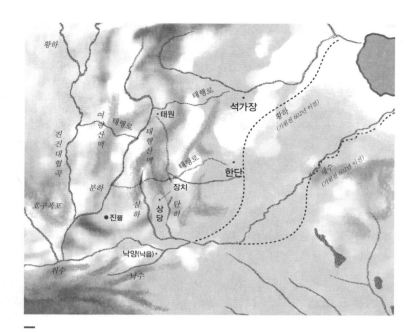

태행산 전도.

어떻게 알 수 있는가? 진진대협곡 아래에서 위수와 만나 동쪽으로 흐르는 황하는 좀처럼 얼지 않는다. 그러니 이백이 노래하는 황하는 크게 오르도스를 감싸며 돌아 내려오다가 진진대협곡에서 급격히 좁아지는 곳, 곧 호구虎口폭포 부근의 물이다. 그곳의 물은 겨울이 되면 얼어서 얼음들이 켜켜이 쌓이고, 그 얼음들은 황하의 양변을 완전히 막아버린다. 사람도 배도 건널 수 없다. 그 동쪽에 여량산이 있다. 실제로 그 산의 꼭대기는 겨울에는 항상 눈으로 덮여 있다.

이제 한 가지를 알 수 있다. 진진대협곡의 오른쪽에 있는 산은 실제

진진대협곡. 이 협곡의 서쪽은 대체로 진秦의 영향권에 있고 동쪽은 진晉의 영향권에 있었는데, 양국은 자연이 그어놓은 금을 존중하는 것이 서로에게 득이 되었다. 그러나 양국은 수시로 이 협곡을 넘나들며 싸웠다.

로 넘기가 힘들다. 협곡의 서쪽은 대체로 진秦의 영향권에 있고, 동쪽은 진晉의 영향권에 있다. 강도 산도 넘기 어렵다. 그러니 이 협곡에서 양국은 자연이 그어놓은 금을 존중하는 것이 서로에게 득이 되었다.

다음으로 이백 못지않은 시인 백거이를 불러보자.

태행산 길 수레바퀴 꺾여도

사람 마음에 비하자면 그래도 평탄하지

〔太行之路能摧 若比人心能坦途〕　　　　　　　　　　－〈태행로〉

지금 백거이가 서 있는 곳은 태행산의 두 골짜기인 분하汾河 계곡이나 심하沁河 계곡 중 하나다. 일반적으로 태행로라고 하면 두 가지 길이 있다. 지금의 산서성 태원太原에서 하북성 석가장石家庄까지 이어지는 북쪽 길과, 지금의 산서성 장치長治에서 하북성 한단邯鄲으로 넘어가는 남쪽 길이다. 이 길들은 수레바퀴를 꺾을 정도로 험하기는 하지만 어떻게든 수레를 끌고 넘어갈 정도는 된다. 끊어질 듯 이어진 두 길을 따라서 역사는 수도 없이 굴곡졌다. 고대에 더 중요했던 길은 남쪽 길이었다.

태행산에는 크게 두 골짜기가 있고, 산과 골이 남북으로 뻗어 있으며, 어떤 곳은 넘기 쉽고 어떤 곳은 그런대로 넘을 수 있다는 이유 때문에 크게 세 개의 역사적인 추세가 형성되었다.

먼저 진晉과 진秦의 피 튀기는 싸움은 분하-황하 합수구와 위수-황하 합수구 사이에서 일어날 수밖에 없었다. 진晉은 분하를 타고 내려오고, 진秦은 위수를 타고 내려와 황하에서 만났다. 진秦이 동쪽으로 나가는 길은 태행산에 똬리를 튼 진晉이 버티고 있었고, 관중을 장악한 진秦이 서쪽에 있는 한 진晉은 중원을 통일할 수 없었다. 그래서 춘추전국시대를 통틀어 가장 격렬한 싸움은 진과 진(전국시대의 진秦과 위, 한, 조) 사이에서 벌어졌다. 춘추시대 전기에는 강한 적狄을 막기 위해 모든 중원 국가가 황하를 최후의 방어선으로 두었다면, 춘추 말기와 전국시대의 중원국가들은 태행산맥 남쪽의 통로를 최후의 방어선으로 진秦의 동진을 막았다.

두 번째는 중원을 내려다보는 동쪽 골짜기 심하계곡을 둔 싸움의 필연성이다. 진晉은 서서히 심하계곡을 계발하고 전국시대가 되면 삼진의 하나인 한韓이 심하계곡을 차지했는데 이 지역을 흔히 상당上黨이라고 불렀다. 심하계곡 아래는 바로 중원의 중심인 낙양과 정주가 있다. 상당은 천혜의 주둔지였다. 두 개의 커다란 산맥을 좌우에 두고, 산 아래 평원의 물산을 모아서 때가 되면 중원으로 밀려가는 것이다. 지키기는 좋고 공격하기는 쉬우며, 땅은 기름지고 인구도 많았다. 그래서 당시에는 흔히 상당이 중원의 목줄을 쥐고 있다는 말이 돌았다. 기원전 260년 무렵 진秦의 시달림에 지친 한은 상당을 지킬 힘이 없게 되자 조나라를 끌어들였다. 그래서 춘추전국시대를 통틀어 가장 참혹하고 규모가 컸던 장평長平의 싸움이 벌어졌다. 조는 화북에서 태행산 주맥을 넘어 상당으로 이어진 길 하나를 믿고 진과 결전을 벌였다. 진秦이 삼진三晉 세력을 상당에서 몰아낸다면 전세는 반쯤 결판난 것이나 다름없었다. 그래서 6국 전체가 이 싸움에 직간접적으로 간여하는 기이한 양상이 전개되었다. 싸움의 결과는 나중에 살펴보겠지만 태행로가 끊기고 막히고는 한 국가의 운명뿐 아니라 중원 전체의 운명을 결정할 정도였다.

마지막으로 끊어질 듯 이어진 태행로는 정책 결정자들에게 항상 모험을 강요했다. 춘추 말기에 진의 큰 씨족들 간에 대립이 격화하자 일부는 새로운 길을 찾아 나섰다. 특히 조씨趙氏는 북쪽으로 가 태원을 개척했는데 태원은 당시 중원에서 너무 먼 곳이었다. 그러나 태원을 개척한 조나라가 전국시대의 강자로 떠오른 것은 태행로를 따라 태행산 주맥의 동단까지 진출할 수 있었기 때문이다.

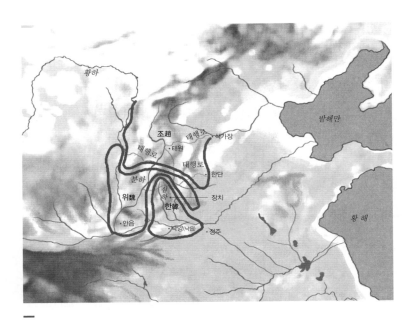

전국시대 삼진(조, 위, 한)의 배치도. 태행산은 남북으로 뻗어 각 골짜기가 동서로 배열되어 있지만 삼진은 기이하게도 남북으로 배열되어 있다. 바로 끊어질 듯 이어진 태행로 때문이다.

삼진의 국경선은 매우 기이하다. 지형을 따르자면 세 나라는 동에서 서로 배열되어야 정상이다. 그러나 실제로 세 나라의 국경선은 서로 얽혀 있으며 오히려 남북으로 배열되어 있다. 그 이유가 바로 태행로 때문이다. 전국시대가 되면 삼진의 각 나라는 태행산의 중요한 거점을 하나씩 붙잡고 각자 제 행로를 간다. 조나라는 태원을 개척하고 동쪽으로 산을 넘어 화북평원까지 진출했다. 한나라는 심하계곡의 상당을 붙잡고 황하를 건너 남하했다. 그리고 위나라는 진의 본거지인 분하하구에 중심을 두고 태행산의 중간지대를 차지했다.

태행산의 지형이 역사 전체를 결정하지는 않았지만 중대한 변수가 된 것은 사실이다. 태행산은 남북으로 뻗어 있고, 태행로는 끊어질 듯 동서로 이어진다.

## 2. 좁고 긴 골짜기: 집권 국가의 요람

진 문공(당시 공자 중이)이 망명생활을 하다 초나라까지 흘러들자 초나라 성왕成王은 그를 환대하고 이렇게 물었다.

> "공자께서 만약 진나라로 돌아가게 되시면 과인에게 무엇으로 보답하려 하시오?"
> 문공이 대답하길, "아름다운 여인·옥·비단은 이미 군주께서 갖추신 것이고, 깃털·상아·가죽은 모두 군주의 땅에서 나는 것들입니다. 이런 것들이 우리 진나라에까지 나돈다면 그야 군주의 나라에서 쓰고 남은 것들일 따름일진대, 제가 어떻게 보답하면 되겠습니까?" 하였다.
> －《좌전》 '희공 23년'

초나라의 미인, 옥, 비단, 상아 등의 풍부함은 이미 정평이 나 있었고, 화살을 만드는 좋은 깃, 갑옷과 전차를 만드는 물소 가죽도 널려 있었다. 이런 것들은 물산이 부족한 북쪽에서는 항상 부러워하는 것이었다. 동쪽 제나라는 풍부한 어염과 품질 좋은 비단으로 정평이 나 있었다. 이 기록을 보면 오늘날과 마찬가지로 고대에도 큰 강과 바다를 끼고 있는 지역이 골짜기 분지보다 부유했고, 평원이 산지보다 물산이 풍부했음을 알 수 있다.

그럼에도 춘추시기의 절대권력은 골짜기에 집중되었다. 춘추시기 초강대국인 진晉은 분하 골짜기에 위치하고 있었고, 전국시기 초강대국인 진秦은 관중의 분지에 자리를 잡았다. 초나 제는 이들보다 훨씬 부유했고 항상 강국의 반열에 들었지만, 이들 국가들만큼 응집력이 없었다. 이런 역설적인 상황을 어떻게 설명해야 할까?

《맹자》에 "제나라가 인의의 정치를 하면 제나라로 인민들이 몰려들 것인데, 왕도를 이루는 것은 손바닥을 뒤집는 듯 쉬운 일입니다"라는 말이 나온다. 여기서 몰려드는 사람들은 태행산을 넘어오는 사람도 아니요, 회수나 황하를 건너오는 사람도 아니다. 그저 제나라 주변의 인민'들을 말하는 것이다. 평원에서는 인민들이 흩어질 수도 있고 모일 수도 있다. 정치적인 상황에 따라 인민들이 흩어지고 모인다. 그래서 이들을 강압적으로 통제하기는 어렵다. 그러나 골짜기는 완전히 다르다. 진과 진은 공히 융과 적이라고 부르는 세력에 둘러싸여 있었다. 골짜기를 벗어난 사람들은 산으로 숨어들어 융적에 동화되거나, 물길을

---

• 원래 백성百姓이란 성이 있는 사람들로, 국인들을 가리킨다. 그러나 사서에서 종종 국도 밖의 사람들을 지칭할 때도 쓰인다. 국도 밖에 살면서 세금을 내는 사람들은 야인, 곧 농민이다. 그러나 국도 밖에 있는 사람들 중에는 어느 국가에도 속하지 않는 사람들도 있었다. 춘추시대에는 아직 개척하지 못한 땅들이 있었다. 야인들과 국가에 속하지 않는 '자연인'들을 포괄하는 범주로 인민이라는 용어를 썼다. 앞으로 대부분의 경우 백성이라는 말로 귀족 이외의 사람들을 지칭하고, 경우에 따라서 더 포괄적인 범주로 인민이라는 말을 사용한다.

타고 내려와 동쪽 평원으로 이동해야 했다. 그래서 진晉은 진秦과의 격렬한 투쟁 와중에 주병州兵(지방의 거점에 상비군을 두는 제도)을 만들 수 있었다. 지방의 거점에 상비군을 두면 백성들이 함부로 움직이지 못한다. 골짜기에 있는 국가들은 나쁘게 말하면 백성들에 대한 강도 높은 착취가 가능했고, 좋게 말하면 토지를 집약적으로 이용할 수 있었다. 전국시대의 변법變法은 사실 백성들의 힘을 최대한 뽑아내는 방법과 다르지 않다. 변법이 삼진에서 시작되어 진秦에서 완성되는 것은 결코 우연이 아니다. 변법 하면 떠오르는 상앙商鞅은 위나라에서 태어나 진秦나라에서 공업을 이루었다.

비유가 아름답지는 않지만 진과 진의 백성들은 울타리에 갇힌 신세였다. 그 대신 군주들은 백성들의 힘을 최대한 이용하여 중원을 공략할 수 있었다. 힘이 없으면 둥지에 웅크리고 힘이 있으면 밖으로 뛰쳐나오는 것이 이들 골짜기 국가들의 기본적인 속성이었다. 《춘추전국이야기 1》에서 필자는 진秦을 동쪽을 바라보는 커다란 뱀으로, 진晉을 태행산에 웅크리고 앉아 남쪽을 바라보는 호랑이로 묘사했다. 이들 군주들은 이념적으로 스스로의 무력 행동을 정당화했지만 그 밑바탕에는 뱀과 호랑이의 탐욕이 자리 잡고 있었다.

고대 중국의 중앙집권화의 싹은 모두 관중분지와 태행산 남부 분지에서 만들어졌다고 해도 과언이 아니다. 진晉은 2군, 3군으로 나아가다가 병단을 계속 늘려 무려 6군까지 나아갔으니 나라 전체가 거대한 병단이라고 보아도 무방하다. 관중의 진秦은 이에서 더 나아가 전국민을 군인으로 만들고, 왕 아래 귀족들의 권한을 몰수했다. 진晉에 의해 시작된 중앙집권제가 진秦에 의해 마무리된 것이다. 제나 초는 전국시대가 되어도 그런 집권적인 국가로 이행하지 못했다. 권력은 끊임없이 분산되었고 왕권은 귀족들의 견제를 받았다. 유가와 도가의 이상철학이 제와 초에서 꽃핀 것 역시 우연이 아닐 것이다.

중국사에서 골짜기의 역할을 거시적으로 살펴보자. 전설상의 요임금은 분하계곡의 남부, 곧 오늘날의 임분臨汾에서 정치를 시작했다고 한다.˙ 제1부의 주 무대인 진은 조금 아래 곡옥曲沃에 자리를 잡았다. 관중평원에서는 주나라가 섰고, 진秦나라가 이를 이었다. 한漢 역시 관중분지에 자리를 잡았다. 동한東漢은 관중을 버리고 낙양으로 돌아섰고, 급기야 조조는 골짜기를 버리고 평원시대를 열었다. 그러나 사마씨의 진晉(삼국시대를 통일한 진)이 동쪽으로 쫓겨나고 북방을 통일한 전진前秦은 역시 분하분지와 관중분지에 기반을 두고 일어섰다. 그 뒤를 이은 북위北魏 역시 분하분지에 기반을 두었다. 수隋나라도 두 골짜기에 기원을 두었고, 당唐나라는 분하 북쪽 태원에서 시작하여 관중으로 들어갔다. 당이 멸망한 후에야 중국사의 중심은 동쪽으로 이동한다.

그토록 오랫동안 분하와 위수의 두 골짜기가 중국사의 중심에 있었던 것은 골짜기의 전략적인 위치 때문이었다. 평원이 중심이 되었다는 것은 역사의 지평이 훨씬 넓어졌다는 뜻이다. 그러나 평원이 중국사의 중심이 되기까지는 오랜 시간이 걸렸다. 결정적으로 북방의 몽골족이

---

• 산서성 양분襄汾 도사陶寺 유적에서 하대의 것으로 보이는 문자가 새겨진 도편이 발견되었다. 그래서 이곳을 하의 읍으로 보는 논의가 일어났다.[:馮時, 〈文邑考〉, 《考古學報》(2003. 3.) 참조] 사서에 의하면 요임금의 성은 도당씨인데, 당唐은 분하 하류를 말한다.

북경을 개발하지 않았다면 역사 무대의 동진은 훨씬 더디었을지도 모른다. 지금이야 황량한 모래바람이 부는 황토 언덕 사이의 골짜기에 불과하지만 고대에는 그곳이 황금의 땅이었다. 최소한 서기 1000년까지 이들 골짜기의 지위는 확고했다.

## 3. 분하와 위수의 끊임없는 갈등 ━━━━

"천시는 지리만 못하고 지리는 인화만 못하다"는 유명한 말도 있지만 예로부터 좋은 자리를 선점하기 위한 인간들의 노력은 끝이 없었다. 그래서 중국을 위시한 동아시아의 문화권에는 풍수지리가 하나의 학문으로 자리 잡을 정도가 되었다. 현대의 풍수지리야 잡스럽게 왜곡되었지만 고대의 터잡기는 간결하고 실질적인 원칙들이 있었다. 터잡기는 삶과 죽음이 걸린 문제였기 때문이다.

춘추전국의 두 번째 이야기에는 황하 남쪽의 초나라와 황하 북쪽 국가들의 남북분쟁에 역시 황하를 사이에 둔 진-진의 동서분쟁이 가세한다. 앞서 설명했듯이 진晉은 분하에, 진秦은 위수에 근거지를 두고 있었다. 진과 진의 싸움은 분하와 위수의 싸움이라고 해도 과언이 아니다. 지형이 험난하기로는 비등하며, 토지의 생산력은 관중이 대체로 나았다. 지형상의 우열을 가리기 힘들다고 하더라도 두 지역의 지리적 특징을 파악하면 향후 진과 진의 행동 양상을 어느 정도는 이해할 수 있을 것이다.

진秦이 동쪽으로 나오는 길은 단 하나다. 황하의 물길을 따라 함곡관을 지나 곧장 낙양으로 들이치는 것이다. 그러자면 반드시 동쪽 효산(지금의 삼문협)의 관문을 지나야 했다. 그런데 진晉이 이 길목을 차지하고 있었다. 분하분지에서 야트막한 산을 하나 넘으면 바로 효산이다. 그러니 진秦은 동쪽으로 나가고 싶어도 허리가 끊어질까 불안해 나갈 수가 없었고, 혹 동쪽으로 나갔다 돌아올 때도 효산에서 막으면 돌아갈 수 없는 것을 두려워했다. 그래서 진晉이 셋으로 분열되기 전까지 진秦이 황하를 따라 동쪽으로 진출할 수 있는 길은 사실상 없었다.

이처럼 진晉은 서쪽을 관망하기도 좋고 남쪽으로 진출하기도 좋은 최고의 전략적인 요지를 차지하고 있었다. 힘이 있을 경우에는 분하의 물길을 따라 내려와 황하를 건너 서쪽을 공략할 수도 있다. 당 태종 이세민이 바로 이 방식으로 성공한 경우다. 이세민의 전략은 속전속결이었다. 그는 분하를 따라 재빨리 내려와서 단번에 관중까지 들이쳐야 승산이 있다고 보았다. 당시 관중은 수나라의 중심지였고, 토지의 생산력도 위수 유역이 분하 유역보다 우월했기 때문이다. 또 힘이 떨어졌을 경우 이 지역은 퇴각하여 버티기도 쉬운 곳이었다. 최후에는 계곡을 따라 태원까지 후퇴하고 임분과 태원 사이의 협곡을 막으면 그런대로 버틸 수 있었다. 물론 이세민은 분하 유역에 안거하면 장기전에 불리하다고 생각했다. 특히 상류로 밀려나면 '도적이나 될 따름'이라고 했다.

확실히 장기전의 관점에서는 관중이 유리했다. 진을 계승한 한나라에서 도읍을 정하는 것을 두고 논쟁이 벌어졌다. '관중도읍론'은 여러 사서에 흩어져 있지만《설원》에 나오는 장량의 말을 빌려보자. 제나라 출신 누경婁敬이 출사에 앞서 유방을 만나보고 싶어 했다. 당시 유방은 도읍으로 낙양을 찍어두었다. 누경의 말을 요약해보자.

주나라와 한나라의 상황은 다릅니다. 한나라의 형세가 성주시대에 미치지 못하니 낙양에 도읍을 둘 수 없습니다. 관중을 보십시오. 관중은 산과 강으로 된 요새로 둘러싸여 있고, 변고가 생기면 100만의 무리(병사)는 급히 모을 수 있습니다. 관중에 도읍을 두면 산동(효산의 동쪽)에 변고가 생겨도 진秦의 옛 땅(관중)은 쉽사리 보전할 수 있습니다. 남과 싸울 때는 그의 목을 그러쥐고 등을 쳐야 완전한 승리를 거둘 수 있는 법입니다.

물론 반대론자들은 진나라가 관중에서 단 2대를 넘기지 못했음을 상기시킨다.

낙양은 서쪽으로 효산과 민지澠池가 있고, 동쪽으로는 성고成皋의 요새가 있습니다. 주나라가 낙양에서 수백 년을 번영했지만 진은 관중에서 2대를 넘기지 못했습니다.

그러자 장량은 이렇게 논쟁을 정리한다.

낙양은 땅이 좁고 사방이 적에게 노출되어 있습니다. 관중은 옥토가

1000리에 펼쳐져 있고, 한 면만 막으면 동쪽으로 제후들을 모두 제압할 수 있습니다. 제후들이 안정되면 황하와 위수를 통해 도읍으로 천하의 물자를 공급하고, 제후들이 변란을 일으키면 물길을 따라 내려가니 쉽사리 군수품을 댈 수 있습니다. 이를 금성천리요, 천부지국이라고 하는 것입니다. 누경의 말이 옳습니다.

이런 토론 과정을 거쳐 장안(관중의 중심)이 한나라 수도가 되었다.

장량의 말과 이세민의 행동은 기원후 1000년대 이전까지의 이른바 '천하 경영자'들의 사고를 반영한다. 이들의 사고를 염두에 두고 위수와 분하 유역을 비교해보자. 속전속결할 때는 강의 상류가 유리하다. 강을 타고 내려가는 쪽이 힘을 몇 배 아낄 수 있다. 그래서 이세민은 속전속결을 원했다. 들이칠 때는 분하와 황하를 타고 내려가다가 평원으로 들어갈 수 있는 분하 유역이 유리하다. 그러나 장기전에 돌입하면 토지가 넓은 관중이 유리하다. 사람들을 모을 수 있기 때문이다. 그래서 누경은 100만을 당장 모을 수 있고 토지가 1000리에 뻗어 있는 관중이 최고라고 추천했다. 춘추시기에는 대규모 전면전이 없었기 때문에 진晉은 비록 분하 하나를 기반으로 했지만 동방의 맹주 지위를 차지하고 또 서방에 대한 우위를 지킬 수 있었다. 그러나 전국시대의 전면전에 돌입하자 분하를 비롯한 태행산의 모든 세력이 연합하여 겨우 서방의 진 하나를 상대하기에도 힘들었다. 전면전이 벌어지면 분하에 근거한 세력 하나로는 관중의 생산력에 기반을 둔 진秦에 대항하기는 역부족이었기 때문이다.

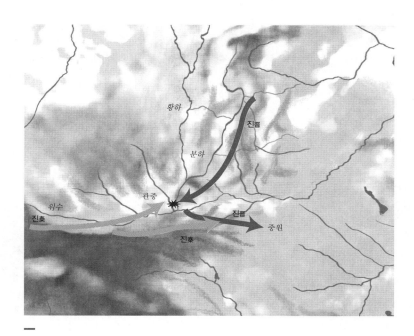

진—진의 대립과 중원 진출로.

• 관중과 분하 계곡 비교

| 방어적 위치 | 관중 〉 분하 |
|---|---|
| 토지 생산성 | 관중 〉 분하 |
| 확장성 | 관중 〈 분하 |

그리고 마지막으로 후방이 얼마나 안정되어 있느냐가 변수였다. 관
중도 3면으로 둘러싸여 있고 분하계곡도 3면으로 둘러싸여 있다. 그
러나 관중은 후방이 완전히 막혀 있는 반면 분하계곡의 후방은 뒤에서

산을 넘으면 진입할 수 있었다. 진쯥이 진-진 세력 양자의 주요한 격전지인 위수-황하 합수구와 분하-황하 합수구 사이 지대로 진출하려면 항상 후방에 만전을 기해야 했다. 반면 서쪽의 융이 미약해진 후로는 진秦이 격전장으로 나갈 때는 후방의 위협은 사실상 없었다. 그래서 전국 말기 서방의 진秦은 원교근공이라는 외교 전략으로 삼진의 후방을 끊임없이 교란했다. 이런 지정학적인 원인이 진과 진의 정치적 운명을 갈라놓았다.

단순히 두 세력의 우열을 가리기는 힘들지만 그들 중 누구든 중원을 원한다면 상대를 쓰러뜨려야 했다. 초가 강할 때는 진-진의 대투쟁은 잠시 잦아들었지만 틈만 나면 싸움은 재개되었다. 이 싸움의 와중에 '전쟁국가'들이 탄생했고, '외교전쟁'이 불을 뿜었다. 두 세력은 상대를 쓰러뜨리기 위해 끝도 없는 효율성 경쟁에 돌입했다. 진 문공의 이야기는 바로 이 경쟁의 시작과 함께한다. 태행산 호랑이가 기지개를 켜자 남북의 대결에 동서의 대결이 추가되었다.

제2장

마키아벨리스트 아버지와
버림받는 아들들

· · ·

진 문공 이야기는 그의 가족사에서 시작할 수밖에 없다. 문공의 가족사는 파란만장 그 자체였고 심지어 그를 따른 가신들의 가족사도 모두 춘추전국 시대의 획을 긋는 사건으로 발전한다. 문공의 아버지 헌공에서 이야기를 시작해보자. 그는 춘추 최초의 마키아벨리스트라고 불러도 손색이 없는 사람이었고, 권력에 방해가 되면 친아들도 죽일 수 있는 냉혈한이었다.

## 1. 진 헌공이 규구의 회맹에 참여하지 않다 ━━━━━

《춘추전국이야기 1》에서 동방의 제나라가 전성기를 구가하던 시절 제나라의 사정권 밖에 있던 진晉이 착실히 내실을 다졌다고 했다. 그 주인공이 헌공이다. 그는 일단 자신의 지위를 위협할 수 있는 공실의 자제들을 학살했다. 그리고 2군 체제를 만들어 군사력을 강화했고, 도성을 크게 지어 권위를 세웠다. 또 남쪽으로 진격해 우나라나 괵나라와 같은 주 왕실의 울타리 역할을 하던 작은 나라들을 정복하고 황하까지 진출했다. 그러고는 주변의 융이니 적이니 하는 이민족들과 가차 없는 싸움을 벌여나갔다. 관중이 버티고 있는 제나라에는 비기지 못하더라도 이미 강국의 기초를 다 닦아놓은 셈이다.

　기원전 651년 제나라는 규구葵丘의 회맹을 주관한다. 그때 헌공은 처음으로 회맹에 참석하여 제나라 연맹에 참여하려던 참이었다. 형세를 보아하니 제나라의 울타리에 들어가는 것이 주변의 여러 이민족들과의 싸움에 유리해 보였다. 그러나 지리적으로 멀어서 그런지 어떤 이유로 출발이 늦었다. 그때 회맹에 참여하고 돌아오던 주나라의 태재太宰 공孔이 뜻밖의 제안을 한다.

> 제나라는 서쪽을 치지 못할 것입니다. 제나라는 상대국의 정치가 어려워지는 틈을 타서 칠 것이니, 애써 회합에 참여하기보다는 나라를 다스리는 데 힘쓰십시오.

눈칫밥 먹은 지 100년이 지난 주나라의 태재는 제나라의 한계를 이미 간파했고, 또 제나라가 일방적으로 강해지는 것을 바라지 않았다. 그래서 진과 제가 한 덩어리가 되는 것을 미리 막은 것이다. 헌공도 정치 9단인 사람이다. 제나라가 위협이 될 수 없다면 굳이 제나라에 붙을 필요가 없다. 진나라 주변에는 아직 개척할 땅이 널려 있고 주나라를 지키는 울타리는 모두 없앤 터였다. 지금은 나라가 미약하지만 때가 오면 태행산과 황하에 기대어 천하를 한번 흔들어볼 만도 했다.

물론 헌공은 관중이나 환공과 같은 도덕적인 자질이나 큰 비전은 없었다. 그러나 그는 융적과의 싸움을 통해 성장한 사람이었다. 도덕은 몰라도 생존의 규칙만은 누구보다 잘 알고 있었다. 그래서 그는 이해득실을 따져보고는 결국 회맹에 참여하지 않았다. 그 이듬해 헌공은 죽었다. 그도 향후 진에서 펼쳐지는 활극을 예견하지는 못했을 것이다.

## 2. 태자 신생에게 하군을 맡기다

기원전 672년 진 헌공은 여융驪戎*을 공격했다. 출정 전에 태사에게 점을 치게 하니 "싸움에는 이기지만 불길하다"는 괘가 나왔다. 그러나 헌공은 점을 무시하고 길을 떠났다. 그 나름대로 계산이 있었던 것이다. 과연 싸움에서 이겼고, 헌공은 여융 군주의 딸 여희와 그 여동생까지 취해서 돌아왔다.《국어》에 그때의 일이 자세히 기록되어 있다.

> 돌아온 후 기분이 좋아서 태사에게 술을 한 잔 내리며 말했다.
> "술은 마시되 안주는 들지 말라. 여융을 치러 갈 때 그대는 싸움에는 이기지만 불길하다고 했다. 그러니 상으로 술을 내리고, 벌로 안주를 먹지 말라고 명한다. 그 나라를 쳐서 이기고 여자까지 취해서 왔으니 이보다 더 길할 수 있는가?"

이 일은 진나라 대부들 사이에 논란을 불러일으켰다. 상대방 나라를 치고 그 나라 군주의 여식을 얻어서 돌아오는 것은 주례를 따른다면 비난받을 일이었다. 그러나 당시에 이런 일은 흔히 있었다. 혼인관계는 일종의 외교적인 관계였고, 해석하기 나름이었다. 그러나 헌공은

---

• 전통적으로 여융은 황하 서쪽, 위수 하류에, 지금의 동관 부근에 있는 것으로 알려져 있다. 두예도 《좌전》의 주에서 그렇게 써놓았다. 그러나 고힐강은 진晉이 황하의 서안으로 그렇게 깊이 진출했을 리가 없다고 생각하여 여융은 오히려 도성의 동쪽 산지에 있었다고 주장했다. 그러나 진晉도 황하 서안을 완전히 장악하지 못하기는 마찬가지였다. 곽말약이 주편한 《중국사고지도집》은 두예의 의견을 따랐다.

예전에도 탐욕스레 여자를 취한 적이 있어서 이번의 행동은 지지받지 못했다.

헌공의 아버지 무공은 제강齊姜이라는 첩이 있었다.《사기》에 의하면 이 여인은 제나라 환공의 딸이다. 무공은 제 환공보다 무려 35년 전에 죽었다. 기록을 믿는다면 이 어린 여인은 아버지의 아버지뻘 되는 사람에게 시집간 것이다. 헌공은 즉위하자 아버지의 첩인 제강과 간통하여 아들까지 낳았다. 이 아들이 훗날 태자가 되는 신생申生이다. 헌공 12년 태자가 이미 곡옥을 수비하는 역할을 맡았다는 기록이 있는 것으로 보아 당시 신생은 이미 장성한 후였다. 그렇다면 헌공은 아버지가 버젓이 살아 있는 시절에 아버지의 첩과 간통한 것이다. 그러나 정작 헌공의 정부인에게는 아들이 없었다. 헌공은 또 적족 호狐씨•의 딸 둘을 취해서 큰 딸에게서 중이重耳를, 작은 딸에게서 이오夷吾를 낳았다. 신생, 중이, 이오 모두 준수해서 제 나름대로 사람들을 모았다. 그중 중이가 바로 이 이야기의 주인공이다.

신생, 중이, 이오 모두 무재와 문재를 동시에 갖추고 있었다. 그러나 여희가 아들 해제를 낳자 상황은 달라진다. 헌공은 여희를 사랑했기 때문에 해제를 태자로 세울 마음이 있었다. 여희가 그 틈을 파고들었다. 그녀는 헌공의 총애를 받던 두 신하인 동관오東關五와 양오梁五를 매수해서 헌공에게 간하게 했다.

---

• 《사기》와 달리 《좌전》에는 융족이라고 나오는데 당시 기록에는 융과 적이 대체로 혼용된다. 이후에도 사서들이 표기하는 인명이나 종족명이 가끔 다른데 더 자세한 것, 더 오래된 것 순으로 기록한다.

곡옥은 군주의 기반이 있는 곳(종읍宗邑, 종묘가 있는 곳)이며, 포蒲와 두 개의 굴屈*은 군주의 변강입니다. 그러니 이런 곳에 주인이 없어서는 안 됩니다. 종읍에 주인이 없으면 백성들에게 위엄을 세울 수 없으며, 변강에 주인이 없으면 융족들이 침입할 마음을 품게 됩니다. 백성들이 군주를 무서워하지 않는 것은 나라의 걱정거리입니다. 태자를 곡옥에 주둔하게 하고, 중이와 이오를 포와 굴에 주둔하게 하면 백성들에게는 위엄을 보이고 융족을 겁줄 수 있습니다. 적인들의 땅이 광활한데 우리 진이 거기에 도시를 세우면, 이는 진의 영토를 개척하는 일이니 좋은 일 아니겠습니까?

결국 신생, 중이, 이오는 도성을 떠나 각자의 성을 지켰다. 곡옥은 도성과 가까웠지만 포와 굴은 모두 도성에서 멀리 떨어진 변경에 있었다. 헌공은 이미 해제를 태자로 삼으려고 생각했기 때문에 위협이 될 수 있는 공자들을 멀리 변경으로 내보낸 것이다. 이리하여 진나라 사람들은 헌공의 의도를 읽을 수 있었다. 대체로 《국어》와 《좌전》의 자료는 일치하며, 《사기》는 부분적으로 다르다. 기본적으로 이 사료들을 가지고 당시의 상황을 재구성해보자.

헌공 16년 진나라는 드디어 2군을 갖추고, 헌공 자신이 상군을 맡고 신생이 하군을 맡아 다스렸다. 이때부터 진은 급속도로 영토를 개척한

---

• 《사기》에는 포는 진秦과 접하고, 굴은 적과 접한다고 되어 있다. 굴은 대체로 현재의 길현吉顯으로 황하 동안의 산지임을 알겠지만 포는 정확히 어느 곳인지 의견이 분분하다. 나중에 헌공이 먼저 포를 공격하고 굴을 치는 것으로 보아 굴보다는 더 남쪽, 진과 접한 황하 변에 있었을 것으로 추측된다.

다. 일단 주나라와 진나라의 완충지대에 있는 곽나라 등의 작은 나라
들을 없앴다. 그러나 헌공은 신생을 단지 소모품으로 쓸 생각이었다.
일전에 공족들을 없애는 데 한몫을 한 헌공의 신하 사위土蔿는 상황을
간파했다. 그래서 태자가 곽나라를 치러 출병하기 전에 대부들에게 말
했다.

　"태자는 군지이君之貳˙니 공경하는 마음으로 대를 이을 준비를 하면
됩니다. 그런데 어떻게 관직을 내릴까요? 이는 태자로 하여금 신하가
되어 군주를 돕게 하는 것입니다. 제가 간언을 올리면서 군주의 마음
을 떠보겠습니다."

　이런 생각으로 사위는 헌공에게 신생에게 하군을 맡긴 연유를 물었
다. 그러자 헌공이 말했다.

　"태자는 군지(나를 계승할 사람)이니 내가 하군을 통솔하게 했는데, 안
될 이유가 있소? 하군은 상군을 보좌[貳]하는 것이니, 내가 상군을 거느
리고 신생이 하군을 거느리는데 안 될 것이 무엇이오."

　헌공은 태자가 하군을 담당하는 것을 당연하다는 듯이 대답한다. 그
러자 사위가 의미심장하게 대답한다.

　"하군은 상군은 보좌할 수 없습니다[下不可以貳上]."˙˙

　"왜 그렇소?"

---

- '이貳'는 분신, 대리인을 뜻한다. 여기서는 군주에 버금가는 사람, 곧 군주와 동격으로 군주를 대체할 수
　있는 사람을 말한다.

- 동등한 자격으로 움직일 수 없다는 말이다.

"이貳라는 것을 몸에 비유해 설명하자면, 몸에는 상하좌우가 있어서 눈과 심장을 보좌합니다. 그러니 써도 피곤하지 않고, 몸에 이득이 됩니다. 위(팔)는 들고 아래(다리)는 밟으며, 자유자재로 움직이며 심장과 눈을 보좌하니 능히 일을 성취하고 만물을 제어할 수 있는 것입니다. 만약 위가 아래를 간섭하거나 아래가 위를 간섭하면(팔다리가 서로 얽혀들면), 심장과 눈의 의도에 맞추어 마음대로 움직이지도 못하니 도리어 물건에 제어당할 판인데 어떻게 일을 이룰 수 있겠습니까? 그래서 옛날에 군을 편성할 때는 좌군 우군으로 하여서 한쪽이 부족하면 한쪽이 바로 보완해서 거의 패배하지 않았던 것입니다. 만약 하군으로 상군을 보좌하게 하면, 한쪽에 부족한 부분이 있어도 보충하지 못하고 패배해도 변통할 길이 없습니다. 이렇게 하면 작은 적들이나 칠 수 있을 뿐으로 다른 국가를 정벌할 수는 없습니다."

사위가 한 말은 대체로 이렇다. 상하군을 두어 하군을 상군의 보조역으로 쓰면 등급의 구분이 생겨서 하군은 상군의 아래가 되니 결원이 생겨도 보충할 수 없고, 패배해도 도움을 받을 수 없다는 것이다. 태자는 군주의 분신이지 하수인으로 두어서는 안 된다는 뜻이다. 한 몸에서 팔다리가 조화롭게 움직이는 것을 이貳라고 하지, 상하를 구분하는 것이 아니라는 말이다. 그러자 헌공이 대답한다.

"내 아들을 위해 만든 제도요. 그대가 심려할 바는 아니오."*

---

* 《국어》의 원문은 "寡人有子而制焉 非子之憂也"이다. '제制' 자는 '제도를 만들다, 통제하다' 등의 의미로 광범위하게 쓰인다.

사위는 이렇게 묻는다.

"태자는 나라의 기둥입니다. 기둥이 이미 다 자랐는데 이를 통제하려[制] 하시니 (태자의 지위가) 위험하지 않겠습니까?"

헌공이 뻔뻔하게 말한다.

"부담을 덜어주려는 것이오. 좀 위험한들 무슨 해를 입기야 하겠소?"

헌공의 대답을 들은 사위는 사태를 짐작했다. 헌공은 태자를 신하로 쓰고 싶을 뿐 자리를 물려줄 생각은 이미 없었던 것이다. 헌공은 태자 신생을 두려워하고 있었다. 남에게 군대를 맡기기는 싫기에 군대를 맡겼지만, 그를 자신의 통제 아래에 두고 싶은 것이다. 사위는 물러나며 대부들에게 말한다.

"태자는 군위에 오르지 못할 것이오. 이미 도성을 나누어 주어 경의 지위에 올랐으니 (신하로서) 최고의 지위에 올랐는데, 어찌 군위를 이을 것이오. 군주라는 사람은 태자의 직위를 바꾸면서도 그 어려움을 고려해주지 않고, 책임을 덜어준다고 하면서 위태로워지는 것은 걱정해주지 않소. 군주는 이미 두 마음을 품은 것이오. 싸움에 이기면 장차 그를 해코지할 것이고, 싸움에 지면 죄를 뒤집어씌울 것이오. 이기든 지든 모두 죄를 면할 수 없을 것이오. 아무리 조심해도 벗어날 수가 없다면 차라리 도망치는 것이 나을 것이오. 그러면 군주는 군주대로 자기 욕심을 이룰 것이고, 태자는 죽음을 피하고 명성을 얻을 테니, 오태백 같은 이가 될 수도 있지 않겠소? 하늘이 만약 태자를 돕는다면 훗날 진나라를 얻지 못할 바 무엇이오."

이런 말이 태자에게까지 흘러들어 갔다. 그러나 태자는 지나치게 신실한 사람이었다. 그도 아버지의 의중을 이미 파악하고 있었지만 묵묵히 소임을 다할 요량으로 이렇게 말했다.

"사위가 나를 위해서 그런 계책을 세운 것은 충직한 일이다. 그러나 듣건대, 자식 된 자는 아비의 명을 따르지 못할 것을 걱정하지 명성이 없을까 걱정하지 않는다 하고, 신하 된 자는 최선을 다하지 못할 것을 걱정하지 녹봉이 적을까 걱정하지 않는다고 한다. 재주도 없는 내가 아버지의 명령을 받았으니 그저 힘쓸 따름이지 또 무엇을 바랄 것인가? 하물며 내가 어찌 오태백에 미칠 수 있겠는가?"

그래서 태자는 결국 곽나라를 정벌하고 돌아왔다.

## 3. 여융의 여인이 신생을 참소하다 ━━━━━

헌공은 또 이듬해 태자를 보내 동산東山의 고락씨皐落氏를 치게 했다. 사서들은 헌공이 고락씨를 친 이유도 여희의 간계라고 말하지만 당시 진의 전략적인 필요성이 더 컸을 것이다. 고락씨는 지금의 산서성 원곡현垣曲縣 부근에 자리 잡고 있던 적족의 일파다. 이들은 남쪽으로는 주나라, 서쪽으로는 진나라를 바라보는 야트막한 산지에 자리 잡고 있다가 기회를 보아 평원지대를 약탈하곤 했다. 진이 성장하기 위해서는 이들을 쳐야 했다.

당시 여희 일파는 적극적으로 태자를 바꿀 계획을 모의했고, 헌공도 태자를 질투하고 있었다. 문제는 태자 신생의 자질이 뛰어났다는 점이다. 곡옥의 무공이 진나라를 탈취하고 천자에게 뇌물을 준 일부터 헌공이 계략을 써서 공족을 살해한 일까지 모두 떳떳한 방법을 쓴 것이 아니었다. 헌공은 권모술수에 능했고, 의심이 많았다. 여희는 태자를 전장에 몰아넣고 군주와 멀어지게 할 요량으로 이렇게 말했다.

"외부 사람들이 이렇게 말하더군요. '개인으로서 인을 행하는 것과 나라를 위해 인을 행하는 것은 다르다. 개인으로 인을 행한다는 것은 친한 사람(가족)을 사랑하는 것을 말하지만, 나라를 위해 인을 행하는 것은 나라를 이롭게 하는 것입니다. 그래서 백성들의 수장이 된 사람은 따로 친하게 여기는 이가 없으며, 백성들이 바로 친하게 여길 대상이다'라고요. 진을 세운 선대들 중에 친인들을 가까이한 사람들이 있습니까? 그렇기에 나라를 얻었지요. 태자가 한창 명성을 얻고 있습니다. 그가 나라를 위한다는 명목으로 군주를 시해한 후 백성들에게 이익을 베풀면 백성들이 싫어할 리가 있습니까? 주紂가 만약 훌륭한 아들이 있었다면, 그가 주를 벌했을 것입니다. 굳이 무왕이 토벌할 필요도 없었겠지요. 우리야 주가 어떤 사람인지 알 바가 있습니까? 난이 일어날 때까지 기다리다가 후회해도 소용이 없습니다. 먼저 손을 쓰셔야지요."

헌공은 이미 태자의 재능과 인망을 두려워하고 있었다. 나이를 먹어서 점점 더 편벽해지는 이 권력 집착자는 젊은 여인에게 묻는다.

"어떻게 하면 좋겠소?"

여희는 우시優施라는 말 잘하는 이의 조종을 받아서 말솜씨가 능수능란했다. '우優'는 배우라는 뜻이니 이자가 얼마나 말을 잘했겠는가.

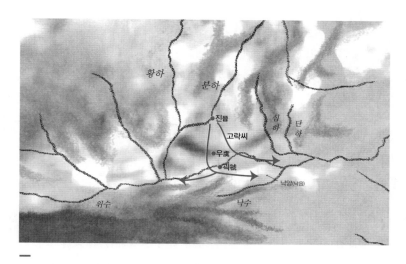

진晉의 중원 진출로. 진晉은 우, 괵을 멸망시킴으로써 중원으로 남하하는 서로를 확보했고, 고락씨를 공격하여 동로를 확보했다. 이제 동주 왕성(낙양)은 진의 수중에 들어왔다고 해도 과언이 아니다.

여희는 우시의 조언대로 눈물을 뿌리며 말했다.

"차라리 늙었다는 구실로 정권을 태자에게 넘기세요. 그가 정권을 잡아 욕심을 이루면 군주를 죽이지는 않을 것입니다."

그러자 헌공이 발끈했다.

"정권을 넘겨줄 수는 없소. 나는 무력과 위세에 기대어 제후들을 대면할 수 있었소. 죽기 전에 정권을 잃으면 무력이 있다고 할 수 없고, 아들도 이기지 못하면 위세가 있다고 할 수 없소. 태자에게 정권을 주면 제후들은 나와의 관계를 끊을 것이고, 관계를 끊을 수 있으면 반드시 죽일 수도 있는 것이오. 정권을 잃고 나라를 해치는 일은 참을 수 없소. 그대는 걱정하지 마시오. 내가 장차 손을 쓰리다."

헌공의 말은 마키아벨리와 토씨 하나 다르지 않다. 그러자 여희가 계책을 하나 낸다.

"고락씨가 조석으로 우리 변경 비읍을 침공하니 짐승과 곡식을 기를 방법이 없습니다. 군주의 창고가 안 그래도 부실한데, 이제는 땅까지 잃을 처지입니다. 태자를 보내 고락씨를 치게 하시는 것이 어떻습니까? 그러면 그가 대중을 과감하게 부릴 수 있는지, 대중의 신뢰를 얻어 화목할 수 있는지 살펴볼 수 있을 것입니다. 만약 싸움에서 지면 죄를 뒤집어씌우면 되고, 이기면 그가 대중을 잘 쓴다는 뜻이니 야심이 더 커질 것입니다. 그러면 좀 더 신중하게 대책을 세워야 할 것입니다. 이기면 땅을 얻고 제후들을 겁주는 이득이 있고, 져도 죄를 씌울 수 있습니다. 잘 생각해보시지요."

지금 여희가 쓰는 이런 술수는 후대에도 끊임없이 반복되며 자행되고, 외교정책에도 응용된다. 예컨대 주원장은 고려에게 원을 치라 하고, 도요토미 히데요시는 도쿠가와 이에야스에게 조선을 치라고 한다. 물론 헌공으로서는 손해볼 것이 없었다.

그러나 노련한 대부 이극里克은 사위와 마찬가지로 사태를 짐작하고 이렇게 간했다.

"고락씨는 장차 맞서 싸우려 한다고 들었습니다. 군주께서는 기어이 태자를 보내시렵니까?"

"보낼 것이오."

이극은 헌공을 설득한다.

"태자는 종묘사직에 제물을 드리고, 조석으로 군주가 드시는 음식을 감시합니다. 군주가 출전하면 남아서 지키고, 남아 지키는 사람이 있으면 따라나섭니다. 남아서 지키는 것을 감국監國(국도를 감독한다)이라 하고 따라나서는 것을 무군撫軍(군사를 위무한다)이라 하니, 이것은 정해진 법도입니다. 대저 독자적으로 군사를 부림은 군주와 국정을 맡은 재상이 할 일이지 태자가 할 일이 아닙니다. 군대란 명령으로 제어해야 합니다. 군대를 거느리면서 군주의 명령을 기다린다면 위엄이 서지 않고, 자기 마음대로 명령을 내린다면 이것은 불효입니다. 그러니 태자가 군대를 거느리면 안 됩니다. 신이 듣기로 고락씨는 일전을 불사할 태세입니다. 태자를 보내지 마십시오."

이렇게 말하자 헌공은 능청스럽게 대답한다.

"과인에게 아들들이 있기는 하지만 아직 누구를 세울지는 정하지 않았소."

헌공은 대부들이 자신의 후계 문제에 관여하자 점점 더 거칠게 대한다. 그리고 출정 전에 태자에게 좌우의 색깔이 다른 옷(편의偏衣) 한 벌과 금으로 된 결玦˙을 하나 내렸다. 모두 전례에 없는 일이었다.

신생은 이미 사태를 짐작하고 있었다. 그래서 대부들에게 편의와 금결金玦의 의미가 궁금해 물었다. 나중에 운명이 엇갈리는 대부 이극과 호돌狐突의 대답을 눈여겨보자. 이들의 답이 다르듯이 이들의 행동도 달랐다.

먼저 이극에게 물었다.

---

• 대체로 옥으로 만든 한쪽이 끊어진 고리를 말하며, 결단을 상징한다.

"저는 아마도 태자의 자리를 잃겠지요?"

그러자 이극이 대답했다.

"태자께 백성들에게 군림하는 것을 가르치고 군사 일을 배우게 하려는 것입니다. 할 일을 다하지 못하는 것이 두려울 뿐입니다. 무슨 까닭에 태자를 폐하겠습니까? 태자께서는 불효를 걱정하고 즉위하지 못할 것은 걱정하지 마십시오. 먼저 자신을 닦고 남을 책망하지 않으면 어려움에서 벗어날 수 있습니다."

이극은 사태를 다 알면서도 어쩔 수 없이 이렇게 말했다. 출정 시에 전차에 오르니 호돌이 차를 몰고 선우先友가 오른쪽에 탔다. 공자 중이와 이오의 어머니가 적족 호씨인데, 호돌은 그 호씨의 아버지다. 그러니 호돌은 중이와 이오의 외할아버지다. 신생이 선우에게 또 물었다. 선우도 사정을 다 짐작하고 있었으나 이렇게 말한다.

"편의를 준 것은 병권을 장악하라는 뜻입니다. 이번 싸움에서 태자께서는 최선을 다하십시오. 양쪽 색깔이 다른 것은 나쁜 뜻이 있는 것은 아닙니다. 병권을 장악하여 재난을 멀리하고 군주와 친해져서 재난이 없어질 텐데 무엇이 걱정입니까?"

그러나 호돌은 이렇게 에둘러 말할 생각이 없었다. 그는 탄식했다.

"시절이라는 것은 일의 성패를 알려주는 징후이며, 옷이라는 것은 신분을 나타내는 징표이며, 몸에 차는 것은 속마음을 보여주는 상징물입니다. 그래서 일을 할 때는 계절의 시작인 봄에 시작하고, 옷을 입힐 때는 순정한 색으로 하고, 차는 물건을 줄 때는 상식을 벗어나지 않게 합니다. 잡색은 냉정한 마음을 나타내고, 겨울은 죽음을 상징하고, 금은 차가움을 나타냅니다. 게다가 적인들을 다 없애라 하는데 아무리 한들 (산속에 흩어져 있는 그들을) 어떻게 다 없앨 수 있겠습니까?"

그리고 고락씨의 본거지에 이르러 신생이 이들과 결전을 벌이려고 하자 호돌이 그를 설득하여 달아나려고 했다.

"결전은 안 됩니다. 옛날에 대부 신백辛伯이 주 환공에게 간했습니다. 총애하는 여자가 정비와 어깨를 나란히 하고, 총애하는 신하가 집정(재상)과 맞먹고, 서자가 적자에 맞서고, 지방의 큰 읍이 국도와 버금가는 것이 바로 난리의 원인이라고 했습니다. 그러나 환공이 이를 따르지 않아 난리가 난 것입니다. 지금 난리가 날 조짐이 무르익었는데 즉위할 보장이 있겠습니까? 효도와 안민의 길은 스스로 도모해야 찾을 수 있는데, 굳이 몸을 위태롭게 하고 빨리 죄를 얻으려 하십니까?"

그러고는 싸움을 포기하도록 종용했다. 그러나 신생은 이미 생각을 정한 후였다.

"군주께서 나를 보내신 것은 나를 권면하기 위해서가 아니라 내 생각을 떠보기 위해서입니다. 그러기에 이상한 옷을 내리고 나에게 권한을 준 것입니다. 그리고 겉으로 달콤한 말로 위로했으나 그 본심은 분명히 쓴 것이었습니다. 참언을 믿고 군주에게 두 마음이 생긴 것이지요. 비록 참언이 있다 하나 제가 어떻게 피할 수 있겠습니까? 맞아 싸우니만 못합니다. 싸우지 않고 돌아가면 내 죄가 심하지만, 싸워서 죽는다면 좋은 이름이라도 남지 않겠습니까?"

이런 각오로 신생은 극렬히 싸워 승리했다. 기원전 660년의 일이었다. 그러나 호돌은 신생의 죽음이 더 가까워졌음을 직감했다.

# 제3장

## 중이가 망명길에
## 오르다

··· 

이 장부터는 중국사를 통틀어 가장 극적인 인생을 산 진 문공 희중이姬重耳의 인생 역정으로 들어간다. 이미 후계자를 바꾸려고 생각한 헌공은 마음에 둔 후계자의 정적이 될 만한 아들들을 가차 없이 제거했다.

진은 명목상으로는 하나의 제후국에 불과했지만 처음부터 왕권을 지향한 국가였다. 헌공이 밝혔듯이 왕권은 무력에 기반을 둔 것이고, 자식이라 할지라도 쉽사리 이양할 수 없는 것이었다.

이런 가정을 해보자. 필자가 보기에 헌공은 과거 경쟁자들의 기억을 모두 지우고 싶었을 것이다. 아버지의 첩을 취해서 낳은 아들 신생은 항상 껄끄럽다. 또 그에게는 제나라의 그림자가 있다. 중이와 이오는 적족狄族 여인에게서 난 자식들이다. 둘은 모두 총명하고 외가의 도움을 받을 수 있다. 진이 앞으로 성장하기 위해서는 적과는 싸움을 벌일 수밖에 없다. 적과의 싸움을 앞두고 적의 혈통을 받은 능력 있는 두 아들들도 미덥지 않다. 헌공은 '진晉'의 정체성을 만들고 싶어 한 것이다. 그래서 그는 작은 부족의 여인이 낳은 아들을 더 사랑했다. 헌공 자신과 아버지 무공이 공족을 멸하면서 구축한 권력이다. 그 권력에 부담을 주는 사람들은 다 적으로 보일 만도 했다.

이런 가정이 순전히 허황한 것은 아니다. 1대나 2대 창업형 군주가 장성한 아들들의 능력을 시샘한 경우는 흔하다. 당 태종의 아들 중에 남아난 사람이 거의 없었는데 태자 이승건李承乾은 일찌감치 폐위되었다. 역사서에는 이승건이 패악한 인물로 나온다. 그러나 그 원인 중 하나는 이승건이 전쟁을 상당히 이해하고 있었기 때문인 듯하다. 그는 어려서부터 전쟁기술에 관심이 많았고 유목민의 전술을 배우려 했다. 그다음에 세울 사람은 당연히 황후의 둘째 아들인 이태李泰였다. 문제는 이태가 너무 재능이 뛰어났다는 점이다. 그래서 공신들이 이태의 주변에 모여들었다. 그러자 그는 개국공신이

자 황후의 오빠인 장손무기의 견제를 받았다. 그도 역모의 죄를 쓰고 죽었다. 그의 죄는 아버지의 명성에 도전한 것이었다. 황후의 아들 중 막내인 이치李治는 별 특징이 없고 유약했다. 결국 그가 제위를 이으니 당 고종이다. 고종은 자신의 무능을 십분 발휘해 무측천에게 나라를 넘겨주게 된다.

또 청나라의 강희제는 태자 윤잉胤礽을 폐했다. 역시 도덕적인 자질이 문제가 되었다. 그러나 사실은 진나라 헌공처럼 너무 오래 자리를 유지한 아버지의 의심이 문제였다. 그다음은 만주족의 풍습상 무공을 세운 14자 윤제胤禵가 유력했다. 윤제는 몽골 초원과 티베트에서 혁혁한 공을 세웠다. 그러나 윤제의 공이 너무 크고 노회한 장수들이 그를 지지하자 강희제는 결단을 보류했다. 그래서 결국 가장 무난하고 무력과는 거리가 먼 옹정제가 즉위하게 된다.

당 태종은 돌궐의 지지를 받아서 초원을 평정했지만 아들이 돌궐인을 닮는 것에는 기겁을 했고, 자신은 무력으로 왕권을 차지했지만 무력을 갖춘 아들은 멀리했다. 강희제도 마찬가지다. 그도 너무 오래 집권한 나머지 아들들과 경쟁했다. 나이가 들자 의심이 많아졌다.

헌공은 당 태종이나 강희제와 같은 인품은 없었지만 마키아벨리적인 정치감각은 오히려 그들보다 나았다. 그러니 장성한 데다 사람들의 지지를 받아 아버지의 위신을 위협하는 아들, 혹은 어머니의 배경이 강한 데다 개성이 뚜렷한 아들들이 기꺼울 수가 없었을 것이다.

이제 헌공의 아들들, 신생, 중이, 이오의 드라마틱한 운명을 살펴보자. 그리고 조금 복잡하기는 하지만 그 아들들 주변에 있던 인물들의 면면에도 주목해보자. 격심한 권력 쟁탈의 혼전에서 그들이 보여준 태도와 책략은 춘추시대 중반기를 풍미한 모든 모략의 기초가 되었을 뿐 아니라, 그들의 후손들이 이후의 진나라 정국을 주도해나가기 때문이다.

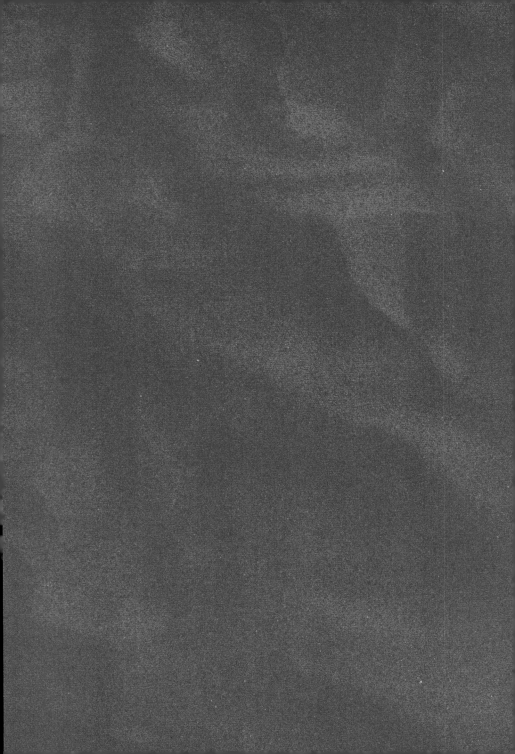

## 1. 큰아들 신생, 죽음을 택하다

《삼국지》〈촉서〉 '제갈량전'에 이런 이야기가 나온다. 당시 조조의 대 항마로서 형주에 자리 잡고 있던 유표는 후처에게서 아들 유종을 얻자 큰아들 유기劉琦를 달가워하지 않았다. 그러자 유기는 좌불안석하다가 항상 제갈량에게 의견을 물었지만 대답을 듣지 못했다. 제갈량이 대답 하지 않자 유기는 어느 날 후원의 높은 대에 둘만이 올라간 후 사다리 를 치우고 간절히 물었다.

"오늘은 위로는 (말이) 하늘에 닿을 수 없고, 아래로는 땅에 닿을 수 없습니다. 선생께서 말씀하시면 제 귀에 들어갈 뿐 아무도 들을 이가 없습니다. 이제 말씀해주시지요."

드디어 제갈량이 대답한다.

"공자는 신생이 안에 머물다가 화를 당하고, 중이가 밖으로 나가서 안전하게 된 것을 알고 계십니까?"

제갈량은 이 한마디만 했지만 유기는 그 뜻을 알아차리고 준비를 했다. 때마침 강하를 지키던 황조가 죽자 유기가 강하 태수로 나간다. 유기는 이 일로 제갈량이 쓸 수 있는 중요한 자원이 되었다. 조조가 남하하자 유표에게서 형주를 물려받은 유종은 당장 항복을 청했는데 유기는 유비를 도와 조조와 항전하기로 결정한다. 그래서 제갈량이 "관우가 거느린 정병 1만에, 유기가 거느린 강하의 수군 1만 이상이 있다"고 손권에게 유세한 것이다. 그리고 적벽의 승리를 이끌어냈다. 그렇다면 헌공의 아들들 주위에는 누가 제갈량의 역할을 담당했을까?

여희 일파는 신생을 제거하려는 계획을 굳혔지만 신생을 따르는 여러 대부들이 문제였다. 호돌은 신생의 미래를 짐작하고 한 발 뺐지만 대부 이극이 여전히 그를 지지하고 있었다. 그러자 여희는 헌공과 이극을 동시에 회유했다. 신생이 고락씨와의 싸움에서 이긴 지 5년이 지난 해였다. 먼저 헌공에게 말한다.

"신생은 지금 군주를 해칠 마음이 더 심해졌습니다. 그는 지금 자신의 공을 자랑하고 있습니다. 그의 뜻이 점점 더 광폭해지고 있습니다. 그러기에 호돌도 그의 역심을 따르지 않고 문밖을 나서지 않습니다. 듣자 하니 신생이 사람들의 마음을 얻어 크게 강해졌고, 또 사람들에게 허튼 말을 흘리고 다닌다 합니다. 이미 말이 나왔으니 주워 담으려해도 따르는 무리들이 책임을 물을 터이니 이제 물러날 수도 없는 처지입니다. 이제 신생을 도모하소서. 때를 놓치면 장차 난리가 날 것입니다."

헌공은 이제 늙었으니 갑자기 죽으면 일은 다 물거품이 되고 마는 것이다. 그래서 여희는 더욱 조바심을 냈다. 헌공이 대답한다.

"나도 알고 있소. 다만 죄를 뒤집어씌울 구실을 찾지 못하고 있소."

헌공의 결심을 안 여희는 우시를 불렀다.

"군주의 결심은 이미 섰소. 다만 이극이 어려운 상대인데 어찌하면 좋겠소?"

우시는 이런 일을 전문으로 하는 사람이다. 그가 자신 있게 말했다.

"양 한 마리를 잡고 잔치를 준비해주십시오. 하루면 그의 마음을 돌릴 수 있을 것입니다."

그러고는 이극과 부인을 불러 잔치를 열고는 춤을 추면서 이극의 부인에게 편안히 군주를 섬기는 방법을 알려주겠노라고 노래를 불렀다.

> 편안히 즐겁게 섬기세나.
> (그러나) 그는 까마귀만도 못한가 봐.
> 남들은 모두 수풀 무성한 원림에 모이는데,
> 왜 자기만 혼자 마른 나무에 앉았을까?*

이극은 의미를 파악하고 웃으며 묻는다.

---

• 《국어》에 나오는 원문은 노래이기 때문에 해석하기 매우 어렵다. "暇豫之吾吾 不如鳥鳥 人皆集于苑 己獨集于枯." '오오吾吾'는 뒤의 '오조鳥鳥'와 맞추기 위한 허사로 보인다. '군주를 섬기는 법[事君]'을 '남편(군자)을 섬기는 법[事君]'에 빗대어 노래한 것으로 볼 수 있다.

"무엇이 원림이고 무엇이 마른 나무요?"

우시가 대답한다.

"어미는 군주의 부인이 되고 자신은 장차 군주가 될 사람, 그 사람이 원림이 아니겠습니까? 어미는 죽고 자신은 참소를 받는 사람, 그 사람은 마른 나무라 할 수 있겠지요. 마른 데다가 상하기까지 했으니까요."·

이극은 집에 돌아갔으나 잠이 오지 않았다. 그래서 한밤중에 몰래 우시를 불렀다.

"조금 전에 한 말은 그저 농담인가? 아니면 무슨 소식을 들었나?"

그러자 우시가 털어놓는다.

"소문을 들었습니다. 군주는 여희에게 태자를 죽이고 해제를 세우도록 허락했습니다. 모사는 이미 다 짜여 있습니다."

이극은 섬뜩했다.

"군주의 의도대로 태자를 죽이는 일은 차마 못 하겠고, 감히 예전처럼 태자와 흉금을 트고 사귀지도 못하겠다. 중립을 지키면 죽음을 면할 수 있겠는가?"

"면할 수 있습니다."

한때 이극은 신생에게 그저 최선을 다하라고 했다. 그런데 이제는 태자를 죽이는 모의에서 발을 빼는 것이다. 처음에는 부자 사이를 화해시키는 듯이 행동했지만, 막상 문제가 심각해지자 자신은 발을 뺀

---

- 우시는 광대이다 보니 말장난을 하고 있다. '고아'의 고孤와 '마르다'의 고楛는 음이 같다. 그러니 신생은 고아인 데다가 이제는 참소까지 받아서 상처를 입은 꼴이라고 말하는 것이다.

다. 표리가 부동한 이극은 신생의 제갈량이 될 수 없었다. 그런데 이로 인해 이극이 과연 죽음을 면했을까? 앞으로 이극의 운명도 살펴볼 대상이다.

아무튼 이극이 대부 비정조鄭을 만나서 중립을 지키겠다는 의사를 전달하자 비정은 이극을 나무랐다. 그러나 막상 이극이 중립을 지키기로 했다는 말을 듣고는 그도 한 발을 뺐다.

"나도 다른 마음이 없소. 대저 군주 섬기는 사람에게 군주는 곧 내 마음이오. 내가 어찌할 일이 아니오."

이제 두 대부는 중립으로 돌아섰고, 호돌은 일찌감치 두문불출했다. 신생의 제갈량은 호돌이지만 신생은 호돌의 의견을 따를 수 없었다. 어쩌면 신생은 외할아버지(제 환공)가 동방의 패자로 군림하고 있는 것을 의식했을지도 모른다.

이제 준비는 다 끝났다. 비정한 아비와 계모는 상처 입은 마른 나무를 베어낼 준비를 마친 것이다. 마침 헌공이 사냥 나갈 때를 기다려 여희는 신생에게 군주의 명이라고 꾸며 이렇게 전했다.

"오늘 저녁 군주께서 꿈에 제강齊姜(신생의 생모)을 만났으니, 반드시 제사를 올리고 음복을 하시오."

신생은 곧바로 곡옥에서 제사를 지내고 제사 음식을 도성 강絳으로 보냈다. 곡옥에서 강까지는 하루거리에 불과하니 음식이 상할 리는 없었다. 헌공은 사냥에서 돌아오지 않았기에 여희는 음식을 방치해두었다가 독을 넣었다. 《좌전》에는 무려 6일을 방치했다고 하는데 그때는 이미 부패한 냄새가 났을 것이다. 헌공은 신생을 불러 음식을 올리게 했는데 먼저 고수레를 했다. 그러자 땅에 거품이 일어났다. 이를 의심한 헌공이 음식을 개에게 먹이니 개가 죽었고, 또 심부름하는 이에게 먹였더니 그도 죽어 나갔다. 신생은 사달이 난 것을 짐작하고 바로 곡옥으로 달아났다.

그러자 여희가 눈물을 뿌리며 말했다.

"태자 곁에 도적이 붙어 있나 봅니다."

이리하여 헌공은 태자의 사부 두원관杜原款을 죽였다. 두원관은 신생을 가르친 사람으로 신생이 고지식하게 된 데 일말의 책임이 있었다. 그는 죽기 전에 신생에게 사람을 보냈다.

"저는 태자를 잘못 계도하여 죽음에 이르게 했습니다. 먼저 다른 나라로 피신하게 해야 했습니다. 이렇게 된 마당에 아버지에게 효도하여 좋은 이름이라도 남기는 것이 좋지 않겠습니까?"

측근들은 신생에게 변명을 하라고 했으나 그는 스승의 청을 받아들이기로 했다. 사서에는 헌공이 이 살인사건에는 관여하지 않은 것으로 나오지만 여러 심증으로 볼 때 관여했을 가능성이 크다. 신생이 변명한들 살 수 없었을 것이다. 신생이 말했다.

"지금 군주께서는 여희가 아니면 잠자리도 불안해하시고, 먹는 것도 잘 드시지 못하오. 내가 변명을 하면 여희의 죄가 밝혀질 것이오. 군주는 이미 늙었으니 그녀가 없으면 지낼 수 없고, 나도 그녀를 해치는 것이 즐겁지 않소."

그러자 사람들이 재차 권했다.

"공자께서는 나라를 떠나시지요."

그러나 신생은 이미 포기한 상태였다.

"군주께서 죄를 제대로 살피지 않으셔서 내가 이 누명을 쓰게 된 마당에 밖으로 나간들 누가 나를 받아주겠는가?"

그러고는 목을 매어 죽었다. 공자는《춘추》의 경문에서 "진나라 군주가 세자 신생을 죽였다[晉侯殺其世子申生]"고 바로 붓을 들이댐으로써 헌공을 비난하고 신생의 죽음을 애도했다.《좌전》의 전문傳文은 그저 담담히 그 과정을 서술한다.《공양전》의 전문은 "왜, 진나라 군주가 죽였다고 대놓고 말했던가? 세자를 죽인 것은 심한 짓이었기 때문이다"라고 설명을 붙였다.《국어》에는 여희가 직접 찾아와 세자의 죽음을 재촉했다고 되어 있다. 여희는 곡옥으로 신생을 찾아가 이렇게 독설을 퍼부었다.

"아비를 죽이려 하는 이가 어찌 국인들을 아낄 수 있겠소? 아비를 죽이고도 사람들이 좋아하기를 바란들 누가 그대를 좋아하겠소? 아비를 죽이고 사람들에게 이득을 주려 하니, 누가 그것을 이득으로 여기겠소? 이는 사람들이 모두 미워하는 바이니, 그대는 오래 살 생각을 마오."

신생은 울분을 참지 못하고 죽었다. 물이 너무 깨끗하면 고기가 살지 못한다는 속담은 신생을 두고 하는 말일 것이다.

## 2. 둘째·셋째 아들, 달아나다

사실 태자 신생은 비교적 쉬운 상대였다. 그러나 중이와 이오는 다른 유형의 사람들이었다. 중이는 훗날 춘추 제2대 패자가 되는 문공이고, 이오는 내실 있는 국가 운영으로 문공의 패업을 용이하게 한 혜공惠公이다. 신생의 죽음은 이들에게 충격이었다. 이들이 미처 대응할 사이도 없이 참소하는 말들이 흘러들었다.

"중이와 이오가 신생의 음모를 알고 있었다."

사서들은 진 헌공이 이런 참소를 믿었다고 썼지만, 사실은 그 스스로 내심 그러기를 바랐는지도 모른다. 여희는 어린 아들을 위협할 수 있는 중이와 이오를 그냥 둘 생각이 없었다. 당시 중이와 이오는 도성으로 군주를 알현하러 와 있던 참이었다. 중이와 이오는 당장 자신들의 본거지인 포와 굴로 달아났다. 헌공은 즉시 내시 발제勃鞮*를 보내 중이를 죽이라고 하고, 대부 가화賈華를 보내 이오를 치게 했다.

이오는 대단히 실리적인 인물이고, 중이는 신생만큼 고지식하지는 않았지만 이오만큼 실리적이지는 않았다. 중이는 헌공이 보낸 군사에게 대항하지 말라고 명했다.

"아버지 군주에게 대항하는 짓은 못 하겠다. 대항하는 사람은 나의 원수다" 하고는 담을 넘어 달아났다. 발제는 달아나는 중이를 담 아래

---

• 이 일을 행한 사람은 한 사람인데 사서들의 이름은 서로 다르다. 《좌전》은 '피披', 《국어》는 '백초伯楚'라고 되어 있다. 발제는 《사기》에 나오는 이름인데 《국어》의 다른 부분에 동명이 등장하므로 발제는 관직명으로 본다. 혹은 '백伯'과 '발勃'의 음은 동일하고, '피披'와는 유사하니 이름의 다른 표기로 볼 수도 있다.

서 추격해 소매를 잘랐다. 그러나 중이를 잡지는 못했다. 또 굴읍으로 보낸 군사도 목적을 성취하지 못했다. 이오는 성을 막고 견실하게 방어했다. 이오는 이렇게 1년을 더 버텼다.

일단 포를 떠나서 갈 곳은 어디인가? 앞서 제나라에 난리가 났을 때 제나라 환공은 거나라로 떠났고 관중은 당시 제나라의 적국이던 노나라를 택했다. 관중이 생각하기에 어차피 귀국해서 군주의 자리를 노리려면 원수의 나라인 노나라로 가는 것이 좋다고 생각한 것이다. 이제 문공의 선택을 살펴보자.

중이 일행은 일단 남쪽으로 달아나 황하에 이르러 초나라와 제나라를 사이에 두고 저울질했다. 그때가 기원전 655년이니, 바로 제나라 환공이 동방 8국 연합군을 거느리고 소릉에서 초나라를 굴복시킨 지 한 해 후였다. 초나라는 장차 커질 태세였고, 제나라는 패자의 나라였다. 기댈 언덕으로 어느 나라를 정할지 약간 난감했다. 그래서 점을 치기로 했다. 그러자 호언狐偃이 말했다. 호언은 적족으로 호돌의 아들이자 중이의 외숙부다. 앞으로 이 사람을 주목하자. 그가 바로 중이의 제갈량이다.

"점을 치지 맙시다. 제나라와 초나라는 가는 길이 멀고, 또 앞으로 크게 될 것입니다. 그러니 곤경에 처한 지경에 달아날 곳은 아닙니다. 길이 멀면 (본국과) 통하지 않고, 크게 되려는 나라로는 가기 어렵습니다. 또 곤경한 처지에 가면 후회가 많습니다. 곤경한 데다 후회가 많을 뿐 돌아올 희망은 없습니다. 저 언이 헤아려보건대 적나라가 어떨까요? 적은 우리 진과 가까우면서도 서로 교통하지 않습니다. 또 우매하여 진뜩과 원한을 쌓은 바가 많고, 떠나면 쉽사리 닿을 수 있습니다. 서로 통하지 않으니 숨어들기 좋고, 진나라와 원한이 많으니 그들과 함께 고락을 나누면서 진과 제후들의 형세를 살피다 보면 일을 못 이룰 것 도 없습니다."

아버지 호돌은 신생의 제갈량이었으나 신생은 죽고 말았다. 그러나 그 아들 호언은 중이의 제갈량 역할을 자임했다. 기본적으로 호돌의 판단은 관중의 판단과 유사하다. 떠날 때 먼저 돌아올 길을 봐두고, 과 감히 본국과 척을 진 나라로 들어간다. 어쩌면 호언이 적족이기 때문 에 그랬을 수도 있다. 이렇게 중이는 적인들의 땅으로 달아났다.

1년 후 좁은 굴 땅에서 더 이상 버티지 못한 이오도 달아날 참이었 다. 이오는 원래 형이 있는 적 땅으로 달아날 생각이었다. 그러자 이오 의 사부이자 대부인 극예郤芮(나중에 기冀 땅을 받아서 '기예'라고도 한다)가 반 대했다.

"안 됩니다. 뒤에 출발하면서 같은 곳으로 가면 공모했다는 죄를 벗 어나기 어렵습니다. 또 함께 출국하고 함께 귀국하기도 어려운 법입니 다. 같은 곳에 있으면 서로 미워할 수도 있으니, 양梁나라로 달아나는 것만 못합니다. 양나라는 진秦나라에 가까우며, 진나라는 우리 군주를 가까이 여깁니다. 군주는 늙었습니다. 우리가 양나라로 가면 여희는 두려워서 반드시 진나라에 도움을 요청할 것입니다. 그러면 우리는 살 수 있습니다. 그리고 그녀가 지난 일을 후회하면 우리는 죄를 면할 수 있습니다."

극예는 그 나름대로 정세 분석을 하고 있다. 헌공은 곧 죽을 것이고,

여희는 이오가 진秦나라에 기대어 돌아오는 게 두려울 것이다. 그러면
여희는 과거에 자신이 지나치게 태자를 오해했다는 전갈을 진나라에
보내 이오와 화해하려 할 것이고, 그러면 죄를 벗을 수 있다는 것이다.
극예가 보기에 적나라는 당장 진의 공격을 받을 것이 뻔했다.

　호언의 판단이 옳았을까, 아니면 극예의 판단이 옳았을까?

제4장

헌공의
죽음과 반란

• • •

아들 하나는 죽고, 하나는 달아나고, 하나는 성에서 버티고 있는 형국에도
진 헌공은 영토 팽창을 멈추지 않았다. 중이가 달아난 그해 겨울 헌공은 괵
나라를 멸망시켰다. 진나라의 모사 순식荀息이 우나라와 괵나라를 모두 멸망
시킬 요량으로 우나라에게 길을 빌려 괵나라를 멸하자고 헌공에게 제안한
'가도멸괵假途滅虢'의 고사가 바로 이때의 일을 설명한다. 그 일이 있은 직후에
이오도 양나라로 망명했다.

## 1. 헌공이 죽자 이극이 반란을 일으키다

중이가 적 땅으로 달아난 지 3년 후 진晉은 채상采上에서 적족을 공격
했다. 당시 오르도스 주변에 살던 민족들은 선택의 기로에 있었다. 유
목이냐 남하냐가 관건이었다. 최소한 기원전 2000년 전부터 진행된
건조화는 오르도스 주변의 농업문명에 심대한 압박을 가했고, 그래서
사람들은 오르도스를 떠나 남하하거나 아예 유목으로 돌아서야 했다.
그런 와중에 관중과 태행산의 골짜기에 자리 잡은 진秦과 진晉이 이 민
족들의 남하를 막고 있었다. 그러니 남북의 싸움이 빈번한 것은 당연
했다. 이제 적나라에는 진을 잘 아는 중이가 망명해 있었다. 이번에는
적이 즉각 반격했다. 전처럼 만만치 않음을 보인 것이다.

　당시 남쪽의 초는 아직 진에게 위협이 되지 않았지만 적족은 바로

눈앞의 위협이었다. 그 무렵 환공은 초를 제압했을 뿐만 아니라 적에 대항한 중원 연맹을 이끌어 명망을 얻고 있었다. 그래서 기원전 651년 규구의 회맹을 주관하고 천하의 패자임을 알렸다. 헌공은 적족의 위험에 대비해 보험을 들어놓을 심산으로 규구의 회맹에 참여하려 했고, 주나라 태재 공孔이 회맹에서 돌아오면서 헌공에게 참석하지 말라고 이간질했다.

그 형세를 보고 노련한 정치가인 태재는 의미심장한 말을 한마디 남겼다. 그는 강해지고 있던 진나라를 주나라의 울타리로 만들기 위한 유세를 했다. 그러나 그가 보기에 헌공은 이제 얼마 남지 않았다. 그의 정세 인식을 살펴보자.

> 진 헌공은 오래지 않아 죽을 것이다. 진은 경곽산을 성으로 삼고, 분하·황하·속수速水·회수澮水가 해자 구실을 하고 있다. 또 주위로 융과 적의 인민들이 완전히 둘러싸고 있다. 천혜의 요새인 넓은 땅을 가지고 있는데 (회맹의 질서를) 어긴들 누가 겁줄 수 있단 말인가? 지금 제나라 환공의 덕이 두터운지 아닌지, 천하 제후들의 형세가 어떤지를 고려하지 않은 채, 문을 잠그고 지킬 생각은 하지 않고 경솔히 회맹에 참여하겠다고 한다. 이는 심지를 잃은 것이다. 군주가 심지를 잃으면 일찍 곧 죽는 법이다.

주나라 태재는 그렇지 않아도 제나라가 계속 강해지는 것이 불안하여 초나라로 견제할 생각을 하고 있는데 진나라가 동방에 붙겠다는 것을 좋아할 리는 없다. 그러나 그는 앞으로 진이 나갈 길은 제대로 짚었다고 볼 수 있다. 제나라와 연합해도 실질적인 도움을 받기는 어려울 것이다. 적의 공격을 받는다고 해도 어떻게 제나라가 태행산을 넘어올 것이며, 황하의 좁은 골짜기를 거슬러 올라올 수 있겠는가?

그예 헌공은 과연 병을 얻었고 순식을 불러 어린 아들을 맡기며 유언을 남긴다.

"어리고 약하며 돌봐줄 이 없는 자식을 그대 대부에게 맡기려 하오. 그대는 어찌할 생각이오?"

순식은 헌공을 도와 괵나라를 멸망시키고 황하 북안의 넓은 땅을 얻은 총신이다. 그가 머리를 조아리고 대답했다.

"저는 혼신의 힘을 바쳐 충정忠貞을 다하겠습니다. 군주의 명을 이행하면 다행이고, 이행하지 못하면 저는 따라 죽겠습니다."

"그대가 보기에 무엇이 충정이오?"

"공실의 이익을 위해서는 무슨 일이든 하는 것이 충이요, 돌아가신 분을 잘 보내고 남아 계신 분은 잘 섬겨 양쪽 모두에게 의심을 받지 않는 것이 정입니다."

이렇게 보면 순식은 그야말로 헌공의 충직한 가신이다. 일전에 헌공을 위해서 괵을 칠 때는 흉계를 쓰는 것을 마다하지 않았고, 이제는 헌공의 유언을 위해 목숨을 바치겠다고 한다. 앞으로 순식의 후손들의 행보도 살펴볼 것이다. 그의 자손들도 춘추전국시대의 역사를 바꾼다.

그러나 노회한 이극의 생각은 달랐다. 그는 어린 해제를 죽이고 중이를 맞아들일 심사였다. 그는 천연덕스럽게 순식을 떠보았다.

"세 공자(신생, 중이, 이오)를 따르던 무리들이 장차 난을 일으키려 한다고 하고, 진秦과 진晉 사람들이 도울 것이라 합니다. 그대는 장차 어찌할 요량이십니까?"

순식이 대답한다.

"저는 죽을 것입니다."

"그건 무익한 짓이오."

"나는 선군께 언약을 했습니다. 언약을 지킬 수 있을까 걱정할 뿐이지, 어떻게 몸을 아끼겠습니까? 무익한 일이라 하여 어떻게 피할 수 있겠습니까?"

순식의 마음은 이미 돌이킬 수 없었다. 이번에는 비정에게 물었다.

"세 공자의 무리들이 해제를 죽이려 합니다. 그대는 어쩔 생각이시오? 순식은 죽겠다고 하더이다."

비정은 순식과 달랐다.

"한번 힘을 써보십시오. 국사 두 명(이극과 비정)이 도모하면 안 되는 일이 없습니다. 나는 그대를 도울 테니 그대는 칠여대부七輿大夫*로 나를 맞아주시오. 나는 적인들을 끌어들이고, 진秦나라의 원조를 얻어 밖에서 동요시키겠습니다."

비정은 이렇게 말하면서 과감하게 이후에 국정을 주무를 생각을 드러낸다.

"그런 후 박한 자[薄子](나이가 어리거나 덕이 부족한 자)를 세우고 후한 자

---

• 군대를 이끌고 있는 일곱 대부를 말한다. 모두 원래 태자의 사람들로 이극을 지원했다.

[厚子](중이와 이오를 뜻함)는 못 들어오게 하면 이 나라가 곧 누구의 나라가 되겠습니까?"

그러자 이극이 제지한다.

"안 됩니다. 제가 듣기로 의는 이익의 밑이고[夫義者, 利之足也] 탐욕은 원망의 근원이라 합니다. 의를 버리면 이익이 유지될 수 없고, 탐욕이 지나치면 원망이 생깁니다. 하기야 여희의 어린 아들이야 무슨 죄가 있습니까? 다 그 여자가 일을 꾸며 공자들의 권리를 빼앗고 죄 없는 태자를 죽여 제후들의 웃음거리가 되고 백성들의 미움을 샀을 따름이지요. 그러하니 이제 해제를 죽이고 밖에 있는 공자들을 불러 민심을 안정시키고 제후들에게 도움을 청하면, 사람들은 제후들이 의로써 도왔다고 할 것이고 백성들은 흔쾌히 이를 받들어 국가는 안정될 것입니다."

이렇게 말하자 비정은 이극의 의견을 따랐다.

그리고 이극은 해제를 죽이고 진秦나라에 도움을 청했다. 순식은 선군과의 약속대로 죽으려 했으나 먼저 탁자(해제의 이복동생, 여희의 동생의 아들)를 옹립하는 것이 중요하다고 생각해서 탁자를 세웠다. 그러자 이극은 탁자를 죽였다. 이제 희망이 없어지자 순식은 탁자를 따라 죽었다. 순식은 이렇게 자신의 말을 지켰다.

## 2. 중이는 거부하고, 이오는 허락하다 ━━━━━━

일이 벌어지자 사자들은 바쁘게 움직였다. 이극과 비정의 사자 도안이 屠岸夷는 적 땅으로 가서 중이를 만나 말을 전했다.

"나라가 어지러워 민심이 동요하고 있습니다. 나라는 바로 난리 때에 얻는 것이고, 백성을 다스리는 것도 그들이 동요할 때를 이용해야 합니다. 입국하시는 것이 어떻겠습니까? 공자를 위해 제가 부탁드립니다."

앞으로 자세히 분석하겠지만 이럴 때 덥석 달려든다면 중이가 아니다. 그는 항상 옆 사람에게 먼저 물어본다. 외숙부이자 가장 신임하는 측근 호언에게 묻는다.

"이극이 나를 받아들이려 하는 것 같소이다."

그러자 호언이 조언한다.

"안 됩니다. 나무가 견고하려면 뿌리가 튼튼해야 합니다. 뿌리가 줄기를 제대로 받쳐주지 않으면 결국은 마르고 맙니다. 대저 나라를 다스리는 사람은 희로애락에 절도가 있어서, 이로써 백성들을 교도합니다. 상을 슬퍼하지 않고 나라를 얻는 일은 어렵고, 난을 틈타서 귀국하는 것은 위태롭습니다. 상을 틈타서 나라를 얻으면 이는 필시 상사(죽음)를 낙으로 삼는 것이고, 상사를 낙으로 삼는다는 것은 필시 삶을 슬픔으로 여기는 것이 됩니다. 난을 틈타 들어가면 이는 필시 난을 좋아하는 것이고, 난을 좋아하면 필시 덕을 태만하게 합니다. 이렇게 희로애락의 절도가 전도되면 무엇으로 백성들을 교도하겠습니까? 백성들이 교도를 따르지 않으면 누구를 다스리겠습니까?"

호언은 항상 장기적인 관점에서 조언한다. 그러자 중이가 반문한다.

"상사가 없으면 누가 자리를 대체할 것이며, 난리가 없으면 누가 나를 받아줄 것입니까?"

호언이 말한다.

"제가 듣기로 상사와 난리에는 대소가 있습니다. 커다란 상사와 난리가 났을 때는 이를 건드리지 말아야 합니다. 부모께서 돌아가시는 것이 큰 상사이고, 형제가 서로 참언의 해를 입는 것이 큰 난리입니다. 지금이 이 형국이니 들어가기 어렵습니다."

중이는 이 말의 뜻을 파악하고 나와서 사자에게 말했다.

"그대는 고맙게도 망명을 나온 중이를 헤아려주시는구려. 살아서 아버지를 모시지 못하고 돌아가실 때는 상례도 다하지 못했는데, 이제 또 대부까지 욕되게 하는구려. 저는 감히 사양하겠습니다. 대저 나라를 안정시키는 길은 나라의 대중을 친하게 대하고 이웃 나라와 친하게 지내며 백성의 마음을 따라가는 데 있습니다. 백성들이 이익이 된다고 여기고 이웃 나라가 세우고 싶어 하는 사람이 있으면 대부께서는 그를 세우십시오. 저 중이는 감히 거스르지 않겠습니다."

이런 보고가 이극에게 들어갔고, 거의 동시에 여생呂甥과 극칭郤稱이 양나라에 있던 이오에게 사자를 보내 말을 전했다. 너무 늦어지면 다시 난리가 날 수 있었다.

"공자께서는 진秦나라에 뇌물을 후하게 주시고 귀국을 도와달라고 하십시오. 제가 공자를 돕겠습니다."

그러자 이오는 극예에게 물었다.

"여생이 나를 맞아들이려고 하는데…….."

이번에도 극예는 중이의 보좌역인 호언과는 다른 처방을 내린다.

"공자께서 최선을 다할 때입니다. 나라에 난리가 나 민심이 동요하면 대부들의 마음도 흔들리는 법이니 기회를 놓쳐서는 안 됩니다. 이런 난리가 아니면 언제 귀국할 것이며, 이런 위기가 없으면 언제 안정을 바랄 것입니까? 다행히 공자가 군주의 아들인 까닭에 그들이 공자를 찾는 것입니다. 바야흐로 난리가 나서 민심이 동요하고 있는데 누가 우리를 제어할 것이며, 대부들의 마음도 정해지지 않았으니 백성들이 우리를 세우면 누가 감히 따르지 않겠습니까? 응당 나라의 재물을 아낌없이 모아서 내외로 뇌물을 뿌리고 일단 입국해야 합니다. 재물은 들어가서 다시 모으면 됩니다."

이오는 그 말을 따랐다. 이리하여 이오는 귀국을 결정하고, 이극에게 서신을 보내 자신이 귀국하면 분양汾陽 땅을 떼어주겠다고 하고, 진나라에는 극예를 사자로 보냈다.

여생은 이오의 대답을 받은 후 진나라 대부들을 소집해서 이렇게 고했다.

"군주가 붕어하신 후 함부로 군주를 세우는 일을 감히 하지 못했는데, 상황이 오래되면 제후들이 우리를 도모할까 두렵소. 밖에 있는 분을 불러 군주로 세우려 하나 백성들의 마음이 제각각이니 난이 일어날까 두렵소. 진秦나라에 군주 세우는 일을 도와달라고 하는 것이 어떻겠소?"

그러자 대부들은 모두 동의했고 사자가 진나라로 떠났다. 이오를 군주로 세우는 일이 이렇게 착착 진행되었다.

독자들은 이제 어렴풋하게 감지할 것이다. 이극, 비정, 여생, 극예 등의 말은 물론이고 중이와 이오의 말도 이전 관중, 포숙, 습붕, 환공의 말과는 다르다는 사실을. 바야흐로 권력은 점점 더 사유화되고 권모술수의 시절이 열리고 있었다. 관중, 호언, 여생 등은 모두 2인자다. 그런데 그 2인자들의 성격이 바뀌고 있었다.

# 제5장

## 동서 양강의 개입

조금 신빙성이 떨어지는 이야기지만 사료에는 진晉의 1대 제후인 숙우叔虞가 우연한 일로 책봉되었다고 쓰여 있다. 그는 주 무왕의 아들이다. 무왕의 아들 성왕은 숙우와 친했다. 주공은 당唐에서 난리가 나자 나라를 멸망시키고 주 나라의 속지로 삼았다. 성왕이 숙우와 놀다가 우스개로 "그대를 당에 봉하노 라"고 했다는 것이다. 그러자 사관은 천자에게 숙우를 당 땅에 봉하도록 청 했고, 성왕은 "장난으로 그랬을 뿐이오"라고 변명했다. 사관은 "천자는 실언 을 해서는 안 됩니다" 하고 기어이 숙우를 당 땅에 봉했고, 숙우의 아들이 진 후晉侯가 되었다는 것이다.

이 이야기를 다 믿을 수는 없지만 한 가지 중요한 시사점을 던져준다. 최 소한 서주시기에 진晉 땅은 일급 요충지 대접을 못 받았다는 것이다. 물론 중 요한 곳이지만 여러 융과 적 민족들이 차지하고 있어서 개척하지 못한 것이 리라. 그러나 동주시대가 되어 낙양이 주의 근거지가 되고 서방의 진秦이 강 대해지자 그 땅의 전략적 가치는 급등했다. 또 곡옥의 무공 같은 투지 넘치 는 개척자가 나타나고 그를 이은 헌공이 융적을 계속 밀어내자 이 땅은 누 구나 탐낼 만한 곳이 되었다. 특히 서방의 진秦이 보기에 진晉은 높은 언덕 에서 활을 잡고 길목을 지키는 형국이니 여간 껄끄럽지 않았다. 이런 상황 은 동쪽에서 보기에도 마찬가지였다. 동쪽 제후국들은 진晉이 미워도 도무 지 들어갈 방법이 없었다. 주나라 태재가 말한 대로 사방이 요새와 이민족 들로 둘러싸여 있으니 비집고 들어갈 틈이 없었다. 여러모로 분하계곡의 중 요성은 높아졌다. 그런 상황에서 계승분쟁이 벌어진 것이다.

---

• 요임금은 도당씨陶唐氏다. 그래서 요의 옛 터전을 당唐이라고 불렀다. 춘추시대에는 진晉의 터전이 된다.

## 1. 제 환공이 개입하다

난리가 일어나자 진나라 내부 사람들도 계승권 투쟁의 와중에서 생존을 모색했지만, 외국도 기민하게 움직였다. 일단 주도권을 잡고 있는 이는 진秦나라 목공이다. 대부들이나 공자들 모두 목공의 지지가 결정적임을 인지하고 있었다. 그러나 관중이 이미 늙었다고 하지만 이 중대한 사건을 가만히 둘 리가 없다. 민감한 해석이 필요하므로《좌전》 '희공 10년'의 세 구절을 그대로 옮겨보자.

제나라 환공이 제후들의 연합군을 이끌고 진晉을 토벌하여 고량高粱 (지금의 임분臨汾)에 도착한 후 돌아왔다. 진나라의 난리를 토벌한 것이다.

제나라 습붕이 군대를 이끌고 진秦나라 군대와 만나 혜공(이오)을 귀
국시켰다.
여름 사월에 주공 기보忌父와 왕자 당黨이 제나라 습붕과 만나 혜공을
세웠다.

　분명히 이 난리에서 가장 중요한 외부 인물은 진秦 목공이다. 그러나
제나라의 역할을 무시할 수가 없다. 기원전 650년 당시 제나라는 평원
으로 진출하려는 적 세력으로부터 진晉과 주周를 방어하기 위해 어려
운 싸움을 하고 있었다. 그것은 관중의 기본적인 전략이었다. 그런데 앞
에서 언급했듯이 진은 이 혼란에 적 세력을 끌어들였다. 그리고 중이는
적 땅으로 망명해 있었다. 그러면 추측이 가능해진다. 관중은 적이 이
틈을 노려 남하하지 못하도록 분하의 평원지대를 가로질러 곧장 북쪽
산악지대의 경계까지 들어간 것이다. 그런 목적이 없었다면 진의 도읍
인 강絳만 둘러싸면 된다. 관중은 명분과 실리를 항상 결합한다. 이렇게
보면 이 난리를 전체적으로 정리한 사람은 바로 관중, 혹은 환공이다.
　그다음은 관중의 분신 습붕이 나선다. 습붕은 이미 진晉 땅을 접수한
상황이었다. 그래서 스스로 군대를 이끌고 서쪽에서 오는 진秦나라 군
대를 맞아 이오를 받아들였다. 그래서《좌전》은 국내의 변란을 제압한
습붕을 이오를 받아들인 주역으로 기술한 것이다.
　마지막으로 혜공(이오)의 즉위를 주관한 사람도 습붕으로 되어 있다.
당연히 명목상 천자의 나라가 나섰겠지만 실제로 일을 주관한 사람은
습붕이다. 그래서《좌전》은 예의상 천자의 대리인인 주공과 왕자를 먼

저 썼지만, 사실상 습붕이 일을 했음을 기록했다.

그러나 환공과 관중은 비록 당시의 패권을 잡고 있었지만 이런 상황을 이용하여 이득을 차지할 사람들은 아니었다. 제나라의 정책은 기본적으로 주나라의 질서를 무너뜨리지 않으면서 패권을 추구하는 것이다. 이제 진나라를 안정시켜 제나라에 우호적인 관계를 만들면 군사를 움직인 임무는 끝난다.

좀 더 후대에 쓰여진《관자》는 더 전술적인 면을 강조한다. 환공이 황하의 만곡부에 다다른 적은 한 번밖에 없으므로 다음 기사는 분명히 그때의 일을 묘사한 것이다.

> 서西로 백적의 땅을 빼앗고, 드디어 서하西河에 이르렀다. 배와 뗏목으로 강을 건너 비로소 석침石枕에 이르렀다. (중략) 서로 서우西虞를 굴복시키자 진융秦戎이 처음으로 따랐다.

진융이란 바로 진秦이다. 제나라가 황하를 건너 진나라를 굴복시켰다는 것이다. 이것은 사실이 아니라고 하더라도 한 가지는 명확하다. 제나라는 분명히 진秦나라를 위협할 생각이 있었던 것이다. 제나라 입장에서 보면 북쪽에서 남하를 막아야 할 대상은 적狄이고, 동쪽으로 진출하려는 진秦 또한 저지해야 할 융戎이었다. 크게 보아 이들은 모두 융적이었다. 그래서 습붕이 군대를 이끌고 직접 일을 주관한 것이다. 관중이나 환공의 관점에서 보면 이런 중요한 일의 주도권은 당연히 패자인 제나라가 쥐고 있어야 했다.

혹자는 관중의 행동이 아무 실리도 없는 일이었다고 생각할 수도 있다. 그러나 대국적인 관점에서는 전혀 그렇지 않았다. 진晉은 건국 초기부터 삼진으로 분열되었다가 멸망할 때까지 기본적으로 진秦으로부터 중원 전체를 보호하는 역할을 했다. 이때 관중이 개입하지 않았다면 이런 큰 그림은 그려지지 않았을 것이다. 환공은 또 나중에 중이에게도 피난처를 제공하는데 이런 정책이 무형의 효과를 보았음을 부인할 수 없다. 그러니 진晉을 동방을 보호하는 울타리로 만든 사람은 바로 관중이다.

## 2. 진秦이 개입하다

### 목공의 즉위와 진秦의 관중 장악

이제 춘추시대 4강의 마지막 주자 진秦을 본격적으로 소개할 차례다. 《춘추전국이야기 1》에서 진족의 기원과 초기 발전에 관해 세 가지 요점을 제시했다. 첫째, 진의 선주민은 관중의 서쪽에 기원을 둔 목축민\*\*

---

• 이 단락에서 한자가 표시되지 않은 진은 모두 秦이다.

•• 유목민과 목축민은 다르다. 유목민은 '목축'을 하는 동시에 끊임없이 이동한다. 목축은 가축을 길러 양식을 장만하는 생산방식의 한 형태에 불과하지만, 유목은 생산방식인 동시에 모든 사회조직이 '이동'에 맞도록 조직되는 완전한 삶의 한 양식이다.

이었다. 문헌에 나오는 진의 동방기원설은 아직은 근거가 없다. 둘째, 진은 점점 주나라가 서방의 이민족들을 제어하는 데 주도적인 역할을 하게 되면서 전문적인 전사戰士 집단으로 성장한다. 셋째, 진은 주나라가 동천하는 와중에 융족과 격렬한 싸움을 함으로써 제후국의 반열에 오른다. 기원전 677년 덕공이 관중의 최서부인 옹성으로 천도하여 도성을 세움으로써 진은 관중을 장악하여 동쪽으로 나올 채비를 갖춘다. 지금 말하고자 하는 사람은 재위 기간 동안 관중을 장악했을 뿐 아니라 진을 서방의 패자로 올린 목공穆公이다.

춘추전국시대에는 국가들도 사람처럼 뚜렷한 개성을 보여준다. 《순자》에 "진의 행정은 허식이 없고 간결하다"는 말이 나오는데, 이런 진의 특징은 오랜 연원이 있다. 동방의 노나라와 제나라가 종주국인 주의 예법을 가져갔다면 진은 주의 생존과 발전 전략을 고스란히 가져갔다.

이해를 돕기 위해 일본 전국시대의 한 예를 들어보자. 도요토미 히데요시는 오다 노부나가의 몸종으로 있으면서 정치를 배웠다. 몸종은 예절을 가지고 있지만 예절을 내면화하지는 않는다. 다만 예절의 이면에 들어 있는 권력의 속성들을 내면화하는 것이다. 그래서 도요토미는 주인의 뒤를 이어 전국의 패자가 되지만 주인과는 확연히 다른 품격을 가지게 된다. 도요토미는 오다의 대범함 속에 숨어 있는 속임수들을 배워 확연한 실리주의자로 성장한다. 진나라가 바로 그런 특징을 가지고 있었다. 진은 주의 허식이 아니라 실리를 철저하게 모방했다.

주가 기산에서 재기한 것을 따라 진도 기산 아래 자리를 잡았다. 주가 힘을 충분히 비축하여 호경(서안)으로 천도한 것을 따라 자신들도 힘이 충만했을 때 함양(서안 부근)으로 옮겨갔다. 진도 패권을 추구하지만 관중의 제나라가 추구하는 패권과는 차원이 달랐다. 이들 전사 집단은 진정한 실리를 추구할 줄 알았다. 궁극적으로 이익이 되는가 아닌가가 정책 결정의 최우선 요인이었다. 그러나 이들이 중원으로 나가는 길은 더 험했다. 바로 진晉이 길을 막고 있었기 때문이다.

덕공이 관중을 바라보는 옹성을 만들기 전까지 진은 여전히 산악 목축부족의 특징을 가지고 있었다. 그리고 목공이 등장한 후에야 세습권력 체제가 만들어졌다. 이제 흔히 주목하지 않았던 기사를 주목해보자.《사기》〈진본기〉의 구절을 정리하면 이렇다.

- 영공寧公*은 아들을 셋 두었는데, 첫째는 태자 무공, 둘째는 덕공, 셋째는 출자다.
- 덕공은 아들을 셋 두었는데, 첫째는 선공, 둘째는 성공, 셋째가 목공이다.
- 선공은 아들이 아홉인데 모두 즉위하지 못하고, 동생 성공이 즉위했다.
- 성공은 아들이 일곱인데 모두 즉위하지 못하고, 동생 목공이 즉위했다.

---

• 〈진시황본기〉에는 헌공憲公이라고 되어 있다. 섬서성 주공묘촌에서 발견된 진공박秦公鎛의 명문에 헌공이라고 되어 있는 것으로 보아 헌공이 맞는 듯하다(張潤棠, 《寶鷄靑銅器》, 三秦出版社, 2005년 참조).

– 목공의 태자 앵이 즉위하니, 이가 강공이다.

– 강공의 아들 공공이 즉위했다.

– 공공의 아들 환공이 즉위했다.


이제 진에서 벌어진 일을 알 수 있다. 목공이 등장할 때까지는 형제상속이 빈번했고 특히 목공의 아버지와 당대에는 완전한 형제상속이 이루어졌다. 형제상속은 이미 중원과 남방 초나라에서는 쇠퇴하여, 반란 등의 특이한 일이 아니면 부자상속이 보편화되어 있었다. 대체로 형제상속은 두 가지 유형이 있다. 이미 부자 세습제가 완성된 상태에서의 형제상속은 혼란기에만 발생한다. 그러나 세습제가 완성되기 전에는 형제상속이 오히려 더 일반적이다. 특히 초원 문화권에서는 여러 계승자들이 투쟁을 거쳐 실력을 입증해야만 왕권이 인정되었다. 진 목공이 등장하기 전까지 진나라의 세습왕권(명목상 왕이 아니지만 편의상 왕권이라 부른다)은 공고화되지 못했다. 그러나 목공 후의 계승은 완전한 부자상속으로 바뀐다. 그러니 그가 얼마나 강고한 권력체제를 만들어냈는지 상상할 수 있다.

아마도 목공은 진晉나라 문공과 함께 중국의 사서에 등장하는 최초의 '영웅'일 것이다. 그래서 후대 군주들도 그의 어투를 흉내내는 것을 즐겼다. 목공은 성정이 대담하며 사람의 마음을 얻을 줄 알았다. 이런 목공이 권좌에 오른 후 5년이 되자 점차 밖으로 팽창할 준비를 했다. 백리해를 얻은 그해 가을에 황하를 건너 진晉나라와 한판 전쟁을 치렀다. 그런 후 몇 년이 흘렀을 때 진晉나라에 난리가 난 것이다. 목공이 이

진공정秦公鼎. 기원전 8세기에서 7세기에 진秦나라 군주가 사용한 솥으로, 그릇 외면에 명문이 새겨져 있다.

기원전 9세기 서주시기에 진鴥나라 군주가 사용한 용기.

기회를 놓칠 리가 없었다.


## 혜공을 동방 진출의 징검다리로 쓰다
—

각국의 계산은 빠르게 돌아갔고 사자들은 바쁘게 움직였다. 제나라 연합군이 평화유지군으로 들어와 있었고, 이제는 목공이 키를 잡게 되었다. 그때 여생이 보낸 사자 양유미梁由靡가 도착했다.

> 하늘이 저희 진晉나라에 화를 내리시어 참언이 분분히 일어나 결국 군주의 후계자들에게 미치고 말았습니다. 이제 그들은 멀리 초야로 도주해 의지할 곳 없는 몸입니다. 또 저희 군주께서 돌아가시자 난리까지 겹쳤습니다. 군주(목공)의 영명함에 힘입어 죄인을 주살하였으나, 아직 여러 신하들은 감히 몸 둘 곳을 찾지 못하고 군주의 명을 기다리고 있습니다. 군주께서 저희의 사직을 어여삐 여기시고 돌아가신 저희 군주와의 우호를 생각해주신다면, 청컨대 유랑하는 공자들을 받아들여 세우시어 종묘에 제사를 올리게 하시고 우리나라와 인민들을 위로해주시기 바랍니다. 사방의 제후들이 이 소식을 듣고 나서 누가 감히 군주의 위세에 겁먹지 않을 것이며, 누가 군주의 덕을 칭송하지 않을 것입니까? 군주의 커다란 사랑을 입고, 군주의 커다란 베푸심을 받고, 신하들 모두가 군주의 큰 덕을 받고서, 우리 진나라 신하 중 어느 누가 군주의 예신隸臣이 아니 될 수 있겠습니까?

당대의 문사들이 토론하여 만드는 이런 외교적인 수사를 기억해두자. 이런 문서는 항상 '우리의 어려움', '상대의 위대함', '상대의 이익' 순으로 이야기를 전개한다.

사실상 판은 이오로 기울고 있었다. 제 환공은 군대를 이끌고 먼저 북쪽을 침으로써 적족의 개입을 막았고, 중이는 본국의 요청을 이미 거부했다. 그래도 이 문제는 쉽게 결정할 수 있는 일이 아니었다. 목공은 사자가 돌아가자 자명子明(백리해의 아들 맹명시孟明視)과 공손지公孫枝*를 불러 상의했다.

"진晉나라에 난리가 났으니 누구를 사신으로 보낼까? 두 공자 중에는 누가 좋을까? 이는 화급한 사안이오."

자명이 말한다.

"공자 집慹(목공의 아들)을 보내시지요. 공자 집은 민첩하고 예의를 알며 공경심이 있습니다. 일을 제대로 처리할 수 있을 겁니다."

그래서 공자 집이 적나라로 가서 중이를 만났다.

"저희 군주께서는 망명 와중에 상까지 당한 공자를 위로하라고 저를 보냈습니다. 제가 듣기로, 나라를 얻는 것도 상중에 있으며 잃는 것도 상중에 있다고 합니다. 이때를 놓칠 수는 없습니다. 상사를 오래 끌어 임금이 없는 상태가 오래되어서도 안 되니 공자는 어서 일을 도모하시지요."

---

• 《설원》에 의하면 공손지는 목공이 백리해를 얻자 기어이 집정의 자리를 양보했다고 한다. 안목이 대단한 사람인 모양이다.

그러자 중이는 호언에게 자문을 구했다. 호언은 일관된 논지로 이야기한다.

"안 됩니다. 망명 온 우리는 친한 사람이 없습니다. 신의와 인으로써 사람들과 친해진 후에야 자리에 올라도 위험하지 않습니다. 아버지의 시신이 아직 묻히지도 않았는데 이익을 구한다면, 누가 우리를 인하다 하겠습니까? 나만 요행을 바란다면, 누가 우리를 신의 있다 하겠습니까? 인과 신의를 저버리고 무엇으로 장구한 이익을 얻을 것입니까?"

이렇게 주의를 단단히 받은 중이가 나와서 공자 집에게 말한다.

"귀국의 군주께서는 도망 나와 있는 나에게 은혜를 베푸시고, 또 나를 위한 대책까지 주셨습니다. 허나 저 중이는 도망 나와 있는 터라, 아버지께서 돌아가셔도 앞에서 곡도 못 하고 있는 처지입니다. 그런데 어떻게 감히 다른 뜻을 품고 군주의 의를 욕되게 할 수 있겠습니까?"

이렇게 말하고는 재배를 하면서 머리를 땅에 대지 않고 일어나서는 곡을 했다. 그리고 자리가 파한 후에는 사적으로 공자 집과 말하지 않았다. 이것은 당시의 정해진 상례를 따른 것이다.

공자 집은 적나라를 떠나 이오가 머무르는 양나라로 가서 똑같은 말을 했다. 그러자 이오는 극예에게 조언을 구했다. 극예는 호언과는 반대로 말한다.

"이제 힘을 쓸 때입니다. 망명 나온 사람은 지나치게 고고할 필요가 없습니다. 지나치게 고고하면 일을 행할 수 없습니다. 두터운 뇌물로 후의를 베풀어야 합니다. 재물을 아껴서는 안 됩니다. 기회는 모두에게 주어졌는데, 내가 요행을 바라면 안 될 이유가 무엇입니까?"

이렇게 말하고는 나와서 공자 집에게 재배할 때 머리를 땅에 대었다. 그러고는 곡도 하지 않고 자리를 파했다. 이때 극예는 사적으로 집에게 도와달라는 말을 흘렸다.

"중대부 이극이 협조한다고 하니 내가 분양 땅 100만 무를 준다고 명했고, 비정에게는 부채負蔡 땅 70만 무를 주기로 했소이다. 귀국의 군주께서 도와주시기만 하면 군주 자리는 이미 정해진 겁니다. 이렇게 도망 나온 사람은 그저 돌아가 종묘와 사직을 안정시키려 할 뿐이니, 어찌 나라 땅을 아끼겠습니까? 귀국의 군주께서는 이미 많은 군현을 보유하고 있지만, 제가 들어가면 하외河外(황하의 서쪽)의 연이은 다섯 성을 드리겠습니다. 뭐 어찌 귀국의 땅이 좁다고 주는 것이겠습니까? 그저 군주께서 동쪽으로 유람 오셔서 다리 위에서 놀 때 느긋하게 즐기라는 것이지요. 저 도망 나온 이는 그저 말고삐를 잡고 군주의 수레 뒤를 따르기를 바랄 뿐입니다. 황금 40일과 백옥 패물 여섯 쌍을 준비했습니다. 감히 공자께 드리기는 민망하니 그저 좌우 측근들에게나 주시지요."

비록 입에 발린 소리라고 하더라도 이 정도면 예술이다. 집이 돌아와서 보고하니 목공이 말한다.

"중이를 지원해야겠군. 중이는 인을 갖추었어. 아부하지 않고 슬픔을 다하는 데다 사욕도 없으니 말이야."

그러자 공자 집은 반대한다. 공자 집은 적잖이 안목이 있는 사람이었다.

"군주께서는 틀리셨습니다. 군주께서 진晉나라의 군주를 세워서 저

나라가 바로 서게 할 요량이시면 인을 갖춘 이를 세워야겠지요. 그러나 장차 군주께서 천하에 이름을 떨치려 하시면 저 나라에 불인不仁한 군주를 세워 어지럽히는 것이 낫습니다. 그러면 상황을 봐서 진퇴를 결정할 수 있습니다. 제가 듣기로 '인의를 펼치려고 세울 수도 있고, 무력을 떨치려고 세울 수도 있다. 인을 위해 세우려면 덕 있는 자를 세우고, 무력을 떨치려 세우려면 복종하는 자를 세운다'고 합니다."

진 목공은 물론 그 아들도 지략이 만만치 않다. 그러나 제 꾀에 제가 넘어간다는 말이 있다. 과연 인덕이 없는 사람을 복종시킬 수 있을까? 군주의 자질을 열심히 설파한 마키아벨리가 한 말을 기억해보자.

> 불리할 때는 신의를 지켜서는 안 되고, 약속을 맺은 이유가 사라질 때 약속을 지켜서도 안 된다. ─《군주론》18장

왜 그럴까? 마키아벨리는 설명한다. "인간은 사악하기 때문이다. 약속을 지킬 조건이 사라지면 상대도 약속을 안 지키려 들 것이다. 지키면 당신만 손해." 이것이 인간을 사악하게 보는 학파들의 기본적인 태도다. 관중이 이 말을 들었다면 당연히 중이를 세웠을 것이다. 그러나 목공은 영웅이지만 선량한 철인은 아니다. 그예 이오를 세우기로 결심한다.

이오의 사자 극예가 땅을 떼어주겠다는 선물 보따리를 들고 오자 목공은 은근히 물었다.

"공자가 믿는 사람은 어떤 사람인가?"

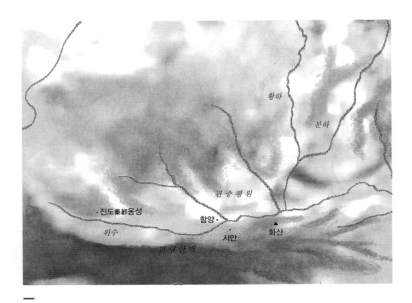

진나라 옹성 시의도.

　이오가 쉽사리 쥐락펴락할 수 있는 사람인지 떠보는 것이다. 그러자 극예가 대답한다.

　"신이 듣기로 '망명한 사람은 당파가 없다고 합니다. 당파가 있으면 반드시 원수가 있느니라' 하더이다. 이오는 어릴 때부터 노는 것을 좋아하지 않고, 싸움을 할 줄은 알았으나 과하지 않았습니다. 커서도 이 행실은 변하지 않았고, 그 외의 다른 것은 저도 모르겠습니다."

　극예는 완전히 목공이 듣고 싶어 하는 말을 해주었다. '이오는 믿는 사람도 없으니 그대가 도와준 후 손 안에 두고 마음대로 하시오' 하고 목공을 안심시키는 것이다.

그러자 목공은 의뭉스럽게 공손지에게 물어본다.

"이오가 나라를 안정시킬 수 있을까?"

공손지는 기본적으로 인애한 교양인이다. 그는 담백하게 대답한다.

"신이 듣기로 오직 법도가 있어야 나라를 안정시킬 수 있다고 합니다.《시경》에 '자신도 모르는 사이에 천제의 명을 따른다'고 하는데, 이는 문왕을 일컫는 말입니다. 또 '함부로 간여하지 않고 해치지 않으면, 법도를 어기는 일이 적다'고 합니다. 이는 딱히 좋아함도 미워함도 싫어함도 이기고자 함도 없음을 말합니다. 그러나 지금 이오의 말을 보면 싫어함과 이기고자 하는 마음이 너무 많습니다. 나라를 안정시키기 어려울 것입니다."

그러자 이미 속마음을 정한 목공이 말한다.

"싫어하면 원수가 많아질 텐데, 원수를 많이 두고도 이길 수 있겠는가? 그야 오히려 우리에게 좋은 일이오."

목공의 강점은 이런 것이다. 자신이 착하지 않아도 착한 사람을 알아보고 써서 통찰을 얻는다. 백리해, 건숙, 공손지가 모두 그런 인물들이다.

# 제6장

## 동서대전의 개막

· · ·

서서히 밝혀지겠지만 목공은 야심이 있는 사람이다. 진晉의 계승분쟁에 적극
적으로 끼어든 것은 동쪽으로 나가는 길목에 허수아비 정권을 두려는 심사
였다. 그러나 혜공도 그렇게 호락호락한 사람이 아니었다. 그도 자신의 철학
이 있었다. 춘추무대에 서방의 진이 적극적으로 개입하면서 이제 제-초의 남
북 알력에 진-진의 동서 알력이 가세한다. 서서히 판은 커지고 있다.

## 1. 혜공이 약속을 지키지 않다 ━━━━━━━

혜공은 귀국하자마자 대부 이극을 살해했다. 이극을 살해한 이유는 복합적이다. 먼저 이극은 두 명의 군주를 살해한 사람이다. 의심이 많은 혜공으로서는 그를 신임할 수가 없었다. 또 하나는 그동안 이극이 취해온 애매한 행동 때문이었을 것이다. 이극은 여희가 음모를 일으킬 때 중립을 선언함으로써 중이와 이오(혜공)가 결국 망명하는 단초를 제공했다. 그러다가 상황이 유리하게 전개된 후에 돌아섰다. 그보다 더 적나라한 이유로는 약속한 땅을 주기 싫었을 것이다. 권력을 잡기 전에는 땅을 준다고 약속했지만 막상 권력을 잡은 후에는 생각이 바뀐 것이다.

그러나 더 큰 문제는 중이의 존재였다. 애초에 이극과 비정은 중이를 지지했다. 그러나 중이가 거절하자 이오를 지지하는 극예 등의 의견을 따른 것이다. 혜공은 이극과 비정을 중이의 무리로 보았고 이들이 다시 반란을 일으킬까 두려웠다. 극예는 이극을 빨리 죽이라고 조언했다. 결국 혜공은 이극을 죽이려고 사람을 시켜 말을 전했다.

"그대가 없었으면 내가 군주가 되지는 못했을 것이오. 그러나 그대는 두 명의 군주와 한 명의 대부를 죽였소. 내가 그대의 군주 노릇을 하기는 어렵지 않겠소?"

혜공의 정치적인 계산은 아버지 헌공을 넘어선다. 이극도 이제 어쩔 수가 없다.

"내가 두 군주를 폐하지 않았으면 지금의 군주가 어떻게 있겠습니까? 죄를 씌우려면 구실이야 없겠습니까? 좋습니다. 저는 죽겠습니다."

이극은 이렇게 죽었다. 그때 비정은 진에 사신으로 가 있어서 죽음을 면했다. 어떤 일로 사신으로 갔을까? 목공에게 사과하러 간 것이다. 어떤 일을 사과했을까? 혜공은 진에 주기로 한 하서 땅을 주지 않았다. 그 핑계를 대기 위해 비정은 사신으로 갔다. 혜공은 이렇게 말을 전했다.

"애초에 저 이오는 하서의 땅을 군주께 드린다고 했고, 다행히 이렇게 돌아와 즉위했습니다. 그런데 대신들이 말하기를, '땅은 선대 임금의 것인데 군주께서는 망명 나가 있으면서 어떻게 진나라에 주기로 했습니까?'라고 합니다. 저는 주어야 한다고 했지만 그들의 의견을 꺾을 수가 없었습니다. 이에 이렇게 사과드립니다."

진 목공으로서는 크게 한 방을 먹은 셈이다. 허수아비를 세우려고 했더니 허수아비가 달려드는 꼴이 된 것이다. 마침 비정은 이극이 죽었다는 소식을 듣고 자신도 무사하지 못할 것임을 알았다. 그래서 역으로 목공에게 유세한다.

"여생, 극칭, 극예(모두 이오를 지지하는 사람들) 등이 정말로 땅을 주지 말자고 했습니다. 재물을 넉넉히 보내어 그들을 청하시면, 저는 지금의 임금을 축출할 테니 군주께서는 중이를 세우십시오. 반드시 성공할 것입니다."

혜공의 배반에 치를 떨던 목공으로서는 솔깃한 제안이었다. 그래서 이들 이오의 심복들을 부르러 사자를 파견했다. 그러나 극예도 그렇게 호락호락한 인물이 아니었다. 당장 그는 목공이 보내온 선물이 지나치게 풍부한 것을 의심했다.

"선물이 지나치고 말도 달콤하다. 우리를 꾀는 것이다."

이렇게 말하고는 이극과 비정의 붕당으로 원래 신생의 군대를 이끌던 칠여대부를 모두 죽이고 비정도 죽였다. 이때 비정의 아들 비표조豹는 황하를 건너 목공에게 달아나 소식을 알리고 유세했다.

"지금 진晉나라 군주는 대국의 군주(목공)를 배반했으며 작은 원한도 못 참으니 대중이 그의 편에 붙지 않고 있습니다. 또 저희 부친과 칠여대부를 죽이고 그의 도당이 나라를 반으로 나누었습니다. 군주께서 공격하시면 그는 반드시 달아날 것입니다."

그러나 목공의 생각은 달랐다.

"여러 대부들이 다 죽었는데 누가 그를 죽일 것이오? 모두 피해서 달아나는 마당에 누가 그를 쫓아낸단 말이오."

목공은 이렇게 신중한 판단을 내렸으나 혜공을 가만히 둘 생각은 없었다. 이렇게 서쪽에서 알력이 커지고 있을 때 제나라의 관중은 늙어갔고, 초나라는 남쪽에서 제나라 연합을 해체시킬 요량으로 다시 꿈틀거리고 있었다.

## 2. 혜공이 은혜를 원수로 갚다 ━━━━━━

몇 해 후 진과 진 사이에 또다시 국제적인 갈등이 발생한다. 이번에는 곡식이 문제였다. 기원전 648년과 기원전 647년 진晉나라는 연이어 두 해나 극심한 흉작을 겪었다. 기근을 피할 수가 없었다. 그러자 혜공은 목공에게 양식을 지원해달라고 요청했다. 알다시피 규구의 회맹에서 제 환공은 제후국들 간의 양식 유통을 막아서는 안 된다고 못을 박아두었다. 춘추시대까지는 아직 기근을 전쟁의 수단으로 쓸 정도로 잔인하지는 않았다. 관중은 이런 상황에 대비하여 양식 교류를 국제규약으로 만들어놓았다. 진秦나라 조정에서는 양식 지원을 두고 여러 대부들 간에 토론이 이어졌다.

먼저 공손지에게 물으니 이렇게 대답한다.

"주어야 합니다. 많이 베풀고 돌려받으면 됩니다. 그런데 많은 은혜를 베풀어도 저쪽에서 갚지 않는다면 저쪽 백성들이 자신들의 군주를 이반할 것입니다. 백성들이 이반할 때 토벌하면 반드시 이길 수 있습니다."

백리해는 이렇게 대답한다.

"하늘이 내리는 재난이란 돌고 도는 것으로 여러 국가들이 교대로 받습니다. 불쌍한 이웃을 돕는 것은 당연한 도리입니다."

그러나 아버지를 잃은 비표의 생각은 달랐다.

"진晉나라 임금이 군주(목공)를 배신한 일은 대중이 다 아는 바입니다. 지난해에 재난이 있더니 올해 또 기근이 들었습니다. 이미 그 인민을 잃고 또 하늘의 뜻마저 잃었으니 그 재앙은 막심합니다. 군주께서는 그를 벌하소서. 양식을 주지 마소서."

그러자 목공은 이렇게 대답한다.

"그 임금이야 악하지만, 그 백성들이야 무슨 죄가 있겠는가."

이리하여 옹성에서 강성까지 곡식을 나르는 줄이 연이었는데, 이로 인해 배가 강을 빽빽이 메운 대역사라는 뜻의 '범주지역汎舟之役'이라는 말이 생겨났다.

목공이란 대체로 이런 사람이다. 대단한 야심이 있지만 적나라하거나 야비하지는 않았다. 자신이 대단히 선량하지는 않지만 선량한 사람의 말을 들었다. 곡식은 관중의 서쪽 끄트머리인 옹성에서 배를 타고 위수를 따라 내려온 뒤 어렵게 황하를 거슬러 올라가 수레에 옮겨서 진나라 도성 강성으로 운반되었을 것이다. 이 일로 목공은 제후들 사이에 큰 명망을 얻었다.

그러나 과연 백리해의 말처럼 재난은 돌고 돈다. 바로 그 이듬해 이번에는 관중에 기근이 들었다. 이번에는 진秦이 진晉에게 곡식을 원조해달라고 청했다. 그러나 한 번 신의를 지키지 않은 혜공은 그것이 습관이 되었는지 이번에도 신의를 저버리고 곡식을 보내주려 하지 않았다. 그러자 경정慶鄭이라는 이가 항의한다.

"은혜를 배반하면 친한 사람이 떨어지고, 남의 재난을 다행으로 생각하면 착한 마음이 없는 것이며, 남의 보살핌만 원하는 것은 상서롭지 못하고, 이웃을 노하게 하는 것은 의롭지 못한 일입니다. 이런 기본적인 덕을 다 버리면 어떻게 나라를 유지할 수 있겠습니까?"

그러자 괵석虢射이 반대한다.

"주기로 한 땅은 주지 않고 곡식을 준다 한들, 원망은 줄이지 못하고 적을 강하게 할 뿐입니다. 주지 않는 것이 차라리 낫습니다."

경정은 탄원한다.

"은혜를 배반하고 남의 재난을 달가워하는 것은 (우리) 백성들도 싫어합니다. 이렇게 하면 가까운 이도 원수로 여길 텐데 하물며 적이야 어떻게 생각하겠습니까?"

결국 그의 의견은 받아들여지지 않았다. 그해 관중의 군중은 기근에 허덕이면서 이를 갈았다. 이제 목공으로서는 모든 명분을 다 갖췄다. 땅을 떼어주지 않은 것은 이해할 수도 있다. 《좌전》에 의하면 혜공은 목공이 즉위를 도와주면 서북쪽으로는 하서의 다섯 성, 서남쪽으로는 화산, 동남쪽으로 옛 괵 땅, 그리고 수도에 지근한 해량성解梁城까지 다 주겠다고 했다. 그렇다면 곡옥과 도성 강을 제외한 진晉의 알짜배기 땅은 모두 주겠다는 뜻이다. 그것은 아예 나라를 다 주겠다는 말과 다르지 않다. 이런 약속이야 애초에 지키기 어려운 것이다. 나라가 군주 한 사람의 것이 아니고, 또 망명지에서 돌아온 그가 반대하는 귀족들을

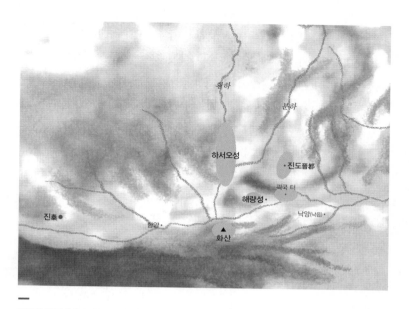

황하

분하

하서오성

·진도晉都

곽극 터

해량성·

진秦●

낙양(낙읍)·

함양·

▲
화산

혜공이 목공에게 주기로 약속한 땅들. 약속대로 이 땅들을 다 할양한다면 진晉은 수도 근처의 조그만 땅만 남고, 효산의 길을 잃을 뿐 아니라 모든 전략적인 방어거점을 잃게 된다. 사실상 혜공이 예전에 제안한 것은 진晉나라를 진秦의 속국으로 만들겠다는 것이나 다름없다.

억누르기도 쉽지 않았을 것이다. 그런 일은 충분히 이해할 수 있다. 진 목공도 그만큼 가져갈 생각은 아예 하지 않았을 것이다. 그러나 전해에 곡식을 받고 이듬해에 모른 척하는 것은 아무 명분도 없는 일이다. 그것은 당시의 국제 규약을 깬 것이었다.

때마침 제나라의 동방 연합군과 초나라 연합세력은 완충지대에 있는 서徐나라, 여厲나라를 두고 팽팽하게 대치하고 있었고 서방의 일에는 관여할 형편이 못 되었다.

이에 목공은 한 해 동안 힘을 비축한 후 곧장 동쪽으로 들이친다. 처음 기대와 달리 이미 혜공은 우호적이지 않다는 사실이 밝혀졌고, 군사적인 행동을 개시할 조건도 모두 구비되었다. 제나라와 초나라가 싸움을 벌였더라도 완충지대에서 대리전을 치를 뿐 전면전은 피했다. 그러나 진과 진이라는 두 군사대국은 이제 정면으로 충돌하려 한다. 진秦은 전통적인 군사대국이었고, 진晉은 전차를 주력으로 하는 부대 두 개(2군軍)에 융적을 상대하기 위한 보병부대 둘(2행行)까지 갖춘 신흥 군사대국이었다. 이리하여 춘추 4강의 역사상 최초로 양국의 군주가 직접 참여하는 대규모 전면전이 벌어진다. 만약 진晉이 이기면 황하를 가운데 두고 관중의 동쪽을 장악하게 되며, 진秦이 이기면 황하의 동안에서 진晉의 세력을 몰아내어 관중 전체를 영토로 들일 수 있었다.

가을걷이가 끝나자 진 목공은 출정 명령을 내렸다. 출정 전야에 점을 치니 '여우를 잡는다'는 괘가 나왔다. 복관은 "여우는 속이는 놈이니 바로 혜공이다"라는 말로 진나라 군대의 전의를 북돋았다.

# 제7장

## 춘추의 주력 무기

...

중국에서 말이 끄는 수레, 특히 나중에 전차로 발전하는 두 바퀴 수레의 연원에 대한 논쟁은 여전히 뜨겁다. 바퀴의 발견은 인류사적 관점에서 거의 불의 발견에 버금가는 획기적인 일이었다. 바퀴가 생김으로써 인간은 동물의 힘을 최대한 활용하게 되었다. 현대문명은 사실상 바퀴문명이다. 회전력을 빼면 기계문명이 존재할 수 없다. 심지어 날아가는 비행기도 엔진의 회전운동으로 움직인다.

그래서 수레를 누가 만들었는지는 중국 역사학계의 해묵은 담론이다. 중국은 거대한 수레문명을 만들었기 때문에 수레가 중국의 고유한 것이라고 말하고 싶을 테고,• 외국의 학자들은 고고학적인 증거를 기초로 수레는 중국의 서쪽에서 기원했다고 이야기한다. 이들은 고고학적인 근거들을 들며 두 바퀴 전차는 중앙아시아를 거쳐 상나라 말기(기원전 13세기)에 중국으로 들어왔다고 말한다.[1]

전차의 실물은 안양의 상나라 말기 무덤에서 등장했기 때문에 적어도 지금은 기원전 2000년 이전까지 한참을 더 거슬러 올라가는 안드로노보 Andronovo•• 문명의 전차보다 훨씬 늦다. 이 분야의 전문가가 아닌 필자로서는 밝혀진 증거를 믿을 수밖에 없다. 특히 초원문명에서 사용되는 전차와 안양 시기의 전차, 그 후의 춘추전국시대의 여러 무덤에서 발견되는 전차는 개념적으로 완전히 동일하다. 여러 정황으로 봐서 전차는 초원에서 중국으로 전래되었을 것이다. 항상 그렇듯이 중국은 최초의 발명자는 아니더라도 받아들인 것을 최대한 발전시켜 활용한다. 춘추시대가 되면 전차는 여러 국가의 주력 전쟁무기로 진화한다. 춘추시대의 충돌을 이해하기 위해서는 이 전차라는 물건을 이해해야 한다.

---

• 이를 주장하는 여러 학자들의 이름을 댈 것도 없이, 산동성 임치에 있는 중국고차박물관中國古車博物館의 안내서에는 《상서》〈감서甘誓〉의 기사를 근거로 하대夏代에 이미 전차를 썼다고 주장한다.

•• 러시아 크라스노야르스크 지방 미누신스크의 청동기시대 문화.

# 1. 전차의 구성요소

## 차체

—

전차에는 당시의 최첨단 기술이 다 들어 있다. 그중에서 제일 중요한 부분은 역시 바퀴다.《시경》에는 전차를 만드는 재료로 박달나무가 나온다. 이런 단단한 재질의 나무를 불에 구워서 구부린 후 합성한다. 그런 후 여기에 살을 박는다. 내마모성을 높이기 위해 바퀴 밖에 청동 테를 두르기도 한다. 그러나 전차에서 가장 핵심적인 부품은 축과 연결되는 부분이다. 이 부분은 마찰과 열을 동시에 견뎌야 하기 때문에 내마모성이 강해야 한다. 그래서 청동으로 만든 통을 이용한다. 이 청동

수레를 제작하는 장인들. 전차를 전문적으로 만드는 공인은 국가의 1급 장인들이었다.

남방의 수레바퀴. 바퀴살이 진창에 빠지지 않도록 설계되었다. 또한 바퀴를 최대한 얇게 만들어 무게를 줄였다. 전형적인 전차의 바퀴다.

통이 당시의 핵심기술이었다. 축의 마모를 막기 위해 기름을 치는 것은 기본이다.

이렇게 축과 바퀴를 연결한 후 차체를 얹는다. 차체는 바퀴에 비해서 무척 작은데, 그 이유는 무게 중심을 낮게 두어 전차의 전복을 막기 위해서다. 이렇게 차가 완성되면 끌채를 길게 빼서 말에 연결한다. 이렇게 되면 운반수단으로서 전차의 기본형태가 만들어진다.

그러나 이것으로 끝나지 않는다. 상대방 전차와 가까이 붙었을 때 상대의 말을 해치거나 바퀴살을 부러뜨리기 위한 창날을 바퀴에 끼운다. 이렇게 하면 보병의 접근도 막을 수 있다.

이렇게 하여 전차 한 대가 만들어졌다. 전차는 여러 부품으로 만든 복잡한 기계였다. 부품 하나만 잘못 되어도 전투에서 치명상을 당할 수 있다. 그래서 당시에는 차를 전문적으로 만드는 공인들이 있었고, 그들은 국가의 1급 장인들이었다. 그래서 《주례》〈동관고공기冬官考工記〉의 첫머리에 수레의 바퀴를 만드는 사람[輪人], 몸통을 만드는 사람[輿人], 끌채를 만드는 사람[輈人]이 소개되어 있다. 이들 수레 제작자들이 야금 기술자나 무기 제조자보다 더 앞에 소개된 것은 수레가 얼마나 높은 기술수준이 요구되는 물건인지 보여준다.

수레는 계속 진보하여 전국시대에는 바퀴를 단 이동식 공성기, 투석기 등이 대량으로 등장한다. 또 바퀴의 원리를 이용하여 무거운 물건을 들어올리는 기술까지 생겨났다. 그러나 춘추시대의 전차는 여전히 단순한 야전 도구였다.

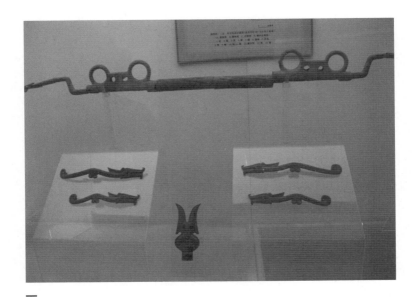

복잡한 수레의 부품과 장식.(낙양박물관 소장)

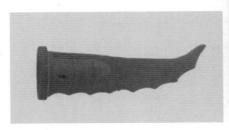

춘추시대 전차의 축에 끼우는 창날. 상대방 전차와 가까이 붙었을 때 상대의 말을 해치거나 바퀴살을 부러뜨리기 위해 바퀴에 끼웠으며, 이렇게 하면 보병의 접근도 막을 수 있다.

# 말

—

전차전에서 말의 중요성은 말할 나위가 없다. 전차를 끄는 짐승은 여러 가지 장점을 가져야 한다. 험한 지형을 오르내리는 순발력, 적을 추격하고 후퇴할 때 오래 뛸 수 있는 지구력, 조종수의 말을 잘 듣는 순종성, 그리고 적진 속으로 과감하게 뛰어드는 투지가 모두 필요했다. 그래서 말은 여타 짐실이 동물과는 다른 특별한 대접을 받았다. 그러나 말을 사육하고 기르는 것은 보통 노력이 드는 일이 아니었다. 이런 전투용 말은 짐실이 말과 구별하여 길렀는데 짐실이 말은 애초에 투지가 없었기 때문이다. 그래서 통일 제국이 성립한 이래로 중국은 계속 호전적인 말을 얻기 위해 북방의 유목민족들과 교역해야 했다. 춘추전국 시대에는 한 나라에서 이런 말들을 확보하고 사육해야 했으니 그 고충이 아주 컸다. 말은 한 나라 병권과 국력의 상징이었다. 그래서 춘추시기의 군사 통치권자를 사마司馬라고 부른다. 말의 중요성을 알기 위해 다음 기사를 살펴보자. 《신서新序》〈선모善謀〉에 이런 내용이 있다.

춘추 후반기 초나라의 군주였던 영왕靈王은 패자가 되고 싶었다. 그래서 진晉에 사자를 보내 제후들을 불러 모아달라고 했다. 사마후司馬侯는 초나라가 지금 한창 교만을 떨고 있으니 그 청을 들어주자고 한다. 그러자 진후는 싸우려 하면서 이렇게 근거를 든다.

"우리나라는 우월한 점이 세 가지나 있는데 적들이야 하나라도 있소? 우리의 지형은 험하고, 말은 믿을 만하며[恃馬與險], 초나라나 제

병마용의 4두마차. 기본적으로 춘추시대 전차와 대동소이하다.

춘추시대의 전차. 전차는 당시의 최첨단 기술이 다 들어 있으며, 춘추시대가 되면 여러 국가의 주력 전쟁 무기로 진화한다.

병마용의 4두마차. 기본적으로 춘추시대 전차와 대동소이하다.

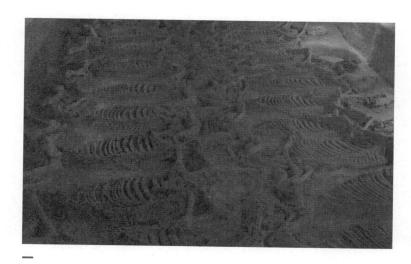

동주 순마갱. 말의 일부는 주인을 따라 순장된다. 말의 수는 권력의 척도다. 낙양의 순마갱은 개방하지 않아서 빗장 틈 사이로 어렵게 사진을 찍었다.

중후을묘의 마갑. 화살을 뚫고 돌격하기 위한 장비다.

나라처럼 난리가 많지도 않소."

지금 진나라 군주가 말하는 세 가지 장점에 당당히 믿을 만한 말이
들어가 있다. 믿을 만하다는 것은 수가 많고 품질이 좋다는 이야기다.
품질이 좋은 말을 부리는 것은 전사들의 특권이었고 국력의 상징이었
다. 진나라가 전투에서 유리한 점 하나는 지형이었고, 하나는 말이었
다. 말은 전통적으로 북방산 조랑말(프세발스키종)이 강하다. 그러나 제
나라 임치 순마갱에서 발굴된 말들도 현재의 내륙종보다 키가 크고 튼
튼한 매우 우수한 종이다. 앞으로 전차전에서 말이 하는 역할을 하나

씩 살펴볼 것이다. 대체로 큰 전차는 네 마리(혹은 두 마리)의 말이 끈다. 이 네 마리 말을 한곳에 묶어서 동시에 자유자재로 움직이게 하는 일은 보통 어려운 일이 아니었다. 그러나 일단 말이 길들여지기만 하면 전차는 무시무시한 무기가 되었다.

지금도 육상전의 편제는 전차를 중심으로 짠다. 거대한 소음을 내며 달려드는 현대의 전차들처럼 육중한 말발굽소리를 내며 달려드는 전차는 당시 보병들에게는 무시무시한 위협이었다.

## 2. 전차전의 구성요소

전차전의 구성요소라고 제목을 썼지만 사실은 전차전을 가능하게 한 제약요건이다. 흔히 전차가 보병보다 우세하다고 하지만 전차전은 뚜렷한 한계가 있다. 전차전이 가능하려면 몇 가지 까다로운 선행조건들이 있어야 한다.

① 전투 장소는 반드시 평원이어야 한다. 전차는 밭두렁도 쉽게 넘지 못한다. 그래서 제나라가 노나라의 항복을 받은 후 밭두렁을 동서로 내어 전차가 쉽게 들어갈 수 있게 하라고 말한 것이다. 또 지형의 요철이 있으면 전차는 쉽게 뒤집힌다. 그래서 평원이어야 전차전을 수행할 수 있다.

② 한 국가에 거점 도시들이 많을 경우 거점 점령전 곧 공성전을 치러야 하는데, 이때 전차는 거의 무용지물이 된다. 전차전은 기본적으

로 두 세력이 한곳에 결집해서 전투를 치르는 유형이다. 그런데 여러 거점들이 있을 경우 전차부대의 측면이나 후방이 적에게 쉽게 노출된다. 또 적이 거점에 성을 쌓고 기다리는 경우 전차의 활용도는 떨어진다. 얕은 참호나 방어막도 뚫기 어려웠다. 그래서 전차전은 도시화(성곽도시)가 많이 진행되지 않은 경우에 성행한다. 또 도로가 사방팔방으로 발달해도 매복이나 포위전술이 전차를 이용한 충격전술보다 유리하다. 전차전을 수행하는 인원은 한계가 있기 때문에 요새를 점령하는 점령전에도 불리하다.

③ 장거리 무기의 관통력이 충분히 작아야 한다. 갑옷을 입힌 말로 전술을 펼칠 때 당면하는 일차적인 위험은 요격이다. 만약 화살의 사정거리가 매우 길고 관통력이 좋으면 전차가 접근할 수 없는 언덕이나 참호 밖에서 전차를 향해 화살을 쏠 경우 전차는 방어할 수가 없다.《좌전》에 초나라의 명사수 양유기(기원전 6세기)가 화살로 갑옷의 미늘 7겹을 뚫었다는 기록이 있다. 이런 강궁은 〈고공기〉에 나오는 초나라에서 생산되는 좋은 물소 뿔로 만든 것이 거의 확실하다. 물소 뿔로 만든 활에 무거운 화살을 메겨 쏘면 말을 살상할 수 있다. 지금 한국에서 쓰는 수우각궁도 중국 남방의 물소 뿔을 쓴 것이다. 말 한 마리가 넘어지면 전차는 무용지물이 된다. 전통적으로 유목민들은 말을 살상할 수 있도록 긴 촉과 굵은 대로 된 화살을 썼다. 전국시대에는 장력이 너무 강해서 발로 당겨야 하는 활도 나왔다. 이렇게 무거운 화살을 날릴 수 있는 강한 활이 보편화되면서 전차도 유용성을 크게 상실했다고 보아야 한다.

④ 상대는 기마병이 아니어야 한다. 만약 상대가 말 위에 앉아서 활을 쏘는 부대라면 전차부대의 효용은 거의 무에 가깝다. 기마궁수는 전차보다 빠르기도 하지만 어떤 지형에서도 움직일 수 있고, 특히 매복이 가능하다. 이는 마치 날짐승과 들짐승의 싸움과 같다. 전차의 기동로는 정해져 있으므로 전차가 이동하는 길목에 매복하고 있다가 측면을 공격하면 전차부대는 큰 타격을 입는다. 오늘날 전차를 공격하는 헬기의 공격방식과 비슷하다. 그래서 전국시대에 등장하는 유목민 기병에 대항하기 위해서 진, 조, 연 등의 북방국가들은 병제를 전차와 보병이 결합된 편제에서 기병과 보병이 결합된 편제로 개혁한다. 기병에 대항하는 방법은 상대와 똑같이 말 위에 올라가거나, 상대보다 훨씬 사거리가 긴 무기를 쓰는 방법밖에 없었다. 이것이 기원전 2세기 한 제국이 흉노에 대항하던 방법이다.

춘추시대 전기는 전차전의 조건을 모두 갖추고 있었다. 전투에서 양편이 회전하는 장소는 대체로 양편의 전차가 움직일 수 있는 장소였다. 전쟁의 목적이 적을 섬멸하는 것이 아니었기 때문에 한곳에 모여서 승패를 결정하는 것이 경제적이었다.

또 국가는 기본적으로 몇 개의 성읍으로 이루어졌기 때문에 전투할 장소도 거의 정해져 있었다. 요새 점령이 목적이라면 자유자재로 움직이고 쉽게 주둔하고 방어망을 펼치는 보병이 훨씬 유리했을 것이다. 그러나 당시에는 숫자가 제한된 전문적인 군인들이 전투를 했으므로 야전에서 상대방 주둔군에게서 불의의 습격을 받을 염려가 없었다. 마지막으로 무기의 관통력이 아직 그렇게 강하지 않았다고 볼 수 있다.

이는 《좌전》에 말을 쏜다는 기사가 등장하지 않는 것을 보아도 짐작할 수 있다. 그러나 전국시대에 이르면 말을 살상하는 강노가 많이 개발된다.

춘추시대의 전쟁은 비유하자면 무리의 대표들끼리 정해진 장소에서 1 대 1 대결을 벌이는 것과 유사하다. 이들 전사들은 직업군인이었고 그 수도 제한되어 있었다. '야인'들은 이들을 부양할 의무는 있었지만 싸움에 끼어들 의무가 없었다. 그러나 전국시대가 되면 싸움은 점점 더 전면전으로 바뀐다. 한 무리 전체가 다른 무리 전체와 싸움을 하는 것이다. 이런 싸움의 기본은 숫자를 우위로 한 포위나 지형을 이용한 장기전이다. 전차가 들어설 공간이 점점 없어지는 것이다. 그러나 최소한 춘추 중기까지 전차는 전술의 기본이었다.

## 3. 전차전의 기본 대형

### 전차의 탑승자

전차에는 세 명이 탄다. 전차의 주장은 왼쪽에 타고 활을 잡는다. 그래서 차의 왼쪽에 탄다고 하여 거좌車左라고 한다. 가운데는 전차를 모는 거어車御가 탄다. 그 오른쪽에는 거우車右가 타는데 그는 방패를 잡고 극이나 창을 휘두른다. 사서에 '누구의 전차'라고 하면, 그 전차의 왼쪽에 탄 사람이 바로 주인이다. 군주나 중군의 수장의 전차를 모는 사람은 알려진 무장이어야 하고, 오른쪽에 타는 무사는 용력이 가장 뛰어난 무사여야 한다. 그래서 전투에 앞서서는 대개 점을 쳐서 거어와 거우를 결정한다. 거어와 거우는 단순한 무장이 아니라 평시에는 국사에 참여하는 거물들이다.

## 전차전의 대형
—

전차전의 기본 대형은 3사三師 혹은 3군이다. 그 원형은 상나라 때 이미 만들어졌다. 전투에서 전차를 세 부대로 나누는 것은 지휘를 유지하면서 타격력을 극대화할 수 있는 가장 합리적인 방법이었다. 중군의 수장이 전투를 총괄하지만 좌군과 우군도 독자적으로 활동했다. 이 전술은 현대전이 도입되기 전까지 계속 유지되었는데, 이는 분명히 사냥과 관련이 있다. 전투의 편제는 사냥을 통해서 이루어진다. 가장 작은 단위(오伍)들이 모여 가장 큰 단위(군軍)를 만들고 이 단위는 전투 시에 거의 하나로 움직인다. 이것은 들판에서 짐승을 포위하는 대형과 완전히 유사하다. 대체로 농한기에 대규모 사냥 대회를 열고 사냥이 시작될 때 편제를 만들기 시작해서 끝날 때 마치는 것이 관례였다.

춘추 초기 정나라 장공이 펼친 진법은 이렇다. 먼저 각 군의 전차부대가 전방에 선다. 전차부대의 후방에는 보병부대가 따른다. 그리고 전차부대 사이의 간격을 보병이 막는다. 전차와 보병이 협동 전술을

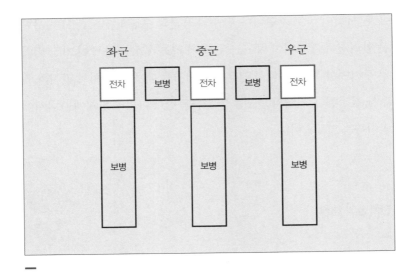

전차전의 기본 대형.

서안 병마용갱. 병마용의 부대 편성을 보면 대략 전차 한 대에 보병 50명이 따른다.

펼치는 것이다. 전차 한 대에 따르는 보병의 수는 시대가 지나면서 점점 더 늘어나 초나라는 거의 100명에 이르게 되는데 이는 전차의 역할이 줄어들고 있음을 반영한다. 병마용의 부대 편성을 보면 대략 전차 한 대에 보병 50명이 따른다.

## 타격방법

전차전의 관건은 대형을 유지하는 것이다. 중군, 좌군, 우군의 대형 중 하나만 무너지면 바로 대오의 측면이 노출된다. 그래서 기본적으로 중군은 강하다고 보고 주로 상대의 좌우군 중에 약한 측을 찾아내는 것이 당시 전술의 핵심이었다. 가장 약한 쪽을 찾아내면 그곳을 집중적으로 타격한다. 상대의 약한 쪽이 무너지면 그대로 밀고 들어가 전체 대형을 와해시켰다. 그래서 3군 중 하나가 무너지면 다른 쪽은 연쇄적으로 무너지게 된다. 정 장공, 진 문공 등이 쓴 전술이 이와 같다.

전차전에서 양측의 중군은 가장 강하며, 아군의 좌우군이 상대방 좌우군 중 하나를 밀어낼 때까지 버티는 것이 주요 임무다. 그래서 중군 대장은 신중해야 한다. 중군이 좌우군보다 더 깊이 들어가면 상대방 좌우군에게 측면이 노출된다. 그래서 매우 주도면밀한 지휘관들은 좌우군과 중군의 위치를 바꾸어 일부러 중군이 밀리도록 만든다. 실전에서 군대는 승기를 잡으면 무조건 밀고 들어가는 습성이 있으므로 상대가 등을 돌리면 밀고 들어간다. 상대의 중군이 깊이 들어오면 사실상

주력부대인 좌우군이 중군을 포위하여 승리를 거두는 것이다. 포에니 전쟁 당시 한니발이 쓴 반달진 전술, 임진왜란 당시 이순신이 쓴 학익진 등이 바로 이런 것이다. 이런 작전을 펼치려면 각 부대는 매우 유기적으로 움직여야 한다.

그래서 《손자병법》은 지피지기를 강조했다. 전차전에서 승리하기 위해서는 상대방의 약한 부분을 알아내는 것도 중요하지만 아군의 어떤 부대가 강한지도 파악해야 했다. 아군의 가장 강한 부대로 상대의 약한 부대를 공격하는 것이다. 그래서 전차전이 벌어지기 전에는 매우 치열한 첩보전이 전개된다. 중요한 싸움들의 배후에는 항상 첩자가 있다. 특히 상대방의 군대를 인솔하던 지휘관급이 망명하면 극진히 대접한다. 그가 상대의 취약점을 잘 알기 때문이다.

물론 한 부대가 무너지더라도 노련한 군대는 다 무너지지 않는다. 3군 중 하나가 약해지면 옆에 있던 부대가 즉각 지원해야 한다. 그러나 이는 매우 오랜 훈련이 필요한 어려운 일이다. 그래서 한쪽이 무너지면 때로는 자신의 군단만 빼내어 보존하는 경우도 있다. 이럴 경우 군대는 보존할 수 있지만 수장은 문책을 받는 경우가 많다.

춘추시대의 전차전은 기본적으로 위와 같은 것이었다. 그러나 전국시대로 들어가면 전술은 천변만화로 변화한다. 특히 《손빈병법》으로 유명한 손빈이 말 경주 내기에서 낸 작전은 기본적으로 전차전의 3군 전술을 변용한 것이다.

전통적으로 전차전에서 아군의 가장 강한 중군이 적군의 가장 강한 중군을 담당한다. 좌군과 우군도 상대의 세력에 맞추어 배치한다. 그

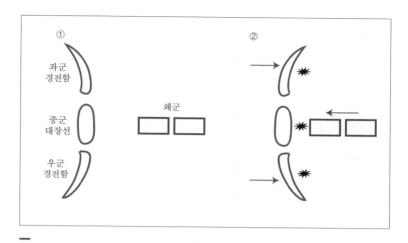

이순신의 학익진. 기동력이 좋은 좌우군이 상대를 포위한다. 중군이 역시 가장 강하다. 좌우군은 매복한다.

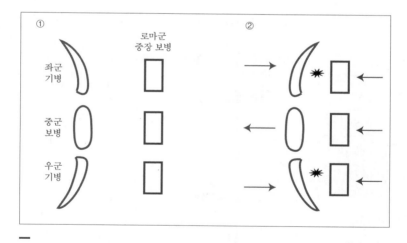

한니발의 반달진. 가운데에 보병을 배치한다. 보병이 전략적으로 퇴각할 때, 좌우군이 자연스레 적을 포위한다.

① 일반적인 전차전의 대오.

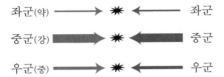

② 손빈의 응용 : 상대방의 강약을 파악하고 있다. 가장 약한 좌군이 중군 자리로 가고, 우군은 좌군으로, 중군은 우군으로 이동한다.

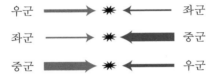

③ 약한 좌군으로 상대 중군을 유인한다.

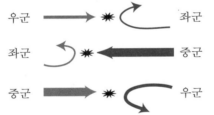

④ 우군과 중군으로 포위한다.

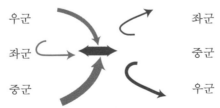

—

**손빈의 전술.** 손빈의 전술이나 이순신, 한니발의 전술의 원리는 똑같다. 손빈은 군사전략에서 상대방을 아는 것을 강조한다.

래야 대형이 갑자기 무너지는 것을 방지할 수 있기 때문이다. 지휘관들은 본능적으로 이런 판단을 한다. 그러나 손빈은 경마 내기에서 다른 제안을 한다. 3회전을 한다면 우리의 가장 약한 말로 상대의 가장 강한 말을 상대하고, 우리의 가장 강한 말로 상대의 중간 말을 상대하고, 우리의 중간 말로 상대의 가장 약한 말을 상대하게 한다는 것이다. 그러면 한 번 지고 두 번 이긴다. 3군이 싸울 때도 실제로 이런 순서 바꾸기는 종종 응용되었고 유효했다. 손빈의 작전은 약한 아군으로 적을 유인하고 좌우에서 승리한 후 협공을 펼치는 전술이다. 앞으로 이야기할 진晉-초楚의 언릉鄢陵 대전에서 진군 대장 난서欒書가 쓴 작전이 그랬다. 그는 아군의 가장 약한 하군(좌군)과 중군을 바꿔 상대의 중군을 유인했다. 상대 중군이 쳐들어오자 그는 원래 중군으로 구성된 하군으로 상대의 우군을 꺾고 바로 중군의 측면을 협공했다.

앞으로 전술은 무궁무진하게 변형된다. 그러나 역시 핵심과제는 지피지기였다. 이제 이 모두를 기억하면서 진-진의 첫 번째 대회전으로 들어가 보자.

# 제8장

## 한원의 대결

．．．

동서의 원한은 쌓이고 쌓여 싸움을 피할 도리가 없었다. 이제 춘추시기 최초의 동서 대결이 벌어진다. 서쪽의 주장은 호방한 영웅이었고, 동쪽의 주장은 꼼꼼하고 계산이 밝은 사람이었다. 먼저 서쪽의 주장이 군대를 이끌고 동진했다.

## 1. 한원의 위치는 어디인가?

기록에 진 목공은 세 번을 내리 이기고 한韓(한원韓原)에 이르렀다고 쓰여 있다. 그럼 춘추 최초의 동서대전이 치러진 한원이라는 곳은 어디일까? 황하의 서쪽인가 황하의 동쪽인가? 이것은 앞으로의 형세를 판단하기 위해서 매우 중대한 문제이므로 짚고 넘어가자.

서진西晉의 대학자이자 전략가인 두예의《좌전》해석에 의하면 한원은 황하의 동쪽이다. 그는《좌전》의 기록 중 진의 복관이 점을 쳐서 "하를 건너면, 후(진후)의 전차가 패합니다[涉河 侯車敗]"라고 한 기사에 주목하여 목공이 황하를 건넜다고 주장한다. 더 나아가 근대의 학자들은 목공이 황하를 건넜다면 그 지역은 분하 하구로 진입하여 도성으로 들이치기 용이한 지금의 산서성 하진河津과 만영萬榮 두 현 사이일 것으

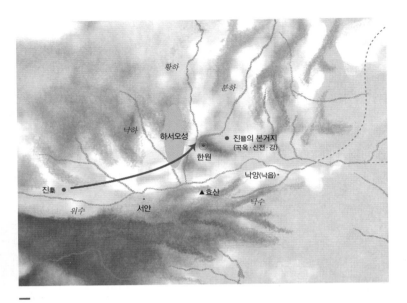

황하의 동서안 도시들과 한원. 한원에서 막아 싸우지 않으면 하루이틀 사이에 도성이 공격당한다.

로 추측했다.

　그러나 당나라의 사마정은《사기색은史記索隱》에서 간단히 "지금의 한성韓城현이다"라고 말한다. 한성은 지금의 섬서성 한성현으로 황하의 서안에 있고 강을 건너면 바로 분하를 따라 진의 도성으로 들어갈 수 있다. 그렇다면 목공은 진晉의 하서河西 5개 성을 공격한 것이지 황하를 건넌 것은 아니다. 현대에 남아 있는 지명으로 보나 당대의 형세로 보나 충분히 가능한 일이다. 그렇다면《좌전》에 "하를 건넌다"는 말은 아마 낙하洛河를 건넌다는 말일 것이다. 당시 황하 서쪽 일부를 진晉이 장악하고 있었다는 것을 감안하면 충분히 가능성이 있는 이야기다.

혹자는 서주시대의 지명을 근거로 하동이나 황하-위수의 합수구 한 참 동쪽의 산서성 예성芮城이 한원일 것이라고 주장하기도 한다.[2]

모든 의견이 일리가 있지만 필자는 두예의 의견이 옳다고 본다. 그리고 황하를 건넌 위치도 산서성 하진 부근일 것이라고 추측한다. 그 추측을 따라 서술하고, 근거들은 이야기 속에서 제시하겠다.


## 2. 혜공의 전차가 수렁에 빠지다

진秦 목공은 연거푸 세 번을 이기고 한원에 도착했다. 진晉 혜공은 애가 탔다. 그래서 경정을 불러 물었다.

"적이 깊이 들어왔다. 어떻게 할까?"

경정의 대답은 쌀쌀맞다.

"군주께서 깊이 불러들이지 않으셨습니까? 어쩔 도리가 있습니까?"

혜공은 입바른 신하는 참지 못한다.

"불손하구나!"

이 대화로 보아 목공은 황하를 건넜을 가능성이 높다. 황하를 건너지 않았다면 먼저 황하를 건너 기다리면 될 일이다. 아직은 그렇게 걱정할 단계가 아닌 것이다.

혜공은 군주가 타는 전차의 거우로 누구를 쓸지 점을 치게 했는데 경정이 좋다고 나왔다. 경정의 어투로 보아서 그는 매우 강한 성격이며 용력도 대단했을 것이다. 앞에서 설명했듯이 거우는 창을 들고 직접 적과 맞붙는 자리이기 때문에 용맹한 사람이어야 했다. 그러나 혜공은 경정을 쓰지 않았다. 그는 '작은 원한'을 잊지 않는 성격으로 의심이 많았다. '경정이 불만이 있으니 거우로 썼다가 화를 당할 수도 있다.' 그래서 가복도家僕徒를 거우로 삼았다. 이름이 좀 기이하다. '가복'이란 몸종(혹은 가신)이 아닌가? 아마도 가복도는 혜공을 지근거리에서 따르는 사람으로 힘이 센 자를 말하는 것이리라. 그리고 말은 '소사小駟'를 썼는데 정나라에서 온 말이었다. 그러자 경정이 충고한다.

"그 말을 써서는 안 됩니다. 옛날부터 전투에서는 반드시 국내의 말을 썼습니다. 국산 말은 현지 풍토에서 자라 현지 사람들의 마음을 잘 읽고, 잘 길들여져 있고, 반복해서 훈련받았기에 시키는 대로 하고 거역하지 않습니다. 이런 중대사에 외지 말을 타시다니요. 겁을 먹어서 돌변하면 부리는 사람을 거역하고, 흥분해서 날뛰면 밖으로는 강한 듯하지만 실상은 허약한 것입니다. 만약 저 말을 쓰다가 전후좌우로 마음대로 움직이지 못하면 군주께서는 반드시 후회하실 것입니다."

경정은 말을 잘 보는 사람이다. 전후좌우로 움직이며 민첩하게 선회하는 것이 전마의 기본이다. 외국에서 온 검증되지 않은 말을 타는 것을 이해할 수 없었던 것이다. 특히 진의 융마는 당대에 견실하기로 소문난 말이다. 그러나 혜공은 듣지 않았다.

---

- '사駟'란 전차를 끄는 말 네 마리를 말한다. 소사를 직역하면 '작은 말'이다. 고대에 전마로 쓰던 말은 몇 종류가 있다. 남방의 조랑말이 가장 작지만 유순하다. 지금의 사천성, 귀주성, 티베트의 고산지대에서 이런 말들이 쓰인다. 북방 몽골 초원 일대의 말은 남방 말보다는 크고 뼈대가 억세다. 이 말들은 장거리 달리기에 탁월한 능력을 발휘한다. 흔히 한대漢代에 명마로 알려진 타림분지 서쪽의 말은 몽골 말과 페르시아 말의 중간 정도 크기다. 혜공은 성격상 덩치는 작지만 말을 잘 듣는 말을 쓰고 싶어 한 것 같다.

드디어 혜공은 역습을 감행할 준비를 하면서 한간韓簡˙에게 적의 전세를 살피게 했다. 일단 적의 약한 부분을 파고들어야 한다. 그러나 한간의 대답은 부정적이었다.

"숫자는 우리보다 적으나, 진짜 싸움꾼은 우리의 배는 됩니다."

"무슨 말인가?"

"그들의 힘에 기대어 망명하고, 그 은혜를 입어서 들어오고, 또 그들의 곡식을 먹었습니다. 세 번이나 은혜를 입고도 갚지를 않았으니 저들이 쳐들어온 것입니다. 이제 또 반격을 하겠다고 하나 우리는 해이하고 저들은 분기가 하늘을 찌릅니다. 싸움꾼은 배도 더 될 것입니다."

한마디로 싸우는 것은 명분도 없고, 또 이기지도 못할 것이라는 이야기다. 그러나 혜공도 만만한 사람이 아니다.

"필부의 신분이라도 달아나지 않을 텐데, 나라의 임금이 되어서 달아날 것인가?"

그렇게 말하고는 드디어 목공에게 선전포고문을 보냈다.

"과인이 비록 어리석으나 대중을 하나로 모을 수 있으니 그저 달아날 수는 없습니다. 군주께서 군대를 돌리지 않으신다면, 저도 그 명을 받을 수밖에 없습니다."

당돌한 도전이었다. 그러자 목공도 공손지를 보내 답신을 전한다.

"그대 군주가 들어가지 못했을 때 과인이 이를 안타까워했고, 그대가 정비하지 못했을 때도 과인은 오히려 근심했소이다. 이제 다 정비

---

• 한간의 후손들이 전국칠웅의 한韓나라를 만든 한씨다.

가 되었는데 내가 어떻게 명을 받지 않겠소이까?"

준비가 다 될 때까지 기다려주었으니 이제는 싸움을 받아주겠다는 의연한 대답이었다.

싸움터에서 두 군주는 최선을 다해 싸웠다. 《좌전》에는 그 싸움 장면이 박진감 있게 펼쳐진다.

싸움이 일어나자 혜공의 전차를 끌던 말들이 문제를 일으켰다. 진흙탕 속에서 빙글빙글 돌다가 멈춰선 것이다. 그러자 혜공이 경정에게 구해달라고 소리쳤다. 그러나 경정은 쌀쌀했다.

"충고를 무시하고 점도 믿지 않아 패하더니, 이제는 구해달라고 하시오?"

그렇게 말하고는 지나쳐버렸다.

진군晉軍도 가만히 있지는 않았다. 먼저 한간의 전차가 목공을 잡기 위해 달려들었다. 양유미梁由靡가 전차를 몰고 괵석虢射이 거우를 맡았다. 이들이 필사적으로 달려들어 목공의 전차를 멈춰 세우자 목공도 생포될 지경에 이르렀다. 아마도 뒤에서 갈고리를 걸어서 차를 멈추게 한 모양이다. 그 절체절명의 순간에 경정이 나타나 말했다. 사서들마다 기사를 약간 다르게 기록했다.

"놓아주고 우리 군주를 구하라." -《국어》
경정이 "공을 구하라"고 말해서 일을 그르치게 했다. -《좌전》
목공의 장사들이 위험을 무릅쓰고 달려들어 진군晉軍을 물리쳤다. 그래서 결국 목공을 놓쳤다. -《사기》〈진세가〉

사실 그 절체절명의 순간을 기록한 글이 정확할 수는 없을 것이다. 다만 두 쪽의 군주 모두 최전선에서 싸웠고 둘 다 위기를 맞았다. 그러나 한 사람은 잡히고 한 사람은 살아남았다. 《사기》〈진본기秦本紀〉에는 이런 일화가 기록되어 있다.

예전에 목공이 말을 잃었는데, 기산 아래에 살던 야인野人들 300여 명이 잡아먹었다. 관리가 이들을 잡아서는 법에 따라 처리하려 했다. 그러자 목공이 말했다.

"군자는 짐승 때문에 사람을 해치지 않는다고 한다. 듣자 하니 좋은 말을 먹고 술을 안 마시면 사람이 상한다고 한다."

이렇게 말하고는 술을 내리고 이들을 사면해주었다. 이들 300명은 목공이 진을 치러 간다는 소식을 듣고는 모두 따라가겠다고 했다. 이들은 목공이 위기에 처하자 목숨을 걸고 달려들어 구했다.

《여씨춘추》에는 비슷한 이야기를 더 극적으로 기록해놓았다.

(목공이 잃어버린 말을) 기산 아래의 야인들이 잡아서 막 먹으려 할 때 목공이 이를 발견하고 탄식하며 말했다. "준마 고기를 먹고 술을 안 먹으면 안 된다. 그대들의 몸이 상할까 두렵구나." 이렇게 말하고는 술을 내리고 돌아갔다. 1년 후 한원의 전투에서 진晉나라 사람들이 목공의 전차를 포위해, 양유미가 목공의 전차의 좌측 말을 잡아서 당기고 혜공의 우로군이 돌을 던져서 목공의 갑옷 위를 여섯 번이나 때렸다.

바로 그때 목공의 말을 잡아먹은 사람들이 필사적으로 달려들어 적을 물리쳤다.

약간 과장되기는 했지만 목공의 대범함이 그를 구했고, 혜공의 편집증이 그를 곤경으로 몰아넣은 것은 분명하다. 그런데 야인野人, 곧 전사가 아닌 사람들이 어떻게 이 전쟁에 동원되었을까? 실제로 그렇다면 전쟁의 양상은 분명히 달라지고 있는 것이다. 이 이야기는 비록 짤막한 일화에 불과하지만 야인들이 싸움에서 어떤 역할을 했는지 보여주는 최초의 역사 기술이다. 이제 서서히 국인이 아닌 사람들이 전쟁에 동원되는 기사들이 등장한다. 바야흐로 세상은 바뀌고 있었다.

다시 전장으로 돌아가보자. 결국 혜공은 사로잡히고 말았다. 목공이 혜공을 잡아서 돌아가자 진晉의 대부들은 머리를 풀어헤치고 밤에는 풀 위에서 잠을 자면서 따라왔다. 군주야 용렬하지만 대부들의 모습은 가상하여 목공도 이에 감격했다. 급기야 목공이 그들을 말렸다.

"그토록 슬퍼하지 말라. 과인이 그대들 군주를 서쪽으로 데려가 차마 못할 짓을 하겠는가?"

그러자 대부들이 엎드려 감사하며 말했다.

"군주께서는 땅을 딛고 하늘을 이고 서 계십니다. 하늘과 땅이 실로 군주의 말씀을 들었고, 수많은 신하들이 모두 그 말씀을 들었습니다."

제발 군주를 죽이지 말라는 요청이었다.

## 3. 목공의 선택: 전리품을 어떻게 할 것인가?

이리하여 전쟁은 끝났다. 이 전쟁이 몰고 올 파장을 당시에는 아무도 몰랐지만, 이 전쟁은 춘추시대의 역사를 바꾸어놓을 정도로 중요했다. 다음 장에서 이 전쟁의 의의들을 설명하고 일단 목공이 전쟁의 성과를 어떻게 마무리하는지 살펴보자.

목공이 상대국 군주를 잡아서 당당히 개선하려는데 뜻밖의 소식이 들려왔다. 목공의 부인은 진晉 헌공의 딸이자 죽은 태자 신생의 동복누이이다. 그러니 혜공의 이복누이이기도 하다. 목공의 부인은 상당히 강단 있는 여인이었다. 일국의 군주이자 자신의 동생인 이오가 남의 나라에서 모욕당하는 꼴은 볼 수 없었다. 그녀는 태자 앵罃(그는 목공을 이어 군주가 된다)을 비롯한 자신의 아들딸을 데리고 땔나무를 쌓아놓은 대에 올라가 말했다.

> 하늘이 재앙을 내려 우리 두 군주로 하여금 서로 화목하게 하지는 못할망정 서로 군대를 이끌고 싸우게 했습니다. 만약 진군晉君이 아침에 들어오면 저 비婢는 저녁에 죽을 것이고, 저녁에 들어오면 비는 아침에 죽을 것입니다.

한마디로 혜공을 돌려보내지 않으면 온 가족이 자살하겠다는 엄포였다. 난처해진 목공은 혜공을 도읍으로 데려가지 않고 일단 영대靈臺에 두었다. 그러나 싸움에 참여한 사람들은 도읍으로 데려가길 원했다. 자신들도 목숨을 걸고 싸웠으니 '전리품'을 가지고 가는 것은 당연하다고 생각했을 것이다. 당시 제나라가 주도하는 동방에서는 이런 처절한 싸움은 일어나지 않았고, 상대방의 군주를 전리품으로 여기지도 않았다. 그러나 서방의 규칙은 달랐다. 이것은 융과의 싸움에서 터득한 생존의 기술일 것이다. 마침 주나라 천자가 동성인 혜공을 사면하라고 부탁해왔다. 그러자 목공은 난처한 입장이 되었다. 목공이 신하들을 타일렀다.

"애초에 진나라 군주를 데려가려는 목적은 공을 과시하기 위한 것인데, 이제 데리고 갔다가는 초상을 치르게 되었소. 그러니 데려가서 무엇 하겠소? 저쪽 사람들은 울며불며 나를 압박하고, 천지를 걸고 말을 지키라고 하였소. 그들을 노하게 하고 천지를 배반하는 것이 무슨 득이 되겠소. 여러 사람의 노여움은 막기 힘들고, 천지를 배반하는 것은 상서롭지 못한 일이오. 저 나라 군주를 꼭 보내줍시다."

그러자 공자 집이 아버지에게 충고한다. 집은 혜공을 세워서 이용하자고 한 인물이다.

"죽여버리는 것이 낫습니다. 살려두어 재앙을 부르지 마시옵소서."

그러나 공손지가 반박했다.

"저들의 군주를 돌려보내고 태자를 인질로 잡아두면 반드시 큰 성을 얻을 수 있습니다. 진晉은 아직 멸망시킬 수 없습니다. 그런데 그 군주를 죽이면 악명만 쌓는 꼴입니다. 또 옛날에 대사大史 윤일尹佚이 말하길 '먼저 화란을 만들지 말고, 남의 혼란을 이용하지 말고, 대중을 노여워하게 하지 말라. 대중이 노하면 감당하기 힘들고, 남을 능멸하는 것은 상서롭지 못하다' 했습니다."

공자 집은 기어이 혜공을 죽여서 위엄을 드러내고 위망이 높은 중이를 세우자고 고집했다. 그러나 목공은 이미 돌려보내기로 마음을 정했다.

진나라 목공의 이런 행동은 당시 국제무대에서 큰 반향을 일으켰다. 진은 더 이상 무시할 수 없는 군사대국인 동시에 패자를 칭할 수 있는 자질도 갖춘 나라로 인식되었다. 목공은 기어이 더 기다릴 요량이 있었다. 줄 바에는 차라리 멋있게 주는 것이 관중 이래 강자들이 항상 강조하는 것이었다.


## 4. "진晉나라는 화목한가?"

패전 후 전후 처리를 위해 진晉나라의 여생呂甥이 진秦으로 들어가 맹서를 하는데 목공이 은근히 물었다.

"진晉나라는 화목한가?"

그러자 나라를 대표해서 맹서를 하는 신하의 대답 중에도 수작으로 꼽히는 언사가 나온다. 여생이 대답한다.

"화목하지 못합니다. 소인들(국인들 중 일반 병사)은 군주를 잃은 것을 치욕으로 여기고 그 육친을 잃은 것을 애통해하기에, 세금을 걷고 병기를 정비하는 것을 달가워하며[不憚征繕] 태자 어를 군주로 세우려 합니다. 그러면서 말하기를 '반드시 원수를 갚으리라. 우리가 어떻게 오랑캐를 섬길 것이냐?'라고 합니다. 군자(경과 대부들)들은 자신들의 군주를 사랑하나 그 죄도 알기에, 역시 세금을 걷고 병기를 정비하며 귀국의 명을 기다리며 말합니다. '반드시 덕에 보답하리라. 죽을지언정 두 마음을 가질쏜가[必報德 有死無二]?'라고 합니다. 이러니 상하가 화목하지 못합니다."

목공은 이어서 묻는다.

"나라 사람들은 그대 군주가 어떻게 될 것이라고들 하는가?"

"소인들은 슬픔에 젖어서 '군주가 죽음을 면하지 못할 것이다' 하고, 군자들은 '군주께서 너그러이 용서하실 테니 반드시 돌아올 것이다' 합니다. 소인들은 '우리가 진나라를 먼저 해코지했는데 어떻게 군주가 돌아올 수 있겠는가' 하고, 군자들은 '우리가 죄를 알았으니 반드시 우리 군주를 돌려보낼 것이다. 진나라는 가히 패자라 할 수 있는데 한 번 들여보낸 후에 안정시켜주지 않고, 폐한 후에 세워주지 않을 리 있겠는가? 이는 덕을 베풀고도 원망을 받는 꼴인데 진나라는 그렇게 하지 않을 것이다' 합니다."

이 말을 듣자 목공은 속으로 감탄하며 말한다.

---

• 이 인용문에 쓰인 《좌전》의 문구는 해석에 논란이 있다. 군자의 태도를 언급하며 《국어》는 그들이 "반드시 진을 섬기리라. 죽어도 다른 생각은 없다[必事秦 有死無他]"고 말한 것으로 서술하며, "세금을 걷고 병기를 준비한다"는 구절은 빠져 있다. 그래서 《국어》를 참조하여 《좌전》의 '必報德 有死無二'를 "진秦의 은혜에 반드시 보답하리라. 죽어도 진나라를 배반하지 않으리라"로 해석하는 경향이 있다. 그러나 인용한 문장 전체의 뜻과 맞지 않는다. 진나라를 배반하지 않는다고 하면서 왜 세금을 걷어 모으고 병기를 정비하는가? 그래서 '有死無二'는 '만약 군주(혜공)가 죽는다면 진秦나라와 일전을 감수할 것이지, 선군이 죽은 마당에 후군을 세울 수는 없다'는 뜻이다.

"내 생각이 바로 그런 것일세."

여생의 언사는 정교한 구조를 가지고 있다. 할 말을 다하면서도 상대를 건드리지 않는다. 뒷날의 소진과 장의도 이처럼 간결하면서도 예리한 말을 하지 못했다.

여생이 하는 말은 이렇다. 우리 군주를 놓아주라. 그러지 않으면 태자를 세우고 대항하면 그뿐이다. 보통 전사(소인)들은 싸움으로 부형을 잃었으니 군주가 죽으면 복수를 하려 할 것이다. 경대부들은 어떤가? 그들은 진이 은혜를 베풀어줄 것이라고 철석같이 믿고 있다. 만약 그렇게 하지 않으면 역시 결전을 할 수밖에 없다.

말 속에 든 뜻은 군주를 돌려받지 못할 경우 나라의 상하가 모두 대항하리라는 것이다. 그런데 여생은 역설적으로 화목하지 않다고 한다. 그것은 목공의 의도를 꿰뚫은 것이다. 목공은 여생이 말을 조리 있게 하는 것을 높이 샀다. 그리고 진晉나라 대중을 상대로 싸움을 할 때가 아님을 직감했다.

이에 목공은 혜공을 깍듯이 대우하고 돌려보낼 채비를 시켰다.

# 제9장

## 진晉의 개혁과 강국화

...

전쟁이란 참혹한 것이고, 대부분의 경우 지배계층의 이해관계 때문에 발생한다. 그러나 춘추시대의 농민들은 전쟁의 직접적인 위협에서는 비교적 자유로웠다. 당시의 농민들은 전쟁이 일어나는 것을 직접 보고서야 아는 경우도 많았다. 의사결정에 직접 참여하지 않고 세금을 내는 대신 전쟁터에서 죽을 확률은 적었다. 그러나 앞으로 상황은 바뀌게 된다. 농민들도 전쟁에 참여하는 시절이 점차 열리고 있었다.

전쟁의 유일한 순작용은 전쟁에 대한 공포다. 중국을 예로 들면, 기원전 1500년경에 한 부족이 전쟁에서 패했다면 그들은 노예 신분을 감수해야 한다. 춘추시대에 이르면 상황이 좀 좋아지지만, 여전히 전쟁에 패하면 주종관계를 맺고 정책 주권을 포기해야 한다. 군대에 차출당할 수도 있고, 노동력을 차출당할 수도 있다. 해마다 바쳐야 하는 공납도 무시하지 못할 수준이었다. 전쟁의 공포를 극복하는 유일한 방법은 승리하는 것이었다. 전쟁에서 승리하기 위한 노력이 종종 사회의 잠재력을 이끌어낸다. 재원을 집중하고, 때로는 구시대의 폐단을 개혁하려는 노력이 일어난다. 이런 현상은 세계사의 곳곳에서 발견된다.

한니발이 몰고 온 코끼리 부대와 기병대를 극복하는 와중에 로마는 기병대의 중요성을 느끼게 된다. 그러나 이것은 단순히 전쟁에서 이기기 위한 기술을 배우는 단계다. 임진왜란과 병자호란은 조선 사회의 신분제를 뒤흔들어놓았다. 양반들이 적군 앞에서 무능하다는 것이 드러났고, 노비라도 전공을 세운 사람은 신분 해방의 길이 열렸다. 비록 본격적인 개혁은 실패했지만 자신들이 속한 사회를 객관적으로 파악할 기회가 생긴 것은 사실이다. 일본의 개항도 마찬가지다. 객관적인 열세 속에서 생존의 길을 모색하다가 서양화로 방향을 잡은 것이다. 미국의 독립전쟁에 동원된 민병대, 남북전쟁의 노예해방 등은 모두 전쟁의 어려움 속에서 나타난 개혁이다.

춘추시기 서쪽에서 온 충격은 실로 무서운 것이었다. 일단 서방 진秦의 군대는 동방 진晉의 군대보다 숫자가 훨씬 적었다. 그러나 집중력을 발휘하여 상대방의 군주를 잡아서 돌아간다. 그리고 주례의 규정 따위는 아랑곳하지 않고 상대 군주를 죽일 마음까지 먹는다. 일반적으로 상대보다 최소한 병력이 세 배가 많아야 원정을 할 수 있다. 그런데도 더 적은 병력으로 원정을 감행했다면 진 목공은 무엇을 믿은 것일까?

목공의 부대에 '야인野人'들이 종군했다는《사기》의 기록은《여씨춘추》의 기록을 참조했을 가능성이 크다. 그런데《여씨춘추》는 전국 말기에 등장했으므로 춘추의 상황을 정확히 묘사했을지는 의문이다. 그러나 이들 '야인'들이 그 이웃 나라 진晉에서도 얼마 지나지 않아 병력으로 편입된다. 또《여씨춘추》가 기본적으로 진秦나라 사람들이 편찬한 것이므로 현지의 사정에는 비교적 밝았다고 할 수 있다. 사료를 전적으로 신뢰할 수 없지만 필자는 이렇게 추측한다.

야인 300명은 공실의 말을 잡아먹었기 때문에 죄를 지었다. 당시의 '어떤' 제도에 의하면 전쟁에 종군하면 속죄할 수 있었다. 그래서 그들은 전투에서 필사적으로 싸워 전공을 세웠다.

이것은 비록 추측이지만 충분히 개연성이 있다. 노예였던 백리해가 국정을 담당한다고 하면 '야인 죄수'들이 전투에 참여하는 것이 그다지 이상할 것도 없다. 그렇다면 야인들이 전투에 참여한다는 것은 국인과 야인의 구분이 무너지고 있다는 말이다. 이제는 더 명확한 근거들을 가지고 진-진의 싸움이 몰고 온 춘추시대의 변화를 밝힐 것이다. 진晉의 입장에서 결과적으로 이 패배는 쓰라렸지만 오히려 강국으로 도약하는 계기가 되었다.

## 1. 원전제도, 주병제도

싸움에 패배한 후 석방을 앞둔 혜공은 자국에 사자를 보내 말했다.

"국인들을 불러서 전하라. 군주의 명이라 하고, 그들에게 상을 내리라. 그리고 이 못난 이는 비록 돌아가지만 사직을 욕되게 하였다. 태자 어를 세울 것인지 점을 쳐보라."

그렇게 말하자 대중이 모두 울었다고 한다. 《좌전》에 나오는 다음 기사는 패전국인 진晉의 개혁을 다루고 있다. 문장이 너무 소략하여 이설들이 분분하지만 전문 해석에 도전해보자.

진은 이리하여 원전爰田을 만들었다. 여생이 말했다. "군주께서는 억류되어 계시면서도 자신을 돌보지 않고 군신들을 걱정하시니 그 은

혜가 망극합니다. 군주를 장차 어쩌하리오?"

대중이 "그럼 어쩌하면 좋겠습니까?" 하자, 여생이 대답한다.

"우리는 세금을 걷고 무기를 정비해서 그 아드님을 도웁시다. 제후들이 이를 들으면 '군주를 잃어도 또 군주가 있구나. 여러 신하들은 화목하구나. 무기와 병사는 더욱 많구나' 할 것이며, 우리에게 우호적인 이들은 우리를 권면할 것이고, 우리를 싫어하는 이들은 우리를 두려워할 것입니다." 그러자 대중은 모두 기뻐하였다. 진은 이리하여 주병州兵을 만들었다.

이 원전*이란 무엇을 말하는가? 역대로 많은 이설이 있었으나 세 가지만 간추려본다.

일단 문맥으로 보아 원전은 신하들에게 상으로 주는 땅이라는 설이다. 두 번째는 윤작제를 말한다는 것이다. 마지막으로 세 번째는 근래에 나온 설로 전국시대 진의 변법처럼 대중에게 땅의 소유권을 준 것이라는 설이다.

모두 일리가 있고, 《좌전》의 짧은 문장으로는 판단하기 무척 어렵다. 그러나 문맥으로 보아 원전에서 세금을 걷는 것은 명백하다. 그런데 토지에서 세금을 걷는 것은 오래된 일인데 새삼스레 원전을 만들었다고 할까? 문맥으로 보아 세금을 걷는 주체가 바로 관료(대부)들이었다

---

• 《국어》에는 轅田(원전)으로 기록되어 있다. "상을 내려 대중을 기쁘게 하니, 대중이 모두 울었다. 이에 원전을 만들었다[且賞以悅衆衆皆哭 焉作轅田]."

고 볼 수 있다. 일정한 토지의 관리권을 대부들에게 아예 맡기는 것으로, 공실은 대부들에게서 그 세금을 받을 수 있다.

일단 기존의 제도를 고쳐서 세금을 걷기 편리하게 만든 소유권제 정도로 이해해두자. 이리하여 농민들에 대한 지배는 더 확고해졌다고 볼 수 있다.

두 번째 주병이라는 제도는 비교적 명백하다. 두예는 아마도 《주례》를 참조하여 주州는 2500호가 있는 지방 행정조직이라고 설명한다. 《주례》에 의하면 주장州長은 중대부中大夫가 주관하는데 국가의 군사·사냥·요역[師田行役之事] 등의 일이 있을 때 이들을 통솔한다고 되어 있다. 《주례》에 나오는 주라는 조직은 지방의 중요 행정거점일 것이다.

춘추시대의 군인들은 기본적으로 국인들이다. 제나라 관중은 국도를 21개 향으로 나누고, 이를 다시 셋으로 묶어서 군주와 경이 나누어 다스렸다. 이들이 바로 3군을 이루는데 총병력은 대략 3만 명이다. 그리고 국도 밖에 있는 농민들 중에 뛰어난 사람이 있으면 차출하여 (국도로 불러) 쓴다고 했다. 대략 관중의 시대에는 변경 거점에 성이 있었지만 국도를 제외한 지방 전체가 군사조직으로 짜이지 않았음을 알 수 있다. 그러니 주라는 지방조직에 군사를 둔다는 것은 지방이 군사조직으로 재편되고 있음을 알리는 명백한 신호다.

왜 주에 병력을 두려 하는가? 한원 싸움의 대패에서 얻은 교훈 때문이라고 추측할 수 있다. 지방에 요새를 구축했다면 후방이 불안한 원정군이 깊이 들어올 수가 없다. 또 요새에서 싸우면 야전에서 싸우는 것보다 훨씬 적은 병력으로 버틸 수가 있다. 진晉은 적狄을 대적하기 위해 북방에 주둔군을 두었다. 주둔군의 수장이 바로 중이와 이오 같은 공자들이었다. 그런데 이번에는 주에 정규병을 두겠다는 것이다. 이것은 국도 밖의 온 국토를 직접 통제 관리하겠다는 뜻이다. 그러면 "세금을 걷고 병기를 준비한다"는 기사의 의미가 더 명확해진다. 그냥 세금을 걷고 병기를 정비하는 것이 아니라, 세금을 기존보다 더 걷고 병력을 더 많이 차출하기 위해서 토지제도와 군사제도를 개혁한 것이다. 향후 몇십 년 동안 진晉은 군사적으로 더 급속히 팽창해서 전차-보병혼성부대 3군, 보병부대 3군으로 무려 여섯 개 부대를 만들어 운용한다. 국도의 인구가 그사이에 급격히 증가할 수 없는 것이 명백하다고 하면, 이들 병력은 어디에서 왔을까? 지방 거점에 있는 사람들이거나, 혹은 야인들이다.《관자》에 "개발되지 않은 땅은 내 땅이 아니다"라는 구절은 춘추시대 열국들 중 가장 빨리 군국주의 국가로 발전하고 있던 진의 개혁을 묘사하기에 가장 적절한 말이다.

그때가 기원전 645년 마침 제나라의 관중이 죽은 해다. 바야흐로 동방의 시대가 저물고 서방이 떠오르는 시점이었다.

## 2. 양유미가 군법의 이치를 밝히다 ━━━━

춘추시대의 기록들은 기본적으로 귀족의 기록이다. 귀족들은 특권층이다. 그런 귀족의 특권 중 가장 극단적인 것이 자해와 자살이다. 잘못이 있을 경우 남이 자신을 해치기 전에 스스로를 해치고, 죽음을 당해야 할 상황이면 스스로 죽음을 택하는 것이다. 이 특권은 춘추의 귀족들이 매우 귀중하게 생각한 불문율이었다. 한나라가 만들어진 후 가의賈誼 등의 유학자 관료들이 적극적으로 주장한 것이 바로 대부의 자결권이다. 한나라의 유학자 관료 가의의 말을 들어보자.

> 옛날의 대신으로 큰 죄를 범한 자는 견책을 받는 순간 백관리영白冠釐纓(짐승 꼬리로 갓끈을 만든 흰 갓)을 쓰고 찬물에다 검을 담그고, 청실請室을 만들고 앉아 죄를 청했을 따름입니다. 큰 죄를 지은 자는 영을 받고는, 북면하고 재배한 후 무릎을 꿇고 자진했습니다.
>
> ─《신서新書》〈계급階級〉

다시 말해 고대에는 대부를 끌어내어 죽이거나, 옥리에게 심문을 받게 하지 않았다는 것이다. 《자치통감》은 이 상소가 올라간 이후 황제도 느낀 점이 있어 대신들이 큰 죄를 지으면 옥리에게 심문하도록 하지 않고 자살하게 했다고 적었다. 귀족사회에서 대부들은 이런 절조로 왕권과 구별되는 자신들의 존엄성을 내세웠다. 또는 정확한 조언을 한 대부가 죄를 지었을 경우 군주는 정상을 참작하여 그를 처벌하지 않고, 대부 스스로 자해하는 경우도 있다. 아래의 이야기는 한원의 싸움이 있기 약 30년 전에 초나라에서 있었던 일이다.

초나라의 육권鬻拳은 초나라 왕실과 성이 같은 신하였다. 애초에 문왕에게 강력하게 간하다가 받아들여지지 않자 무기로 위협해서 대답을 이끌어냈다. 그러고 나서 육권은 스스로 자신의 발을 잘랐다. 군주를 무기로 위협한 죄를 스스로 받은 것이다. 이후에 초나라 문왕이 파나라 군대에 쫓겨 돌아오자 육권은 성문을 닫았다. 왕은 어쩔 수 없어 밖으로 나가 싸웠다. 그러다 왕은 밖에서 병이 나서 죽고 말았다. 그러자 육권은 왕을 장사 지내고 자살했다. 《좌전》은 육권의 행동을 "스스로 형벌을 가해서 군주를 바른 곳으로 이끌었다"고 평했다.

그러나 진晉 혜공의 신하 양유미의 의견은 달랐다. 그가 세우고자 하는 전통은 육권이 한 행동과는 다른 것이었다. 전투에서 군주를 위기에 빠뜨린 경정의 처리를 둘러싼 논의는 춘추 귀족의 윤리관과 새로 등장하는 왕권의 윤리관의 충돌을 보여준다. 진이 군사대국으로 가는 길목에는 제도의 변화는 물론이고 윤리관의 변화도 있었다. 처절한 전쟁의 패배가 없었으면 모두 일어날 수 없는 이야기였다.

《군주론》과 일맥상통하지만 훨씬 체계적이고 광범위한 내용을 다룬 《한비자》는 단정적으로 말한다. "신하의 위세가 군주를 넘어서서는 안 된다. 군주의 명성을 흠집 내서 자신의 명성을 추구하는 신하는 용서해서는 안 된다." 그리고 결정적으로 한마디를 보탠다. "군주는 죽일 자는 반드시 죽이고, 형을 감해서는 안 된다. 죽일 자를 사면하고 형을 감하는 것, 이를 위세를 갉아먹는 일이라 한다[故不赦死不宥刑 赦死宥刑 是謂威淫].(〈애신愛臣〉) 혜공, 이 사람은 군주의 다른 여러 자질은 가지고 있지 않았지만 상벌을 이용하는 방법은 극히 잘 알고 있었다. 아버지 헌공과 가장 닮은 사람이 바로 혜공이다. 한비자의 법술도 하늘에서 뚝떨어진 것이 아니라 약 400년 전의 선배 양유미에게서 열심히 배운 것이다. 《국어》에 나오는 대화를 들어보자.

혜공이 귀국하려는 때, 대부 아석蛾析이 경정에게 말했다.

"군주가 잡힌 것은 그대의 죄요. 군주가 돌아오고 있는데 그대는 왜 아직 달아나지 않고 기다리는 것이오?"

경정이 답한다.

"저도 알고 있습니다. 전투에 패하면 죽는 것이요, 주장이 사로잡혀도 죽어야 합니다. 게다가 저는 사람들을 오도하여 군주가 사로잡히게 했는데 어디 숨을 데가 있겠습니까? 군주가 돌아오신다면 저는 형을 받아 군주의 마음을 씻어줄 것이며, 돌아오지 못한다면 저 혼자라도 진秦을 공격하여 군주를 되찾지 못하면 반드시 죽을 것입니다. 이런 까닭에 기다리는 것뿐입니다. 신하가 제 기분에 의해 군주를 구렁텅이에 빠뜨린 것은 중죄입니다. 군주가 잘못을 해도 그 나라를 잃는데, 신하야 말할 것이 있겠습니까?"(죽음을 피할 수 없다는 뜻)

드디어 혜공이 돌아와 도읍 강성의 교외에 다다랐을 때 경정이 기다린다는 말을 듣고는 가복도를 보내 말을 전했다.

"경정은 죄인인데 아직도 달아나지 않았는가?"

경정이 답한다.

"신은 군주의 옛 행동을 원망합니다. 처음에 귀국해서 진秦나라의 은덕을 갚았다면 일이 꼬이지 않았을 것이고, 일이 꼬였지만 맞서서 싸우지 말자는 말을 들었으면 전쟁도 없었을 것이고, 맞서서 싸우더라도 잘 싸우는 사람을 썼으면 패배하지 않았을 것입니다. 그러나 이미 전쟁에 패해 책임자를 죽여야 하는데 그마저 놓친다면 신하들을 다스릴 수 없겠지요. 그래서 저는 이렇게 기다려서 군주의 정령政令이 바로 설

수 있도록 하려는 것입니다."

아석과 가복도는 모두 경정의 대담한 태도에 감복했다. 마침 혜공이
도착하여 명했다.

"경정을 참하라."

형을 앞두고 경정이 한마디 한다. 그는 대부의 자존심을 거론한다.

"신하는 직언을 하는 것이 도리고, 군주는 형을 곧게 집행하는 것이
지혜입니다. 신하가 도리를 알고 군주가 지혜로움은 국가의 이익입니
다. 저는 비록 형을 받지 않더라도 자진할 것입니다."

아석도 끼어든다.

"신이 듣건대, 형을 두려워하지 않는 신하는 사면하여 원수를 갚게
하는 것이 낫다고 합니다. 군주께서는 경정을 사면하여 진秦나라에 보
복하시는 것이 어떻습니까?"

그러자 양유미가 반대한다. 그의 말을 한비자의 말과 비교해보자.

"안 됩니다. 우리가 그렇게 하면 진나라라고 못 하겠습니까?(우리가
경정을 놓아주어 원수를 갚게 하면 진나라도 경정을 이용할 것이라는 뜻) 전쟁에서
지고 사술로 보복하는 것은 무예가 아닙니다. 전쟁에 나가서는 이기지
못하고 들어와서는 내정을 안정시키지 못하는 것은 지혜롭지 못한 일
입니다. 이미 화친을 하고 이를 뒤집는 것은 신의를 저버리는 것입니
다. 형법의 원칙을 잃고 정령을 혼란하게 하면 이는 위엄을 버리는 것
입니다. 전투에 나가서는 쓰지 못하고 안에서는 다스리지 못하는 신하
를 그대로 쓰면, 나라를 패하게 하고 태자를 죽게 할 것입니다. 당장 죽
이는 것이 낫습니다."

그러자 혜공이 말한다.

"형을 집행하라. 자진하지 못하게 하라."

군주의 명령은 차가웠다. 그때 가복도가 나선다.

"(경정을 죽이지 않아서) 군주는 거리끼는 것이 없고 신하는 사형을 받는 것을 두려워하지 않았다는 아름다운 이름을 남기는 것이 경정을 죽이는 것보다 낫지 않겠습니까?"

역시 양유미가 다시 반박한다.

"대저 군주란 정령과 형법으로 인민들을 다스립니다. 명령을 듣지 않고 제 마음대로 진퇴를 결정하는 것은 정령을 어긴 것입니다. 자신의 기분을 풀자고 군주를 손상하는 것은 형률을 어긴 것입니다. 경정은 국가를 어지럽힌 범죄자입니다. 게다가 전투에 나가서는 제 마음대로 퇴각하고 퇴각한 후에는 자진한다면, 이는 신하는 제멋대로 하고 군주는 형률의 원칙을 잃어버리는 것입니다. 이리하고는 나중에 신하를 쓸 수 없습니다."

결국 혜공은 사마에게 장병들을 모두 불러 모으게 한 후 경정을 참하게 했다. 사마는 온 장병 앞에서 경정의 죄상을 읽어나갔고 경정은 형을 받았다. 경정이 마지막으로 말했다.

"3군의 장사들이 모두 모였고 여기 한 사람이 앉아 형을 기다리는데, 내가 얼굴에 칼질을 두려워할쏘냐? 어서 형을 집행하라."

이렇게 경정은 죽었다. 그는 춘추의 귀족이었고, 또 귀족으로서 자존감이 있었다. 사실 경정의 행동과 육권의 행동은 별반 차이가 없다. 다만 시절이 바뀌고 있었을 뿐이다. 연이은 전쟁은 각 나라를 점점 더 병영화했고, 더욱 권위적으로 바꾸었다. 춘추 귀족들이 누리던 자살할 권리는 점점 없어졌다.

후대의 한비자는 지금 양유미가 하는 말을 그대로 반복한다. 한비자는 바로 진晉의 한 갈래인 한나라 사람이다. 그의 주장은 진의 역사를 면밀히 검토하고 얻은 결론이다.

그러나 법만 붙들고 있는 군주는 아직 큰 나라를 다스릴 수는 없었다. 혜공은 지금 작은 나라를 다스리는 군주다. 마키아벨리도 이탈리아의 조그마한 도시국가를 다스리는 기술을 담아《군주론》을 내놓았다. 한비자도 전국시대의 혼란을 극복할 요량으로 법술을 제시했지만 이는 전국시대의 한나라를 기준으로 논설을 전개한 것이다.

이제 중이라는 훨씬 인간적이며 걸출한 사람을 통해 큰 나라, 혹은 국제관계를 조율하는 군주의 유형을 발견하게 될 것이다. 춘추시대 패자들의 도덕이란 고리타분하고 가식적인 듯 보이지만, 그 속에는 합리적인 이유들이 여럿 잠재해 있다. 춘추시대의 사건들은 전국시대보다 단순하지만 훨씬 더 본질적인 문제들을 건드린다. 다음 장부터 중이를 통해 다시 춘추라는 바다에서 뛰어노는 수많은 개성들을 추적해보자.

# 제10장

## 희중이의 오디세이

## 1. 오디세우스, 아이네이스, 그리고 진晉 문공

앞에서 '성인'들의 시대가 갔다고 말했다. 탕왕과 이윤, 문왕과 주공의 시대는 성인들의 시대였다. 그런 시대가 정말 있었는지도 모른다. 아무튼 필자가 보기에 관중이 죽으면서 중국사에서 순수한 철인哲人 정치가들의 시대는 갔다. 순수함이란 한마디로 말해 정정당당함이 아닐까? 영웅시대도 차이가 있다. 정당한 조건에서 대결하는 순수한 영웅들의 시대는 점점 더 지략을 쓰는 영웅들의 시대로 바뀌어간다.

잠깐 숨을 돌려 서방 세계로 들어가 보자.《일리아드》는 아마도 서양 방식의 순수한 영웅들의 이야기다. 영웅들은 서로 싸우면서도 존중한다. 이야기의 축인 헥토르와 아킬레우스의 싸움은 인간과 인간 간의 개인적인 원한이 아니라 운명과 운명의 싸움으로 비친다. 모두 우열을 가릴 수 없는 영웅들이다. 그들이 활동하던 시기에는 전쟁 속에서도 약속은 지켜진다. 그러나 그 전쟁은 장기화되고 사람들은 지쳐간다. 그 상황을 타파하는 수단이 바로 트로이의 목마다. 그 목마를 만든 사람은 누구인가? 오디세우스다. 그는 이타카의 왕자, 곧 인간의 아들이다. 그에게는 신성이 없다. 그는 인간이며 신들이 부여한 운명과 싸우고 결국은 승리한다. 그는 인간이기 때문에 아킬레우스처럼 초인적인 힘이 없다.

그렇다면 인간이 쓸 수 있는 방법은 무엇인가? 두뇌다. 인간의 두뇌가 신보다 뛰어난가? 아니다. 인간은 신들보다 열악하다. 그러나 인간은 신들이 잘 쓰지 않는 방법을 알고 있다. 바로 트릭trick이다. 간단히 말하면 속임수고, 좀 우아하게 말하면 권모술수다. 오디세우스가 가진 것은 권모술수다.《일리아드》의 영웅들의 면면을 보자. 거만하지만 별다른 수가 없는 그리스군의 사령관 아가멤논, 싸움의 승리보다는 개인의 명예에 집착하는 아킬레우스, 용맹하지만 교만한 아이아스, 그들 사이에서 오디세우스는 고민한다. 그리고 트로이의 목마라는 속임수를 써서 전쟁을 마무리짓는다.

싸움이 끝나고 돌아가는 길, 바로《오디세이》의 시작이다. 바다의 신 포세이돈은 이 얄미운 꾀주머니 인간 녀석을 꼭 바다에 처넣고 싶었다. 그러나 그는 용케도 피해 다닌다. 외눈박이 괴물 키클롭스는 포도주를 먹여 해치우고, 사이렌의 유혹은 인내로 극복한다. 천신만고 끝에 집으로 돌아오니 구혼자들이 아내를 희롱하고 있었다. 그러나 그는 만찬장에 몰래 활을 가지고 가서 구혼자들을 쏴 죽인다. 상황에 따라 그는 속임수도 마다하지 않는다.

그는 혼자였는가? 아니다. 그의 곁에는 항상 조력자들이 있었다. 순풍을 준 아이올로스, 돼지치기 유메우스, 그리고 아들 텔레마코스. 그 이름을 다 들자면 지면이 부족할 것이다. 독자들은 좀 의아할 것이다. 왜 갑자기 오디세우스를 불러내서 장황한 이야기를 하는지. 동방에는 신화가 아니라 사실로 기록된 오디세이가 있다. 바로 훗날 진 문공으로 이름을 알리는 중이라는 사람의 대모험이다.

그는 순수한 영웅이 아니다. 그는 시련 속에서 권모술수를 몸에 익힌 인간이다. 그러나 그는 악한은 아니다. 악한은 영웅이 될 수 없으니까. 그도 오디세우스처럼 집을 나섰고 고향으로 돌아가기 위한 방랑길에 접어든다. 그도 오디세우스처럼 혈통은 고귀했다. 강적을 만났고, 유혹도 맛보았다. 그리고 결국은 집으로 돌아갔다. 그의 곁에도 많은 사람들이 있었다. 바로 지혜를 내는 인간들의 집단이다. 인간은 집단을 이루고 산다. 문공은 이 집단의 힘을 이용한다. 제나라 환공의 총신 관중은 혼자서 모든 지혜를 내지만, 진 문공의 곁에는 최소한 다섯 명이 집단적으로 지혜를 만들어낸다. 완벽하지 않은 지도자와 다양한 개성을 가진 추종집단들의 조화는 중국사에서 변치 않는 지도체제의 원형으로 살아남았다. 그 원형이 바로 진 문공에게서 나왔다. 완벽하지 않은 영웅, 때로는 위선적인 영웅이다.

다시 전쟁이 끝난 트로이로 돌아가보자. 사람들은 폐허를 떠난다. 승자도 떠난다. 그럼 패자敗者는 어떻게 하는가? 트로이의 영웅 아이네이스는 로마의 대시인 베르길리우스에 의해 로마 신화의 주인공으로 되살아난다. 이 패자는 폐허가 된 트로이의 피난민들을 데리고 떠난다.

풍랑을 만나고, 끊임없이 트로이 종족을 모두 없애려는 여신 유노(헤라)의 시달림을 받았다. 카르타고의 여왕 디다의 유혹은 뿌리치기 힘들었다. 그러나 그는 새로운 트로이를 세우기 위해 다시 떠나고, 결국 이탈리아에서 새 도시를 만든다. 그의 후손 로물루스가 만든 도시가 바로 로마다.

《오디세이》와 《아이네이스》가 다른 부분은 바로 '인자함'과 '개척'이다. 아이네이스는 폐허로 변한 도시에 남겨진 사람들을 데리고 떠난다. 영웅의 자질로 인자함이 도입된 것이 그리스 신화와 다르다. 그리고 그는 토착민들과의 혹독한 싸움을 통해 서방의 고대세계를 에게 해에서 지중해 서부로 확대시킨다. 그리고 그의 자손이 만든 로마는 근대 유럽세계의 원형이 되었다.

진 문공이 천신만고 끝에 집으로 돌아갔지만 거기서 그쳤다면 밋밋한 이야기가 되었을 것이다. 늘그막에 귀향한 이 사람은 아이네이스와 같은 개척자의 소임을 맡는다. 그는 스스로 패자가 됨으로써 진晉을 중국사의 중심 무대로 올렸고, 또 중국이라는 세계를 확대했다. 그의 후계자들은 북방을 개척하여 황하 유역의 좁은 세계에 불과했던 춘추세계를 유라시아 초원세계까지 연결했다. 물론 그 과실은 이후의 통일제국들이 고스란히 가지고 갔다. 고난-극복-도약, 이 고전적인 세 가지 테마는 항상 진 문공을 따라다닌다. 그러나 신화의 세계를 벗어난 이 인간적인 영웅은 신화의 주인공들보다 훨씬 풍부한 감성을 지니고 있다. 당연히 아이네이스의 인자함은 진 문공의 바탕을 이룬다. 그러나 진 문공은 더욱 인간적이다. 신화의 주인공처럼 오직 목적을 위해 달려가는 집요함만 있는 것이 아니라, 그는 실제로 멈춰 서기도 한다. 때로는 현실에 만족하고, 때로는 인격적인 한계를 가감 없이 드러낸다. 그에게는 추가되어야 할 테마가 하나 더 있다. 바로 '느긋함'이라는 덕목이다. 진 문공의 오디세이를 통해 느긋함의 미학을 탐구해보자. 문공 안에는 오디세우스와 아이네이스가 교묘하게 합쳐져 있다. 그리고 그는 신화 속의 인물들보다 훨씬 여유롭다.

## 2. 중이, 적나라를 떠나 제나라로

희중이가 진晉 문공으로 등극할 때까지는 주인공을 중이라는 본명으로 부르자.

진秦 목공에게 대패한 후 인질로 잡혔다가 돌아온 혜공은 자신의 자리에 대한 두려움이 커졌다. 목공과 측근들이 중이를 새 군주로 세우고자 하는 의도를 비쳤기 때문이다. 이에 다시 암살자 발제를 불러 적나라로 파견했다. 그러나 중이는 다행히 위기를 모면했다. 《사기》와 《국어》의 기록은 좀 다르지만 일단 좀 더 오래된 문헌을 참조하여 당시 적나라에 망명한 사람들 내부에서 일어난 토론을 들어보자. 항상 만전을 기하는 호언이 말한다.

"우리가 여기에 온 것은 여기서 영화를 누리자고 한 것도 아니고, 대사(등극)를 이루고자 한 것도 아니었습니다. 그저 가까운 곳이고, 쉴 수 있는 곳이기 때문이었습니다. 너무 오래 머물다 보면 나태한 마음이 생겨서 안주하려고만 합니다. 이전에는 초나라, 제나라가 너무 멀어 그쪽으로 가지 못했지만 이제 오랫동안 힘을 비축했으니 멀리 갈 수 있습니다. 제나라 군주(환공)는 나이가 많고 장차 우리 진나라와 친하려고 합니다. 관중이 죽고 그 근처에는 아첨배들이 들끓고 있어서 함께 의논할 사람이 없습니다. 그러니 관중의 유지를 따라 좋은 인재를 찾아서 유종의 미를 거두려 할 것입니다. 측근들에게 질려서 먼 곳의 인재를 찾고 있는 차에, 우리처럼 멀리서 온 사람이 들어가면 아무 문제 없을 것입니다.'"

문공을 따르던 사람들도 모두 호언의 말에 동의했다.

이 기록에 의하면 이들은 사실 제나라에서 관중, 습붕 등을 대신할 집단이 되고자 한 것이다. 관중이 죽은 직후 습붕도 죽었기 때문에 늙은 환공을 보좌하여 제나라를 끌고 갈 사람이 없었다. 과거 환공이 관중을 등용한 일을 기억한 것이다. 이제 떠날 시간이 되었다.

---

• 《사기》는 중이가 이렇게 말했다고 기록한다. "애초에 내가 적으로 달아난 것은 이들과 더불어 일을 성사시키기 위해서가 아니었소. 그저 가까우니 쉽게 교통하고, 또 쉴 수 있었기 때문이오. 쉬는 것도 오래되었으니 이제 큰 나라로 가고 싶소. 제 환공이 선을 추구하고 패왕霸王이 되는 데 뜻을 두고 제후들을 돌보고 있소. 지금 듣자 하니 관중과 습붕이 죽어서 보좌할 현사들을 찾는다고 하는데 응당 가야 하지 않겠소?" 그러나 '패왕'이라는 말은 춘추시대에 쓰지 않았다. 그러니 《사기》가 사료를 일부 편집했거나 《국어》보다 연도가 뒤지는 사료를 썼다고 볼 수 있다.

중이가 적나라에 온 후 적나라는 역시 적족의 일파인 구여咎如라는 종족을 쳐서 두 여인을 얻었다. 언니가 숙외叔隗, 동생이 계외季隗'라고 했다. 중이는 이 두 여인을 상으로 받았으나 언니는 심복 조최趙衰에게 시집보냈다. 적나라에 머무는 12년 동안 이 여인과 사이에 아들 둘을 낳았다. 나이 마흔이 넘어 망명지에서 후처를 얻은 것이다. 제나라로 떠나려 하면서 중이는 계외에게 이별의 말을 전한다.

"25년 동안 나를 기다린 후 돌아오지 않으면 재가하시게."

그러자 계외가 웃으며 대답한다.

"제 나이 스물다섯입니다. 또 25년을 기다려 시집을 가자면 그때는 관에 들어갈 때겠군요. 그저 기다리게 해주십시오."

물론 이들의 대화는 농담이다.《사기》에 의하면 중이가 적나라로 들어갈 때 43세였다. 12년 머물고 떠났다고 하니 이제는 55세가 된 것이다. 25년 후면 그도 이 세상 사람이 아닐 수 있다. 그러니 중이는 '내가 죽으면 재가하시게' 하고 애정을 표시한 것이고, 숙외는 '그때는 나도 늙어 죽을 때입니다' 하고 역시 애정을 표시한 것이다. 중이는 항상 이런 식이다.

이렇게 이들은 제나라로 가는 장도에 올랐다. 제나라로 가는 길에 위衛나라 땅을 지났다. 관례대로 위나라 문공을 접견했지만 대접이 시원치 않았다. 위 문공은 중이가 앞으로 크게 되리라 생각하지 못했을 것이다. 얼마나 대접을 못 받았던지 일행은 먹을 것도 부족했던 모양

---

• 당시 여자는 이름이 없다. 숙, 계 등은 특별한 뜻이 있는 말이 아니다. 숙은 셋째, 계는 막내라는 뜻이다.

이다. 오록五鹿(지금의 하남성 복양濮陽)을 지날 때는 배가 고파 야인(농부)들에게 걸식을 했다. 그런데 이 농부는 어쩐 영문인지 흙덩이를 들어 건네주었다. 중이는 화가 나서 채찍을 들고 치려 했다. 그러자 호언이 제지했다.

"하늘이 주신 것입니다."

이렇게 고이 받아서 수레에 올렸다. 그리고 착실히 설명했다.

"민民(야인, 농부)이 땅을 가지고 복종하겠다는데 더 바랄 것이 무엇입니까?"

그러고는 배고픔을 참고 떠나갔다. 여러 자료들이 당시의 상황을 장황하게 미화하지만, 생각해보면 농부의 행동은 쉽게 이해할 수 있다. 지금도 태행산맥 동과 서의 말이 다른데 당시는 더 심했을 것이고, 또 야인이니 글을 알 리도 없다. 중이를 따르는 인사들이 수십 명인데 이들이 알아들을 수 없는 말을 하며 몰려와서 먹을 것을 달라고 하니, 농부야 "먹을 것이 어디 있느냐?" 하고 흙덩이를 보여준 것이다. 그런 상황에서 중이가 화를 내자 호언이 말리고는 좋게 해석한 것이다. 단순한 이야기지만 중이가 이끄는 집단이 이미 내부적으로 의견을 조율하는 작은 정부를 구성했음을 알 수 있다. 그 중심인물은 적족의 피를 받아 담백하고 직관력이 뛰어난 호언이고, 두 번째는 언변과 문장을 갖춘 조최다.

이렇게 이들은 제나라에 도착했다. 제 환공은 체면을 극히 중시하는 사람이다. 또한 중이가 데려온 사람들의 면면도 마음에 들었다. 환공은 종실의 여자 강씨를 중이에게 시집보내고 수레 20대를 주면서 깊이 환대했다. 그때 중이의 나이 55세였다. 아버지가 자객을 보내 나라 밖으로 도망쳤더니, 동생은 그마저 만족하지 못해 또다시 같은 자객을 보내 죽이려 했다. 이제는 세상에 환멸을 느낄 만도 하다. 그런데 새로 얻은 여인은 총명하여 마음에 쏙 들었다. 중이는 신화에 나오는 '불굴의' 영웅들과는 달리 그만 쉬기로 한다. 그는 선언한다. "제나라에서 살겠다." 무엇을 더 바라겠는가? 수조, 역아라는 인간들이 환공 곁에 붙어 있으니 큰 자리는 차지하지 못하겠지만 이제 그 자신도 늙은이였다.

그런데 2년이 지나자 제나라 환공이 죽었다. 환공이 죽자 수조, 역아의 무리가 작당해서 난리를 일으켰고, 제후들은 제나라를 가볍게 보고 수시로 군사를 일으켰다. 그래도 다 남의 일, 중이는 떠나고 싶지 않았다. 그는 아예 이렇게 말한다. "사람으로 태어나 편안하고 즐거우면 그뿐이지 다른 것이야 알아 무엇 하랴?" 야망이 있었다면 아마 혼란한 제나라를 떠나려 했을 것이다. 그러나 예순을 바라보는 그는 정말 안락한 삶을 살고 싶었다.

그러나 그를 따르던 사람들의 생각은 달랐다. 모두 진나라에 터전을 두고 있는 명문가의 자제들로 제나라에서 속절없이 늙는 것은 참을 수 없었다. 이들은 몰래 제나라를 떠나기 위해 상의했다. 이때 중이의 측근들이 모의하는 것을 여종이 듣고는 강씨에게 고했다. 이 강씨란 여자도 배짱이 있는 사람이다. 그녀는 말이 새어나가지 못하도록 여종을 몰래 죽여버렸다. 순진한 여종은 불쌍하지만, 일단 이야기를 이어가 보자. 집에서 강씨는 중이에게 말한다.

"당신은 사방을 호령할 뜻이 있습니다. 이 일을 알고 있는 아이는 제가 죽였습니다."

그러자 중이는 딱 잘라 말했다.

"그런 뜻이 없소이다."

강씨와 중이의 대화는 계속된다.

"그저 편안함만 찾다가는 반드시 이름을 망치게 될 것입니다."

"나는 가지 않을 테요. 꼭 여기서 죽을 때까지 살 것이오."

"시간은 쏜살같이 지나가는데 큰일을 이루려는 사람이 그저 편안함만 찾다니요. 저는 예전에 관중이 이렇게 하는 말을 들었습니다. '위엄을 병처럼 두려워하는 이*'는 뛰어난 이(상등)요, 그저 편안함만을 찾아 흘러다니는 이는 덜 떨어진 이(하등)요, 편안함을 보면서 위엄을 재고하는 이는 중간인 이(중등)다. 위엄을 병처럼 두려워하는 이는 백성들 위에 군림할 수 있다. 위엄을 두려워하지 않으면 형을 받게 되니, 그저 안락만 찾으면 위엄과 멀어지고 그러기에 이를 하급이라고 하는 것이다. 둘 다 너무 극단적이니, 나는 그저 중간을 취하겠다.' 이것이 바로 대부 관중이 제나라의 기강을 잡아, 선군을 보좌하여 제나라를 패자로 올린 까닭입니다. 그런데 당신은 그 길을 버리고 하등의 길을 가려 하니, 이게 될 일입니까? 제나라의 정치는 이미 쇠퇴했고, 진晉나라가 무도한 지 이미 오래입니다. 당신을 따르는 사람들의 계략은 충성스럽고 시기도 무르익었으니 이제 기회는 왔습니다. 나라의 군주가 되어 만백성을 구제할 수 있으면서 그들을 버리는 이는 사람도 아닙니다. 정치가 쇠한 나라는 머물 곳이 못 되고, 시기란 놓칠 수가 없으며, 충성스러운 이들은

---

* 높은 위치에 있으면서도 항상 극도로 조심한다는 뜻이다.

버릴 수 없습니다. 안일이란 좇을 것이 못 됩니다. 빨리 떠나야 합니다."

그러나 중이는 시큰둥했다.


## 3. 제나라를 떠나 소국의 군주들을 만나다 ━━━━

중이는 실제로 떠날 마음이 없었다. 그러나 부인 강씨와 호언의 생각
도 완강했다. 가끔씩 우두머리는 편안하고 싶어도 편안할 수 없다. 강
씨와 호언은 잔꾀를 생각해냈다.

강씨는 중이에게 술을 잔뜩 먹였다. 그리고 중이가 술이 깨기 전에
측근들이 그를 수레에 실었다. 그러고는 속히 제나라를 떠나 서쪽으로
달렸다.

술에서 깨어난 중이는 상황을 알아차리고 노발대발했다. 대뜸 창을
잡고 호언을 쫓아가며 말한다.

"일이 안 되면 외삼촌의 살코기를 실컷 먹을 테요. 내가 고기에 물릴
줄 아시오?"

호언은 달아나면서 대꾸했다.

"일이 안 되면 나는 어디서 죽을지도 모르는데 누가 늑대와 이리를
쫓아가며 내 고기를 먹을 것이오? 일이 잘 되면 공자는 진나라의 부드
러운 고기에 달콤한 음식만 먹을 텐데, 비리고 누린 호언의 고기는 어
디다 쓸 것이오?"

중이는 어쩔 수 없이 멈췄다. 호언은 외삼촌이자 충복인데 중이가

죽일 리가 없다. 이들은 농담을 즐기는 사람들이라 한바탕 놀이를 벌인 것뿐이다. 이제 그들은 자신을 환국시켜줄 후원자를 찾아 떠난다. 그들의 최종 목적지는 어디일까?

먼저 가까운 조曹나라에 닿았다. 당시 조나라는 초나라의 영향권에 있었다. 어정쩡한 위치에다 힘이 없는 소국인 조나라는 중이를 환국시킬 힘은 없었다. 다만 당시의 관례대로 중이 일행은 노자를 마련하러 들른 것이다. 조나라는 제나라와 초나라 사이에 끼어 편할 날이 없는데 이렇게 지나가는 빈객들이 반가울 리가 없었다. 중이가 나이도 많고 하니 환국하여 집권할 가능성도 적다고 보았을 것이다. 그래서 처우가 시원치 않았다. 그런데 조나라 공공共公은 좀 실없는 사람인지 중이의 갈비뼈가 통으로 붙어 있다는 소문을 듣고는 호기심이 발동하여 목욕할 때 몰래 훔쳐보려 했다. 채신머리없는 행동이었다.

하지만 대부 희부기僖負羈의 처는 눈치가 빨랐다. 그녀가 보기에 비록 망명 중이지만 이 일군의 무리가 심상치 않았다.

"여보, 내가 진나라 공자를 따르는 사람들을 보아하니 모두 재상감이 되고도 남을 사람들입니다. 저들이 돕는다면 공자는 반드시 귀국할 것입니다. 귀국하면 제후들의 우두머리가 될 것이고, 우두머리가 되어 무례한 자를 정벌하면 우리 조나라가 일순위입니다. 당신은 따로 손을 써야 합니다."

일종의 보험을 들어두라는 이야기다. 이에 희부기는 쟁반의 음식 속에 옥을 하나 넣어서 보냈다. 옥은 극히 귀한 물건이니 여비로 보태라는 성의였다. 그러나 중이는 밥만 먹고 옥을 돌려보냈다.

희부기는 공공에게 간했다.

"진나라 공자는 군주에 버금가는 자리에 있습니다. 의당 예를 다해야 합니다."

그러자 공공이라는 사람이 하는 말이 이렇다.

"지금 제후국의 공자들 중 떠돌아다니는 이들이 한둘이오? 망명한 자들은 모두 무례한 이들인데, 내가 예를 다해야 할 까닭이 무엇이오."

이리하여 중이 일행은 조나라의 도움을 받지 못하고 다시 행로에 올랐다.

그다음 목적지는 더 남쪽 송나라였다. 다음 장에서 이야기하겠지만 송나라 양공襄公도 꽤나 배포가 있는 사람이다. 당시 송나라는 초나라에 대패한 상황이라 어수선했다. 대부 공손고公孫固가 조언했다.

"진나라 공자는 망명 중이나 인재들을 끌고 다닙니다. 호언은 그의 스승 격이고, 조최는 문재가 있고 충성스럽습니다. 가타賈佗는 공족으로 아는 것이 많고 공경스럽습니다. 공자는 어려서부터 한결같이 이들을 예로써 모시고 있습니다. 현사들을 예로 대하니 보답을 받을 것입니다. 잘 생각해서 대접해야 합니다."

일리가 있는 말이었다. 점차 제나라가 약해지고, 초나라는 호시탐탐 송나라를 노렸다. 그러면 북방과의 연대는 필수적이었다. 자존심이 강한 양공은 제나라 환공이 한 것과 똑같이 수레 20승을 내어주었다. 수레바퀴는 소모품이어서 얼마를 가면 바뀌어야 한다. 《주례》〈동관고공기〉의 기록을 보면 소택지를 가는 바퀴, 산악지대를 가는 바퀴, 평원을 가는 바퀴가 다르다. 만약 초나라로 들어가려 한다면 질퍽한 땅을 지나야 하기에 반드시 바퀴를 갈아야 한다. 장거리 여행객에게 이런 호의는 실로 귀한 것이었다.

그러나 송나라는 중이를 환국시킬 만한 힘은 없었다. 공손고가 호언을 불러 일렀다.

"송나라는 작은 나라이고, 또 근래에 싸움에 패해 힘이 없습니다. 송나라는 지금 그대들 일행을 환국시킬 힘이 없으니 큰 나라를 찾아 떠나시지요."

큰 나라란 어디를 말할까? 초나라와 진秦나라다. 좀 멀지만 일단 초나라로 들어가기로 한다. 초나라로 가든지 진나라로 가든지 모두 정나라를 거쳐야 한다. 정나라 대부 숙첨叔瞻은 정세를 판단하는 눈이 있는 정치가였다. 숙첨이 정나라 문공에게 간했다.

"아무래도 하늘이 공자 중이에게 길을 열어주는 것 같습니다. 원래 부부가 동성*이면 자식이 번창하지 못한다고 하는데 공자는 망명한 후 아직까지 살아 있습니다. 이게 하늘이 길을 열어주고 있다는 첫 번째 징조입니다. 또 그가 비록 밖에서 고생하고 있지만, 진晉나라 내부도 조용할 날이 없습니다. 이것이 두 번째 징조입니다. 또 세 명의 걸출한 선비가 그를 보좌하고 있으니 이것이 세 번째 징조입니다. 진나라와 정나라는 동족이니, 그냥 지나는 자제가 있어도 예의로 대해야 합니다. 하물며 하늘이 길을 열어주는 이야 말할 나위가 있겠습니까?"

---

• 중이의 어머니는 호희狐姬, 곧 호씨에 희성으로 주 왕실과 성이 같다. 그러나 실제로 주 왕실과 적족은 적대관계여서 동성이 별 의미가 없다. 진나라 공족도 희성이다.

숙첨은 이렇게 부평초 같은 중이 일행의 끈기를 높이 샀다. 그러나 정 문공의 대답은 싸늘했다.

"제후의 망명한 자제들 중 우리 땅을 지나는 사람이 한둘이 아닌데 어떻게 다 예를 다한단 말이오?"

그러자 숙첨이 말한다.

"예로써 대하지 못하겠다면 차라리 죽여서 화근을 없애시지요."

정나라 문공은 이 말도 듣지 않았다. 사실 망명 나온 공자를 죽이는 것도 쉬운 일은 아니다. 당장 국제사회에서 비난받았을 것이다. 앞으로는 마키아벨리스트들이 자주 등장하므로 여기서 《군주론》의 한 구절을 인용해보자. 《군주론》은 21장에서 이렇게 주장한다.

> 중립을 지키면 당신은 승자에 의해서 파멸될 것이다. 그리고 패자도 당신을 미워할 것이다. 중립을 지키지 않으면 패자라도 당신을 지원하여 재기를 도울 것이다.

작은 나라의 군주는 태도를 명확히 해야 한다는 것이 요지다. 숙첨의 말과 여러모로 비슷하다. 진나라와 척을 지지 않으려면 지금 중이를 확실히 대우해야 한다. 그렇게 못 하겠다면 차라리 죽이는 것이 낫다. 이것도 저것도 하지 않으면 어정쩡하게 원망만 살 뿐이다. 어쨌든 정나라 문공은 중이의 마음에 깊은 인상을 심어주었다. 물론 비렁뱅이처럼 떠돌아다니는 이 집단이 당장 얼마 후에 진나라의 군주가 되리라고는 꿈에도 생각하지 못했을 것이다.

## 4. 패자 후보들의 됨됨이를 관찰하다 ━━━━━━

중이 일행은 한수를 건너 초나라로 향했다. 당장 진秦나라로 가자니 호위 없이 황하를 건너기가 무서웠는지, 아니면 정말 초나라에 의지해서 환국할 생각이었는지는 분명하지 않다. 당시 초나라 군주는 제나라 환공과 일진일퇴의 공방을 벌이던 성왕이었다. 환공이 죽었으니 초나라는 바야흐로 더욱 성할 태세였다. 초 성왕은 중이를 아예 제후를 대하는 예로 환대했다.

온갖 예물을 갖추고 술을 마시면서 성왕이 중이에게 물었다.

"만약 공자께서 무사히 귀국하신다면 무엇으로 과인에게 보답하려하오?"

중이가 예를 올리며 짐짓 의뭉스럽게 대답한다.

"아름다운 여인과 옥·비단은 이미 군주께서 갖추신 것이고, 깃털·상아·가죽은 모두 군주의 땅에서 나는 것들입니다. 이런 것들이 진晉나라에까지 나돈다면 그야 군주의 나라에서 쓰고 남은 것들일 따름일진대, 제가 어떻게 보답하면 되겠습니까?"

성왕이 계속한다.

"그렇긴 하지만 그래도 뭔가 보답이 있어야 하지 않겠소?"

중이는 이렇게 대답한다.

"제가 군주의 은혜를 입어 진晉나라로 돌아간 뒤, 훗날 진나라와 초나라가 중원中原에서 만난다면 저는 군주의 군대를 피해서 30리씩 세 번 총 90리를 물러나겠습니다. 그래도 군주께서 기어이 치고자 하시면 저는 활과 채찍을 들고 군주와 겨루겠습니다."

중이는 성왕이 무엇을 묻는지 잘 알면서도 이렇게 원하는 답을 주지는 않았다. 진과 초는 멀리 떨어져 있기 때문에 겨룬다면 중원에서 만나야 한다. 그러나 당시 진나라의 형세로 보아서는 초나라의 상대가 되지 않았다. 그럼에도 중이는 초나라가 패자가 되려 하면 진나라도 못 할 것이 없다는 대담한 대답을 한다. 초 성왕이야 아마도 '함께 제나라를 치겠습니다', '정나라 이남의 일은 끼어들지 않겠습니다' 등의 대답을 기대했을 것이다.

그러자 영윤 자옥子玉(성득신)이 화가 나서 성왕에게 청했다.

"청컨대 저 진나라 공자를 죽이시기 바랍니다. 죽이지 않고 귀국하면 반드시 우리 초나라 군사에게 위협이 될 것입니다."

성왕도 일이 돌아가는 대체를 아는 사람이다. 성왕은 이렇게 대답했다.

"안 되오. 초나라 군사가 위협을 받는다면 그것은 내가 덕을 닦지 않았기 때문이오. 내가 부덕한데 그를 죽여서 무슨 도움이 되겠소. 하늘이 우리 초나라를 보우한다면 누가 우리를 위협할 것이며, 초나라가 하늘의 보우를 받지 못한다면 저 사람을 죽인들 저 기주冀州˙땅을 호령할 군주가 없을 리 있겠는가? 또 저 진나라 공자는 민첩하고 문채도 있구려. 지금 곤경하지만 오히려 아첨하지 않고, 그 곁에는 세 명의 재사

---

• 기주란 원래 구주의 중심. 곧 황하 중류 일대를 뜻한다. 시대에 따라 의미가 달라지나 지금 성왕은 대체로 중원의 북방을 지칭한다.

가 따르고 있으니 하늘이 보우하는 것이오. 하늘이 일으켜 세우려 하
는데 누가 막을 수 있겠소."

자옥이 대답한다.

"그렇다면 호언을 붙잡아 두시지요."

그러자 성왕은 이렇게 타이른다.

"그럴 수 없소. 예의가 아니오."

자옥은 어쩔 수 없이 포기했다. 이로부터 400년 후 한나라를 세운
유방의 모사 장량은 원래 진시황을 암살하려 했다. 그러나 나중에 그
것은 한 사람을 죽일 뿐, 실제로 세상에는 무익하다는 것을 깨달았다.
그래서 진을 대체할 새로운 나라를 만드는 일에 뛰어든 것이다. 성왕
의 말도 그런 요지였다. 중이를 죽인들 북방에 인물이 없을 리도 없으
니, 차라리 잘 대접하여 우호를 맺는 것이 좋다는 것이다. 자옥은 신하
의 입장에서 충고하고, 성왕은 군주의 입장에서 대답했다.

그렇게 중이는 초나라에서 여장을 풀었다.

# 제11장

## 진 문공 등극 시의
## 국제정세

• • •

중이는 이리하여 초나라의 지원까지 얻었다. 중이가 문공으로 등극하는 것을 보기 전에 당시의 국제정세를 살펴보자.

문공이 등극하던 당시의 국제정세의 특징을 한마디로 정리하면 제나라의 쇠퇴와 서부지역의 성장이다. 제나라의 쇠퇴는 당연히 초나라의 강성을 불러왔다. 춘추무대의 중심이 점점 더 서쪽으로 이동하는 현상은 상나라 말기의 상황과 흡사했다.

분하계곡에서 흥기한 진晉이 매우 빠른 속도로 성장할 때 춘추의 주요 등장인물들은 어떤 상황에 있었을까? 초나라는 제나라 연합을 와해시키며 중원 깊숙이 들어왔다. 제나라를 대체하여 중원의 맹주가 되려던 송나라는 실력의 차이를 실감하지 않을 수 없었다. 진秦나라는 서쪽의 융 세력을 쳐서 관중을 완전히 장악하는 동시에 동쪽 정나라를 노렸다. 주나라 천자는 여기저기 붙다가 결국 적인狄人들까지 끌어들였다.

# 1. 주나라 천자가 적인들을 끌어들이다 ━━━━━

존왕양이를 기치로 천자를 지극히 대하던 제 환공이 죽자 주나라는 불안해졌다. 관중은 주나라를 위해 융적을 무너뜨리고 천자에게 인사한 뒤 귀국하자마자 사망했다. 이제 천자는 바야흐로 누구를 후견인으로 둘 것인가 고민할 때였다. 그때 믿었던 정나라가 발등을 찍었다.

　기원전 639년 정나라는 지금의 하남성 언사에 위치한 활滑나라를 공격했다. 모든 나라가 점점 더 자국의 이익을 위해 영토를 확장하는 마당에 정나라도 주 왕실을 둘러싸고 있는 작은 나라들에 눈독을 들였다. 그러나 활은 주 왕실의 수도인 낙읍의 바로 옆에 있는 희성의 나라였다. 중원의 강국인 정나라가 활나라를 멸망시키면 주나라는 정나라에 더 종속될 것이 뻔했다. 정 장공이 천자를 패퇴시킨 일'이 또 기억나는 상황이었다.

주나라는 사자를 보내 활나라를 공격하지 말도록 요청했다. 그러나 정나라 문공은 주나라의 태도가 마음에 들지 않았다. 일전에 정 문공의 아버지 혜공이 주나라 혜왕의 귀국을 도왔으나 변변한 대접을 받지 못했다. 또한 주나라가 정나라와 적대관계인 위나라나 활나라 등을 편드는 것이 못마땅했다. 실제로 강한 나라들에게는 별말을 못 하면서 정나라에만 개입하는 것도 마음에 들지 않았다. 정나라도 이제 몸집을 불려야 살 판이었다. 모든 강한 나라들이 중원을 장악하는 관건은 정나라라는 것을 알고 있었다. 그래서 정 문공은 왕실의 사자를 냉큼 가두어버리고 계속 활나라를 공격했다.

그러자 주 양왕은 적인들을 끌어들였다. 이는 매우 편의적인 생각이었다. 적인들도 중원을 노리고 있었다. 그들은 때마침 제나라가 약해진 것을 기회로 적극적으로 중원의 일에 개입하고 있었다. 이런 차에 원병을 요청하니 거부할 리가 없었다. 그러자 주나라 대부 부진富辰은 적인들을 끌어들이는 것을 반대했다.

"정나라는 희성 중에도 왕실과 가장 가깝습니다. 친척끼리의 싸움에 남을 끌어들여서야 되겠습니까? 선군은 정나라의 도움을 받아 복귀하셨습니다. 적인들을 끌어들이면 반드시 화근이 될 것입니다."

---

- 정나라 장공은 당시 천자의 나라인 주나라의 살림살이를 관장하는 실권자였다. 새로 즉위한 주나라 환왕은 장공의 세력이 커지는 것을 원치 않아서 그의 권한을 빼앗으려 했다. 그래서 정나라는 반발했고 천자는 이를 정벌하려 했다. 그러나 주나라는 패했고 전장에서 천자가 화살을 맞는 일이 벌어졌다. 기원전 707년의 일이다.

그러나 주 양왕은 기어이 적인들을 끌어들여 정나라를 공격했다. 그러나 적인들은 창을 돌려 왕자 대를 지원하여 양왕을 내쫓았다. 양왕은 어쩔 수 없이 가까운 정나라로 달아났다. 주나라 왕실의 상황이 이러했다. 왕토는 점점 작아져서 군대를 부양하지 못했기에 이리저리 제후들의 눈치를 보고 있었다. 그러던 차에 좀 때가 덜 묻은 적을 끌어들였지만 오히려 역효과만 냈다.

## 2. 초 성왕이 송 양공의 허세를 깨트리다

관중과 환공이 죽자 제나라는 전반적으로 약세로 돌아섰다. 아들들은 군위를 차지하기 위해 싸웠고 송 양공이 개입하여 가까스로 상황을 정리했다. 송 양공은 은(商)나라의 후손이다. 그도 그 나름대로 패자가 될 꿈을 꾸고 있었다. 더군다나 제나라 군주를 세우는 일에 주도적인 역할을 한 후 한껏 기대에 부풀어 패자의 꿈을 꾸고 있었다.

마침 수(隨)나라가 초나라에 반기를 들었다가 처참하게 패배하는 일이 벌어졌다. 동방의 제후들은 초나라의 위세에 눌려 감히 수나라를 돕지 못했다. 기원전 639년 봄에 송나라 양공은 패자가 되기 위해 초나라에 동의를 요구했는데 초나라가 들어주었다. 가을에는 우(盂)에서 드디어 회맹을 주관했다. 그러나 양공의 태도를 가소롭게 생각한 성왕은 양공을 사로잡았다가 풀어주었다. 이로써 양공의 실력은 입증되었으나 양공은 아직 힘의 차이를 깨닫지 못하고 있었다.

동쪽 제나라가 약해지고 서쪽 천자와의 사이도 점점 나빠지는 상황에서 정나라는 급격히 초나라에 기울고 있었다. 그래서 아예 초나라 성왕을 찾아가 우의를 다졌다. 그러자 송나라 양공은 정나라를 공격했다. 그는 아직 이 공격이 불러올 파장을 예상하지 못했다. 초나라는 당장 송나라를 공격해서 정나라를 지원했다. 군사적으로 약세였음에도 송나라 양공은 초나라 군대를 맞아 싸우기로 했다. 군대의 총수인 대사마 자어子魚(이름은 목이目夷)가 양공에게 충고했다.

"하늘이 상나라를 버린 지가 오래인데, 이제 와서 군주께서 부흥시키려 하신들 가능하겠습니까?"

그러나 양공은 기어이 싸움을 택했다. 양공의 태도에 초 성왕은 코웃음을 쳤다. "제까짓 송나라가 패자가 되겠다고?" 드디어 두 군대는 홍수泓水(지금의 하남성 자성柘城 옆을 흐름)를 사이에 두고 만났다. 지금이야 조그마한 개천에 불과하지만 이름으로 보아 당시에는 강이 꽤 컸던 듯하다. 송군은 먼저 동쪽에서 자리를 잡고 있었고, 초나라 군대는 막 강을 건너고 있었다. 자어가 말했다.

"우리는 적고 적은 많습니다. 그러니 강을 다 건너기 전에 공격하시지요."

양공은 거절했다.

"안 된다."

초군이 강을 건너서 아직 전투대형을 갖추지 못하고 있었다. 자어가 다시 공격하자고 간했지만 양공은 또 거절했다.

드디어 양군은 홍수의 동쪽에서 싸움을 벌였다. 막상 싸움이 벌어지자 초나라 군대는 사정없이 몰아쳐 양공을 호위하던 사람들을 다 죽이고, 양공에게도 큰 부상을 입혔다. 황당한 일로 보이지만 당시의 상황에서는 충분히 일어날 수 있는 일이었다. 사람들이 양공의 태도를 비난하자 양공이 대답했다.

"군자는 상처 입은 사람을 두 번 공격하지 않고, 노인을 잡지 않는다. 옛날에 군사를 부릴 때는 곤란한 곳에 있는 적은 치지 않았다. 나는 비록 망국(상나라)의 후손이기는 하나, 전열을 가다듬지 않은 적을 칠 생각은 없다."

《공양전》은 황당하게도 이런 양공의 태도를 예의에 맞는 것이라고 칭찬했다. 그러나 싸움을 지휘한 자어의 생각은 달랐다. 그는 이렇게 반박했다.

"군주께서는 전쟁을 모르십니다. 강한 적이 곤란한 지형을 만나 전열을 가다듬지 못한 것은 하늘이 우리를 돕는 것입니다. 적이 곤란한 지경에 있을 때 공격하는 것이 왜 안 됩니까? 또 저 강한 적(초나라)은 우리의 적입니다. 팔구십 노인이라도 잡히면 잡는 것인데 노인인지 따질 까닭이 뭐 있습니까? 싸움을 가르칠 때는 적을 죽이라고 합니다. 상처를 입었다고 어찌 다시 공격하지 않을 수 있습니까? 다시 상처를 입히는 것이 불쌍하다면 아예 상처를 입히지 않는 것이 낫고, 노인들을 아낀다면 아예 적에게 항복하는 것이 낫습니다. 3군을 움직일 때는 유리한 점을 이용해서 공격하고, 북을 치는 것은 기세를 돋우고자 하는 것입니다. 유리한 점을 이용한다고 하면 적이 곤란에 빠졌을 때 쳐도 되고, 소리와 기세를 올리려면 적이 대오를 갖추지 못했을 때 쳐도 문제가 안 됩니다."

자어의 말은 패자인 양공을 가슴 아프게 했을 것이다. 싸움의 규칙이 이렇게 바뀌고 있는데도 양공은 따라가지 못했다. 이 싸움만으로 양공을 비난할 수는 없다.《공양전》이 오히려 그를 칭찬하는 것도 당시의 관례를 존중한 것이다. 그러나《좌전》은 송 양공의 이런 행동은 위선이라는 복선을 깔아놓았다. 양공은 예전에 어떤 행동을 했을까?

제 환공이 죽은 후 송 양공은 패자의 욕심을 가지고 동방의 여러 나라에 위세를 보이고 싶었다. 그래서 지금 산동성의 작은 나라인 증鄫나라를 정벌하고 그 군주를 잡았다. 여기까지는 좋았는데 양공은 주邾나라 군주더러 증나라 군주를 차수次睢의 토지신에게 지내는 제사의 희생으로 쓰게 했다. 과연 상나라의 후손답게 예전 인제人祭의 전통을 가지고 있었던 듯하다. 이런 잔혹행위로 동방 이족들에게 위세를 세우려한 것이다. 그러자 자어가 충고했다.

"옛날에는 짐승도 그 조상신에게 제사를 지낼 때는 제물로 쓰지 않았고(예컨대 소의 조상신에게 제사를 지낼 때는 소를 쓰지 않았다는 뜻), 작은 제사에는 큰 제물을 쓰지 않았습니다. 그런데 어떻게 사람을 제물로 쓸 수 있습니까? 제사는 사람을 위한 것이고, 사람이란 신을 받드는 주인공입니다. 사람을 쓰면 어떤 신이 그 제사를 달가이 받겠습니까? 제나라 환공은 망한 나라 셋을 부흥시켰지만 의로운 선비들은 그래도 그가 박덕하다고 비난합니다. 그런데 이제 겨우 한 번 제후들을 모으고 두 나라의 군주를 학대하고, 또 사악한 정체불명의 귀신의 제물로 쓰려 하시니 될 일입니까? 이리하고도 패자가 되려 한다면 어려운 일입니다.

편안히 돌아가시기만 해도 다행입니다."

신랄한 비판이었다. 이로 보면 자어야말로 어떤 전통을 지키고 어떤 전통을 버릴지 그 핵심을 아는 사람이고 양공은 그 반대였다.《좌전》의 위대함은 이런 기록들에서 더욱 빛난다. 양공의 행동은 모순이다. 사람을 제사에 쓰면서 전쟁에서 관용을 베풀 수는 없다. 그래서 양공의 관용은 위선이라고 짐작할 수 있다. 그리고 양공의 어정쩡한 시도와 패배는 초나라의 위세만 돋울 뿐이었다.


## 3. 진秦이 관중의 동쪽 관문을 장악하다

《사기》에 의하면 진秦은 목공 20년 양梁과 예芮를 멸망시켰다. 양과 예는 관중의 동쪽 관문으로 이곳을 차지하여 도성인 옹과 삼각형으로 연결하면 관중은 온전히 진의 수중으로 떨어진다. 다음의 지도를 보자.

예와 양은 어떤 곳인가? 양은 분하와 황하가 합쳐지는 곳이다. 북쪽의 모든 민족이 관중으로 내려오려면 이 지역을 거쳐야 한다. 관중의 동북쪽 관문이다. 그러면 예는 어떤 곳인가? 예는 위수와 황하가 만나는 곳이다. 동쪽에서 관중으로 들어가려면 모두 예를 거쳐야 한다. 이 두 길목을 장악했다는 것은 진이 관중 전체를 장악했다는 말이다. 불리하면 들어가고 유리하면 나온다는 말이 바로 여기서 생긴 것이다. 관중의 가장 끄트머리에서 기회를 엿보다가 이제는 관중의 최동단에 거점을 만들었다. 진 목공이 얼마나 전략적인 인간인지 당장 알아볼

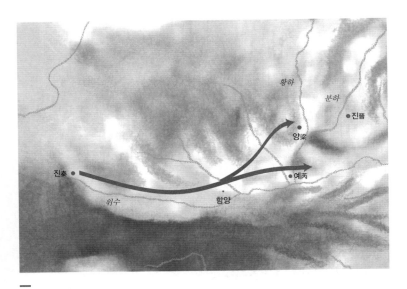

진秦의 진격로. 예와 양은 진秦나라가 동쪽으로 나가는 길목에 있다. 먼저 진晉나라가 우와 괵을 멸망시킨 것처럼 진秦도 이 길목에 있는 나라들을 정리했다. 주나라를 둘러싼 작은 제후국들은 이렇게 사라져갔다.

수 있는 대목이다.

양나라의 일은 큰 나라들 사이에 낀 작은 나라들이 어떻게 처신해야 하는지를 잘 보여준다. 진 목공이 황하 양안에서 작전을 개시하자 양나라는 불안할 수밖에 없었다. 그래서 성을 열심히 쌓았다. 진나라가 무서워서 그랬을 것이다. 그런데 막상 성을 쌓고는 그 안에 살지는 않았다. 그러니 땅은 좁고 척박한 나라의 백성들이 부역을 견디지 못하는 지경이었다. 그러자 어떤 사람이 소문을 퍼뜨렸다.

"진나라 놈들이 습격할 것이다."

이 말 한마디에 백성들은 두려워 모두 도망쳤고, 진나라는 손쉽게 양나라를 차지했다. 《춘추》의 기록 중에서 군주가 가장 부끄러워해야 하는 글자가 바로 '궤潰'다. 궤란 백성들이 군주를 버리고 뿔뿔이 달아난다는 말이다. 뿔뿔이 흩어져서 완패하는 것을 궤멸이라고 부른다. 궤멸은 '패해서 달아나다[敗走]', '싸움에서 지다[不克]' 등과는 차원이 다른 말이다. 작은 나라들의 생존 조건을 살피기 위해 《맹자》의 기록을 검토해보자. 추鄒나라 목공穆公은 양나라보다 더 못한 땅을 차지하고 있었다. 그의 봉지는 지금의 산동성 추현인데 노, 제, 초의 사정권에 있었다. 양나라처럼 국토를 지킬 지형지물도 없었다. 추 목공이 노나라와의 싸움에서 패하고 맹자에게 물었다.

> "제 부관들 중에 죽은 이가 33명입니다. 그런데 백성들은 그들과 함께 싸워서 죽지 않았습니다. (군법을 위반한) 이들을 죽이자니 수가 너무 많고, 그냥 두자니 윗사람의 죽음을 구하지 않은 것을 용서한 것이 됩니다. 어떻게 하면 좋을까요?"
>
> 그러자 맹자가 대답한다.
>
> "흉년이 들어 기근이 닥쳤을 때 군주의 백성으로 노약자는 도랑에 빠져 죽은 이가 사방에 널려 있었고, 그 수가 수천이었습니다. 그러나 군주와 관부의 창고는 꽉 차 있었지요. 백성들은 이제 그 앙갚음을 한 것입니다."
>
> -《맹자》〈양혜왕〉

맹자는 작은 나라가 싸움을 잘하는 방법에 대해 말하고 있다. 추나라 목공은 크게 반성한 듯하다. 그는 군주의 대체를 아는 사람이었다. 가의의《신서》에도 이 사람이 등장한다.

추나라 목공은 (궁에서 키우는) 새들에게 모이를 줄 때는 항상 쭉정이를 주게 했다. 그런데 관의 쭉정이가 부족해 민간에서 사야 할 형편이 되자 급기야 쭉정이가 알곡보다 더 비싸졌다. 그러자 관리자가 말한다. "쭉정이 가격이 알곡의 두 배나 됩니다. 차라리 알곡을 먹이시지요." 목공은 이렇게 대꾸한다.

"백성이 피땀 흘려 만든 곡식인데 어떻게 새 따위에게 먹이는가? 그대는 작은 계산은 할 줄 알지만 큰 이치는 모른다. 궁중의 알곡이 나가서 내 백성의 입으로 들어간들 그것은 내 나라의 것이 아닌가? 알곡이 궁중의 창고에 있든 백성의 곳간에 있든 무슨 차이가 있는가?"

한번은 초나라 왕이 추나라 목공을 떠볼 생각으로 미녀들을 보내왔다. 그러자 목공은 전쟁에서 죽은 이가 있는 집안의 자손들과 이 미녀들을 짝지어줬다. 그러니 백성들은 그를 매우 존경했고 관과 민이 손발처럼 움직였다. 과연 노, 제, 초도 추나라를 함부로 하지 못했다.

위의 이야기는 다분히 설화적이지만 작은 나라가 살아가는 길을 제시해준다. 양나라는 성곽을 쌓아 큰 나라와 싸우려 했지만 중과부적이었고 백성들이 먼저 흩어지고 말았다.

양과 예의 몰락은 진秦이 관중을 완전히 장악했음을 뜻한다. 물론 관중에 만족할 진이 아니었다. 목공은 동방으로 나갈 꿈을 꾸고 있었다.

# 제12장

## 진 문공이 등극하다

...

이제 중이의 환국을 지켜볼 때가 되었다.

중이가 초나라에 머물고 있을 때 진秦나라에 억류되어 있던 진晉의 태자 어는 이미 본국으로 달아나 있었다. 기가 센 사람들의 다툼에는 항상 기가 약한 사람들이 다치기 마련이다. 아버지 혜공의 무모한 도전으로 태자는 적국에 억류되었다. 그런데 혜공이 병을 얻자 어는 슬슬 불안해졌다.

"양나라는 내 어머니의 친정인데 진秦나라가 멸망시켰다. 나는 형제가 많다. 우리 군주께서 돌아가시면 진은 반드시 나를 억류할 것이고, 그러면 본국에서도 나를 버리고 다른 형제를 세울 것이 분명하다."

적국에 잡혀 있는 어리고 기죽은 어로서는 충분히 할 수 있는 생각이었다. 그래서 어는 본국으로 도망쳤다. 그러나 어가 본국으로 도망친 것은 춘추 시대의 관례에 맞지 않는 일이었다. 인질 교환은 엄연한 국가 간의 약속이었다. 목공은 어의 행동에 분노했고, 마침 중이가 초나라에 있다는 소식을 듣고는 사자를 보냈다.

# 1. 목공이 중이를 환국시키다

## 목공과 중이가 의기투합하다
—

초 성왕은 목공이 중이를 초청하자 많은 예물을 주어 호송했다. 드디어 중이의 망명생활이 막바지에 달하고 있었다.

중이가 황하를 건너 진나라에 도착하자 목공은 희색이 만연했다. 어렵사리 앉혀놓은 혜공이 어깃장을 놓은 차에 태자마저 달아났으니 그는 화가 단단히 난 상태였다. 목공은 공실 여인 중 다섯 명을 골라 중이에게 시집보냈는데 그중에는 태자 어의 처인 회영懷嬴도 있었다. 그러나 중이는 태자 어의 삼촌이므로 조카의 전처를 받아들이는 것이 기꺼울 리 없었다. 그때 중이는 이미 예순을 넘긴 나이였다. 진 목공은 회영을 아꼈다. 중이가 회영을 받아들이면 둘 사이의 친선관계는 더 돈독해지는 것이었다. 중이와 회영 사이에는 중이의 개성을 잘 알 수 있는 일화가 남아 있다.

회영이 물 주전자를 들고 중이의 세수를 돕는데 중이가 손을 씻고는 회영에게 물을 털었다. 기분 나쁘다는 표현이었다. 그러자 회영은 버럭 화를 냈다.

"우리 진과 당신네 진은 맞먹는 나라인데 어떻게 나를 비하하는 것입니까?"

천신만고 끝에 이곳까지 왔다. 중이는 재빨리 웃옷을 벗고 회영 앞에 무릎을 꿇고 빌었다. 약삭빠른 행동이었다. 그 소식을 들은 목공이 중이를 불러 타일렀다.

"과인의 적실이 낳은 아이들 중에서 회영이 재주가 많소이다. 전에 공자 어의 처가 된 것을 빼면 다른 허물은 없는 아이요. 그대에게 그 아이를 준 것은 과인이 그 아이를 아끼기 때문이오. 그대가 옷을 벗게 한 것은 과인의 죄요. 받아들일지는 그저 그대가 선택하면 되오."

중이는 받아들이기 싫었지만, 일단 측근들에게 물었다. 호언이 대답했다.

"장차 어의 나라를 빼앗으려 하는데, 그의 처야 마음 둘 것이 뭐 있습니까? 그저 진나라 군주의 말을 따르는 것이 상책입니다."

조최가 거들었다.

"지금은 진나라 군주의 청을 받아들여 그를 만족시켜야 합니다. 오히려 안 될까 걱정할 판에 머뭇거릴 필요가 뭐 있겠습니까?"

이리하여 중이는 회영을 받아들였다. 진 목공이 보기에 중이는 믿을 만한 인물이었다. 큰 계략은 호언이 짰고, 접대 장소에서는 조최가 보좌했다. 이제 중이를 진나라의 군주로 세우기로 결심하고 연회를 베풀었다. 연회에서 목공은 중이를 군주의 예우로 대접했다. 조최는 가까이서 중이를 이끌었다. 춘추시대에 이런 행사장은 예의를 실험하는 매우 중요한 장소였다. 여기서 실례를 하면 군주로서는 실격인 셈이다. 목공과 조최의 빈틈없는 대결이 펼쳐진다. 목공이 《시경》〈소아〉의 '채숙采菽' 편을 노래 불렀다.

> 콩을 따세, 콩을 따세, 광주리에 담아보세
>
> 군자 와서 찾아보니, 무엇을 줄 것인고?
>
> 줄 것이야 없지만, 수레와 말을 주자
>
> 또 뭘 줄 것인고, 현곤과 보불(천자가 내리는 관복)을 주자.
>
> (중략)
>
> 두둥실 버드나무 배여, 동아줄로 묶었도다
>
> 화락한 군자여, 천자께서 살피는도다
>
> 화락한 군자여, 복록이 두텁도다
>
> 유유하고 유유하다, 여기까지 닿았구나

이 노래는 목공 자신은 먼 여정 끝에 진나라까지 온 군자(중이)를 잘 보살펴줄 것이며, 장차 중이의 앞날이 창창하리라는 것을 축복하는 멋

진 시였다. 조최는 중이에게 언질을 주어 당 아래로 내려가 절을 하게 했다. 그러자 목공도 당 아래로 내려가 절을 했다. 조최가 말했다.

"군주께서 천자께서 관복을 내리는 예로써 중이에게 명을 내리시니, 중이가 어찌 불안해하지 않을 수 있으며 당을 내려가 절을 올리지 않을 수 있겠습니까?" 조최는 목공을 극히 정중히 대하면서도 천자가 부르는 노래는 감히 함부로 받을 수 없다는 것을 보임으로써 예의 면에서 목공보다 더 밝다는 것을 보여주었고, 목공은 같이 당 아래로 내려감으로써 제후는 천자의 자격으로 다른 제후를 대할 수 없다는 것을 자신도 알고 있음을 보여준 것이다. 화기애애하면서도 서로 빈틈을 보이지 않은 행동이었다.

조최는 중이에게 언질을 주어서 《시경》 〈소아〉의 '서묘黍苗'를 노래하게 했다.

> 쑥쑥 솟는 기장 싹을 봄비가 적셔주네
> 먼 남행길을 소백이 위로하네
> (중략)
> 언덕과 습지는 이미 평탄해졌고, 샘물은 이미 맑아졌네
> 소백이 공을 이루니, 왕심王心이 편안하네

이 노래는 소백이 남쪽으로 정벌을 떠나 공을 이룬다는 내용이다. 그 함의는, 먼 길을 떠나는 중이는 아직 새싹과 같으니 대지를 축축히 적시는 봄비처럼 북돋아달라는 뜻이었다. 노래가 끝나자 조최가 목공

에게 이렇게 고했다.

"중이가 군주를 우러러봄은 기장 싹이 비를 기다리는 것과 같습니다. 군주께서 비를 내려주시어 대지를 적셔주시고, 싹이 자라 알곡을 맺게 해주시기를 바랍니다. 군주께서 선군의 영광을 이으시어 동쪽으로 황하를 건너 군대를 정비하여 주나라 왕실을 다시 강하게 하신다면, 이야말로 중이가 바라는 바입니다. 중이가 은혜를 입어 귀국하여 진의 임금이 된다면, 어찌 군주의 명을 따르지 않으리이까? 군주께서 마음먹고 중이를 쓰고자 하신다면, 사방의 제후들 중 누가 감히 군주의 명을 받들지 않으리이까?"

조최의 대답을 들은 목공은 감탄하여 말했다.

"중이는 장차 큰일을 이룰 것이다. 굳이 나 한 사람에게 기대겠는가?"

이렇게 말하고는 또 서로 시를 한 편씩 주고받았다.


## 목공의 도움으로 중이가 환국하다

—

얼마 지나지 않아 혜공은 병을 이기지 못하고 죽었다. 그는 비록 인간적으로는 문제가 있었지만 말년은 군주로서 성실하게 시간을 보냈다. 그러나 어린 어가 분란 없이 권력을 잡기는 역부족이었다. 진晉나라 내부는 당장 동요했다. 그러자 그해 겨울 목공은 지체 없이 행동에 들어갔다. 중이에게 정예병을 딸려 보내서 황하를 건너게 했다. 무려 19년

만의 귀국이었다.

중이의 귀국은 따르는 사람들에게도 감격스러웠다. 배로 황하를 건너는 중간에 호언이 옥 하나를 중이에게 주며 뜻밖의 말을 전했다.

"신이 말고삐를 잡고 군주를 따라 천하를 주유하면서 군주께 죄를 지은 적이 한두 번이 아닙니다. 저도 그것을 알고 있는데 군주께서 모를 리 있겠습니까? 청컨대 이제 도망가게 해주십시오."

그러자 중이가 황급히 대답했다.

"제가 외삼촌과 마음을 같이하지 못한다면 저 황하가 저를 저주할 것입니다."

이렇게 말하고는 옥을 물에 던져버렸다.

조금 후대의 기록인《설원》등은 그때의 일을 약간 심화해서 말한다. 문공이 드디어 귀국을 하면서 황하에 이르렀을 때 옛 기물들을 없애라고 한다. 이에 호언은 눈물을 터뜨리며 말한다. "옛 물건을 버리듯이 옛 사람도 버리겠지요?" 그러자 중이는 정색을 하고 사과한다.

황하에서의 이 일화는 중이의 개성을 잘 드러낸다. 아무튼 중이가 황하를 건너자 황하 동쪽의 지방관들은 모두 전의를 잃었다. 혜공을 이어 회공懷公이 된 어는 북쪽 고량高梁으로 달아났고, 혜공의 총신인 여생과 극예만이 군대를 이끌고 저항했다. 진秦나라 군대는 황하의 동안에 진주하면서 저항하는 이들을 회유했다. 얼마 지나지 않아 진晉나라의 남은 세력들은 모두 항복했고, 호언은 진나라 대부들을 모두 모아 중이를 군주로 세우기로 약속받았다. 중이는 동시에 사람을 보내서 회공을 살해했다. 마침내 중이가 등극하니 그가 바로 춘추 두 번째 패자가 되는 문공이다.


## 2. 문공이 상벌의 원칙을 밝히다 ━━━━━━

군주의 첫 번째 자질은 바로 인재등용과 신상필벌이다. 사회가 급격한
기술의 진보나 집단적인 토론에 의해 지탱되지 않던 고대에는 인재집
단이 바로 국가였다. 상과 벌을 정확히 내리면 당연히 지지자들이 몰
려든다. 한나라를 세운 유방의 꾀주머니로 알려진 승상 진평은 고향에
서는 건달이었다. 그러나 그는 제사의 음식을 잘 나눠주는 것으로 명
성을 얻었다. 음식을 나누어 주는 일은 사소한 것처럼 보이지만 정치
적인 능력을 시험하는 척도였다. 이제 천신만고 끝에 귀국한 문공의
논공행상을 살펴보자. 그의 논공행상은 향후 중국사의 각 고비마다 모
양을 달리해서 등장한다. 그는 자기만의 뚜렷한 원칙을 가지고 있었
다. 먼저 몇 가지 예를 들어보자.

　문공이 즉위하자 내시 발제가 급히 알현하고자 했다. 문공은 발제에
게 두 번이나 죽을 뻔했기 때문에 그를 만나고 싶지 않았다. 그래서 사
람을 보내 힐책했다.

　"포성의 싸움 때 군주는 하룻밤을 자고 도착하라고 했지만 너는 곧
장 달려왔다. 또 내가 적의 군주를 따라 위수 가에서 사냥할 때 너는 혜
공을 위해 나를 죽이려 했지. 너에게 세 밤을 자고 도착하라고 했지만
너는 두 밤만 자고 도착했다. 비록 군주의 명령 때문이라고는 하나 어

찌 나를 그리도 빨리 죽이지 못해 안달이었단 말이냐. 그때 잘린 소매가 아직도 있는데 너는 어디로 가려 하느냐."

그러자 발제도 사람을 통해 회신했다.

"신은 군주께서 귀국하시는 것을 보고 이제 군주의 도를 아시는구나 하고 생각했습니다. 그런데 아직도 이렇게 모른다면 또다시 쫓겨날 것이옵니다. 군주가 명령하면 무조건 따르는 것이 옛날부터 전해오는 법입니다. 군주가 싫어하는 자를 제거함에는 그저 최선을 다해야 합니다. 일개 포성 사람, 일개 적나라 사람이 제 안중에나 있었겠습니까? 관중은 환공의 허리띠를 맞추었지만 재상이 되었습니다. 군주께서 그 도리를 저버리시면 누가 명령을 제대로 듣겠습니까?"

이 말을 듣고 문공은 느끼는 것이 있어 발제를 불렀다. 그러자 발제는 여생과 극예가 야밤에 공궁을 습격하려 한다는 사실을 밀고했다. 문공은 바로 발제에게 사과했다.

"내가 어찌 그대가 한 말대로 하지 않을 수 있겠소. 그저 마음속에 증오가 남아 있기 때문이었소. 내가 그 마음을 고치리다."

이리하여 문공은 몰래 공궁을 빠져나가 진 목공에게 고했고, 여생과 극예는 빈 궁전을 공격하다가 일이 실패한 것을 깨닫고 황하로 달아났다. 그러나 황하에서 기다리던 목공의 군대에 의해 죽음을 당했다. 앞서 여생과 극예의 말솜씨가 극히 뛰어남을 보았다. 그들은 혜공의 사람들이었기에 불안함을 이기지 못하고 일을 도모하다 죽음을 당했다. 이들이 애초에 칠여대부를 죽이지 않았다면 새로 출발할 수도 있었다. 그러나 권력을 잡기 위해 저지른 일이 너무 커서 결국 스스로 화를 부르고 말았다.

문공은 자신을 지지한 모든 사람에게 포상을 했다. 서胥, 적籍, 호狐, 기箕, 난欒, 극郤, 백柏, 선先, 양설羊舌, 동董, 한韓 등 11개 씨족이 관직을 맡았다. 문공의 포상 기준은 엄격했다. 《설원》에는 이런 이야기가 쓰여 있다. 논공행상이 끝나자 하급 신하인 도숙호陶叔狐*가 불만을 품고 호언에게 고했다. 망명한 지 13년이라는 것으로 보아 그는 적나라 땅에서부터 문공을 따라나선 듯하다.

"제가 군주를 따라 망명한 지 어언 13년, 얼굴은 숯검정이 되고 손발은 다 부르텄소이다. 그런데 3차에 걸쳐 상을 내리면서 저에게는 미치지 못하니, 군주께서는 저를 잊으셨습니까 아니면 제가 무슨 큰 잘못을 했습니까?"

호언이 이 말을 전하자 문공이 대답했다. 당시 호언은 1등 공신이었다.

"내가 어찌 그를 잊을 수 있겠소? 대저 크게 명철하고 지극히 현명한 사람으로, 덕행이 지극하여 도로써 나를 깨우치고 인으로써 나를 설득하며 나의 그릇된 점을 고쳐주며 내 이름을 밝혀서 나로 하여금 훌륭한 인간이 되게 하는 사람, 그런 사람에게 나는 최고의 상을 내렸소. 예로써 나의 잘못을 미리 예방해주고 정당한 말로 나에게 간하고 울타리가 되어 (나쁜 길에 빠지지 않도록) 나를 보호하여 나로 하여금 죄를 짓지 않게 하고 나를 현자의 문으로 이끌어준 사람, 그에게 나는 차등의 상

---

• 《사기》에는 도숙호陶叔壺로 되어 있다.

을 주었소. 용맹하고 강건하여 재난이 앞에서 닥치면 앞에서 막고 뒤에서 닥치면 뒤를 막아서 나를 환난에서 구해준 용사, 그에게 그다음의 상을 주었소이다. 외숙부도 알지 않소? 죽은 사람이 아무리 귀해도 살아 있는 사람만 못하고, 도망친 사람은 아무래도 남아서 나라를 지킨 자보다 못하다고 하오. 3등까지 상을 준 후에야 몸으로 고생한 사람들에게 상을 줄 수 있소. 대저 고생한 사람들 중에는 도숙호 그 사람이 제일 아니오. 내가 어찌 그를 잊을 수 있겠소?"

이 말을 들은 주나라 내사 흥은 문공의 안목에 이렇게 탄식했다고 한다.

문공이 어떻게 패자가 되지 않겠는가? 옛날의 성왕들은 덕을 먼저 하고 힘을 뒤로 했다고 한다. 문공이 거기에 합당한 인물이 아닌가?

문공의 논공행상은 앞으로도 이어지지만 그 원칙은 깨어지지 않았다. 인의를 밝힌 사람과 나라를 지킨 사람을 앞에 둔다는 것은 쉬운 일이 아니었다. 사람이란 자신을 위해 고생한 사람을 먼저 챙기기 마련이다. 그러나 문공은 남아 있던 사람들에게 일정한 공을 돌리고, 패자의 기본 자질을 세워준 사람들을 우대했다. 19년의 망명생활이 허무한 것은 아니었다.

## 3. 대부들은 무얼 먹고사나: 개자추 이야기

지금까지 진 문공의 환국과 논공행상을 살펴보았다. 그런데 중이를 따라다닌 개자추介子推를 기억하는 사람은 없었다. 일설에 의하면 개자추는 중이가 굶주릴 때 자신의 허벅지 살을 베어서 먹였다고 한다. 논공행상에서 제외되었지만 개자추는 직접 나설 생각도 없었다. 그는 이렇게 말하고 어머니와 함께 숨어버린다.

"헌공의 아드님 중에 오직 지금의 군주만 살아 계신다. 혜공과 회공은 친한 사람이 없었고, 나라 안팎이 모두 그들을 버렸다. 그러니 진나라를 이을 사람이 현재의 군주 아니면 누가 있겠는가? 이는 하늘이 하는 일이지 두세 사람의 힘으로 된 것이 아니다. 그런데도 저들은 공을 탐내는구나. 나는 그들과 함께하기 어렵다."

나중에 이 소식을 들은 진 문공은 자신의 잘못을 인정했다고 한다. 어느 시대나 진실한 지사志士는 있는 법이다. 그러나 문공을 따라다닌 선비들이 다 개자추 같은 사람들이었을까? 개자추가 인정하듯이 공을 자랑하는 사람들이 더 많았을 것이다. 과연 그들은 무얼 보고 문공을 따라다녔을까? 여생, 극예는 어쩌다가 끝까지 권력을 포기하지 못하고 죽음을 택했을까? 호언, 가타, 선진, 서신 등 문공의 측근들은 어떻게 그 오랜 망명생활을 견디며 문공을 보좌했을까? 영웅들의 우정은 범인들이 이해할 수 없는 것일까? 고대의 충성이란 그토록 고귀한 명목이었을까? 우리는 영웅이 아니므로 일단 범인의 범주에서 조금 물질적으로 현상을 풀어보자.

이극이 혜공과 뒷거래를 했다는 사실은 잘 알고 있다. 혜공은 이극에게 진나라의 노른자 땅을 넘겨줄 테니 자신을 군주로 세워달라고 했다. 그러나 혜공의 배신으로 이극은 죽음을 당한다. 고대에 군주를 잘 선택하는 것은 때로는 삶과 죽음의 문제였다. 여생과 극예가 중이를 버리고 이오를 택했을 때도 그럴 만한 이유가 있었을 것이다.

춘추시대의 대부들은 한번 모험을 할 만했다. 인간이 과감하게 매머드를 잡으려 한 것처럼 고위험 고수익의 법칙은 정치 세계에서도 역사적인 연원이 길다. 이제 우리시대에서 좀 가까운 예에서 고대로 거슬러 올라가며 춘추시대 대부들이 바란 물질적인 측면을 살펴보자.

한나라 초기 개국공신으로 재상의 반열에 오른 사람들 중《사기》〈세가〉에 기록된 사람은 다섯 명이다. 소하, 조참, 장량, 진평, 주발이 그들이다. 이들은 개국공신이자 신흥국가를 장수국가의 반열에 올렸으니 흔히 중국 전역에서 모인 사람들 중 가장 뛰어나다고 생각할 것이다. 그러나 실상은 그렇지 않다. 소하, 조참, 주발은 모두 유방의 고향 패현 사람들이다. 소하, 조참은 진나라의 하급 관리였고, 주발은 누에치기였다. 그러나 이들은 모두 우두머리를 잘 따라서 제후의 반열에 들었다.

이들 중에서 가장 단순한 주발이라는 사람을 보자. 이 사람은 어떻게 출세했을까? 유방이 하읍下邑을 공격할 때 성에 가장 먼저 뛰어올랐기 때문에 눈에 띄었고, 작위를 받았다. 그저 열심히 싸웠고 충성을 인정받았지만 딱히 글도 잘 몰랐다. 그런 사람이 승상의 자리에 오르고 봉지까지 받았으니 군주가 되려는 사람의 뒤를 따라다니는 것은 해볼 만한 모험이었다. 성공하면 크게 되고, 실패하면 패가망신이었다.

　좀 더 시대를 거슬러 올라가보자.《맹자》〈만장〉에 북궁기北宮錡와 맹자의 대화가 실려 있다.

　"주나라 왕실은 작위와 관록을 어떻게 정했습니까?"
　"자세한 것은 알아볼 수 없었다. (중략) 천자의 경卿은 후侯(가장 큰 제후국)와 같고, 대부는 후국의 경과 같은 녹을 받는다. 큰 나라(후국)는 사방 백리다. 군주는 경의 열 배를 녹으로 받고, 경은 대부의 네 배를 받는다. 대부는 상사의 두 배, 상사는 중사의 두 배, 중사는 하사의 두 배, 하사는 서인으로 관직을 가진 사람과 같이 받는다. 그 녹은 땅을 갈아먹는 것을 감당할 정도였다."

　맹자가 한 말을 참조하여 일단 사방 100리 국가를 기준으로 계산해보자. 당시 농민 한 명이 경작할 수 있는 토지를 맹자는 100무로 보았다. 100무를 경작하면 5~9명을 부양할 수 있다고 한다. 작위를 가진 사람의 수입으로 부양할 수 있는 인구는 얼마나 될까? 농부 한 사람이 수입으로 부양할 수 있는 인구를 평균 7명이라고 하자. 맹자의 계산법을 따르자면 군주는 대략 2240명, 경은 224명의 인구를 부양할 수 있다. 그러나 춘추 중기 진晉나라는 사방 100리가 아니라 사방 500리의 대국이었다. 그 군주는 주나라 천자보다 부유했으니 그 나라의 경의 지위를 알 만하다. 물론 맹자가 말한 수치는 모두 정확하지 않다. 그러나 그는 지배층이 과다하게 착취하는 전국시대의 현실을 강력히 비판

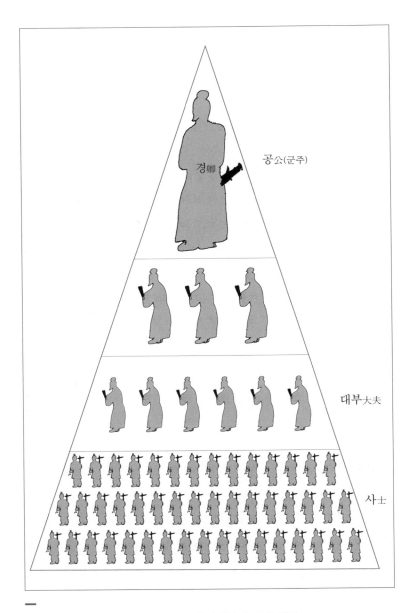

녹봉으로 본 계급사회. 계급이 올라갈수록 녹봉은 기하급수적으로 증가한다.

하는 입장이므로, 춘추 이후에는 지배층이 받는 녹이 그가 말한 것보다 더 늘어났음은 분명하다. 그러니 '정상적인' 상황에서도 경이나 대부의 지위에 오른 사람은 최소 수백 명에 달하는 인구를 부양할 수 있는 재산가였음은 분명하다.

이제 좀 더 거슬러 올라가서 춘추 초기로 가보자. 관중은 처음에는 선비에 불과했으나 대부의 신분이 되어 경들보다 더 큰 재산을 가졌다. 공자는 관중이 재산이 많은 것을 두고 심하게 비난했다.《한비자》〈외저설外儲說〉에 이런 기록이 나온다.

관중이 제나라의 재상이 되어 말했다.

"신은 귀하게 되었습니다. 그러나 신은 가난합니다."

환공이 대답했다.

"그럼 삼귀三歸*의 집을 가지십시오."

관중이 말하길,

"신은 부유합니다. 그러나 비루합니다."

그러자 환공은 그에게 고씨, 국씨 위의 자리(관직)를 주었다.

관중이 또 말했다.

"저는 존귀하게 되었습니다. 그러나 군주와의 관계가 소원합니다."

그러자 환공은 그를 중보仲父(작은아버지)로 불렀다.

---

• '부인이 셋', '집이 셋' 등으로 해석된다.

원래 대부가 아닌 사람도 출세하여 상대부가 되면 실질적인 권한이
나 재산은 경보다 나을 수도 있었다. 그런 길이 춘추시대에는 서서히
열리고 있었다. 지나치게 계산적이지만 관중이 공자 규를 따라 죽지
않고 환공을 도울 만한 세속적인 이유도 있었다.

좀 더 적나라하게 말하면 애초에 나라를 세운 사람들은 일면은 도박
꾼이자 착취자다. "백성과 땅을 함께 내린다"(대우정大盂鼎 금문), "온 천
하에 왕의 땅 아닌 곳이 없고, 그 땅 위에 왕의 신하가 아닌 이가 없
다"(《시경》〈소아〉 '북산北山') 등의 말들은 건국 초기의 상황을 그대로 말해
준다. 원래 있던 땅, 원래 있던 백성을 모두 주나라의 것이라고 하여 나
누어주는 것이다.

미개척지가 남아 있을 때까지 이런 경향은 지속되었다. 다만 주나라
천자를 대신하여 제후들이 땅을 개척하고 대부들에게 봉토를 나누어
주었다. 이것을 채읍이라고 한다.《예기》〈예운〉에 "천자는 전이 있어
거기에 자손을 두고, 제후는 국이 있어 그곳에 자손을 두며, 대부는 채
(채읍)가 있어 그 자손을 두니, 이를 제도라 한다[故天子有田處其子孫 諸侯有
國以處其子孫 大夫有采以處其子孫 是謂制度]"고 나온다. 채읍의 좋은 점은 '잘
관리하면' 세습할 수 있다는 점이었다. 이 채읍이 바로 대부들이 노리
는 것이었고, 결국 이 채읍이 커지면서 제후의 공실 곧 중앙 권력과 충
돌하게 된다. 그리고 마지막 단계에서 채읍은 국가로 변모했다. 채읍
이라는 주제를 가지고 진晉나라로 돌아가보자.

원래 읍邑은 성곽으로 둘러싸인 곳은 아니고 작은 지방의 취락으로
추측된다. 이 취락은 전쟁 시에는 자기방어 기능을 수행했다. 그러다

가 제후들이 국토를 점점 더 개발하면서 대부들에게 이 읍들을 사사했다. '채采'란 과일을 딴다는 뜻이다. 그러니 채읍이란 제후가 세금을 징수할 권리를 가진 지역의 취락 거점이다. 그런데 이 채읍은 서서히 성곽도시로 발전한다. 그 중심에 바로 진나라가 있었다.

진 헌공이 세 아들에게 성을 나누어 주었다. 이들이 지방 성곽도시의 발전을 촉진했다. 그러다가 대부들도 채읍에서 축성을 개시했다. 앞서 말한 주병제도가 이 축성을 더욱 촉진했음은 충분히 예상할 수 있다.

처음에 대부들은 어떻게 채읍을 받는가? 주 왕실의 작위를 받은 제후들이 봉지로 들어올 때 기존의 어떤 씨족의 땅을 그대로 주는 경우가 있다. 그다음은 어떤 씨족의 땅을 빼앗고, 그때 공을 세운 사람에게 포상으로 주는 것이다. 《좌전》에 진 헌공이 위魏 땅을 빼앗아 "필만畢萬에게 상으로 주었다"는 기사가 있다. 필만은 헌공의 거우였으니 힘이 셌을 것이다. 이 위 땅을 받은 후손들이 나중에 독립하니 바로 전국칠웅 중 하나인 위나라다. 위나라를 받은 필만의 후손이 크게 된 이유는 필만의 아들 위주魏犫(위무자魏武子)가 중이를 따라 망명했기 때문이다. 위주의 망명으로 그 후대가 결국 나라를 얻게 되었으니 탁월한 선택이었다. 같은 책에 조나라의 선조인 조앙趙鞅(조간자趙簡子)이 "필만은 필부다. 그러나 일곱 번 싸워서 일곱 번 이기니 수레가 100승이 되었다"고 한 말이 기록되어 있다. 이로 보면 필만은 처음에는 명망 있는 세습 귀족이 아니었음을 알 수 있다.

전국칠웅 중 하나로 나중에 진秦과 최후의 일전을 벌이는 조나라의

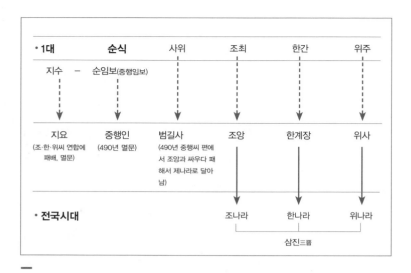

| • 1대 | **순식** | 사위 | 조최 | 한간 | 위주 |
|---|---|---|---|---|---|
| 지수 – 순임보(중행임보) | | | | | |
| ↓ | ↓ | ↓ | ↓ | ↓ | ↓ |
| 지요 (조·한·위씨 연합에 패배, 멸문) | 중행인 (490년 멸문) | 범길사 (490년 중행씨 편에 서 조앙과 싸우다 패 해서 제나라로 달아 남) | 조앙 | 한계장 | 위사 |
| | | | ↓ | ↓ | ↓ |
| • **전국시대** | | | 조나라 | 한나라 | 위나라 |
| | | | 삼진三晉 | | |

진晉나라의 귀족 계보도. 성姓은 바뀌지 않지만, 씨氏는 관직이나 봉지에 따라 바뀔 수 있다. 가령 순식의 자손이 지씨나 중행씨가 될 수 있다. 순임보는 중행장이라는 관직을 받아 '순'과 '중행' 두 가지 씨를 사용 하다 그 후손이 중행씨를 이어받았다.

군주들은 조최趙衰의 자손들이다. 조최의 5대손인 조앙이 자신의 채읍 인 진양晉陽에 성을 쌓고 독립해서 세운 나라가 조나라다. 그럼 한韓나 라는? 진晉 혜공에게 진秦과 싸움을 하지 말자고 주장하던 한간韓簡의 자손이다. 한씨는 문공이 즉위한 후 관직을 맡긴 11개 씨족 중 하나다.

《맹자》〈등문공〉에서 백규白圭가 맹자에게 이렇게 묻는다.

"저는 (맹자가 하도 세금을 줄이자고 하니, 맹자가 주장하는 10분의 1 세율보다 적 은) 20분의 1 세율로 세금을 거두고자 합니다. 어떻습니까?"

그러자 맹자가 대답한다.

"그것은 (오랑캐) 맥貊의 방법이다. 1만 가구나 되는 국가에 한 사람이 그릇을 구우면 충분한가?"

"아니지요. 부족합니다."

"맥의 땅에는 오곡이 없고 기장만 있소. 또 성곽과 궁실도 없고, 종묘 제례의 예의도 없고, 제후들이 폐백과 음식을 올리는 예도 없으며, 백관과 유사도 없소. 그러니 20분의 1이면 족하오. 그러나 지금 중국에 있으면서 인륜을 버리고 군자(지배층, 선비)들을 두지 않는 것이 가능하겠소? 한 나라에 그릇이 부족한 것도 안 될 일인데, 군자가 없어서야 되겠소?"

맹자의 말은 핵심을 찌르고 있다. 맹자가 말하는 군자란 지배층이며, 그 최하부에는 사士라는 계급이 있다. 세금이 늘어나는 이유는 지배층이 더 많이 사용하려고 하기 때문이다. 그도 긍정하듯이 지배체제가 제대로 정비되지 않은 곳은 세금이 더 적다. 대부들이 채읍을 확대해서 야인들의 노동력을 점점 더 심하게 갈취하기 전까지 야인들의 세금은 무시할 수 있는 정도였다.

정전제라는 체제가 붕괴하고 국토가 점점 더 개발되자 백성들의 노동력을 최대한 이용하려는 지배층의 욕망도 따라서 커졌다. 그 최일선에 바로 채읍을 가진 대부들이 있었던 것이다. 이들은 나라 안에 나라를 또 만들었다. 그들에게 10분의 1만 거두라고 해도 말을 들을 사람이 없다. 그래서 지배층의 역할은 긍정하면서 그 욕망은 10분의 1로 묶어놓으려는 맹자의 편협한 의도는 실효성이 없었다.

그러니 중국이 아직 넓을 때 한몫을 챙기려는 사람들이 생기는 것은 당연하다. 조, 위, 한 등의 씨족이 진을 나누어 가진 것은 그 정점이라고 할 수 있다. 물론 개자추처럼 공을 세운 후 논공행상에 아예 얼굴을 내밀지 않는 사람도 있었다. 그러나 군주를 따라다니는 사람들이 일이 성공할 경우 한몫을 챙겼다는 것만은 기억해두자.

제13장

문공의 정치

# 1. 고대 동서양의 정치이념

지금 우리가 쓰는 '정치政治'라는 개념은 장구한 역사를 가지고 있다. 이 개념은 사회집단의 성격과 역사적인 경험, 사회의 생산력 수준에 따라 의미가 바뀌었다. 앞으로 춘추전국시대를 활보하기 위해서 우리가 흔히 쓰는 정치라는 말의 '춘추전국시대적' 의미를 짚어보아야 한다. 그러기 위해 우리가 속한 민주주의 국가의 정치를 잠시 잊고 조금 난해하지만 고대의 개념으로 들어가 보자.

영어 단어 '정치politics'는 그리스의 '도시polis'에서 나왔다. 이 말에는 강력한 통치자를 암시하는 내용이 없다. 아마도 도시국가 시절의 정치란 '도시에서 시민들이 결정하는 일' 정도의 의미였을 것이다. 그러나 전쟁은 정치의 의미를 급격히 바꾸어놓는다. 펠로폰네소스전쟁은 기원전 5세기 말 아테네를 맹주로 한 도시국가 연합과 스파르타를 맹주로 한 도시국가 연합의 충돌이었다. 물론 알다시피 스파르타가 이겼다. 그 후 플라톤은《국가론》을 썼다. 국가가 있어야 개인들이 보호받을 수 있다는 사상이 자연스럽게 생겼다. '국가론'의 요지는 두 가지로 요약할 수 있다. '훌륭한 시민은 국가 안에서만 존재한다. 그리고 훌륭한 국가는 지식을 가진 자에 의해서 통치되어야 한다.' 이렇게 보면 국가론은 사실상 정치론이라고 할 수 있다. 그러나 이때까지는 여전히 '정치'의 의미는 모호하다. 그러나《법률론》에 이르면 플라톤이 말하는 정치의 의미는 더 구체화된다. 그는 국가란 반드시 법률에 의해 다스려져야 한다고 말한다. 플라톤에 의해 정치행위의 중요한 두 개념인 '법'과 '국가'가 명백히 드러났다.

로마는 정교한 법으로 세계사에 이름을 남겼다. 다만 로마는 플라톤에서 더 나아가 법의 집행자로서 군주를 부각시켰다. 마키아벨리? 그는 법 자체에 대한 정교한 철학은 없지만 군주라는 존재를 '유일한 입법자'로 절대화시켰다. 그는 자신이 만든 법을 가지고 국가를 통치하는 절대자다. 그가 행하는 행동이 정치다.

이제 고대 중국의 정치개념으로 넘어가 보자. 비록 태평양을 건너 멀리 떨어져 있지만 '정치'의 개념은 매우 유사하다.

한자로 '정치'는 정政과 치治의 결합이다. 정이란 바르다[正]는 뜻과 명령[攵]이라는 말의 결합이다. 그러니 정이란 군주의 정령政令을 뜻한다(그 정치와 금령을 장악한다[掌其政治禁令] -《주례》〈지관〉). 치란 무엇인가? 치는 다스림이다. 다스림의 주체는 지식을 가진 자이며, 그 꼭대기에는 군주가 있다[마음(지식)을 쓰는 자는 남을 다스리고, 힘을 쓰는 자는 남의 다스림을 받는다[勞心者治人 勞力者治於人] -《맹자》〈양혜왕〉]. 그럼 무엇으로 다스리는가? 바로 인仁과 법法이다. 인으로 다스린다는 말은 맹자가 말한 마음을 쓴다는 것과 같다. 역시 최후의 수단은 법이다. 그래서 "법으로 나라를 다스리지 않으면 혼란해진다[治國無法則亂]《여씨춘추》)"고 말한 것이다.

이것이 대체로 통일제국 이전의 정치에 대한 중국인들의 관념이다. 정치의 주체는 명백히 군주다. 군주는 하루도 없을 수가 없으며, 군주의 존재는 문명의 조건이다. 그래서 공자가 "이적이라도 군주가 있으니, 여러 화하족의 군주가 없는 것과는 다르구나[夷狄之有君 不如諸夏之亡也]"라고 한 것이다.*

정치의 주체는 누구인가? 물론 민주주의 사회에서는 주권자인 인민이다. 그러나 군주에게 그 권리가 양도된 상태에서는 어떻게 하는가? '군주'가 '법'을 통해 '국가'를 장악하고 통치한다. 그 통치를 유지하기 위해서 '마음을 쓰는' 것이다. 서방에서 소박한 폴리스가 국가로 진화하고, 또 모호한 《국가론》이 《법률론》을 거쳐 《군주론》까지 이어지는 것을 보았다. 역사적으로 그리고 이념적으로 군주의 권한은 계속 강화된 것이다. 중국도 예외는 아니다. 다만 중국은 인으로 다스린다는 관념이 강했다. 그러나 역시 최후의 수단은 법이며, 법의 집행자는 국가 곧 군주다.

---

• "이적인 군주가 있을지라도, 화하에 군주가 없는 것보다 못하다"는 주희의 해석은 문맥상 억지다.

지금 필자가 말하려는 것은 관중 시대보다 문공 시대에 군주의 권한이 훨씬 강화되었다는 것이다. 군주의 권한이 강화되는 과정은 물론 전쟁이다. 그리스에서 전쟁이 국가의 존재를 부각시켰던 것과 흡사하다. 관중은 정치의 관건을 인민의 부유함[民富]으로 보았다. 관중은 삼군의 전투력을 증강시키는 데 관심은 있었지만 군인의 수를 계속 늘리려고 노력하지 않았다. 그러나 문공은 기본적으로 국가를 강하게 하기 위해 힘을 증강하는 정책을 실시했다. 그는 농민을 보호하는 정책을 썼지만 그의 업적은 거의 군사적인 것이다. 생산력이 급격히 발전하지 않는 상황에서 군사력 강화는 당연히 농민에게는 압박으로 작용한다. 진晉은 강한 나라였지만 부유한 나라는 아니었다. 그러니 관중을 경제학자적인 측면에서 고찰하고 문공을 정치가의 측면에서 고찰할 수밖에 없다. 이제 등극 후 문공의 개혁정치를 살펴보자.

## 2. 경제제도를 정비하다

진 문공의 경제제도 개혁은 제나라 관중의 개혁과는 차원이 좀 다르다. 관중은 소유권, 생산방식, 생산도구 방면 전체에서 전반적인 개혁을 시도해서 제나라를 완전히 일신시켰다. 관중이 물려받은 제나라는 평원국가였고 대국이었지만 춘추 초기의 느슨한 국가였다. 관중의 목적은 평원국가인 제나라로 여러 지방의 농민들이 몰려들도록 하여 제나라의 부를 늘리는 것이었다. 그러나 진 문공이 물려받은 진나라는 수차례의 싸움으로 존망의 기로에 서 있었지만 아버지와 동생이 이미 강력한 군국주의 국가의 기틀을 만들어놓은 터였다. 그리고 진은 양쪽이 산으로 막힌 요새국가로서 사방을 이민족이 둘러싸고 있었다. 관중처럼 주위의 인민들을 끌어들이는 정책이 아니라 자신의 기반을 거점으로 밖으로 팽창하는 것이 기본적인 정책이었다. 관중이 부유한 제나라로 사람을 끌어들였다면, 문공은 분지의 토지를 잘 갈무리하고 이를 기반으로 밖으로 팽창하고자 했다.

그래서 사서에 나오는 문공의 경제제도 개혁은 특별한 것이 없다. 이미 혜공 시절에 세제를 정비해두었고, 또 차근차근 전제를 개혁할 시간도 없었기 때문이다.

진 문공은 새출발을 강조했다. 그리고 미약한 자신의 기반을 강화하기 위해 시혜정책을 썼다. 《국어》를 기반으로 그의 정책을 정리하면 부채정리와 부세경감[棄責薄斂], 빈민과 사회적 약자들의 구제[施舍貧寡 救乏振滯 匡困資無], 농상업 장려[通商寬農], 수확 장려와 근검 고취[懋穡勸分]다. 문공은 스스로도 쓰임새를 줄여 국고를 채웠다[省用足財]. 여기서 문공의 정책이 관중의 정책과 상당히 차이가 나고, 통치 철학과 조건도 다르다는 것을 금방 알 수 있다.

위의 사료들은 많은 오해를 낳았기 때문에 간단히 분석해보자. 진문공의 통치 스타일을 알아보기 위해 《묵자》〈공맹公孟〉의 한 구절을 인용한다.


공맹公孟이 유자의 멋진 의관을 하고 묵자를 찾아서 물었다.

"군자란 의복을 제대로 한 후에 행동하는 것입니까? 아니면 행동을 한 후에 옷을 차리는 것입니까?"

묵자가 말하길,

"(올바른) 행동은 의복에 있지 않소이다."

공맹이 되묻길,

"왜 그렇습니까?"

묵자가 말하길,

"옛날에 제 환공은 높은 관을 쓰고 넓은 띠를 두르고 좋은 금(청동) 칼에 나무 방패를 들고도 나라를 잘 다스렸고, 진 문공은 포의에 양가죽옷을 입고는 허리에 띠를 둘러 (볼품없는) 칼을 꽂고 나라를 다스렸지만 역시 잘 다스렸소."

관중이 만들고자 한 제나라는 부유한 나라였고, 문공이 만들고자 한 진나라는 근검절약하는 나라였다. 매우 다른 선택 같지만 사실은 상황에 따른 것이었다. 묵자가 말하는 것도 그러하다. 역사적인, 지리적인 상황에 맞는 합리적인 선택이 중요하지 겉으로 드러나는 것으로 판별할 수 없다는 것이다. 진 문공은 기반이 약했기 때문에 진秦나라에서 회영을 데려올 때 무려 3000명의 호위무사를 대동했다. 그러니 새로운 지지기반을 확보하기 위해 부채를 탕감하고 부세를 경감한 것이다. 부채탕감과 부세경감은 구세력을 억누르기 위해 신진세력들이 흔히 쓰는 방식이다. 부세를 경감하니 국가가 쓸 재화가 줄어들고, 따라서 자신 스스로 절용을 강조했다. 제나라처럼 바다(동해)와 들판(산동평원)

과 산지(태산)의 재화를 모두 끌어들일 수 없는 진의 입장에서는 절검과 실속이 제일이었다. 제나라처럼 풍부히 쓰고, 고자세를 유지하다가는 당장 거덜난다. 이것이 실속파 진 문공의 속내였다. 이런 맥락에서 보면 '무색권분懋穡勸分'이라는 사료의 의미가 드러난다. '많이 거두도록 장려하고, 적게 쓰도록(분수에 맞게 쓰도록) 권장했다'는 뜻이다. 그러니 부자가 빈자를 돕게 했다는 일반적인 해석으로는 의미가 드러나지 않는다.

당시 진나라는 피폐한 상황이었고 생산력에도 한계가 있었다. 많이 저축하고 적게 쓰는 것이 능사였다. 진나라가 강해지기 위해 마지막으로 남은 방법은 토지를 늘려 중요한 생산 거점들을 확보하는 것이었다. 진 문공은 과연 그런 정책들을 실시하기 시작한다. 문공의 팽창정책은 제나라의 팽창과는 차원이 달랐다. 제 환공의 팽창정책은 영향력을 확대하기 위한 것이지만 진 문공의 팽창정책은 바로 땅을 점령하기 위한 것이다. 진-진이 황하를 사이에 두고 강력한 영토분쟁을 벌인 것도 모두 이름을 다투기 위해서가 아니라 실질적으로 지배하기 위해서였다. 문공은 서방 진秦의 도움을 받았으므로 서방으로 진출하기는 어려웠으니, 앞으로 동방으로 진출할 것이 명백했다. 그의 경제정책을 보아도 내부에서 얻을 수 있는 것은 한계가 있었다. 그렇다면 호시탐탐 외부로 눈을 돌리는 것은 당연했다.

## 3. 관료체제를 확립하다

관중이 뛰어난 정치가이자 경세가라면 문공은 뛰어난 통치자다. 그는 통치를 공고히 하는 면에서는 오히려 관중보다 뛰어난 면이 있다. 문공은 통치의 수단으로 제도가 하는 역할을 충분히 이해하고 있었다. 그는 군주를 중심으로 백관들을 촘촘히 배열했다.

먼저 서, 적, 호, 기, 난, 극, 백, 선, 양설, 동, 한 등 11개 씨족의 공신들을 근신으로 배치했다.* 그러고는 궁정의 업무는 공족인 희성들이 장악했다. 희성이 아닌 사람들은 지방이나 궁정 밖의 관직에 임명했다. 공족이 궁정의 일을 담당하고 공신이 국가의 중책을 담당하며 나머지 여러 성씨의 인재들이 잡무와 지방직을 담당했다.

공족은 부賦(공전의 세금)를 받아 생활하고, 대부는 식읍의 부세로 생활하고, 사인은 전田의 부세로 생활하고[土食田], 서인은 스스로 경작하여 생활하게 했다. 물론 경대부의 가신들은 경대부가 먹여 살리고, 장인들의 봉급은 국고로 해결했다. 다른 체제는 기존과 차이가 없다. 그러나 한 가지 주목할 대목이 있다. 사인들이 전으로 생활한다[土食田]는 말의 의미는 무엇일까? 이 말은 사인들이 가진 토지가 자신들이 스스로 경작할 정도를 넘어섰고, 또 사는 전을 받는 것으로 보아 분명히 하급 관직을 차지하는 사람들이다. 그래야 '자신의 힘으로 먹는 것[力]'이

---

• 중국에서 나온 《국어》의 여러 주해본들은 11개 씨족이 근신 역할을 맡았다고 해석했으나 이는 매우 모호한 해석이다. 위의 11개 씨족은 원래 진나라를 장악하고 있었고, 이들에게 모두 관직을 내줄 수는 없다. 위의 구절은 구체적인 이름을 말하는 것이다. 예를 들어 호언, 난지, 극진, 선진, 한간 등을 말한다.

아니라 '남의 힘으로 먹을[食]' 수 있다. 문맥으로 보아 이 '사'라는 전사계급은 국가가 보장해주는 작은 전지에 의존해서 살았고, 한 사람이 경작할 수 있는 것보다는 큰 땅을 가지고 있었다. 그러면 앞에서 언급한 맹자의 말에도 부합된다. 그렇다면 앞으로 전개될 상황은 자명하다. 황무지들이 개간되면 경대부들은 식읍을 중심으로 군주에 대항할 것이다. 그들을 뒷받침하는 세력은 가신이다. 그러면 군주는 누구를 끌어들이려 할 것인가? 바로 국도에 모여 있는 이 사인계급이다. 그러나 사인계급에게 줄 토지와 관직이 충분하지 않다면? 사인계급은 당연히 자신의 살 길을 찾아 떠날 것이다. 향후 뛰어난 학자, 군인, 정치가들이 이 사인계급에서 나오는 것도 자연스러운 일이다. 사인계급과 군주가 결합하면서 생긴 시너지 효과가 발생하는 시대가 서서히 다가오고 있었다.

이제 문공이 만든 행정체제의 윤곽이 드러난다. 그는 공신 그룹을 자신의 측근으로 만들었다. 그는 그들을 중용하되 한 씨족이 전권을 행사하지 못하도록 했다. 제나라에서는 관중이 공실, 국씨, 고씨의 삼두마차 체제를 만들고 공실의 정치를 관중이 보좌했다. 양자를 비교하면 무려 11개 씨족의 대표자로 관직을 분할한 진나라의 군주가 훨씬 더 권한이 강했음을 알 수 있다. 그리고 궁정의 임무는 모두 동성에게 배분하는 것으로 보아 문공이 중앙을 강하게 하기 위해 주나라의 제도를 차용했음을 알 수 있다. 제나라에서는 관중과 습붕이 정치의 중심이었다. 관중은 내정을 담당하고 습붕은 외정을 담당했다. 관중은 궁중의 일도 모두 관여했다. 그러나 진나라는 공족인 희성이 궁정의 일을 전담했다. 역시 제나라보다 더 중앙을 강화한 체제라고 할 수 있다.

11개 씨족 대표가 하는 일은 군대를 이끄는 것이다. 군대는 여전히 씨족을 중심으로 만들어졌다. 3군 체제로 간다면 3명의 수장과 3명의 부장이면 된다. 그러나 그 이상이 되면 더 많은 지휘관이 필요하다. 진 문공은 야심이 있었다. 그는 밖으로 나가고 싶었고, 3군으로는 만족할 수 없었다. 이제 진 문공의 정치에서 가장 차별성이 보이는 군제개혁으로 넘어가 보자.


## 4. 군대를 확충하다 ━━━━━

진 문공의 군제개혁은 한마디로 지속적인 확충이다. 사서에는 간단히 세 마디로 요약되어 있다. 바로 "3군을 만들고[作三軍]《좌전》'희공 27년')", "5군을 만들고[作五軍]《국어》〈진어〉,《좌전》'희공 31년')", "3행을 만들었다[作三行]《좌전》'희공 29년')"는 기사다.

원래 진나라의 병제는 2군 체제다. 제나라의 관중은 3군 체제를 만들었다.《주례》에 "천자는 6군, 대국은 3군, 소국은 2군을 가진다"는 기록과 위의 자료들의 기록은 밀접한 관계가 있다. 그러나 천자의 6군이란 원래부터 없었다. 그 6군은 천자의 직할군이 아니라 천자의 근친들이 거느린 군대를 말한다. 당시 가장 큰 병제는 대략 3만 명으로 구성된 3군이며 제나라와 초나라가 이런 병제를 가지고 있었다. 그런데 앞으로 다가올 초나라와의 일전을 앞두고 진 문공은 군대를 확충하는데《좌전》은 이를 두고 3군을 만들었다고 표현했다. 성복대전이 끝나자 3군을 넘어 5군을 만들었다고 기록한다.《국어》에는 5군의 이름이 명확하게 기록되어 있으므로《국어》의 기록은 원사료에 매우 가깝다고 할 수 있다. 진 문공이 만든 5군이란 기본적으로 3군의 편제를 따르되 진나라 특유의 증설된 병제라고 할 수 있다. 상군, 중군, 하군 중에서 상군과 하군을 증설하여 신상군, 신하군이라고 명명했다. 이렇게 되면 진나라의 전차부대는 제나라를 능가하는 병력을 갖추게 된다.《좌전》에 따르면 5군을 만든 이유는 적나라를 제어하기 위해서다[作五軍以禦狄]. 따라서 새로 만든 군대는 적나라 보병과 싸우기 위해 전차의 수를 줄이고 보병의 수를 늘린 부대로 추측된다.

그다음은 3행이라는 편제다. 3행은 전통적인 설명대로 보병부대다. 행이라는 편제는 산지에 사는 적인들과 대치하던 진나라에는 이미 있었고 처음에는 전차부대를 보좌하는 역할을 한 듯하다. 태자 신생의 하군에 있던 칠여대부 중에 좌행左行, 우행右行 등의 관직명을 가진 사람들이 있는 것으로 보아 문공이 등극한 후 단지 한 행을 증설한 것으로 볼 수 있다. 그 중행을 맡은 사람이 바로 순식荀息의 손자인 순임보荀林父다. 그래서 순임보는 중행장 임보, 곧 중행임보라 불렀다. 중행임보는 군주의 전차를 조종하던 사람이다. 그렇다면 순임보는 중군에서 중요한 역할을 하는 사람으로 중행을 그대로 물려받은 것이다. 이로 보아 행은 원래는 전차부대에 부속된 보병부대였을 것이다. 그러다가 점점 보병부대가 독립적인 작전단위로 변모했음을 알 수 있다. 이제 극도로 단편적인 자료들을 모아 진나라의 편제를 구성해보면 이렇다. 2군 체제에서 3군 체제로 바뀌었고, 또 3군의 좌우익은 각각 두 부대로 증원되어 총 5군이 되었다. 그러나 전시에는 역시 중, 좌, 우 세 방향의 일반적인 전차 대형을 유지했고 그 대형에는 보병부대도 있었다. 보병부대는 원래 두 개였으나 증설된 3군 체제에 맞게 세 개로 늘어났다. 진 문공 제위기 불과 몇 년 동안에 진나라는 강력한 군사대국으로 성장했다. 무려 5군과 3행으로 편제된 가공할 규모의 부대는 앞으로 춘추의 무대를 주름잡을 것이고, 지방에 포진한 주병들도 요새를 지키는 역할을 했다. 공자가 진 문공을 싫어한 이유는 분명하다. 명분을 내걸고 있지만 주례를 계속 파괴하면서 지속적으로 군사적인 팽창을 기도했기 때문이다.

3군과 5군을 만들게 된 배경은 당연히 나날이 격화하는 국가들 간의 전쟁 때문이었다. 3군과 5군의 편성과 관련된 일화를 간단히 정리해보자.

앞으로 펼쳐질 초나라와의 대전을 앞두고 문공은 사냥을 하면서 군대를 서서히 편성해나갔다. 문공은 중군대장으로 최측근인 조최를 염두에 두고 있었다. 그러나 조최는 사양했다. 조최는 조씨 집안을 크게 일으킬 재목으로 원견이 있었다. 조씨 집안보다 다른 11개 씨족이 더 강성한데 자신의 공로를 함부로 내세우는 것은 좋은 생각이 아니었다. 조최가 권했다.

"극곡郤縠을 쓰시지요. 극곡은 나이가 오십이고 예약과 시서를 숭상합니다. 그는 덕행이 이미 돈후하나 항상 배우는 사람입니다. 청컨대그를 쓰시지요."

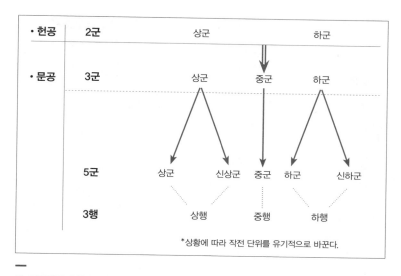

| • 헌공 | 2군 | | 상군 | | | 하군 | |
| --- | --- | --- | --- | --- | --- | --- | --- |
| • 문공 | 3군 | | 상군 | 중군 | | 하군 | |
| | 5군 | | 상군 | 신상군 | 중군 | 하군 | 신하군 |
| | 3행 | | | 상행 | 중행 | 하행 | |

*상황에 따라 작전 단위를 유기적으로 바꾼다.

진晉나라의 군대 확장. 진나라는 지속적으로 군대를 확충하고 동시에 서서히 보병전의 중요성을 깨달아갔다. 3행은 보병전을 수행하는 동시에 전차부대를 지원했을 것이다. 행은 원래 전자부대의 편제 안에 있다가 독립했다.

중군장은 3군 전체를 통솔해야 하는 사람으로 나이가 많고 신중해야 한다. 또 좌(상)군과 우(하)군 원수들의 지지를 받아야 했다. 그래서 조최는 나이가 많으며 후덕한 극곡을 추천한 것이다. 극곡의 부장으로는 극진郤溱이 선택되었다. 상군은 문공의 외숙부들인 호모狐毛와 호언狐偃이 맡았다. 그리고 조최에게 경을 맡기려 하니 그는 또 난지欒枝와 선진先軫에게 양보했다. 그래서 난지가 하군의 원수를 맡고 선진이 부장이 되었다. 진나라 군대는 이런 전투대형으로 성복의 싸움을 마쳤다. 성복의 싸움을 마친 후 조최는 증설된 신상군의 수장이 되었고, 신하군은 서영胥嬰이 맡았다. 이렇게 해서 5군은 완성되었다.

지금까지 보았듯이 극씨, 호씨, 난씨, 서씨 등 5군의 4부 수장은 모두 11개 씨족의 공신들이다. 다만 조최는 문공에게 가장 신임받았기 때문에 결국 한 자리를 맡았다. 문공은 이 증설된 부대를 데리고 가차 없이 영토를 확장했다. 명분을 내걸고 있었지만 압도적인 군사력으로 위협하는 것이 문공의 특징이었다.

# 제14장

## 성복대전

: 문공이 초나라를 제압하다

• • •

이제 강해지는 진晋과 북상하려는 초의 대결은 거의 불가피했다. 초는 제나라가 약화된 틈을 타 황하 이남의 땅을 완전히 장악하려 했고, 진은 제를 대신하여 초의 북상을 제지하는 것이 관건이었다. 제나라와 초나라는 가운데에 있는 작은 나라들을 이용해서 대리전을 치렀지만 지금은 상황이 매우 달라졌다. 황하 이남에 있는 제나라의 옛 동맹국들은 급격히 초나라로 기울었다. 문공 또한 초나라의 실력을 잘 알고 있었다.

이들은 오랫동안 신경전을 벌였는데 마침내 기원전 632년 대규모 국제전이 벌어진다. 이 전쟁은 이전까지와는 차원이 달랐다. 무려 9개 국가가 동원되었고, 수백 대의 전차가 한곳에 모여서 싸움을 벌였다. 이 싸움에서 드디어 군사전략가들이 모습을 드러낸다. 기존의 군사전략은 적의 약한 부분을 공격하는 것이 전부였다. 이번에는 정치, 외교, 군사 방면의 역량이 총동원되었다. 또 하나 기존과 차별되는 점은 북방연합이 수세에서 공세로 전환했다는 점이다. 이제 이 거대한 전쟁의 시작과 끝을 따라가면서 춘추 중기의 국경선들이 형성되는 과정, 군사전략들이 완성되는 과정, 춘추 외교의 원칙 등을 고찰해보자.

## 1. 진晉나라가 존왕을 핑계로 남진하다 ━━━━

진晉 문공은 진秦 목공이 보낸 3000위사의 힘을 빌려 정권을 장악했다. 여기서 그쳤다면 문공은 목공의 아래에 섰을 것이고, 춘추 두 번째 패자의 영예는 목공에게 돌아갔을 것이다. 그러나 이 정력적인 노인은 19년 망명살이가 끝나자마자 바로 중원의 일에 개입한다. 말이 개입이지 사실은 남진정책이었다. 그리고 남진정책의 기저에는 생산력이 높은 토지를 확보하고자 하는 문공의 욕심이 있었다.

앞서도 이야기했듯이 문공이 즉위할 당시 주나라 양왕은 동생 대帶에게 쫓겨 정나라로 도망와 있었다. 대는 아예 스스로 왕이 될 생각으로 적인들을 끌어들였고 주 왕실 내부의 호응도 얻은 상황이었다. 이런 진퇴양난의 상황에서 양왕은 대략 다음과 같은 취지로 제후들에게

읍소했다.

"이 못난 사람이 덕이 없어 한 어머니가 낳은 동생에게서 쫓겨나고 말았습니다. 지금 정나라 땅에서 더부살이하고 있으니 제후들께서 도와주시기 바랍니다."

사자들은 진晉나라, 진秦나라, 노나라 등 도움을 줄 수 있는 제후들을 향해 열심히 달려갔다. 진秦나라 목공은 이 기회를 놓치고 싶지 않았다. 그의 선조들은 동쪽으로 쫓겨 가는 주나라를 도와 제후의 반열에 올랐다. 그는 즉각 군사를 내어 황하에 집결시켰다. 그때 진晉 문공의 책사들도 가만히 있지 않았다. 호언은 먼저 손을 쓰라고 조언했다.

"제후들을 따르게 하려면 천자를 호위하는 것이 제일 좋습니다. 우리가 먼저 손을 쓰지 않으면 진秦나라가 군대를 출동시킬 것입니다. 제후들에게 신의를 보여주시고, 우리 진나라의 강토를 넓혀야 합니다."

점을 꽤 좋아하는 문공은 복언卜偃에게 괘를 보라고 했는데 크게 길했다. 문공은 바로 진秦나라에 사자를 보내서 군대를 중지하라고 부탁하고 스스로 군을 이끌었다. 그러고는 초원의 융인들과 여토의 적인들에게 뇌물을 듬뿍 주고 동쪽으로 나가는 길을 열어달라고 했다. 진나라와 주나라가 통하는 길목에 있던 이들은 이렇게 길을 빌려줌으로써 자신들의 입지가 줄어든다는 것은 미처 계산하지 못했을 것이다.

문공은 곧장 황하로 내려가서 동쪽으로 방향을 틀었다. 우군은 바로 온溫 땅으로 진격해서 대숙大叔을 포위하여 생포했다. 그러고는 습隰 땅에서 대숙을 죽여버렸다. 대숙은 문공이 산지의 융인, 적인들에게 뇌물을 먹여 길을 열고 질풍노도처럼 달려오리라고 예상하지 못했을

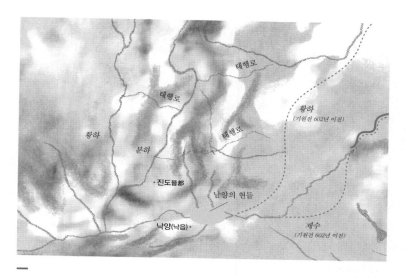

지도 안 글자: 태행로, 태행로, 태행로, 황하 *(기원전 602년 이전)*, 황하, 분하, 진도晉都, 남양의 현들, 낙양(낙읍), 제수 *(기원전 602년 이전)*

진 문공이 새로 받은 남양 8개 현. 진이 남양의 8개 현을 얻음으로써 천자의 직할지는 낙양(낙읍) 주위로 줄어들었다. 주 왕실을 무력화한 이는 바로 진 문공이다. 새로 얻은 8개 현은 중원의 노른자 땅인 데다 모두 재정적으로 자립할 수 있었기 때문에 앞으로 군사작전이 점점 쉬워진다.

것이다. 그리고 좌군은 곧장 정나라로 가서 천자를 맞았다. 주나라 천자 개인으로서는 고마운 일이었지만, 주나라 전체로 보아서는 이 사건은 심대한 타격이었다. 천자는 문공에게 사례로 황하 북쪽에서 태행산 남부에 이르는 남양南陽의 요지 여덟 곳을 봉지로 주었다. 양번陽樊, 온, 원原, 주, 형, 조, 치, 찬모欑茅 등의 땅인데 모두 산서성 남부의 분지와는 비교할 수도 없는 비옥한 평원이었다.

이리하여 진 문공은 분하 하류에 한 발을 두고 황하 북쪽에도 한 발을 두었다. 뇌물을 먹고 길을 빌려준 이민족들은 남북으로 갇힌 신세가 되었다. 그러나 후회해도 너무 늦었다. 이제 태행산맥 남단의 적인들의 입지는 점점 더 줄어들 수밖에 없었다.

천자를 만난 문공은 자신도 천자의 방식대로 장례를 치를 수 있게 해달라고 했다. 그러나 천자는 거절했다. 하지만 땅은 떼어줄 수밖에 없었다. 이제 사태는 명백해진다. 진 문공은 애초부터 단순히 개입한 것이 아니라 남양의 땅을 점령하기 위해 남하한 것이다. 오랜 전쟁으로 도성 주위에서 걷는 세금은 한계가 있었다. 그래서 아끼고 아껴야 할 형편인데 이제 거의 공짜로 황하 북쪽의 노른자위 땅을 다 차지했으니 진나라는 일약 강국이 된 것이다.

그러나 양번, 원 등의 수비를 맡은 장수들은 진 문공의 입성을 거부했다. 주나라의 느슨한 지배를 받다가 진나라로 귀속되는 것이 당장 두려웠을 것이고, 진나라 팽창정책의 재원을 마련하는 역할이 어렵다는 사실을 알았기 때문일 것이다. 양번의 수장 창갈蒼葛은 성문을 걸어 잠그고 진나라에 투항하지 않으려 했다. 그러자 문공은 양번을 포위하고 성안의 사람들을 모두 도살하라 명했다. 문공의 잔인한 일면이다.

그러자 창갈이 큰 소리로 반문했다.

"천자는 진나라가 덕으로 다스릴 것이라 믿고 양번을 하사했소. 그런데 우리 땅 사람들은 이렇게 말하오. '진나라가 무슨 덕을 펼쳤는가? 우리가 안심하고 생업에 종사할 수 있게 하지도 않고, 오히려 우리를 죽이려고 한다.' 우리도 모두 천자의 일족이며, 천자에게 전복甸服의 의무를 다하고 있는 백성이오. 그대들이 덕을 베푼다면 어찌 귀순하지 않을 것이오."

뼈아픈 말이었다. 문공은 사태를 파악하는 능력이 극히 뛰어난 사람이다. 지배할 수 없는 백성들이라면 차라리 놓아주는 것이 낫다. 그래서 포위를 풀고 진나라의 지배를 원하지 않는 사람들은 모두 떠나가도록 했다.

"저 사람의 말은 군자의 말이다. 백성들을 놓아준다."

양번뿐만 아니라 원 땅의 사람들도 귀순하지 않으려 했다. 문공은 군대에 3일 치의 양식을 준비하게 하고 포위했다. 그러나 3일이 지나도 성을 지키는 사람들이 투항하지 않았다. 그러자 문공은 철군을 명했다. 이때 성을 정탐하고 온 첩자가 고했다.

"성은 불과 하루이틀이면 무너질 것입니다."

그러나 문공은 그 나름대로 계산이 있었다. 양번을 점령할 때와 같은 생각이었다.

"나는 3일 치 양식을 휴대하라고 했다. 성 하나를 얻고 신의를 잃을 것인가? 무릇 신의란 백성들이 믿고 기대는 바니 잃어서는 안 된다."

이렇게 말하고는 철군했다. 과연 원성은 곧장 투항했다. 공성은 심리전이다. 그래서 성을 공격할 때는 완전히 포위하지 않고 항상 한 면을 열어둔다. 상대의 전투 의지를 꺾기 위한 것이다. 양번과 원을 공략하면서 문공은 피를 흘리지 않았다. 원을 점령한 후 조최를 두어 다스리게 했고, 온 땅은 호진이 다스리게 했다.

이렇게 문공은 주나라 왕실의 땅을 차지하면서도 신의를 지켰다는 명성을 얻었다. 남방의 초나라로서는 이제 제나라보다 훨씬 호전적인 상대를 만난 것이다.

## 2. 진-진이 약을 치고, 초가 송과 제를 치다 ━━━━━

### 진-진이 초나라 서북방 요지를 선제공격하다
━

초나라의 도읍 강릉에서 곧장 북쪽으로 올라가면 양양襄陽이다. 양양
은 한수 가에 있는 전략적 요충지로 북방세력이 남하하려면 반드시 거
쳐야 하는 곳이다. 이런 중요성 때문에 초나라 시절에 이미 양양에는
대규모 군대가 주둔했다. 《삼국지》의 관우의 근거지가 바로 이곳이고,
원나라 세조 쿠빌라이 칸이 수륙 양면으로 수년을 공격하고서야 가까
스로 함락시킨 곳 또한 이곳이다. 양양성이 함락되면 한수 이남의 땅
은 방어할 엄폐물이 없다. 그래서 초나라 북방 제1기지는 양양이라고
할 수 있다.

한수를 건너 북쪽으로 올라가면 넓은 남양의 분지가 나온다. 남양
은 하남의 곡창이자 고대 공업의 중심지다. 후한의 광무제는 남양을
기반으로 나라를 세웠고, 초나라는 남양에서 동과 철을 만들어냈다.
청나라 때도 남양부는 하남성 최대의 관부였다. 그래서 초나라의 뛰
어난 군주들은 남양에 수로를 만들어 토지를 넓혔다. 비유하자면 양
양에 앉아서 남양의 생산물을 수확하는 형국이다. 그래서 양양과 남양
은 서로 보완적인 관계다. 그리고 양양에서 군사를 내어 북상하면 반
드시 남양을 거쳐야 한다. 따라서 남양은 초나라의 북방 제2기지라고
할 수 있다.

약나라와 진秦나라의 국경지대였던 아관으로 들어가는 관문. 이곳을 넘으면 진나라다. 약, 용 등의 작은 나라들들은 진과 초 사이에 끼어들었다가 결국은 멸망한다.

그러나 남양은 비옥하지만 지키기가 쉽지 않다. 그래서 남양 정서 쪽, 진령秦嶺의 최동단에 요새를 건설할 필요가 생겼다. 남양의 서쪽 산지의 전략적 중요성이 부각되었다. 그 땅에 춘추시대에는 약나라가 있었다. 초나라는 이 약나라를 부용국附庸國으로 활용했다. 약에 군대를 주둔시키면 하루에 남양까지 진격할 수 있었다. 그러므로 이 지방을 초나라의 북방 제3기지라고 불러보자.

이 전략적 트라이앵글이 깨어진 것은 전국시대다. 전국시대 진秦은 진령의 길을 개척하여 멀리 진령을 우회하지 않고 바로 진령을 넘어 초나라로 들이쳤다. 그때가 되면 초나라의 국세는 크게 약해진다. 그

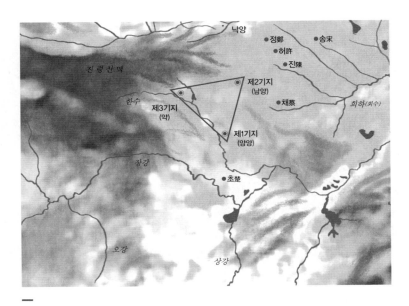

초나라의 전략적 트라이앵글.

러나 지금은 그렇지 않았다.

그런데 문공은 즉위한 후 황하 이북의 땅을 얻더니, 또 이 약 땅에 눈독을 들였다. 만약 약 땅에 진이나 진의 군대가 주둔하면 남양은 더 이상 초나라의 땅이 될 수 없었다. 초나라로서는 후방이 두려워 북쪽으로 올라오기도 어려울 것이다. 양번 땅을 얻자마자 약을 노렸다는 것은 진 문공의 야망이 황하 북쪽에만 머물지 않았음을 알려주는 방증이다. 양번을 얻은 해 가을 진-진 연합군은 약을 공격했다. 초나라는 신공申公 투극鬪克과 식공息公 굴어구屈禦寇를 보내 약나라의 수도인 상밀商密을 지키게 했다. 그러나 진秦나라는 흉계를 써서 투극과 굴어구를 잡아서 돌아갔다. 계략이라는 것이 단순해서, 진군은 상밀의 성을 포위하고는 밤에 몰래 투극과 굴어구와 이미 맹서를 한 것처럼 꾸몄다. 당시의 맹서 의식이란 떠들썩해서 맹서의 문서를 묻고 땅에 짐승의 피를 뿌렸다. 상밀 사람들은 투극과 굴어구가 이미 진과 맹서를 한 줄 알고 투항했다. 상밀 사람들이 투항하자 투극과 굴어구도 진군에게 잡혔다. 속임수에 꼼짝없이 당한 것이다.

초나라 영윤 자옥이 쫓았지만 따라잡지 못했다. 비록 진군은 물러났지만 초나라가 깜짝 놀란 것은 당연했다.


## 초가 제나라와 송나라를 공격하다

—

제 환공의 자식들은 권력을 다투다 초나라로 망명했다. 그런데 이 사람들이 급기야 사고를 치기 시작한다.

제나라가 만든 연합은 이미 와해되고 있었다. 제나라는 여전히 강국이지만 국제사회에서 이제는 영이 서지 않았다. 제나라 효공은 노나라가 위나라와 맹세를 한 것에 분노하여 노나라를 쳤다. 그러자 위나라는 노나라를 지원했고, 노나라는 초나라를 끌어들였다.

노나라 희공은 제나라를 견제하기 위해 초나라 군대를 이끌고 제나라 본토의 곡穀 지방을 공격해서 빼앗았다. 이때 군대를 이끌고 온 자가 바로 환공의 아들이다. 초나라는 이 땅을 빼앗은 후 제 환공의 아들 옹雍에게 다스리게 하고 노나라를 지원했다. 초나라에 가까운 나라들의 태도는 대체로 이러했다.

제나라 환공의 아들들이 초나라의 앞잡이가 되어 자국을 공격하고 노나라가 초나라를 끌어들이는 초유의 사건들이 발생하자, 황하 이남의 나라들은 거의 초나라로 기울었다. 특히 정나라는 이미 초나라의 동맹이 되어 있었다.

사태는 점점 더 어렵게 치달았다. 홍수泓水의 싸움에서 대패한 후 잠잠하던 송나라는 진 문공이 북방의 맹주로 부상하자 초나라를 배반하고 진나라를 섬겼다. 송 양공은 어려운 상황에서도 진 문공의 귀국을 지원했고, 그를 이은 성공成公 역시 선대의 정책 기조를 이었다.

초나라는 노나라를 지원해서 제나라 본토까지 공격했고, 위衞나라와 조曹나라는 초나라의 힘에 굴복했다. 이런 상황에서 남방의 중형 국가인 송나라의 배반은 간과할 수 없는 일이었다.

이제 초나라는 기존의 우방인 남방의 진陳, 채蔡, 허許에 더하여 정나라를 얻었고, 기존의 제나라 연합에 속했던 위와 조의 지지도 얻었다. 노나라는 제나라와 사이가 나빴으므로 남북의 싸움에 개입하지 않으려 했다.

진 문공은 패자가 되려고 결심한 상태였기 때문에 초나라의 앙숙인 제나라를 끌어들이고 싶어 했고, 문공이 등극하도록 지원해준 진秦나라는 잠재적인 지지자였다. 그런 차에 송나라가 초나라를 배반하는 일이 발생했다. 초는 송의 이런 행동을 묵과할 수 없었고, 송은 진의 지원을 바라고 있었다. 송나라가 배반하자 초나라는 당장 송나라를 포위했다.

## 3. 싸움의 서막: 진이 조와 위를 공격하다 ━━━

이제 판은 어떻게 돌아갈 것인가? 이제부터 문공의 측근들과 초나라 대부들 간의 두뇌 대결이 펼쳐진다. 사료를 기반으로 그들의 대화를 재구성해보자. 대화의 일부는 문맥에 맞추어 필자가 보충했다.

: 기원전 633년, 진나라 궁중의 회의장                                                 :

송나라 사자 공손고公孫固가 위급함을 알리자 회의가 열렸다.

공손고 : 우리는 진나라를 믿고 초와 결별했습니다. 강한 초가 우리
　　　　를 침탈하니 나라의 운명이 조석지간에 달려 있습니다.

선진 : 이제 송나라 군주의 은혜를 갚고 환난에 빠진 송나라를 구하
　　　여 우리의 위세를 떨쳐 패자의 지위를 굳힐 기회입니다. 도와
　　　주시지요.

호언 : 초나라는 갓 조나라를 우방으로 끌어들였고, 위나라와는 혼
　　　인관계를 맺었습니다. 우리가 이 두 나라를 치면 초나라는 송
　　　과 제를 놓아줄 것입니다.

: 기원전 632년(이하 연도는 동일), 출정 전의 진나라 궁중                            :

싸움이 벌어지기 전 전략회의가 열렸다.

진 문공 : 송나라가 매우 위급하다고 하오. 이들의 부탁을 거부하면
　　　　　송은 우리와 절교할 것이오. 초나라에게 송나라를 놓아주
　　　　　라고 해도 듣지 않을 것이고, 또 초나라를 치자니 진과 제

가 반대할 것이오. 이를 어쩌면 좋겠소?

선진 : 진과 제가 초나라와 원수를 지게 하는 것이 좋겠습니다.

진 문공 : 그게 가능할까요? 무슨 수가 있소?

선진 : 가능합니다. 송나라더러 우리나라 말고 진과 제나라에 뇌물
　　　을 먹여서 초나라가 물러나게 해달라고 요청하게 하십시오.
　　　그때 우리는 조나라 군주를 잡고, 조나라 땅과 위나라 땅을 나
　　　누어서 송나라에 줍니다. 초나라는 조나라와 위나라를 아끼
　　　니, 제나라와 진나라의 요청을 거부할 것입니다. 제나라와 진
　　　나라는 송나라의 뇌물은 받은 터에 초나라가 말을 듣지 않으
　　　면 반드시 싸우려고 할 것입니다.

진 문공 : 그거 아주 좋은 생각이오.


: 봄　　　　　　　　　　　　　　　　　　　　　　　　　　　:

조曹나라의 도성이 함락되었다. 결국 진 문공은 조나라를 공격하여
조 공공을 사로잡아 힐책한다.

진 문공 : 내 갈비뼈를 보여드리리다. 보시오. 무능한 자들이 대부의
　　　　수레를 타고 다니는 것이 몇백이구려. 나라가 되겠소?

조 공공 : ……

진 문공 : 희부기의 집은 침탈하지 말라. 은혜를 갚으리라.

그러나 위주魏犨와 전힐顚頡은 화가 나서 희부기의 집을 태워버렸
다.

위주 : 우리 사람들이 얼마나 많이 죽었는데 노고는 생각하지 않고,

무슨 은혜 따위를 갚는다는 말인가?

진 문공은 화가 나서 전힐을 죽였지만 위주는 재능이 아까워 살려 주었다.


## 4. 성복 싸움의 서막: 진군이 세 번 물러나다 ━━━━━

예상대로 진나라 군대가 조나라 공공을 잡고 압박하자 초 성왕은 퇴각을 명령했다.

"제나라 곡 땅에서 퇴각한다."

또 송나라를 포위하고 있던 자옥에게 사자를 보내 타일렀다.

"송나라를 떠나라. 진나라 군대를 추격하지 마라. 진후는 19년을 외국에서 보내고도 결국 나라를 얻었다. 온갖 고난을 맛본 덕에 백성들의 마음을 다 알고 있다. 하늘이 그를 보살펴 그의 적들을 제거해주고 있다. 하늘이 세운 사람을 끌어내릴 수 있겠는가? 병법에 이르기를 세력이 대등하면 군사를 돌리고, 이기기 어려우면 퇴각하고, 덕을 갖춘 자는 당하기 어렵다고 한다. 지금 진 군대가 이런 적에 해당한다."

하지만 자옥은 사자를 보내 성왕에게 청했다.

"저는 싸우고자 합니다. 반드시 이겨서 공을 세우겠다고는 감히 말씀드리지 못하겠습니다. 허나 청컨대 저 소인의 사특한 입을 막게 해주십시오."

자옥이 이렇게 전투 의지를 불태운 이유는 뒤에 다시 이야기하겠지만 그의 융통성 없고 강퍅한 성정이 한몫했다. 이전에 송나라를 포위하려고 군대를 훈련시킬 때 위가蔿賈라는 대부가 영윤의 자리를 자옥에게 넘겨준 자문子文(투곡어토鬪穀於菟)에게 한 말 때문이었다. 위가는 "자옥은 기가 강하고 예의가 없어 백성을 다스릴 수 없습니다. 그가 전차 300대 이상을 거느리고 싸움을 한다면, 그는 무사히 나라로 돌아올 수 없을 것입니다"라고 했다.

성왕은 자옥이 고집을 부리자 화를 냈다. 그러고는 약간의 군대만을 그에게 보내주었다. 단지 서광西廣, 동궁東宮, 그리고 약오씨若敖氏(자옥의 씨족)의 병졸 600명만 자옥을 따랐다. 자옥은 그래도 굴복하지 않았다. 대부 완춘宛春을 사자로 보내 문공에게 말을 전했다.

"청컨대 위나라와 조나라의 군주를 되돌려 보내시고 나라를 회복시켜주십시오. 그러면 저희도 송나라의 포위를 풀겠습니다."

이를 두고 진나라의 군진에서 토론이 벌어진다.


: 진나라의 군진                                                        :

호언 : 자옥이란 자는 무례하구나. 우리 군주께서는 하나를 요구했
       는데, 제가 감히 두 개를 요구하다니! 이자를 놓아주어서는
       안 되겠다.

선진 : 아닙니다. 우리는 그의 말을 들어주어야 합니다. 자리를 안정
       시키는 것을 예라고 합니다. 지금 자옥이 한마디 말로 세 나라
       를 안정시키려 하는데, 우리는 한마디 말로 그들을 망하게 한
       다면 오히려 우리가 무례한 것이 되니 어떻게 싸우겠습니까?

자옥의 말을 들어주지 않으면 송나라를 버리게 됩니다. 송나라를 구하러 와서 이제 그들을 버린다면 제후들에게 어떻게 변명하시렵니까? 저리하면 초나라는 세 나라에 은혜를 베푸는 것이고, 우리는 세 나라와 원수가 되는 것입니다. 원수가 많으면 장차 누구를 믿고 싸우겠습니까? 몰래 조나라와 위나라를 회복시켜 우리 편으로 끌어들이고, 대신 사자인 완춘을 잡아서 저쪽을 화나게 하십시오. 일단 싸운 후에 천천히 도모하는 것이 상책입니다.

진 문공 : 그거 참 기발한 생각이오.

이리하여 진은 조와 위는 회복시키고 그 대신 완춘을 억류했다. 자옥은 능청스러운 문공의 태도에 화가 머리끝까지 나서 당장 공격을 개시했다. 진나라 연합군은 군세가 우세한데도 오히려 30리를 물러났다. 그러자 군중에서는 불만이 터져 나왔다.

"우리 군대는 군주께서 직접 이끌고 계시고 저쪽은 그저 신하가 이끌고 있는데 이렇게 달아날 수 있습니까? 또 저쪽은 먼 길을 와서 이미 피로한 상태입니다."

그러자 호언이 타일렀다.

"군주께서는 지금 약속을 지키는 것이오. 초나라 군주가 도와주지 않았으면 지금의 우리 군주가 있었겠소. 우리가 이렇게 후퇴하는데도 저들이 돌아가지 않는다면 저들이 그른 것이오. 그때는 옳은 군대로 그른 군대를 칠 것이오."

이렇게 말하고는 일전의 약속대로 모두 세 번, 총 90리를 물러났다. 추격하면서 명분을 잃은 초나라 군대는 급격히 투지가 와해되었음은 물론이다.


## 5. 성복의 싸움

진나라 연합군은 90리를 물러나 성복城濮(지금의 산동성 견성鄄城현 서남西南)에 진을 쳤다. 이들 연합군은 진나라의 문공, 송나라의 성공, 진秦나라의 공자 은憖, 제나라의 국귀보國歸父 등이 이끌었다. 비록 진과 제를 끌어들였지만 이 싸움이 규모가 워낙 커서 문공의 심리적인 압박은 심각했다. 그래서인지 문공은 초나라 성왕과 주먹 싸움을 벌이다 초 성왕이 그를 쓰러뜨리고 올라탄 후 골수를 빨아먹는 꿈을 꾸었다. 이 참혹한 꿈을 호언에게 말하니 그가 엉뚱하게 해석했다.

"우리는 (누워 있으니) 하늘의 도움을 얻는 것이고, (초나라 군주는 엎드려 있으니) 저들은 우리에게 엎드려 죄를 빌 징조입니다."

막상 싸움이 다가오자 문공은 점점 불안해졌다. 그러자 다시 호언이 조언했다.

"싸워야 합니다. 싸워서 이기면 반드시 제후들의 지지를 얻습니다. 만약 이기지 못하더라도 안팎으로 산하가 감싸고 있으니 우리는 위험할 것이 없습니다."

문공이 또 머뭇한다.

성복의 전장터. 진나라 연합군과 초나라 연합군이 격돌한 성복대전은 진의 승리로 마무리되었다.

"그럼 초나라 군주에게서 받은 은혜를 어찌하면 좋소?"

난지가 대답했다.

"한수 북(동)쪽의 희성 여러 나라를 초나라가 다 멸망시켰습니다. 그런데 작은 은혜만 생각하시고, 큰 치욕은 생각지 않으십니까? 싸워야 합니다."

이제 싸움은 피할 수 없게 되었다. 마침 자옥이 보낸 사자 투발이 도착하여 싸움을 청했다.

"군주와 더불어 군사놀이를 하기를 청하옵니다. 군주께서는 수레에 기대어 싸움을 구경하시지요."

그러자 난지가 대답했다.

"저희 군주께서는 청하시는 말씀을 잘 들으셨소. 귀국 군주의 은혜는 아직도 잊지 않고 있소. 그래서 여기까지 물러난 것이오. 대부가 이끄는 군대도 피하셨는데, 귀국 군주의 군대를 감히 맞아서겠소? 아직 (싸움을 그만두자는 귀국 군주의) 명을 받지 못했으니, 감히 대부를 수고롭게 하고자 하오. 가서 그대 군대의 원수에게 이르시오. '전차를 잘 정비하고, 그대들 군주의 일을 공경히 받들도록 하시오.' 내일 아침에 만나서 결판을 지읍시다."

그때 진나라 진영의 전차는 700대였다. 전차 한 대에 20~30명의 보졸이 따른다고 보면 거의 2만에 달하는 대군이 성복에 집결해 있었다. 초나라는 진나라, 채나라, 정나라, 허나라의 군대와 신과 식에서 데려온 지원군으로 구성되어 있었고, 중군은 영윤 자옥의 약오씨 부대 600명이 핵심이었다. 초나라 연합군은 너무 많은 지역의 군대로 구성되어 있는 데다 중군의 핵심 병력의 수가 적어서 승산을 장담하기 힘들었다. 양군은 드디어 성복에서 대회전을 벌인다. 이 싸움에서 진나라 전차부대는 실력을 유감없이 발휘했다.

초나라의 중군은 영윤 자옥이 맡고, 좌군은 투의신, 우군은 투발이 맡았다. 이에 맞서 진나라는 중군을 선진과 극진이 맡고, 상군은 호모와 호언, 하군은 난지와 서신이 맡았다.

싸움이 벌어지자 양군의 전력 차는 금세 드러났다. 사실 진군은 초군의 허실을 꿰뚫고 있었다. 진의 하군부장 서신은 초의 우군을 맡고 있는 진陳과 채의 군대를 공격하여 우군을 무너뜨렸다. 또 상군을 맡은

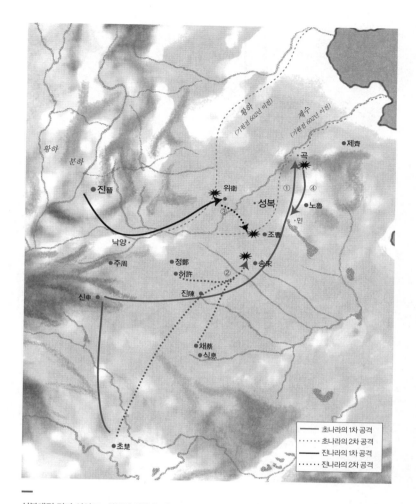

성복대전 경과 시의도. 성복의 싸움은 남북 연합세력이 정면으로 충돌하고 전차 1000대 이상이 동원된
미증유의 국제전이었다. 북방 3강(진晉, 진秦, 제)이 연합하여 초나라 연합군(초, 진陳, 채, 정, 허)을 격퇴했다.
특히 초나라의 직할지가 된 신과 식의 지방 주둔군이 큰 타격을 입었다.

① 초나라 신공 숙후가 노나라와 연합하여 제나라의 곡을 공격.
② 초나라 영윤 자옥이 송나라를 정벌.
③ 진 문공이 초나라 맹방인 위와 조를 공격.
④ 초나라 신공이 주력군을 지원하기 위해 제나라에서 퇴각.

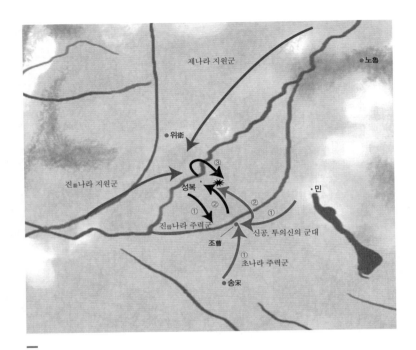

성복대전 상세도.

① 진 문공이 조나라를 공격.
　초나라 주력군과 신공, 투의신의 군대가 조나라를 구원.
② 진 문공이 세 번 퇴각하고 초군이 이를 추격.
③ 진군이 성복에서 회군하여 반격.
　진晉, 제 등 북방연합군이 후위를 맡고 진晉이 선봉을 맡아 초군을 대파.
　초군은 도주.

호모와 호언은 나뭇가지로 먼지를 일으키며 일부러 퇴각했다. 그러자
초의 좌군이 이들을 추격했다. 초나라의 중군은 이때 움직이지 않았
다. 그러자 진나라의 중군이 초나라 좌군의 우측면을 공격하고, 상군
은 뒤돌아서서 정면을 공격했다. 측방과 전방에서 협공을 받자 초나라

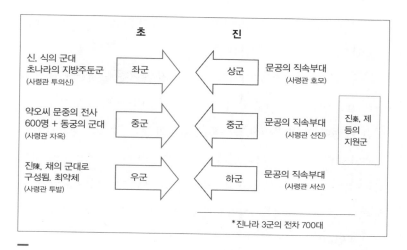

성복대전 당시 양군의 대형. 초군은 애초에 중과부적이었다. 설상가상으로 진나라로 망명한 초나라 왕손 계는 초나라 군대의 실상을 모두 알려주었다.

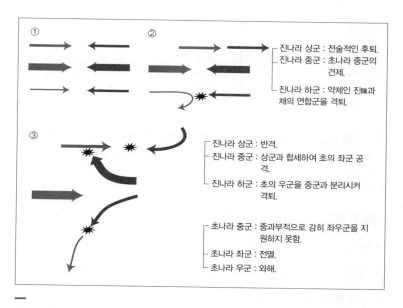

성복대전의 경과.

좌군도 무너지고 말았다. 잘 훈련된 진나라 군대는 초나라의 좌우군을 중군과 떨어뜨린 후 각개격파했다.

자옥은 허탈했다. 훈련이 덜 되고 사기가 떨어진 군대를 이끌고 싸우는 일은 이렇게 쉽지 않았다. 진나라는 초나라의 약한 우익을 먼저 치고, 훈련이 덜 된 좌익은 유인해서 협공할 뿐 정작 초나라의 중군은 공격하지 않았다. 중군이 전멸하지 않으려면 좌우군을 도울 수도 없는 상황이었다. 자옥은 중군을 갈무리하는 데 급급할 수밖에 없었다. 특히 초나라의 좌군은 신과 식의 군대로 구성되어 있었는데 철저히 궤멸하고 말았다.

싸움이 끝나자 문공은 천토踐土에서 천자를 알현했다. 이때 문공은 초나라의 포로 1000명과 무장한 말 400마리를 천자에게 바쳤다. 천자는 문공을 패자로 임명하고 그 징표물들을 내렸다. 이렇게 성복의 싸움은 진나라의 대승으로 마무리되었다.

## 6. 성복대전 소회

### 성복의 싸움의 특이점

여러모로 성복의 싸움은 춘추시대의 획을 긋는 사건이었다. 이 싸움은 춘추 4강이 모두 개입한 최초의 국제전이었다. 제나라가 소릉에서 초나라를 위협할 당시에는 진晉과 진秦이라는 강대국이 아직 개입하지 않았다. 그리고 실제로 전투가 벌어지지 않았다. 그러나 성복의 싸움에서는 서방의 진秦과 동방의 제가 문공의 편에서 싸웠다.

또 하나의 특징은 전쟁의 양상이 기존의 대리전쟁에서 서서히 열강들 간의 직접대결로 바뀌어가는 경향이다. 진晉은 제와 진秦을 끌어들였지만 주력은 자신의 3군이었다. 실제로 성복의 싸움에서 주도적인 역할을 한 부대는 진 문공의 직속부대다. 진秦과 제의 군대가 어떤 역할을 했는지는 기록되어 있지 않다.《좌전》의 역사 기술 특징상 기록되어 있지 않았다는 것은 큰 역할을 하지 않았음을 말한다.

마지막으로 그 규모다. 쌍방의 세력이 비등했다고 보면 성복의 싸움은 최소한 인원 4만 명, 전차 1000대 이상이 동원된 국제전이었다. 이제 전쟁의 규모는 점점 커졌다.

## 자옥의 죽음 – 싸움의 기술
—

진 문공은 이 싸움으로 패자가 되었다. 그런데 자옥(성득신成得臣)은 어떻게 되었을까? 초 성왕은 자옥에게 이렇게 말했다.

"그대가 무사히 귀국한다면 신과 식의 노인들을 어찌할 것이오?"

죽으라는 말이었다. 자옥은 책임을 지고 깨끗이 자살했다.

《좌전》은 전투가 벌어지기 전 자옥의 행동 몇 가지를 비난한다. 먼저 자옥이 성격이 너무 강퍅하여 군대를 잘 위로하지 못한다는 것이다.

송나라를 포위하러 가기 전 투곡어토鬪穀於菟와 자옥이 따로 군대를 훈련시켰다. 투곡어토는 아침나절에 연습을 마치고 한 사람도 벌주지 않았다. 그러나 자옥은 저녁까지 훈련을 하고, 훈련을 잘 따르지 못한 사람 일곱 명을 때리고 세 명은 화살로 귀를 꿰었다. 그러자 나라의 원로들은 자옥을 추천한 투곡어토에게 축하의 말을 건넸다. 자옥이 군대를 잘 다스린다는 의미였다. 그러나 위가蒍賈는 그렇게 보지 않았다. 그는 투곡어토에게 이렇게 말했다.

"저는 왜 축하해야 하는지 모르겠습니다. 어른께서 자옥에게 정치를 넘기면서 '나라를 편안하게 하라'고 하셨습니다. 나라 안은 편안하게 하나 밖에서 패하면 무엇을 얻겠습니까? 자옥이 패한다면 이는 어른께서 천거하셨기 때문입니다. 자옥은 성격이 너무 강하고 예의가 없으니, 백성들을 다스릴 수 없습니다. 300승 이상의 전차를 거느린다면 그는 무사히 귀국하지 못할 것입니다. 무사히 귀국한 후 축하해도 늦지 않을 것입니다."

예리한 지적이었다. 자옥은 처음부터 문공이라는 인간이 싫었다. 음흉해 보였기 때문이리라.

두 번째 이야기는 자옥의 꿈에 관한 것이다. 성복의 싸움이 있기 전날 밤 자옥은 꿈에서 황하의 신을 보았다. 그 신은 자옥에게 이렇게 말했다.

"(그대가 말을 장식하는) 붉은 구슬을 나에게 넘겨라. 그러면 내가 맹제孟諸(송나라의 소택지)의 택지를 주마."

꿈을 이야기하자 자옥의 아들 대심大心과 좌군대장 투의신鬪宜申은 구슬을 황하의 신에게 바치자고 했다. 그러나 자옥은 말을 듣지 않았다. 영황榮黃은 대심과 투의신의 간청을 듣고 자옥을 설득했다.

"죽어서 나라에 이익이 된다고 하면 누구는 실제로 죽기도 하는데, 그 따위 옥을 아끼겠습니까? 그런 것이야 분토糞土와 같은 것입니다. 우리 군사를 살릴 수 있다면 그걸 아끼겠습니까?"

그래도 자옥은 듣지 않았다. 그러자 영황은 물러나 대심과 투의신에게 한탄했다.

"사실 신이 영윤을 패하게 하는 것이 아니라, 실로 영윤께서 스스로 패하시는 것입니다. 영윤은 백성들에게 정성을 다하지 않습니다."

자옥의 행동도 일리는 있다. 결전을 앞두고 군사를 강하게 단련하지 않으면 패한다고 생각했을 것이고, 대대로 초나라가 섬기지 않던 황하의 신에게 갑작스레 예물을 올리기도 어색했을 것이다. 그러나 《좌전》의 편자가 말하려는 것은 자옥이 기가 너무 세다는 것이다. 누구나 자옥이 사심이 없다는 것은 알고 있었다. 그러나 자옥 같은 사람이 인망을 얻기는 쉽지 않다.

그러나 실제로 자옥이 문제였을까? 싸움터에 나가는 영윤에게 주력 부대를 내어주지 않은 성왕의 행동은 어떻게 이해해야 할까? 또 싸움에 지자 득달같이 자결을 명하는 것이 올바른 일일까? 성왕은 내심 약오씨 문중이 성장하는 것을 경계했다. 그러나 장수를 전장에 보내고서 제대로 지원하지 않은 것은 군주의 임무를 방기한 것이다.

문공은 자옥이 죽자 안도의 한숨을 내쉬었다. 그는 이 호적수를 내심 두려워하고 있었다.

"이제 나에게 독한 마음을 먹은 이는 없도다. 위여신鬻呂臣이 영윤이 될 텐데, 그자는 자기만 위하지 백성들은 안중에도 없다."

《사기》에는 문공이 이렇게 말하고는 크게 기뻐했다고 쓰여 있다.

"우리가 밖에서 공격하니, 저들은 안에서 자기 사람을 죽이는구나. 안팎이 호응하는구나."

자옥이라는 사람의 개성을 완벽하게 복원할 방법은 없다. 다만 사심 은 없으니 고집이 센 사람으로 추측할 뿐이다. 그러나 싸움의 기술 면 에서는 문공의 상대가 되지 않았다. 대규모 전쟁은 심리전이다. 쌍방 의 실력이 비등할 때, 명분을 가진 군대가 이기는 것은 별로 예외가 없 는 규칙이다. 서서히 명분을 잃어갈 때 군대를 돌리지 못한 것은 '싸움 의 기술'의 부족으로밖에 설명할 수 없다.

## 승패의 또 다른 갈림길 – 전술적 측면

—

대규모의 싸움이 있은 후에는 싸움의 승패를 가른 요인을 분석해보아 야 한다. 애초에 성복의 싸움은 초군에게는 불리했다. 주력병의 숫자 도 적고, 사기도 저하되어 있었다. 그러나 사료에 의하면 여타 요인들 이 몇 가지 드러난다.

먼저 초나라 군대는 현군懸軍(가느다란 보급선)에 의존하여 적진 깊숙 이 들어가 있는 위험한 군대였다. 특히 90리를 계속 따라가면서 후방 이 불안해지자 장병들의 사기는 계속 저하되었다. 불안했기 때문에 지휘부의 의견도 일치하지 않았을 것이다. 그래서 병서들은 군사란 생과 사를 결정하는 중대한 일이기 때문에 모험을 해서는 안 된다고 한다. 현군은 모험이다. 현명한 지휘관은 모험을 하지 않는다. 자옥이 무리하게 전진한 것도 모험이지만, 자옥을 내보내고 후방을 지원하지 않은 성왕은 더 큰 모험을 한 것이다. 앞으로 현군을 감수하는 지휘관들의 실패를 거듭 확인하게 될 것이다.

또 하나는 첩보전이다. 진나라 중군원수 선진은 무엇을 믿고 그렇게 일전을 주장했을까? 그때까지 중원의 연합군이 초나라 군대와 정면으로 부딪친 적은 없었다.《국어》〈초어〉에 모함을 받아 망명한 초거椒擧를 위해 채성자蔡聲子가 초나라 영윤 자목子木에게 유세하는 장면에서 재미있는 대목이 나온다.

예전에 영윤 자원의 난이 일어났을 때, 어떤 사람이 성왕에게 왕손 계啓를 무함했지요. 성왕이 시비를 명확히 하지 않자 불안한 계는 진나라로 달아나고 진나라는 그를 등용했습니다. 성복의 싸움에서 진나라 군대가 장차 퇴각하려 할 때 계가 진나라 중군원수 선진에게 이렇게 말했습니다. "이번 싸움은 오직 자옥만 원하는 것으로, 초왕은 바라지 않습니다. 그래서 동궁과 서광의 군대만 출정했습니다. 따라온 동맹 제후군들 중에 마음이 이반한 이들이 태반이고, 약오씨의 씨족군도 싸울 마음이 없습니다. 이제 군대를 돌리시다니요. 싸우면 반드시 이깁니다."

3군끼리 마주치는 전차전에서 상대의 허실을 파악하면 승리는 반쯤은 확보된 것이다. 선진이 초나라 군대의 허실을 다 알고 있었다면 진나라가 이길 확률도 그만큼 크다. 왕손 계가 아니더라도 초나라의 사정을 잘 아는 사람이 진나라 군중에 있었음은 분명한 듯하다. 지피지기면 백전불패라 했는데, 성복의 싸움에서는 진나라가 정보전에서 앞섰다고 볼 수밖에 없다.

# 제15장

## 문공이 패자의
## 길을 보이다

## 1. 패자의 전쟁

앞으로는 점점 규모가 커지는 전쟁을 더욱 자주 목격하게 될 것이다. 전국시대 중기에 이르면 국가 전체가 무장을 하고 적을 전멸시키기 위한 전쟁이 벌어진다.

고대의 역사를 이해하는 일의 절반은 사실 전쟁을 이해하는 것이다. 전쟁이라는 극단적인 행위의 이면을 들추다 보면 고대사를 결정하는 요인, 심지어 현대사회를 이끌어가는 힘까지 볼 수 있다. '누가 이기고, 누가 졌다'는 등의 서술을 늘어놓는 것은 전쟁의 본질을 이해하는 데 도움이 별로 안 된다. 그저 어떤 이유로 승리하고 어떤 이유로 패배했는지에 대한 결과론적인 정리만 가능할 것이다.

중국은 전쟁사의 보고다. 전쟁의 강렬한 유혹과 그 참혹한 결과를 목도한 많은 철학자들은 전쟁이라는 무서운 괴물을 통제하기 위한 여러 장치들을 마련해왔다. 춘추 말기의 위대한 사상들은 모두 전쟁에 대한 반작용에서 나온 것이다. 적극적으로 전쟁을 없애기 위한 이론도 있었고, 침략전만 배제하자는 이론도 있었으며, 전쟁을 통해서 전쟁을 극복하자는 이론도 있었다. 그러나 이 모든 이론의 목적은 궁극적으로 전쟁 상태를 종식시키는 것이었다. 그래서 전쟁의 목적, 수단, 정의 등 모든 방면에서 서양의 어떤 이론도 중국의 이론들을 따라잡지 못했다.

필자는 앞으로 발생하는 전쟁이 모두 같은 것이라고 말하지 않을 것이다. 모든 전쟁은 제 나름의 특징이 있다. 모든 전쟁은 또 제 나름의 역사적인 맥락에서 발생한다. 각각의 전쟁들의 차이와 공통점을 밝혀내는 일은 역사를 깊이 있게 읽기 위한 기초작업이다. 이를 위해 전쟁에 관한 이론과 실재로 잠시 들어가 보자. 이를 통해 춘추시대 패자들의 전쟁을 이해할 수 있을 것이다.

## 전쟁의 역사적인 성격
—

전쟁은 왜 발생하는가? 최초의 전쟁은 어떻게 생겨났을까?

인류사 최초의 전쟁에 대한 기록은 없다. 다만 최초의 전쟁은 오늘날과 같은 이념적인 뒷받침 없이도 설명이 가능할 것이다. 최소한 기원전 1500년 이전의 전쟁은 순수한 약탈전쟁이었으리라고 추측된다. 중국 상나라의 갑골문에는 들판에 있는 적들의 가축을 잡기 위해 전쟁을 벌이는 기사들이 많다. 비록 당시에는 규모가 작았지만 어떤 일방은 상대의 재산을 약탈하기 위해 공격하고, 일방은 재산을 지키기 위해 저항했다. 점점 더 이념적으로 탈색되기는 했지만 전쟁의 약탈적인 본질은 지금도 없어지지 않았다. 간단히 말해서 중동에 석유라는 자원이 없으면 그토록 빈번한 전쟁도 없었을 것이다.

최초의 산발적인 약탈전이 서서히 발전하여 체계적인 약탈을 위한 전쟁으로 바뀌었다. 체계적인 약탈은 상대방을 영원히 나의 의지에 예속시키는 것이다. 그 극단적인 예가 전쟁포로를 노예로 사용하는 것이다. 이러한 전쟁은 고대 중근동과 중국의 상나라시대에 광범위하게 시행되었다. 전쟁의 주체는 부족공동체였다. 부족공동체들은 상대 부족을 예속시키기 위한 전쟁을 벌였다. 전쟁의 규모는 더 커졌다. 그러나 세계사적으로 어떤 공간에서는 그런 전쟁들이 일어나지 않았다. 예를 들어 고대 마야 문명을 구성하던 부족들은 거의 수백 년 동안 대규모 전쟁 없이 공존해왔다. 체계적인 약탈의 필요성이 매우 적은 지리적인 조건들 때문이었을 것이다. 그러나 그 나머지 지역들에서는 체계적인 약탈을 위한 전쟁기술들이 계속 발달했다. 중국이나 중근동이나 지중해 세계는 거의 비슷한 길을 걸었다. 근래 서양국가들이 자행한 식민지 쟁탈전은 체계적인 약탈전쟁의 정점이라 할 수 있다.

체계적인 약탈전의 시대에 들어오자 전쟁 행위를 전쟁 수행자들에게 설명해야 할 필요가 생겨났다. 또 전쟁에 이기기 위한 방법으로 전쟁을 전문적으로 수행하는 계급들이 생겨났다. 이들이 바로 지배계급이다. 이제 전쟁에게 이기는 것뿐만 아니라, 전쟁의 성과를 분배하는 새로운 문제가 생겨났다. 지도자란 전쟁의 의미를 설명하는 사람이었다. 주나라 무왕이 상나라와 전쟁을 수행할 때 그가 끌어들인 이유들을 보라. 본질적으로는 상나라의 지배를 주나라의 지배로 바꾸기 위해서지만, 그는 이때 '전쟁을 종식시키기 위한 전쟁'이라는 개념을 만들어낸다. 그의 주장은 이런 것이다. '적은 무도하고, 인민들을 착취한다. 우리는 그 착취를 끝내기 위해 전쟁을 한다.' 그래서 그는 수많은 부족들을 끌어들여 상나라의 지배를 종식시켰다. 이때부터 전쟁은 급격히 이념적인 것이 되었다. 전쟁을 수행하는 사람들이 모여서 국가를 만들고 여론을 형성했다. 이제 전쟁은 여론의 지배를 받게 된다. 여론을 끌어들이는 명분이 없이는 전쟁은 불가능했다. 이 명분을 세우는 일이 바로 고대의 정치였다.

## 패자의 전쟁론 – 전쟁은 치국에 종속된다

—

앞에서 역사적으로 전쟁이 어떻게 바뀌어왔는지 살펴보았지만 전쟁의 본질에는 접근하지 못했다. 이제 전쟁의 본질을 다룬 선학들의 힘을 빌려보자.

《전쟁론》[3]으로 유명한 클라우제비츠는 전쟁을 단순히 대규모의 결투라고 정의한다. 그래서 전쟁이란 "나의 의지를 실현하기 위해 적에게 굴복을 강요하는 폭력행위"로 정의한다. 그리고 전쟁의 본질이 폭력이기 때문에 전쟁의 수단은 잔혹해도 된다. 전쟁의 목적은 "적이 저항하지 못하도록 하는 것"이기 때문이다.

사실 위의 정의는 전쟁이 아니라 전투의 정의라고 할 수 있다. 전쟁의 원인에 대한 설명은 전혀 없기 때문이다. 또 전쟁의 주체도 완전히 모호하게 그려져 있다. 그저 전쟁이 일어나는 시점에 나와 적은 적대감을 가지고 있다는 정도만 설명할 뿐이다. 전쟁을 수행하는 나란 구체적으로 누구인가? 국가인가? 국가의 지배계층인가? 여론인가? 아니면 지도자 개인인가? 혹은 제3의 요소인가? 그렇다면 인간 본성에 전쟁이 잠재해 있는가? 식인종을 보면 그렇게 생각할 수도 있다. 그러나 여기서는 위와 같은 피상적인 정의는 채택하지 않는다.

미국의 학자들이 주도하고 있는 현대의 이론들은 전쟁의 주체를 일단 국가로 규정한다. 그리고 전쟁의 원인은 국제사회의 무정부성anarchy에서 찾는다. 어떤 국가도 상대방 국가의 행동을 완전히 예측할 수가 없다. 그렇다면 자국의 안전을 확보하는 유일한 방법은 상대방보다 더 강해지는 것이다. 때로는 상대방이 강해지는 것을 막기 위해 예방적인 공격을 할 수도 있다. 여기에는 어떤 도덕적인 설명도 필요 없다. 간단히 말해서 나는 핵무기를 가지고, 너는 가지지 말라는 모순적인 주장이 가능한 것이다. 그러나 이 이론은 전쟁의 주체를 국가로 단순화했다는 것을 제외하고는 클라우제비츠의 이론에서 더 진보한 것이 없다. 이런 이론은 국가 내부의 자원이 전쟁만을 위해 사용되지 않는다는 사실을 간과한 것이다. 이런 이론이 설득력을 가지려면 왜 어떤 나라는 전쟁을 위해 많은 비용을 쓰고, 어떤 나라는 적은 비용을 쓰는지 설명해야 할 것이다. 군사비 지출도 역사적인 맥락에 의해 결정된다는 것은 역사적인 사실이다.

어떤 학자들은 지도자의 호전적이고 낙관적인 기질이 전쟁의 근본 원인은 아닐지라도 전쟁의 발단이라고 주장한다.[4] 얼핏 엉성해 보이지만 많은 전쟁들을 이를 통해 설명할 수 있다. 호전적인 지도자는 전쟁의 승리와 성과를 낙관하는 경향이 있다는 것이다. 이런 설명은 어떤 면에서 인간의 개성이 전쟁을 불러온다는 주장과 통한다.

사실 전쟁이란 극도로 복합적인 것이다. 너무 복합적이기 때문에 학자들은 종종 하나의 본질을 끄집어내고 다른 요인들을 무시하려고 한다. 앞으로 필자는 각각의 전쟁을 큰 맥락에서 살피되 독자적인 의의들을 무시하지 않을 것이다. 고대에도 전쟁은 국제관계는 물론이고 국내정치와도 밀접한 관련이 있었다. 약탈, 이념, 우연이 모두 작용했고, 또 국내정치의 여러 변수들이 전쟁을 추동했다.

이해를 돕기 위해 페르시아전쟁 당시 테미스토클레스가 주동이 되어 통과시킨 아테네 민회의 포고령을 살펴보자. 기원전 480년의 일이다.

프레아르히오이 부족의 대표이자 네오클레스의 아들인 테미스토클레스는 이렇게 제안했다. "아테네는 육지에서 모든 이방인들로부터 수호신 아테나와 다른 모든 신들의 가호를 받을 것입니다. 모든 아테네 시민과 아테네에 거주하는 외국인들은 아내와 아이들을 이끌고 토로이젠으로 이동합시다. (중략) 그리고 노인과 가지고 갈 수 있는 재산은 살라미스로 옮겨야 합니다. (중략) 마지막으로 남은 성인 아테네인과 거류 외국인들은 준비된 전함 200척을 타고 우리 자신과 그리스 전체의 자유를 위해 이방인들을 상대로 싸우도록 합시다."[5]

위의 포고문은 오늘날의 전쟁 이론들보다 오히려 전쟁의 본질을 더 명확히 밝혀준다. 전쟁의 직접적인 주체는 성인 아테네인과 거류 외국인이다. 그리고 전쟁으로부터 보호해야 할 대상은 재산과 가족들이며, 또 아테네의 체제 자체다. 적은 누구인가? 아테네와 다른 체제를 가진 이방인이다. 아테네의 체제는 '자유'로 형상화되어 있다. 전쟁을 수행하는 이들은 자신들의 수호신이 보살필 것이다.•

이토록 세상에 단순한 전쟁이란 없다. 춘추시대의 전쟁은 더욱 이념적이었기 때문에 자세히 살피지 않으면 중요한 요인들을 다 놓칠 수밖에 없다. 이제 중국의 고전들에 들어 있는 전쟁론을 살펴보자.

《오자병법》에서 오기吳起는 전쟁을 '국가를 다스리는 행위[圖國]'의 일부로 보았다. 그래서 나라를 반석에 올리고 군대를 다스리기 위해[制國治軍]서는 예, 의, 염치의 세 가지 덕을 배양해야 한다고 말한다. 예, 의, 염치라는 덕목은 전시에만 필요한 것이 아니다. 그러므로 오기는 전쟁과 통치행위를 구분하지 않는다. 이렇게 중국에서는 전쟁의 개념이 통치의 수단으로 매우 오래전에 정착되었음을 문헌으로 확인할 수 있다.

---

• 물론 이오니아의 그리스인들의 반란이 전쟁의 발단이었다. 또 그리스 본토는 그들의 반란을 지원하여 한몫을 챙기려는 생각도 없지는 않았을 것이다.

오기는 전쟁의 발발 원인을 다음과 같이 다섯 가지로 정의한다.

첫째는 명분을 쟁취하기 위해서다〔爭名〕.
둘째는 이익을 쟁취하기 위해서다〔爭利〕.
셋째는 증오심이 쌓였기 때문이다〔積惡〕.
넷째는 내란이 발생했기 때문이다〔內亂〕.
다섯째는 기근이 발생했기 때문이다〔因饑〕.

오기의 주장은 간결하지만 현대 이론이 제시하는 전쟁론을 모두 꿰고 있다. 전쟁의 발발 원인은 이념적인 면, 실리적인 면, 심리적인 면, 생리적인 면으로 매우 다양하며, 특히 전쟁의 원인이 외부가 아니라 내부에 있을 수도 있다는 점을 주목했다. 내란과 기근은 내부에서 반란이 생기는 것을 말한다. 그래서 전쟁은 여러 가지 수준으로 분해된다. 춘추 패자들이 추구하는 전쟁은 쟁명과 쟁리가 결합된 것이고, 전쟁을 촉발하는 기폭제는 상대방 국가의 내란이다. 때로는 상대방 국가의 군주에 대한 증오심이 원인일 수도 있다.

《손자병법》은《오자병법》에 비해 철학적으로는 심원하지 않지만 더 구체적이다. 손무는 말한다.

전쟁은 국가의 대사요, 생사의 현장이요, 존망의 갈림길이다〔兵者 國之大事 死生之地 存亡之道〕.

그래서 전쟁을 수행하기 위해서는 다음을 갖추어야 한다.

하나는 도道(인화)요, 둘은 천시요, 셋은 지리요, 넷은 장수요, 다섯은 법(군법)이다.

전쟁은 국가의 이름으로 수행되지만 전쟁을 수행하는 사람은 전사다. 그러므로 전쟁은 전사들이 국가와 자신들을 동일시할 때 수행하는 것이다. 그래서 도란 군주와 백성이 하나가 되는 것[民與上同意也]이라고 말한다. 여기서 손무는 전쟁의 주체와 전쟁의 조건을 말한다. 그는 전쟁은 국내정치가 정점에 달했을 때(도, 인화) 행할 수 있는 것으로 표현한다.

그러나 전쟁의 이익이란 전쟁의 비용에 비해 항상 적은 경향이 있다. 피할 수 있다면 전쟁을 하지 않는 것이 항상 전쟁을 하는 것보다 더 낫다. 이것이 중국에서 전쟁을 대하는 기본 태도다. 손무는 말한다.

전쟁을 오래 끌면서 국가에 이익이 되는 경우는 고래로 없다[夫兵久矣 國利者未之有也].

손무는 더 구체적인 예를 든다.

군사물자란 비싼 것들이다. 이것들이 비싸면 백성들은 가난해진다 [近於師者貴賣 貴賣則百姓財竭].

그는 이어서 전장에서 물자를 소비하면 나라를 구성하는 가정이 붕괴한다[內虛於家]고 말한다. 이렇게 불세출의 대전략가는 내정과 전쟁을 일체로 연결시킨다. 그렇다면 적국은 어떻게 대해야 하는가? 손무는 말한다.

> 무릇 군사를 쓰는 이는 상대방 국가를 온전하게 보존하고 이기는 것을 최선으로 하고, 상대방 국가를 격파하는 것을 차선으로 한다. 상대군대를 온전하게 두고 이기는 것을 최선으로 하고, 상대방 군대를 격파하는 것을 차선으로 한다[凡用兵之法 全國爲上 破國次之 全軍爲上 破軍次之].

위에서 말한 손무의 이론은 클라우제비츠의 주장과 명백히 다르다. 클라우제비츠는 이렇게 말한다.

> 전쟁은 폭력행위이며 폭력을 쓰는 데는 한계가 없다. 전쟁의 목표는 적을 저항하지 못하게 하는 것이다.

그러므로 그에 의하면 많은 부상자를 내지 않고 적을 제압하는 것이 좋다는 생각은 완전히 잘못된 것이다.

이를 보면 손무는 전쟁을 이야기하고, 클라우제비츠는 전투를 이야기한다는 것을 금방 알 수 있다. 전투행위는 나와 적밖에 없다. 군수품이 어떻게 조달되고, 국가의 재정이 어떻게 피폐해지는지 알 필요는

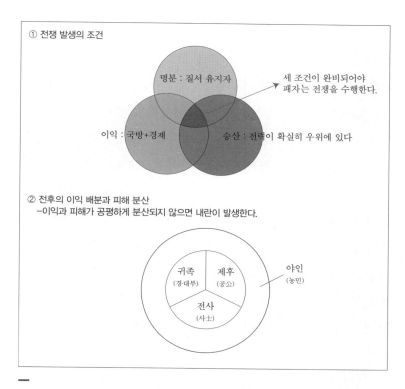

① 전쟁 발생의 조건

명분 : 질서 유지자

→ 세 조건이 완비되어야
패자는 전쟁을 수행한다.

이익 : 국방+경제

승산 : 전력이 확실히 우위에 있다

② 전후의 이익 배분과 피해 분산
─이익과 피해가 공평하게 분산되지 않으면 내란이 발생한다.

귀족
(경·대부)

제후
(공公)

전사
(사士)

야인
(농민)

춘추 패자의 전쟁. 패자는 모든 조건이 완비되었을 때만 전쟁을 벌인다.

없다. 전장에서 적을 굴복시키는 것만이 목적이다. 그러나 중국의 사
상가들 중 가장 호전적인 편에 속하는 병법가들조차 기본적으로 전쟁
을 국내정치와 연결시키고, 심지어 적을 살상하는 것을 목표로 삼지
않았다.

이제 춘추시대 전쟁의 이념적인 윤곽이 드러난다. 전쟁은 명분이 중
요하며, 가장 그럴듯한 명분은 혼란을 종식시키기 위한 전쟁을 벌인다

는 주장이다. 때로는 실제로 명분만을 위한 전쟁도 벌어졌다. 그러나 이런 전쟁을 하는 지도자는 내부를 약하게 하면서 허명만 얻는다. 때로는 이익만을 위한 전쟁이 벌어졌다. 그러면 당장 주변국들의 연합군에게 견제를 받았다. 춘추의 질서는 그래서 복잡하다. 패자의 영예는 명분과 실리를 조화시킬 수 있는 사람에게 돌아갔다. 춘추에서는 전쟁의 결과뿐만 아니라 그 명분과 수단도 극히 중요했다.

명백한 점은 국가가 성립된 이후의 전쟁은 분명히 정권의 이익과 관련된 것이라는 점이다. 전쟁으로 얻은 이익을 국가 내부에서 분배하는 과정, 또 전쟁으로 입은 피해를 분산하는 과정에 형평성을 잃으면 국가는 좌초한다. 또한 국가는 전쟁으로 인한 이익이 전쟁을 하지 않았을 때보다 크다는 것을 설득시켜야 한다. 대체로 전쟁으로 인한 피해는 매우 가시적이기 때문에 이를 증명하기는 쉽지 않다. 그러면 역시 국가는 전쟁으로 더 약화된다.

《춘추》에서 "제사와 전쟁은 국가의 대사다"라고 말하는 이유는 제사와 전쟁이 모두 국가의 존망을 걸고 하는 일이기 때문이다. 도식적으로 말해서 전쟁 없이 정권의 목적을 달성하는 것이 가장 좋고, 전쟁을 했을 경우 아군의 피해 없이 적을 제압하는 것이 차선이다. 전쟁에서 이기더라도 아군의 피해가 크면 전쟁은 별 의미가 없으며, 전쟁에서 지는 일은 군주와 정권에게는 가장 치명적이다.

진 문공은 전쟁을 택했다. 결과는 대승이었기 때문에 이익을 제대로 분배하고 전쟁의 성과를 잘 갈무리한다면, 지리적인 이점을 가진 진나라는 수백 년간 안보의 위협을 제거하고 패권을 추구할 수가 있다. 그의 행동을 통해 춘추시대 패자가 가는 길을 살펴보자.

## 2. 패자의 전후처리

진 문공이 어떻게 전후처리를 했는지 살펴보자. 문공은 왜 전쟁을 벌였는가? 사실상 그는 이익을 얻기 위해 침략전쟁을 벌였다. 또 안보의 불확실성을 없애기 위한 패권 추구 전쟁을 벌였다. 그러나 그는 전쟁의 명분을 최대한 이용할 줄 알았다.

### 회맹과 논공행상
—

큰 전쟁이 끝나면 종전의식을 행해야 한다. 전쟁의 목적이 패권 추구였다는 사실을 알리기 위해서 문공은 회맹을 주관했다. 전쟁이 끝나자 문공은 승전국인 제나라, 송나라 군주는 물론이고, 패전국인 정나라와 채나라 군주, 억류하고 있던 위나라 군주, 거나라 군주를 불러 천토踐土에서 회맹을 주관했다. 그러나 이 회맹은 완전하지 않았다. 진秦나라와 진陳나라가 참여하지 않았기 때문이다. 그래서 그해 겨울에는 이 두 진나라를 모두 불러 온 땅에서 회맹을 주관하고 천자도 불렀다. 제후가 천자를 오라고 한 것이다. 공자는 《춘추》를 편집하면서 문공이 천자를 불렀다는 사실을 다음과 같이 에둘러 표현했다. "천자가 하양河

陽으로 사냥을 나갔다." 그러나 이런 기록으로 사실의 추세가 바뀌지는 않는다.

회맹 자리에서 문공은 패자로서 진晉나라의 지위를 인정하지 않는 나라들을 정벌하겠다고 선언했다. 문공은 이리하여 명실공히 춘추의 두 번째 패자가 되었다. 이제 문공의 구체적인 전후처리 과정을 살펴 보자.

문공은 전쟁에서 군율을 어긴 이들은 처형하는 데 조금도 주저하지 않았다. 먼저 전쟁 중에 군령을 어긴 기만祁滿을 진중에서 공개 처형했 다. 승리 후 문공의 전차를 조종하던 주지교舟之僑가 대형을 어기고 먼 저 귀국하는 일이 벌어졌다. 그러자 그도 군사들이 보는 앞에서 죽였 다. 전투가 점점 더 살기등등해지면서 군령도 이전과는 비교할 수 없 을 정도로 엄격해지는 것을 볼 수 있다. 주지교는 문공의 전차의 거우 이므로 나라에서 제일가는 용사가 분명하다. 그런데도 그를 죽였으니 좌중은 두려울 수밖에 없었다.

그러고는 군사들이 죽인 적의 귀를 종묘에 바치고 전공에 따라 포상 했다. 귀를 바치는 일은 관중이 하지 않은 일이다. 원래 적들의 시체를 모아서 대를 만들고 그 시체 더미를 불태우고 거대한 무덤을 만들어 경관京觀이라 부름으로써 전공을 과시하고 군사들을 위로하는 일은 고 대부터 있었다. 문공은 이런 잔인한 행동을 하는 데 주저함이 없었다. 이런 일은 군사의식의 중요한 한 부분이었다.

논공행상을 하면서 문공은 호언에게 최고의 영예를 돌렸다. 그러자 어떤 사람이 말했다.

"성복의 싸움은 선진의 책략으로 이긴 것이 아닙니까?"

그러자 문공은 이렇게 대답한다.

"성복의 싸움에서 호언은 과인에게 신의를 잃지 말라고 했소. 선진은 '군사란 이기는 것이 최선입니다'라고 말했고, 나는 그 말을 채납하여 승리를 얻었소. 그러나 선진의 말은 어떤 한때에 들어맞는 말일 뿐이고, 호언의 말은 만세에 남을 공이오. 그러니 어찌 한때의 이익을 만세의 공보다 위에 둘 수 있겠소? 그래서 호언을 앞에 둔 것이오."

문공의 원칙은 명백했다. 벌줄 자는 단호하게 벌주고, 상을 줄 자는 확실하게 상을 주었다. 그러나 그는 전쟁과 전투의 차이를 구분할 줄 알았다. 또 전쟁을 통치에 연결하는 방식도 알고 있었다. 전투에서 이기는 것은 하요, 전쟁에서 이기는 것은 중이요, 정치에서 이기는 것이 상이라는 것이다.

## 국제관계를 정리하다

—

문공은 집요하다. 전쟁에 이겼다고 해도 결과가 확실해지기 전까지는 멈추지 않는다. 그는 초나라 편에 있었던 나라들을 용서하지 않았다. 첫 번째 목표는 허나라였다. 회맹을 소집한 후 제후들의 연합군을 데리고 작은 허나라를 공격했다. 허나라는 정나라 바로 아래에 있어서 공격하기 쉬울 뿐 아니라, 이 작전을 통해 진나라의 세력을 과시하기에도 좋았다.

그때 문공은 병을 앓고 있었다. 너무 늙었기 때문이다. 그러자 조나라의 군주를 모시는 측근 후누候孺라는 꾀 많은 이가 상황을 재빨리 판단하고 손을 썼다. 문공은 원래 점을 좋아해서 스스로 점을 치기도 했다. 후누는 점을 치는 관원을 매수해서 이렇게 유세했다.

군주의 병환은 조나라 때문으로 사료됩니다. 제 환공은 회맹을 열어 이성의 제후들도 봉해주었는데, 지금 군주께서는 회맹을 열어 동성의 제후도 멸망시키고 계십니다. 조숙진탁曹叔振鐸(조나라의 시조)은 문왕의 소생이며, 당숙우(진나라의 시조)는 무왕의 소생입니다. 제후들을 모아놓고 형제를 멸하심은 예의가 아니오며, 위나라 임금을 돌려보내면서 조나라 임금은 복귀시키지 않음은 신의가 아니고, 같은 죄를 두고 다른 벌을 내리는 것은 형의 원칙에 어긋납니다. 조나라 군주를 복귀시키옵소서.

과연 문공은 이 말대로 조나라 군주를 복귀시켰다. 사실은 초나라 오랑캐를 친다는 명분으로 동성을 학대하는 것도 명분이 서지 않았다. 그래서 조나라 군주를 복위시켰다. 조나라 군주는 당장 허나라를 공격하는 대열에 합류했다. 그러나 조나라 땅 중 많은 부분을 잃었다.

그런데 문공은 정나라만은 용서할 마음이 없었다. 정나라는 중원의 요지를 차지하고 있는 데다 초나라에 붙을 경우 진나라의 패권에 가장 심대한 위협이 되었다. 특히 정나라의 정치를 담당하고 있는 숙첨叔詹은 초나라의 자옥만큼 미웠다. 숙첨이 누구인가? 문공, 곧 중이가 이전 정나라에 이르렀을 때, 정 문공에게 예로써 잘 대해주도록 간했지만 정 문공이 듣지 않자 그럴 바에는 중이를 죽이라고 말한 사람이다. 문공이 원하는 정나라는 시키는 대로 말을 듣고 때에 따라 공물을 바치는 나라였지만, 숙첨과 같은 껄끄러운 인물을 두고는 마음대로 할 수가 없었다.

성복의 싸움 후 2년이 지나 문공은 진秦나라 군대와 합세하여 정나라를 포위했다. 이번에는 진晉 문공과 진秦 목공 두 사람이 친히 군대를 이끌었다. 이 부분에서는 중요한 자료인《좌전》《국어》《사기》의 기술이 조금씩 다르다. 특히《국어》의 기술은 논리적으로 맞지 않는 부분이 좀 있다.《국어》의 자료는 조나라 희부기의 고사와 일부 겹치는데 분명 착간이 있었던 것 같다. 그러나 일화로서는 가치가 있기 때문에 일단《국어》를 살펴보자.

문공은 정나라를 침략하고 '숙첨을 보내면 군사를 돌리겠다'고 선포했다. 그러자 숙첨이 스스로 나섰다.

"저 한 몸이 희생되어 백성을 보전하고 사직을 안정시킬 수 있습니다. 군주께서는 저 하나를 애석히 여기지 마소서."

이렇게 말하고는 문공을 찾아가서 말했다.

"제가 하려는 말을 다한 후에 죽여주소서. 진실로 원하는 바는 그뿐입니다."

문공이 허락했다.

"하늘이 우리 정나라에 화를 내리셔서 감히 음란하게 군주의 갈비뼈를 훔쳐보고, 친척의 예를 버리게 했습니다. 그래서 저 첨은 말했습니다. '그렇게 해서는 안 됩니다. 진의 공자는 현명하며, 그 좌우의 측근들도 모두 경이 될 재사들입니다. 귀국하면 제후들을 호령할 것이 분명하고, 우리 정나라는 화를 면하지 못할 것입니다.' 그예 화가 나라에 미쳤습니다. 현명한 이를 숭상하고 앞으로 닥칠 환란에 대비하는 것은 지혜이고, 자신을 희생하여 나라를 건진다면 이는 충입니다."

이렇게 말하고 숙첨은 끓는 솥으로 걸어갔다. 그러고는 솥의 귀를 부여잡고 큰 소리로 외쳤다.

"이제부터 지혜와 충성으로 군주를 섬기는 자들은 모두 이 숙첨과 같은 꼴이 될 것이다."

문공은 급히 이를 말리고 예를 다하여 숙첨을 돌려보냈다. 그 후 정나라는 숙첨을 장군으로 삼았다.

그러나 《사기》의 기록은 다르다. 《사기》에 의하면 문공이 침입하여 숙첨을 원한다는 소리를 듣자 숙첨은 자살했다. 정나라는 숙첨의 죽음을 가지고 진나라에 사죄하려 했다. 그러나 문공은 이를 거절했다.

"반드시 정나라 군주를 잡아야 마음이 풀리겠다."

이리하여 정나라는 공포에 떨었다. 《좌전》의 내용은 《사기》의 내용과 상통한다. 이제 그때 벌어진 일을 살펴보자. 동상이몽이라는 말이 있듯이, 진晉과 진秦은 함께 작전을 벌였지만 각자 야망을 숨기고 있었다. 이런 절체절명의 위기 상황에는 경험 많은 사람이 나서는 것이 좋다. 정나라에는 촉지무燭之武라는 사람이 있었다. 그는 상대가 원하는 것을 정확히 파악하는 능력이 출중했다.

정나라의 질지호佚之狐가 정 문공에게 촉지무를 천거했다.

"만약 촉지무를 보내 진秦나라 군주에게 유세하면, 진나라 군대는 반드시 물러갈 것입니다."

이리하여 정나라 문공은 촉지무를 만났다. 그러나 이 늙은이는 사양했다.

"신은 젊었을 때도 재주가 남만 못했습니다. 이제는 늙기까지 했으니 일을 감당할 수가 없습니다."

뜨끔해진 정 문공은 계속 설득했다.

"내가 일찍이 그대를 알아보지 못하여 쓰지 못했는데 이제 급한 때가 되어서 그대를 구하고 있으니 이는 과인의 잘못이오. 그러나 정나라가 망하면 그대에게도 좋을 일이 없지 않겠소?"

이리하여 촉지무는 진 목공을 만나러 떠났다. 촉지무의 유세는 향후 전국시대 종횡가들의 유세의 원형이 되었으니 기억해두자. 촉지무는 몰래 밧줄을 타고 성을 빠져나가 목공을 만났다. 그러고는 이렇게 유세했다.

지금 진과 진이 우리 정나라를 포위했으니 정나라는 망한 것이나 한가지입니다. 만약 정나라가 망해서 군주께 이익이 있다면야 번거롭더라도 일을 한번 도모할 만합니다. 그러나 다른 나라(진쯤)를 사이에 두고 멀리 있는 나라를 영토로 두는 것은 참으로 어렵다는 것을 군주께서도 잘 아실 것이옵니다. 그렇다면 뭣 하러 정나라를 망하게 해서 이웃(진쯤)의 땅을 늘려주신단 말입니까? 이웃 나라가 강해지면 군주의 나라가 약해집니다. 그러지 마시고, 만약 정나라를 살려두시어 군주께서 동쪽으로 나오실 때 길잡이로 삼으시고 사신들이 왕래할 때 필요한 물자를 조달한다면 군주께 손해 될 것이 없을 것입니다. 이전에 군주께서 진나라 군주를 도와주시자, 저들은 답례로 초焦와 하瑕 땅을 준다고 했지요. 그런데 아침에 황하를 건너자 저녁에는 성을 쌓아 군주에게 등을 돌렸음은 익히 아실 터입니다. 대저 저 진晉이 만족을 알겠습니까? 동쪽의 정나라를 자기 속지로 만들면 곧장 서쪽 나라마저 삼키려고 할 것입니다. 서쪽 나라 중에 진秦나라가 아니면 누가 목표가 되겠습니까? 군주의 땅을 덜어내어 저 진晉나라만 만족시키는 일을 군주께서는 기어이 하시렵니까? 굽어 살피시옵소서.

촉지무는 목공의 의중을 정확히 꿰뚫었다. 목공은 정나라를 원했지만 진나라를 사이에 두고 통치할 수는 없었다. 또 유리한 위치를 선점하고 있는 문공이 정나라의 일부를 떼어줄지도 의심이 들었다. 노회한 정치가는 역시 실리를 취했다. 그는 장수 몇몇을 남겨두어 정나라를 지키게 하고는 자신은 철군했다.

그러자 호언이 격노하여 당장 뒤쫓으라고 요청했다. 그러나 문공 역시 실리적인 판단을 했다.

"안 되오. 저 사람의 힘이 없었으면 지금의 내가 있었겠소? 그 사람의 힘만 쓰고 그 사람을 버린다면 이것은 인이 아니오. 그리고 이미 얻은 아군을 적으로 돌리는 일은 어리석은 일이며, 안정된 사이에 분란을 일으키는 것은 무도가 아니오. 나는 돌아가겠소."

이리하여 정나라는 명을 보존하게 되었다. 그 대신 정나라의 공자로 진나라에 망명해 있던 난蘭을 들여보내 태자로 삼게 하여 정나라를 통제하고자 했다.

이렇게 강대국 가운데 낀 작은 나라의 운명은 바람 앞의 촛불 같았다. 이런 나라를 이끌어가는 신하들은 몇 배의 지혜와 용기가 필요했다. 숙첨은 용기가 있었고, 촉지무는 지혜가 있었다. 이제 어떤 신하들이 나와서 정나라를 보존할 것인가? 나중에 정나라의 뛰어난 정치가 자산子産을 만나게 될 것이다.

이렇게 진晉 문공의 패업은 완성되었다. 그러나 진秦이 비록 정나라에서 물러났지만 목공이 동쪽으로 나가려는 야심까지 접은 것은 아니었다. 이제 진-진 간에는 새로운 갈등이 생겨나고 있었다.

제16장

진晉—진秦 효산지전

효산崤山고도. 폭포수처럼 동쪽으로 달리는 황하 옆으로 황토 언덕들이 우뚝우뚝 솟아 있고, 양쪽 언덕 사이로 오솔길 하나만 길게 이어져 있다. 웅장하지도 수려하지도 않은 황량한 곳. 그러나 그곳이 산동과 산서를 나누는 길이었다. 고대에는 이 산이 동서를 가르는 심리적인 장벽이었다. 동방의 인재들은 그 산을 넘어 서쪽으로 가고 싶어 하지 않았다. 서쪽은 험한 땅이자 오랑캐들이 사는 곳이었다. 서쪽 사람들에게 이 산은 천혜의 방어막이었다. 자연이 아니고는 어떤 왕조라도 그렇게 높고 험한 성을 쌓지는 못할 것이다.

기원전 627년 겨울 진晉 문공은 노환으로 죽었다. 대기만성이란 그런 사람을 두고 하는 말일 것이다. 재위기간이 겨우 9년이지만 이 사람은 진나라를 일약 춘추의 최강국으로 만들어놓았다. 진나라 군대는 황하의 남북을 자유자재로 넘나들었고, 태행산의 동서를 오갔다. 그리고 성복대전. 북방연합군은 남방연합군을 처참하게 무찔렀고, '배신자들'은 응분의 대가를 받았다. 문공의 치세에 대한 평가는 일단 마지막으로 미루자. 문공의 죽음과 함께 사태는 더욱 극적인 국면으로 치달았기 때문이다. 문공은 죽었지만 진나라는 이제 춘추의 패자였고, 문공의 신하들은 그대로 남아 있었다.

앞 장에서 전쟁의 성격에 대해 다소 장황하게 설명했다. 전쟁과 같은 큰일의 대차대조표를 정리하는 일은 과연 쉽지 않다. 그러나 전쟁의 성과는 항상 불확실하고, 그 손실은 눈에 띄는 법이다. 이런 상황을 고려하지 않은 전쟁은 나라를 고난의 현장으로 몰아넣는다. 효산의 싸움에도 승자와 패자는 분명히 엇갈렸다. 그러나 필자는 그 싸움을 양자 모두의 패배라고 정의하고 싶다. 성복의 싸움은 패자覇者를 만들어냈고 새로운 질서를 만들어냈지만, 효산의 싸움은 분명 그렇지 않았다. 이제부터 바야흐로 '지나친' 전쟁의 시대가 열린다. 그럴수록 민생은 더욱 고단해졌다.

역사적으로 보면 항상 아주 험하지도 아주 순하지도 않은 어중간한 지대에서 대규모 전쟁이 벌어진다. 천 길 낭떠러지나 삭막한 사막에는 오히려 피비린내가 없다. 효산 길이 바로 그런 어중간한 곳이었다. 당시에 관중과 중원을 잇는 길은 유감스럽게도 이 길 하나밖에 없었다. 지금도 길은 하나다.

## 1. 진秦 목공의 야망이 되살아나다 ━━━━━━━━

관중을 장악하고 한껏 물이 오른 진秦 목공은 동쪽으로 나가고 싶었다.
그런데 자신이 세워준 진晉 문공이 선수를 쳐서 패자의 자리를 차지하
더니 동쪽의 노른자위 땅은 다 가져갔다. 목공이 보기에 진 문공, 그 능
구렁이 같은 늙은이 뱃속에 무엇이 들어 있는지 알 길이 없었다. 그래
서 함께 정나라를 공격하다가 실리가 없을 것 같아서 돌아섰다. 그런
데 낭보가 날아들었다. 진 문공이 죽었다는 것이다. 목공은 정나라를
한번 공략해보고 싶었다. 정나라를 공략하여 관중과 중원을 이으면 패
자가 아니라 천하의 주인이 될 수도 있을 것이다. 이제는 실력도 없으
면서 지형만 믿고 동쪽에서 잘난 체하는 제후들에게 본때를 보여줄 수
도 있다.

춘추시대의 예법으로 보아 이웃 군주의 초상에는 반드시 사자를 보내 조의를 표해야 한다. 그런데 목공에게 문공의 죽음은 함께 슬퍼해야 할 일이라기보다는 뜻밖의 기회로 다가왔다. 조의를 할 겨를도 없었다.

일전에 진 문공과 같이 정나라로 쳐들어 간 후 그들을 감시하기 위해 남겨둔 진秦나라의 장수 기자杞子가 이렇게 알려왔다.

"정나라 사람이 저에게 성 북문의 열쇠를 맡겼습니다. 몰래 군사를 보내면 이 나라를 차지할 수 있습니다."

욕심이 난 목공이 건숙蹇叔에게 자문을 구했다. 건숙은 펄쩍 뛰었다.

"먼 길을 달려 피로한 군대로 적을 습격한다는 말은 들은 적이 없습니다. 군사들이 피로하면 전투력이 고갈되고, 먼 거리에 있는 적이 대비를 한다면 일이 되겠습니까? 정나라가 모를 턱이 없습니다. 힘만 빼고 얻는 것이 없다면 반드시 민심이 이반됩니다. 길이 1000리나 되는데 누가 모르겠습니까?"

욕심에 눈이 먼 목공은 이 말을 듣지 않고 장수들을 불렀다. 백리해의 아들 맹명시孟明視, 건숙의 두 아들 서걸술西乞術과 백을병白乙丙을 주장으로 세웠다. 군사가 성문을 나서는 마당에 건숙이 통탄했다.

"맹 공자여, 나는 우리 군사가 나가는 것을 보지만 장차 들어오는 것을 보지 못하겠구려."

그러자 목공은 노발대발했다.

"노인이 뭘 안다고 군대를 가로막는가? 그대가 일흔에 명을 다했다면 무덤에 심은 나무가 한 아름이나 되었을 것이다."

건숙은 아들들을 보내며 말했다.

"진나라 군대가 우리 군대를 막아서는 곳은 반드시 효산이다. 효산에는 능이 두 개 있다. 남쪽 능은 하후씨(하나라) 고皐의 무덤이고, 북쪽 능은 주 문왕께서 비바람을 피한 곳이다. 너희들이 죽는 곳은 반드시 그 두 언덕 사이일 것이다. 내가 너희들의 뼈를 거두어주리라."

《여씨춘추》에 의하면 건숙은 아들이 둘밖에 없었다. 그런 두 아들이 모두 사지로 들어간 것이다. 결국 진나라 군대는 효산을 넘어갔다.


## 2. 음모가 발각되다

꼬리가 길면 밟힌다는 말이 있듯이 대규모 병단이 이동하는데 그 목적을 숨기기는 어렵다. 진나라 군대가 주나라 왕성의 북문을 지나갈 때 전차의 수를 헤아려보니 300대였다. 정나라 성을 공격할 보병이 주력이었을 테니 어림잡아도 2만에 달하는 대군단이었다. 그래도 천자에게 예의를 표한다고 전차병들은 투구를 벗고 내려서 경의를 표했다. 실질적인 힘은 없지만 눈칫밥 먹은 지 오래라 상황 분석에는 뛰어난 주나라다. 어린 왕손 만滿이 왕 앞에서 진나라 군대를 평가했다.

"진나라 군사들은 경솔하고 무례하니 반드시 패할 것입니다. 경솔하다는 것은 지략이 없다는 것이고, 무례하면 주도면밀하지 못합니다. 험한 곳에 들어가면서 주도면밀하지 못하고, 또 지략이 없다면 패하지 않을 수 있겠습니까?"

실제로 어린아이가 봐도 이 작전은 무리수였다. 진나라 군대는 준비도 없이 너무 멀리 나왔다. 주나라 왕성을 좀 더 지나 활(滑(지금의 하남성 언사 부근)'을 지날 때 주나라의 장터에 가려던 정나라 상인 현고弦高라는 사람이 진나라 군대를 목격했다. 누가 보아도 정나라를 습격하려는 것을 알 수 있었다. 그래서 그는 꾀를 내어 사신 행세를 했다.

"저희 군주께서는 귀국의 군대가 들어온다는 소식을 듣고는 저를 보내 군사들을 위로하게 했습니다. 가난한 저희 읍은 군사들을 위해 하루 머물 때는 하루 분의 양식과 땔나무를 준비하고, 떠나실 때는 하룻밤 보초를 서드리겠습니다."

이렇게 말하고는 역참의 빠른 말을 이용해서 정나라에 바로 보고했다. 정나라 목공은 이 소식을 듣고는 바로 정나라를 감시하고 있던 진나라 대부 기자 등이 머무는 객관을 살펴보게 했다. 과연 그들은 말에게 풀을 먹이고 무기를 손질하고 있었다. 목공이 이들을 잡아둘 요량으로 사람을 시켜 말했다.

"그대들이 폐읍에 오래 머물면서 양식이며 가죽이 다 떨어져 이제

---

• 이 부분의 《사기》〈진본기〉의 기사는 다음과 같다.

현고는 포로가 되거나 살해당할까 두려워 이렇게 꾀를 내었다. "귀국이 장차 정나라를 치려 한다고 들었습니다. 저희 정나라 군주는 열심히 방어 준비를 하고 있습니다. 그예 소 열두 마리로 귀국의 군대를 위로하라 하십니다." 이렇게 말하자 진나라 장수들은 "우리가 정나라를 습격하려고 하는데, 정나라는 이미 방비가 있구려. 너무 늦은 것 같소." 이렇게 말하고는 군대를 돌리고, 돌아가면서 활을 멸망시켰다. 활은 진晉의 변읍邊邑이다.

활이 진의 변읍이라는 말은 사마천이 오해한 것 같다. 진 문공 때 새로 얻은 땅은 황하 북쪽의 8개 읍이다. 그때 활은 아직 나라로 남아 있었다. 그래서 《좌전》에 "활나라를 멸망시켰다[滅滑]"고 말한 것이다. 또 진의 대장 선진이 "진이 우리 초상을 슬퍼하지는 않고, 우리 동성을 공격했다[伐吾同姓]"고 말하는데, 동성同姓이란 분명 동성 국가를 말하는 것이지 자기 나라의 한 읍을 말할 리가 없다.

떠나려 하시는구려. 정나라에는 (짐승을 사육하는) 원포原圃가 있소이다. 그대들 진나라의 구유具圃와 같은 곳이지요. 거기의 사슴을 잡아먹으면서 폐읍에서 좀 놀다 가는 것이 어떻겠소?"

일은 다 들통 났다. 이에 정나라에 있던 진나라의 세 대부는 바로 제나라, 송나라로 흩어져 달아났다. 역설적이지만 이렇게 싸움을 통해 인력이 교류된다.

사태가 이 지경이 되자 진나라 원수 맹명시는 이제 어쩔 도리가 없었다. 그는 이렇게 말하고는 활나라만 멸망시키고 군대를 돌렸다.

"정나라에서는 이미 준비를 하고 있으니 공격해도 이길 수가 없고, 포위해도 지탱할 수 없을 것이외다. 돌아갑시다."

그러나 과연 무사히 돌아갈 수 있었을까?


## 3. 선진이 요격을 주장하다 ━━━━━━

이제 상중에 있던 진晉나라의 조정으로 돌아가보자. 문상도 하지 않고 길을 빌려달라는 말도 없이 정나라로 군대를 출격시킨 일을 두고 의견이 분분했다. 먼저 중군대장 선진이 요격을 주장했다.

"진秦나라는 건숙의 충간을 듣지 않고, 탐욕에 눈이 멀어 백성들을 괴롭히고 있습니다. 이는 하늘이 준 기회입니다. 하늘이 준 기회란 놓칠 수 없고, 적이란 용서할 수 없습니다. 적을 용서하면 화가 생기고, 하늘이 준 기회를 버리는 것은 상서롭지 못한 일입니다. 반드시 진나라 군대를 쳐야 합니다."

그러자 난지가 반박했다.

"진나라의 은혜를 갚지도 않았는데 이제 그 군사를 친다고 하니 될 일입니까? 이는 선대 군주가 돌아가셨기 때문이오?"

그러나 선진은 굽히지 않았다.

"진나라는 우리의 초상을 슬퍼하지는 않고, 우리 동성同姓(활나라)을 공격했소. 진이 이토록 무례한데 은혜는 무슨 은혜란 말이오. 내가 듣건 대, 하루 적을 놓아주면 수대의 환란이 이어진다고 하오. 자손을 위해 도모하는 일이거늘 어찌 선대 군주께서 돌아가신 일을 들먹이시오?"

이렇게 말하고 결국 출병을 명했다. 그러고는 재빨리 효산의 황하 좌우 산지를 장악하고 있는 강융姜戎에 파발을 보내 협공을 요청했다. 진晉이 군사작전에 융인이나 적인을 동원하는 것은 다반사였다. 요격 장소는 역시 전차 한 대가 간신히 지나가는 효산 길이었다. 진 양공襄公 스스로 전차를 타고 나섰다.

## 4. 맹명시가 독 안에 갇히다

진秦나라 군대를 이끌던 맹명시는 난감한 처지가 되었다. 그래서 일단 활나라를 멸망시켰다. 아무 명분도 없이 군대를 이끌고 돌아가기는 여 론상 어렵게 되었다. 그래서 공연히 죄 없는 활나라를 멸망시켰다. 활 나라를 공격하는 것도 역시 뚜렷한 명분이 없었다. 다만 군대에 소요

되는 비용을 충당하고 본국으로 가져갈 약탈품을 얻기 위한 행동으로 추정될 뿐이다.

효산을 바로 통과할 것인가? 그러나 적의 복병이 있다면 전멸이다. 진은 지금 초상을 치르고 있는데 과연 군사를 낼까? 맹명시는 어차피 통과해야 한다면 적이 상중일 때 급히 움직이는 것이 낫겠다고 생각한 모양이다. 그들은 결국 효산 길에 들어섰다.

효산 길을 지나는 군대를 옆에서 매복하고 공격하면 날개가 달리지 않은 이상 달아날 수 없다. 이는 영락없이 호랑이가 길 옆에서 웅크리고 있다가 지나가는 뱀의 머리를 밟고 꼬리를 물어뜯는 형국이었다. 또 소득 없이 돌아가는 군대의 사기가 높을 리가 없었다. 작전은 산지에서 이루어져야 한다. 서쪽으로 삼문협을 지나기 전에 요격하는 것이 관건이다. 진晉군은 몰래 황하를 건너 기다리고 있었다.

군대가 효산 길에 접어들자 맹명시는 속도를 냈다. 평지로 나가면 안전하다. 그러나 복병은 평지로 나가는 끄트머리에 숨어서 기다리고 있었다. 이 좁은 길에서 싸움이 벌어지자 300대나 되는 전차는 아무 소용이 없었다. 뱀처럼 길게 이어진 대형을 도무지 전투대형으로 바꿀 도리가 없었다. 앞은 진군이 막고, 뒤는 강융이 막은 상태에서 옆에서 공격해왔다. 결과는 참으로 비참했다. 《곡량전》에는 "말 한 마리, 전차 한 대도 돌아가지 못했다[匹馬只輪無返]"고 전하고,《사기》는 "한 사람도 탈출하지 못했다[者無一人得脫者]"고 전하여 그날의 처참한 전투 상황을 묘사했다. 춘추시대 최초의 몰살전이었다. 한원의 싸움에서는 상대방의 주장을 잡자 바로 싸움이 끝났고, 성복의 싸움도 승부를 결정짓기

효산의 삼문협. 진晉군은 진秦군이 삼문협을 지나기 전에 요격하기 위해 몰래 황하를 건너 이들을 기다렸고, 결국 이곳에서 춘추시대 최초의 몰살전이 벌어졌다.

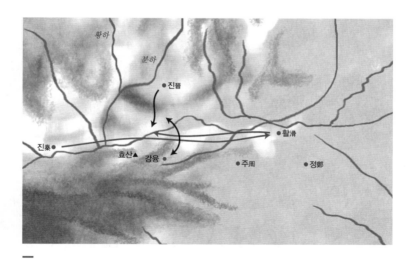

진-진 효산지전. 진秦의 맹명시는 활나라를 치고 돌아온다. 이때 진晉군은 맹명시의 앞을 막고, 강융은 뒤를 막아 협공했다. 이 싸움으로 진-진은 끝없는 복수의 복마전으로 돌입한다.

위한 것이지 이런 대규모 몰살전은 아니었다. 여러 방면에서 효산의 싸움은 싸움의 규칙이 완전히 바뀌고 있음을 암시한다.

세 장수는 포로가 되었다. 과연 선진은 전장에서 작전을 짜는 데는 일가견이 있었다.

세 장수가 잡히자 진晉 양공은 드디어 아버지 문공의 제사를 지냈다. 그러자 진 문공의 부인인 문영(회영, 진秦 목공의 딸)이 이렇게 간했다.

"저 세 사람은 실로 우리 두 나라 군주가 싸움에 엮여들도록 한 사람들입니다. 우리 아버님께서 저자들을 잡아먹어도 시원치 않을 것이오. 군주께서는 무엇 하러 욕되게 저자들을 징벌하려 하시오. 저들을 진秦 나라로 보내 우리 아버님의 한이나 풀어주는 것이 어떻겠소?"

이 말을 들은 양공은 이들을 석방했다. 선진이 와서 진나라 포로들에 대해 물으니 양공이 대답했다.

"선군의 부인께서 요청하시기에 내가 놓아주었소."

이 소식을 들은 선진은 대로하여 말했다.

"군사들이 전쟁터에서 힘들여 잡아왔는데, 일개 부인이 잠깐 사이에 도읍에서 놓아주다니요. 포로를 놓아주어 원수를 강하게 했으니, 우리 나라가 망할 날도 멀지 않았습니다."

그러고는 군주의 면전에서 고개를 돌리지도 않고 침을 뱉었다. 선진은 비록 선대의 공신이지만 이는 무척 무례한 행동이었다. 이에 양공은 부랴부랴 양처보陽處父를 불러 세 사람을 추격했다. 양처보가 달려가니 이들은 이미 배에 올라 있었다. 양처보는 수레의 말을 한 필 끌어내어 맹명시에게 소리쳤다.

"우리 군주께서 선물로 주는 말이오. 받아 가시오."

물론 거짓말이었다. 맹명시는 배 위에서 정중하게 인사하며 이렇게 대답했다.

"귀국의 군주께서 은혜를 베푸심은 이 포로의 피로 북을 물들이지 않고, 우리를 귀국시켜 본국의 군주가 죽이도록 하자는 것이었소. 우리 군주가 죽인다면 죽어도 이름을 남기리다. 만약 귀국 군주의 은혜에 힘입어 죽음을 면한다면 3년 후에 그 선물을 받으리다."

이렇게 말하고는 그대로 배를 저었다. 맹명시가 진나라 교외에 도착하니 목공이 소복을 입고 마중을 나왔다. 돌아온 군사들을 맞으며 목공은 울었다.

"과인이 건숙의 말을 듣지 않고 공연히 대부들을 괴롭혔으니, 이는 못난 사람의 죄요."

싸움에 진 맹명시가 직위를 해제해달라고 청하니 목공이 이렇게 말했다.

"이 사람의 죄지, 대부야 무슨 죄가 있는가? 또 나는 한 가지 실수를 가지고 큰 덕을 외면하는 일은 할 수 없소이다."

이렇게 맹명시는 사면을 받았다. 그러나 진나라 대부들과 목공의 측근들은 모두 책임을 물어야 한다고 주장했다.

"이번 패배는 맹명시의 죄입니다. 반드시 죽여야 합니다."

목공이 대답했다.

"이것은 이 사람의 죄요. 주나라 예양보芮良父가 시에서 말하길, '큰 바람에 휩쓸리듯이, 탐욕스러운 자는 낭패를 보네'라 했소. 내가 욕심을 너무 부려 대부에게 화를 미치게 했소. 대부가 무슨 죄가 있겠소."

이렇게 말하고는 맹명시에게 그대로 정치를 맡겼다.


## 5. 효산지전 소회: 모두가 패배한 전쟁

전국시대의 병법가 손빈은 "군사를 좋아하는 자는 망하고, 승리를 이로운 것으로 여기는 자는 욕을 당한다[樂兵者亡 利勝者辱]"는 말로 전쟁은 신중하게 하라고 강조했는데, 이 효산의 싸움이 바로 그 말에 딱 맞는 예다.

효산지전은 목공의 탐욕이 부른 무모한 전쟁이었다. 군주의 잘못이다. 그리고 맹명시는 만전을 기하지 않고 사지로 들어갔다. 장수의 잘못이다.

나라의 군주로서 동방으로 진출하려는 목공의 야망을 도덕적으로 판단하기는 어렵다. 그러나 열쇠 하나를 믿고 정나라를 치려고 한 그의 시도는 무모했다. 흉계로 나라를 차지했다 한들 지킬 수 있겠는가? 정나라를 쳐서 이겼다 하더라도 오히려 더 큰 화를 입었을 것이다.

이 부분에서 관중이 어떻게 행동했는지 짚어보자. 정나라의 태자 화 華가 영무의 회합에서 아버지를 배신하고 정나라를 차지하고자 환공을 부추겼을 때 관중이 환공에게 한 말을 떠올려보라. 태자는 자신이 안에서 내응할 테니 제나라는 밖에서 공격하라고 부추겼다. 그러자 환공이 동요했다. 관중은 환공에게 말했다.

"저자는 나라의 태자가 되어가지고 큰 나라를 끌어들여 자신의 나라를 해치려 합니다. 악한 자는 화를 면하지 못할 것입니다."

관중의 정치에는 극적인 것도 없지만 요행수도 없다. 그는 적국의 태자가 내부에서 호응한다고 해도 움직이지 않았다. 이긴다 해도 명분을 가지고 지킬 수 없다는 것을 알았기 때문이다. 맹명시는 그 많은 군대를 이끌고서 공연히 활나라를 쳤다. 진晉나라에게 반격할 구실만 준 셈이었다. 뇌물을 바치고 길을 빌어도 위험할 판에 진晉나라가 갓 영향권에 넣은 나라를 건드리기만 한 셈이었다. 소탐대실이라 할 것이다.

그럼 진晉의 선진의 전략은 잘된 것인가? 선진은 서쪽의 진秦이 동쪽으로 나오는 것을 방치하면 두고두고 화가 될 것이라고 경고했다. 효산지전은 서쪽의 진에게는 뼈아픈 교훈이었고, 동쪽의 진이 패권을 유지하는 데 도움이 되었다.

그러나 그 전쟁으로 동쪽 여러 나라들은 도움을 받았을지 모르지만 정작 싸움을 벌인 진晉나라가 얻은 것은 별로 없었다. 예를 들어 성복지전과 비교해보자. 성복지전과 효산지전은 규모 면에서는 거의 비등하다. 그러나 전쟁의 성격은 완전히 달랐다. 성복지전은 패자를 지향하는 진晉나라가 북방 강국들의 지지를 받아 남방 연합군을 무찌른 국제전이었다. 이 싸움으로 진나라는 춘추의 패자가 되었다. 그러나 효산지전을 통해 진의 승자로서의 지위가 크게 올라간 것은 아니었다.

반대로 잃은 것은 컸다. 이전에 진晉이 패권을 추구하는 과정에서 서쪽 진秦의 지지가 큰 도움이 되었다. 그런데 이제는 그것을 잃었다. 서쪽의 진은 복수의 일념으로 이를 갈았다. 결국 이 일로 서쪽의 진과 초나라가 가까워지는 계기가 되었다. 전국시대에 서방의 진이 3진을 공략할 때 항상 초나라를 후방에서 이용했다. 그 연원은 바로 이 싸움에서 비롯된 것이다.

그리고 진흙탕 싸움 속에서 자신들의 귀중한 전사들을 수도 없이 잃었다. 이제 진-진은 한치의 양보도 없는 육박전으로 돌입하는데 이런 와중에 나라의 민력이 고갈될 수밖에 없었다.

효산지전 이후 진-진 사이에 벌어진 전투를 추려보면 대략 다음과 같다.

효산 싸움이 있고 두 해 후 맹명시는 군대를 움직여 팽아彭衙에서 진晉군을 공격했다. 이번 싸움에서도 진秦이 패했다. 그래도 목공은 맹명시를 중용했다.

그 이듬해 이번에는 진晉이 싸움을 걸어 또 팽아에서 일전을 벌였다.

그해 여름 목공이 직접 군대를 이끌고 황하를 건너 배를 불살랐다. 살기등등한 목공의 군대는 승승장구하여 진나라 교외까지 육박했으며, 그대로 남쪽으로 강을 건너 효산의 싸움에서 죽은 사람들의 시체를 수습했다. 이리하여 진秦은 군사적으로 더욱 강해졌다.

《설원》은 효산지전 후 진-진의 대결을 이렇게 평가했다.

> 칼날이 부딪혀 피가 내를 이루었고, 엎드러진 시체는 썩어 해골이 드러났다. 이렇게 국가를 십여 년이나 문드러지게 하니, 병사들은 죽어나가고 화가 대부들에게 미쳤으며, 걱정이 후대에까지 이어졌다. 전쟁 좋아하는 신하란 경계하지 않을 수 없다〔好戰之臣不可不察也〕.

그렇게 동쪽의 진晉은 전란에 휩싸였고, 그런대로 초나라와 경쟁할 필요가 없었던 서쪽의 진秦은 점점 더 커졌다.

만약에 서방 진의 동진을 막고 싶었다면 아예 동쪽에서 막아 효산을 넘지 못하게 해야 했다. 그랬다면 대규모 전쟁은 벌어지지 않았을 것이고, 서방 진과의 사이도 벌어지지 않았을 것이다. 또 그렇게 해도 패권을 유지하는 데는 문제가 없었을 것이다. 효산지전은 매우 소모적인 싸움이었다. 선진은 사로잡은 적의 장수들을 모두 죽이자고 말했지만 죽인다고 서방에 인재가 없을 리가 없다. 선진은 이른바 싸움을 너무 좋아하는 사람이었다. 문공이 항상 호언 다음에 선진을 둔 것은 원견이 있어서 한 일이라 할 수 있다.

마지막으로 효산의 전투에서 그다지 주목을 받지 못했으나 사실은 전쟁의 승패를 좌우한 한 세력의 역할을 살펴보자. 진-진 사이에는 강융이 자리 잡고 있었다. 이 불우한 민족은 둘 사이에서 제 나름대로 자기 정체성을 찾고자 했으나, 이용당하기만 하고 점점 더 약해졌다.《좌전》'양공14년'에 당시 그들이 한 역할이 잘 묘사되어 있다. 효산의 싸움이 있은 지 약 70년 후, 당시 진晉나라의 정치를 맡은 범선자范宣子가 융나라 군주(융자戎子)˙구지駒支에게 힐난을 퍼붓는 장면이 나온다.

범선자가 조정에서 구지를 꾸짖으며 말했다.

---

• 융의 군주인지 아니면 그의 아들인지 기사로는 파악하기 힘들다. 그러나 대체로 이민족들의 군주를 부를 때 '자'라는 호칭을 붙인다. 예를 들어 초나라 군주는 '초자楚子'라고 하는 식이다. 여기서는 융의 군주로 해석한다.

"오셨구려. 강융씨여! 옛날 진秦나라 사람들이 그대의 할아버지 오리

吾離를 핍박하여 과주瓜州*로 쫓았을 때, 그분은 거적을 덮고 가시덤불

을 헤치며 우리 선군께 망명하셨소. 우리 선군 혜공께서는 자신의 땅

도 넉넉지 않았건만 그대 조부께 나누어 주고, 먹고살게 하셨소. 지금

제후들이 우리 군주를 섬기는 것이 옛날만 못함은 대개 그대들이 말

이 새어나가게 하기 때문이오. 그대는 내일 조회에 들어오지 마시오.

만약 들어온다면 그대를 잡을 것이오."

그러자 구지가 대답했다.

"옛날에 진秦나라 사람들이 그 숫자가 많은 것을 믿고 우리 땅을 탐내

어 우리 융족들을 모두 몰아내었습니다. 혜공께서 큰 덕을 보이시어,

우리들 융족은 모두 사악四嶽의 후손이라 하시고는 '이들을 방기하여

후손이 끊어지게 하지 말라' 하시고, 우리들에게 남쪽 변두리의 땅을

내리셨습니다. 그곳은 여우와 살쾡이 들이 사는 곳이요, 이리와 승냥

이가 울부짖는 곳이었습니다. 우리 융족들이 가시덤불을 끊어내고

여우, 살쾡이, 이리, 승냥이를 몰아내어 (감히) 침범하지도 배반하지

도 않는 귀국 선군의 충실한 신하가 되어 오늘날까지 두 마음을 품은

적이 없습니다. 전날 문공께서 진秦 나라와 더불어 정나라를 치실 때,

진秦나라 사람들이 몰래 정나라와 맹약을 맺고는 정나라에 수비병을

남겨두고 떠났습니다. 이리하여 효산의 싸움이 벌어진 것이지요. 그

---

• 과주가 정확히 어떤 곳인지 알 수 없으나, 흔히 건조해서 풀이 잘 자라지 않는 곳에다 박을 심는다. 건조
  한 황무지로 추측된다.

때 귀국의 군대는 위(앞)를 치고 우리 융족들은 아래(뒤)를 쳤지요. 그
날 진秦나라 군사들이 살아 돌아가지 못함은 우리 융족들이 실로 최
선을 다해 싸웠기 때문입니다. 사슴을 잡는 일에 비유하자면, 귀국의
군대는 뿔을 잡고 우리는 다리를 잡아 함께 넘어뜨린 격입니다. 그런
데도 우리가 힐난을 면치 못한단 말입니까? 그날 이래 귀국은 온갖
일(백역百役 : 부역, 군사, 공납 등)이 있을 때마다 우리 융족들에게 수시로
통보했고, 우리는 귀국의 집정을 따라 효산에서 싸웠을 때와 같은 마
음으로 일했습니다. 우리가 어찌 배반할 수 있겠습니까? 지금 귀국의
관직에 있는 벼슬아치들이 실로 제후들을 이끌기에는 결점이 있는데
도, 오히려 우리 융족에게 죄를 뒤집어씌우는 것은 아닙니까? 우리
융족들은 화하족과는 음식과 의복이 다르며, 폐백을 들고 사신을 교
환하지도 않으며, 언어가 서로 통하지도 않습니다. 우리가 어떻게 나
쁜 짓(말을 누설하는 일)을 할 수 있단 말입니까? 회합에 참여하지 못하
더라도 우리는 답답할 것도 없습니다."


원한은 돌고 돈다고 했는가? 진秦이 융족을 몰아내자 융족은 진晉과
연합해서 진秦을 쳤다. 그러나 이 진晉이라는 '문명집단'은 그후 일이
있을 때마다 융족을 부려먹는다. 융족은 친해져서는 좋지 않을 나라와
친해진 것이다. 강한 나라들 사이에 끼어 있을 때는 행동을 신중하게
해야 한다. 특히 선진과 같은 모신들의 유혹을 멀리해야 한다.

효산지전으로 목공과 문공 시절에 생긴 동서의 신뢰관계는 완전히
깨어졌다. 애초에 권력자의 욕심이란 숨길 수 없는 것인지도 모른다.

# 제17장

## 효산의 싸움 후

: 진晉 · 진秦 · 초楚 3강의 발전상

## 1. 진秦 목공의 서방 쟁패

이제는 목공이 이끄는 서방 진秦의 발전과정을 구체적으로 살펴볼 차례다. 목공은 비록 효산의 전투에서 패배했지만 관중을 완전히 장악함으로써 진나라를 여러 동방의 나라들과 경쟁할 수 있게 만들었다. 효산의 전투에서 패배한 후 진은 서북의 여러 융족戎族들을 상대로 대대적인 싸움을 벌였다. 역사서들은 이 일로 진나라가 서융의 패자[覇西戎]가 되었다고 기술한다.

효산의 싸움에서 진晉은 강융姜戎의 한 일파를 끌어들여 돌아가는 맹명시의 군대를 요격했다. 목공은 여러 융적을 자유자재로 활용하는 진晉에 대항하기 위해서 관중 유역의 융인들을 통제할 필요성을 느꼈을 것이다. 주나라가 동쪽으로 전진할 수 있었던 이유도 융을 한편으로 위로하면서, 또 한편으로는 그들을 잘 억눌렀기 때문이다. 스스로 융의 일파이면서 여러 융들을 억누르는 전선의 선봉에 선 사람들이 바로 진秦의 선조였다.

역사적인 사건들로 들어가기 전에 융이라는 종족, 특히 진이 상대한 종족이 과연 누구인지 살펴보자. 하지만 제한된 문헌 자료들과 고고학적 증거를 가지고 융과 적이 어떤 사람들인지 정확히 아는 것은 무척 어려운 일이다. 그리고 고대의 사료 자체나 현재 통용되는 2차 자료들도 심각한 오류들을 드러내고 있다. 우리는 춘추전국을 통해 중국사 전반을 이해하는 안목을 가지려고 한다. 그래서 약간 어려운 감이 있지만 융을 비롯한 이민족들에 대한 왜곡된 상을 바로잡아야 한다. 그러기 위해 일차적인 작업으로 진 목공이 평정했다는 서방의 융, 전국 말기에 중원 여러 나라를 위협하는 존재로 등장하는 북방의 기마 유목민 흉노, 흔히 한나라 이후 강羌이라는 족명으로 불리는 황하 상류 고원의 민족들을 모두 끌어들여 '서북방의 이민족'에 대한 관념을 정리해보자.

왜 이런 사전 작업이 중요한가? 향후 중국사는 유목민들과의 대결로 얼룩진다. 그런데 그 유목민의 실체와 춘추시대 융·적의 연관 관계에 대해서는 거의 알지 못한다. 알지 못하더라도 오해는 없애야 한다. 또 현재 국가를 형성하고 있는 몽골계, 투르크계 국가들은 중국 북방의 기마민족들을 자신들의 조상으로 삼고 있다. 마찬가지로 고구려사 해석을 둘러싼 한·중 간의 논쟁도 계속되고 있다. 또한 중국의 여러 서방민족들과 마찬가지로 티베트(중국명 서장자치구) 민족은 토번吐蕃이라는 티베트인들의 조상의 기원을 두고 중국과 역사 싸움을 벌이고 있다. 모두 역사의 탈을 쓴 정치적인 싸움이다. 중국사를 세계사적인 맥락에서 이해하기 위해서는 통상적인 자료들을 비판적으로 검토해야 한다.

진 목공이 융들의 패자가 된 지 약 150년이 지나면 북방에는 호胡라는 존재가 춘추 말기의 무대로 진입한다. 그 후에 융이라는 범칭은 사라지고 훨씬 구체적인 이름들이 등장한다. 그로부터 150년 정도가 지나면 이제는 중원에서도 말을 타고 호와 싸우는 기병대가 등장한다. 말을 타고 달리면서 활을 쏘는 '호'라는 사람들은 기존의 여러 융과는 차원이 달랐다. 이들은 향후 전국무대의 한 축으로 등장하기 때문에 이들에 대한 오해도 조금은 불식시켜야 한다.


## 진 목공이 서융 8개 나라를 복속시키다

—

진 목공이 관중 일대의 융을 모두 제압했다는 사실은 역사적으로 매우 중요한 의미가 있다. 이는 서주 이래 오랜 시간 지속되던 융과 화하華夏의 균형이 진秦의 등장으로 깨어졌음을 의미한다. 또한 목공이 융의 뛰어난 점을 어떻게 흡수하는지 기억해야 한다. 그런 후에 순자가 진나라 체제의 간결함과 실질적인 면을 칭찬하는 이유를 이해할 수 있을 것이다. 진나라는 융을 공격할 때 융과 화하의 장점을 배웠다. 《좌전》은 이 중요한 일을 그저 한 줄로 기록했다. 그러나 《사기》는 이 일의 전모를 자세히 기록했다. 《좌전》은 신뢰성이 높은 자료지만 '춘추필법'에 따라 예법에 맞지 않는 것들을 기록하지 않은 경우가 많다. 사마천의 《사기》는 사료의 신빙성 면에서는 《좌전》에 뒤지지만 《좌전》의 편견으로부터는 자유롭다. 비슷한 내용이 《여씨춘추》에도 기록된 것으로 보아 《사기》는 진秦나라의 원사료를 편집하여 이 이야기를 구성한 듯하다. 그 기록을 중심으로 목공이 융의 여러 나라를 제압하는 과정을 살펴보자.

융왕戎王은 진 목공이 현명하다는 말을 듣고 유여由余를 사신으로 보내 진나라의 사정을 정탐하게 했다. 그런데 유여의 선대는 진晉나라 사람이기 때문에 진나라 말을 할 줄 알았다. 아마도 진 문공이 적 땅으로 달아날 때처럼 무슨 사연이 있었을 것이다. 한 가지 추측해볼 수 있는 것은 목공 시절에 진秦과 진晉의 말이 이미 통했다는 사실이다. 진 목공이 《시詩》를 자주 인용하는 것을 보아도 이를 알 수 있다.

목공은 융인들에게 진나라의 힘을 보여주고 싶었다. 그래서 궁실과 창고에 쌓아놓은 물건들을 보여주었다. 그러자 유여가 말했다.

"귀신더러 이런 것을 만들라 하면 그들도 지칠 것이온데, 사람더러 이런 것을 만들라 하니 필시 백성들은 고역을 치렀을 것이오이다."

목공은 이 말을 듣고는 유여가 보통내기가 아님을 직감했다.

"중국은 서書, 예禮, 악樂, 법法으로 정치를 하는데도 여전히 다스려지지 않는데, 지금 융족은 이런 것들도 없으니 무엇으로 다스리시오. 어렵지 않소이까?"

그러자 유여가 웃으며 대답했다.

"바로 이런 것들 때문에 중국이 다스려지지 않는 것입니다. 대저 옛날의 성인과 황제가 예약과 법도를 제정하고 몸소 이를 실천해서 가까스로 조그만 다스림을 얻었습니다. 그러나 후대에 이르자 나날이 교만하고 음탕해져서 법도의 위세를 가지고 아래를 찍어 문책하고 감독하니, 아래는 고달픔에 사무쳐 위가 인의가 없음을 원망합니다. 그러니 상하가 서로 원망하여 윗사람을 죽이고 가문이 끊어지는 지경에 이르렀습니다. 이는 모두 이런 정치(시서예약) 때문입니다. 그러나 융은 그렇지 않습니다. 위는 순박한 덕으로 그 아래를 대하고, 아래는 충신으로 그 위를 섬깁니다. 그러나 한 나라의 정치는 한 몸처럼 움직이지만 백성들은 다스리는 자가 있는지도 모르니, 이것이 진정한 성인의 다스림입니다."

어투로 보아서는 후대의 제자백가의 영향을 받은 것이 분명하기 때문에 사료를 사마천이 편찬했다고 볼 수 있다. 그러나 대체로 중원의 위선과 융인들의 실질을 대비시키고 있다. 사신의 자질이 비범함에 감탄한 목공은 내사 료廖에게 걱정을 털어놓았다.

"듣건대 이웃 나라에 성인이 있으면 이는 나라의 우환이라 하오. 지금 유여를 보니 매우 현명한데, 장차 이를 어쩌면 좋겠소?"

그러자 내사 료가 대답했다.

"융왕은 궁벽한 곳에 살고 있으니 중국의 음악을 들어본 적이 없을 것입니다. 군주께서는 시험 삼아 음악 하는 여자들을 보내어 그의 의지를 꺾어놓으시기 바랍니다. 유여를 달라고 청하여 그들 군신 간의 사이를 벌리고, 그를 억류하여 보내지 않고 복귀할 시간을 넘기게 하시지요. 그러면 융왕은 괴이하게 생각하여 분명히 유여를 의심할 것입니다. 군신 간에 사이가 벌어지면 포로로 잡을 수 있습니다. 또 융왕이 음악에 탐닉하게 되면 분명히 정치를 소홀히 할 것입니다."

이 말을 듣고 목공은 크게 기뻐했다. 그는 유여와 나란히 앉아서 같은 그릇에 음식을 먹으면서 융의 지형과 병력에 대해 자세히 물었다. 그런 뒤 여자 악사 28명을 뽑아 융왕에게 보냈다. 융왕은 그녀들의 음악에 빠져 해가 가도록 돌려보내지 않았다. 유여가 돌아가 아무리 간해도 듣지 않았다. 그사이 목공은 여러 차례 사람을 보내 유여를 회유했고, 결국 그를 진나라로 귀순시켰다.

목공 자신도 백리해와 건숙이라는 동방의 인재들을 기용해서 융의 껍질을 탈피하고 중국의 일원이 되어 여러 제후들과 겨루려는 차였다. 융의 실질과 상무정신에 동쪽에서 들어온 제도와 인재들이 합해지면 진나라 자신들이 그랬듯이 빠른 시일에 강국이 될 수 있다. 목공은 그 뿌리를 자르고 싶었다. 그래서 인재에 집착하는 그 성격대로 유여를 빼냈고, 그들의 상무정신을 빼앗았다.

이리하여 효산의 싸움에서 보복한 이듬해 그는 융을 공략했다. 그때 목공이 친 나라는 12개, 넓힌 땅은 1000리에 달했다. 〈흉노열전〉에 의하면 그때 서융의 8개 나라가 복속했다고 한다. 그 융들의 이름은 나오지 않는다. 이어서 "농산隴山 서쪽의 면저縣諸, 곤융緄戎, 적환翟豲 등의 융이 있었고, 기산岐山, 양산梁山, 경수涇水, 칠수漆水의 북쪽에는 의거義渠, 대려大荔, 오지烏氏 후연朐衍 등이 있었다"고 한다. 복속한 나라들의 이름이 없기 때문에 위의 나라들도 당시에 복속했는지는 기술이 명확

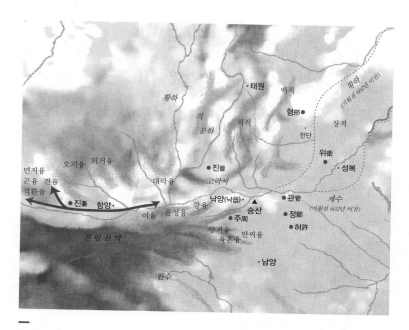

진나라 주위의 융적 배치도.

하지 않지만, 이어지는 역사적인 사건이나 문맥으로 보아 위에서 열거한 나라들은 복속을 거부한 것이 확실한 듯하다. 그렇다면 당시 진의 판도는 다음의 지도처럼 된다. 이렇게 진은 관중을 장악했다.

"농 땅을 얻으니 촉을 또 얻고 싶다[得隴望蜀]"고 했던가? 목공 이후에도 진은 이들 남은 융들을 가차 없이 공격했다. 진의 방식은 단순하면서도 견고했다. 마치 바둑을 두듯이 일단 거점을 확보하고 그 거점과 중심을 이은 후 또 다른 거점을 물색했다. 이렇게 3각 형식으로 연결된 거점들을 다 연결하면 그것이 영토가 된다. 전국시대가 되면 진의 3각

형식 거점 연결 정책의 진수를 다시 맛볼 수 있을 것이다.

진이 관중을 다 평정하면 바로 중원을 바라볼 것이라는 사실을 동방의 여러 국가들은 아직 알지 못했다. 다만 효산의 싸움에서 겁을 먹은 진은 당분간 동쪽으로 나가는 꿈을 접을 수밖에 없었다.


## 융과 적은 특정한 민족을 지칭하는 말이 아니다
—

융은 서쪽에 있는 민족이고(서융西戎), 적은 북쪽에 있는 민족(북적北狄)이었을까? 그렇지 않다. 융이나 적은 범칭이며 특정한 민족을 지칭하지도 않았다. 대체로 태행산맥 동단과 북부의 사람들을 적이라고 고정적으로 불렀지만, 태행산맥 남단의 사람들은 융이나 적으로 뒤섞어서 불렀다. 어떤 때는 융, 어떤 때는 적이라 부르고, 융적이라고 붙여서 부르기도 했다.

일단 거시적인 추세를 살펴보면 지금 중국의 화북과 산서, 섬서 지방에는 춘추시기 융적으로 분류되던 사람들은 거의 없다. 모두 사라졌기 때문이다. 그러나 중국 한족의 실질적인 지배의 역사가 1000년이 되지 않는 운남성의 경우 수십 개의 민족이 명맥을 유지하고 있다. 한 골짜기에 한 부족이라는 표현이 무색하지 않을 정도다. 황하 주변의 화하족이 확장되기 전까지 언어적·정치적으로 구분되는 단위들은 매우 많았다. 그런 구분은 사실상 지리와 관련이 크다. 고대에도 굴곡이 많은 태행산맥, 관중분지의 주위, 진령 일대에 융이나 적으로 칭해지는 사람들이 많았다. 지형의 험난함이 부족의 독립성과 통일성을 보장해주었기 때문이다. 황하 일대의 평원에 제하諸夏의 나라들이 들어서서 상호작용을 하면서 하나의 정체성을 형성한 것도 평지라는 지형적 특수성 때문이다. 그래서 화하의 체제에 자발적으로 흡수되지 않은 사람들은 모두 융적이었다.

양거융楊拒戎, 육혼융陸渾戎, 만씨융蠻氏戎 등 융족이라고 불리던 사람들은 황하의 남쪽에도 많았고, 때로는 북쪽 오랑캐를 북만北蠻, 북융이라고 불렀다. 씨족이나 지명과 결합하면 융은 좀 더 구체적인 대상이 된다. 진나라 헌공이 공격한 '동산 고락씨東山皐落氏'라는 종족은 진나라 동쪽의 고락 부족이라는 뜻이다. 이들이 어떤 종족인지는 전혀 알 수 없다. 그리고 이들의 언어가 화하의 언어와 얼마나 다른지도 알 수 없다. 운남성의 소수민족들의 경우를 방증으로 삼는다면 산지 여러 부락들끼리도 언어적으로는 상당히 달랐을 것이다.

융적은 서쪽이나 북쪽 먼 곳에 있었으며 화하나라들을 종종 습격하는 존재였는가? 그들은 멀리 떨어져 있는 존재가 아니었다. 특히 황하 중류의 융적들과 화하종족들은 복잡하게 뒤섞여 있었다. 간단한 예를 들어 효산에서 서쪽으로 돌아가는 진秦나라를 공격한 강성 융족은 지리적으로는 진나라보다는 중원에 더 가까이 있었다. 북방 진나라와 주나라가 통하는 길에도 융과 적의 여러 갈래들이 있었다. 진 문공도 그들의 동의를 얻어야 군대를 이동할 수 있었다. 《좌전》에는 제 환공 사후 적족이 끊임없이 제나라를 공격했다고 기록되어 있다. 기원전 602년 이전 황하는 지금보다 훨씬 북쪽으로 흘렀다. 제나라를 공격할 때마다

낙타를 타고 있는 오르도스의 유목민 유물. 전국시대 오르도스 부근은 완전한 유목민들이 장악했다.(오르도스박물관 소장)

황하를 넘어 다닐 수는 없으므로 제나라를 괴롭힌 적족은 황하 동쪽의 평지에 근거지를 두었음이 거의 확실하다. 융적과 화하는 뒤섞여 있었으며 때에 따라 서로 협력하거나 대결했다. 화하 여러 나라들, 특히 진晉나라와 주나라는 여타 화하나라들을 공격하기 위해 이들 융적을 십분 활용했다. 그러다가 이들에게 역공을 당해 주나라처럼 나라를 잃을 위기에 처하기도 한다.

그렇다면 춘추 당시 융적이라고 불리던 사람들은 완전한 유목민인가? 그렇지 않다. 완전한 유목민이라면 성을 쌓지 않았을 것이다. 고고학적인 자료들에 의하면 지금의 청해성이나 오르도스에서 유목화가 발생하기 전에는 대규모 경작이 이루어졌다. 환경의 변화에 대응하여 점점 유목화된 것이다. 오르도스나 청해보다 조건이 좋은 곳을 차지하고 있던 융인과 적인들이 완전한 유목민일 리는 없다. 다만 서서히 유목화되는 중이었을 것이다.

결론적으로 융과 적은 화하민족들과 매우 비슷한 생활을 했고, 또 그들과 섞여 살았다. 다만 화하나라들이 강력한 농업생산력을 기반으로 중앙집권체제를 이루어갈 때 이들은 그런 정치체를 만들지 못했다. 아니면 만들지 않았을 수도 있다. 다만 여러 작은 융들과는 달리 적족은 태행산 동부와 북부에서 매우 큰 정치체를 형성하고 있었다. 그러나 지금 그들 정치체의 성격을 알려주는 자료는 턱없이 부족하다.

## 진秦이 평정한 융은 한대漢代의 서강西羌이 아니다

앞에서 진이 초기에는 융戎이라고 범칭되는 서쪽 민족의 한 일파라고 추정했다. 주나라를 세운 희성 부족도 상나라 입장에서는 분명히 '오랑캐'였을 것이고, 문헌들은 이들이 융의 풍속을 받아들였으며 '강성융(강융姜戎)'의 도움으로 나라를 세웠다고 말한다.

그런데 강姜과 강羌의 의미를 혼동하여 사용함으로써 많은 오해가 생겨났다. 특히 한은 진으로부터 농(감숙성 일대)을 물려받으면서 청해, 감숙, 사천의 서부에 이르는 고산지대와 황하 상류의 하곡에 광범위하게 퍼져 있는 유목민(반농반목)들과 접하게 되었다. 한나라 사람들은 이들을 강羌족이라고 불렀는데 습성이 한족과는 판이하게 달랐다. 이들은 대단히 큰 정치적인 공동체를 만들지는 못했지만 상당히 유목화된 사람들로, 제국의 관점에서 보면 매우 다루기 힘든 자유인의 기질을 가진 사람들이었다. 군사적으로 억누르면 좀 잠잠해지다가 곧 반기를 들었다. 물론 이유 없이 자신들의 조상이 살던 땅으로 들어와 군현을 설치하는 한의 처사를 인정하지 않았기 때문이다. 한으로서는 이들이 하서회랑河西回廊을 건너 북방의 흉노와 결탁하는 것이 두려웠다. 그래서 한은 때로는 이들을 대량 학살하고 때로는 회유했지만 만족할 만한 답을 얻지 못했다. 원래 이 땅은 개척한 지 얼마 되지 않은 곳이었다. 후한대에 이르러 중앙 조정의 힘이 약해지자 이들 강족과의 갈등은 더욱 심해져 대규모 전투와 살육이 일상사가 되었다.

이런 시절을 겪은 후 《후한서》의 편저자 범엽范曄은 〈서강전西羌傳〉을 따로 만들어 강족의 계보를 만들어냈다. 그로부터 심각한 오해가 시작되었다. 〈서강전〉의 첫 문장은 이렇게 시작한다.

> 서강의 근본은 삼묘三苗에서 시작되고, 강姜성의 별종이다. 그 나라는 원래 남악南嶽 근처에 있었다. 그러다가 순이 사흉四凶을 삼위三危로 내쫓았는데, 하관河關(감숙성 적석산 부근)의 서남쪽 강족이 살고 있는 곳이 바로 그곳이다.

이렇게 해서 강羌이 졸지에 강姜의 일족이 되어버렸다. 강姜이란 물론 강성 융[姜戎]을 말한다. 그런데 〈서강전〉의 나머지 부분에는 정작 강羌과 강姜의 관계에 대한 언급은 없고 《사기》와 《한서》의 〈흉노열전〉에 들어 있는 이야기들을 반복하다가, 비교적 많은 기록이 있는 통일

제국 시절의 일로 들어간다. 그 수많은 융의 부족들과 강羌의 직접적인 관계에 대한 언급은 전혀 없다가, 한나라 대에 강羌이 대규모 정치단위를 구성하지 못하는 것을 두고는 "의거융義渠戎이 망한 후에 나머지 여러 종족들은 옛날의 소규모 사회로 되돌아갔다"고 설명한다.

《후한서》가 무슨 근거로 이렇게 주장하는지는 알 수 없다. 〈서강전〉의 내용 중 전한 이전의 것은 《사기》〈흉노열전〉에서 가져온 것이 많으며, 그 체제는 《사기》와 완전히 동일하다. 또 서술된 내용은 《좌전》과 《전국책》의 내용을 정리한 것에 지나지 않는다. 그런데도 '서강이 강성융의 한 갈래'라는 주장은 정설로 굳어져서 현대의 중국 학자들은 물론이고 한국의 학자들도 부지불식간에 이 설을 믿고 있다.[6]

위의 설을 믿는다면 진 목공이 평정한 융족들의 다수는 한대의 서강西羌족이다. 그 강족들은 진의 힘에 밀려 서쪽으로 달아나서 소규모 군장사회로 돌아간 것이다. 중국의 사서들은 모든 민족의 기원을 그런 식으로 찾는다. 그러나 목공이 평정한 융은 서강인들이 아닐 가능성이 더 크다.[7] 그 근거는 다음과 같이 요약할 수 있다.

첫째, 고고학적인 근거와 일치하지 않는다. 일단 서강지역에는 원래부터 농경민족들이 살았고, 그들은 서서히 유목민으로 변화했다. 감숙성 제가齊家문화의 주인공은 농경민이었다. 그런데 점점 한랭 건조해지는 기후 변화에 대응하여 이들은 돼지 대신 양을 키우며 서서히 산악지대로 이동한다. 산악지대의 초지에서는 양들을 키우고, 골짜기에서 생산되는 곡물 등은 사람이 먹었다. 실제로 이런 형태의 유목은 중앙아시아 천산산맥 일대에서는 지금도 이어지고 있다. 이리하여 여름

목장과 겨울목장의 구분이 생긴다. 서강지역에 인류가 정착한 역사를 보면 서강에는 아주 오래전부터 원주민들이 있었고, 이들이 외부에서 갑자기 이식된 증거는 찾기 힘들다.

둘째, 갑골문의 강羌과 강羌은 엄연히 다르다. 갑골문에서 강羌은 서쪽에서 양을 키우는 이민족들의 범칭이다. 갑골문에 의하면 상나라 사람들은 이들에게서 수시로 가축을 빼앗고 때로는 제물로 썼는데, 그렇다면 이들이 저 멀리 관중의 서쪽이나 북쪽에 있었을 리가 없다. 분명히 이들은 상나라 서쪽 근교, 멀어도 산서성이나 그 근처에 있었을 것이다. 강羌성을 가진 종족은《좌전》에서 매우 구체적으로 언급된다. 그들은 주나라를 세운 한 일파다. 그러니 상나라 때 강羌은 강羌의 일부분이 될 수도 있다. 혹은 상나라 사람들이 강羌을 강羌으로 취급했을 수도 있다. 그러나 양자 모두 한대의 서강족과는 뚜렷한 관계를 찾아볼 수 없다.

셋째, 춘추시대를 다룬 중요 문헌인《좌전》과《국어》에는 강羌이 보이지 않는다. 그러니 강羌과 강羌은 같은 뜻이라고 볼 수도 있겠지만, 그 근거는 아직 없다.

결론적으로 원래 남쪽에 있던 민족을 순임금이 서쪽으로 옮겼다는 것은 그저 전설에 불과하며, 강羌과 강羌 두 글자가 통용되었다는 증거도 없다. 진에 밀려서 융인들이 서쪽으로 갔다는 것은 인정할 수 있지만 그때 밀려간 사람들과 서강에 있던 사람들의 생산체제는 완전히 달랐다. 서강에 있던 사람들은 기본적으로 유목민에 가까우며, 강융은 반농반목 상태로 오히려 농경생활로 기울던 사람들이다.

상식적으로 민족들은 분명히 이동하지만 어디든 선주민족이 있다. 선주민을 무시하고 한 종족이 반드시 어떤 하나의 중심부에서 생겨나서 이동했다는 주장은 심각한 왜곡을 낳는다. 지금의 티베트 민족이 강羌족의 한 일파라는 주장은 중국에서는 공공연하다. 그렇다면 티베트 민족도 역시 중원, 최소한 관중에서 출발한 것이다. 그러나 이런 주장들은 모두 검증되지 않은 억측이라고 할 수 있다.

## 진 목공이 평정한 융은 흉노의 전신이라 부르기 어렵다
—

전국시대가 시작되면 중원의 여러 세력들은 기존의 이민족들과는 질적으로 다른 상대를 만나게 된다. 이들은 수레를 타는 것이 아니라 말을 타고 달렸다. 더 무서운 것은 말 위에서 활을 쏘아댔다. 이들은 전차와 보병을 무력화시키는 무서운 적이었다. 전국시대 말기에 진, 조, 연 등 북방에 위치한 나라들은 '흉노'라는 기마궁사들을 상대해야 했다. 이들은 전국칠웅으로 대표되는 중원국들의 대척점에 있었다.

그래서 많은 오해가 생겨났다. 문헌 근거에 의해 전근대 시기에는 대부분의 사람들이 흉노를 융족의 계승자로 보았다. 그들은 원래 중원에서 기인했으나 북방으로 옮겨가서 기마민족이 되었다는 것이다. 근대의 여러 학자들도 흉노라는 집단의 원류를 찾기 위해 노력했다. 그중 다수는 흉노가 진秦과 진晉의 북쪽에 위치하던 여러 융들의 이름이 바뀐 것이라고 생각했다. 아마도 가장 오래된 논의의 시발점은《사기

집해》의, "요임금 시절에는 훈육葷粥이라 불렸고, 주나라 사람들은 험윤獫狁이라 했으며, 진인秦人들은 흉노라고 불렸다"는 기사일 것이다.

앞서 말했듯이 관중 주위의 여러 융족들을 한대의 서강西羌이라고 생각하는 것과 비슷한 논리로 이들을 흉노의 전신으로 보는 시도들은 매우 많다. 어떤 면에서는 일리가 있는 것도 사실이다. 그러나 강족을 검토할 때와 마찬가지로 이들 융들이 흉노의 전신인지 간단히 고찰해보자.

막상 《사기》 〈흉노열전〉은 흉노가 어떤 부족인지는 설명하지 않는다. 다만 전설적인 이야기 하나와 옛날 북방 이민족의 이름을 댈 뿐이다. 이들이 어떻게 흉노로 변했는지, 어떻게 정치적으로 성장했는지에 대한 설명은 없다. 〈흉노열전〉 중에도 가장 명료한 문장은 그래도 첫 문장이다.

> 흉노의 선조는 하후씨의 후예로 이름을 순유淳維라고 했다. 당우(요순)시절 이전에는 산융, 험윤, 훈육이 있었다〔唐虞以上有山戎獫狁葷粥〕.

엄청나게 많은 사람들이 중국의 문헌과 산발적인 고고학적인 자료를 가지고 흉노의 원류를 찾기 위해 고민했다. 대체로 중국 학자들은 흉노가 여러 융들의 한 일파가 성장해서 만들어졌다고 생각하는 경향이 있고, 서방의 자료들은 북방(서방)기원설을 주장하는 경향이 있었다. 그러나 모든 주장은 약점이 있다.˙

여기서는 일일이 그 주장들을 소개하지는 않고 상식으로 돌아가보

자. 일단 사소한 것 같지만 필자는《사기》의 정직성을 인정한다.《사기》는 산융, 험윤, 훈육이 흉노의 선조라고 말하지 않았다. 그냥 예전에는 그런 종족들이 있었고, 지금은 흉노가 '있다[有]'고 말할 뿐이다. 그러니《사기》는 사실 정확히 모른다고 말하는 것이다. 그리고 흉노가 하후씨의 후예라는 것은 당시에 알려진 통설을 기록한 것이다. 한대에 흉노 스스로 하후씨의 후예라고 했는데 이런 조상 차용은 세계사 어디에나 있는 일이다. 로마인들이 그리스인 대신 트로이인을 조상으로 선택한 것은 충분히 먼 옛날의, 충분히 권위 있으면서도, 또 쉽사리 거짓임을 증명하기는 모호한 대상을 찾았기 때문이다. 중국에서는 하나라의 하후씨가 바로 그런 존재다. 당시 하후씨의 기원을 산서성 남부라고 본다면 지리적으로도 그들을 흉노의 선조로 충분히 끼워 맞출 수 있는 이야기다.

중원의 세력들이 호胡라는 새로운 집단과 조우한 것은 기원전 5세기 중엽 진의 조양자趙襄子가 북방을 개척할 때의 일이다. 이때는 오르도스에서 스키타이 양식이라는 북방형 청동기들이 대거 출현한 지 갓 100년 정도 지난 때다. 또 알타이 지역에서 완전한 유목경제가 출현한 지 200년 정도 지난 시간이다. 스키타이식 북방문화는 매우 짧은 시기

---

• 《오랑캐의 탄생》(니콜라 디코스모 지음, 이재정 옮김, 황금가지, 2005) 5장,《사기 외국전 역주》〈흉노열전 역주〉의 각주(동북아역사재단 지음, 동북아역사재단, 2009),《흉노 : 지금은 사라진 고대 유목국가 이야기》(사와다 이사오 지음, 김숙경 옮김, 아이필드, 2007) 21~26쪽 등의 자료들을 보면 흉노에 대한 개략적인 설명이 나온다. 그러나 최근에는 어떤 학자들도 흉노의 근원에 대해 확언하지 못한다. 민족의 연원을 밝히는 일은 역사적으로 정체성이 계속 변하는 '민족'이라는 단위를 하나의 고정된 실체로 보기 때문에 영원히 성공할 수 없는 접근법일 수도 있다.

흉노 왕관. 스키타이 양식이 뚜렷이 나타난다.(오르도스박물관 소장)

에 오르도스와 그 일대에 도착했다. 초원이란 바다와 마찬가지로 기마에만 익숙하다면 항해를 하듯이 먼 거리를 순식간에 이동할 수 있다. 의심할 여지도 없이 오르도스와 몽골과 남러시아를 비롯한 유라시아 초원 전체의 문화는 놀라운 유사성을 가지고 있다. 흉노의 문화유적들은 분명히 이 북방계통이다.

《사기》에 기록되어 있듯이 초기 흉노의 중심은 오르도스와 음산산맥 일대다. 그런데 오르도스와 음산산맥 일대의 농경문화는 기원전 2000년대 중반에 갑자기 사라진다. 사라졌다고 해서 이 사람들도 없어지는 것은 아니다. 인간은 이동한다. 이들 중 일부는 더 좋은 조건을 찾아 남하했을 것이다. 이들 중 일부는 갑골문이나 중국의 자료에서 묘사되는 이민족들이었을 것이다. 이들은 '중국인'이 아니지만 상황에 따라 중국의 방식을 따랐을 것이다. 성을 쌓았고, 일부는 한자를 사용했고,˙ 중국식 청동기의 이점도 수용했다. 그래서 전국시대 초기까지 중원의 화하민족들이 마주치고 있던 여러 융적이 기마민족이라는 자료는 어디에도 없다. 그런데 기원전 307년 조나라 무령왕武靈王은 "호인들의 옷을 입고 말을 타고 활을 쏜다[胡服騎射]"는 개혁을 들고 나온다. 조양자가 북방에서 호를 만난 지 불과 150년이 지난 때였다.

진秦−진晉 변경의 여러 융적들이 흉노의 전신이라면《좌전》과《국어》에 흉노식의 유목민과 비슷한 사람들이 끝내 나오지 않는 것은 이해하기 힘든 일이다.《국어》의 기록은 기원전 5세기 중반까지를 담고 있다. 그렇다면《국어》의 저자는 대략 5세기 말까지 살았다고 추측할 수 있다. 그런데 불과 100년 남짓 지나자 무령왕은 호복기사를 주장한다. 최초로 사서에서 흉노가 역사 무대로 등장하는 것은 기원전 318년이다.《사기》〈진본기〉에 중원의 여러 국가들이 흉노와 연합하여 진秦을 공격한 기사가 나온다. 그런데 그로부터 5년 후 진의 혜문왕惠文王은 융족으로는 가장 세력이 컸던 의거義渠의 성을 25개 빼앗았다고 한다. 당시 의거는 왕이 있었다. 그렇다면 성을 쌓고 왕을 두는 의거라는 융의 체제는 중원국가들과 거의 차이가 없다. 의거가 망한 것은 기원전 252년의 일이다. 그렇다면 의거는 호보다는 중원국가에 가까웠다.

---

- 한자를 차용하는 것은 매우 손쉬운 일이다. 분명히 5세기에 융적이 세운 국가인 중산국의 청동기에는 높은 수준의 한자 문장들이 쓰여 있다.

그렇다면 흉노와 융의 잔여세력들은 동시대에 존재했고, 또《사기》는 융의 잔여세력이 중원국가에 복속되었다고 말하는 것이다.

이제 상식적으로 추측해보자. 융과 호(흉노)는 다르다. 호는 완전한 유목민이며 기본적으로 기마궁수들이었다. 중국 북방의 여러 민족들(융적)이 역학관계에 따라 호에 속하게 되거나 화하에 속하게 되는 과정은 자연스럽다. 기원전 4세기 오르도스와 산서성 북부에 출현한 흉노라는 집단은 문화적으로는 기존의 융과는 성격이 확연히 다르다. 기존의 융족들은 이들의 문화를 매우 빠르게 배워갔다. 분명히 흉노의 지배집단이 중국 북방의 어떤 융적일 수는 있다. 그러나 최초의 문화적인 충격을 준 집단은 분명히 더 북방에서 왔을 것이다. 혹은 북방 변경에서 초원의 문화를 먼저 습득한 어떤 집단일 것이다. 그러나 이들이 기존에 알려진 남쪽의 어떤 융이라는 근거는 전혀 없다. 특히 흉노와 융이 엄연히 동시에 존재했다는 사실을 기억해야 한다. 마치 맹수들의 두 우두머리가 싸울 때 여타 무리들이 편을 가르는 것처럼 여러 융적들은 화하나 흉노의 문화를 선택했을 것이다. 그러니 흉노는 하나의 집합적인 정치체였다고 볼 수 있다.

일단 진 목공이 평정한 융은 아직 흉노와는 직접적인 관계가 없다는 것을 기억하자.

## 2. 초나라 성왕이 아들에게 화를 당하다 ━━━

성복대전 패배 후 초나라의 형세는 어떠했을까? 싸움에서 이긴 신흥
진晉나라는 초나라의 우방들을 지속적으로 압박했다. 처음 목표는 알
다시피 허許나라였다. 그다음으로 채蔡나라를 몰아붙였다. 채나라는
허나라에서도 영수潁水를 건너 한참 남쪽으로 내려가야 하는 곳이다.

일단 채나라가 진晉나라가 주관하는 회맹에 참여하고 진陳나라가
허나라를 치는 일에 참여하자, 초나라는 진陳과 채의 배반을 이유로 반
격을 가해 다시 두 나라와 화친했다. 그러자 진晉도 채나라를 침공했
다. 당시 초나라 영윤이던 투발鬪勃이 채나라를 구원하러 와 진나라 양
처보陽處父와 지수泜水를 마주보고 대진했는데, 상황이 진나라에 좋지
않았다. 그래서 양처보가 사신을 보내 말했다.

"내가 들건대 문文이란 따르는 자를 해치지 않는 것이고, 무武란 적을
피하지 않는 것이라 하오. 그대가 싸움을 원한다면 내가 물러나서 그
대가 물을 건너 진을 치기를 기다리리다. 오래 끌지 속전속결로 할지
는 모두 그대의 뜻에 달렸소. 그렇지 않으면 나에게 물을 건너게 해주
시오. 이렇게 지친 군사들을 이끌고 그저 군수품이나 축내는 것은 피
차에 손해되는 일 아니오?"

이 말을 들은 투발이 먼저 물을 건너려 하자 성대심成大心이 말렸다.
투발은 성복의 싸움에서 성득신(자옥)의 부장으로 참여했고, 대심은 자
옥의 아들이다. 그러니 이들은 오랜 전우였다. 대심은 성복의 싸움에
서 적의 꼬임에 빠져 아버지가 죽은 것을 기억하고 있었다. 그는 투발

을 말렸다.

"안 됩니다. 진나라 사람들은 믿을 수 없습니다. 반쯤 건넜을 때 공격해오면 패배를 후회한들 소용이 없습니다. 저들을 먼저 건너게 하는 것이 낫습니다."

이리하여 투발은 군대를 뒤로 물렸다. 그러나 애초에 형세를 보아 승산을 잡기 어렵다고 본 양처보는 이를 퇴군의 구실로 삼았다.

"초나라 군대가 도망쳤다."

이렇게 말하고는 자신도 군대를 돌렸다. 투발도 싸울 대상이 없어 군대를 돌렸다. 그런데 이 일이 화근이 되고 말았다. 초나라 태자 상신商臣이 성왕에게 투발을 모함한 것이다. 투발이 자신을 싫어한다는 사실을 알고 있었기 때문이다.

"영윤(투발)은 진나라의 뇌물을 먹고 싸움을 피했습니다. 이는 초나라의 수치이니 그 죄가 막대합니다."

그러자 늙은 성왕은 투발을 처형했다.

성복의 싸움에서 지자 사령관 자옥이 죽었다. 그런데 이번에는 투발이 또 무고한 죽음을 당했다. 이를 보면 이제 성왕은 시비를 구분할 능력이 거의 없어진 상태임을 알 수 있다. 영윤을 두 번이나 죽인다는 것은 정치의 기강이 거의 무너졌다는 뜻이다. 그리고 이 일에서 태자의 인품이 적나라하게 드러난다. 참소하는 사람은 그 근본이 어둡다.

이제 초나라 궁정의 어두운 일면들과 성왕의 죽음을 살펴볼 차례다. 일찍이 초나라 성왕은 상신을 태자로 옹립하고자 투발과 상의했다. 투발은 상신의 인품을 싫어한 모양이다.

"군주께서는 아직 연치가 높지 않사옵고 또 총애하는 자식들이 많으니, 지금 태자를 세웠다가 나중에 축출하기라도 하시면 난리가 날 것이옵니다. 초나라는 후계를 세울 때 항상 어린 아들로 잇게 하였나이다. 상신은 벌 눈에 늑대 목소리를 내는 잔인한 사람입니다. 그를 세우면 안 됩니다."

그러나 성왕은 이 말을 듣지 않고 상신을 태자로 삼았다. 그런데 투발의 예언은 적중했다. 성왕은 상신의 성품이 마음에 들지 않았다. 그래서 왕자 직職으로 태자 자리를 바꾸려 했다. 그런 소문을 들은 상신은 불안해서 스승인 반숭潘崇에게 물었다.

"그게 사실일까요? 그렇다면 어찌 해야겠습니까?"

반숭이 말한다.

"강미江芈(성왕의 누이)에게 잔치를 베풀고 무례히 굴어보시지요. 알 수 있을 겁니다."

아마도 강미는 성미가 급한 여자였나 보다. 상신이 반숭의 말대로 했더니 강미가 노발대발해서 소리쳤다.

"이놈아. 군왕께서 너를 폐하고 직을 태자로 세운다더니 다 이유가 있구나!"

태자를 폐하는 중대한 일을 누이가 알 정도였으니 당시 초나라 궁중의 기강은 무너졌다고 할 수 있다. 사태를 파악한 상신은 반숭과 상의했다.

"(직을) 군주로 섬길 수 있겠습니까?"

"못 하겠습니다."

"그럼 외국으로 달아나렵니까?"

"그것도 못 하겠습니다."

"그럼…… 큰일(시해)을 도모할 수 있겠습니까?"

"그건 할 수 있습니다."

이렇게 하여 아버지를 죽일 음모는 완성되었다. 이미 걸림돌이 되는 투발은 모함하여 죽인 차였다. 성왕 말년 10월 이들은 음모를 이행했다. 상신은 궁의 갑병들로 성왕을 포위했다. 아마도 매수한 사람들이거나 자신의 친병일 것이다. 성왕은 사태를 알고 한 가지 소원을 요청했다.

"곰 발바닥 요리를 먹고 죽게 해달라."

그러나 상신은 이 요청을 거부했다. 성왕이 정말 곰 발바닥을 먹고 싶었는지, 아니면 시간을 벌어볼 요량인지는 알 수 없다. 그러나 누가 도와줄 것인가? 투발이 상신의 자질을 비판했으나 성왕은 상신의 모함을 믿고 투발을 죽였다. 결국 성왕은 스스로 목을 매었다.

초나라를 명실공히 남방의 패자로 올려놓은 성왕은 이렇게 허무하게 죽었다. 상신은 성왕의 뒤를 이어 왕이 되었다. 성왕은 죽어서도 눈을 감지 않았다고 한다.

## 3. 진晉나라의 융적 침탈

앞에서 서방의 진秦이 융을 침략하여 땅을 크게 넓히는 과정을 살펴보왔다. 동방의 진도 융인들과 적인들의 땅을 욕심내기는 마찬가지였다. 그러나 적인들은 소규모로 흩어져 있는 작은 융들보다는 훨씬 큰 공동체를 이루고 있었던 것으로 보인다. 이들은 중원의 정치를 훤히 읽고 있었다.

진 문공이 죽고 효산의 싸움이 일어나는 어수선한 과정을 보고 적인들이 제나라를 공격했다. 제나라를 공격한 적은 태행산맥 동단에서 황하까지 진출해 있던 장적長狄으로 추측된다. 그들은 제나라가 약화하자 끊임없이 제나라를 괴롭혔다. 가정에 불과하지만 만약 이들이 제나라를 쳐서 태행산맥에서 발해만까지 닿았다면 중국의 역사는 크게 달라졌을 것이다.˙ 관중은 이런 일을 염려하여 연나라와의 남북 동맹을 만들었고, 위나라와 형나라 등을 보호하여 적족이 동쪽으로 진출하지 못하게 했다. 적족 입장에서는 제나라만 제압하면 화북의 넓은 땅이 자신들의 앞마당이 되는 것이다. 이런 적의 침입에 대응하여 노나라는 항상 제나라와 연합했다. 이 싸움에서 제나라는 큰 타격을 입은 것으로 판단되지만 적이 제나라를 제압하지는 못했다.

그리고 백적白狄은 진晉의 기箕 땅을 공격했다. 진 문공의 상喪과 효산의 전투로 진나라의 내정이 정비되지 못한 상황을 이용한 공격이었

---

• 흔히 융적이라고 이민족을 통칭하지만 유독 태행산맥 일대의 적족에 대해서는 용모를 묘사하는 듯한 형용사가 붙어 있다. 사료에 의해 태행산맥 일대의 적족의 거주지를 구분해보면 크게 북부의 백적白狄, 중부의 적적赤狄, 동부의 장적長狄으로 나눈다. 왜 이런 이름을 지었을까? 사료에는 설명이 없다. 그러나 용모를 기준으로 이름을 정했을 가능성이 있다. 예컨대 얼굴이 빨갛거나 희거나 키가 크거나 하는 등이다. 골상학적으로 이들이 어떤 종족이었는지는 아직 알 길이 없지만 북방계통 민족의 복잡성으로 보아 이들의 용모가 화하인들과는 상당히 달랐으리라 추측할 수 있다.

다. 기 땅은 분하 북쪽의 태원평원으로 통하는 길목에 있는 산악지대다. 원래부터 적인들의 땅이었지만 진나라가 개척한 곳이었다. 여기서 동남으로 약 30킬로미터만 이동하면 분하의 평원이 펼쳐진다.

진 양공은 즉각 반격을 가했다. 기의 싸움에는 극예의 아들 극결郤缺과 선진이 출전했다. 진의 군정을 담당하고 있었으며 효산의 전투를 승리로 이끈 선진은 이 싸움터를 마지막으로 삼고 싶었다. 그는 일전에 맹명시를 놓아준 일로 양공 앞에서 화를 내며 나라가 망할 날이 얼마 남지 않았다고 하고는 몸을 돌리지도 않은 채 침을 뱉은 적이 있다. 그는 전투에서 이렇게 말하고 적진으로 뛰어들었다.

"이 필부가 군주 앞에서 멋대로 성질을 부렸으나 죄를 받지 않았다. 어찌 스스로 벌을 받지 않을 수 있겠는가?"

그는 투구를 벗어던지고 적진으로 들어가서 결국 전사했다. 적인들이 선진의 머리를 돌려주었는데 마치 산 사람 같았다고 한다.

이런 상황에서도 극결은 전투를 현명하게 이끌어 백적의 군주를 사로잡았다. 적족은 매우 큰 세력을 형성하고 있는 하나의 국가로 나중에 일부는 흉노 연합체로 통합되고 일부는 중원국가들과 비슷한 국가를 만들었다. 제나라의 관중은 태행산 동록의 장적을 상대하기 위해서 위, 형, 제의 연합군을 만들었다. 이처럼 적족의 세력은 중원을 압박할 만큼 강력했다. 그런데 극결이 백적의 군주를 사로잡은 것이다. 이는 매우 상징적인 사건이었다. 이 일이 있은 후 불과 100년 남짓 지나면 진나라는 더욱 북쪽으로 진출하여 적족의 본거지를 완전히 차지하기 때문이다.

① 진晉나라 도성 터인 야동 유적지와 ② 초라한
유적 표지. 한때 도성이 있었으나 지금은 밭으
로 바뀌었다.(산서성 후마 소재)

진晉 고도 패방.
패방은 위에 망대가 있고 문짝이 없는 대문 모양
의 건축물로 마을 입구에 세우는 중국식 장식 건
축물이다.

　　이 싸움을 이끈 극결은 '반란자'인 극예의 아들이다. 극예의 몰락으
로 극결은 몸소 밭을 갈아 살아가는 처지가 되었다. 일전에 서신胥臣이
사자로 원래 극예의 봉지인 기冀 땅을 지나가다가 극결이 밭을 갈고 아
내가 밥을 내어오는 것을 보았는데, 부부가 서로 극히 공손했다. 서신
이 이를 보고는 문공에게 극결을 천거했다.

　　"제가 현인을 한 명 찾았습니다. 덕이 있어야 공경할 수 있습니다. 능
히 공경할 수 있는 이라면 반드시 덕이 있습니다. 덕이 있으면 백성들
을 다스릴 수 있습니다. 군주께서는 저이를 쓰시기 바라옵니다."

　　문공은 좀 꺼림칙했다.

"그 아비가 죄를 지었는데 그를 쓸 수 있겠소?"

서신이 대답했다.

"순임금은 곤鯀이 죄를 짓자 그를 죽였지만 그 아들 우禹를 등용했나이다. 관중은 환공의 적이었지만 실로 제나라의 재상이 되었나이다. (강고康誥에) 이르길, '아비 된 자가 자애롭지 않고 자식 된 자가 효성스럽지 못하고 형 된 자가 우애롭지 못하고 동생 된 자가 공손하지 않더라도, 그 죄로 연좌하지는 않는다'고 합니다. 《시》에 이르기를 '나물 순을 뜯을 때 그 뿌리를 보고 뜯지는 않는다' 하였습니다. 군주께서는 저이의 절의만 취하시면 될 뿐입니다."

이리하여 문공은 극결을 하군의 대부로 삼았다.

기의 싸움에서 백적의 군주를 잡은 일은 진나라에게는 예상외의 수확이었다. 이 일로 극결은 단번에 진나라의 경이 되었다. 이리하여 극씨 집안은 기 땅을 다시 봉지로 얻었다.

대체로 문공 사후에 형성된 형국은 이러했다. 진秦 목공은 효산의 전투에서 패배한 후 더욱 분발하여 서방의 패자가 되었고, 진晉은 문공과 호언이 모두 죽었지만 남은 신하들이 제 몫을 하여 대적對狄 전선에서 우월한 지위를 유지했다. 초나라를 중원의 대척점으로 올려놓았던 영웅 성왕은 말년에 아들에게 어이없이 죽고 말았다. 외정과 내정을 연결하지 않는다는 정치학상의 대원칙을 저버린 결과였을지도 모른다. 자옥(성득신)과 자상(투발)은 모두 충성스러운 사람이지만 성왕에 의해 죽임을 당했다. 그리고 성왕 자신은 아들에 의해 죽었다.

한때 초나라에 붙었던 노나라는 초가 성복의 싸움에서 패하자 다시 제나라로 기울었다. 이로부터 진-초의 패권쟁탈전에 전열을 정비한 서방의 진秦이 합세하게 된다. 그리고 동방의 제나라도 비록 국세가 많이 기울었지만 여전히 가장 부유한 나라로서 관중이 이룬 패업의 명맥을 잇고 있었다.

나가며

동방의 리더십,
서방의 리더십

···

《춘추전국이야기 2》의 첫 주인공은 단연 진晉 문공이며, 그 조연은 진秦 목공이다. 이제는 지금껏 미뤄둔 진 문공에 대한 평가를 좀 더 '인간적인 관점'에서 시도해보려고 한다. 이른바 리더십이다. 그러기 위해 일반적인 사료는 물론 여러 일화와 후대 학자들, 특히 순자가 말하는 뛰어난 군주의 조건을 끌어들일 것이다. 문공과 목공, 성왕은 모두 '영웅'이라 할 만하지만 각자 뚜렷하게 다른 개성들을 가지고 있었다. 역사적인 상황과 지리적인 상황에 따라 이들 군주들은 서로 다른 자질들을 개발했고, 또 무시할 수 없는 공통점도 보여준다. 앞서 춘추의 질서를 만든 관중과 환공을 하나의 비교 대상으로 두고 문공과 목공의 리더십을 살펴보자. 공통점이 많은데도 동방과 서방은 차이를 보인다. 비록 도식적이지만 관중과 환공을 동방의 대표주자로 놓고 문공과 목공을 서방의 대표주자로 놓아본다.

# 1. 동방의 리더십: 관중은 현실과 이상을 잇는 정치가 ━━

일단 관중과 환공으로 대표되는 동방의 리더십은 매우 이상화되어 있다. 순자는 고대의 이상적인 리더십과 현실의 리더십을 잇는 고리로 관중과 환공을 언급한다. 그들은 군신 관계이면서 동시에 인간적인 약점까지 인정하는 정情적인 관계다. 군권이 강화되고 관료제가 복잡해지면서 이런 관계가 지속될 수 없음은 당연하리라.

《순자》〈신도臣道〉에 이런 이야기가 나온다.

충성에는 세 가지가 있다. 덕으로써 군주에게 보답하여 군주를 감화시키는 것을 최상의 충성〔大忠〕이라고 한다. 덕으로써 군주를 조화시켜〔調〕(균형을 잡아주어) 그를 보좌하는 것을 두 번째 가는 충성〔次忠〕이라고 하고(以德調君而輔之次忠也), 시비를 간하여 군주를 격노시키는 것을 최하의 충성(下忠)이라고 한다. 주공이 성왕에게 한 것은 최상의 충성이라 할 것이며, 관중이 환공에게 한 것은 두 번째 가는 충성이라 할 것이며(若管仲之於桓公 可謂次忠矣), 오자서가 부차에게 한 것은 최하의 충성이라 할 수 있다.

또 같은 편에 이런 구절이 있다. 관중과 함께 진 문공의 조언자 호언이 언급된다.

> 신하를 논하자면 아첨하는 신하, 찬탈하는 신하, 공업을 이루는 신하, 성스러운 신하가 있다. 안으로는 능히 백성들을 일치단결시키고 밖으로는 위난을 막아내며, 인민(농민)들에게는 친근함을 주고 선비들에게는 믿음을 주며, 위로는 충성을 다하고 아래로는 만백성에게 사랑을 베풀면서도 게을리 하지 않는 자, 그를 공업을 이루는 신하라고 한다.
> 가히 제의 소진蘇秦, 초의 주후州侯, 진의 장의張儀는 아첨하는 신하라고 할 수 있고, 한의 장거질張去疾, 조의 봉양군奉陽君, 제의 맹상군孟嘗君 등은 찬탈하는 신하라 할 것이며, 제의 관중, 진의 구범(호언), 초의 손숙오孫叔敖는 공업을 이루는 신하라 할 것이고, 은의 이윤이나 주의 태공은 성스러운 신하라 할 것이다.

같은 책의 〈군자君子〉에는 이런 기사가 있다.

주나라 성왕은 주공의 말이라면 듣지 않은 적이 없는데, 이는 그 말의 귀함을 알았기 때문이다. 제나라 환공은 국사를 처리함에 관중을 빼놓은 적이 없는데, 이는 관중의 대책이 이익이 됨을 알았기 때문이다〔桓公之於管仲也 國事無所往而不用 知所利也〕. 오나라에는 오자서가 있었으나 그를 쓰지 않아서 나라가 망하는 지경에 이르렀으니, 도를 어기고 현자를 잃었다 할 것이다. 그러므로 성인을 존중하는 이는 왕자가 되고, 현명한 이를 귀하게 여기는 이는 패자가 된다.

위의 기사들을 통해 중국사에서 관중의 역할을 짐작할 수 있을 것이다.《순자》〈왕패王霸〉의 한 구절을 보자.

제 환공은 규문 안에서 음악과 사치를 즐기고 온통 노는 일에만 신경을 써서 천하에 수신의 귀감이 되지는 못했지만, 제후들을 아홉 번이나 모으고 한 번에 천하를 바로잡았다〔九合諸侯一匡天下〕. 이것은 다름이 아니라 오직 관중을 등용하여 정치의 일체를 맡길 줄 알았기 때문이다. 이것은 남의 군주 된 자가 반드시 지켜야 할 요지다.

관중은 환공의 정치적 아버지이며 처음과 끝이 같은 사람이었다. 주공은 거의 전설적인 인물이며 현실적으로 관찰되는 사람이 아니다. 주공은 능력이 출중하지 않은 어린 조카를 보좌했다. 역시 관중은 인간적으로는 훌륭하나 욕망을 통제하는 능력이 부족한 환공을 변함없이 보좌한다. 이런 관계는 현실에서는 존재하기 어렵다. 관중 사후에 제나라의 패권이 급격히 무너진 것을 보아도 이를 알 수 있다.

반면 진晉의 체제는 달랐다. 문공이 죽었으나 패권은 무너지지 않았다. 이는 문공이 좀 더 현실적인 체제를 만들어놓았기 때문이다. 한 사람이 없어도 그를 대신한 사람이 있다.

기원전 629년 문공의 최측근인 호언이 죽었지만 조최와 서신이 남아서 나라를 보좌했고, 선진은 여전히 중군의 원수로서 효산의 싸움을 승리로 이끌었다. 많은 인재들을 남겨 뒤를 받치게 하는 점에서는 진 문공이 제 환공이나 관중보다 나았다. 다시 말해 진 문공이 더 현실적이었다.

## 2. 패자의 조건 1: 지사는 지난날의 고난을 잊지 않는다 ▬

얼마만큼의 고난을 당해야 뜻을 공고히 할 수 있을까? 《묵자》〈친사親士〉에 이런 말이 있다.

> 진 문공은 다른 나라로 달아났지만 천하를 바로잡았고, 제 환공은 나라를 떠나야 했지만 제후들의 우두머리가 되었다. 월왕 구천은 오왕에게 잡히는 치욕을 당했지만 중국의 여러 현군에 비견되었다. 이 셋이 천하에 이름을 날리고 공을 이룰 수 있었던 것은 모두 나라가 억눌려 큰 치욕을 당했기 때문이다.
>
> 가장 뛰어난 것은 한 번도 패하지 않는 것이지만, 그다음은 패하더라

도 극복하고 공을 이루는 것이다. 이것을 사람을 쓴다[此之謂用民]고
한다.

다시 《순자》로 가서 〈유좌有坐〉 편을 보자. 공자의 제자이자 현실주
의자인 자로는 스승이 항상 떠돌아다니며 도를 주장하지만 고생만 하
고 얻는 것이 없음이 불만이었다. 그래서 그는 '도를 가진 선생님께서
는 왜 이렇게 고생만 하십니까?' 이런 취지로 공자에게 볼멘소리를 했
다. 그러자 공자가 대답한다.

> 유(자로)야, 와서 앉아라. 내가 너에게 말해주리라.
> 옛날 진나라 공자 중이는 조나라에서 (발가벗긴 몸을 보이는 참을 수 없는
> 모욕을 당하고) 패자가 되려는 마음을 가졌다. 월왕 구천은 회계에서 (오
> 왕에게 사로잡히는 치욕을 당하고) 패자가 되고자 하는 마음을 품었다. 제
> 나라 환공은 (도망쳐 간 망명지) 거나라에서 패자의 웅지를 품었다. 그러
> 나 (한 번 꺾여서) 음지에 들어보지 못한 자는 원대한 꿈을 가지지 못하
> 는 것이다[居不隱者思不遠]. (곤궁하여) 달아나보지 못한 자는 뜻을 넓힐
> 수가 없는 법이다[身不佚者志不廣].

사람이 큰 뜻을 가지려면 고난을 거쳐야 한다는 말이다. 그러나 고
난이 지나간 후에는 사람들은 바뀌는 경향이 있다. 제나라 환공은 외
국으로 쫓겨났다가 관중을 등용하여 패자가 되었지만 사치한 본성을
버리지는 못했다. 그래서 너무 많은 여자를 가까이했고, 후계자 경쟁

속에서 제나라의 패권은 막을 내렸다. 구천이라는 사람은 고생할 때는 표독스러울 정도로 검소하고 인재를 아꼈지만 막상 힘을 얻자 문종 등의 측근을 이유 없이 죽였고, 범려는 화를 피해 달아났다. 그러니 제 환공은 바탕이 지나치게 방탕하고, 월왕 구천은 표리가 부동한 인물이다. 그러나 진 문공은 고난을 생산적으로 이용할 줄 알았다.

《묵자》〈겸애兼愛〉에 이런 기록이 있다.

> 진 문공은 거친 옷을 좋아했다. 그래서 진나라 선비들은 거친 천으로 만든 옷과 양가죽 갖옷을 입고 성긴 비단으로 만든 관을 쓰고 조회에 참석했다. 물론 거친 옷 입기는 쉽지 않은 일이나, 문공이 이를 좋아하니 모두 따랐다.

진 문공은 고생이 몸에 밴 인물이다. 보통 사람은 고생이 끝나면 방탕해지기 쉽다. 그러나 그는 그 고생을 간직했다. 그래서 스스로 검소한 생활을 했고, 이는 진나라의 기풍을 세우는 데 일조했다. 아마도 그가 검소하고 소박한 삶을 영유하던 적족의 풍속을 간직했기 때문일 것이다. 적족인 호언은 문공에게 항상 가장 실질적인 길을 가르쳐주었다. 사치하고 화려한 제나라의 방식으로 물자가 부족한 진을 다스릴 수는 없었다. 문공은 스스로의 핏줄 속에서 중원과 북방의 장점을 받아들인 것이다.

또《설원》〈반질反質〉에는 이런 기록이 있다.

진 문공이 제후들을 모아놓고 회맹 장소에서 말했다.

"제가 듣기로, '나라가 어두워지는 것은 성색聲色에 빠지는 것이 아니면 반드시 간사하게 이익을 탐하는 것에서 비롯된다. 성색을 밝히면 음란해지고, 간사한 이익을 탐하면 미혹하게 된다. 대저 음란하고 미혹한 나라는 망하지 않으면 필시 피폐해진다'고 합니다. 이제부터 아름다운 첩 때문에 본부인을 의심하는 일, 음악 때문에 정사를 게을리하는 일, 간사한 마음으로 공익을 해하는 일, 재물을 가지고 아랫사람에게 으스대는 일은 하지 맙시다. 만약 이러한 일을 하는 나라가 있으면, 우환이 닥쳐도 근심해주지 않을 것이고 도적의 침구를 받아도 구원해줄 수가 없습니다. 이는 이 회맹에서 맹약으로 맺어두는 것이 좋겠습니다."

그러자 군자가 이 말을 듣고 평했다.

"문공은 도를 아는구나. 그가 패자*가 되지 못했다면 천하를 보좌할 이가 없었을 것이다."

문공은 여희의 참소로 쫓겨났다. 그래서 아름다운 여자로 인해 정사를 망치는 일이 많음을 알고 있었다. 당연히 그는 색을 경계했다. 또한 그는 국가의 귀중한 자원인 구리를 낭비하게 만드는 음악과 의지를 흐리게 하는 지나친 재물까지 경계했으며, 나아가 욕심을 통제하는 일의

---

• 《설원》은 한나라 시대의 기록이므로 패자覇子와 왕자王子을 섞어서 쓴다. 원문에 왕자로 되어 있으나 문맥으로 보아 패자다.

중요함을 깊이 이해했다.

《맹자》에 "지사는 진창 개울에서 뒹굴던 때를 잊지 않는다[志士 不忘 在溝壑]"고 한 말은 바로 문공을 묘사한 것이리라.


## 3. 패자의 조건 2: 인재는 다다익선 ━━━━━━

문공 옆에 사람이 많았다는 것은 이미 아는 사실이다. 호언, 가타, 조쇠, 서신, 선진 등은 모두 당대에 이름을 날렸다. 그러나 문공의 사람 욕심 은 거기서 그치지 않는다.

《순자》〈애공哀公〉에 이런 기사가 있다.


애공이 물었다.

"어떻게 사람을 얻는 것입니까?"

공자가 대답했다.

"환공은 자신의 적을 등용했고, 문공은 자신의 도적을 등용했다[桓公 用其賊 文公用其盜]"고 합니다. 그래서 현명한 군주는 노여운 마음을 접고 재주 있는 사람을 쓰며, 어리석은 군주는 노여운 마음으로 재주 있는 사람을 쓰지 않습니다."


환공의 적이란 물론 관중이다. 그러면 문공의 도적이란 누구일까? 《좌전》에 문공의 재산을 훔친 창고지기의 이야기가 나온다.

이전에 진나라 문공의 시중을 들었던 두수頭須는 창고를 지키는 사람이었다. 옛날 문공이 나라를 등지고 망명하자 그는 창고의 물건을 훔쳐 달아나 문공을 귀국시키는 일에 다 썼다. 문공이 귀국하자 그는 알현하고자 했다. 그러나 문공은 머리를 감는다며 그의 면회를 사절했다. 그러자 그는 문공의 종에게 말했다.

"머리를 감는다면 심장이 거꾸로 서 있을 것이고, 심장이 거꾸로 서 있으면 생각도 거꾸로 되는 것일세. 그러니 의당 나를 만나볼 수 없겠지. 남아 있는 이들은 사직을 지킨 이들이고, 함께 망명한 사람들은 말고삐를 잡은 충복들이니, 모두 다 제 할 일을 한 것이 아닌가? 그런데 하필 남아 있던 사람들에게만 벌을 준단 말인가? 나라의 군주가 되어 필부까지 미워한다면, 두려워할 사람이 심히 많을 것일세."

종이 이 말을 문공에게 전했다. 그러자 문공은 바로 두수를 만나보았다.

두수가 도둑질을 한 것은 사실이다. 그가 그 재산을 어떻게 썼는지 누가 알 것인가? 그러나 문공은 그의 말을 믿고 만나주었다. 앞에서도 문공은 자신을 죽이려 한 발제를 용서하여 극예의 반란을 진압한 적이 있다.

《신서新序》〈절사節士〉에는 이런 이야기가 있다.˙

진 문공이 귀국한 후 이리李離라는 사람을 대리大理(법관)로 임명했다.

그런데 이리는 임무를 수행하다가 무고한 사람을 사형에 처하는 실수를 저질렀다. 그러자 이리는 죽음을 청했다.

"신의 죄는 응당 사형에 해당합니다."

"관직에는 상하가 있고, 죄에는 경중이 있다. 이는 소리小吏의 잘못이지 그대의 잘못이 아니다."

"저는 관직의 위에 있으면서 아랫사람에게 자리를 양보한 적도 없고, 또 더 많은 녹을 받으면서 아랫사람과 나눈 적도 없습니다. 이제 무고한 사람을 죽이는 실수를 저지르고서 아랫사람에게 책임을 넘겨 죽음을 면하는 짓은 의로운 일이 아닙니다. 저는 응당 죽어야 합니다."

"그대가 기어이 이 일이 자신의 죄라고 생각한다면, 그러면 과인도 죄가 있는 것이 아닌가?"

"군주는 능력을 헤아려 관직을 내려주는 분이며, 신은 직을 받들어 임무를 수행하는 자입니다. 저는 군주의 은혜를 갚지 못하고 죄를 지었습니다. 군주야 무슨 죄가 있사오리까? 저는 백성의 원한을 사고 제후들의 웃음거리를 만들었습니다. 저는 죽어야 합니다."

"나는 이렇게 들었다. '너무 곧기만 하고 굽히지 않으면 함께 갈 수가 없고, 너무 모나기만 하고 원만하지 못하면 같이 오래 할 수 없다'고. 그대는 과인의 말을 따르라."

"군주께서는 사사로운 정으로 공법을 해치고, 무고한 자를 죽이고 응당 죽어야 할 자를 살리는 일을 해서는 안 됩니다. 이렇게 하면 나라

---

• 《사기》〈순리열전〉에도 비슷한 이야기가 있다. 여기서는 설명이 유려한 《신서》를 중심으로 쓴다.

를 다스릴 수 없습니다. 저 이리는 군주의 명을 받을 수 없나이다."

"그대는 관중이 남의 신하 노릇을 하던 법을 보지 못했는가? 그는 비록 몸은 치욕을 당했지만 그 군주가 패업을 이루도록 했다."

"제가 관중에 비기오리까. 저는 관중의 현명함은 없으면서 오명만 남겼습니다. 패업을 이룰 공도 없으면서 군주의 허리띠를 쏘는 잘못을 범했습니다. 대저 능력이 없는 자가 관직을 맡고 오명을 쓰고도 남을 다스린다면, 군주께서 차마 법으로 처리하지 못하신다고 하더라도 신은 감히 그런 일을 하며 목숨을 구할 수 없습니다. 저는 제 명을 따르겠습니다."

그렇게 말하고는 기어이 죽었다.


문공은 절개 있는 사람이 죽는 것을 차마 보지 못했다. 패자의 기본적인 조건이지만 문공 역시 인재 확보와 보호에 온 힘을 쏟았다.

문공의 인사 원칙도 사실은 아랫사람에게서 배운 것이다.《국어》에 문공이 서신에게서 인사의 원칙을 배우는 장면이 나온다.


진 문공이 서신에게 글읽기를 배웠다. 배운 지 사흘이 되자 말했다.

"나는 읽은 것을 다 행하기는 어렵겠습니다. 그래도 읽어서 알게 된 것은 많습니다."

이에 서신이 이렇게 답했다.

"그렇다면 많이 읽어서 (인재를 식별하는 법을) 알게 된 후에 능력이 있는 자를 기다리는 것이 그래도 (읽지 않는 것보다는) 훨씬 낫지 않겠습니까

〔多聞而待能者 不猶愈也〕?"

**또 이런 내용이 있다.**

진 문공이 양처보에게 아들 환讙의 교육을 부탁하면서 서신에게 양처
보가 잘할 수 있을지 물었다. 그러자 서신은 이렇게 대답한다.

"그것은 태자에게 달려 있습니다. 가슴에 혹이 난 사람을 앞으로 구
부리게 할 수 없고, 등에 혹이 난 사람을 위를 쳐다보게 할 수 없습니
다. (중략) 그러니 (옛날) 주 문왕이 훌륭하게 된 것은 단지 가르침의 힘
때문은 아니었습니다."

그러자 문공이 반문한다.

"그렇다면 교육이란 아무 소용도 없는 것이 아니오?"

서신이 대답한다.

"글을 읽히면 그 바탕을 더 돈독하게 할 수 있습니다. 그래서 사람이
란 태어나면서 바로 배우는 것이고, 배우지 못하면 (사람의 길로) 들어
가지 못하는 것입니다〔胡爲文 益其質故 人生而學 非學不入〕."

문공이 되묻는다.

"그러면 여덟 가지 장애를 가진 사람은 어떻게 가르칠 수 있습니까?"

서신이 대답한다.

"각자 잘할 수 있는 것을 가르치면 됩니다. 꼽추는 구부려 종을 치게
하고, 가슴에 혹 난 사람은 곧추서서 옥경을 이게 하고, 난쟁이는 잡
기를 시키고, 맹인은 음악을 익히게 하고, 귀머거리에게는 불을 관리

하게 합니다. (중략) 대저 교육이란 그 사람의 몸과 바탕에 맞추어서 이익이 되게 하는 것입니다. 이는 강물에 비유하자면, (여러) 지류를 본류로 인도해주면 이들이 모여서 거대한 물을 이루는 것과 같습니다〔若川然 有原 以印浦而後大〕."

서신은 말한다. 인재는 항상 있기 때문에 군주는 배워서 인재를 식별할 수 있으면 된다. 그리고 자신과 원수를 진 사람은 물론 장애를 가진 사람까지 쓸 수 있어야 군주다. 서신과 같은 사람을 옆에 두고 배운다면 어지간히 못난 사람이 아니라면 대과 없이 인사를 처리할 수 있었을 것이다.


## 4. 패자의 조건 3: 반성하는 군주

《순자》〈왕패〉는 말한다. 패자의 조건은 신뢰다. 신뢰는 겉으로 드러나기 때문이다.

나라를 운용하는 자로서 의를 세우면 왕자가 되고, 믿음을 세우면 패자가 되고, 권모를 세우면 망한다〔用國者 義立而王 信立而覇 權謨立而亡〕. 그래서 제 환공, 진 문공, 초 장왕, 오왕 합려, 월왕 구천은 모두 궁벽한 나라의 군주들이지만 위세는 천하를 진동시키고 중국을 다스렸는데 그 이유는 다른 것이 아니라 믿음을 추구했기 때문이다. 그래서 믿음을 세우면 패자가 된다고 한다.

그러나 욕심 많은 인간으로서 의義를 세우기란 쉽지 않다. 남의 위에
오르면 권모술수의 유혹에 빠지기 쉽다. 그러지 않으려면 어떻게 해야
하는가? 반성이다. 문공을 한마디로 정리하면 반성하는 군주다. 그를
본바탕이 대단히 의로운 사람이라고 예단하기는 어렵다. 그러나 그는
끊임없이 반성한다. '절차탁마'에 '대기만성', 곧 그는 많은 반성을 통
해 만들어진 인물이다. 그래서 남아 있는 일화들에서 문공은 항상 반
성하는 인물로 등장한다.

《신서新序》〈잡사雜事〉에 이런 기록이 나온다.

진 문공이 사냥을 나갔다. 앞서 수레를 몰던 이가 와서 보고했다.
"앞에 커다란 뱀이 있는데 크기가 제방만 합니다. 그것이 길을 가로
막고 있습니다."
그러자 문공이 말했다.
"제후가 악몽을 꾸면 덕을 더 닦고, 대부가 악몽을 꾸면 관직을 더 열
심히 수행하고, 선비가 악몽을 꾸면 몸을 닦아야 화가 미치지 않는다
고 한다. 지금 하늘이 저 뱀으로 나를 경계하는 것이다. 수레를 돌려
돌아가자."
돌아와서는 사흘을 재계하고 종묘에 나가 빌었다. "제가 희생을 적게
올리고 마른 것을 올렸으니 이는 저의 첫 번째 죄입니다. 제가 사냥을
좋아하여 절제 없이 횟수를 넘긴 것이 두 번째 죄입니다. 세금을 과중

하게 걷고 형을 과하게 집행했으니 그것이 세 번째 죄입니다. 청컨대
이제부터는 관시關市에서 세금을 걷지 않고, 수택에서 고기 잡는 것
에도 세금을 매기지 않고, 죄인을 사면하고, 구전에는 세금을 반으로
하고, 신전에는 세금을 걷지 않겠습니다."

**같은 장에 또 이런 이야기가 있다.**

문공이 사냥을 나갔다가 수레가 늪에 빠졌다. 당황하고 있던 차에 한
어부가 나타났다. 그들의 대화가 이어진다.

"나는 그대의 군주다. 어떻게 하면 빠져나갈 수 있는가? 알려주면 크
게 답례품을 하사하리라."

"군주께 바칠 것이 있사옵니다."

"이 뻘을 빠져나가면 받으리라."

이리하여 어부의 도움으로 소택지를 빠져나왔다. 문공이 물었다.

"그대가 나에게 주고자 한 것이 무엇인가?"

"홍곡鴻鵠*은 큰 강과 바다의 보호를 받는데 그게 싫다고 사람들이 다
니는 작은 못으로 옮긴다면, 반드시 탄환이나 주살에 맞을 우려가 있
습니다. 지금 군주께서는 짐승을 쫓아 이곳까지 오셨는데, 어찌 이리
멀리 나오셨습니까?"

그러자 문공은 깨닫는 것이 있어 그의 이름을 기록하고 후사하려 했

---

• '큰 기러기와 고니'라는 뜻으로, 포부가 원대하고 큰 인물을 말한다.

지만 그는 받지 않았다.


연이어서 이런 이야기가 나온다. 《관자》에도 환공을 대상으로 비슷한 이야기를 한 것으로 보아 역사적인 사실은 아니고 후대에 만들어낸 이야기 같다. 그러니 중국의 지식인들에게 문공이라는 사람이 어떻게 각인되었는지 잘 알 수 있는 고사다.


문공이 사냥을 하다가 쫓던 사슴을 잃었다. 마침 지나가던 한 늙은이를 만나 물었다.

"내가 쫓던 사슴이 어디로 가는지 보았소?"

그러자 그 노인이 발로 한쪽을 가리키며 말했다.

"이쪽으로 갔소이다."

무엄한 태도에 문공이 되물었다.

"과인이 그대에게 묻는데 (무례히) 발로 가리키다니 무슨 일인가?"

그러자 그가 대답했다.

"저는 이렇게 사냥하는 분이 임금인지 모르고 그랬습니다. 호랑이와 표범은 한적한 숲이 싫다고 사람들 근처에 왔다가 잡히고, 물고기와 자라는 깊은 곳이 싫다고 얕은 곳에 나왔다가 잡힙니다. 제후가 사람 많은 곳을 싫어하면 나라를 망칩니다. 《시》에 '까치가 지은 둥지에 비둘기가 사네'라고 했습니다. 임금께서 이렇게 방일하면서 돌아가지 않으시면, 장차 다른 사람이 그 자리를 차지할 것입니다."

그러자 문공은 크게 느끼는 것이 있어서 발길을 돌렸다. 오는 길에 난

무자 樊武子(난서樊書)를 만났다.

"짐승을 많이 잡으셨습니까? 기쁘신 모양입니다."

"과인이 사슴을 쫓다 놓쳤소. 그러나 훌륭한 말씀을 얻었소. 그래서 기쁘오."

"그 사람은 지금 어디에 있습니까?"

"데리고 오지 않았소."

그러자 난무자가 나무랐다.

"그 사람의 좋은 말은 취하고 그 사람 자체를 버리는 것은 도둑질입니다."

그러자 문공은 "옳습니다" 하고는 그 노인을 데리고 같이 왔다.

문공은 관중에 비하면 매우 부족한 사람이다. 그러나 그는 끊임없이 신하들에게서 꾸지람을 받는다. 그것을 받아들이고 되새기는 동안 그는 점점 더 패자에 가까워졌다.

## 5. 문공의 방식: 덕을 잡되 창을 놓지 않는다 ━━━━━

이제 서쪽의 방식을 정리하기 위해 약간 상징적인 사건 두 가지를 끌어와보자.

진 문공은 실속을 중시한다. 실속이란 힘과 관련이 있다. 문공은 조나라의 군주를 잡고도 희부기의 집을 태우지 말라고 했다. 그때 문공

의 전차의 거우를 맡은 진나라의 맹장 위주는 문공의 태도에 분노하고
는 희부기의 집을 태워버렸다. 그러나 문공은 그의 무예가 아까웠다.
당시 위주는 큰 부상을 입은 상황이었다. 문공은 위주가 살 가망이 있
으면 용서하고 없으면 죽일 생각이었다. 군대의 영을 세우기 위해 죽
이기는 아깝고, 이미 써먹을 수 없을 정도로 큰 상처를 입었다면 군대
의 영을 세우기 위해 죽일 심산이었다. 어찌 보면 비정한 심사였다. 사
람을 보내어 살피게 하니 위주는 문공의 의중을 이미 파악하고 있었
다. 위주는 말했다.

"군주의 은혜를 받은 몸이 이렇게 편히 누워 있을 수 있겠는가?"

이렇게 말하고는 앞으로 펄쩍 뛰면서 손뼉을 세 번, 위로 솟구치면
서 손뼉을 세 번 쳤다.˙ 이리하여 위주는 죽음을 면했다. 진 문공은 덕을
강조하나 사실은 무력을 아꼈다.

《좌전》에는 진나라의 상무정신을 보여주는 또 하나의 사례가 남아
있다. 효산의 싸움에서 진晉 양공의 전차의 거우는 내구萊駒였다. 싸움
이 끝난 후 양공은 내구에게 진秦나라 포로를 묶어놓고 과戈로 목을 베
게 했다. 내구가 포로를 베려는 순간 포로가 갑자기 소리를 질렀다. 그
러자 내구는 과를 놓치고 말았다. 한 나라의 가장 용맹한 사람으로서
는 치욕이었다. 그러자 옆에 있던 낭심狼瞫이라는 자가 포로를 베고는
내구를 잡아 양공이 타는 전차의 뒤에 매었다. 이 일로 낭심은 바로 군

---

• 《좌전》의 원문은 "距躍三百 曲踊三百"이다. "300번을 뛰고, 300번을 솟구쳤다"고 해석할 수도 있으나
좀 무리가 있고, 백百을 손뼉을 치다[拍]로 보는 것이 타당할 것이다.

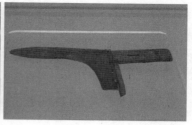

진晋나라 땅에서 출토된 상商대 투구.
가장 원형적이고 실용적인 투구다.

진晋나라 정경 조맹의 과.
진나라의 상무정신을 웅변하는 듯 날이 서 있다.

주의 전차의 거우가 되었다.

진나라의 상무정신이란 대체로 이런 것이다. 모두 군주의 전차를 몰았지만 위주는 상처를 입고도 살아났고, 내구는 승리하고도 실수로 벌을 받았다. 진나라의 방식은 엄격하다. 덕을 말하면서도 창을 놓지 않는 것이 문공과 진나라의 방식이다.

## 6. 진 목공에 대하여: 인습의 희생양이 된 서방의 패자 ——

마지막으로 《좌전》의 두 기록을 중심으로 이번 이야기의 조연 진秦 목공과 진이라는 나라의 특징을 잡아내 보자.

초나라 사람이 강江나라를 멸망시켰다. 그러자 진 목공이 강나라를 위해 소복을 입고 나와 누추한 침실에서 자며 거친 음식을 먹고 평소의 관례를 넘도록 오래 슬퍼했다. 대부들이 그러지 말라고 간하자 목공이 대답했다.

"동맹이 멸망했는데 비록 구해주지는 못할망정 감히 슬퍼하지 않을 수 있겠소. 나도 스스로 그렇게 될까 두렵소."

군자가 이를 두고 말했다.

"《시》에 이르길, '저 두 나라가 정치를 제대로 하지 못해서 망했구나. 사방의 나라들이 스스로 돌아보고 스스로 헤아리네'라고 했는데, 이는 목공과 같은 사람을 두고 하는 말이 아닐까?"

자기 나라를 강하게 하는 데는 진 목공이 관중보다 오히려 실속이 있었다. 국가의 수장으로서 임무를 방기하지 않는 면에서도 목공은 게으르고 방탕한 환공보다 나았다. 그러나 춘추의 수장이 되기는 어려웠다. 왜일까? 다음의 기록을 보자.

진 목공 임호任好가 죽자 자거씨子車氏의 아들 엄식奄息, 중행仲行, 침호鍼虎를 순장했다. 이들은 모두 진나라의 뛰어난 인재들이었다. 국인들이 그들을 애석해하면서 〈황조가黃鳥歌〉를 지었다. 군자는 이를 두고 말했다.

"진 목공이 맹주가 되지 못한 것은 당연한 일이다. 죽어서도 그 백성을 버리다니. 선왕들께서는 세상을 떠나실 때도 오히려 좋은 법도를 남기셨는데, 어찌 착한 사람들의 목숨을 앗는단 말인가?" (중략) 이리하여서는 다른 사람의 위에 오르기는 힘들다."

군자는 이를 보고 진이 다시는 동쪽을 정벌하지 못할 것을 알았다.

인재를 그토록 아끼는 목공이 왜 세 사람의 인재를 죽였을까? 진은 왜 동방에는 사라진 순장을 아직도 하고 있을까? 진시황이 죽었을 때 2세 군주 호해는 아들이 없는 아버지의 비들을 모두 순장시켰고, 묘를 만든 장인들도 순장시켰다고 기록되어 있다. 그것은 2세가 한 일이다. 그러니 실제로 목공이 순장을 명령하지 않았을 수도 있다. 목공에 이어 권력을 잡은 강공이 자신의 정치적인 목적 때문에 했을 수도 있다.

그러나 그 경위야 어떻든 당시 사람들도 진나라의 이런 행동을 야만적이라고 생각했고, 그 파장은 작지 않았다. 그런 '야만적인' 진을 패주로 받아들일 수 없다는 동방국가들의 연대의식은 그 후로도 이어졌다. 당대의 유종원은 죽은 세 사람을 기리는 〈영삼량咏三良〉이라는 시에서 이 사건을 이렇게 평가했다.

> 장려한 몸은 무덤 안에 갇히고
> 용맹한 뜻은 관 속만 채울 뿐
> 순장은 예禮가 아니라 비난받는 일인데
> 하물며 뛰어난 인재를 죽이는가?
> 패업의 기초는 이로 무너져 일어나지 못했고
> 진초晉楚는 다시 힘을 떨쳤지
> 병든 아비의 혼란한 유언이라
> 위무자魏武子의 아들은 (첩을 순장하라는) 그 명을 따르지 않았는데*

강공은 사특한 말을 따라 아비를 함정에 빠트렸으니

나는 그 미친 자를 벌하고 싶구나

〔壯軀閉幽隧 猛志埋黃腸 殉死禮所非 況乃用其良 霸基弊不振 晉楚更張皇 疾病

命固亂 魏氏言有章 從邪陷厥父 吾欲討彼狂〕


　결국 관중과 목공의 중간에 문공이 있다고 할 수 있을까? 유종원은
강공이 아버지의 패업을 망쳤다고 하지만 결국은 목공이 진나라의 인
습을 극복하지 못한 것이 문제였다. 그러니 힘은 점점 서쪽으로 옮겨
갔지만 아직 진秦나라가 우두머리가 될 차례는 아니었다.


---

• 진晉의 위무자는 새로 얻은 젊은 첩이 있었다. 평소에 그 여인을 아껴서 아들 위과魏에게 말하기를, "내가
죽거든 저 여인을 개가시켜라" 했다. 그런데 막상 죽음에 임해서는 아끼는 여인을 순장해달라고 했다. 아
버지가 돌아가시자 가인들은 그 여인을 순장하려 했다. 그러나 아들 위과는 순장을 반대했다. 그는 "평소
에 맑은 정신으로 하신 말씀이 옳은 말이다"라는 구실을 들었다. 물론 아버지의 유언이라도 순장이라는
악습은 받아들일 수 없었기 때문이다.

# 답사기

---

## 서북의 거친 맛

---

: 황량함 속의 진실

---

## 1. 역사 속의 서북

10년 전 섬서성 연안에서 황토고원을 처음 보았다. 사람들은 웅장하다고 했다. 그러나 나무도 잘 자라지 않고, 풀도 무성하지 않은 누런 언덕들이 우뚝우뚝 서 있는 풍경을 문명의 요람으로 받아들이기는 쉽지 않았다. 그때 어떤 사람이 말하길, 황토고원은 겨울에 봐야 하고 산서성 쪽에 가야 그 느낌을 제대로 받을 수가 있다고 한다. 여름에 보는 황토고원도 충분히 황량한데 그보다 더한 때, 더한 곳의 풍경은 어떤 모습일까? 사람들은 서쪽에서 황량하면서도 웅장한 풍경을 기대한다.

　서쪽. 서쪽이라도 완전히 서쪽은 또 다른 느낌을 가지고 있다. 3년 전, 지기인 박 선배의 도움을 받아 타림분지 주변과 알타이 산지를 샅샅이 훑고 다녔다. 타림분지 주변의 지하에는 썩지 않고 남아 있는 유

체모 고분군의 미라 전시관. 저 안에 14구의 기막힌 미라가 있다. 사진은 절대로 찍을 수 없다고 한다. 그 안에 있는 2500년 전의 미라는 아리아인 계통이다.(신강성 타클라마칸 소재)

곤륜의 옥을 캐는 사람들. 춘추시대에 이미 옥은 동쪽으로 팔려 나갔다.

알타이 산. 많은 학자들이 북방 민족들의 기원을 이 산에 두고 있다. 우리도 알타이와 깊이 연관된 민족이다.

물들이 있다. 그곳에서 발견된 미라들이 걸치고 있는 무려 3000년 전의 의복도 전혀 누추하게 느껴지지 않는다. 오아시스에서 멀리 곤륜이나 천산의 만년설을 바라보면 모래바람도 아득하게 느껴질 때가 있다. 몇천 년 전에 선진 문명들을 동서로 전하던 이 지방은 지금 과거의 명성에 비하면 초라하지만 애잔하지는 않다. 웅장한 자연은 인간사의 변화마저 초라하게 만들기 때문이다.

　우리가 탐험하는 춘추전국의 무대는 이보다 훨씬 동쪽에 있다. 그럼에도 춘추전국의 무대 중에서 서부로 분류되는 곳이 있으니 바로 산서성이다. 경도로 보면 산서성은 광동성과 비슷하다. 그런데 전자는 습관적으로 '동부연안' 지대가 되고, 한 곳은 '서부내륙' 지대가 된다. 산서성의 주요 도시들은 산동성 주요 도시들과 위도가 비슷하고 북경이나 천진보다는 훨씬 남쪽에 있지만 '서북' 지대로 분류된다. 나침반이 가리키는 방위와 사람이 정하는 심리적인 방위에는 커다란 간극이 있음을 알 수 있다.

지난 봄 산서성을 답사하면서 서북이라는 존재는 어떻게 생기는지 고민해보았다. 일단 서북이란 황량하고 사람이 살기 어려운 곳이어야 한다. 서북은 동남보다 가난한 곳이어야 한다. 그런 조건을 만족시키는 곳이어야 '진정한' 서북이라고 할 수 있다. 그런 기준을 적용한다면, 한때 진나라 문공이 중국의 중심으로 만들어놓았던 산서성도 서북의 범주로 들어간다.

춘추전국은 서북방의 시대라고 해도 과언이 아니다. 춘추무대에서는 가장 북방에 있는 진晉이 줄곧 맹주 자리를 유지했고, 전국시대를 통일한 이는 가장 서쪽의 진秦이다. 그러나 현재 이들 지역은 동남부와는 비교할 수 없이 낙후되어 있다. 이곳에서는 웅장한 유적들도 방치된다. 동부에 이런 유적들이 있었다면 금은으로 치장을 하고도 남았을 것이다.

그러나 동남방의 풍부함, 유려함만 보면 전체 중국의 역사가 보이지 않는다. 물극필반物極必反이라고 했던가? 겨울바람에는 곱고 화려한 비단보다는 양가죽 외투가 제격이다. 청나라 말기의 극도로 화려한 궁정 문화는 서방의 침략 앞에서는 속수무책이었다. 무굴 제국의 화려한 궁정에 비하면 영국의 왕궁은 장난감 수준이지만, 그 무굴 제국의 화려함도 영국인들의 화력 앞에서는 소용이 없었다. 화려함과 섬세함,

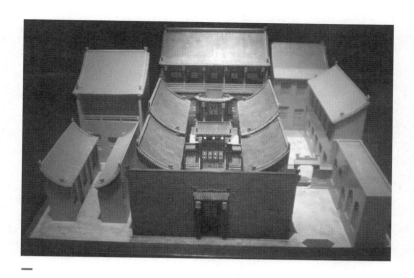

진상晉商의 대저택 모형. 근대까지 산서성은 거대 진상들의 무대였다.(산서성박물관 소재)

혹은 풍부함은 문명의 한 면이지 전체가 아니다. 문명이 간결한 원시성을 상실할수록 겉은 화려하나 속은 비어간다.

　서북의 쇠퇴는 어제오늘의 일이 아니다. 사회가 점점 더 관료화될수록 서북의 지위는 낮아졌다. 서북이 결정적으로 쇠퇴한 계기는 아마도 명대明代의 과거제도일 것이다. 글만 읽어도 먹고살 재력이 있어야 아들을 과거장에 보낼 수 있다. 아둔한 아들을 중늙은이가 될 때까지 과거장에 보내자면 웬만한 재력으로는 불가능하다. 정 방법이 없으면 관가에 곡식을 바치고 학위를 산다. 그러니 청나라 중기가 되면 과거제를 통해 등장하는 관리들의 압도적인 다수가 동남부의 강소성과 절강성 출신의 토착세력 출신이다.

유원지로 복원된 엄성淹城. 과거가 화려하게 부활했다. 엄청난 입장료를 들여서 들어갈 수 있는 예쁘게 꾸민 유적지다. 그러나 이런 유적지들은 역사를 연구하는 사람들에게는 고역이다. 원사료의 '원시성'은 완전히 사라졌다.(강소성 상주 소재)

그러나 한 지역에서 너무 많은 사람들이 등용되면 파벌이 형성되고, 사고는 점점 더 경직된다. 매일 자리에 앉아 글만 읽어서 칼을 휘두를 힘도 없는 사람들이 과거를 통해 무관으로 발탁되니 야전에서 힘을 쓸 리가 만무하다. 이들은 소설에 나오는 고수들의 '논검論劍'을 업으로 삼는 사람들이다. 이렇게 검을 휘둘러보지도 않은 사람들이 검을 입방정의 대상으로 전락시킨다. 검은 검이요, 글은 글일진대 검이 글에 잠식된 것이다.

서북은 이미 기세를 잃어서 웅장하기보다는 애잔하지만 거기에는 아직도 원형들이 살아 있다. 세월의 풍상을 견디지 못하고 사라져버린 서북의 유적지는 유원지로 바뀌어버린 동남의 유적지보다 훨씬 더 역사적인 현실에 가깝다. 냉혹하게 말하면 춘추시대도 전국시대도 모두 과거다. 오늘날 이 과거들을 유원지로 복원하는 일이 대단히 창조적인 일인가? 이런 복원은 창조성이 결여되어 있다.

여행을 오래 하다 보면 점점 서북의 매력에 빠진다. 인걸은 간데없고 산천도 이미 의구하지 않건만 서북에는 무언가가 있다. 황토고원은 겨울에 가야 제격이라는 현지 사람들의 조언의 의미를 올 봄에야 알게 되었다.

2006년 봄에 찾은 산서성 대동의 탄광촌이 앞으로 내가 산서성과 맺을 인연을 다 말해주었던 듯하다. 탄광촌이란 검은색 먼지와 판자촌 빼고는 별다른 풍경도 없는 곳이다. 발아래는 다 석탄이라고 한다. 그러나 그 끔찍한 검은 먼지는 과거의 풍성함의 증거다. 언젠가 이곳은 식물들의 낙원이었을 것이다. 거대한 나무들이 태양의 에너지를 간직하고 쌓이고 쌓였다가 땅 속에 묻혀 석탄이 되었다. 산서성을 여행할 때도 그 황량함의 이면에 있는 풍성함과 순수함을 기억해야 한다. 그렇게 생각하면 매캐한 먼지도 향기롭지는 않더라도 견딜 만한 존재로 바뀐다.

## 2. 고평: 장사들을 조문하다

남양에서 열차를 타고 진성에 도착하여 바로 고평高平으로 향했다. 끔

찍할 정도로 사람이 많은 하남성과는 벌써 공기가 다르다. 건조하고 먼지가 많은 공기가 하늘을 덮고 있다. 고평을 거쳐서 가는 버스를 타고 가니 고평 외곽도로에 내려준다. 고평 시가지까지 가려면 또 몇 리를 걸어야 한다.

이곳은 전국시대에 상당上黨이라고 불렸던 지역이다. 전국시대는 물론이고 중국사 전반에서 이곳은 끊임없이 전쟁에 시달린 곳이다.《한서》〈지리지〉에 의하면 기원후 2년 이곳의 인구는 33만 명으로 장사국(호남성 장사)보다도 약간 크다. 지금이야 이곳은 장사와는 비교할 수 없을 정도로 쇠락했지만 과거 이곳이 그렇게 황량하지 않았다는 반증이다. 오늘 내가 할 일은 기원전 260년의 장평長平의 싸움을 재구성하는 것이다. 기록에 남아 있는 전쟁터를 모두 답사하고 고지대에서 지형을 살피기로 했다. 특히 양군의 주장인 조趙나라 염파와 조사, 진秦나라 백기의 알리바이를 살려보고 싶다. 일단 나는 심리적으로는 방어군의 입장에 섰다.

고평 시내의 중심은 한국성韓國城이라는 상가다. 그곳 사람에게 전국시대 한나라를 말하는 것이냐고 했더니 의아한 표정을 짓는다. 나를 한류도 모르는 무식한 사람처럼 바라본다. 이곳에 들어온 한국 사람이라야 나를 포함하여 몇 명이 될까 말까 하겠지만 한류라는 문화는 이렇게 훨씬 먼저 자리를 잡고 있었다. 이곳에서 얻은 행운 가운데 하나는 좋은 택시기사를 만난 것이다. 고평에는 아직 정식 운행하는 택시가 없는 듯하다. 자기 차를 가지고 있는 사람들 중에 시 당국의 허가를 맡은 사람들이 영업을 했다. 버스 정류장 건너에서 서 있는 차를 하나

선택했다. 기사는 이기승李奇勝 님으로 순박한 시골 사람이다. 하루 종일 달리는데 기본요금 50원(한화 약 9000원)에 매 킬로미터당 0.5원을 받고자 했다. 이번 여행 중에 차비를 가장 싸게 낸 경우다.

일단 조나라 지휘부가 있었던 곳으로 추정되는 고평저수지 부근의 고지대로 향한다. 바라보니 전장이 너무 넓다. 전투의 흔적은 여기저기 무수히 널려 있다. 이런 넓은 전장에서는 지휘부의 총괄 능력이 승패를 좌우한다. 조나라 40만 대군이 포위되던 그날 젊은 사령관 조괄은 어떤 마음이었을까? 전쟁은 입으로 하는 것이 아니라는 것을 뼈저리게 느꼈을까? 그러나 그는 조나라 사령관으로서 자존심이 있었다. 조괄은 적진으로 뛰어들어 전사한다. 그러나 수많은 조나라 장병들은 속절없이 진나라의 포로가 되었다. 밤이 되자 진나라 장수들은 조나라 장병들을 무장해제하고 몰래 회의를 열었다. 그날 밤, 진나라 장수들이 회의를 할 때 조나라 장병들의 마음은 어땠을까? 당장 끔찍한 일이 벌어진다는 것을 알고 있었을까?•

그다음 일을 알아보기 위해 시골갱尸骨坑으로 향했다. 시골갱이라. '시체와 뼈의 구덩이'란 뜻이 아닌가? 시골갱은 시골동네의 비료 저장 창고처럼 샌드위치 패널 건물을 지어서 보존하고 있다. 이렇게 사람들이 많이 찾지 않는 시골의 유적은 현지인들이 관리하는 경우가 많다.

---

• 기원전 262년, 진秦나라의 공세에 시달리던 한나라 상당군수 풍정馮亭은 조나라를 끌어들일 생각으로 성을 들어 조나라에 항복한다. 이리하여 진–조의 거대한 싸움이 벌어지고, 결국 조군은 대패한다. 그런데 진나라 원수 백기는 항복한 조나라 장병 40만이 반란을 일으킬까 두려워서 이들을 모두 죽여서 묻어버렸다. 이 참혹한 싸움이 바로 장평대전長平大戰이다.

시골갱尸骨坑의 절규하는 해골. 진나라는 포로가 된 조나라 장병들을 몰살한 후 여기저기 묻었다.

사실은 이 사람들이 전문 관리인들보다 훨씬 순박하고 친절하다.

"사진 찍어도 됩니까?"

"어두울 텐데……."

꼭 시골 아낙들이 내외하는 것 같다. 그러나 막상 시골갱 안으로 들어가면 시골의 평온한 분위기는 완전히 사라진다. 해골도 표정이 있을 수 있는가? 원한으로 입을 다물지 못한 해골이 말을 한다. '도대체 우리를 왜 이렇게 만들었는가?'

그날 진나라 장수들이 모여서 한 모의는 포로들을 죽이는 것이었다. 계획대로 모두 죽였다. 도망치지 못하도록 한곳에 모으고 몰살한 후 여기저기 묻었다. 중국의 어떤 신문에서 이들을 죽이고 나서 묻었는지, 산 채로 묻었는지에 대한 의문은 풀렸다는 살벌하게 덤덤한 기사를 본 적이 있다. 결론은 산 채로 묻지는 않은 것으로 보인다고 한다. 시체들은 칼에 찔리고 화살에 맞아 죽은 후 묻혔다. 해골들 위로 당나라 승려 대우공大愚公의 시가 적혀 있다.

> 장평에 푸른 피가 묻혀, 서글픈 골짜기에 푸른 인광 비치누나
> 끊어진 산에 옛 비가 흩날리는데, 참창은 어느 곳에 잠겼는가?
> 천고의 생각에 잠겨 있자니, 사나운 바람에 탁수가 흐르누나
> 살아남은 갈대가 초가을을 슬피 울며, 슬프고 처량하고 괴롭게 원망을 풀어주누나
>
> 〔長平埋碧血 哀堅靑磷出 斷山吹舊雨 何處攙槍沒 千古思悠悠 雄風濁水流 殘葦泣新秋 悲凄苦*解愁〕

뜻을 얼마나 잘 새겼는지는 모르겠으나 시의 감상은 가슴에 깊이 와닿는다. 원통한 피가 오래되면 푸른색으로 바뀐다고 한다. 그 푸른 피가 땅에 묻히니 1000년이나 지나도 인광이 솟아난다. 그날을 슬퍼하듯 비바람이 몰아친다. 전쟁을 부르는 혜성(참창)은 어디에 떨어졌을까? 이제 살아남은 갈대가 슬피 울며, 뼈에 묻힌 원한을 풀어준다는 내용이다.

민초들이 어리석어도 이런 전쟁을 용납할 정도는 아니다. 민초들의

---

• 풀이하면 '슬프고 처량하고 괴롭다'는 뜻이다. 갈대가 움직일 때 나는 소리를 묘사한 듯하다.

심판이란 가늘지만 길다. 그런 예를 음식에서 찾을 수 있다. 점심을 먹으려고 이 선생에게 여기서 유명한 음식을 물어보니 '츠바이치[吃白起]'라는 음식이 있다고 한다. 물에 삶아 먹는 두부요리란다. 그 이름이 심상치 않다. '백기를 먹는다'는 뜻이 아닌가? 하얗다는 백자와 백기의 성이 같으므로 이렇게 이름을 지은 것이다. 이 선생이 말한다.

"백기의 하얀 뇌를 먹음으로써 조나라 장병들을 죽인 백기에게 복수한다는 의미지요."

내가 대답했다.

"오늘 백기의 뇌를 한번 먹어봅니다."

물론 그 음식을 먹을 생각은 나지 않았다. 결국 우리는 다른 음식으로 점심을 대신했다. '백기를 먹는다.' 무섭고 끈질긴 민중의 저주다. 하루에도 수천 명이 백기의 골수를 먹는다! 이렇게 2천 수백 년이 지난 지금도 인민들은 학살 전쟁만은 용납하지 않고 있다. 이것이 바로 민초들의 심판이고 역사의 준엄함이 아닐까 한다. 은근히 학살을 미화하는 사이비 역사가들이 더 세속의 영화를 누리는 현실에 '츠바이치'라는 요리는 경종을 울린다.

장평의 싸움터의 마지막 목적지는 고루묘骷髏廟다. 글자 그대로 해골을 제사 지내는 묘당이다. 이름은 무시무시하지만 이 묘당은 옹골찬 뼈대를 그대로 드러내며 산서성 건축물의 아름다움을 물씬 내뿜는다. 그러나 역시 이 시골 마을의 을씨년스러운 묘당을 찾는 이는 없어서 마을 청년 둘이서 묘당을 관리하는 할아버지를 찾으러 갔다. 청년 한 명은 몸이 좋지 않으나 그 미소만은 아름답기 그지없다. 왜 거기에 올

〈장평조고長平弔古〉 시비. 참고할 만
한 서적이 없어서 몇몇 구절은 새김
이 틀린 것이 아닌가 걱정된다. 그러
나 전체 뜻은 명료한 시다.

라가려고 하는지 자못 신기한 모양이다. 드디어 인민복을 입은 나이가 지긋한 어르신이 열쇠 꾸러미를 들고 나타났다. 우리 일행은 묘당으로 들어간다.

중국에는 전몰장병들을 기리는 사당이 거의 없다. 고루묘의 안내문에는 이 묘당이 유일하다고 쓰여 있다. 그런 사당이 없는 것은 고단한 일상과 반복되는 전쟁 속에서 좋은 일만 기억하고자 하는 인민들의 기원 탓일 것이다. 그러나 이곳 사람들은 십시일반으로 돈을 모아 전몰장병들을 기리는 사당을 하나 세워놓았다. 전쟁이 너무나 참혹했기 때문이다. 이 사당 안에도 고인들의 시가 묵묵히 전쟁의 참혹함을 전하면서, 후인들의 반성을 촉구하고 있다. 글씨가 작고 여러 사람이 탁본을 떠서 잘 읽지 못하겠으나 일부는 판독이 가능하다. 명나라 사람 복여량의 시 〈장평조고長平弔古〉가 우선 마음을 아프게 한다.


조나라 병사 40만, 언제부터 난 사람들이 한곳에 모였던가?
하루아침에 진秦인들에게 생매장당했으니, 그들을 몰아넣은 이 누구인가?
음산한 구름이 밝은 해를 가리고, 서풍은 구천을 부르누나
빽빽이 늘어선 억조 장사들이, 애송이 관리 녀석*머리야 매달 수도 있었겠지만

---

• 백기를 말한다. 《사기》〈평원군열전〉에 "백기는 별 볼일 없는 관리 녀석에 불과하다[白起, 小竪子耳]"라는 구절이 나온다.

달게 살육을 받아들여, 백골이 깊은 고을을 메웠어라

인광이 밤마다 솟아오르니, 만겁의 원한은 그칠 줄 몰라라

통쾌하다 두우의 검*이여, 아마도 하늘은 있는가 보구나

단하가 끝없이 흐르듯, 이 원한 끝없이 이어지리

〔趙兵四十萬生聚自何年 一朝爲秦坑是孰驅之前

陰雲慘白日西風號九泉 林林億兆衆竪子頭可懸

甘心受大戮白骨深谷壙 磷火夜夜明難消萬劫冤

快哉杜郵劍庶幾稍有天 丹河流不盡此恨終綿綿〕

이렇게 옛사람들이 오히려 인간사를 총체적으로 파악할 줄 알았다. 지금 정부에 곡학아세曲學阿世하는 학자들은 백기가 살육을 저지른 것을 은연중에 찬양한다. 통일을 위한 불가피한 과정이었다는 것이다. 비인부전非人不傳이라고 했던가? 사람이 안 된 이들에게는 글을 가르쳐서는 안 된다는 선현들의 충고가 떠오른다.

나오는 길에 어르신과 기념사진을 찍었다. 그리고 꽤 오랜 시간 동안 우리는 안내해준 마을의 청년 둘과 노인장께 입장료를 드렸다. 공식 입장료는 10원이다. 100원을 드리니 거스름돈이 있을 리 만무하다. 거스름돈은 귀한 유적을 관리해주는 데 대한 감사의 표시라고 하고 나왔다.

이렇게 산서성에는 걸러지지 않은 원형의 자산들이 있다. 아직 후

---

• 백기는 두우에서 자살했다. 그래서 백기가 자살한 검을 두우의 검이라 한다.

청동 주조 유적 터. 길 건너가 진晉나라 도성 유적이다.

세인들의 무지막지한 변형의 영향을 받지 않은 살아 있는 것들이 있다. 앞으로 산서성에서 내몽골 초원까지 이어지는 여행은 계속 기대된다.

## 3. 여담

후마에서 진晉나라 도성 유적지를 찾는데 도대체 아는 사람이 없다. 청동 주조 유적지 뒤에 묵은 밭이 하나 있는데, 그곳도 도성 터였을 것이다. 정확한 위치를 찾을 길이 없어 밭둑을 거니는데 중년의 아저씨 한

분이 일을 보고 있다가 황급히 일어난다. 비위가 좋은 우리는 이 정도
는 민망하지도 않다. 아저씨의 흔적을 옆에 두고 짧은 대화를 나눈다.

"진나라 도성 터는 어딘가요?"

"길 건너 저쪽에 있어요. 그런데 푯말 빼고는 아무것도 없는데."

그러고는 길 건너 남쪽을 가리킨다. 길을 건너 가보니 초라한 표지
뒤의 도성 터에는 벽돌 공장이 들어서 있었다. 혹자는 이런 현실을 개
탄할지도 모른다. 그러나 이것도 역사의 한 과정일 것이다. 서북이 아
니면 어디서 이런 풍경을 살펴볼 것인가? 도성 터가 돈벌이를 위한 유
원지가 되지 않고 인민들의 삶의 터전으로 남은 것이 오히려 다행일
지도.

제2부

중원을 장악한
남방의 군주

## 1. 오랑캐 땅에서 패자가 나오다 ━━━━

왕과 신하들이 질펀한 잔치를 벌이던 날, 날이 어두워지고 술이 한참 올랐을 때 갑자기 촛불이 꺼졌다. 그때 초왕을 모시던 미인이 황급히 왕의 옷깃을 당기고 속삭인다.

"방금 촛불이 꺼졌을 때 어떤 자가 첩의 옷을 끌어당겨 수작을 걸더이다. 제가 그자의 갓끈을 끊어버렸으니 불을 켜거든 갓끈이 끊어진 자를 잡아내소서."

왕은 미인의 말을 곰곰이 듣더니 돌연 좌중에 명령을 내렸다.

"오늘 과인과 술을 마시는데, 갓끈이 끊어지지 않은 이는 제대로 즐기지 않은 것으로 알겠소."

이리하여 100명이 넘는 신하들이 갓끈을 다 끊었다. 그리고 불을 켜고 그들은 다시 술을 먹기 시작했다. 그날 밤 이 일을 안 사람은 왕과 미인, 그리고 미인을 희롱한 사나이밖에 없었다. 술자리는 좌중이 곯아 떨어질 때까지 이어졌다. 이것이 갓끈을 끊고 놀았다는 이야기, 곧 절영지회絕纓之會라는 고사다. 이 유명한 일화를 남긴 이는 누구인가?

'강하면서도 포학하지 않은 사람[堅彊而不暴]'이 있을까? 공자가 가난하면서도 비굴하지 않은 것보다는 부유하면서도 예를 아는 것이 어렵다고 했듯이, 사람의 본성이란 약하면서 유순하기는 쉬워도 강하면서 포학하지 않기는 어렵다. 그래서 순자는 그런 이를 군자라고 불렀다. 《춘추전국이야기》의 세 번째 주인공은 바로 이런 사람이다.

갓끈을 끊고 놀자고 한 이는 바로 초楚의 장왕莊王이다. 장왕은 중원이 아닌 남쪽 오랑캐 땅의 사람이다. 《춘추전국이야기 1》에서는 동쪽 사람 관중, 《춘추전국이야기 2》 1부에서는 서북쪽 사람 문공을 보았다. 동쪽도 보고 서북도 보았으니 이제 남쪽을 보는 것은 아니다. 그것은 바로 이 시기에 춘추시대 전체를 통틀어 세계의 두 축 중 하나였던 초가 드디어 힘을 뿜어냈기 때문이다.

춘추의 무대가 확대되고 각국의 상황이 점점 복잡해지기 때문에 등장인물들도 점점 많아진다. 그러나 기원전 7세기 말 6세기 초의 정국을 이끌어가던 나라는 단연 초였으며 그 정점에는 장왕이 있었다. 그래서 장왕은 흔히 춘추오패의 세 번째 주자로 평가된다. 한때 '오랑캐 군주'라고 칭해진 그에게 주어진 그 평가는 사뭇 '과분한' 것이다.

진晉 문공文公 사후 진晉과 진秦의 관계는 날로 악화되고 동방 제후들의 패자인 진晉은 서방의 진秦에 대항하는 초보적인 동방연합을 결성했다. 과거 제 환공이나 진 문공 등 기존 패자들의 주된 역할은 남방의 초를 견제하는 것이었다. 그런데 서방의 진秦이 점점 더 커지자 패자로서 진晉의 역할도 복잡해졌다. 남방의 초는 이미 진晉과 진秦이 갈등하는 정세를 인식하고 이용할 준비가 되어 있었다. 그래서 그들은 서방의 진秦을 잠재적인 우호자로 붙들었다. 그리고 진秦이 진晉을 두드리는 사이를 이용했다.

장왕이 집권한 후 더 강성해진 초는 황하까지 진출해서 결국은 북방의 진晉과 결전을 치른다. 북방 제후국들의 기대와는 달리 기원전 597년에 벌어진 진-초의 필邲의 싸움은 초의 일방적인 승리로 마무리되었다. 성복에서 패배한 후 설욕을 벼르던 초의 반격이 시작된 것이다. 이 사건으로 북방 제후들은 일순 긴장감에 빠졌고, 장왕이 패자霸者를 칭할 때 아무도 이의를 제기하지 못했다.

이제 초의 세상이 펼쳐진 것인가? 아쉽게도 더 이상의 일은 벌어지지 않았다. 장왕은 힘이 정점에 이른 상태에서 황하를 건너지 않고 북방의 제후국들을 병합하는 일을 멈추고 국제질서의 조정자 역할에 만족했다. 그 대신 동쪽의 장강 중류의 비교적 병탄하기 쉬운 지역들을 병합하기 시작했다. 초나라가 어깨를 펴고 동진을 시작한 것이다. 그래서 만난 상대가 호적수 오吳나라다.

그러나 초나라의 패업도 오래가지는 못했다. 장왕의 뒤를 이은 공왕은 아직 어렸고 아버지의 정치적인 감각을 좇기에는 역부족이었다. 우여곡절 끝에 초와 진晉은 남북협정을 통해 남북분점의 시대를 연다. 그러나 협정은 오래지 않아 깨어지고 기원전 575년 다시 진과 초는 전쟁에 돌입한다. 이번에는 진의 승리였다. 바로 언릉鄢陵의 싸움이었다. 이 싸움에서 패배자인 초가 받은 충격도 컸지만 승자인 진은 오히려 더 큰 타격을 받았다. 내분이 일어난 것이다.

그러나 이 싸움은 평화의 가능성을 열었다. 일진일퇴의 공방 속에서 양국은 전쟁으로는 우열을 가릴 수 없음을 현실적으로 인식하게 된다. 그래서 이 책 2부의 이야기는 초나라 장왕이 등장하기 직전의 국제정세에서 시작하여 언릉의 싸움에서 끝난다.

그사이 많은 일이 일어났다. 진晉을 중심으로 한 북방연합의 전통적인 동맹관계는 서서히 와해되어 좀 더 적나라한 원교근공의 정책이 시작된다. 또 각 나라들이 자신의 이익을 앞에 두면서부터 피아를 구분하는 일이 점점 어려워진다. 제는 진晉을 견제하기 위해 초와 손을 잡기도 하고, 서방의 진秦은 멀리 동쪽으로 사자를 보내 좌우에서 진晉을 협공하자고 제안한다. 진晉과 초 두 강대국 가운데 낀 정나라는 시세에 따라 이리저리 흔들리며 전란을 겪다 서서히 생존의 길을 터득해나간다. 외교적으로는 북방연합과 초의 남북대결이 단위 국가의 이익을 기반으로 한 복잡한 동맹관계로 변질되고, 군사적으로는 남북대결의 한계를 인식한 진晉과 초가 정면대결을 지양하며 각자의 변방을 적극적으로 개척해나간다. 또한 춘추 말기의 새로운 강자로 부상하는 오나라가 드디어 춘추의 무대에 등장한다. 초 장왕이 활약한 이 시기를 전후로 초와 진秦이 한편이 되고, 진晉나라가 주도하는 제하諸夏 연합군에 오나라가 합류하여 대치하는 새로운 국제정세가 창출된다.

그리고 각국 내부의 권력투쟁은 점점 격화하고, 나라마다 망명자들이 넘쳐난다. 특히 토지와 권력을 둘러싼 공실과 거족 대부, 그리고 거족 대부들끼리의 투쟁이 격화된다. 이 투쟁에서 패배한 망명자들은 춘추시대를 떠돌아다녔다. 그러나 그들은 부랑자가 아니었다. 모두 나름의 재능과 선진 기술을 가지고 망명국의 군주를 도와 거꾸로 자신의 조국을 위협했다. 이들 인간 군상들은 모두 제 나름의 개성을 가지고 춘추의 무대를 활보했다.

그 사이에도 기술과 개혁의 시계는 멈추지 않았다. 파괴를 위한 무기와 전술에서부터 생산을 위한 농기구와 농법, 일국의 효율적인 통치를 위한 관제에서 천하의 질서를 위한 사상까지 각 방면에서 진보의 물결은 이어졌다. 앞으로 초라는 독특한 세계를 통해 이런 역사의 흐름들을 살펴볼 것이다. 이 시기는 남북을 가르는 단출한 황하의 역사가 사방의 지류들을 받아들이는 복잡다단한 장강의 역사로까지 확장되는 시기다. 오랑캐 땅에서 패자가 나오자 춘추의 무대는 일약 확대되었다.

## 2. 초문화에 들어가기 전에: 쭉정이 골라내기 ━━━━

이제 드디어 남쪽으로 방향을 돌릴 때가 되었다. 중국 문화는 매우 많은 사람들의 합작품이다. 그중에는 겉으로 실해 보이지만 사실은 쭉정이인 것도 있고, 겉은 부실해 보이지만 속이 꽉 찬 것도 있다. 그리고 쭉정이와 알곡이 마구잡이로 섞여 있는 경우도 물론 있다.

문화란 무엇일까? 그것은 삶의 양식인 동시에 삶 그 자체이기도 하다. 간단히 말해 인류의 삶에 실용적·미적 유익함을 주는 것들의 총체가 문화다. 실용적이지만 미적이지 않은 것은 오래갈 수 없다. 예를 들어 노예 노동자는 수명이 짧다. 노예란 주인 입장에서는 마구잡이로 부릴 수 있으니 기계를 다루듯이 편하리라. 그러나 주인과 노예 사이에는 불같은 증오심이 심연에 놓여 있다. 증오는 그다지 아름답지 않다. 아름답지 않은 관계는 결국 파경으로 치닫는다. 노예는 틈만 나면 주인을 침탈하려 한다.

한편 미적이지만 실용적이지 않은 것은 어떤가? 초나라의 어떤 왕은 허리가 가는 여자를 좋아했기에 급기야는 허리가 가는 남자도 좋아했다. 그 시절 허리가 가는 남자를 어디에 써먹을 것인가? 이런 남자들이 넘치자 나라는 기울었다. 그래서 아름답지만 실용적이지 않은 것은 역사의 무대에서 밀려날 수밖에 없다.

2부에서는 초문화를 실용성과 아름다움 측면에서 고찰하고자 한다. 2000년이 넘는 세월 동안 과장된 것들은 실용성과 아름다움이라는 기준으로 걸러낼 것이다. 그리고 그동안 무시되었던 것들도 똑같은 기준으로 부활시킬 것이다. 그래서 자료를 잘 걸러내는 어려운 작업을 거쳐야 한다.

중국은 고래로 책의 왕국이다. 사서오경四書五經의 주석서들만 모아도 수천 권을 헤아린다. 어느 할 일 없는 사람이 그 책들을 다 읽겠는가? 또 그중에 쭉정이는 얼마나 많을까? 읽으면 읽을수록 교조적으로 바뀌어 급기야 다른 것은 모조리 이단異端이라고 배척하는 극단極端의 시절이 온다. 성리학자들이 도토리 키 재기 하듯이 서로 아웅다웅하던 시절, 철판을 두른 함대가 태평양을 건너왔다. 이런 현상은 어제 오늘의 일이 아니다. 그런 논쟁이라면 없는 것이 낫고, 무용한 지식은 차라리 없는 것이 약일 수도 있다. 오죽하면 어떤 철인은 "차라리 어린아이로 돌아갈 수 없는가?"라고 물었겠는가.

초문화는 오늘날의 중국을 이해하는 큰 주제지만, 동시에 그만큼 오해를 불러일으킨 것도 없다. 필자는 좀 어렵지만 이런 오해를 풀기 위해 문헌들에 대해 상당히 비판적인 태도를 견지할 것이다.

2부에서는 초나라 사람들이 주인공으로 등장한다. 지금은 희미하지만 과거에는 초문화라는 것이 있었다. 초문화가 향후 중국사에서 얼마나 긴 생명력을 지니게 되는지는 나중에 확인할 것이다. 여기서는 일단 초문화의 몇 귀퉁이만 붙들어도 성공하는 것이다. 실용과 미가 결합된 것만을 '문화'라 부르고 초문화라는 심연의 모퉁이에 한번 앉아 보자. 그러면 다른 지역과는 확연히 다른 남방의 힘을 느낄 수 있을 것이다. 아마 중국인도 잘 모를 초의 의미를 느끼는 재미도 적지 않을 것이다.

중국 문화는 여러 개의 발을 가진 솥과 같다. 그 솥발들을 다 없애고 세 개만 남겨놓으라고 한다면 필자는 단연 초를 남겨둘 것이다. 나머지 둘은 중원, 그리고 진秦을 포함한 융적戎狄이다. 진이 중원과 다르듯이 초도 중원과 확연히 다르다. 물론 초는 진과도 다르다. 진이 실용성을 강조했다면 초는 거기에 미를 더했다.

의문이 제기된다. 실용성과 미를 더하면 장구하다고 했는데 전국을 통일한 나라는 초가 아니라 진秦이 아닌가? 그러니 이 말은 처음부터 모순이 아닌가? 그러나 장기적인 관점에서는 그렇지 않다. 진은 차자마자 기우는 달과 같았다. 그러나 초라는 존재는 서주, 춘추, 전국을 거쳐 통일제국 시기에도 면면히 살아남았고, 급기야는 강남문화라는 것으로 변형되어 현재까지 이어졌다. 그래서 우리는 《춘추전국이야기》 시리즈의 마지막 이야기 '초한쟁패'에서 다시 한번 초의 힘을 확인할 수 있을 것이다.

여기에서는 아직 사서오경이라는 학문의 체계가 잡히지 않았던 시기, 장강과 한수를 끼고 성장하던 한 국가를 다룬다. 실용과 미라는 두 가지 기준을 가지고 있으면 우리는 다행스럽게도 길을 잃고 헤매지 않을 것이다. 이제 초나라의 풍성한 세계에 빠져 남쪽에서 북쪽을 바라보도록 해보자.


## 3. 초문화 소론: 모순 속의 조화, 강함 속의 부드러움 ━━━

양력으로 2월 초에 동정호 남쪽 200리 정도 떨어진 형산衡山에 올라보자. 산 아래는 난대의 수목들과 대나무들이 늦겨울에도 푸르다. 조금만 걸으면 땀이 난다. 그래서 사람들은 이 산을 얕보고 겉옷 한 벌만 들고 형산을 오른다. 1000미터 남짓한 야트막한 산을 오악 중 하나로 숭상하는 사람들이 가소로운 정도다. 그런 산이야 한반도에도 흔하고 흔하다. 그런 마음으로 정상에 오르다 보면 서서히 바람이 거세지고 몸

보다 마음이 먼저 언다. 정상에는 예외 없이 거센 눈바람이 분다. 물을
잔뜩 머금은 난대의 공기는 눈이 아니라 바로 얼음으로 변해 나무마다
달라붙는다. 나무는 잎과 줄기의 구분도 없이 뒤집어놓은 술잔 모양이
된다. 얼음의 세계다. 그런데 그 정상의 이름은 축융봉祝融峰이란다. 축
융은 불의 신이 아닌가? 불의 신의 궁전을 얼음이 덮고 있다. 불과 얼음
의 부조화가 극에 달한다.

그러나 시인은 이 부조화 속에서 조화를 찾는다. 《춘추전국이야기》
의 단골손님인 시인 이백이 벗과 이별하고 형양으로 돌아가며 부른 노
래를 들어보자.

> 형산 어슴푸레 어둠으로 잠겨갈 때, 산 아래로 남극노인성이 보이네
> 회오리 몰아쳐 오봉의 눈을 휘감아 올리고, 꽃잎 분분히 날아 동정호
> 에 떨어지네
>
> 〔衡山蒼蒼入紫冥 下看南極老人星 回飆吹散五峰雪 往往飛花落洞庭〕
>
> ─〈제공송진랑장귀형양諸公送陳郎將歸衡陽〉

이 시에는 수많은 모순이 모여 있다. 높지 않은 산이지만 그 아래에
노인성이 보이고, 봉우리에는 눈바람 불지만 산 중턱에는 이미 꽃이
피었다. 낮지만 높아 보이고, 꽃과 눈보라가 공존하는 곳이 형산이다.
물론 그 꽃이 200리를 날아 동정호까지 떨어질지는 알 수 없는 일이지
만. 이 시처럼 눈보라의 차가움과 꽃의 정열이 한꺼번에 있는 곳이 바
로 초문화다.

그러나 이백보다 1000년이나 앞선 초나라의 선배 시인 굴원屈原에 비하면 이백의 낭만도 빛이 바랜다. 형산 봉우리의 눈보라같이 몰아치는 굴원의 질문은 낭만파(미美)의 절정을 보여주지만 그 속에는 이백에 게서는 쉽사리 발견할 수 없는 뼈(실용實用)가 있다. 초나라의 시인이자 정치가, 전략가인 굴원의 〈천문天問〉을 읽으면서 초사楚辭의 유장함에 빠져보자. 그는 우주에서 인간, 전설에서 역사, 문학에서 과학까지 질 풍처럼 질문을 던진다.

하늘이 처음 열리던 때의 일은 누가 전해주었을까?〔遂古之初 誰傳道之〕

아래위도 아직 만들어지지 않았는데, 어디서부터 (세상이) 생겼을까?

(중략)

해는 아침부터 저녁까지 몇 리나 갈까? (중략)

구주는 어떻게 놓여 있으며, 강과 계곡은 어찌하여 깊은가?

(물은) 동쪽으로 흘러도 가득 차지 않으니, 누가 그 연고를 아는가? (중략)

제 환공은 아홉 번이나 제후들을 모았건만 어째서 자신을 죽이게 되었는가? (중략)

벌과 개미는 미물인데, 그 힘은 왜 그리 센가? (중략)

(지금) 초나라가 공업을 이루고 군사를 내지만, 어찌 오래갈 수 있겠는가?

잘못을 깨닫고 고쳐간다면, 내가 (구태여) 자꾸 말하겠는가?

오나라 합려가 우리와 나라를 다투었지만, 우리를 이길 수 있었던가?

(중략)

어떻게 이 마을 저 언덕을 옮겨가며 (함부로) 처신했건만 자문子文을 낳았던가?*

하늘이 묻는 것인지 하늘에게 묻는 것인지 명확하지 않지만 굴원은 이 짧은 글에 거의 200개에 달하는 질문들을 쏟아부었다. 그의 질문은 북방의 인습에서 벗어나 있다. 질문은 도발적이고 구체적이다. 그는 이렇게 묻는다. '사람들은 천지일월을 말하지만 사실 알고 하는 것일까? 전설이 말하는 이야기들을 다 믿기는 어렵다. 그럼 정말 자연이 이렇게 생긴 까닭은 무엇일까? 세상이 돌아가는 이치는 무엇일까?' 그는 자연에 대해 실질적인 의문을 풀어놓았다. 이제 그의 의문은 정치로 넘어간다.

'초나라가 이익에 눈멀어 합종을 깨고 이웃나라를 공격했지만 지금의 위세를 유지할 수 있을까? 힘을 자랑하던 오의 합려가 망한 것을 잊었을까? 영윤 자문(투곡어토)은 출신이 불순하지만 어떻게 그토록 뛰어난 사람이 되었을까? 사람을 출신으로 말할 수 있는가?'

굴원은 전국시대에 초楚-제齊 연맹을 통해 진秦나라에 대항해야 한다고 역설한 전략가다. 그는 사람들이 흔히 당연하게 느끼는 것들에 대해 날카롭게 반문한다. 그러고는 현실로 돌아와 시국을 비판한다. 당시 뇌물에 눈이 먼 정치가들은 진秦나라에 협조하면 토지를 떼어주겠다는 진나라 유세객 장의張儀의 꼬임에 넘어가고, 급기야 초나라와

---

• 초나라의 뛰어난 영윤令尹(재상) 자문(투곡어토)의 어머니는 자문의 아버지와 정식으로 결혼하지 않고 정을 나눈 후 아들을 낳았다. 그래서 자문을 운몽택에 버렸는데 호랑이가 길렀다고 한다.

제나라의 연맹이 끊어진다. 이른바 합종의 파기다. 합종이 깨어지자 진秦은 물을 만난 고기처럼 동으로 남으로 쳐내려온다. 그때 나라가 망하는 것을 보는 정치가의 참담함이 이 글에 들어 있다. 그래서 그는 '쓸데없는 싸움을 일으키던 합려가 망하는 것을 못 보았는가'라고 묻는다. 하늘과 땅, 전설과 사실을 오가는 질문은 유려하지만 그저 허튼 말이 아니라 속에는 뼈가 담겨 있다. 화려하지만 마냥 흐느적거리지 않는 것, 이것이 초문화다. 이 대시인이 초나라의 몇 안 되는 명철한 전략가라는 사실을 아는 사람은 많지 않다. 오늘날 낭만파 시인과 냉철한 전략가의 이미지는 좀처럼 연결하기 어렵다. 그러나 당시 굴원은 시인과 전략가로서 모두 A급이었다.

내친김에 초의 지성을 대표하는 《노자》*까지 달려보자.

강과 바다가 능히 수많은 온갖 계곡 물의 왕이 될 수 있는 것은, 그들이 계곡의 아래에 처하기 때문이다. 그런 까닭에 그들은 골짜기들의 왕이 될 수 있다. 성인이 백성들의 앞에 설 수 있는 까닭은 그 몸을 백성들 뒤에 두었기 때문이고, 백성들 위에 설 수 있었던 까닭은 말로는 (과인寡人이니 불곡不穀이니 하는 겸손한 말로) 백성들 아래에 처했기 때문이다. 그러니 백성들의 위에 있어도 무겁다 하지 않고, 앞에 있어도

---

- 노자라고 하지 않고 《노자》라고 한 까닭은 현재 노자라는 '사람'의 실체를 밝힐 수 없기 때문이다. 노자가 어떤 사람인지를 막론하고 《노자》는 분명히 전국시대 초나라에서 꽃을 피운 학파다. 굴원의 초사楚辭와 《노자》의 상관관계는 밝힐 수는 있지만 아직 선후관계는 밝히기 어렵다고 본다. 앞으로 언급하는 《노자》는 모두 가장 오래된 자료인 곽점본 《노자》다. 초기 《노자》와 현존 왕필본 《노자》의 심대한 차이점은 이후에 자세히 밝히겠다. 편의상 곽점본 《노자》의 가차자假借字는 통용자로 바꾸었다.

해롭다 여기지 않는다. 천하가 다 조현하고 싫어하지 않는 것은 그가
다투지 않기 때문이다.

〔江海所以能爲百浴王 以其能爲百浴下 是以能爲百浴王 聖人之在民前也 以身
後之 其在民上也 以言下之 其在民上也 民弗厚也 其在民前 民弗害也 天下樂進
而弗厭 以其不爭也 故天下莫能與之爭〕


도로써 군주를 보좌하는 이는, 군사력으로 천하에 시위할 욕심을 내
지 않는다. 목적을 취하면 될 뿐, 군사력을 쓰지는 않는다.

〔以道佐人主者 不欲以兵强於天下 善者果而已 不以取强〕


　노자의 사상에는 강한 부쟁不爭, 반전反戰 의식이 들어 있다. 굴원은
오나라가 싸움을 좋아했지만 결국은 초나라를 이길 수 없었다고 말한
다. 그 원인은 물론 오나라가 도를 잃었기 때문이다. 그런데 지금 초나
라가 도를 잃고 동맹을 끊고 무익한 싸움을 하고자 한다. 그러니 초나
라의 운명을 걱정하는 것이다. 노자는 굴원의 선별적인 부쟁 사상에서
더 나아가 전면적인 반전을 주장한다. 문장은 일견 모순적이다. 어떻
게 아래에 처하는 것으로 왕이 될 수 있을까? 어떻게 힘을 과시하지 않
고 이길 수 있을까? 그러나 역사적인 사실이《노자》의 힘을 증명했다.
앞으로 우리는 확인하게 될 것이다. 사실 강골 장왕은 또 한 명의 노자
였다.
　그러나 약육강식의 병탄이 진행되던 전국시대의 상황에서 과연 이
런 사상은 힘을 가질 수 있었을까? 전국시대는 몰라도《노자》의 사상

은 통일제국기에는 확실히 힘을 발휘했다. 초나라의 유학을 대변하는 육가陸賈, 가의賈誼 등은 중국 최초의 강대한 수성 왕국인 한漢의 사상적인 초석을 놓았다. 그리고 이들은 모두 분명히 《노자》의 영향권 아래에 있었다.

초나라의 사상이 《노자》까지 이어지기까지는 많은 곡절이 있었다. 《노자》는 전쟁과 그 대응책들이 만들어낸 변증법의 결과물이다. 이 책에서 살펴볼 초나라도 변증법적인 존재다. 초기 무왕에서 성왕까지 이어지던 초나라는 매우 호전적인 국가였다. 명실공히 남방의 패자였으며 호시탐탐 중원을 노렸다. 그런 전통이 이어져 장왕이 나타났다. 초의 전성기를 이끈 장왕은 전략적인 사고 면에서는 진의 문공을 닮았다. 그러나 호방한 기질은 오히려 제의 환공을 닮았다. 그러나 장왕은 문공이나 환공이 갖지 못한 또 하나의 장점을 갖고 있었으니, 그것은 개인의 무력이다. 그는 스스로 전차를 몰고 선두에서 적진으로 뛰어들었다. 군사들은 왕의 뒤에서 뛰었다. 이런 돈키호테식 군주는 당시 북방에서는 찾기 힘들다.

그러나 그는 진晉나라 군사를 몰아치다가 돌연 멈추었다. 진陳나라를 얻자 돌려주었고, 정나라를 함락시켰지만 다시 복구시켰다. 막상 성과를 얻었을 때 그는 멈추었다. 그 대신 서쪽과 동쪽을 더 열심히 경략했다. 불같은 그에게서 《노자》의 '멈춤'이 느껴지는 순간이다.

장왕 이후에 초와 북방이 중원을 두고 다투는 전선은 서서히 희석된다. 초는 비록 강대했지만 중원을 완전히 차지할 욕심을 내지 않았고, 서방의 진秦이 오히려 중원국가들의 잠재적인 위협이 되었다. 남방의 초는 진秦의 성장을 지지해주는 좋은 친구였다. 그러나 정작 초는 기원 전 6세기에 들어서면서 점점 더 중원을 닮아갔고, 중원도 초나라의 장점을 흡수하기 시작했다. 그 과도기의 정점에 장왕이 있었다.

## 4. 쾌남아 초 장왕

제 환공의 무한한 신뢰, 진 문공의 깐깐한 원칙은 익히 살펴보았다. 그러면 장왕에게도 그런 개성과 힘이 있었을까?

한대의 유명한 저술가로서《전국책》의 저자로 널리 알려진 유향劉向의 역사적 일화 모음집인《신서新序》와《설원說苑》은 장왕의 일화로 가득 차 있다. 원시 자료인《좌전》이나《국어》에 장왕이 등장하는 기사는 환공이나 문공의 기사보다 훨씬 짧다. 특히《국어》〈초어〉는 단 한 장만을 할애했다. 아마 초나라가 중원 제하諸夏의 국가가 아니라서 기록이 적었을 것이다. 그러나 후대의《신서》나《설원》에는 장왕이 문공이나 환공보다 압도적으로 많이 등장한다. 그 이유는 분명 장왕 개인의 매력 때문일 것이다. 그는 행동과 감정의 진폭이 큰 사람으로 그의 행적에는 극적인 요소가 매우 많다. 이 책 2부의 주인공인 장왕이라는 인물을 먼저 초나라의 전통 속에서 파악하고 본문으로 들어가자.

## 초나라 무인들의 전통을 이어받다

—

초 무왕武王은 한수 일대의 여러 국가들의 맹주가 된 후에 주 왕실에 작위를 요청했으나 거절당했다. 그러자 그는 이렇게 대답했다.

"좋다. 안 올려주면 내가 스스로 올리겠다."

그렇게 말한 뒤 초는 주 왕실과는 상관없이 독자 노선을 걷기 시작했다. 주나라 임금도 왕이고 초나라 임금도 왕이다. 그래서 춘추시대 다른 제후국들의 호칭이 공, 후, 백, 자, 남인 데 반해 초나라는 무왕 이래 모두 왕으로 칭해졌다.

후대의 성왕成王은 초를 북방의 연합국과 대등한 위치로 올려놓은 무력 군주다. 제나라 환공이 죽은 후 송나라 양공이 패자의 꿈을 꾸고는 성왕을 불렀다. 그러자 성왕은 코웃음을 쳤다.

"감히 나를 불러? 내가 습격해서 한번 본때를 보여야 되겠다."

그러고는 홍수泓水에서 송나라 양공을 대패시키고 결국 그를 죽음으로 몰았다. 이렇듯 초의 왕들은 중원의 군주들보다는 훨씬 더 거친 무인들이었다. 왕을 보좌하는 신하들도 예외가 아니었다. 그들은 패배를 죽음으로 받아들였다.

무왕의 아들 굴하屈瑕는 라羅와의 전투에서 패하자 자결했다. 성복의 싸움에서 패하자 영윤 자옥(성득신)은 자결함으로써 책임을 졌다. 언릉의 싸움에서 부하가 준 술을 무심코 마신 자반子反 역시 자결했다. 당시 초 공왕은 싸움에 진 자반이 자결할까 걱정되어 일부러 사람을 보냈다.

"전에 대부(자옥)가 싸움에 나섰을 때는 군주가 출정하지 않았다. 그래서 자옥은 원수로서 책임을 진 것이다. 공자는 이번 패배를 자신의 잘못으로 돌리지 말라. 못난 나의 잘못이다."

그러자 자반은 재배한 후 이렇게 대답했다.

"군주께서 저에게 죽음을 내리시면 저는 죽어도 썩지 않을 것이옵니다. 신이 거느린 군사들이 달아났음은 실로 저의 죄이옵니다."

그리고 영윤 자중子重은 사람을 보내 자반을 문책했다.

"예전에 전쟁에서 패했을 때의 (사령관들이 한) 일은 그대도 알고 있을 것이오. 응당 책임을 지시오."

결국 자반은 이렇게 대답하고 목숨을 끊었다.

"선대의 선례가 없다고 하더라도 대부께서 명하시는데 저 측側(자반)이 어찌 따르지 않을 수 있겠습니까? 군사를 망치고 제가 감히 목숨을 구하겠습니까?"

왕이 또 사람을 보내 기어이 죽음을 막으려 했지만 자반은 이미 숨이 끊어진 후였다. 이렇게 초나라에서 군대를 이끄는 사람들에게 적용하는 기준은 엄격했다. 사령관에게 패배는 곧 죽음이다.

이제 장왕이라는 사람을 한번 보자. 기원전 597년 장왕은 초나라와 등을 진 정나라의 도성을 함락시켰다. 그러자 진晉나라 군대가 황하를 건너 정나라를 구원하려 했다. 진나라 군의 도전장을 받은 자중은 장왕에게 간했다.

"진은 강국입니다. 그들이 오는 길은 짧고, 힘은 남아돕니다. 허나 우리 초군은 지쳐 있습니다. 도전을 받아들이지 마시옵소서."

그러자 장왕이 대답했다.

"그럴 수는 없소. 강한 자(진晉)는 피하고, 약한 자(정鄭)는 억누른다면 과인이 어떻게 천하에 떳떳이 설 수 있겠소."《신서》〈잡사〉)

그렇게 말하고는 몸소 북채를 잡았다. 이 싸움이 초 장왕을 패자의 위치에 올린 필邲의 전투다. 장왕은 초나라 무력 왕들의 전통을 이었을 뿐만 아니라 그보다 더 나갔다. 그는 천성이 무인이지만 평범한 무인을 넘어섰다.


## 다면성을 지닌 군주 – 구정九鼎과 무武

─

우리는 다양한 각도에서 장왕이라는 인물을 살펴볼 것이다. 여기서는 장왕의 다면성을 보여주는 두 가지 일화만을 대비해보자.

장왕은 초나라와 주나라 사이에 있던 육혼융陸渾戎을 정벌하고는 주나라 경내로 들어가 열병식을 했다. 이때 주나라 왕실에서 왕손 만滿을 보내 장왕을 위로했다. 그러자 장왕은 대뜸 이렇게 물었다.

"구정이 얼마나 크고 무겁소이까?"

구정이란 주나라 왕실의 권위의 상징으로 제후들은 감히 그 무게를 묻지 못했다. 그러자 왕손 만이 대답한다.

"(천자의 권위란) 덕에 있는 것이지 구정에 있는 것이 아닙니다[在德不在鼎]."

─

• 《사기》《좌전》등 정사류로 알려진 사서들에 기록된 대화문은 따로 출처를 넣지 않았다.

장왕이 말한다.

"구정을 믿지 마십시오. 우리 초나라 군사의 창날만 잘라 녹여도 구정을 만들 수 있을 테니까요."

장왕이 보기에 이름뿐인 구정은 가소로웠다. 천자의 구정 따위도 사실 힘으로 얻으려 한다면 못 얻을 것이 없다는 투였다. 북방의 제후국들은 이런 마음이 있다 하더라도 감히 입 밖으로 내지 못했다. 그러나 장왕은 거칠 것이 없었다.

그러나 이런 모습만 있다면 장왕은 일개 무부武夫에 불과하다. 장왕은 강함의 정점에서 돌아서는 모습을 보인다. 필의 싸움에서 그는 선두에서 진晉나라 군을 사정없이 몰아쳤다. 영윤 손숙오孫叔敖는 장왕의 신변을 걱정해서 계속 군사를 몰아넣었다. 초군은 진군을 황하로 모두 쓸어넣을 기세였다. 결국 황하변에서 진나라 군대는 서로 배에 오르려고 난리가 났다. 먼저 배에 오른 군관이 배가 뒤집힐까 봐 뱃머리를 잡은 사람들의 손가락을 마구 끊었는데 그 손가락이 한 움큼씩 잡힐 지경이었다고 한다. 그러자 장왕은 탄식했다.

"저 나라와 서로 함께할 수 없을 뿐이다. 백성들이야 무슨 죄가 있겠는가?"《신서》의 같은 장

이렇게 말하고는 군대를 물려 모두 배에 오를 수 있게 했다고 한다. 만약 장왕이 계속 공격했더라면 진군은 더 심각한 타격을 받았을 것이다.

싸움이 끝난 후 돌격대의 대장 반당潘黨이 들떠서 제안했다.

"응당 승리의 군영을 만들고 적의 시체를 모아 경관을 만드시지요.

들건대 적을 물리치고는 반드시 자손에게 고해 무공을 잊지 않게 한다고 하더이다."

그러나 전투에서 선봉을 고집하던 장왕은 이렇게 대답한다.

"그대는 잘못 알고 있다. 대저 무武라는 글자는 '창을 멈춘다(止+戈)'는 뜻이다. 저들은 정나라를 구하고자 온 죄 없는 자들이고, 또 모두 충성을 다하고자 죽음으로 군주의 명을 따랐다. 내가 어찌 경관을 만들수 있겠는가?"

장왕의 이런 행동은 여러 차례 반복된다. 훗날《후한서》는 초나라 땅 남양에서 일어나 후한을 세운 광무제光武帝의 공업을 기려 '창을 멈추는 무력[止戈之武]'이라고 평했다. 광무제는 초 장왕을 역할 모델로 삼았음이 분명하다. 그는 곤양昆陽의 싸움에서 단 13기의 기병으로 수 겹의 포위망을 돌파했다. 그 역시 전투 시 장왕의 행동과 무척 비슷하다. 그리고 그는 장왕과 마찬가지로 승리한 이후에는 다시 창을 들지 않으려했다.

장왕의 행동들은 일견 모순되는 것처럼 보인다. 전국시대의 강골 전략가이면서 시인인 굴원이 여자의 목소리를 빌려 자신의 심정을 토로하는 것(《이소離騷》')이나《노자》에 강함과 부드러움이 끊임없이 대비되는 것도 이와 유사하다.

그렇다면 장왕이 정점에서 멈출 수 있도록 한 사람은 누구일까? 바

---

• 굴원의 대표작인 〈이소〉는 정숙했으나 버림받은 여인을 화자로 하여, 충성을 다했으나 오히려 모함을 받아 실각당한 굴원 자신의 처지를 절절이 노래했다.

로 봉황(장왕)의 날개인 손숙오다. 앞으로 강함에서 부드러움으로 바뀌어가는 초나라의 전통 속에서 장왕과 함께 이 사람도 살펴볼 것이다. 이제 물의 나라 초로 들어가 보자.

# 제1장

## 한수 이무기가
## 장강 용으로

### : 초나라 지형 기행

· · ·

오나라 초나라 땅은 동남으로 터져 있으매
하늘 땅이 밤낮으로 물에 떠 있네

[吳楚東南坼 乾坤日夜浮]                                    - 두보의 〈등악양루登岳陽樓〉

절창 두보杜甫는 단 두 마디로 초나라 땅의 본질을 묘사했다. 바로 동쪽으로
흐르는 강. 그 위에 떠 있는 땅이다. 초는 한마디로 물의 나라다. 물이 있으면
풀이 자라고, 풀이 자라면 인간을 비롯한 동물들이 모인다. 식물과 동물들
이 어우러지면 풍요로움이 생긴다. 풍요로움 속에서 사람들은 풍요로움을
다양하게 누릴 생각들을 한다. 그래서 때로는 풍요가 게으름의 원천이 되기
도 하고, 또 지혜의 원천이 되기도 한다.
    초나라 문화의 독특함을 이해하기 위해서는 초나라를 흐르는 여러 물줄
기들을 이해해야 한다. 산이 변화가 있듯이 물도 변화가 많다. 겨울에 어는 물
이 있고 영원히 얼지 않는 물이 있다. 거슬러 올라갈 수 없을 만큼 빨리 흐르
는 물도 있고, 바다처럼 유유한 물도 있다. 넓은 평야를 만들어내는 물도 있
고, 산 사이의 협곡을 간신히 빠져 나가는 물도 있다. 흐르는 물도 있고, 고인
물도 있다. 고대에는 흐르는 물뿐만 아니라 고인 물도 귀중했다. 흔히 택澤이
라는 글자가 들어간 지명은 단위 면적당 가장 많은 인구를 부양하는 쌀 문
화의 고향이다. 초에는 그런 고인 물들이 즐비하다.
    흐르는 물은 소통의 물이자 싸움의 물이다. 춘추 말기에는 흐르는 물
에 전선을 띄우고 서쪽의 초와 동쪽의 오가 쉴 새도 없이 싸웠다. 그러나 고
인 물은 평화의 물이다. 고인 물로는 북방의 전차가 지나갈 수도 없고, 남방
의 전선도 쉽사리 들어올 수가 없다. 고인 물은 강의 범람을 받아준다. 고인
물 주변의 갈대밭은 고대의 청춘남녀들이 '야합'하는 공간이기도 했다. 초나
라의 영윤으로《논어》에도 등장하는 영걸인 자문子文(투곡어토)은 운몽택에
버려졌으나 호랑이가 젖을 먹여 살렸다고 한다. 이 일화가 사실인지는 알 수

없다. 그러나 이 이야기는 응당 죽어야 할 존재도 생명이 넘치는 물의 공간에서는 자연의 힘으로 살아난다는 것을 상징한다.

춘추전국시기 초나라의 운명도 강줄기와 소택지의 운명들과 흡사하다. 초나라가 막 서던 시절 초는 한수漢水와 장강長江의 중류를 기반으로 삼고 있었다. 지금이야 인공 댐들이 들어서서 속도가 느려졌지만 당시 한수는 빠르게 흐르는 물이었다. 악양에서 동정호와 합쳐지기 전까지 장강도 빠르게 흐른다. 일찍이 한수와 장강 사이에 자리를 잡은 초의 조상들은 빠른 물처럼 거칠고 강한 민족이었다. 그들은 주례의 허울 따위는 아랑곳하지 않고 거침없이 나라를 키워나갔다. 《여씨춘추呂氏春秋》에 의하면 초 문왕 한 사람이 39개의 주변 나라를 병합했다고 한다.

그런데 춘추 중기에 이르러 이미 몸집을 키운 초는 남쪽과 동쪽으로 눈을 돌렸다. 동쪽의 땅 속에는 금(구리)이 있고, 땅 위에는 곡식(벼)이 있었다. 남쪽은 풍요로웠다. 북방의 깔끄러운 조는 부드러운 쌀을 먹던 사람의 입에 맞지 않았고, 자잘한 나무로 만든 북방의 관곽은 죽은 사람의 체면을 살릴 수가 없었다. 동방 파양호(팽려택彭蠡澤)의 풍부함은 동정호(운몽택)에 버금갔고, 무한武漢 동쪽 강변에는 구리광산이 널려 있었다. 수군은 회하와 장강을 따라 힘들이지 않고 움직이며 배부르게 먹었다. 반면 북방의 육군은 쉴 수도 없고 배불리 먹을 수도 없었다. 그러나 이렇게 초나라를 풍요롭게 하던 물의 부력은 초기 초나라의 강건함을 서서히 잠식해갔다.

전국시대 초기에 초는 크고 부유하지만 강하지는 않은 나라가 되어 있었다. 그들은 장강과 한수 중류의 거친 물이 아니라 회하와 장강 하류의 유유한 물에 길들여 있었다. 그들은 뛰어난 전사인 조상들과는 이미 다른 이들이었다. 그러나 그들의 변신을 타락이라고 할 수는 없다. 전국시대 말기는 세계관이 바뀌던 시기다. 바야흐로 말[馬]의 정치를 대신해 물의 정치가 시작되던 때였다. 통일제국을 이끈 진秦나라 이사李斯는 "큰 강 넓은 바다는 작은 물줄기를 가리지 않기에 깊어진다[河海不擇細流故深]"고 말했지만 정작 자신은 그 말의 깊은 뜻은 이해하지 못한 듯하다. 크고 깊은 물은 애초에 빨리 흐를 수가 없다. 이사가 말한 큰 강 진秦은 너무 조급하게 빨리 흘렀다. 그러기에 역설적으로 장구한 제국을 완성한 이들은 북방 사람들이 아닌 초나라 인물들이었다. 초나라가 전사로서의 생명을 다하던 그때 초나라의 사상은 서서히 제국의 통치 이념으로 자리를 잡아간다.

이제 초나라의 지리적인 모습을 살펴보자. 모두 물의 이야기다. 재미를 위해 그 땅에서 활약한 인물들도 한 사람씩 데려와 보자.

# 1. 한수: 초나라의 대문

주나라 소왕이 형초荊楚를 정벌하겠다고 군대를 끌고 나섰다가 한수에서 몰살당한 이야기*는 몇 차례 언급했다. 제나라 환공이 군대를 끌고 내려왔을 때도 초 성왕은 한수를 못으로 삼아 싸우겠다고 했다. 이렇듯 한수는 초나라의 대문이다.

진령 깊숙한 곳에서 내려오는 이 물은 십언十堰을 지나 단강구丹江口에서 단강과 만나 큰 강이 된다. 그 바로 아래 길목에 양번襄樊(양양과 번성)이 있다. 양번의 서쪽은 진령이 막고 있고, 북쪽은 한수가 막고 있는

---

* 서주시기 주 소왕은 주나라에 신속하지 않은 형초를 치기 위해 두 번 출정했다. 첫 번째 원정은 성공했으나 두 번째 원정에서는 한수를 건너는 와중에 배가 가라앉아 대군이 몰살당하고 자신도 죽고 말았다.(《춘추전국이야기 1》141쪽, 355~357쪽 참조)

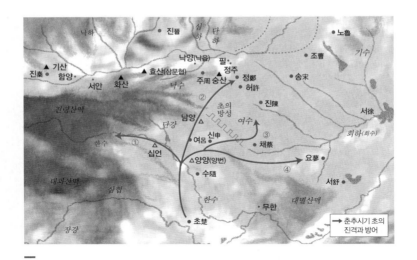

십언, 양양, 남양, 한수의 개념도.
① 대秦 서방작전 : 진秦과 초 사이의 약소국들은 십언을 기지로 공략하고 방어함.
② 대周 진晉(북방)작전 : 남양을 지나 정나라를 침.
③ 대齊 동북작전 : 양양에서 방성을 넘어 동북진함. 송나라를 목표로 함.
④ 대吳 오吳작전 : 수군으로 화하를 따라 동진함.
　따라서 춘추시기 초나라의 팽창은 양양에서 한수를 넘으면서 시작된다.


곳이다. 이곳은 초나라가 북쪽으로 나가는 문이며, 북방세력이 남쪽으
로 내려오는 곳이기도 하다. 양번에서 한수를 건너 북쪽을 바라보면
남양 분지가 펼쳐진다. 이 분지 중앙에 남양, 곧 옛 완宛 지역이 펼쳐진
다. 원래 이 지역은 주 왕실의 남방 거점으로 신申, 여呂 등의 제후국들
이 있던 곳이다. 그러나 초가 강해지자 이들은 모두 초의 현으로 편입
되었다. '완'이라는 글자는 자체로 '풀이 잘 우거진 분지'를 뜻한다. 고
대에 풀이 잘 우거진 분지란 최고의 곡창지대다. 이곳은 초의 북방 전
진기지일 뿐만 아니라 야금 중심지가 된다. 단강구는 서방의 여러 산

악민족들과 초의 충돌 지점이었고, 진秦이 동쪽으로 나오는 길을 막는 곳이었다. 진과 초 사이에 낀 여러 작은 민족들이 모두 멸망하자, 진과 초는 직접 경계를 맞대었다. 전국시대의 진은 이 길을 개척하여 동남으로 진출하여 초를 경략했다. 그래서 양번, 남양, 단강구(십언)를 잇는 삼각지대는 초의 전략요충이었다.

이 삼각지대는 중원 서남부 최대의 곡창이자 어장이다. 이 삼각지대를 둘러싼 알력은 춘추시대에 형성되어 이후로 쭉 이어졌다. 전국시대의 일은 제쳐두고 먼저 우리가 잘 아는 삼국시대로 가보자. 촉나라의 중원 진출 교두보는 과거 초나라의 수도였던 형주荊州다. 관우는 이곳에 근거를 두고 양번(양양)을 공략했다. 양번이 관우의 수중에 들어가자 조조는 득달같이 남양을 기점으로 반격에 들어갔다. 이 삼각지대는 함께 모아야 가치가 배가된다. 형주에 만족하여 양번을 노리지 않을 장수는 없다. 그러나 관우는 북진에 실패한다. 그가 양양에서 패하자 형주도 지킬 수 없는 형세가 되었다. 13세기 쿠빌라이의 몽골군도 남양을 근거로 양번을 공격했다. 양번은 북쪽에는 번성, 남쪽에는 양양성이 한수를 사이에 두고 호응하는 지형이다. 이 양번의 전투는 무려 6년이나 지속되었고 양번이 함락되자 남송은 더 이상 지탱할 여력이 없었다. 양번에서 싸움이 벌어질 때 몽골과 송은 공히 대규모 병단을 한수에 띄워 수륙양면전을 벌였다. 북쪽의 입장에서는 남양이 후방기지였다. 남양 땅을 가득 덮은 곡식을 베어 먹으며 조조와 쿠빌라이는 남쪽을 노렸다.

이제 한수는 굽이굽이 남쪽으로 달려 무한에서 장강과 합류한다. 양

한수를 바라보고 있는 양양성 '임한문'(맨 위)과 옹골찬 남양부의 정문(위).

번의 동과 서는 모두 산지다. 그래서 한수를 넘으려면 꼭 양번을 거쳐야 한다. 춘추시기 양번과 남양은 초나라의 북문이었다. 지금도 양번과 남양에는 한수 가에 견고하게 서 있는 양양성과, 명나라 때 지방부로는 1급 규모인 남양부가 남아 옛날의 위력을 말해준다.《한서》〈지리지〉에 의하면 한대의 남양군에 속하는 인구가 무려 194만 2000명이었다. 이는 초나라의 중심지인 형주 일대의 인구를 훨씬 능가하는 규모다.

잠깐 한수의 상류로 눈을 돌려보자. 한수 상류에는 한중漢中이라는 곳이 있다. 크기는 관중보다 작지만 그 형세는 관중을 꼭 빼닮았다. 다만 관중처럼 동쪽이 잘 열려 있지 않다. 삼국시대의 유비가 위세를 떨친 결정적인 계기는 한중에서 하후연夏侯淵을 격퇴한 일이다. 조조가 한수 상류 한중에서 물러나자 더 동쪽에 있던 관우는 즉시 한수를 건너 번성에 교두보를 마련하려 했다. 서쪽에 믿을 구석이 생긴 것이다. 그러나 관우가 실패하고 형주마저 잃자 한수 상류는 고립되고 말았다. 이는 촉이 기울어지는 결정적인 계기였다. 그래도 제갈량은 한중을 거점으로 수차례 관중을 위협했다. 급기야 제갈량이 죽고 한중마저 잃자 촉은 완전히 고립무원이 되었다. 삼국지에서 촉의 운명은 진나라에게 쫓기는 초의 마지막과 흡사하다. 촉은 한수 일대를 잃고 서쪽 분지에 웅크렸고, 초는 동쪽 물가로 달아났다는 차이밖에 없다.

전국시대 합종이 깨어지자 초는 한수 상류의 한중을 공략당했고, 얼마 지나지 않아 수도마저 내주고 동쪽으로 달아났다. 한수는 서북에서 동남으로 흐른다.

—
한중 석문. 강을 따라가면 초楚 땅이고, 강을 건너 서쪽으로 가면 촉蜀 땅이다.

## 2. 동정호와 상강: 초나라의 풍요

청대淸代에는 "호남에 벼꽃이 피면 기근이 끝난다"는 말이 있었다. 그렇게 호남의 쌀이 장강을 따라 동쪽으로 나가 기근을 구제했다. 상강湘江은 풍요의 상징이다.

　악양岳陽 이남의 물은 모두 동정호로 몰려든다. 한대의 시인 사마상여司馬相如는 〈자허부子虛賦〉라는 낭만적인 작품에서 "운몽은 사방 900리고, 들짐승과 물고기, 온갖 산물이 말할 수 없이 풍부하다"고 운몽택의 풍요함을 장황하게 늘어놓았다. 동정호 주위는 중국에서 가장 먼저 쌀농사가 시작된 곳 중 하나다. 이 물을 끌어들여 들판에 대면 바로 논이 되고, 좀 깊은 곳은 어장이 되고, 그곳에서 나는 갈대는 집을 짓

후예가 파사를 쏘다. 《회남자》에 나오는 고사로, 요임금이 신궁 후예后羿를 시켜 동정호의 괴수 파사를 죽이는 장면을 묘사했다. 아마도 초기에 초나라에 정착한 사람들이 땅을 개척할 때 습지에 우글거리던 구렁이들을 퇴치하면서 만들어낸 전설들이 변형된 것으로 보인다.

는 재료가 된다.

이 동정호로 들어가는 강 중에서 제일 큰 것이 상강이다. 지금 상강가에는 호남성의 수도 장사長沙가 있다. 장사의 악록산 언덕에 가서 남방의 수림을 보면 왜 고대에 초나라를 부유하다고 했는지 당장 알 수가 있다. 진 문공이 "초나라에서 쓰고 남은 것이 진나라에 나돈다"고 한 것이나, 묵자가 "송나라에는 초나라에서 나는 것이 하나도 없다"고 한 것이나, 《사기》〈화식열전〉에 "초나라 수도 동쪽은 운몽의 풍부함이 있다"고 한 것도 다 그런 맥락이다. 또 《사기》〈월왕구천세가〉에는 "장사

마왕퇴 목곽. 마왕퇴馬王堆 한묘漢墓의 관곽의 목판은 삼나무로 만들었는데 큰 것은 한 장이 1.5톤에 이른다.

《노자》의 마왕퇴 부분. 이 백서의 출현으로 '노자'의 권위는 한층 강화되었다.

는 초의 곡창이다"라는 말이 나온다.

장사에 있는 마왕퇴馬王堆 한묘漢墓의 관곽의 목판은 삼나무로 만들었는데 큰 것은 한 장이 1.5톤에 이른다. 이 목판을 만든 나무는 키가 최소 50미터가 넘는 것이다.[1] 북방의 환경에서는 자랄 수 없는 크기다.

한수는 남북을 가르는 강이지만 상강은 남북을 연결하는 강이다. 남방의 온갖 물줄기들이 상강으로 몰려들고 초문화도 이 물줄기를 따라 남북을 오르내렸다. 상강 주변에서 발견되는 대규모의 초나라 고분들이 고대의 문화교류들을 보여준다. 고대의 기록에는 초나라가 한수와 장강 유역에서는 대규모 싸움을 벌였지만 상강 유역에서 어떤 큰 싸움을 벌였다는 기록은 없다. 상강 주변의 민족들은 초나라와 같은 규모를 만들지 못했고, 북방민족들처럼 호전적이지 않았던 듯하다. 그러니 그 땅은 초나라에게는 보물과 같은 곳이었다.

그러나 상강이 풍요의 상징만은 아니다. 전국시대 초의 명신 굴원은 제나라와 연맹하여 진秦을 막자는 대표적인 합종론자다. 당시의 형세로 보아 합종 이외에는 방법이 없었다. 그러나 초왕이 장의의 유세에 속아 제를 배반하고 합종을 깨고 말았다. 합종이 깨어지자, 기원전 278년 진은 단번에 초나라 수도 영성을 함락시키고 초를 옥죄었다. 그때 조정에서 쫓겨난 굴원은 상강의 조그마한 지류인 멱라수에서 비통한 마음을 억누르지 못했다. "아홉 번 죽어도 후회는 없다"는 강골은 "세상은 모두 탁하나 나만 홀로 깨끗하구나"라는 말을 남기고 풍요의 상징인 상강에 몸을 던졌다. 한수에서 실패한 관우가 투항을 받아들이지 않은 것이나, 굴원이 죽음을 택한 것은 흡사하다. 모두 북방세력을

주희가 세운 악록서원(맨 위)과 굴원 초사楚辭를 기리는 초사원(위). 주희를 빼고 중국 철학을 논할 수 없듯이, 굴원을 빼고 중국 시가를 논할 수 없을 것이다.

방어하려고 동방세력과 제휴했고, 그 제휴가 끊어지자 운명을 다했다.

후대 송나라의 주희는 상강 변에 악록서원을 세우고 성리학이라는 지극히 난해하고 관념적인 학문체계를 만들어냈다. 초나라와 굴원의 전통 위에 있었지만 너무 극단으로 달려나간 것일까? 아무튼 상강은 사상사적으로도 풍부함을 보여주었다.


## 3. 장강: 남방문명의 총화

예로부터 장강은 시인 묵객들에게는 영감의 원천이었다. 도화원桃花源은 도연명의 이상향이었고, 적벽은 소동파에게 역사의 거울이었다. 그러나 장강의 장려함은 그 유역의 광대함과 물의 풍부함에서 나온다. 고대에는 장강으로 흘러들어가는 골짜기들마다 다양한 민족과 그들의 문화가 자리를 잡고 있었다. 그런데 시간이 흐르면서 인구가 많고 힘센 민족들에게 흡수되고 통합되었을 뿐이다.

장강의 넓은 유역과 풍부한 물은 현대 중국 인구의 3분의 1을 부양하고 있다. 장강 유역은 단연 세계에서 부양인구가 가장 많은 지역이다. 황하는 물론이고, 갠지스강이나 메콩강도 장강만큼의 인구를 부양하지는 못한다. 이 거대 지역은 좀 더 상세히 살펴보아야 한다. 앞으로 장강에 대한 묘사는 계속될 것이기에 여기서는 일단 장강의 개략적인 모습만 살펴보자. 그럼 먼저 비행기를 타고 하늘에서 장강의 발원지 청장고원에서 동쪽 동정호까지 이르는 장강의 물줄기를 내려다보자.

그리고 동정호에 이르면 배로 바꿔 타고 장강의 물줄기를 따라 동쪽으로 유유하게 유람을 떠나보자.


## 청장고원에서 사천분지까지

—

자연은 가끔씩 엉뚱한 조화를 부린다. 조물주가 만들어놓은 세상이 싫증이 났을까? 청장고원의 동쪽은 남북으로 길게 주름이 잡힌 지형이다. 히말라야 고지대의 판과 동쪽의 저지대 판이 서로 부딪치면서 이 주름들을 만들어냈다. 산이 남북으로 주름이 잡혀 있으니 물도 그 골짜기를 따라 남북으로 흘러야 한다. 고원에서 시작하는 물줄기들은 일단 남쪽을 향해 달린다. 그런데 자연은 이 남북을 흐르는 물줄기에 변주를 주었다.

장강을 이루는 제일 서쪽의 물은 금사강金沙江이다. 금사강은 청장고원을 떠나자마자 남쪽으로 달린다. 그런데 남으로만 달리던 물은 운남성 여강麗江 근처에 이르면 이제는 거꾸로 북으로 흘러간다. 그러다가 몇 차례 굴곡을 거치고는 동쪽으로 흐른다. 남북으로 달리던 산이 동쪽으로 숨구멍을 터놓은 것이다. 그 숨구멍이 얼마나 좁은지 금사강에서 불과 몇십 킬로미터 서쪽의 강들은 모두 동쪽으로 가지 못하고 곧장 남쪽으로 흘러간다.

금사강이 동쪽으로 흐르면 금사강 더 동쪽 강들의 운명은 모두 정해진 것이다. 강은 강을 건너서 흐를 수 없다. 봄이면 얼음 녹은 물이 홍수를 이루고 여름에는 소용돌이를 만들며 소리 내어 흐르는 대도하大渡河,

삼성퇴의 청동 인면.

삼성퇴박물관. 삼성퇴의 발견은 촉 지방에 독자적인 문명이 있었음을 증명하는 기념비적 사건이다.

성도평원을 지나며 수천만 인민에게 물을 대고 장강으로 합쳐지는 민강岷江도 모두 북에서 내려와 동으로 방향을 튼다. 남북으로 흐르던 산이 동쪽으로 가느다란 틈을 내고 그 틈 사이로 물이 빠져나가는 것은 실제로 조물주가 의도하고 만들어놓은 듯하다. 자연의 기발한 조화다.

사천분지를 지나면서 장강은 춘추전국의 역사를 비껴갈 수 없다. 사천분지는 최소한 상나라 말기에는 중원의 청동기 문명과 비견될 수 있는 문명이 존재하던 곳이다. 이곳에서 발견된 삼성퇴三星堆의 청동 문명은 물론 상나라 문명과 교류한 흔적도 있지만 여타 중원문명과 차이가 두드러지는 독창적인 문명이다. 또 주 무왕이 상을 공격할 때도 이들 민족의 이름이 거론된 적이 있다.

그러나 이들은 전국시대에 이르러 진秦의 한 지방으로 전락하고 만다. 초가 아닌 진이 촉을 장악했다는 것은 춘추전국의 판도에 심대한 영향을 미쳤다. 전국 후반기 진의 유세가 장의는 항상 촉에서 배를 타고 내려와 단번에 초나라 영성을 차지하겠노라고 허풍을 쳤다. 장강 상류에 사는 소수민족들을 제어하기 위해서 많은 공을 들였던 초로서는 난처한 상황이었다. 실제로 진은 장의의 말을 허풍으로 만들지 않고 민강에 도강언都江堰이라는 거대한 수리시설을 만들었다. 촉의 양식을 먹고, 촉의 배를 타고 초를 평정한다는 장의의 공언이 실현되는 순간이 바로 초의 마지막이었다.

이제 장강은 사천평원을 지나 동쪽으로 나간다. 사천분지가 끝나면 긴 협곡이 시작된다. 이른바 삼협이다. 삼협 좌우의 대파산大巴山과 대루산大婁山은 마치 장강의 힘에 밀린 통발 살처럼 강가에서 동쪽으로

장강(맨 위)과 삼협(위).

휜다. 삼협 좌우의 언덕에는 최소한 삼국시대까지는 외부의 간섭을 받지 않던 평화로운 여러 민족이 살고 있었다. 그러다가 물은 호북湖北에서 강한평원江漢平原을 만난다. 강한평원이 바로 초나라의 요람이다. 초나라의 요람인 오늘날의 형주 일대는 다음 단락에서 살펴보기로 하고 곧장 동쪽으로 이동하여 동정호로 가보자. 동정호에 닿으면 배로 갈아탄다. 하늘에서 내려다보는 것보다 배를 타고 보면 이해할 수 있는 것이 훨씬 많다.

## 동정호에서 황해까지

—

동정호를 나서 무한으로 가는 중에 적벽赤壁이 있다. 적벽대전으로 유명한 곳이다. 형주를 손에 넣은 조조의 북방군은 동진하고, 파양호鄱陽湖에서 수군을 조련하던 주유는 서진하여 이곳에 전력을 모아 일전을 겨루었다. 좀 더 동쪽으로 내려가면 무한武漢이 나온다. 무한은 장강과 한수가 만나는 곳이다. 이곳에서 장강을 조망하고 있는 황학루黃鶴樓는 초나라 땅의 누각의 전통을 이어받아 웅장한 모습으로 강가에 서 있다. 무한에서 한수를 만난 장강은 더욱 커진다. 원래 무한은 상나라 시절부터 중요한 역할을 했다. 무한 근처의 반룡성盤龍城 상商대 유적에서 나온 유물들은 상나라 종족의 유물과 거의 흡사하다. 이 지역이 상족의 남방 거점 역할을 했음은 분명한 듯하다. 동쪽의 중요성이 커지는 역사의 추세가 계속 이어지자 오늘날에는 무한이 형주보다 훨씬 큰

황학루. 초 영왕의 장화대章華臺가 이런 모습
이었을까?

반룡성 상대 유적지. 상商 문명과의 직접적인 연관성이 주목된다.

도시가 되었다. 전국시대에 초가 장강 중류를 넘어 오월의 땅을 모두 손에 넣자 무한 지역은 형주와 장강 하류를 잇는 거점이 되었다. 그래서 이 지역에서는 대규모의 전국시대 초나라 귀족 무덤들이 발굴된다.

초는 왜 자꾸 동쪽으로 나가려고 했을까? 물론 동쪽에 넓은 미개척지가 있었기 때문일 것이다. 그러나 무시할 수 없는 또 하나의 이유가 있다. 바로 구리다. 초 장왕이 초나라 창의 날만 모아도 주나라의 구정 따위는 만들 수 있다고 한 것은 허풍이 아니었다. 무한에서 출발한 초나라 전선은 곧장 동진하여 황석黃石의 구리광산으로 들이쳤다. 호북성 황석에서 강서성 구강九江에 이르는 산지에는 동광산이 널려 있다. 호북 황석의 동록산銅綠山, 강서 서창瑞昌의 동령銅鈴嶺은 모두 현존하는 최대·최고最古의 구리 채굴·제련 유적이다. 춘추 말기 오와 초가 이 지역을 두고 필사적으로 싸움을 벌인 이유도 구리와 무관하지 않을 것이다. 고대에 구리는 실로 금보다 귀중한 자원이었다. 금은 장신구나 만들 수 있었지만 구리로는 병기, 수레, 농기구까지 만들 수 있었다. 그래서 구리는 고대에 '미금美金'이라고 불렀다.

동록산을 떠나 대별산맥과 막부산맥幕阜山脈 사이를 빠져나가면 구강이라는 도시가 나온다. 구강 남쪽에는 중국 최대의 담수호인 파양호가 있다. 이 호수는 고대에는 팽려택彭蠡澤이라고 불렀다. "운몽(동정호)과 팽려(파양호) 사이는 고대 삼묘三苗*의 고향이다"라는 기사도 있지만

---

• 《상서》에 나오는 고대 중원민족에 대비되는 여러 민족의 이름으로 특정한 민족을 지칭하지는 않는다. 삼묘의 삼이란 여럿이라는 의미다. 대체로 중원을 기준으로 남쪽의 민족들을 칭할 때 이 이름을 썼다.

려산에서 내려다본 파양호. 파양호가 없었다면 려산은 그저 조금 높은 야산에 그쳤을 것이다.

원래 대별산과 막부산 사이에는 수많은 소수민족들이 살고 있었다. 초장왕 대에 이르러 초가 서서히 동방을 더 중시하자 이 지역이 주목을 받았다.

파양호는 동정호의 형제뻘 되는 호수다. 이백은 장강이 산맥을 지나 구강에 닿아 넓어지는 모양을 "하늘의 문이 갈라져 초나라 강이 열렸다[天門中斷楚江開]"라고 표현했다. 이 표현은 마치 역사적인 사실을 묘사하는 듯하다. 장강을 따라 내려온 초 민족도 원래 그곳에 있는 사람들에게 하늘의 문을 쪼개고 내려온 사람들처럼 보였을 것이다. 파양호

복원한 수춘성. 초나라의 마지막 보루였다.

도 동정호처럼 수많은 강의 물줄기를 모아들인다. 파양호는 장강의 홍
수를 조절하는 자연 저수지다. 장강의 수위가 올라가면 파양호로 물이
들어간다. 파양호 좌안에는 려산이 유유한 자태를 자랑한다. 《사기》
〈화식열전〉에 의하면 형산, 구강, 장사의 풍속은 서초西楚의 풍속과 유
사하다고 묘사되어 있다. 그러니 최소한 한대에 이르면 동정호에서 파
양호에 이르는 구간은 초나라 문화권으로 완전히 편입된 곳임을 알 수
있다.

　파양호를 지나면 장강은 동북으로 방향을 바꾼다. 이제 강의 속도는
훨씬 느려진다. 그리고 강이 대별산을 완전히 빠져 나가면 강 북쪽으

로 거대한 평원이 펼쳐진다. 이 평원은 회하의 여러 유역을 지나 산동 평원과 화북평원까지 이어진다. 초 장왕의 명신으로 이름을 날린 손숙오는 이 지역을 초나라의 알짜배기 땅으로 만들었다. 초나라의 변방 안휘성 출신인 손숙오는 영윤이 되자 대규모 수리사업들을 벌여나갔다. 특히 수춘(지금의 수현)은 진秦에 쫓긴 초가 마지막으로 도읍을 삼은 곳인데, 그곳 또한 손숙오가 제방을 쌓아 관개농업지를 만들었다. 아마도 손숙오가 만든 저수지들은 중국 역사상 가장 오래된 수리시설일 것이다. 초는 이렇게 새로운 지역을 단순히 무력으로 차지한 것뿐만 아니라 경제적인 활력을 불어넣었다. 전국시대에 초가 회하 남·동쪽의 땅을 모두 차지하자 이 지역은 초나라 문화권으로 편입되었다. 사마천은 이어서 이렇게 초와 월을 묶어서 묘사한다.

초월 지대는 땅은 넓으나 사람은 적고, 쌀밥에 물고기 국을 먹는다. 과일과 어물은 풍족하여 사 먹을 필요가 없으며, 땅에서 나는 것도 넘쳐서 굶어 죽을 걱정이 없다. 그래서 사람들은 게으르고 저축할 줄을 모른다. 그런 까닭에 강회의 남쪽〔江淮以南〕(남南은 동東과 통하며, 대체로 초의 동쪽지방을 말한다)에는 춥고 굶주린 사람은 없지만, 천금을 가진 부자도 없다.

초나라 동쪽에 대한 매우 재미있는 묘사다. 그러면 북쪽은 어떤가?

기수沂水와 사수泗水 이북은 오곡과 육축, 말을 기르기에 좋으나 땅은 좁고 인구는 많아 수해와 한발의 재난이 잦아 사람들은 저축하기를 좋아한다. 그래서 진晉, 하夏, 양梁(위魏), 노 지역 풍속은 농업을 즐겨 하고 사람을 중시한다.

사마천은 이렇게 동남과 서북(진秦-진晉)을 대비하는데 동남은 풍족 하기에 오히려 저축을 모른다고 했다. 물론 지나친 단순화로 정확한 지적은 아닐 수 있으나 여러 자료를 통해 전국 말기 광대한 땅을 가진 초나라가 전혀 힘을 쓰지 못하고 멸망한 사실을 보고 내린 결론임은 분명하다. 사마천은 이렇게 초보적인 환경결정론을 역사에 접목시켰 다. 이렇게 장강은 황하와 대비되고 북방과는 다른 초문화가 장강에서 잉태되었다. 앞으로 사마천의 분석에서 더 나아가 남북 문화의 차이를 대비하며 이야기를 전개할 것이다.

남경南京을 지나면서 강폭은 훨씬 넓어져서 맞은편 기슭도 아득하 게만 보인다. 강이 더 동쪽으로 가서 어떻게 바다에 닿을지는 다음에 이어지는 오-초-월의 지난한 투쟁의 역사에서 묘사해도 충분할 것이 다. 이렇게 초나라는 장강 일대를 모두 차지함으로써 한수의 이무기에 서 장강의 용으로 성장했다. 중국의 역사는 황하에서 시작되어 장강에 서 마무리된다고 해도 과언이 아닐 것이다.

# 4. 초의 도읍, 영

마지막으로 초가 수춘으로 천도하기 전까지 수백 년간 초나라 수도의 지위를 유지했던 영郢이라는 지방에 대해 살펴보며 초나라 지리에 대한 고찰을 마무리하자.

영은 우리가 형주나 강릉이라는 지명으로 익히 알고 있는 곳이다. 초인들이 언제 영에 도읍을 정했는지는 정확히 알 수 없다. 그러나 춘추시기 우리가 알고 있는 대부분의 사건들은 초가 지금의 형주에 도읍을 정한 후에 일어난 일이다.

지금 형주에는 초도 기남성紀南城의 유적이 남아 있다. 장강의 범람을 피할 정도의 자리에 정방형으로 자리잡은 기남성은 완전한 평원에 있는 도성이다. 강한평원에는 산이 아예 없기 때문에 평지에 도성을 세울 수밖에 없었을 것이다. 기남성 우물의 목재를 탄소동위원소 측정법으로 계산하면 대략 기원전 530년 정도로 거슬러 올라간다.[2] 그렇다면 현재 성터의 연령도 2500년은 넘는다. 《한서》〈지리지〉는 초 문왕 때 영으로 천도했다고 적었다. 정확히 오늘날의 기남성은 아니겠지만 아마도 기남성 부근 지역일 것이다.

기남성은 방어와 공격에 적합하도록 되어 있다. 남북으로 장강과 한수가 막고 있으며 성 주위로 긴 수로들이 둘러싸고 있다. 지형을 따라 성벽을 배치한 점이 좀 두드러지고, 성의 기반을 매우 넓게 한 것이 특징이다. 습한 기후 때문에 판축의 흔적은 많이 파괴되었다.

그런데 기남성의 특이한 점은 단연 수문이다. 성안으로 물길을 끌어

초도 영성이 있던 곳. 볼품없는 제방으로 바뀌어 일종의 공동묘지로 활용되고 있다.

기남성 수문. 완전한 평원에 자리잡은 기남성은 물자를 편하게 옮기기 위해 성안으로 물길을 끌어들였다.

형주성.

들였는데 분명히 물자를 편하게 옮기기 위한 실용적인 목적 때문이었다. 초가 얼마나 물과 연관이 많은 나라인지가 또 한 번 밝혀진다. 수레가 마음대로 움직이기에는 수로가 너무 많았다. 그래서 배를 더 많이 이용하기로 한 것이다. 초의 수도는 전차보다는 배가 움직이기 쉬운 지형에 건설되었다. 방어적인 측면에서 기남성은 춘추시대에는 철옹성이었다고 할 만하다.

전국시대에 이르면 초나라 수도는 번화한 상업의 중심지로 성장한다. 기남성 동쪽의 호수들은 구절양장九折羊腸처럼 장강과 한수로 연결

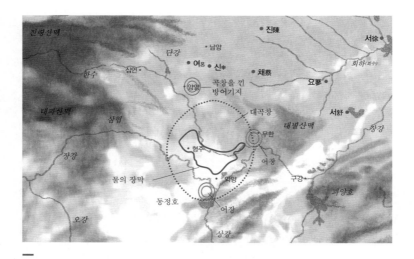

형주(荊州)의 전략적 중요성.
① 물의 장막 : 형주는 3면은 물로, 한 면은 산으로 둘러싸여 있다. 형주를 공략하기 위해서는 상륙전을 펼쳐야 한다.
② 곡창과 어장 : 호북·호남 평원이 모두 대곡창이다.
③ 거대 어장 : 동정호, 한수─장강 합수구는 내륙 최대의 어장이다.
④ 북방에 자급자족형 위성 방어기지 양양(襄陽)을 두고 있다.

되어 있다. 물의 중요성은 더 커져서 현재 남아 있는 형주성은 아예 장강 바로 옆에 위치하고 있다.

《삼국지》의 주인공 제갈량은 형주(초나라의 영)에 대한 애착을 유독 자주 드러냈다. 유명한〈융중대〉는 사통팔달한 형주의 특징을 들어 형주를 '무력을 쓰기 좋은 곳[用武之國]'이라고 칭했다. 삼국시대 이후 남북조시대의 형주는 남방국가들의 군권자가 거주하던 곳이었다. 이는 한수를 방어기점으로 하고 장강을 따라 동쪽으로 움직인다는 초나라의 전략을 그대로 본받은 것이었다.

그러나 상륙전과 보병전이 보편화되자 형주의 방어적인 기능은 약해졌다. 산에 의지한 성은 하늘을 날지 않으면 넘어서기 힘들지만 물에 의지한 성은 그렇지 않았다. 특히 수전에서는 상류를 선점한 국가가 매우 유리했다. 전국시대 진秦이 한수와 장강의 상류(한중과 촉)를 모두 장악하자 형주는 위험한 지역으로 전락했다.

이 책에서 다룰 시기는 초가 한창 힘을 떨치는 기원전 7세기 말과 6세기 초다. 이 시기의 형주는 떨쳐나가는 초의 상징이었을 뿐 위험한 지대는 아니었다. 이제 영(형주)이라는 지점을 마음속에 두고 춘추 세 번째 패자 초 장왕과 그의 아들이 이 용무지국의 자리에서 어떻게 무력을 쓰고, 초라는 대국을 이끌어가는지 살펴보자.

제2장

장왕 출현 이전의
국제 정세

．．．

장왕을 만나기 전에 당시의 국제정세를 잠깐 살펴보자. 춘추 초기를 장악했던 제나라의 힘이 약해지고, 당시는 진晉나라가 중원의 우두머리 역할을 하고 있었다. 그런데 이제 남쪽에서 초 장왕이라는 사람이 등장하여 춘추의 질서를 또 한 번 재정립한다.

오늘날도 국내정치와 국제정치를 갈라놓기는 극히 어렵다. 고대에 그 구분은 더욱 모호했다. 중국은 오랜 경험을 통해 국내정치와 국제정치를 구분하는 것이 정권을 안정화하는 데 도움이 된다는 사실을 깨달았다. 유가의 '수신제가치국평천하修身齊家治國平天下'라는 이념은 현실정치를 오랫동안 관찰한 후에 얻은 결론이다. 치국이 되지 않는 상황에서 평천하는 불가능한 것이다.

장왕이 춘추의 세 번째 패자로 등극할 수 있었던 것은 국내외 정치에 대한 그 자신의 혜안 덕이었다. 그 과정을 알아가기 위해 장왕이 출현하기 전 춘추 각국의 상황을 한번 짚어보자. 우리 이야기의 세 번째 주인공은 초 장왕이므로 먼저 초나라의 상황부터 살펴보자.

# 1. 초나라 목왕이 국세를 지키다

《사기》〈초세가〉는 목왕 재위기(기원전 625~기원전 614) 12년을 묘사하기 위해 정확히 43자를 할애했다. 그 내용은 이렇다.

목왕이 즉위하자, 자신의 태자궁을 반숭潘崇에게 주고, 반숭을 태사로 삼고 그에게 국정을 맡겼다. 재위 3년 강江나라를 멸망시키고, 재위 4년에는 육六나라와 요蓼나라를 멸망시켰다. 육나라와 요나라는 고요의 후손이다. 재위 8년에 진陳나라를 정벌했다. 재위 12년에 죽었다.

이 기록은 목왕에 대한 사마천의 태도를 보여준다. 목왕은 장왕의 아버지다. 그는 바로 아버지 성왕을 죽이고 자리에 오른 상신商臣이다. 그는 왕위에 오른 후 자신의 오른팔이자 정변 동지인 반숭을 등용하여 정치를 행했다. 그러니 목왕은 인간적으로나 정치적으로나 문제가 있는 인물임이 분명하다.

그러나 목왕도 몇 가지는 주목할 만한 일을 했다. 먼저 육나라와 요나라를 멸망시켰다는 대목에 주의해보자. 육나라와 요나라는 하남성 동남부와 안휘성 일대의 국가들로 대별산 북쪽에 있다. 초는 왜 이 국가들에 주목했을까? 간단해 보이는 이 사건들은 초가 북진보다는 동진을 중시하는 정책으로 선회하고 있음을 알리는 이정표다. 초가 동진으로 선회한 이유는 앞으로 계속해서 이야기할 것이다. 아무튼 목왕은 초의 동진정책 초기에 실질적인 성과를 남긴 사람임이 분명하다.

그다음은 반숭에게 전권을 부여했다는 기사다. 반숭은 초 장왕 시대에도 등장하는 인물이다. 그가 어떤 사람인지는 분명하지 않지만 정치적인 실력은 무시할 수 없었던 모양이다. 알다시피 초나라는 투백비이래, 그 아들 투곡어토(자문), 투곡어토의 동생 성득신(자옥), 그리고 투발까지 모두 약오씨若敖氏의 후손들이 영윤令尹(재상) 자리를 장악하고 있었다. 성왕은 성복대전에서 성득신이 약오씨의 군대를 이끌고 독자적으로 작전을 펼치다 실패하자 그를 자결케 했다. 약오씨 씨족이 강해지는 것을 경계했기 때문이다. 목왕과 반숭은 제나라 환공이나 관중에 비길 인물들은 아니지만 기본적으로 환공과 관중을 표본으로 국내 정치를 짜려 한 듯하다. 관중도 당시의 거족인 고씨와 국씨를 누르고 정치를 장악했다. 다만 관중은 폭력을 쓰지 않고 자신의 정치력으로 국내를 평정하려 했고, 목왕은 힘으로 거대 씨족들을 누르려 했다. 이 정책은 뒤를 이은 장왕에게도 영향을 주었다. 장왕은 거대 씨족들을 완전히 제압했을 뿐 아니라 거족들을 배제하고 능력주의에 입각해서 대신들을 기용했다.

이제《좌전》의 기사를 중심으로 목왕 시절에 일어난 일들을 간략히 정리해보자. 먼저 목왕은 초나라 군주들의 전통적인 숙원인 정나라를 굴복시키는 일을 이어갔다. 아버지 성왕은 성복에서 진 문공에게 크게 패했지만 그것을 초나라 전체의 패배로 받아들일 수는 없었다. 목왕 8년(기원전 618), 초나라의 모신 범산范山이 목왕에게 권했다.

"지금 진晉나라 군주는 어려서 마음을 제후들의 일에 두고 있지 않으니, 북방을 도모할 수 있습니다."

초나라 군대는 드디어 정나라로 진격하여 정나라 공자 견 등을 잡았다. 정나라는 강화를 청할 수밖에 없었다. 과연 진나라를 중심으로 노·송·위·허 등이 참여한 북방연합군은 초를 상대로 싸울 마음이 별로 없었다. 이렇게 정나라는 다시 초나라 사정권으로 들어왔다.

같은 해에 여름과 가을에 초는 또 진陳나라를 공략했다. 싸움은 1승 1패로 마무리되었으나 진나라는 초나라의 위세가 두려워 포로를 돌려보내며 강화를 청했다. 범산의 책략은 적중했다.

그해 겨울 목왕은 투초鬪椒를 노나라에 사신으로 보냈다. 노나라에 사신을 보낸 목적은 역시 진晉나라를 견제하기 위해서였다. 다음에 서방의 진秦도 진晉을 치기 위해 노나라에 사신을 보내는 것을 목격하게 될 텐데, 사료에는 남아 있지 않으나 진秦과 초 사이에도 이미 밀약이 있었을 것으로 추측된다. 그 밀약은 곧 공식적인 동맹으로 발전한다.

이 투초라는 인물은 투씨 가문의 총아로 투곡어토의 조카이며 아버지는 사마를 지낸 자량子良이다. 그러나 투초는 오만해서 사신으로서 임무를 제대로 수행하지 못했다. 투초가 노나라에 와서 폐물을 올리는 태도가 상당히 오만했던 모양이다. 노나라의 숙중혜백叔仲惠伯은 이렇게 약오씨의 미래를 예견했다.

"이자는 필시 약오씨의 씨족을 망칠 것이로다. 선군에게 오만하니, 신이 복을 내리지 않을 것이로다."

선군에게 오만하다는 뜻은 사신으로 와서 무례한 짓을 하니 그것은 자기 선군에게 무례한 짓을 하는 것이나 마찬가지라는 뜻이다. 앞으로 투씨 집안의 미래도 초나라의 운명과 관련이 있으니 주목해보자.

약오씨 가문의 입장에서는 초 왕실의 견제책이 억울할 만도 하다. 성복의 싸움 때 성득신은 고립무원의 상황에서 싸우다 패해서 성왕에게 죽었고, 투발은 현재의 군주가 태자일 때 그의 모함을 받아 죽었다. 초나라가 강해진 데에는 약오씨 문중의 공이 큰데 이제는 공공연히 견제당하는 상황이 불만스러웠다. 약오씨의 반격이 예상되는 단계였다.

투의신은 성복의 싸움에서 좌군을 이끌고 출전했다. 중군원수인 성득신과 함께 투의신도 자결을 시도했지만 그만 목을 맨 줄이 끊어졌다. 그때 성왕은 그를 사면하고 상공商公으로 삼았다. 상은 한수 상류에

---

• 투발은 상신(훗날 목왕)의 표독스러움이 싫어서 그를 태자로 세우는 것을 반대했다. 훗날 투발이 진나라와의 전투에서 전략상 후퇴하자, 상신은 성왕에게 그가 진나라의 뇌물을 받고 후퇴했다고 무함했다. 그래서 투발은 억울한 죽음을 당했다.

있던 지역으로 초가 점령하여 진秦과 경계를 삼던 곳이다. 이런 우여곡절을 겪은 투의신은 마음이 편할 리가 없었다. 목숨을 걸고 싸우다 돌아왔는데 죄인으로 취급받는 것이 억울했다. 그래서 목왕이 약오씨를 계속 압박하자 복수를 하고자 했다. 그는 상밀商密에서 기회를 보다가 한수를 따라 내려와 장강을 거슬러 올라가 몰래 영도를 습격하려 했다. 그러나 왕은 저궁渚宮에서 이들의 행동을 내려다보고 있었다. 저궁의 누대가 매우 높아 강가에서 벌어지는 일은 모두 살펴볼 수 있었다. 투의신은 몰래 거사를 도모할 수 없자 이렇게 변명했다.

"저는 죽음을 면하였으나 아직 참언이 남아 말하기를 신이 장차 도망치려 한다는 것입니다. 신은 사패司敗(초의 사구司寇)에게 판결을 받고 죽을까 합니다."

그러자 왕은 그를 공윤工尹(초나라의 사공司空)에 임명했다. 그러나 다시 자가子家와 모의하여 목왕을 죽이려 했고, 이번에도 목왕이 먼저 이 소식을 들었다. 그래서 투의신은 일을 벌이기도 전에 죽고 말았다.

필자는 위의 기록을 다 믿지 않는다. 투의신이 한 진술은 기록에 남아 있기 때문에 사실일 것이다. 그러나 투의신이 실제로 목왕을 죽이려 했는지는 확신이 서지 않는다. 목왕이라는 인간이 워낙 음흉하기 때문에 사전에 사건을 조작했을 수도 있고, 또 투의신이 못 미더워서 제거하려 했을 수도 있다. 그는 전에도 자신이 태자가 되는 것을 반대한 영윤 투발을 모함해서 죽인 적이 있다. 그는 정적을 죽이는 데는 표독했다. 중요한 것은 목왕이 약오씨의 후손들을 견제하는 데 신경을 많이 썼다는 사실이다.

위세를 회복하려는 목왕의 시도는 여기에서 그치지 않았다. 그는 채나라와 연합하여 송나라까지 치려고 했다. 그러나 송나라는 싸움이 일어나기 전에 재빨리 항복했다. 이에 목왕은 정나라 군주, 진陳나라 군주, 송나라 군주, 균麇나라 군주를 거느리고 사냥을 벌였다. 이들 작은 나라의 군주들에게는 사실상 치욕이었다. 이 사냥에서 목왕은 송나라 군주 소공에게 불씨를 준비하라고 했다. 그러나 소공은 이 명령을 어겼다. 그러자 이 사냥대회에서 좌사마를 맡은 초나라 무외毋畏는 송 소공의 종복에게 매질을 했다. 어떤 사람이, "한 나라의 군주를 욕보일 수는 없습니다"라고 조언하자 무외는 일언지하에 거절했다.

"관직을 수행함에 어찌 강한 사람을 꺼릴 것인가?《시》에도 단단하다고 뱉지 말고, 부드럽다고 삼키지 말라는 말이 있네. 이 또한 강한 자를 피하지 말라는 뜻이네. 감히 내가 목숨을 아껴서 관직을 어지럽히겠는가?"

이 기사는 당시 초나라의 엄정한 기강을 보여준다. 그러나 동시에 그때 다른 나라 군주들이 느낀 모욕감과 공포감을 그대로 반영한다. 균나라 군주는 두려움 때문이었는지 이 회합 중에 달아나 귀국했다. 그러자 초나라는 당장 이를 응징했다. 이듬해 성득신의 아들이자 영윤인 성대심과 반숭이 연이어 균나라를 공격했다. 균나라는 지금의 호북성 십언十堰 근처 초나라의 서북쪽에 있던 소국이다.

그다음 해에는 소巢나라를 점령했다. 두예의 주에 의하면 소나라는 려강廬江 부근으로 지금의 소호巢湖 일대다. 이들은 여러 서나라(군서群舒)들과 인접하고 있었던 것으로 보이며, 그 종족은 확실하지 않다. 초가 이들 지역으로 들어옴으로써 동쪽의 정치지형은 큰 파문이 일었다. 이들 지역의 동쪽에는 월족의 일파가 세운 오吳나라가 있었다.

이 지역을 장악한다면 초는 동방을 공략하기 위해 구태여 먼 북쪽으로 돌아갈 필요가 없었다. 장강을 따라 내려가다가 상륙해서 올라가면 되었다. 춘추시기에 초의 진격로는 명확하지 않다. 그러나 전국시대에 이르면 장강의 물길은 육로보다 더 편해져서 군수물자들이 물길을 따라 동서로 움직였다. 초의 동진이 어디에서 저지될지는 초를 둘러싼 작은 나라들에게 초미의 관심사였다.

이렇게 목왕은 패륜으로 정권을 쟁취했지만 올라선 자리를 제법 잘 지켜나갔다.


## 2. 조돈이 진晉나라의 집정이 되다

성복과 효산의 싸움으로 패자가 된 진晉은 양공의 죽음으로 일련의 내홍을 겪었다. 그러나 진에는 조최의 아들 조돈趙盾이 있어서 정국은 빠르게 수습되었다.

진 문공이 패자가 되는 데서 1등 공신은 호언이며, 그다음은 조최라고 할 수 있다. 그래서 양공 시절에 호언의 아들 호역고狐射姑가 중군의 대장을 맡고, 조최의 아들 조돈이 부장을 맡았다. 그런데 양처보陽處父는 원래 조최의 부하였기 때문에 조돈을 지지하여 중군의 대장과 부장 자리를 바꾸었다. 양처보는 호역고의 반발을 무마하려 이렇게 말했다.

"그분은 능력이 있다. 능력이 있는 사람을 쓰는 것은 국가에 이익이 니, 그래서 그분을 위에 모신 것이다."

이리하여 호역고를 대신하여 조돈이 집정하게 되었다. 과연 이 사람의 능력은 아버지 조최를 부끄럽게 하지 않았다. 게다가 그는 아버지보다 더 엄격했다. 그는 원칙을 매우 중요시하는 사람이었다. 그는 먼저 일을 처리하는 전범을 만들고, 형법을 바르게 하고, 옥사를 피하며(옥사를 오래 끌지 않는다는 뜻), 달아난 자를 토포하고, 계약서에 의거해 거래(재산) 쟁송을 해결하고, 오래된 악습을 다스리고, 상하의 질서를 확고히 하고, 응당 있어야 할 관직을 부활시키고, 인재로서 등용되지 못한 사람들을 끌어내어 썼다[制事典 正法罪 辟獄刑 董逋逃 由質要 治舊洿 本秩禮 續常職 出滯淹].

이 기록으로 보아 조돈은 대단히 법가적이며 엄격한 통치방법을 도입했음을 알 수 있다. 조돈은 이런 방법을 쓰고 양처보와 가타賈佗의 도움을 받아 국정을 운영해나갔다.

이런 차에 기원전 621년 진 양공이 사망했고, 그 태자는 어렸다. 조돈의 정치력을 실험하는 첫 번째 기회가 온 것이다. 진나라 조정에서는 이 일을 두고 토론이 벌어졌다. 먼저 집정인 조돈이 대안을 냈다.

"공자 옹雍을 세웁시다. 옹은 착한 행동을 좋아하고 나이도 많으며 선군께서 아끼셨습니다. 그리고 진秦나라와 가까운데 진은 오래된 맹방입니다. 선한 사람을 세워야 자리가 굳건하고, 나이 든 사람을 받드는 것은 순리에 맞으며, 선대가 사랑한 사람을 세우는 것은 효도이며, 오랜 맹방과 결탁하는 것은 안정을 꾀하는 일입니다."

그러나 호역고의 의견은 달랐다.

"공자 낙樂을 세우니만 못합니다. 어머니 진영辰嬴(회영)은 두 군주(회공과 문공)의 사랑을 받았고, 그 아들을 세우면 백성들이 반드시 안심할 것입니다."

조돈은 반박했다.

"진영은 미천하오. 서열이 아홉 번째였는데, 그 아들이 무슨 위엄이 있겠소. 또 두 군주의 사랑을 받은 것은 음란한 일이오. 어미는 음란하고 아들은 편벽되니 위엄이 없고, 진陳(공자 낙이 나가 있던 나라)은 작고 멀어서 도움이 안 되오. 그런데 어찌 안정될 수 있겠소? 옹의 어머니 두기는 두 번 양보하여 서열이 넷째가 되었고, 그 아들 옹은 선군께서 아꼈기에 진秦에 보내어 아경亞卿이 되게 한 것이오. 진은 크고도 가까우니 도움을 줄 수 있을 것이오."

이렇게 말하고는 선멸先蔑과 사회士會(사계士季, 수계, 수회, 수무자 등으로 부른다)를 보내 진秦에서 옹을 맞아오게 했다. 그러나 호역고도 그 나름대로 생각이 있었다. 그는 원래 조돈의 위에 있다가 아래로 간 일로 불만을 품고 있었는데, 공위계승에서도 조돈에게 지고 싶지 않았다. 호역고도 진陳에 사람을 보내 공자 낙을 불렀다. 공위계승을 둘러싼 경대부들 간의 권력다툼이 시작된 것이다.

조돈은 사람을 보내 공자 낙을 죽였고, 호역고 역시 사람을 보내 조돈의 붕당 사람인 양처보를 죽였다. 양처보가 군대를 편성하는 과정에서 함부로 중군의 대장과 부장 자리를 바꾸어 지금의 상황이 벌어졌기 때문이다. 그러나 이미 진의 국정은 조돈의 수중에 있었다. 호역고는 어쩔 수 없이 적狄나라로 망명했다. 이렇게 조돈의 최대 정적은 사라졌다. 조돈은 그간의 정리를 생각해 호역고의 처자를 딸려 보내주었다.

진秦은 진晉의 요청을 받아들여 공자 옹에게 많은 호송군을 딸려 보냈다. 예전에 진晉 문공을 돌려보낼 때 여생과 극예가 반란을 일으켰던 일을 상기한 것이다.˙ 그런데 뜻하지 않던 일이 벌어졌다. 양공의 부인이자 어린 태자의 어머니인 목영이 날마다 조정에서 울고 조돈에게 사정했다.

"선군께서 이 아이를 태자로 세우면서, 그대에게 맡기시며 어떻게 말했습니까? '이 아이가 인재로 크면 나는 그대에게 감사하고, 이 아이가 재능이 없으면 나는 그대를 원망하겠노라'고요. 지금 선군께서 돌아가셨으나 그 말씀은 아직 귀에 선한데, 벌써 그 말씀을 버리면 어떡합니까?"

조돈은 난감했다. 의지할 데 없어진 목영이 병이라도 나면 민심이 흔들릴 수 있었다. 목영을 지지하는 사람들이 난리를 일으킬 수도 있었다. 그래서 먼저 진秦으로 보낸 사자의 일을 없던 것으로 하고 어린 태자를 옹립하니 이 사람이 영공이다. 그럼 진나라에 사자로 간 선멸과 사회는, 그리고 현재 들어오고 있는 공자 낙은 어떻게 되는가?

조돈은 일단 말을 한번 번복했지만 이후의 조치는 신속하게 취했다. 먼저 향후의 사태를 예견하고 따라오는 많은 진秦나라 호위군들이 문

---

• 진秦나라에 망명해 있던 중이(문공)가 환국할 때 진晉 혜공의 총신이던 여생과 극예는 문공의 호위병이 적은 것을 노려서 반란을 일으켰다.

제였다. 조돈이 이들을 막기 위해 군대를 소집하고 몸소 중군의 대장으로 출정하며 말했다.

"우리가 만약 진秦을 받아들이기로 했다면 저들은 우리의 손님이지만, 받아들이지 않기로 했다면 저들은 우리의 적일 뿐이다. 우리가 이미 받아들이지 않기로 하고서 군대를 완만하게 움직이면 저들이 장차 딴마음을 먹을 수 있다. 적보다 먼저 움직여 적의 사기를 뺏는 것은 군사를 쓸 때 좋은 계책이고, 적을 쫓을 때는 도망자를 추적하듯이 바투 따라잡는 것이 좋은 방책이다."

이렇게 말하고는 군비를 정비하고 야간에 출발하여 영호슈狐에서 진나라의 호위군을 선제공격했다. 적이 패주하여 도망쳤지만 멈추지 않고 한껏 몰아친 후 돌아왔다.

이 난리통에 애꿎게 선멸과 사회만 귀국하지 못하는 난감한 처지가 되었다. 그들은 진秦나라로 달아날 수밖에 없었다. 조돈이 애초에 옹을 세우려 했다가 번복한 것은 잘못이지만, 그는 마무리는 깔끔하게 할 줄 알았다. 그러나 진晉과 진秦 사이는 이 일로 더욱 벌어졌다.

이어서 조돈은 극결郤缺의 건의를 받아들여 위衛나라와 정나라에게서 빼앗은 땅 일부를 돌려주었다. 이것은 국제사회에서 자신의 우호세력을 만들어 자신의 지위를 공고히 하려는 조돈의 정치적인 계산이었다. 극결은 이렇게 권했다.

"한때는 위나라와 화목하지 못했습니다. 그래서 그 땅을 취했습니다. 지금은 이미 화목하니 돌려주는 게 가능합니다. 배반하는 자를 토벌하지 않고서는 위세를 보일 수 없습니다. 그러나 복종하는데도 부드럽게 대하지 않으면 어찌 그들을 품을 수 있겠습니까? 이미 화목한 자들로 하여금 어르신을 위해 노래 부르게 하는 것이 어떻습니까?"

이렇게 조돈은 차곡차곡 정치적인 역량을 쌓아갔다. 《좌전》에는 그에 대한 제삼자의 평가가 적혀 있다. 적狄 땅으로 망명해 있던 호역고에게 적족 노潞나라의 집정인 풍서酆舒가 물었다.

"조최와 (아들) 조돈 중 누가 더 현명하오?"

호역고가 대답했다.

"조최는 겨울날의 태양이며[冬日之日], 조돈은 여름날의 태양[夏日之日]입니다."

이 평가에 대한 해석은 분분하나, 둘 다 태양에 비견되는 것은 사실이다. 아마도 조돈이 조최보다 더 엄격했던 것 같다. 조돈의 집정기는 진나라의 힘이 그대로 유지되는 시기였다.


## 3. 진秦이 원교근공을 추구하다 ━━━━

국가 간의 적대감은 '현재의 손익계산서'보다 더 오랜 역사적인 근원을 가진 경우가 많다. 진秦과 진晉이 격렬한 대립으로 치달은 결정적인 계기는 효산의 싸움이다. 효산의 싸움 이후 양국의 불신은 극에 달했다. 이 불신은 몇 세기 동안 이어진다.

그런데 이번에 진秦은 공자 옹을 데리고 가다가 영호에서 또 반격을 당했다. 물론 진秦이 진晉 내부 문제에 끼어들 속셈이 있었지만, 이 싸

움은 명백히 진晉이 국제적인 약속을 어긴 것이었다. 진秦의 입장에서
는 참으로 억울했다. 그래서 즉각 두 번에 걸쳐 보복공격을 단행했다.
그러나 물리적인 공격보다 더 정성을 들이는 것이 외교전이다. 진秦은
진晉의 후방을 교란할 장기적인 전략을 들고 나왔다. 앞에서 초나라의
투초가 노나라를 예방한 것을 보았다. 그런데 이번에는 진秦이 노나라
를 예방한다. 《좌전》은 노나라의 역사책이기 때문에 노나라의 일만 기
록되어 있지만, 이 기록으로 당시 상황을 충분히 유추할 수 있다. 진秦
은 제나라와 초나라와도 외교적인 교류를 시도했다. 《좌전》에는 당시
의 상황이 잘 그려져 있다.

　진나라는 서걸술西乞術을 노나라에 파견했다. 알다시피 서걸술은 건
숙의 아들로 진나라의 중요한 인사였다. 서걸술은 노나라에 와서 장차
진晉나라를 치겠다고 알렸다. 그리고 우의의 표시로 옥을 선물했다. 노
나라의 외교관계를 총괄하던 동문양중東門襄仲(공자 수遂, 나중에 노나라의
정치를 좌지우지하게 된다)은 일단 옥을 사양했다.

　"귀국의 군주께서는 선대의 우의를 잊지 않으시고 이렇게 노나라에
오셔서, 사직을 진무하시고 큰 보물로 후의를 돈독히 하셨습니다. 그
러나 저희 군주께서는 감히 옥은 사양하십니다."

　그러자 서걸술이 대답했다.

　"보잘것없는 물건이니 사양하실 것이 못 됩니다."

　그러나 양중이 계속 사양하자 서걸술이 설득한다.

　"저희 군주께서는 주공周公과 노공魯公의 덕으로 복을 받아 귀국의
군주와 우호관계를 맺고자 하시어, 선대 군주의 보잘것없는 물품을 좋

은 일의 징표로 삼아 우호관계를 맺고자 하시는 것입니다. 그래서 저희 군주의 명을 따라 두 나라가 우호관계를 맺을 수 있도록 감히 드리는 것입니다."

《사기》는 건숙이 원래 송나라 사람이라고 했다. 그러니 그 아들이 동방의 예절에 대해서 깊이 이해하는 것도 당연하다. 양중은 서걸술의 인물됨에 크게 탄복했다.

"저 같은 군자가 없으면 어떻게 나라를 운영하겠는가? 진나라는 편벽한 곳에 있으나 비루하지 않구나."

이렇게 말하면서 역시 후하게 답례했다.

당시 노나라나 정나라는 패자인 진晉나라를 모시는 일에 진저리를 치고 있었다. 서걸술이 예방하고 얼마 후 노 문공은 진晉나라를 예방했다. 동맹관계를 확인하기 위해서지만 사실은 진의 위력에 굴복하여 인사차 간 것이었다. 돌아오는 길에 정나라 군주와 만났는데, 그들은 서로 신세를 한탄했다. 정나라는 진晉나라와 화목하게 지내도록 노나라에게 도와달라고 부탁했다. 그러자 노나라 계문자가 이렇게 답했다.

"저희 군주께서도 이런 처지를 벗어나지 못하고 계십니다."

당시 진晉나라 동맹에 참여한 여러 나라들이 얼마나 시달리고 있었는지 여실히 알 수 있는 대목이다. 이렇게 진나라와 주변 소국들의 틈을 이용하여 진秦나라는 효산과 영호의 실패를 갚을 준비를 착실히 해나갔다. 앞으로 진秦의 원교근공은 이후 다양한 변주로 등장한다. 당시 진秦이 진晉을 치기 위해 선택한 동맹자는 바로 초였다.

## 4. 북방의 적이 쇠퇴하다

이 시기에 나타난 또 하나의 중대한 변화는 북방 이민족들의 세력 약화다. 특히 노나라와 여타 중원국가들을 상대로 한 일련의 군사 작전의 실패는 결정적이었다. 이후 춘추시대는 점점 더 중원을 중심으로 전개되었고, 진晉은 이이제이以夷制夷(오랑캐로 오랑캐를 제어한다)의 방법을 구사하기 시작했다. 이는 '중원연합군으로 오랑캐를 친다'는 관중의 방법에 비해 매우 교활하게 진화된 방식이었다. 일단 적과 노, 적과 진/제의 대결을 살펴보자.

적의 일파인 수만鄋瞞이 제나라를 침공하고, 이어서 노나라를 침공했다. 이들이 침공한 목적이 땅인지 가축인지, 곡식인지 인민인지 정확하지 않다. 다만 작전을 펼치기 어려운 겨울에 침공한 것으로 보아 수만 내부의 식량 사정이 좋지 않은 것으로 추측된다. 노나라가 수만을 맞받아칠지 점을 치니 길했다.

그래서 노나라는 전차부대를 편성했는데 숙손득신의 전차에 총 네 명이 타고 출정했다. 《좌전》에는 전에 송나라와 장적長狄이 싸울 때도 한 전차에 네 명이 탔다고 기록되어 있다. 아마도 보병인 적에 대항하기 위해 전차의 탑승인원을 늘린 듯하다. 전투가 벌어지자 과연 노나라가 승기를 잡았고, 급기야 수만의 수령 교여喬如를 사로잡았다. 그런 후 숙손득신의 전차에 타고 있던 부보종생富父終甥이 과戈로 교여의 목을 찔러 죽였다. 수만이 얼마나 큰 세력을 가진 집단인지는 알 수 없지만 노나라 입장에서는 적을 상대로 거의 최초로 기념할 만한 승리를 거둔 것이다.

제 혜공惠公 2년*에는 제나라가 분여焚如의 동생 영여榮如를 잡았고, 위나라는 막내인 간여簡如를 잡았고, 마지막으로 진晉나라가 노潞나라를 멸망시켰을 때는 교여의 동생 분여를 잡아서 이 장적의 일파는 멸절하고 말았다. 물론 수령이 잡혔다고 해서 그 종족이 다 흩어지지는 않았을 테지만 이들 적족의 힘이 약해진 것은 분명했다.

초 장왕이 출현하기 이전의 국내외 정세는 대체로 이러했다. 초 목왕은 성복대전 패전의 기억을 지우려고 노력하는 동시에, 국내의 거대 씨족들은 누르는 정책을 썼다. 진晉은 조돈이 정권을 잡아 법치를 내세우는 동시에 패자의 지위를 유지하기 위해 애썼고, 진秦은 여전히 진晉을 상대로 복수의 칼날을 갈았다. 한편 화북에서 산동까지 항상 중원 세력들의 버거운 상대였던 적족의 한 일파는 멸망했다. 이는 춘추전국의 무대가 점점 중원국가들 위주로 돌아가게 하는 신호탄이었다. 이런 상황에서 남쪽의 초나라에서 새로 군주가 될 사람이 나타났다. 바로 춘추 세 번째 패자 장왕이다.

---

• 기원전 607년이다. 《좌전》에는 '양공襄公 2년'이라고 했으나 이 일과는 거의 100년이나 시차가 나니 《사기》의 '혜공 2년'이라는 기록이 정확하다.

# 제3장

## 장왕의 등극

## 1. 3년 만에 우는 대붕

초 장왕이 등극할 당시(기원전 614) 초나라 내부의 상황은 극히 불안정
했다. 초나라 땅이 커지자 봉지에 할거한 거족들이 왕권을 위협하는
상황이었다. 목왕 대에 격화한 이 투쟁은 새로 등극한 왕의 신변까지
위협했다. 그래서 장왕은 출현부터 특이한 이야기를 만들어냈다.

장왕이 즉위한 지 3년 동안 한 번도 호령號令을 내리지 않았다. 밤낮
으로 놀면서 국중에 명령을 내렸다.

"감히 나에게 간하는 자가 있으면 살려두지 않겠다."

어느 날 오거伍擧*가 들어와 간하려 하니, 그때 장왕은 왼쪽에는 정
희鄭姬를 껴안고 오른쪽에는 월녀越女를 껴안고 종과 북 사이에 앉아
있었다. 오거가 간언을 올렸다.

"수수께끼에 이런 것이 있습니다. '새 한 마리가 남쪽 언덕에 앉아 있는데, 3년 동안이나 날지도 않고 울지도 않는다' 합니다. 이것은 무슨 새일까요?"

그러자 장왕이 답했다.

"3년 동안 날지 않았으나 날면 장차 하늘을 뚫을 것이고, 3년 동안 울지 않았으나 울면 장차 사람들을 놀라게 할 것이오. 오거는 물러나시게. 그대의 마음은 알겠소."

그렇게 말하고 수 개월이 지났으나 여전히 음란함이 심해졌다. 그러자 대부 소종蘇從이 들어와 다시 간했고, 장왕은 화를 냈다.

"명령을 듣지 못한 것이오?"

"제 한 몸을 죽여 군주를 깨우칠 수 있다면, 이것은 신이 원하는 것이옵니다."

그러자 장왕은 드디어 음란한 행동을 없애고 정사를 돌보기 시작했는데, 일을 하면서 죽인 자가 100명이요 새로 등용한 자가 100명인데, 오거와 소종에게 정사를 맡기니 국인들이 크게 기뻐했다고 한다.

---

• 《사기》에 묘사된 초 장왕이 출현하는 장면이다.

오거는 춘추 말기 오나라를 패권국가로 만든 오자서의 할아버지다. 그런데 이 《사기》의 기록은 틀린 것으로 보인다. 《좌전》에는 오거의 행적이 여러 군데 나온다. 그는 기원전 548년 정나라로 망명한 적이 있고, 기원전 538년 진나라에 사자로 파견된다. 이렇게 보면 그런 사건이 발생했을 때보다 무려 60~70년 전에 이미 오거가 초나라에서 명망 있는 인물이었을 리가 없다. 이 이야기는 《한비자》와 《여씨춘추》에도 기록되어 있는데 간언을 올리는 사람의 이름이 다 다르다. 《한비자》에는 "우사마 어右司馬御가 왕과 마주앉아 수수께끼를 내어 말했다"고 기록되어 있다. 문체로 보아 가장 오래된 기록을 옮긴 것으로 보이는 《여씨춘추》에는 "성공 가成公賈가 들어와 간하니"라고 되어 있다. 《여씨춘추》의 기록이 정확한 것으로 보이며, 혹은 성공 가가 우사마 어와 동일인일 수도 있다.

여러 기록들이 조금씩 다르지만 장왕이 본격적으로 권력을 행사하는 과정이 순탄치 않았고, 또 그 와중에 한 차례 피바람이 몰아쳤다는 것은 똑같다. 또 좌우에 여자를 끼고 노는 장왕의 질탕한 일면이 가감 없이 그려져 있다. 장왕은 여자들과 관련된 일화도 숱하게 남겼다. 앞으로 그런 이야기들도 다룰 것이다. *

그렇다면 왜 붕새는 3년 동안이나 날지 못했을까?

## 2. 중앙과 지방, 거족과 왕권의 충돌: 장왕 납치사건 ━━━

장왕이 등극하던 때는 기원전 614년이다. 그는 등극하자마자 납치되는 희대의 사건을 겪는다.

앞서 말했듯이 선대 목왕의 정책은 동진과 왕권강화로 요약된다. 당시 그 역할을 충실히 수행하던 사람이 바로 반숭이다. 초 장왕이 등극했을 당시에도 반숭은 동쪽의 군서群舒와 요蓼를 치기 위해 출정하고 있었다. 반숭은 출전하면서 공자 섭燮과 투극鬬克에게 도성을 지키게

---

• 《한비자》에는 다음의 이야기가 첨가되어 있다.
왕이 대답하길 "3년 동안 날갯짓이 없는 것은 장차 날개의 깃을 기르고자 함이었고, 날지도 않고 울지도 않은 것은 장차 사람들이 본보기로 삼는 것[民則]을 관찰하기 위함이오. 비록 날지 않으나 한번 날면 하늘을 뚫고, 비록 울지 않으나 한번 울면 사람들을 놀라게 한다오. 그대는 물러나라. 과인은 그대의 말이 무슨 말인 줄 알겠노라."
이렇게 말하고 반년이 지나자, 드디어 스스로 정사를 돌보았다. 이때 폐한 자가 열, 일으킨 자가 아홉, 죽인 자가 다섯, 천거한 자가 여섯이었다. 그러자 나라가 크게 다스려졌다.

했다. 그런데 이때 장차 초나라의 장래에 영향을 미치는 중요한 사건이 발생했다.

이 사건에 등장하는 인물들의 면면을 살펴보기 전에 먼저 초나라 팽창의 견인차가 된 특이한 제도 하나를 살펴보자.

애초에 중원보다 물질이나 문화 모든 방면에서 뒤졌던 초나라가 승승장구할 수 있었던 까닭은 초나라 특유의 진취성과 흡수력 때문이었다. 기록에 의하면 오늘날에도 남아 있는 현縣이라는 제도는 초나라에 의해 최초로 시작되었다. 서방의 진秦도 초와 비슷한 제도가 있었다. 이는 한 나라의 지방에 봉건 영주를 두는 제도인데, 현의 수장을 '공公'이라고 불렀다. 주나라의 봉건제도에 의하면 주나라를 제외한 국가의 수장들이 공公이 된다. 그런데 초는 '참람히도' 일개 현의 수장을 공이라고 불렀다. 그러나 초의 한 개 현은 작은 나라에 해당했다. 초는 약한 나라들을 합병한 후 곧장 현을 설치했다. 신申나라를 멸망시킨 후 신공申公을 두고, 식息나라를 멸망시킨 후 식공息公을 두는 식이었다. 이렇게 초는 점령한 영토를 현으로 만들고, 거기에 군사거점을 두면서 영토를 확장해나갔다. 다른 나라들에 비해 비교적 영토가 크고 또 강을 따라 전차가 이동하는 길들이 끊어졌다 이어졌다 하는 초나라의 특성상 지방에 군사거점을 두는 것이 편리한 면이 있었다.

초나라는 여러 면에서 진秦나라와 비교된다. 춘추시기 가장 중앙집중적 군제를 가지고 있던 나라는 진秦이다. 맹명시나 서걸술은 여러 임금을 섬기면서 군권을 장악했는데, 진나라의 군대가 움직일 때는 이들 중앙의 사령관들과 군주가 같이 움직였다. 그 출발점은 진의 도읍인 옹성雍城이었다. 진의 군사행동은 유목민들과 흡사했다. 유목민의 군대는 사령관이 중요했다. 군주가 출정하느냐 아니냐가 전쟁의 성격을 좌우했다. 유목민도 좌군, 우군, 중군의 체제를 갖추고 있지만 지방에 방어나 보급을 위한 거점을 만들지는 않았다.

그러나 초는 다르게 행동했다. 초는 점령국을 지방의 군사거점으로 활용했다. 중앙에서 군대가 출발하면, 신공과 식공은 중간에서 보급을 책임지고 또 군인들을 모아 군대를 편성하기도 했다. 예를 들어 성복의 싸움에서 핵심전력은 투씨의 종문인 약오씨 군대와 신과 식에서 차출한 사람들이었다. 그래서 성왕은 싸움에 패한 성득신에게 죽음을 내리면서 이렇게 말한 것이다. "(자식들을 잃은) 신과 식의 노인들을 어찌할 것이오?" 공격 시에도 그렇지만 방어 시에도 초는 변경에서 적을 맞았다. 제나라 환공이 연합군을 끌고 갔을 때도 초는 방성과 한수를 방어막으로 결전을 벌일 것이라고 말했다. 이후에도 초는 도성을 크게 쌓자는 건의들을 무시하고 적을 변경에서 요격하는 방식을 채택한다. 이런 이유로 후에 오나라가 침입했을 때 순식간에 도읍인 영도를 내어주는 패배를 맛보기도 한다.

모든 제도는 당시의 역사적인 제약하에서 만들어진 것이다. 초는 중원보다 먼저 현을 만들어 지방거점으로 활용하면서 빠른 속도로 영토를 늘릴 수 있었다. 이것은 제나라를 비롯한 동방의 나라들이 중앙의 도성에 주로 의지하고 확장이나 전진방어를 위한 대책이 거의 없었던 것에 비하면 매우 발전된 행정제도였다. 그리고 북방의 진쯤과 같이 새로 편입된 지역의 인민들을 압박하고, 공신들에게 실질적인 봉지로 내

**• 춘추시기 강대국들의 중앙과 지방 관계**

| | 중앙의 군주권/귀족권 | 지방의 귀족권 | 지방의 행정체제 |
|---|---|---|---|
| 초 | 약오씨 문중의 멸망 후 왕권이 귀족을 억누름. 군주 일가(공자, 공손) 인물들이 중앙권력을 장악함. | 지방관에게 약소국 군주에 버금가는 공公이나 중앙정치의 수장인 영윤의 이름을 따서 윤이라는 칭호를 줌. | 현은 봉건영지와 지방행정·군사조직의 중간형태(토지가 세습되지는 않으나 재임기관 장관은 봉건영주와 비슷한 지위를 누림). |
| 진秦 | 군주가 대체로 직접 전쟁을 수행하는 체제로 여러 국가들 중 군주권이 가장 강함. 집정은 군주의 대리인 역할을 함. | 미상. 미약한 것으로 판단. | 초나라에 이어 현을 설치함. 현은 행정·군사조직으로 중앙 권력에 예속됨. |
| 진晉 | 최강국이지만 집단 지도체제임. 6경 체제가 안정된 후에는 6경의 세력이 군주권을 넘어섬. | 6경의 가신들이 지방의 읍들을 장악함. | 지방의 읍들은 6경을 포함한 여러 귀족들의 통치를 받는 봉건 영지로 편입됨. 별도로 군사적 목적의 성곽도시들이 있음. |

리는 가혹한 체제에 비해서도 안정성이 있었다. 진晉이 한·조·위 세 나라로 갈라진 것은 지역에 봉지를 둔 가문들이 중앙권력을 좌지우지 하다가 결국은 나라를 분할했기 때문이다. 그러나 초의 공公들은 지방을 진수하는 지방관의 성격에 가깝다. 지방에 근거지를 두고서 중앙을 좌지우지하는 춘추 말기 진晉의 경들과는 자못 달랐다. 그러나 초는 서방 진秦과 같이 강력한 중앙과 그에 예속된 행정구역으로서의 현은 만들어내지 못했다. 지방행정 면에서 초의 제도는 진秦과 중원국가들의 절충점에 해당했다.

다시 장왕 즉위 초기의 사건으로 들어가 보자. 이번에는 초의 확장 과정에서 생긴 이 현이라는 곳이 문제의 발단이 되었다. 약오씨 문중의 투극은 왕의 실세들이 원정을 나간 틈을 타서 반란을 기도했다.

이 사건의 등장인물들을 검토해보자. 투극은 누구인가? 그 역시 약 오씨의 후손이자, 투곡어토의 손자이고, 신공 투반鬪班의 아들이다. 성왕 시절에 그는 신공의 직을 가지고 식공인 굴어구屈禦寇와 함께 상밀商密에서 진秦나라 군대와 싸운 적이 있다. 이 싸움은 진 문공이 즉위한 이듬해(기원전635)에 벌어졌다. 알다시피 진秦 목공의 야망은 동쪽으로 나가는 것이었다. 그러나 진晉이 완강히 길목을 막고 있었고, 또 진의 문공과는 우호관계에 있기 때문에 우회하여 동쪽으로 나가기 위해 초가 점령하고 있던 남동쪽의 약나라(도읍이 상밀이다)를 친 것이다.

이때 진秦나라 군대는 속임수를 고안해냈다. 상밀을 포위한 후 몰래 성 아래에 맹서의 표식을 만들어놓았다. 성안에 있던 사람들은 이미 투극과 굴어구가 진나라와 협상을 맺은 줄 알고 모두 투항했다. 까마득하게 모르고 있던 투극과 굴어구는 현지 사람들의 지원을 받지 못하고 고립되어 포로가 되고 말았다. 그러다가 효산의 싸움으로 진秦과 진晉의 사이가 극도로 나빠지자 진秦은 투극과 굴어구를 초나라에 돌려보냄으로써 초와 화해하려 했다. 그리하여 이들이 돌아올 수 있었다.

우여곡절을 겪으며 귀국한 투극은 공자 섭燮과 공모하여 반숭이 영윤 성가成嘉(자공子孔, 성득신의 아들)와 함께 동정東征을 한 틈을 타서 반란을 일으켰다. 이들은 영도에 방어선을 구축한 후 자객을 보내 영윤 성가를 죽이려 했으나 실패했다. 그래서 갓 등극한 장왕을 데리고 투극의 근거지인 상밀로 들어갈 계획을 세웠다. 그러나 이들은 도중에 여廬 땅의 즙리와 숙균 등의 유인책에 속아 죽음을 당하고 말았다.

《좌전》에 의하면 투극은 진秦과 초의 화해를 성사시키고도 자신이 제대로 대접받지 못하는 것에 불만을 품었고, 공자 섭은 영윤이 되고 싶어 했지만 그러지 못하는 것에 불만을 품고 반란을 일으켰다고 한다. 그러나 이유가 그렇게 단순하지는 않았던 듯하다. 상밀에 근거지를 둔 투의신이 반란의 죄명으로 초 목왕에게 죽음을 당한 일은 앞에서 이야기했다. 이번에는 역시 신공을 역임한 투극이 반란을 일으키다 죽음을 당했다. 투극도 약오씨이며 성가 역시 약오씨임을 감안하면 비대해진 약오씨 문중 내에서도 권력 투쟁이 벌어지고 있었음을 알 수 있고, 상밀과 같은 군사거점의 수장들이 세습을 하면서 지방에 자신들의 거점을 만들고 있었음을 알 수 있다.

썼으면 의심하지 말고, 의심하려면 쓰지 말라는 유명한 말이 있다. 약오씨 문중과 초나라 왕권으로 대변되던 당시 초나라의 권력관계는 점점 더 갈등으로 치달았다. 성왕과 목왕은 모두 권력을 운용하면서 이율배반적인 모습을 보였다. 성왕은 성복대전의 책임을 물어 영윤 성득신을 죽이고, 그 부장이었던 투발과 성대심을 차례로 영윤으로 임명했다. 알다시피 투발과 성대심은 모두 약오씨 문중의 인재들이며, 특히 성대심은 성득신의 아들이다. 성득신은 매우 충성스러운 인물로 소임을 다했지만 아버지의 죽음을 잊었을 리가 없다. 그러나 투발은 목왕이 태자이던 시절 모함을 받아 죽음을 당했다. 패전의 책임을 져서 죽으려 했던 투의신도 나중에 반란이라는 죄명으로 목왕에게 죽음을 당했다. 그러니 약오씨 문중의 인재들을 쓰면서 그들을 신뢰하지 못하고 죽이는 과정이 초나라에서 계속 반복된 것이다. 등용한 후 죽이는 악순환은 대단한 불신을 만들었다. 아군의 주력이 원정을 간 사이에 도성을 차지하려는 사람들까지 있었다는 것은 당시 초나라의 내정이 얼마나 불안했는지를 단적으로 보여준다.

장왕은 자신의 아버지가 여러 거족에게 신임받지 못했다는 사실을 알고 있었다. 특히 아버지 대에 실권을 잡은 반숭은 정적이 많았다. 왕이 되자마자 납치까지 당한 장왕은 누구를 믿어야 할지 알 수 없는 상황이었고, 왕권을 세우기 위해 먼저 어떤 일을 해야 할지도 파악하기 힘들었다. 그래서 그는 3년 동안 호령을 내리지 않았던 것이다. 피아를 식별할 수 없을 때 권력을 공고히 하기 전까지 초 장왕이 선택한 방법은 오히려 주색에 빠진 바보처럼 행동하는 것이었다.

초 장왕은 3년을 기다리며 민심을 파악하고, 또 피아를 식별했다. 그러다가 완벽한 순간이 되자 그는 행동에 들어갔다. 내칠 사람들은 한번에 다 내치고, 쓸 사람들은 한꺼번에 기용했다. 역시 파격적이며 화통한 장왕다운 인사였다. 이제부터 남방의 무력군주가 부상할 무대가 펼쳐진다. 크게 교묘한 사람은 오히려 서툴러 보인다고 했던가[大巧若拙]? 이제 3년 동안 침묵하던 사람의 정치력을 살펴보자.


## 3. 첫 번째 날갯짓: 망하는 나라를 반석 위로 ━━━━

즉위한 지 3년째 되던 해, 장왕이 스스로 정치를 돌보기 시작한 바로 그때 초나라에는 다시 내우와 외환이 겹쳐서 찾아왔다. 우선 대기근이

들었다. 대기근으로 초나라가 힘이 없어졌다고 생각한 초나라 주위 여러 나라들이 벌떼처럼 들고 일어났다.

초나라 서남방에서는 융戎족들이 반기를 들고 동쪽으로 치고 나왔다.《좌전》에 융족이라고 기록되어 있으나 이들은 서북방의 융적과는 다른 여러 민족이었을 것이다. 또 남동쪽의 나라들에서도 반기를 들고 초나라를 압박해왔다.

이때 반기를 든 여러 나라 중에서도 가장 세력이 큰 나라는 용庸이었다. 이 나라는 지금의 호북성 죽산竹山에 있는데 당시 진秦과의 경계지에 있던 초의 부용국이었다.《상서》에 용나라는 주 무왕을 따라 상을 치는 데 공을 세웠다고 되어 있다. 지금도 그곳으로 가려면 버스로 반나절이 걸리는 진령 깊숙한 곳의 험난한 산악지대의 분지에 위치한 요새국가다. 그동안 초의 지배에 반감을 가졌던 이들이 초나라 서북방의 여러 민족을 이끌고 초나라에 반기를 들었다. 또 균麇나라는 백복百濮 여러 민족을 이끌고 초나라로 들어오려 했다. 균나라도 용나라와 비슷한 위치에 있었다. 흔히 초의 서남쪽에 있는 민족들을 백복이라고 하지만, 이 기록상의 백복이란 대체로 초나라 서쪽 산악지대의 여러 종족으로 추측된다.

이런 상황에서 초나라는 신과 식 두 현의 북문을 잠그고 대비했다. 그러자 초나라 사람들 일부는 판고阪高로 도읍을 옮기자고 제안했다. 정확한지 모르겠으나 판고는《삼국연의》에서 장비가 조조의 대군을 겁준 당양 장판파라고 한다. 판고라는 지명 자체가 고지대라는 뜻이므로 산을 끼고 있는 한 요새로 보인다. 만약 판고가 당양이라면 영도에서 지척거리다. 일단 그쪽으로 옮겨서 산을 끼고 싸워보고, 그것도 안 되면 신과 식까지 후퇴할 생각을 한 듯하다.

그러나 군대를 책임지고 있던 위가鷲賈는 단호하게 반대했다.

"우리가 갈 수 있으면, 적도 올 수 있습니다. 차라리 용나라를 공격합시다. 대저 균과 백복이란 우리가 굶주려서 싸우지 못한다고 생각하고 우리를 치려는 것입니다. 우리가 군사를 내기만 하면 반드시 무서워서 달아날 것입니다. 백복의 여러 종족들은 서로 따로 떨어져 살고 있기에, 장차 자기 동리로 달아나기 바쁠 텐데 무슨 계책을 내어 우리에게 대항하겠습니까?"

초 장왕은 이 의견을 따랐다. 초군은 반격에 나서서 15일 만에 백복을 퇴각시켰다. 초군은 여기서 멈추지 않았다. 그들은 지방의 창고를 털어서 함께 먹어가며 계속 적을 몰아붙였다. 그리고 예전 장왕이 투극에게 납치되었을 때 그를 구해준 여의 즙리에게 함께 용나라를 공격하라고 명했다. 장왕은 드디어 용나라의 방성에 도달했다. 그러나 용나라는 이때 초의 선봉군에게 반격을 가해 장수 양창揚窓을 잡았다. 그러나 다행히 양창은 3일이 지난 후 틈을 봐서 달아났다. 그는 돌아와서 고했다.

"용나라 군사들이 많고 여러 만이들이 군집했습니다. 우리는 왕의 군대가 오기를 기다렸다가 합쳐서 진군해야 합니다."

그러나 사숙師叔은 반대했다.

"안 되오. 우리는 또 저들과 맞닥뜨려 저들을 교만하게 해야 하오. 저쪽이 교만하여 방비가 없고 우리가 분하여 사기가 오르면 그때는 이길

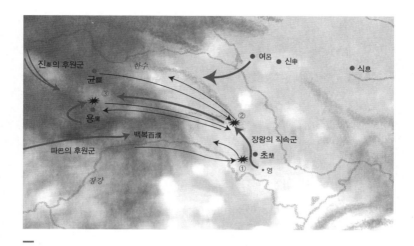

싸움의 경과.
① 균, 용, 백복이 3면에서 군사를 내어 동쪽으로 쳐나감.
② 한수를 건너 신, 식에서 방어할지를 두고 격론이 벌어짐.
③ 파巴와 진秦으로 백복, 균, 용의 배후를 교란하고, 정면돌파하기로 함.
④ 3면에서 협공하여 용나라를 멸망시킴.

수 있소. 이는 우리 선군 분모蚡冒께서 형습鄧隰을 칠 때 쓴 전술이오."

이렇게 말하고는 무려 일곱 번 접전하고 모두 달아났다. 그러자 용나라 군대는 본진을 따르지 않고 연합군 일부 종족들만이 초군을 추격하면서도 초군을 무시하여 방어를 하지 않았다.

"초나라 놈들은 함께 싸울 상대가 안 된다."

이때 장왕은 빠른 수레를 타고 임품臨品에서 군대를 모으고 본대를 둘로 나누었다. 한 부대는 투초가 이끌고 석계石溪를 출발하고, 한 부대는 자패子貝가 이끌고 인仞을 출발해서 용나라를 협격했다. 또한 진秦과 파巴에 협격을 요청하고 여러 만이들의 항복을 받아냈다. 용나라는 서북은 진秦에, 남쪽은 파에, 그리고 동쪽은 초에 막혀서 달아날 곳이 없었다. 장왕은 연합군에 항복한 여러 만이의 군대까지 이끌고 용나라를 완전히 멸망시키고 말았다.

이 싸움에서 초나라는 자신들만의 특징을 여실히 보여주었다. 첫 번째는 공격과 수비의 빠른 전환이다. 당시 초나라는 성에 의지해서 싸우는 수동적인 작전을 선호하지 않고 오히려 적의 약점을 직접 파고들었다. 두 번째는 주적主敵과 종적從敵의 구분이다. 앞으로 중국사를 읽을 때 '협종脅從'이라는 말을 자주 보게 될 것이다. 협종이란 말 그대로 주적의 위협에 의해 반란을 일으킨 사람들이다. 그들은 반란에 실패해도 일반적으로 용서를 받는다. 사실 이들이 위협에 의해서 반란에 참여했는지, 자신의 이익을 위해 참여했는지는 알 수가 없다. 그러나 그 많은 사람들을 다 죽일 수 없기 때문에 살려두는 구실로 협종이라는 말을 고안해낸 것이다. 특히 이 말은 이민족들을 상대할 때 많이 쓰인다. 근대에 청나라가 몽골 원정을 할 때 심리전으로 쓴 말이 '협종자는 살려준다'는 것이다. 이 전술의 원조 격이 장왕이다. 이 '협종자는 용서한다'는 초나라의 전통은 중국이라는 나라가 협소한 중원을 넘어 오늘날의 거대국가로 나아가는 데 커다란 역할을 했다. '오랑캐'에 대한 초의 관대함은 초의 동진에도 커다란 도움이 되었다.

이 사건을 서술한 《좌전》의 마지막 구절을 그대로 읽으면 이렇다.

여러 만이들은 초나라 군주를 따라 맹서를 하고, 드디어 용나라를 멸망시켰다[群蠻從楚子盟 遂滅庸].

초 장왕은 분명히 스스로 빠른 전차를 몰아 돌격하는 용맹한 전사였지만, 정치력을 발휘해야 이길 수 있다는 것을 알았다. 내우외환을 오히려 국세 신장의 기반으로 삼는 그의 정치력은 앞으로도 이어진다. 주적만 공격하고 나머지는 응징하지 않는 것, 지방의 군대를 최대한 활용하는 것, 그리고 싸움에서 포로를 잡는 것보다는 항복을 받아내는 것을 선호한 점이 바로 초의 특징이었다.

제4장

승승장구의 조건이
무르익다

. . .

장왕은 전세를 뒤집으면서 날아올랐다. 그 기세는 과연 하늘을 뚫을 모양이
었다. 장왕이 떨쳐 일어나자 북방과 동방의 모든 나라들이 움츠러들었다. 그
러나 모든 일은 개인의 기량 하나로 이루어지지 않는다. 먼저 객관적으로 유
리한 조건이 형성되어야 하고, 그 조건을 살펴서 유리할 때 앞으로 나갈 수
있는 정치적인 안목이 있어야 한다. 정치적인 감각으로 따지면 초의 장왕은
진의 문공만큼 정교한 계산은 없었다. 그러나 그는 핵심을 파악하는 데 능했
고, 강력한 개성과 뚝심이 있었다. 초 장왕이 중원으로 진출하는 것을 보기
전에, 당시에 어떤 조건들이 장왕을 도왔는지 살펴보자.

# 1. 지쳐가는 끼인 나라들

일단 이상적인 국제관계를 상상해보자. 작은 나라들의 처지에서는 부유한 나라가 도덕을 기반으로 회맹의 질서를 주관한다면 편안하다. 부유한 나라들의 재화를 얻을 수 있고, 또 그들의 권위에 의거하여 국내 정치를 안정시킬 수 있기 때문이다. 그러나 회맹은 처음부터 그런 이상적인 것이 아니었다. 실제로는 무력을 쓰면서 겉으로는 평화를 위한다고 표방하는 것이 회맹질서의 본질이었다. 처음 관중이 회맹질서를 만들 때는 회맹의 이상적인 부분이 남아 있었다. 그러나 관중 사후 수십 년이 지난 뒤 회맹질서는 국제적인 착취로 변질되어 있었다. 약한 나라들이 어떤 불만을 갖고 있는지 《좌전》과 《사기》의 기록에서 살펴보자.

송나라 소공昭公은 성격이 포학했다. 심지어 할머니인 양공의 부인 왕희王姬(주나라 양왕의 누나)마저 소공을 싫어했다. 반면 송나라 공자 포鮑는 용모가 훤칠했고 기근이 났을 때 가산을 털어 사람들을 구제하는 등 선행을 하여 명망이 높았다. 왕희도 공자 포에게 매료되어 그와 통정을 하고 싶었으나 거절당했다. 그럼에도 왕희는 포를 계속 지원했다.

왕희는 자기 손자를 미워했고 공자 포를 연모했기에 급기야 사냥터에서 소공을 죽이고 포를 공으로 세우려고 음모를 꾸몄다. 사냥터는 완전범죄를 노리던 고대의 음모가들에게는 최적의 장소였다. 드디어 사냥을 나가는 날이 되자 이 늙은 여인은 위백衛伯에게 소공을 죽이라고 시켰다.

사실 소공은 사냥을 나가기 전에 이미 그녀의 음모를 눈치채고 있었다. 그래서 그는 보물들을 모두 챙겨 사냥을 떠났다. 그때 사성司城 벼슬의 탕의제蕩意諸가 망명을 권했다.

"제후들에게 망명하시렵니까?"

그는 이렇게 한탄했다.

"대부들을 다스릴 수도 없고 심지어 할머니의 사랑도 받지 못해, 결국 국인들에게 버림받기에 이르렀소. 그러니 어느 제후가 나를 받아주겠소. 그리고 이미 남의 임금 노릇을 하고 또 어떻게 남의 신하 노릇을 한단 말이오. 죽느니만 못하오."

그러고는 가지고 간 보물들을 따라온 대부들에게 다 나누어주고 자신은 결국 죽음을 선택했다.

이런 곡절을 거쳐 공자 포는 문공文公으로 즉위했다.《좌전》은 소공이 죽은 것은 무도無道했기 때문이라고 적었다. 그러나 그의 마지막 행보를 보면 그렇게 무도한 인물은 아닌 듯하다. 그가 정욕에 눈이 먼 할머니에게 잘못 보였는지 정말로 무도했는지 지금으로서는 알 수 없다. 그러나 그가 초나라 목왕의 사냥 도우미가 되어 부하가 채찍질당하는 것까지 견뎌낸 약소국의 군주임은 분명하다.

그러면 당시 춘추의 패자임을 자처한 진晉은 송나라의 일을 어떻게 처리해야 하는가? 응당 송나라의 쿠데타를 바로잡아야 했다. 그래서 진晉의 순임보가 위나라, 진陳나라, 정나라의 군대를 이끌고 송나라를 압박했다. 그러나 그들은 송 문공이 이미 섰다는 것을 인정하고 돌아갔다. 진의 행동은 도덕의 수호자인 척하면서도 사실은 실리를 챙기는 매우 위선적인 행보였다. 사실 송나라에서 무슨 일이 일어나든 진과는 상관이 없었다. 다만 군사를 물린 후 몇 달이 지나 다시 송나라를 안정시킨다는 명목으로 호扈에서 제후들을 모았다. 이 회맹의 진짜 목적은 실질적인 군사행동은 하지 않은 채 진의 패권을 확인하고 다른 제후들을 겁주려는 것이었다.

그런데 이 회맹에서 진晉의 영공은 정나라 목공을 만나주지 않았다. 정나라가 두 마음을 가지고 초나라 편에 붙었다고 생각했기 때문이다. 정나라 입장에서는 굴욕적인 일이었다. 하지만 이 행동으로 진나라 영공은 자신의 용렬함을 국제적으로 자랑한 꼴이었다. 패자를 칭하면서도 잘못이 없는 나라를 의심하여 만나주지 않는 일은 당시의 정서상 납득하기 어려웠다.

이에 정나라 집정대신 자가子家(공족으로 이름은 귀생歸生이다)는 진나라 집정 조돈에게 서한을 보내 공식적으로 항의했다. 이 서한은 슬프면서도 통렬한 선전포고문이었다. 내용을 요약하면 이렇다.

저희 군주(목공穆公)는 즉위 3년에 채후蔡侯(채나라 군주)를 불러 같이 귀국의 군주를 섬기기로 했지요. 9월에 채후가 우리나라로 들어와 함께 귀국을 예방하려고 했으나, 그때 우리나라에는 후선다侯宣多의 난이 일어나 저희 군주는 함께 가지 못했지요. 그러나 11월 후선다의 난을 평정한 후 우리는 사람을 보내서 귀국의 집사를 만나보았습니다. 즉위 12년 6월에는 저 귀생이 태자 이夷를 보좌하여 초나라에게 진후陳侯의 사정을 설명하여, 진후가 귀국 군주를 찾아볼 수 있게 했습니다. 즉위 14년 7월에 또 귀국을 예방하여 진陳나라의 일을 설명했지요. (중략)

진陳과 채가 초나라에 가까운 관계이면서도 감히 귀국을 등지지 않음은 우리나라가 있는 까닭입니다. 이렇게 귀국을 섬기는데도 어떻게 질시당하는 처지를 면하지 못한단 말입니까? 귀국의 선대 양공 재위기에 한 번 찾아뵈었고, 현재의 군주는 두 번 찾아뵈었으며, 태자 이와 두세 신하가 함께 귀국의 도읍을 찾았습니다.

우리는 비록 소국이나 자신을 낮추어 귀국을 넘치도록 섬겼습니다. 그런데 이제 큰 나라가 이렇게 말합니다. "너는 나의 뜻(내가 시키는 대로)을 다하지 않았다." 그렇다면 우리나라는 망하는 길밖에 없고, 더는 어찌할 도리가 없습니다. 옛사람의 말에, "꼬리도 어찌될까 두렵고 머리도 어찌될까 두려우면 남아날 몸이 있겠는가〔畏首畏尾 身其餘幾〕" 합니다. 또 "사슴도 죽음에 몰리면 악을 쓴다〔鹿死不擇音〕"고 합니다. 작은 나라가 큰 나라를 섬길 때, 큰 나라가 덕으로 대하면 사람의 길을 따를 것이고 부덕으로 대하면 사슴의 길을 따를 것입니다. 쫓기는 사슴이 되어 허겁지겁 험한 줄도 모르고 달아나는 차에 무슨 수로 고운 소리를 내겠습니까? 귀국의 명령이 끝이 없으니, 우리도 이제 망하는 길밖에 남지 않았음을 알겠습니다. 우리 군대를 다 모아 조鯈에서 기다릴 터이니 싸우자는 명령만 내려주십시오.

우리 문공 2년 6월 임신일(제나라 환공 시절)에는 제나라를 조현하고, 4년 2월 임술일에는 제나라를 위해 채나라를 침공하여 초나라와 화친을 이끌어냈습니다. 큰 나라들 사이에 끼어서 강한 나라의 명령을 따르는 것이 어찌 작은 나라의 죄입니까? 큰 나라가 이를 헤아려주지 않는다면, 저희로서는 명을 어길 도리밖에 없습니다.

자가의 글은 약소국의 처지를 절절히 호소한 명문장인 동시에 이제 건드리면 일전을 불사하고 초나라로 돌아서겠다는 위협을 숨기지 않는 과감한 언사였다. 진晉으로서는 그러지 않아도 이미 패자의 지위를 위협받고 있는 마당에 정나라를 적으로 돌릴 마음은 없었다. 쥐도 궁지에 물리면 고양이를 문다고 하지 않는가? 진나라는 약삭빠르게 인질을 서로 교환하고 정나라를 달랬다.

당시 노나라는 제나라의 괴롭힘에 더하여 진晉나라의 차출을 견뎌야 했으니 처지가 정나라와 비슷했다. 다만 정나라는 진-초 양대 강대국의 중간에 끼어서 피해가 더욱 극심했다. 군대를 한 번 움직이는 것도 어려운데 시도 때도 없이 군대를 차출당했다. 또 진나라는 물산이 부족하기에 제나라 시절과 같이 약소국을 물질적으로 돕는 일도 없었다. 오히려 섬겨도 끝이 없을 것 같은 의심이 들었다. 이런 면에서는 초나라가 오히려 덜 그악스러웠다. 정나라 입장에서는 초나라에 믿을 만한 군주가 나선다면 언제라도 진나라를 배반할 수 있는 상황이었다.

패자로서 진나라의 행동은 이율배반적이었다. 두 해 전에는 노나라가 제나라에 시달림을 당할 때 맹주로서 제후들을 모았으나 제나라의 뇌물을 받고는 행동하지 않았다. 이번에는 송나라를 치기 위해 모인 호의 회맹에서 실질적인 행동은 하지 않으면서 참여한 제후들에게 무례한 행동을 했다. 그러자 정나라 목공은 "진나라는 더불어 같이할 수 없는 나라다"라고 선언하고 초나라로 기울었다.

이렇게 초 장왕이 북쪽으로 나갈 수 있었던 첫 번째 조건은 완충지대에 있는 약소국가들의 동요였다.

## 2. 포학한 진晉 영공이 집정을 죽이려 하다

처음 송나라에 내란이 일어났을 때 조돈은 즉각 파병을 요청했다. 그러나 영공은 뜨악한 심사였다. 《국어》〈진어〉에 그들의 대화가 나온다.

> 영공 : 파병은 진나라가 당장 해야 할 일이 아니오이다.
> 조돈 : 세상에서 가장 큰 것은 천지이고, 그다음은 임금과 신하임은

명백한 가르침입니다. 지금 송나라 사람이 그 군주를 죽임으로써 천지의 도리를 거스르고 인간이 본받을 법도를 어겼습니다. 하늘도 반드시 벌을 내릴 텐데, 진은 이제 맹주가 되어서 하늘에 죄를 지은 자를 주벌하지 못한다면, 장차 그 화가 우리 나라까지 미칠까 두렵습니다.

매우 통렬한 지적이었다. 영공은 어쩔 수 없이 조돈의 말을 들었으나 여전히 파병이 탐탁지 않았다. 과연 진晉나라 군대는 제후들을 이끌고 출정했지만 실질적인 군사행동은 하지 않았다. 야전군 사령관들이 군주의 본심을 알고 있었기 때문이다.

잠깐 영공과 조돈 사이의 일을 살펴보자. 원래 조돈은 어린 영공이 즉위하는 것을 반대했다. 영공이 그것을 모를 리가 없었다. 그는 속으로 조돈을 미워했다. 또한 영공은 어렸지만 성정이 무척 포학했다. 포학한 사람이 두려움을 느끼면 마음속으로 극단적인 증오를 품는다. 당시 조돈은 집정대신으로 진나라의 실권을 잡고 있었다. 어린 영공은 그가 사사건건 군주에게 제동을 거는 것을 참을 수가 없었다. 집정대신과 군주의 알력이 이렇게 큰 상황에서 진나라가 초나라의 성장을 제어할 방법은 많지 않았다.

초 장왕이 한창 힘을 키우고 있을 무렵 진晉에서는 또 한 번 난리가 났다.

드물지만 사람 중에는 천성이 악한 이들이 있다. 영공은 세금을 많이 거두어서 궁궐의 담장까지 조각하고, 또 누대에 올라가서 사람들에게 돌을 쏴대면서 사람들이 허겁지겁 피하는 모습을 구경했다.

한번은 요리사가 곰 발바닥 요리를 올리는데 좀 덜 익은 것을 올렸다. 그러자 그는 요리사를 죽이고 바구니에 담아서는 부인에게 이고 조당을 지나가게 했다. 조돈과 사회가 조당을 지나다 죽은 사람의 손이 바구니 밖으로 삐져나온 것을 보고는 기겁을 했다. 조돈이 간언을 올리려 하니 사회가 말리고 자신이 충간했다. 사회가 엎드려서 사정사정하자 영공이 한마디 뱉었다.

"내가 지나쳤소이다. 나도 알고 있으니 앞으로 고치겠소."

그는 겉으로는 이렇게 말했으나 고치지 않았다. 조돈이 그 나름대로 우직하게 충간을 올리자 결국 영공은 암수를 쓰기로 결심한다. 그는 서예鉏麑라는 자객에게 조돈을 암살하라고 시켰다. 서예가 새벽에 조돈의 집으로 침입하니 침실의 문이 열려 있었다. 이때 조돈은 조회에 나가려고 조복을 잘 차려 입고는, 아직 시간이 이른지라 조용히 앉아서 눈을 슬며시 감은 채 마음을 가다듬고 있었다. 이 모습을 본 서예는 감히 죽일 마음을 먹지 못하고 물러나며 탄복했다.

"공경함을 잊지 않는 이는 백성들의 주인이다. 백성들의 주인 된 사람을 죽인다면 이는 불충한 것이다. 그러나 군주의 명을 어김은 신의를 저버리는 일이다. 둘 다 할 수 없으니, 차라리 죽는 것이 낫겠다."

이렇게 말하고는 나무에 머리를 받아 스스로 죽고 말았다. 이 일화가 미화되었는지는 몰라도 춘추시대의 귀족으로서 조돈의 행실이 당대의 귀감이 되었음을 알 수 있다. 영공은 이렇게 나라를 내란 상황으로 몰아갔다. 초 장왕이 일어설 수 있었던 두 번째 조건이었다.

## 3. 악화하는 진晉-진秦 관계와 자중지란의 제나라 ————

진晉-진秦 관계가 좋을 때 상밀과 성복의 싸움이 벌어졌고 결국 초나라는 대패하고 말았다. 그러나 효산의 싸움 이후 진-진 관계는 극도로 악화했고, 진晉나라 공위계승 문제로 인한 영호의 싸움 때문에 양자의 관계는 회복할 수 없는 지경에 이르렀다. 이들의 일진일퇴는 이제 일상적인 일이 되었다. 하지만 진晉나라는 패권을 유지하기 위해 진秦과 화해해야 했다. 그래서 진秦과 화해하기 위해 진晉의 조천趙穿이 방안을 하나 생각해냈다. 그때가 바로 초 장왕이 정나라를 기반으로 북상하던 시점이었다. 조천이 말했다.

"우리가 숭崇(관중에 있는 소국으로 진秦의 부용국)을 침범하면 진은 급히 숭을 구할 것입니다. 그때 (숭을 돌려주면서) 화해를 청하지요."

이 계책은 지나치게 속보이는 것이어서 진秦은 이에 꿈쩍도 하지 않았다. 오히려 진晉에 보복할 생각만 굳히게 했다. 사실 진秦은 초가 진晉에 대항하는 군사행동을 할 때마다 즉각 초에 호응할 준비가 되어 있었다. 다음에 보겠지만 초 장왕이 정나라를 이용하여 송나라를 공격하자 진秦은 곧바로 진晉의 초焦를 공격했다. 진-진의 은원관계와 진晉-초楚의 대립은 씨줄과 날줄처럼 얽혀서 앞으로의 사건에 유무형의 영향을 미친다.

이제 잠시 잊혀 있던 제나라의 상황을 살펴보자. 초 장왕이 등극한 이듬해 제나라 의공懿公이 등극했다. 그의 등극 과정도 한 편의 패륜극이었고, 그의 최후도 마찬가지였다. 문제는 군주 한 사람의 품성이 아니었다. 패권을 잃은 후 전국시대에 다시 강국으로 부활할 때까지 제나라는 한마디로 비전을 잃고 점점 더 뼈대 없는 연체동물이 되어갔다. 이제 의공의 등장과 그의 대외정책, 그의 최후를 순서대로 살펴보자.

의공의 이름은 상인商人으로 그는 제 환공의 아들이자 소공의 동생이다. 환공이 죽은 후 그도 공위계승 경쟁에 뛰어들어 실패했지만 권력에 대한 꿈은 미처 접지 못했다. 그래서 그는 가산을 털고 국가의 창고를 운영하는 관리를 매수하여 계속 국인들에게 은혜를 베풀었다. 그런 차에 소공이 죽고 아들 사舍가 즉위했다. 사의 어머니는 생전에 총애를 받지 못했고, 사도 즉위했으나 도와줄 사람이 없었다. 그는 이 기회를 놓치지 않고 고립무원의 조카를 죽였다. 그러고는 딴청을 피우며 형인 원元(나중에 혜공惠公이 된다)에게 양보했다. 그러나 원은 상인의 마음을 알고 있었다.

"네가 군주 자리를 구한 지가 오래다. 나는 아우를 섬길 수 있다. 너는 네가 즉위하기를 바라는 여러 사람의 감정을 상해서는 안 된다. 나를 곤경에서 면하게 하고 싶으냐? 그러면 네가 군주가 되어라."

이리하여 상인이 군주가 되니 바로 의공이다. 의공이 등극하자마자 한 일이 바로 이웃한 작은 나라들을 침범하는 일이었다. 먼저 노나라를 침공했다. 노나라를 침공한 이유는 진晉나라가 개입하지 못할 것이라고 예상했기 때문이다. 곧이어 노나라와 우호관계를 맺은 조曹나라를 공격했다. 그러자 노나라는 맹주인 진晉나라에 구원을 청했다. 그래서 진나라는 송·위·허·정·채·진陳·조의 군사들을 모아 제나라를 응징하려 했다. 그러자 의공은 재빨리 진나라에 뇌물을 먹였다. 뇌물을 먹은 진나라는 제나라를 응징하는 행동을 취하지 않았다. 의공은 이듬해와 그 이듬해에도 노나라를 침공했다.

국가 간의 충돌이란 있을 수 있는 일이다. 그러나 전쟁이란 국력을 소모하는 것이기에 목적이 뚜렷해야 한다. 뚜렷한 명분도 없이 기회를 틈타 공격하고, 궁지에 몰려 뇌물을 먹이는 행동은 국가가 비전을 잃었기 때문에 임시방편으로 일을 처리하는 것이다. 아마도 의공은 대외적인 행동을 통해 국내의 불만을 무마하고, 자신을 지지하던 사람들에게 물질적인 보상을 하려 한 것으로 짐작된다. 결국 노나라는 제나라로 가서 화해를 청했고 제나라는 받아들였다. 이렇게 화해를 받아들인 것을 보면 노나라 땅 일부를 차지하겠다는 분명한 목표도 없었다는 것이다. 화해를 받아들인 것을 감사하는 사절로 제나라에 갔다가 돌아온 동문양중은 정확히 사태의 본질을 지적했다. 《좌전》의 문장을 그대로 옮겨본다. 동문양중이 노 문공에게 사절 활동을 보고했다.

신이 듣건대, 제나라 사람들이 장차 (침입해서) 노나라의 보리를 먹을 것이라고 합니다. 신이 보기로는, 그렇게 하지 못할 것입니다. 제나라 군주가 하는 말이란 게 그저 얄팍한 거짓말(偸儉)이었습니다. (선대 대부) 장문중臧文仲이 말하길, 백성들의 주인 된 자가 얄팍한 거짓말을 하면, 그는 반드시 죽는다 하더이다.

말인즉, 임금이 되어서 상황에 따라 얄팍한 거짓말을 하는 제 의공은 명이 얼마 남지 않았다는 것이다. 물론 의공은 나이도 많았다. 그러나 그의 죽음은 나이 때문이 아니었다. 의공은 이른바 목적을 위해서 사람들에게 은혜를 베풀었지만 사실은 위선자였다. 즉위하자 그는 본성을 드러냈다.

의공이 공자이던 시절, 그는 병촉邴歜이라는 사람의 아버지와 토지를 가지고 다투었는데(쟁전爭田)˙ 졌다. 즉위하자 그는 병촉의 죽은 아버지의 시신을 파내어 발을 자르고, 병촉은 몸종으로 삼았다. 또 그는 염직閻職이라는 사람의 아내를 빼앗은 뒤 염직을 수레에 함께 타고 시중드는 이로 삼았다.

여름에 이들과 의공은 신지申池라는 곳으로 놀러 갔는데, 두 사람이 목욕을 하다가 어떤 일로 병촉이 염직을 때렸다. 그래서 염직이 화를 내자 병촉이 욕을 했다.

"남이 제 아내를 뺏어도 노할 줄도 모르는 놈이 한 대 맞았기로서니 뭣이 기분 나쁘단 말인가?"

염직도 지지 않았다.

"아비 발을 자른 사람을 치다꺼리하면서도 헤벌쭉대는 이는 또 어떻소?"

이렇게 말하자 둘은 공분을 느낄 수밖에 없었다. 둘은 공모해서 의공을 죽이고는 대나무 밭에 버리고 돌아와 술잔을 팽개치고는 달아나 버렸다.˙˙ 위선자의 최후로서는 참으로 걸맞은 것이었다.

---

- 굴전이란 토지가 될 수도 있고, 사냥이 될 수도 있다. 사냥감을 가지고 다투었을 수도 있다.

- 위의 이야기는 《좌전》을 중심으로 구성한 것이다. 그러나 《사기》〈제태공세가〉에는 병촉과 염직 대신 병융丙戎과 용직庸職이라는 이름이 등장한다. 용직의 아내는 아름다웠다고 한다.

이렇게 제나라가 목표를 잃고 표류하는 것 역시 초나라에는 나쁠 것이 없었다. 의공이 죽자 혜공이 즉위하는데, 혜공은 처음에 공위를 마다했던 데서 알 수 있듯이 대체로 무난한 사람이었고 나이도 많았다. 당분간 동방의 강한 제나라는 기대할 수가 없었다. 초 장왕이 힘을 얻을 당시 제나라는 남방(초나라)과 서방(진晉나라)과 어깨를 나란히 할 수준이 아니었다. 장왕은 이런 국제적인 형세를 파악하고 있었다. 장왕은 진晉과 사이가 틀어진 진秦을 가까운 동맹으로 하고, 제는 먼 우호국으로 삼아서 진晉나라 편에 붙은 황하 이남의 나라들을 공략할 계획을 세웠다. 이제 장왕이 활약할 수 있는 상황은 무르익었다.

제5장

승승장구의 서막

···

장왕은 처음부터 패권을 지향하는 사람이었다. 그는 북방을 위협하는 한편 동쪽으로 진출해서 영토를 넓히려고 생각했다. 그래서 먼저 정나라를 이용하여 진晉나라 연합세력을 와해시킬 작전을 세웠다. 진나라의 무리한 요구와 일관성 없는 행동에 지친 정나라 목공은 드디어 초나라로 돌아섰다. 목공도 산전수전 다 겪은 정치인이다. 진나라가 바야흐로 초나라를 상대할 수 없음을 직감한 것이다.

# 1. 정나라로 송나라를 치게 하다 ━━━━━━

기원전 608년 초는 드디어 북방으로 군사를 움직였다. 우선 타격 대상은 초나라 연합에서 떨어져 나간 진陳이고, 나아가 송宋나라까지 칠 생각이었다.

초楚-정鄭 연합군이 진陳과 송을 연이어 치자 조돈은 제후들과 연합하여 정나라를 쳤다. 초나라 위가는 이들 연합군을 맞아 대승을 거두고 진晉나라 대부 해양解揚을 포로로 잡았다. 그러자 조돈은 군대를 돌릴 수밖에 없었다.

이어서 정나라는 초나라의 명을 받아 송나라를 쳤다. 엎친 데 덮친격으로 진秦은 진晉이 송나라를 침공한 데 대한 보복으로 진晉의 초 지역을 공격했다. 초나라가 송나라를 공격한 이유는 사서에는 명확히 기록되어 있지 않다. 그러나 이후 초 장왕의 행동을 보아 유추하면 패자로서 도덕성을 보여주지 못한 진晉을 대신하여 송을 토벌한 것이라 할 수 있다. 이 싸움에서 군율이 무너진 송나라 군대는 처참한 패배를 당했다. 그 싸움터로 들어가 보자.

정나라 귀생(공자 家生)이 송나라를 치러 떠났다. 송나라에서는 화원華元과 악려樂呂가 맞섰다. 드디어 양군은 대극大棘(정나라 수도 신정에서 송나라 수도 상구를 잇는 선의 3분의 2 지점)에서 맞닥뜨렸다.

이 싸움에 임하는 양군의 태도는 처음부터 달랐다. 정나라는 위험을 무릅쓰고 초나라 편에 붙었기 때문에 싸움에 져서는 안 되었다. 싸움에 지면 다시 진晉나라에게 시달림을 받을 것이 자명했기 때문이다. 반면 쿠데타로 집권한 송나라 문공의 신하들은 투지가 부족했다. 특히 중군을 지휘하고 있던 화원은 항상 실력보다는 말이 앞서는 사람이었다.

싸움이 시작되자 정나라 군대가 파죽지세로 몰아붙였다. 결국 송나라의 화원은 사로잡히고 악려는 전사했다. 정나라는 전차 460대와 포로 250명을 노획했고, 100명을 죽였다. 《좌전》에는 이 싸움에서 송나라의 군율이 어느 정도까지 해이했는지를 자세히 기록했다.

송나라의 광교라는 사람은 전투 중에 정나라 사람이 우물에 빠지자 창 자루를 넣어 구해주었다. 그러나 밖으로 나온 정나라 사람은 바로 광교를 사로잡았다. 광교의 행동은 착한 것이었다. 그러나 정나라 사람도 비난할 수는 없다. 그는 그냥 자신들의 군율에 따랐을 뿐이다. 과거 초 성왕에게 대패한 '송 양공의 어리석은 인의[宋襄之仁]''를 떠올리게 하는 장면이다.

출정하기 전에 화원은 양을 잡아서 군사들에게 먹였다. 그런데 자신의 전차를 몰던 양짐羊斟이라는 이에게는 고기를 주지 않았다. 양짐은 이 처사에 앙심을 품었다. 그래서 전투가 벌어지자 화원의 명을 듣지 않았다.

"어제 양고기는 그대께서 주관하여 나누어 주었으나, 오늘의 싸움은 내가 주관하리다."

이렇게 말하고는 전차를 몰고 곧장 정나라 군중으로 달렸다. 이리하여 화원은 잡히고 말았다.

《좌전》은 "양짐은 사람도 아니다[羊斟非人也]"라고 힐난하지만 화원도 똑같이 비난을 받아야 한다. 고대의 전사들에게 명예는 생명과 같은 것이다. 주장의 전차를 모는 사람으로서 제대로 대접받지 못한 분함은 자못 컸을 것이다.

싸움에 지고 화원이 사로잡히자 송나라는 전차 100대와 장비를 갖춘 말 400필로 화원을 돌려받기로 했다. 그러나 화원은 몸값이 도착하기 전에 틈을 보아 달아났다. 이 역시 비겁한 행동이었다. 이미 포로와 몸값 교환이 약속되었는데 중간에 도망친다는 것도 우스운 일이었다. 앞으로 이 화원이란 사람이 송나라의 정치를 주무르면서 숱한 문제들을 만들어나간다. 물론 그는 온갖 일을 다 경험했기 때문에 자기만의

---

• 송 양공은 인의를 내세워 초군이 강을 건널 때까지 기다렸는데 결국 대패하고 말았다. 이 말은 실력도 없이 권세를 부리는 이들을 비꼬는 것이다.

정치적인 수완도 있었다.

화원의 처사를 보면 당장 플루타르코스가 전하는 카이사르에 관한 일화가 생각난다. 카이사르는 해적들에게 잡혔을 때 해적들이 원하는 몸값보다 훨씬 더 많이 치르겠다고 공언했다. 그는 그 몸값을 치르고 석방되었다. 그런 후 그는 해적들을 소탕했다. 화원과는 무척 비교되는 행동이다.

드디어 진晉나라의 구원군이 송나라에 도착해서 대극에서의 패배를 설욕할 태세를 취했다. 그때 초나라의 투초가 개입하여 정나라를 지원했다. 혈기왕성한 초나라의 대장 투초는 말했다.

"능히 제후들을 부리려고 하면서 고난을 두려워할까 보냐?"

그러자 진나라 조돈은 이렇게 말하고는 대적하지 않고 돌아갔다.

"저 투씨는 초나라에서 권세를 부리고 있으나, 장차 반드시 (스스로) 거꾸러질 것이로다. 잠시 저자의 교만을 북돋워주자."

투초가 교만방자한 것은 사실이다. 그러나 현재 초나라의 행동은 뚜렷한 일관성이 있다. 정나라가 자신들의 명을 받고 송나라를 치다가 진晉나라의 개입을 맞았다면, 초나라 자신이 개입해서 해결하는 것이 당연하다. 반면 송나라는 진晉나라를 믿고 있는데 조돈이 군사를 거두었으니 송나라의 투지는 더욱 약해질 수밖에 없었다. 조돈은 현재 진이 초와 맞설 수 없다는 사실을 인정한 것이었다.

## 2. 조천이 진 영공을 죽이다

초나라가 이미 정나라를 아군으로 끌어들였으나 진晉나라가 대응하지 못한 것은 진나라 내부의 사정이 날로 어려워졌기 때문이다. 당시 어리지만 표독스러운 진 영공은 기어이 조돈을 죽이려 했다. 그러나 진나라에는 조돈에게 은혜를 입은 사람들이 많았다. 조최가 아들을 허술하게 가르치지 않은 모양이다.

초나라가 정나라를 이용하여 송나라를 친 그해 가을 영공은 또 조돈을 죽이려고 흉계를 꾸몄다. 영공은 조돈에게 술을 먹이면서 몰래 갑사들을 숨겨 조돈을 죽이려 했다. 그러나 조돈의 전차의 거우 제미명提彌明이 음모를 바로 알아채고 조돈을 따라 술자리에 올라가 말했다.

"신하가 연회에서 군주를 모실 때는 세 잔을 넘기지 않는 것이 예라고 합니다."

조돈도 상황을 알아채고는 맨발로 당을 내려왔다. 그러자 영공은 개를 시켜서 달려들게 했고, 제미명은 닥치는 대로 개를 때려 죽였다. 조돈은 달아나며 소리쳤다.

"사람을 버리고 개를 쓰는구나. (개가) 사나운들 무엇을 할 수 있겠는가?"

안타깝게도 그날 제미명은 싸우다 죽었다. 그때 영공의 호위병인 영첩靈輒도 창을 들고 조돈을 죽이려는 사람들을 막아냈다. 이 틈에 조돈은 달아날 수 있었다. 조돈은 그 길로 외국으로 향했다.

제미명은 조돈의 심복이니 그를 도왔지만, 영첩이라는 사람은 무슨 이유로 목숨을 걸고 조돈을 보호했을까? 전에 조돈이 수산에서 사냥을 하다가 예상에서 일박했다. 그때 한 굶주린 사람을 보고 물었다.

"무슨 병이 있는가?"

그가 이렇게 대답했다.

"사흘 동안 못 먹었습니다."

그래서 조돈은 그에게 먹을 것을 주었다. 그런데 그는 다 먹지 않고 반을 남겼다. 그러자 조돈이 물었다.

"왜 다 먹지 않는가?"

그 사내가 대답했다.

"3년 동안 나랏일을 했지만 어머니께서 살아 계신지 아닌지도 모릅니다. 지금 집이 가까우니 남겨서 보내주길 청하옵니다."

조돈은 그 밥은 다 먹게 하고, 다시 고기와 밥을 싸서 보내주었다. 이 사람이 훗날 영공의 호위가 된 영첩이다.

술자리의 난리 때, 영첩이 호위군을 맞아 싸우는 것을 보고 조돈은 달아나며 물었다.

"무슨 이유로 나를 돕는가?"

"예상에서 굶주리던 사람입니다."

덕 있는 사람은 외롭지 않다고 했던가? 조돈은 이렇게 제미명과 영첩의 도움으로 달아날 수 있었다. 조돈이 국경을 넘지 못하고 있을 때 영공이 죽었다는 전갈이 왔다. 불같은 성격의 일가 동생 조천이 영공을 죽인 것이다.

이 일을 두고 사관은 "조돈이 그 군주를 죽였다[趙盾殺其君]"고 적었다. 그러자 조돈이 말했다.

"내가 죽인 것이 아니오."

그러나 사관은 이렇게 대꾸하고 그대로 적었다.

"어른께서는 나라의 정경正卿으로서 망명을 하시겠다고 하다가 돌아와서는 반란자를 처벌하지 않으셨습니다. 어른이 아니면 누가 죽였단 말입니까?"

조돈은 어쩔 수 없이 기록을 받아들였다. 공자는 이렇게 평했다.

"조선자(조돈)는 옛날의 훌륭한 대부다. 법을 위해서 오명을 받아들였구나. 아깝다. 망명했더라면 그런 오명은 없었으리라."

이런 상황에서 진晉나라가 초나라의 북상에 정면으로 대응하기는 어려웠다.


## 3. 구정의 무게를 묻다

송나라를 친 이듬해 장왕은 연이어 육혼융陸渾戎을 쳤다. 육혼융을 치고 바로 낙駱(낙수)에 이르러 주나라 경내에서 열병식을 했다. 일단 육혼융은 누구이고, 또 장왕은 왜 이 융을 쳤을까? 육혼융은 《좌전》에 몇 마디 기록되어 있다. 그러나 장왕이 그들을 친 이유는 기록해놓지 않았다. 단편적인 기록들을 모아 당시의 상황을 유추해보자.

《좌전》'희공 22년'에 "진秦과 진晉이 육혼의 융을 이천伊川으로 옮겼다"는 기록이 있다. 이천이라면 비교적 확실한 지명으로 오늘날 하남성 숭현崇縣, 이천伊川 일대로 주나라 수도 낙양의 바로 남쪽과 서쪽에 있는 곳이다. 진과 진은 자신들의 영향권 아래에 있는 소수민족을 이쪽으로 몰아냈다. 자신들에게 껄끄러운 민족을 이주시키는 것은 역대 중국인들이 흔히 쓰는 방법이다. 그런데 문제는 이들을 주나라 왕성에 근접한 곳으로 옮겼다는 것이다. 혹은 산지로 옮겼다고 하더라도 이들이 기름진 낙하의 평원으로 나오지 않을 이유는 없었다.

장왕이 이들을 친 이유는 아마 그가 추구하는 전진방어 개념과 연관이 있을 것이다. 효산의 싸움 때 진晉은 융인들을 끌어들였다. 위치로 보아 그 융이 육혼의 융일 수도 있다. 진은 대대로 융인들을 이용하는 데 능했다. 그러니 초 장왕은 진과 진이 주 왕실 가까이 옮겨놓은 융을 제압한다는 명분도 세우고, 또 이들이 진에게 이용되지 않도록 미리 손을 쓴 것이다. 이런 추측은 근거가 없는 것이 아니다. 이로부터 약 80년 후 진晉이 대규모 군사작전을 벌여 당시 초와 가깝던 육혼 종족을 아예 말살한 사건을 보아도 알 수 있다.

또 육혼융을 쳤을 때 주나라 왕손 만이 초나라 군대를 위로한 것을 보아도 당시에는 이 싸움이 명분을 얻었음을 알 수 있다. 육혼의 융을 초나라 편으로 끌어들이거나 그들이 사는 땅을 초나라의 기지로 만든다면, 황하 남쪽의 전략적인 요지는 모두 초나라의 차지가 된다. 물론 주나라 왕실을 안정시킨다는 명성도 얻을 수 있었다.

장왕이 이 육혼융을 정벌하고 낙수에 이르자 주나라 왕실에서 왕손 만을 보내어 장왕을 위로했다. 그러자 장왕은 대뜸 이렇게 물었다.

"구정九鼎이 얼마나 크고 무겁소이까?"

구정이란 주나라 왕실의 권위의 상징인 아홉 개의 거대한 구리 솥으로 제후들은 감히 입에 올리지 못했다. 그러자 왕손 만이 대답한다.

"(천자의 권위란) 덕에 있는 것이지 구정에 있는 것이 아닙니다[在德不在鼎]."

"구정을 믿지 마십시오. 우리 초나라 군사의 창날만 잘라 녹여도 구정을 만들 수 있을 테니까요."

감히 초왕이 아니면 누구도 할 수 없는 대담한 말이었다. 이에 왕손 만은 장황하게 구정의 의미를 설명한다.

"하나라 걸傑이 덕을 잃자 구정이 상나라로 넘어와 600년을 지냈고, 상나라 주紂가 포학하자 구정이 주나라로 넘어왔습니다. (천자가) 덕을 밝히면 정이 작더라도 그 무게(권위)는 무거우며, 난잡하고 어두우며 혼탁하면 정이 비록 크다 해도 가벼운 것입니다. 하늘이 복을 내려 덕을 밝히실 때는 정해진 운수가 있는 것입니다. 선대 성왕께서 겹욕郟鄏탕에 정을 안치하신 후 점을 치니, 30대 700년은 간다고 했습니다. 하늘이 그렇게 명한 것입니다. 지금 주나라의 덕이 비록 쇠했으나 천명은 아직 바뀌지 않았습니다. 그러니 정의 무게란 물을 수 없는 것입니다."

이 일화 이래로 "구정의 크기를 묻다[問九鼎]"는 말은 천하를 넘본다는 의미가 되었다. 장왕이 이 말에 어떻게 대답했는지는 알 수 없다. 일단 수긍했을 것이다. 그러나 장왕의 패기는 북방을 떨게 하기에 충분했다.

---

• 《좌전》에는 이 구절이 없고, 《사기》〈초세가〉에만 있다.

서주시기의 대정(왼쪽)과 초나라의 대정(오른쪽). 안타깝게도 주나라의 구정은 모두 유실되었다.

그러나 원래 장왕이 구정의 크기를 물은 것은 위협이지 천하를 얻겠다는 선언은 아니었다. 두예는《좌전》의 주에서 장왕이 구정의 의미를 물은 것은 "주나라를 핍박하여 천하를 얻기 위해서다"라고 설명했다. 그러나 향후 장왕의 행동을 보면 초가 천하를 얻으려 했다는 두예의 의견은 과도한 듯하다. 장왕이 주나라를 무시한 것은 사실이다. 그러나 장왕의 정책은 근본적으로 황하를 넘는 것이 아니라, 황하를 경계로 남쪽을 초나라의 패권지대로 만들려는 것이었다. 그리고 초나라는 이후 계속 장강과 회하를 따라 동쪽을 경략하는 데 몰두하고 주나라의 명목상의 종주권을 위협하는 행동은 하지 않았다. 비록 오랜 시간이 지난 후의 일이지만, 춘추의 각축장인 정나라를 차지한 나라는 진晉에

장왕 상(맨 위)과 묘(위). 지금은 쇠락하여 민간인들이 기도처로 이용하고 있다. 지나간 것은 지나간 것으로 두는 초나라 지역 사람들의 삶의 자세를 알려주는 듯하다.

서 갈라져 나온 한韓이었고, 주 왕실을 없앤 나라는 진秦이었다. 장왕은 정나라를 차지할 수 있었으나 그러지 않았다. 장왕은 무력군주였지만 세력 확장의 상한선을 항상 염두에 두는 절제를 아는 사람이었다. 지금 장왕은 남방의 부유함과 힘을 과시하고 있다. 특히 선대 이래로 장강을 따라 동진하면서 얻은 구리광산들은 초나라의 자랑이었다.

그러나 장왕이 대담하게 육혼의 융을 공략하고 주나라 왕실을 압박한 것은 진晉나라에게는 심대한 위협이었고, 이제까지 어떤 초나라 군주도 하지 못한 행동이었다. 장왕은 상대를 직접 치지 않고 압박하는 특이한 능력을 가지고 있었다.


## 4. 내란을 평정하다

이제 내정으로 다시 돌아가보자. 초나라 왕권과 약오씨 족권의 대립은 끝난 것일까? 투초의 성격이 과격함은 이미 이야기했다. 급기야 투초는 자신의 용맹을 믿고 왕권에 도전할 계획을 세웠다.

《좌전》에는 이런 일화가 소개되어 있다.

투초는 투곡어토의 동생 자량子良(이름 미상)의 아들이니, 투곡어토의 조카다. 자량이 사마인 시절에 투초를 낳았다. 좀 믿기 어려운 이야기지만 투곡어토는 동생에게 이렇게 말했다고 한다.

"반드시 저 아이를 죽여라. 이 아이는 곰이나 호랑이같이 생겼고, 승냥이 늑대 울음소리를 낸다. 죽이지 않으면 반드시 우리 약오씨 문중

투곡어토(자문) 상.

을 멸하리라. 속담에 '늑대의 마음은 들판에 있기에 늑대라고 한다' 하였다. 그것을 기를 수 있겠느냐?"

그러나 자량은 차마 아들을 죽이지 못했다. 이 이야기는 분명 투초가 반란을 일으키고 실패한 후에 생긴 이야기일 것이다. 그러나 투곡어토의 유언은 좀 더 믿음이 간다. 그는 죽기 전에 울면서 이렇게 말했다. 이미 투초의 성품을 꿰뚫은 까닭일 것이다.

"투초가 정권을 잡으면 너희들은 속히 (외국으로) 떠나서 난리에 연루되지 마라. 귀신도 음식을 찾는데 우리 약오씨의 귀신들이 주리지 않을 수 있겠느냐?"

일단 일화는 일화대로 넘겨두고 이후의 역사적인 사건으로 들어가

보자.

투곡어토가 죽자 아들 투반鬪般이 영윤이 되고, 투초는 사마가 되고, 위가는 공정工正이 되었다. 그런데 위가가 투반을 모함해서 죽이자 투초가 영윤이 되고 자신은 사마가 되었다. 투초는 일련의 야전에 참여하면서 이미 상당한 경험을 쌓은 상태였다. 그러나 투초는 이어서 위가마저 죽였다. 그들이 어떻게 서로 모함했는지는 자세한 이야기가 없다. 원래 음흉한 이들은 처음에는 이익을 위해 함께 모이지만 목적을 달성하면 분열하는 경향이 있다. 투초가 보기에 위씨도 초나라의 거대 씨족이기 때문에 그 우두머리를 제거한 것이다. 여기서 그쳤다면 문제가 없었을 것이다. 그러나 그는 이어서 장왕마저 공격했다. 그때 약오씨의 세력이 얼마나 강했는지, 장왕은 선대 삼왕의 자제들을 보내 인질로 삼고 화친하려 했다. 그러나 투초는 그마저 받아주지 않았다. 아마도 초나라는 이미 자신의 손에 넘어왔다고 생각했을 것이다. 결국 장왕도 장수漳水 가에 군대를 출정시켰다. 용나라를 멸망시켰을 때 보여주었듯이, 장왕은 싸움이 벌어지기 전에는 자세를 낮추지만 일단 싸움이 벌어지면 상황을 뒤집는 데 특기가 있는 사람이다.

드디어 양군이 질척한 초나라의 벌판에서 싸움을 벌였다. 장왕이나 투초 모두 용맹으로는 남에게 뒤지지 않는 사람들이다. 그들은 근접해서 격렬하게 싸웠다. 양군의 수장이 서로 화살을 날릴 수 있는 거리였다. 먼저 투초가 시위를 놓으니, 화살이 수레 앞의 횡대를 지나 북 놓는 대를 지나 징에 맞았다. 캉! 날카로운 소리가 울렸다. 두 번째 화살은 횡대를 지나 갈대로 엮은 막[笠轂]에 맞았다. 화살 두 대가 연이어 장왕

| 투백비 | 무왕 대 영윤으로 무왕의 정복사업에 지대한 공헌을 함. |
|---|---|
| 투곡어토(자문) | 투백비의 아들. 성왕 대의 영윤으로 《논어》에 등장할 정도로 명성이 높았음. 약오씨를 초나라 최대의 가문으로 만듦. |
| 성득신(자옥) | 투곡어토의 동생. 형을 이어 성왕 대의 영윤이 됨. 성복대전의 패전 책임을 지고 자결함. |
| 성대심 | 성득신의 아들. 목왕 대의 영윤으로 동진정책을 수행함. |
| 성가 | 성득신의 아들이며 성대심의 동생. 형을 이어 영윤이 되어 동방 신속국들의 반란을 평정함. |
| 투반 | 투곡어토의 아들. 장왕 대 영윤이 되었으나 무함으로 사망함. |
| 투초 | 투곡어토의 조카. 약오씨 문중의 총아였으나 반란에 실패하여 목숨을 잃음. |

• 투초가 반란에 실패해 살해될 때까지 약오씨 가문은 왕권에 버금가는 위세를 누렸다.

의 목숨을 위협했다. 투초가 날린 화살은 아마도 특이하게 크고 빨랐던 듯하다. 장왕의 군대는 이 기세에 눌려 뒤로 물러났다.

그러자 장왕은 군사를 순무하는 장수들을 시켜 돌아다니며 일렀다.

"우리 선군 문왕께서 식나라를 쳐부술 때 화살 세 개를 얻었다. 그중 두 개를 투초가 훔쳤는데, 오늘 다 써버렸다."

이렇게 말하고는 북을 울려 선두에서 진격했다. 약오씨의 군대는 장왕의 무시무시한 투지에 기가 죽어 결국 패하고 말았다. 반란을 진압한 장왕은 이어 약오씨 문중을 멸했다.

그때 투곡어토의 손자 극황克黃은 제나라에 사신으로 갔다가 돌아오는 중에 송나라에서 자신의 일족이 멸문당한 것을 알았다. 그를 수행하던 사람이 돌아가지 말라고 권했다. 그러나 극황은 반대했다.

"군주의 명을 버리면 누가 나를 받아주겠느냐? 임금은 하늘인데 하늘에게서 달아날 수 있겠느냐?"

그렇게 말하고 귀국하여 죄를 청했다. 그러자 장왕은 감동했다.

"자문(투곡어토)의 후대가 없어진다면 무엇으로 사람들에게 착함을 권할 것인가?"

이리하여 약오씨 가문은 주륙을 당하고 투곡어토의 손자만 남아 외로이 대를 이었다.

오랫동안 이어진 약오씨와 왕권의 대립은 결국 화해에 이르지 못하고 비극으로 끝났다. 나라의 내란까지 평정하고 왕권을 강화한 장왕은 이제 거칠 것이 없었다. 그러나 또 하나의 화란의 씨앗이 자라고 있었다. 투초의 아들 분황賁皇이 진晉나라로 달아난 것이다.


## 5. 초나라의 구리광산

구리 이야기가 나왔기 때문에 구리의 경제사를 잠깐 고찰해보자. 장왕이 초나라의 창날만 모아도 구정 따위는 만들 수 있다고 말한 근거는 무엇일까?

고대의 구리합금 청동은 글자 그대로 금金이었다. 청동은 썩지 않기 때문에 오래 보관할 수 있고, 언제든지 다시 녹여도 낭비가 되지 않았다. 춘추시대에도 철기가 있었지만 철의 탄소성분을 조절하고 물성을 개량하기 위해서는 아직 한참 동안 기술의 진보를 기다려야 했다. 또

증후을묘의 동정銅鼎.

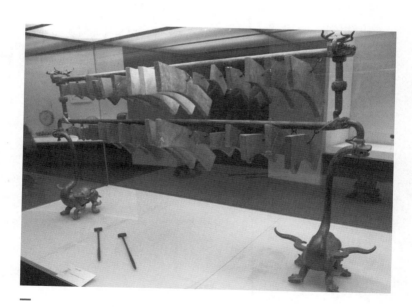

증후을묘의 석편. 초나라 악기는 엄청난 크기를 자랑한다.

철은 자연상태에서 쉽게 부패한다. 그러나 청동은 다르다. 청동 솥이 보급되면서 사람들은 이동하기가 훨씬 쉬워졌다. 청동 솥을 들고 다니면 장거리 군사작전도 가능했다. 청동으로 만든 무기의 중요성은 물론 말할 것도 없다.

청동이 얼마나 귀중한지 묵자의 말을 통해 알아보자. 묵자는 청동의 귀함을 잘 아는 사람이었다. 그는 귀한 청동으로 악기를 만드는 것도 반대했고, 그런 보물을 무덤에 묻는 것도 반대했다.

> 지금의 왕공대인들이 장례를 하는 것은 옛 성인들과 다르다. 반드시 큰 관과 중간 관을 준비하고(관을 겹으로 만들고), 가죽 끈 세 가닥으로 묶고, 벽옥을 준비하고, 과戈와 검, 솥과 북, 병에다 수놓은 비단, 하얀 베, 수레, 말, 여공까지 함께 묻고, (중략) 이는 백성의 생업을 철폐하고, 그들의 재산을 고갈시키는 일이다. ─《묵자》〈절장節葬〉

솥과 병은 생활필수품이며, 창칼은 목숨을 지키는 도구다. 그런 것들을 묻기가 안타까운 것이다. 묵자는 이에서 더 나간다.

> 지금의 왕공대인들 중에 악기를 만들어 국사에 임하지 않는 사람이 없다. 악기는 물이나 흙을 퍼서 만드는 것이 아니다. 반드시 만백성들에게 가혹하게 걷어서 커다란 종(대종), 북, 금슬, 피리 따위를 만드는 것이다. ─《묵자》〈비악非樂〉

백아와 종자기.  초나라의 유장한 음률을 대표하는 사람들로, 관포지교와 비견되는 '지음知音', '백아절현伯牙絕絃' 등의 성어의 주인공들이다.(호북성 무한 소재)

북이나 거문고, 피리 따위는 만드는 데 큰돈이 들지는 않는다. 문제는 종이다. 커다란 종을 만들기 위해서는 상당한 양의 구리가 든다. 그때 쓰는 구리도 아깝다는 것이다. 묵자가 활동하던 전국시대 초기에 구리는 금과 같이 귀했다. 묵자는 귀중한 구리를 낭비하여 수레나 솥도 아니고 쓸모도 없는 종을 왜 만드느냐고 항변한다.

그러나 알다시피 초나라 악기들은 엄청난 크기를 자랑한다. 초나라 전성기의 청동 기물들의 크기는 중원의 것보다 훨씬 크다. 초나라 군주들이 중원의 군주들보다 더 가혹했을까? 그것은 알 수 없지만 초나라의 구리가 중원보다 훨씬 많았다는 것은 분명하다.

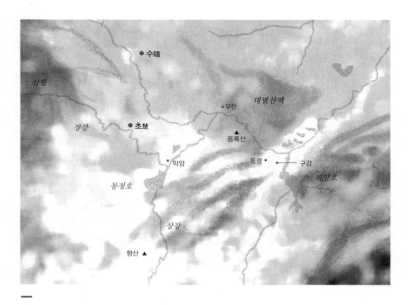

초나라의 거대 광산이 있던 동록산과 동령의 위치. 이곳들은 성왕 이래 차례로 초나라의 수중으로 떨어졌다.

초나라의 팽창정책은 매우 실용적이었다. 초나라는 중원의 예법에 크게 구속되지 않았다. 초는 자신들에게 필요한 것을 찾아 움직였다. 초나라의 성장에 가장 중요한 것은 무엇이었을까? 첫 번째는 사람이다. 그다음은 경작지다. 마지막으로 구리광산이다. 특히 구리는 국가만이 관리할 수 있는 품목이다. 국가가 이 독점 품목을 얼마나 잘 관리하느냐에 따라 국세가 바뀌었다. 특히 초나라는 전통적으로 공업을 관장하는 공윤工尹의 힘이 강했다. 이들은 군수품을 관리했지만, 전투에서도 주도적인 역할을 했다. 앞으로 나올 필의 싸움에서 초나라 공윤제는 우군을 이끌고 진나라 하군을 타격하여 승기를 잡는 데 결정적인

초나라의 구리광산 관련 유적들.
① 채광용 구리 도끼(실물).
② 동광 용광로를 복원한 모형.
③ 동광 채광 모습.(황석박물관 소재)
④ 동광 채광 모습.(호북성박물관 소재)

역할을 한다. 이를 보아 공윤은 군수품을 관리할 뿐만 아니라 군대도 이끌었음을 알 수 있다.

지금도 중국의 거대한 구리광산들은 옛 초나라 땅에 집중되어 있다. 현재 중국의 동광산은 강서, 서장, 운남, 감숙, 안휘, 내몽골, 산서, 호북에 집중되어 있다.[3] 알다시피 서장, 운남, 감숙, 내몽골은 춘추의 무대가 아니다. 나머지 네 지역 중에 호북은 초나라의 중심이며, 강서와 안휘는 춘추 중기부터 서서히 초나라의 세력권으로 편입되다가 전국시

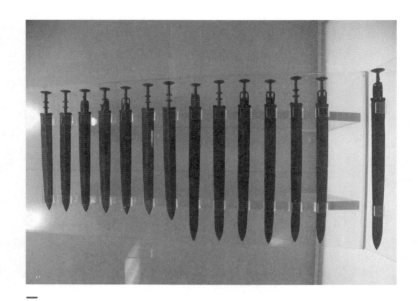

초의 동검. 오·월 문화권과의 교류가 명백하게 드러난다.

대에는 아예 초나라의 영토가 된 곳이다. 이렇게 보면 춘추전국시대 초나라는 구리 밭 위에 올라앉은 것과 다름없다. 호북성 대야大冶의 동록산銅綠山, 강서성 서창瑞昌 동령銅嶺의 거대 광산들은 성왕 이래 차례로 초나라의 수중으로 떨어진 곳이다.

동록산은 초 성왕 대에 대별산 일대의 소국들을 멸망시킴으로써 초의 판도로 들어온 듯하다. 이 광산이 초의 영토로 들어왔다는 것은 초나라 발전에서 절대적인 의미가 있다. 최소한 전략물자의 부족은 염려할 필요가 없게 되었다. 또 그 아들 목왕 대에는 대별산 동쪽과 파양호 동쪽까지 진출했으므로 강서의 동광산도 초나라 수중에 떨어졌을 것이다. 그러니 장왕이 큰소리를 칠 시기에는 이미 중요한 광산들은 초나라 차지가 된 것이다. 원래 이 광산을 차지하고 있던 여러 월족越族들은 매우 뛰어난 제련기술을 가지고 있었다. '월의 검'이라는 말이 있듯이 이들의 기술은 어떤 면에서는 중원보다 앞섰다. 초는 광산과 함께 남방 여러 월족들의 제련기술을 흡수한 것으로 보인다. 동남쪽의 부를 잘 알고 있는 장왕으로서는 아마도 구정이 가소로웠을 것이다.

초나라는 이 구리광산을 찾아 계속 동쪽으로 이동했다. 동쪽 땅은 그들에게 노다지였다. 그리고 아직 동쪽에는 초에 대적할 만한 세력이 존재하지 않았다.

# 제6장

## 대붕의 날개

· · ·

제 환공이 관중을 얻어 제나라가 흥하고, 진 문공이 호언과 조최를 얻어 진나라가 패자가 되었다. 장왕에게는 누가 있었을까? 장왕에게는 손숙오<sub>孫叔敖</sub>라는 인물이 있었다. 그는 관중도 아니고 호언도 아니지만 마찬가지로 대업을 이루었다. 과연 그는 관중, 호언에 비견될 인물일까? 우리는 이제 대붕의 날개 손숙오를 찾아간다.

# 1. 손숙오, 이상적인 관료의 원형

《여씨춘추》〈십이기十二紀〉 '중춘기仲春紀'에 손숙오에 대한 총평이 실려 있다.

세간에 군주를 섬기는 이들은 모두 손숙오가 초나라 장왕을 만난 것을 행운이라고 생각한다. 그러나 이치를 따져 말하면 그렇지 않다. 그 것은 초나라의 행운이었다. 장왕은 돌아다니며 놀고 사냥하기를 즐겨서 수레를 달리며 활을 쏘고, 환락이란 환락은 빼놓지 않고 다 즐겼다. 그리고 국가의 어려운 일이나(국내 문제) 제후들 사이의 걱정되는 일들(국제 문제)은 모조리 손숙오에게 맡겼다. 손숙오는 밤낮으로 쉬지도 못하고 일하며 생을 즐길 여유가 없었다. 이리하여 장왕이 공업

손숙오 상. 제 환공에게 관중이 있고 진 문
공에게 호언이 있었다면, 초 장왕에게는 손
숙오가 있었다. 장왕은 손숙오를 등용함으
로써 춘추시대 세 번째 패자가 될 수 있었다.

을 이루고 기록을 후세에 남기게 했다.

장왕 개인은 대범하면서도 과감하다. 대국의 군주로서의 자질을 갖
추었다고 할 수 있다. 그러나 패자가 되는 것은 개인의 자질로만 이루
어지지 않는다. 국정이란 복잡해서 전체를 조정하고, 여러 인재들을
이끌어갈 조력자가 필요하다. 제 환공의 관중이나 진 문공의 호언 등
이 바로 그런 인재들이다. 초나라에는 손숙오가 있었다. 그러나 손숙
오는 장왕과는 판이하게 다른 인물이었다. 장왕이 보기에 손숙오는 재
미를 모르는 사람이었을 것이다. 그러나 장왕은 손숙오와 같이 했다.
손숙오를 등용한 일 자체가 바로 장왕의 능력이었다.

손숙오는 중국사에서 또 하나의 원형을 만들어냈다. 바로 무결한 관료官僚다. 관중은 재상 역할을 했지만 그를 관료라고 하기는 어렵다. 그는 조력자라기보다는 권력을 행사하는 사람이며 기획자에 가까웠다. 그러나 역사적인 추세로 왕권이 점점 강화되자 진정한 조력자들이 필요해졌다. 어쩌면 조력자가 되기는 기획자가 되기보다 더 어려울지도 모른다. 권력은 왕에게 있기 때문에 조력자는 왕의 권위를 해쳐서는 안 된다. 그러면서 그는 왕이 할 수 없는 일들을 처리해야 한다. 권력은 줄어들고 할 일은 더 많아진 상황에서 조력자는 어떻게 임무를 수행할 수 있을까? 바로 청렴이다. 청렴하지 못하면 권력을 이행할 수 없다.

관중은 스스로도 대단히 청렴하다고 하지는 않았다. 권력을 행사하는 사람의 첫 번째 임무는 청렴이 아니라 권력 자체를 공고히 하는 것이다. 그러나 왕권 아래에서 제도에 의해 권력을 집행하는 관료는 반드시 청렴해야 한다. 그렇지 않으면 당장 권위가 사라진다. 관료 체제가 확립된 후 수많은 뛰어난 재상들이 부패 문제에 걸려 넘어졌다. 명나라를 중흥시킨 명재상 장거정을 보자. 장거정은 옛 초나라의 수도 강릉에서 태어난 명신이다. 그러나 그는 매우 사소한 비리로 죽어서도 오명을 남겼다.

사마천은 인물들을 유형별로 묶어내는 데 탁월한 재질을 보였다. 특히 열전의 인물 분석은 《사기》를 불후의 고전 반열에 올려놓았다. 그 열전의 수많은 편들 중에 〈순리循吏열전〉이 있다. 순리란 말 그대로 열심히 일하는 훌륭한 관료다. 《사기》의 열전의 주인공들은 수없이 많지만 춘추시대의 인물은 거의 없다. 춘추시대의 인물로 관중 다음으로 부름을 받은 사람이 바로 손숙오다. 사마천은 훌륭한 정치가의 원형을 만들기 위해 관중을 끌어들였고, 훌륭한 관료의 원형을 만들기 위해 손숙오를 불렀다. 춘추시대 초나라 사람들에 관한 자료는 부족하다. 그렇지만 스스로 훌륭한 관료가 되고자 한 사마천은 손숙오를 세워서 관료들의 사표로 삼고자 했다.

관료는 기본적으로 요구되는 사무 능력과 더불어 최소한 두 가지 미덕을 갖추어야 한다. 첫째, 관료는 청렴해야 한다. 공직을 수행할 때 청렴하지 않으면 훈령을 강제할 수 없다. 그다음은 자신을 왕 위에 내세우지 말아야 한다. 이것이 관료와 권력자의 차이다. 권력자는 인민에게 자신을 부각시켜야 한다. 그러나 관료는 '묵묵히' 일을 해야 한다. 그래야 권력자(왕)는 그 관료를 신임한다. 아래와 위에서 동시에 신임을 받아야 하기 때문에 훌륭한 관료가 되려면 아래와 위의 압박을 모두 견뎌야 한다. 손숙오가 그런 관료식 재상의 원형이었다. 그런 원형이 이어지고 이어져 청나라까지 왔다. 〈순리열전〉은 이렇게 시작한다.

법령이란 백성들을 이끌어가기 위한 수단이고, 형벌이란 간특한 자를 막는 수단이다. 그러나 문(법령)과 무(형벌)가 갖추어 있지 않더라도, 선량한 백성들이 여전히 몸을 닦은 관료들을 외경하면, 일찍이 관의 기강이 문란해진 적이 없었다. 관직을 수행함에 이치에 따르기만 해도 잘 다스릴 수 있다. 꼭 위엄을 세워야 하는가[法令所以導民也 刑罰 所以禁奸也 文武不備 良民懼然身修者 官未曾亂也 奉職循理亦可以爲治 何必 威嚴哉].

손숙오는 이렇게 외경을 받는 관료의 원형을 만들어냈다. 이제 손숙오에 관한 일화들을 모아 이 사람이 어떤 인격을 갖추었는지, 그리고 어떻게 발탁되었는지 알아보자.

## 2. 양두사를 죽인 소년

먼저 재미있는 일화 하나를 읽어보자.

손숙오가 아주 어렸을 때 밖에 나가 놀다가 머리가 둘 달린 뱀을 보고는 죽인 뒤 묻고 돌아왔다. 돌아와서는 하염없이 울고 있는데, 어머니가 무슨 영문인지 물었다.

"듣자하니, 머리가 둘 달린 뱀을 본 사람은 죽는다면서요. 아까 제가 그 뱀을 보았어요. 엄마를 두고 먼저 죽을까 봐 겁나요."

"뱀은 지금 어디 있니?"

"다른 사람이 볼까 봐 죽여서 묻었어요."

그러자 어머니가 달랬다.

"듣자하니, 남몰래 덕을 베푼 사람에게는 하늘이 복을 내린다더구나〔有陰德者 天報之福〕. 너는 죽지 않을 게다."

이 아이가 커서 초나라의 영윤이 되자, 다스리기도 전에 나라 사람들은 그의 어짊을 믿었다.

손숙오가 양두사兩頭蛇를 죽인 일화를
묘사한 그림(왼쪽)과 손숙오 묘(아래).
실제 손숙오의 묘는 아니고, 청 건륭
제 시기 관찰사가 손숙오를 기려 만들
어놓았다.

위의 이야기는 한대에 유향이 편찬한《신서新序》〈잡사雜事〉에 나오는 것으로 중국에서는 어린이용 교과서에도 실려 있다. 특히 '남몰래 덕을 베푼 사람은 하늘이 복을 내린다'는 고사성어의 원전이기도 하다. 필자는 이 이야기를 손숙오가 영윤이 된 후 후대 사람들이 지어낸 것으로 추측한다. 그러나 이 이야기는 손숙오라는 사람의 본질을 가감 없이 보여준다. 그는 남을 위해 몰래 일하는 사람이다. 앞으로도 보겠지만 손숙오는 무력을 통한 다스림을 추구하지 않았다. 그는 생산력 증대와 민심의 지지를 통해 초나라를 강국으로 만들었다. 그는 백성들에게 규율을 강요하기보다는 자연스러운 방법들을 원용해서 점진적으로 바꾸는 것을 추구했다. 그의 행동들에서《노자》의 정치사상들과 매우 유사한 면들이 발견된다.

더 구체적인 역사 자료로 들어가기 전에〈순리열전〉의 일화들을 읽어보자. 첫 번째 이야기다.

가을과 겨울에 백성들을 권면해서 산의 나무를 베고, 봄과 여름에 물을 이용해서 운반하니, 백성들은 모두 편하게 되어 생업을 즐겼다.

장왕이 화폐가 가볍다고 생각하여 크게 바꾸자 백성들이 불편해서 모두 생업(상업)을 기피했다. 시령市令(시장을 감독하는 관리)이 와서 보고했다.

"백성들이 불안해하고, 어쩔 줄 모르고 있습니다."

그러자 손숙오가 물었다.

"이렇게 한 지 얼마나 되었는가?"

"세 달 되었습니다."

그러자 손숙오는 조회에서 장왕에게 권했다.

"일전에 화폐가 가볍다고 여겨 바꾸었습니다. 지금 시령이 보고하길, '백성들이 불안해하고 어쩔 줄 모른다'고 합니다. 예전대로 돌리시기를 청하옵니다."

그러자 장왕이 허락했다. 영을 내린 지 사흘 만에 시장은 예전처럼 회복되었다.

**두 번째 이야기다.**

초나라 민간 풍속에 앉은뱅이 수레를 좋아했다. 장왕은 이 수레가 말에게 부담을 준다고 생각해 높이라고 영을 내렸다. 그러자 손숙오가 건의했다.

"아래로 영을 너무 자주 내리면 백성들이 무엇을 따라야 할지 모르게 되니 안 될 일입니다. 왕께서 꼭 수레를 높이고 싶으시다면 여항閭巷의 문지방〔梱〕*을 높이시지요. 수레를 타는 이들은 모두 군자들인데, 이들은 수레를 자주 오르락내리락 할 수가 없습니다."

왕이 허락하자, 반년 만에 사람들이 모두 수레를 높였다.

손숙오는 명령으로 다스리지 말고 자연스럽게 다스리도록 강조했

---

• 동네 앞에 만들어놓은 문턱으로 보인다. 수레가 높으면 지나갈 수 있지만, 낮으면 걸린다.

다. 모두 사소한 일화지만 그는 사태의 본질을 꿰고 있다. 먼저 화폐를 이용자의 관점에서 보았다. 화폐는 사용하기 편해야 한다. 그다음은 제도를 개혁할 때 자연스러운 방법을 썼다. 군자들이 낮은 수레를 쓰는 것은 자신들이 편하기 위해서다. 낮은 수레는 오르내리기 쉽다. 그러나 이런 수레는 말에게 부담이 될 뿐 아니라 위급할 때에 전차로 변신하기도 어렵다. 그런데 편함에 익숙한 사람들이 이를 쉽게 바꿀 수 있을까? 손숙오는 강제로 수레를 높이게 하지 않고 낮은 수레 자체를 불편하게 만들었다. 여항의 문지방을 높이는 일은 쉬우니, 쉬운 일로 어려운 일을 처리한 것이다.

## 3. 손숙오는 시골뜨기

장왕이 대단한 것은 손숙오를 등용했기 때문이라고 했다. 그러나 뛰어난 인재를 쓰는 것이 무슨 대단한 일인가? 그렇다. 장왕이 뛰어난 것은 뛰어난 귀족을 등용해서가 아니라 뛰어난 '촌뜨기'를 기용했기 때문이다. 제 환공이 뛰어난 것은 귀족이 아니라 처사였던 관중을 기용했기 때문이고, 진秦 목공이 뛰어난 것은 노예였던 백리해百里奚를 기용했기 때문이고, 진晉 문공이 뛰어난 것은 환관에 도둑까지 끌어들였기 때문이다. 손숙오는 비인鄙人으로서 국인國人이 아니었다. 비인이란 국도 밖에 사는 농민이나 지방의 소읍민을 가리킨다. 춘추전국시대는 귀족사회다. 그러니 비인을 중앙정계에 부르는 것은 쉬운 일이 아니다. 장왕은 비인을 과감하게 등용한 것이다.

거의 모든 고대의 자료들이 손숙오가 비인임을 증명하지만 유독 가장 신빙성이 없는 자료 하나와 또 그 자료만 믿는 후대인에 의해 손숙오의 출생은 귀족으로 탈바꿈했다. 중국인 특유의 조상 찾기 열망은 《세본》이라는 엉뚱한 책을 만들어냈다. 아마도 전국시대에 원형이 만들어졌을 것으로 보이는 이 책은 수많은 사람들을 거치며 엉뚱하게도 '정확한' 고대 왕가와 귀족가의 계보를 만들어냈다. 이 책은 위서僞書가 아니라 '위사僞史를 모아놓은 책'이라는 고힐강顧頡剛의 날카로운 지적처럼 우선 이 책의 신빙성은 극히 의문이 든다. 그런데 문제는 이 책이 후대의 역사가들을 심각하게 오염시켰다는 것이다. 우리나라 번역서들도 마찬가지다.

손숙오는 위薦씨다. 손숙은 그의 자다. 그런데 《세본》은 손숙오가 위씨라는 데 착안해서 그를 투초에게 모함당해 죽은 사마 위가薦賈의 아들이라고 써놓았다. 그리고 이 설은 자연스럽게 받아들여져서 《좌전》의 주를 단 두예도 이를 그대로 받아들였고, 오늘날은 대부분의 사람들이 그렇게 믿고 있다. 그래도 두예는 오늘날의 교조적인 학자들보다는 뛰어나서 《좌전》에 나오는 위애렵薦艾獵은 위오, 곧 손숙오라는 것을 간파했다.•

---

• 《열국지》 같은 소설이 손숙오가 위가의 아들이라고 짐작하는 것은 이해가 된다. 그러나 이런 식의 이해는 학계에도 만연해 있다. 예컨대 장정명은 《초문화사楚文化史》에서 위애렵의 아들이 위오의 아들이라고 쓴 기록이 없다는 것을 들어서 위애렵은 위오의 형이라고 결론을 내린다. 그러나 기록이 없다는 것과 사실이 아니라는 것은 엄연히 다르다. 그의 주장은 사실 《세본》의 기록을 그대로 따른 것이다.

손숙오가 정말로 위가의 아들이라면 인재등용 면에서 장왕의 진취성도 한풀 꺾인다. 그러나 장왕이 등용한 손숙오는 귀족이 아니었다. 그 근거는 쉽사리 찾을 수 있다.《세본》을 제외한 고대의 믿을 만한 기록은 모두 손숙오가 촌사람이었음을 보여준다. 그러나 어느 순간 근거가 부족한 주장이 기록으로 남으면서 잘못된 정보가 사실로 둔갑했다. 손숙오가 권문귀족이 아니었음을 문헌과 정황으로 간단히 증명해보겠다. 먼저《맹자》를 보자.

> 관중은 처사 시절에 발탁되었고, 손숙오는 해海에서 발탁되었고, 백리해는 저자에서 등용되었다. 그리하여 하늘이 장차 이 사람들에게 큰 임무를 맡기신 것이다[管夷吾擧於士 孫叔敖擧於海 百里奚擧於市 故天將降大任於斯人也].　　　　　　　　　　　-《맹자》〈고자〉

해海란 어디를 말하는가?《좌전》에 정나라 양공이 초나라에게 항복하면서 "저를 강남으로 잡아가 바닷가[海濱]에 살게 해도 좋습니다"라고 한 말이 나온다. 그때 초나라에는 바다가 없었다. 그러니 해, 곧 바다라는 말은 특수한 지명이 아니라 중원사람들이 큰 강가의 편벽한 지방을 칭하는 말이었을 것으로 짐작된다. 맹자의 말은 관중, 백리해, 그리고 손숙오의 출신이 별 볼 일 없음을 강조한 것이다. 그러니 손숙오는 위가의 아들이 될 수가 없다.

이어서 손숙오의 출생에 관한 고대의 기록 중 하나인《순자》를 보자. 순자는 위대한 사상가인 동시에 상당한 안목을 가진 역사가다.

초나라 손숙오는 기사期思 땅 촌뜨기였고, 대머리에다 왼쪽이 긴 짝
다리였다. 서면 키가 수레에도 못 미쳤지만 초를 패자로 만들었다〔楚
之孫叔敖期思之鄙人也 突禿長左軒較之下而以楚霸〕.

-《순자》〈비상非相〉

비인鄙人(촌뜨기)이란 역사적인 용어로 국인國人과 대비되는 개념이
다. 비鄙란 시골, 곧 농업종사자들이 사는 교외의 지역이다. 순자는 손
숙오 사후 겨우 300년이 지나 태어난 사람이다. 이를 보아 최소한 순
자 생존 당시에 대부분의 지식인들이 손숙오를 평민으로 보았다는 것
이다. 후대의 소설이나 소설과 같은 역사물들은 위가가 죽은 후 손숙
오가 기사 땅으로 가서 살았다고 한다. 순자는 그 사실을 몰랐을까? 안
다면 왜 그의 신분이 천하다고 했을까? 그리고 위가가 죽은 후 얼마 되
지 않아 손숙오가 등용되었는데 어떻게 그를 촌뜨기라고 말했을까?
앞뒤가 전혀 맞지 않는다. 맹자와 순자가 말한 촌뜨기는 글자 그대로
촌뜨기다.

손숙오에 관한 가장 오래된 문헌인《묵자》〈소염所染〉을 보면, "제 환
공은 관중과 포숙에게 물들었고, 진 문공은 구범과 고언에게 물들었
고, 초 장왕은 손숙오와 심윤에게 물들었다[齊桓染於管仲鮑叔 晉文染於舅犯
高偃 楚莊染於孫叔沈尹]"고 기록되어 있다. 그러니 손숙오는 심윤이라는
사람과 관련이 있음을 알 수 있다. 이제《순자》다음으로 오래된 기록
인《여씨춘추》를 보자.《여씨춘추》의 언어들은 춘추시대의 언어들이
그대로 남아 있어서 무언가 사초를 기본으로 썼음이 분명하다. 기록들

은 많은 단초를 제공해준다. 기록 세 개를 발췌해본다.

> 손숙오는 세 번 영윤이 되었으나 기쁜 내색이 없었고, 세 번 영윤의
> 자리에서 물러났으나 근심하는 기색이 없었다. 그는 통달한 사람이
> 다〔孫叔敖三爲令尹而不喜 三去令尹而不憂 皆有所達也〕.
>
> *-《여씨춘추》〈지분知分〉*

> 제 환공은 포숙에게 관중을 소개받고 초 장왕은 심윤 경에게 손숙오
> 를 소개받아 그들의 말을 들어주었다. 그래서 이들은 패자가 되었다
> 〔齊桓公聞管子於鮑叔 楚莊聞孫叔敖於沈尹筮審之也〕.
>
> *-《여씨춘추》〈찰전察傳〉*

손숙오는 심윤 경과 서로 사귀었다. 손숙오가 영도에 3년 가서 벼슬을
얻을까 했으나 알아주는 사람이 없었다. 심윤이 손숙오에게 말했다.
"말을 하면 듣게 하고 학술과 믿음직한 행동을 갖추어, 능히 군주로
하여금 잘되면 왕자가 되게 하고 못되면 패자가 되게 하는 데는 나는
자네만 못하네. 그러나 세속의 이치를 따르고 다른 사람의 말을 맞춰
주어 군주의 마음에 드는 데는 자네는 나보다 못하네. 자네는 돌아가
서 다시 밭을 갈게. 내가 자네를 위해 유세하겠네."
이리하여 그는 영도에서 5년간 유세했다. 장왕이 그를 영윤으로 삼으
려 하자 심윤은 이렇게 대답했다.
"기사의 비인으로 손숙오라는 사람이 있습니다. 그는 성인입니다. 왕

께서는 반드시 그를 쓰소서. 신은 그와 비견할 수 없습니다."

이리하여 장왕은 왕이 쓰는 수레를 보내서 손숙오를 맞아 그를 영윤으로 삼았다. 12년이 지나자 장왕은 패자가 되었다.

-《여씨춘추》〈찬능贊能〉

위의 세 기록이 다 정확하지는 않다. 다만 당시에 공인된 통설들을 보여준다. 일단 손숙오가 여러 번 영윤의 자리에 올랐고, 무려 12년간 요직을 차지했음을 알 수 있다. 장왕이 투초의 난을 평정하고 필의 전투에서 승리하여 패자가 되기까지 12년이 걸렸다. 그렇다면 손숙오는 투초가 죽은 후 곧바로 등용된 것이다. 위의 수많은 기록들이 모두 거짓이 아닌 한 어떻게 장왕이 손숙오가 위가의 아들이라는 것도 모를 수 있겠는가? 또 심윤이 그것을 장왕에게 이야기하지 않을 무슨 까닭이 있겠는가?《여씨춘추》의 기사는 분명히 손숙오가 비인임을 말한다. 그는 선비도 못 되어 농사를 지었다고 한다. 그러니 위가가 죽고 가문이 어려워져 기사로 갔다가 그토록 빠른 시일에 복귀했다는 것은 소설에 가깝다. 기록과 정황을 모두 살펴보아도《세본》의 기록은 명백히 틀린 것이다. 그리고 여러 기록에 의하면 손숙오가 심윤이라는 지방장관의 추천을 받았음을 알 수 있다.《여씨춘추》의 심윤 경이라는 사람은 실존인물일 가능성이 매우 크다.《좌전》에도 필의 전투 때 중군을 심윤 제齊가 이끌었다고 되어 있다. 그렇다면 당시 심윤은 매우 영향력이 있는 사람들이 맡는 자리였을 것이다. 특히 그 싸움에 영윤 손숙오를 보좌한 사람이 심 고을의 장관이었다는《여씨춘추》의 기록은 더욱 신뢰를 더한다.

더 후대의 기록인 《사기》〈순리열전〉을 검토해보자.

> 손숙오는 초나라의 처사다. 우구가 재상으로 있으며 장왕을 모시다
> 가 손숙오를 데려와 후임으로 삼았다[孫叔敖者 楚之處士也 虞丘相進之於
> 楚莊王 以自代也].

사기도 손숙오는 평민이었다고 말한다. 다만 그 이전의 기록들보다
는 좀 등급을 올려서 벼슬이 없는 선비 정도로 대우했다. 마지막으로
《설원》〈지공至公〉을 보자.

> 영윤 우구자虞丘子가 자신의 무능을 탓하면서 손숙오를 천거했다.
> "나라의 준걸인 향리의 처사[下里之士] 손숙오를 추천합니다. 그는 고
> 아하고 마른 체격이지만 재주가 많고 욕심이 없습니다. 군주께서 그
> 를 등용하여 정치를 맡기신다면, 나라를 잘 다스려 선비와 일반 백성
> 이 한마음이 되게 할 수 있습니다."
> 그러자 장왕이 물었다.
> "그대는 과인을 보좌하여 과인으로 하여금 중국에 이름을 떨치게 하
> 고, 멀리 편벽한 지역까지 명령이 전달되게 하여 드디어 제후들의 패
> 자가 되게 하였소. 그대가 영윤을 맡지 않으면 어쩌란 말이오?"
> 그러나 우구자는 굽히지 않았다.
> "오랫동안 자리를 고집하는 것은 탐욕이며, 현명하고 능력 있는 이들

을 천거하지 않는 것은 군주를 속이는 것이며〔誣〕, 자리를 양보할 줄
모르는 것은 겸손하지 못한 것입니다. 이 세 가지를 다 못한다면 이는
불충한 사람입니다. 불충한 신하를 밑에 둔다면 군왕께서는 어떻게
충성을 고쳐할 것입니까?"

우구자가 기어이 우겨서 결국 장왕은 손숙오를 등용했다.

이 기록도 손숙오를 기껏 처사로 묘사한다. 이렇게 한대까지 고대의
기록들은 모두 손숙오의 출신이 미천했다고 말한다. 다만 가장 신뢰도
가 낮은《세본》만이 억지로 손숙오의 계보를 만들어냈다. 고대에 나라
를 강하게 하는 길은 오직 인재에 달려 있다. 여러 기록들은 장왕이 지
방의 이름 없는 인사를 기용했고, 많은 사람들이 이를 칭찬했음을 보
여준다. 그런데 오늘날의 사람들이 엉뚱하게도《세본》이나《동주열국
지》같은 위사僞史나 소설의 내용을 그대로 믿고 있다.

결론을 말하자면 손숙오는 촌뜨기고, 장왕은 그 촌뜨기를 기용해서
패업을 이뤘다.


## 4. 테크노크라트 손숙오, 쌀의 시대를 열다 ━━━━━━

도대체 손숙오는 어떤 재능을 가졌기에 성인이라는 소리를 듣고, 장왕
의 부름을 받았을까? 거기에는 단순하지 않은 사회경제사적인 맥락이
있다.《회남자》〈인간훈人間訓〉에 다음과 같은 기사가 있다.

손숙오는 기사의 물을 가두어 우루의 들판에 대었다. 장왕은 이를 보고 그가 영윤감임을 알았다. (중략) 그들은 모두 작은 형상에서 시작해서 큰 이치까지 통달한 이들이다[孫叔敖決期思之水 而灌雩婁之野 庄王知其可以爲令尹也 (중략) 此皆形于小微而通于大理者也].

이렇듯 손숙오는 원래 제방을 쌓는 기술자였다. 손숙오가 토목 기술자라는 기록은《좌전》에도 남아 있다. 초군이 송나라를 공격할 때 당시 영윤 손숙오(위애렵)는 기沂에 성을 쌓았다. 송나라와의 장기전에 대비한 것이었다. 기록을 보자.

영윤 위애렵이 기에 성을 쌓았다. 먼저 봉인封人(건축담당관)에게 전체의 공정을 가늠하게 하고, 관리자들에게 일을 배분했다. 필요한 노동력을 계산하여 완공되는 날짜를 정하고, 소용되는 재료를 분배하고, 판축에 대는 판자와 기둥들의 치수를 고르게 하고, 소용되는 흙의 양을 계산하고, 원근을 계측하고, 토대의 치수를 재었다. 인부들의 식량을 충분히 준비하고, 관리자들의 능력을 헤아려서 일을 시켰다. 30일 만에 일을 마치는데, 계획에서 어긋나는 것이 하나도 없었다.

위의 기록을 보아도 손숙오는 토목 전문가다. 일반적인 전문가와 다른 점은 토목을 이해할 뿐만 아니라 사람의 재능을 이해하는 데도 탁월했다는 점이다. 이제 수리공정으로 돌아가 춘추시대의 수리공정이 왜 그렇게 중요한지 이해하고 손숙오가 한 일의 의의를 돌아보자. 손

안풍당. 손숙오가 만든 기사피(작피)를 중건한 것으로 훗날 이 저수지는 초나라의 마지막 거점인 수춘에 곡식을 공급하게 된다. 손숙오는 초나라가 이쪽으로 밀려오리라 예측했을까?

숙오는 단순한 기술자가 아니었다. 그는 경제적으로 식민지 경영을 시도한 정치가였다.

춘추시기에 하천에 제방을 쌓아 물을 댔다는 기록을 남긴 사람은 손숙오가 첫 번째다.《한서》〈지리지〉에 의하면 기사현은 여남汝南군에 속하고, 우루현은 여강廬江군에 속한다. 인류는 아주 오래전부터 재방을 만들고 물을 활용했다. 그러나 당시 손숙오가 한 일은 그저 흐르는 물을 가둔 것이 아니라 물길을 돌리는 거대 공정이었다. 그런 대규모

공사는 기록상으로는 손숙오의 기사피期思陂라는 인공호수가 최초다.

이 공사의 개요는 대별산에서 북쪽으로 흐르는 물을 가둔 후, 이 물길을 자연수로로 보내지 않고 들판으로 퍼뜨리는 것이다. 고대의 기사피의 위치와는 얼마간 차이가 있지만 현재 안휘성 육안六安현의 안풍당安豊塘이 고대의 기사피를 중건하여 만든 것으로 알려져 있다. 이 기사피는 초나라의 동방 진출 교두보가 되었다. 전국시대 중기까지 영토를 가장 크게 넓힌 나라는 초다. 그래서 전국 초기 초나라의 개혁을 이끌던 오기吳起는 초나라의 상황을 한마디로 정의하여, "초나라에 부족한 것은 사람이고, 넘치는 것은 땅이다" 하면서 적극적인 사민정책을 폈다. 그럼에도 귀족들은 수도 밖으로 이주하기를 꺼렸고 결국은 반란을 일으켰다.

손숙오는 오기의 선배 격이면서 오기보다는 좀 더 쉬우면서도 근본적인 처방을 내렸다. 일단 변경을 초나라 식의 농지로 바꾸는 일이었다. 손숙오는 미래를 예견했을까? 전국시대에 초가 진秦에게 밀려 천도한 곳이 수춘壽春, 곧 지금의 안휘성 수현이다. 이곳에 곡식을 공급하는 역할을 한 것은 물론 손숙오가 개발한 수전水田이었다. 춘추시대 그 수전이라는 것이 그렇게 중요한가?

《여씨춘추》〈팔람八覽〉 '선식람'에 고대의 수전과 한전의 차이를 알려주는 재미있는 기사가 있다. 당시 위魏나라의 전장제도에 의하면 한 가구는 100무畝의 전지를 가진다. 그런데 업鄴 지방은 200무를 주었다. 관개시설이 없고 토질이 좋지 않았기 때문이다. 그런데 서문표西門豹가 장수의 물줄기를 끌어들이자 이 땅은 쌀을 생산하는 옥토가 되었

도강언. 이 댐은 민강의 물줄기를 사천의 평원으로 돌리는 일종의 유역변경식 댐이다. 이 댐은 사천의 인구를 늘리는 데 큰 도움을 주었고, 또 진秦나라가 전국을 통일하는 초석이 되기도 했다. 기원전의 수리시설이 지금도 원형을 유지하고 있다.

다. 이 기록을 보면 수전은 최소한 한전의 두 배의 소출을 얻었다고 볼 수 있다. 고대의 수전농법은 비교적 간단하다. 겨울에 들판에 불을 질러 풀을 태운다. 그리고 봄에는 물을 대어 잡초가 발아하지 못하게 한다. 제초에 성공하면 인당 곡물 생산량은 크게 늘어난다. 수전에 벼를 심으면 효과는 배가된다.

손숙오는 초나라 동쪽 변경에 쌀의 시대를 연 것이다. 회하 일대 사람들이 먹는 것은 "쌀밥에 물고기 국"이라는 《사기》의 기록은 당시 초나라 사람들의 식생활을 그대로 보여준다. 물고기는 원래 있는 것이지만 쌀밥은 선조들이 제방을 쌓고 땅을 개간해서 얻은 결과물이다.

필자는 사천성의 도강언都江堰을 여러 차례 답사했다. 도강언은 민강의 물줄기를 사천의 평원으로 돌리는 일종의 유역변경식 댐이다. 이 댐은 사천의 인구를 늘리는 데 큰 도움을 주었고, 또 진秦나라가 전국을 통일하는 초석이 되기도 했다. "땅이 커야 대국이다"라는 유명한 말은 진이 촉(사천)을 점령할 때 나온 말이다. 춘추시기에서 전국시기까지 영토가 가장 큰 나라는 단연 초나라였다. 그러나 땅이 있어도 쓰지 못하면 소용이 없다. 개간된 땅이라야 영토 구실을 한다. 손숙오는 땅을 개간하는 사람이었다.

손숙오는 들판에 물을 대어 논으로 만들었다. 그러자 초나라의 관할지는 엄청나게 늘어났다. 훗날 진이 사천평원에서 행한 도강언과 같은 공정을 수백 년 전 초나라는 이미 시작한 것이다. 백성은 곡식을 하늘로 안다고 했는데, 손숙오가 농경사회에서 추앙받는 것도 당연했다. 그 곡식 중에 단연 중요한 것은 쌀이다.

오늘날 중국을 비롯한 동아시아는 쌀의 시대를 살고 있다. 중국국가통계국에서 발행한 2008년 중국의 주식 생산량은 쌀이 약 1억 9200만 톤, 밀이 1억 1250만 톤, 옥수수가 1억 6600만 톤이다. 옥수수는 사료용으로 많이 소모되니 일단 제외하자. 쌀과 밀의 열량은 대체로 비슷하기 때문에 현재 중국에서 쌀은 밀보다 두 배 중요한 작물이다. 중국은 전 세계 쌀 생산과 소비의 3분의 1을 담당한다. 이 위대한 쌀의 시대의 초석을 초인들, 그중 손숙오라는 사람이 놓았다. 쌀이 없었다면 중국은 그토록 많은 인구를 부양하지 못했을 것이다. 비교적 정확한 근대의 통계를 보니 1930년대에서 1940년대까지 중국의 쌀 생산량은 대략 밀의 두 배를 약간 상회했다. 그러나 더 중요한 것은 단위 면적당 생산량이다. 당시 1무당 생산량은 쌀이 밀의 2~2.5배에 이른다.[4]

물론 쌀의 시대를 처음으로 연 사람은 초인들이 아니다. 그러나 쌀의 전성기를 연 이들은 분명히 초인들이다. 초인들이 동쪽으로 진출하면서 대규모 관개시설을 만들었고 그 공정은 전국시대가 되면 규모가 더욱 커졌다. 점령지를 부유한 곳으로 바꾸면 반란이 적게 일어난다. 장왕 시대가 되면 초는 급속히 동쪽으로 팽창했지만 새로 점령한 지역들은 매우 자연스럽게 초의 일부가 되었다. 새로 얻을 땅을 생산성이 높은 곳으로 바꾸는 초인들의 능력이 없었다면 그 과정은 분명 순탄치 않았을 것이다. 기술자 손숙오는 그렇게 초의 땅을 넓혔다.

장왕은 뛰어난 무력군주지만 손숙오가 없었으면 패자가 되지 못했을 것이다. 손숙오는 전쟁에 반대했다. 그러나 싸움에 소질이 없는 것도 아니었다. 그는 일단 전투가 벌어지면 집중력을 발휘해서 적을 몰아쳤다. 앞으로 필의 싸움에서 손숙오가 어떻게 활약하는지 살펴볼 것이다.

손숙오가 죽자 장왕은 그 아들에게 비옥한 토지는 내렸는데, 아들은 이를 사양하고 침구寢丘의 거친 땅을 받았다. 초나라에서 공신으로서 땅을 후대까지 물려준 이는 오직 손숙오밖에 없었다고 한다[楚國之俗 功臣二世而爵祿 惟孫叔敖獨存](《회남자》〈인간훈〉). 이를 보아도 장왕이 그를 얼마나 존중했는지 알 수 있다. 장왕에게 손숙오는 환공에게 관중과 같은 존재였다. 손숙오를 얻은 후 비로소 장왕의 보폭이 넓어진 것이다.

장왕의 손숙오 등용과 관련해서 한 가지 중요한 점을 추가해본다. 《좌전》 '양공 26년'에 초와 진秦이 함께 오나라를 침공한 기록이 있다.

초나라 군주와 진나라 사람들이 오나라를 침공하여 우루까지 갔다가, 오나라가 이미 대비하고 있다는 소식을 듣고는 군사를 돌렸다. 이에 (목표를 바꾸어) 정나라를 침공했다〔楚子秦人侵吳 乃雩婁 聞吳有備而還 遂侵鄭〕.

이 기사에 의하면 장왕 사후 우루의 들판은 오나라의 소유가 되었거나 오나라와 접하고 있는 초나라 최동단이었을 것이다. 이 우루에서 북쪽으로 방향을 틀면 바로 정나라다. 이렇게 보면 손숙오는 비인일 뿐만 아니라 완전히 변방인이었다. 초가 동쪽으로 진출하면서 손숙오라는 사람을 발견한 것이다. 손숙오가 태어난 곳은 원래부터 초나라 땅이 아니었다. 그리고 그곳은 오나라가 강성해지면 오나라 땅도 될 수 있는 곳이었다. 손숙오의 출신지를 고증하기는 어렵지만 실제로 그가 우루 근처 출신이 확실하다면 장왕의 배포는 정말 만만치 않다. 명문거족들을 모두 제치고 변방의 일개 기술자를 영윤으로 쓴 것이다! 손숙오가 무려 세 번이나 영윤을 역임했다고 하니 장왕 재위기의 영윤은 손숙오 한 사람이라고 보아도 무방하다. 이런 사람을 등용한 군주라면 온갖 쾌락을 즐긴다고 해서 비난받을 이유는 없다.

무게로 따지면 칠면조나 독수리나 비슷하다. 그러나 하나는 가금이고 하나는 새들의 으뜸이다. 그 차이는 무엇일까? 바로 날개의 크기다. 유비는 제갈량을 얻고 물고기가 물을 만났다고 표현했다. 장왕이 손숙오를 얻은 것은 대붕이 날개를 얻은 격이었다. 앞으로 손숙오는 느긋하지만 착실하게 장왕을 패자의 지위로 올려놓는다.

# 제7장

## 패자의 첫발

: 대의를 세우다

내부의 반란을 평정하고, 손숙오를 얻어 정치를 안정시켰으며, 주 왕실의 치하를 받아 위상이 한껏 올라간 장왕의 다음 행보는 역시 중원으로 향하고 있었다. 장왕은 기존의 초나라 군주들과는 사고방식이 달랐다. 그는 초나라를 반석에 올리기 위해서 진晉나라와 초나라 사이에 낀 나라들을 모두 초나라 편으로 만들려는 야심 찬 계획을 가지고 있었다. 그는 패자를 지향했다. 그러나 패자는 힘만으로 되지 않는다. 패자는 대의를 만들고 스스로 실천해야 한다.

공위계승 다툼 이후 진晉-진秦의 관계는 개선되지 않았다. 초 장왕이 북진을 결심하고 있을 때 진晉은 백적白狄과 싸움을 끝내고 휴전한 후, 역으로 백적을 끌어들여 진秦을 공격했다. 그때 양국은 치열한 첩보전을 벌이던 중이었다. 당시 진秦의 첩자가 진晉의 도읍에서 사형당하는 일도 있었다. 하지만 진-진의 갈등은 초에게는 기회였다. 장왕은 약한 상대부터 차례차례 처리하며 중원을 압박해갔다.

먼저 여러 서나라(군서群舒)들이 복종하지 않는다는 구실로 서료舒蓼나라를 쳐서 멸망시켰다. 중원 중심의 사료들은 이 사건을 간단히 다루었지만 이 사건은 초나라의 동진정책이 전면에 떠오르는 출발점이었다. 장왕은 이 조치로 지금의 안휘성 일대를 손에 넣고 국경선을 정한 후 오·월과 동맹을 맺고 돌아갔다. 당시 안휘성 동부 일대의 작은 나라들은 오월 민족의 문화권에 속했다. 이제 동방의 떠오르는 강자 오나라와 초나라의 충돌도 피할 수 없게 되었다.

장왕이 이 지역을 손에 넣은 것은 기존에 정나라를 교두보로 중원으로 진출했던 일이 실익이 적었기 때문이다. 중원에서 실력을 행사하기 위해서는 정나라를 끌어들여야 했지만 막상 정나라를 점령하기는 만만치 않았다. 반면 군서지역은 수산물과 목재가 풍부하고, 특히 구리광산이 널려 있었다.

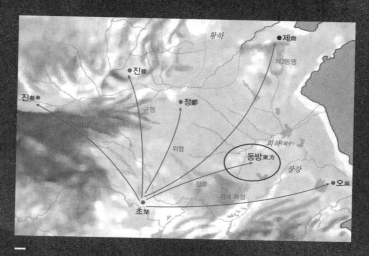

장왕의 거시정책 개념도.

악서鄂西지역에서 장강을 따라 내려가서 파양호를 지나 군서까지 이르는 일대는 현재도 중국 구리 생산의 중심지다. 전략적인 물자와 남방의 풍부한 식료품을 틀어쥐면 초가 중원을 능가하는 것도 시간문제였다.

이 지역에서 회하를 따라 동북으로 가든 장강을 따라 동쪽으로 가든, 모두 초나라가 통제할 수 있는 지역이었다. 특히 회하를 따라 동쪽으로 가다가 방향을 바꾸어 사수를 따라 북쪽으로 가면 제나라 남부의 고만고만한 나라들도 노려볼 만했다. 향후 중국사에서 쌀 재배 환경과 수상교통이 좋고 구리 매장량이 많은 강회江淮 일대의 중요성은 점점 더 커지는데 장왕이 이 일대를 가만둘 리가 없었다. 장왕이 힘으로 제압하면 손숙오가 토지를 개발하고는 재빨리 현을 설치했다. 기존처럼 군사적으로 시위한 후 물러나는 것이 아니라 실질적인 지배를 목표로 한 식민지 개척이었다.

## 1. 난신적자를 응징하다 ▬▬▬▬▬▬▬

장왕은 위치상 초나라에 가까우면서도 멀리 떨어진 진晉나라의 동맹
에 참여한 나라들을 모두 손보려고 생각했다. 특히 초의 사립문 바로
밖에 있으면서도 태도가 모호한 진陳나라는 이참에 아예 초나라의 한
현으로 만들 요량이었다. 초의 북동진에 위협을 느낀 진晉은 부랴부랴
동맹을 소집했다. 연합군은 먼저 초나라의 위협 때문에 어정쩡한 태도
를 취하는 진陳을 공격하기로 했다. 그러나 마침 공격이 개시되는 그때
진晉나라 군주 성공이 세상을 떠났다. 군사작전을 펼 겨를이 없었다.
장왕은 이 기회를 놓치지 않았다.《여씨춘추》〈육론六論〉'사순론似順論'
에 보면 장왕은 먼저 진陳나라를 치기 위한 첩보를 모았다.

초 장왕은 진陳나라를 치려고 사람을 보내 정탐하게 했다. 사자가 돌아와서 말했다.

"진나라는 공벌할 수 없습니다."

"무슨 까닭인가?"

"성곽은 높고 해자는 깊으며, 저축해놓은 것(양곡)도 많습니다."

그러자 영국寧國은 반대 의견을 냈다.

"진나라는 공벌할 수 있습니다. 대저 진나라는 조그마한 나라인데, 쌓아둔 것이 많다는 것은 거두는 것이 과중하다는 뜻입니다. 그렇다면 백성들은 위정자들을 원망하게 됩니다. 성벽이 높고 해자가 깊다는 건 백성들의 노동력을 과도하게 부렸다는 뜻입니다. 군사를 일으켜 공벌하면 진나라는 차지할 수 있습니다.

'진나라 도성을 함락할 수 있다.' 장왕은 이미 잠정적인 결론은 냈다. 그러나 일에는 명분이 필요했다. 그런데 명분은 찾지 않아도 저절로 굴러들어왔다.

큰 나라에 끼인 작은 나라들은 항상 전전긍긍이다. 그러나 작은 나라들이 망하는 이유는 꼭 큰 나라들 때문만이 아니다. 고대에는 공격과 방어의 차이가 명확하기 때문에 아무리 작은 나라도 국인들이 단결하면 쉽사리 무너지지 않았다. 그러나 작은 나라임을 망각하면 바로 큰 나라에게 잡아 먹혔다. 초나라 장왕이라는 강적을 바로 앞에 두고 진陳나라 군주와 그 신하들이 하는 행동이 바로 그런 꼴이었다. 《좌전》은 이 한 편의 비극을 가감 없이 기록해두었다. 《좌전》을 기본으로 당시 한 여인을 둘러싸고 진나라 군주와 귀족들이 벌인 희한한 일을 구성해보자.

당시 진陳나라에는 하희夏姬라는 아름다운 과부가 있었다.《국어》〈초어〉에 의하면 이 여인은 정나라 목공穆公의 딸이다. 그녀는 진나라 대부 하어숙夏御叔에게 시집가서 아들 징서徵舒를 낳았는데 불행히 남편을 먼저 보냈다. 당시 진나라의 임금 영공靈公과 대신 공녕孔寧, 의행보儀行父 등은 이 아름다운 여인을 가만히 두지 않았다. 그들은 하희의 집에 들락거렸을 뿐만 아니라 조정에서도 공공연히 그 일을 가지고 히히덕거렸다. 어느 날 이들은 하희의 속옷을 입고 조정에서 노닥거렸다. 설야泄冶라는 충직한 신하가 이를 보고는 충간했다.

"공과 경이 드러내고 음탕한 짓을 하면 백성들이 무엇을 본받겠습니까? 소문이 날까 두렵습니다. 군주께서는 속옷을 치워주소서."

그러자 영공은 임시방편으로 대꾸했다.

"내가 행실을 고치겠소."

이렇게 말하고는 이 사실을 공녕과 의행보에게 고자질했다. 그러자 공녕과 의행보는 설야를 죽여 입막음을 하자고 했다. 영공은 이들의 행동을 묵인했고, 결국 이들은 설야를 죽였다. 공자는 이 일을 두고, "《시》에 여러 사람이 음탕한 짓을 하면 혼자서 옳은 행동을 하기가 어렵다고 했는데, 이것은 설야를 두고 한 말인가?" 하고 한탄했다.

이들 세 사람의 방탕한 행동은 설야를 죽인 후 더욱 거칠 것이 없었다. 그들은 하희의 집으로 가서 술을 마시면서 농담을 지껄였다.

영공이 먼저 농을 걸었다.

"징서의 모습이 그대들과 비슷하구려."

그러자 공녕과 의행보가 대꾸했다.

"군주와도 비슷한데요."

밖에서 이런 수작을 듣고 있던 젊은 징서는 수치심으로 도저히 참을 수가 없었다. 그는 마구간에서 활을 잡고 있다가 문을 나서는 영공을 다짜고짜 쏘아 죽였다. 그 틈에 공녕과 의행보는 담을 넘었다. 그리고 그들은 바로 초나라로 달아났다. 이 사건은 초나라가 진나라를 정벌하는 명분을 주었다. 공녕과 의행보는 초나라에 가서 자신들이 한 음란한 짓은 물론 말하지 않았을 것이다. 불행한 하징서는 졸지에 국제 문제의 중심이 되어버렸다.

이듬해 겨울 장왕은 하징서의 난동을 정벌한다는 구실로 진陳나라를 침략했다. 진나라의 어지러운 내정은 이미 파악한 후였다. 그러면서 진나라 사람들에게 공포했다.

"동요하지 말라. 단지 하징서를 토벌할 뿐이다."

이렇게 말하고는 바로 진나라 도성으로 들이쳐 하징서를 잡았다. 그리고 그의 사지를 찢어 죽였다. 곧이어 장왕은 진나라를 초의 한 현으로 편입시켰다. 그때 진陳나라의 새 군주 성공은 진晉나라에 가 있었다. 물론 장왕의 행동이 정정당당한 것은 아니었다. 겉으로는 하징서를 죽이겠다고 공언하고는, 그를 죽인 후 진陳나라 땅을 차지했기 때문이다. 그러나 당시 제후들은 장왕의 위세에 눌려 아무 말도 하지 못했고, 국내의 관료들은 모두 장왕의 처사를 치하했다.

그러나 초나라의 신망 있는 신숙시申叔時의 생각은 달랐다. 마침 제나라에 사자로 갔다가 돌아온 신숙시는 사신의 임무를 마쳤노라고 복명하고는 별다른 치하의 말을 하지 않았다. 그러자 왕이 사람을 보내 신숙시를 나무랐다.

"하징서가 무도하게도 그 군주를 죽였기에 과인이 제후들을 데리고 토벌하여 그를 죽였소. 이에 제후와 현공들이 모두 과인의 행사를 경하했소. 그런데 오직 그대만 경하하지 않는 까닭은 무엇이오?"

그러자 신숙시가 대답한다.

"제가 한 말씀 올려도 되겠습니까?"

"해보시오."

"하징서가 자신의 군주를 살해한 것은 그 죄가 크옵니다. 토벌하여 그를 죽인 일은 의로운 일이었습니다. 그러나 또한 사람들이 하는 말이 있사옵니다. '어떤 이가 소를 끌고 남의 밭을 가로지르니, 밭 주인이 그 소를 빼앗았다. 소를 끌고 남의 밭으로 들어가는 이는 분명히 죄를 지은 것이다. 그러나 소를 빼앗은 이의 죄는 더욱 크다'라고요. 제후들이 초나라를 따라 정벌에 나서면서, '죄 있는 자를 토벌한다'고 했습니다. 허나 지금 진陳을 현으로 만든 것은 진의 재산을 탐낸 것입니다. 죄 있는 자를 토벌한다고 하여 제후들을 모아서 거사를 하고는, 결국 탐욕을 부려 그들을 헛걸음하게 하고 돌려보낸다면 안 되지 않겠습니까?"

장왕은 느끼는 것이 있었다.

"좋은 말이오. 일찍이 이런 말을 해주는 이들이 없었소. 현을 설치한 일을 없던 것으로 하면 괜찮겠소?"

신숙시가 대답한다.

"괜찮습니다. 저희 소인배들이 하는 말로 '그 품에 있는 것을 취했다가는 돌려준다'는 것과 같습니다."

이리하여 장왕은 진陳나라를 다시 회복시키고, 진의 향들마다 한 사람씩을 인질로 데리고 돌아갔다. 그러고는 공녕과 의행보를 진나라로 돌려보냈다. 비록 약간 속임수를 쓰기는 했지만 어렵게 얻은 진나라를 쉽사리 포기한 까닭은 무엇일까? 장왕은 무력군주였지만 내·외정의 균형을 특히 중시했다. 그가 등용한 손숙오나 지금 나온 신숙시는 모두 내정을 더 중시한 사람들이었다. 목공이 백리해와 건숙을 중시한 것과 매우 비슷하다. 그 또한 학식 있는 사람들의 말을 존중했다. 장왕은 내전을 극복하고 군주권을 반석에 올렸다. 군주권을 강화하는 데 이런 학식 있는 사람들의 지지가 필요했다.

《국어》〈초어〉에 신숙시가 태자의 교육에 대해 말한 내용이 나온다. 이는 한 편의 온전한 교육철학 논문이라 할 만한데 그는 기본적으로 원시 유가의 입장에 서 있다. 장왕은 사미士亹라는 이에게 태자를 가르치게 했다. 사미는 일단 사양했다.

"신은 재능이 없어 도움이 되지 않을 것이옵니다."

그러나 장왕은 확고했다. 그는 재능보다 인성을 기르는 것을 중시했다.

"그대의 선함으로 태자를 선하게 할 수야 있지 않겠소?"

사미가 다시 사양한다.

"선함이야 태자가 하기 나름 아니겠습니까? 태자가 선하고자 하면 장차 선한 사람들이 모여들 것이고, 선하고자 하지 않으면 아무 소용이 없을 것입니다."

그러나 장왕은 기어이 사미에게 태자 교육을 맡겼다. 그러자 사미는 신숙시에게 자문을 구했다. 신숙시가 이에 대답한다.

"춘추(역사)를 가르쳐, 선한 행동을 따르고 악한 행동을 억누르게 하시지요. 그리하여 마음을 스스로 경계하도록 하십시오. 그리고 나서 선왕들의 세계世系를 배우게 하여 밝은 덕을 밝힌 군주는 배우고, 어둡고 아둔한 군주의 행동은 경계하게 하도록 하십시오. 이리하여 경거망동을 삼가게 하십시오."

이렇게 신숙시는 태자의 교육을 조언할 만큼 초나라에서 명망이 있는 사람이었다. 그러니 장왕이 신숙시의 말을 듣는 것도 이상한 일은 아니었다.

잠깐 화제를 돌려 그 불행한 하희라는 여인은 어떻게 되었는지 알아보자.《신서》〈잡사〉에는 장왕 자신이 하희를 얻으려 했다고 되어 있다.

> 장왕은 하희를 얻고 기뻐하면서 장차 그녀를 가까이하려 했다. 그러자 신공申公 무신巫臣(굴무屈巫)이 간언했다. "이 여자는 진나라에 분란을 가져왔고, 여러 신하들을 망친 천한 여자입니다. 이런 여자를 가까이해서는 안 됩니다."

장왕은 이 말을 듣고 하희를 가까이하지 않았다.

여러 사적들에 의하면 초 장왕은 호색한이었다. 원래 이런 비사들의 진실을 캐기는 매우 어려운 법이다. 그러나《좌전》은 이 여인의 기구한 이야기를 종합해주었다. 초나라가 진나라 하씨를 토벌할 때 장왕은 하희를 받아들이려 했다. 장왕의 호색은 못 말릴 지경이었다. 그러자 신공 무신이 말했다.

"안 됩니다. 군주께서 제후들을 불러모아 죄 있는 자를 토벌하시고 지금 하희를 받아들이면 색을 탐하는 것이 되옵니다. 색을 탐하는 것은 음란함이고, 음란하면 큰 벌을 받습니다.《상서》〈주서周書〉에 이르길, '덕을 밝히고, 벌주는 것을 신중하게 한다' 하니, 이 원칙에 의거해서 문왕이 주나라의 공업을 세웠습니다. 덕을 밝힌다는 것은 힘써 덕을 숭상함을 말하고, 벌주기를 신중하게 한다는 것은 벌줄 일을 없앤다는 것을 이름입니다. 만약 제후들의 군사를 일으킨 후에 크게 벌 받을 일을 하신다면 이는 벌을 신중히 하는 것이 아닙니다. 주군께서는 헤아려주소서."

이리하여 장왕은 하희를 포기했다.

그러자 자반이 그녀를 취하고자 했다. 무신이 다시 말했다.

"이 여자는 상서롭지 못한 사람입니다. 이 여자는 자만子蠻*을 요절하게 하고, 하어숙을 죽였으며, 아들 징서를 죽음으로 몰았고, 영공을 죽였으며, 공녕과 의행보는 망명하게 만들었으며, 진나라에 큰 손상을 주었습니다. 이보다 더 불길한 여자가 있겠습니까? 인생살이는 실로 험난한데 (이 여자를 얻으면) 편안한 죽음을 맞지 못할 것입니다. 천하에

---

• 자만이 누구인지는 알 수 없다. 아마도 어숙 이전의 남편으로 추측된다.

아름다운 여인이 많은데, 하필 이 여자를 취하시렵니까?"

이에 자반도 그녀를 포기했다. 그러자 장왕은 연윤連尹 양로襄老에게 하희를 주었다. 그런데 양로의 아들이 그녀와 간통했다. 정말 하희에게 마가 끼었는지 양로마저 훗날 필의 싸움에서 전사하고 시신도 잃고 말았다.

그 이후의 이야기는 매우 복잡하다. 무신은 양로의 시신을 찾는다는 이유로 이 여인을 정나라로 돌려보냈다. 남편이 없는 여인이 초나라에 머물 이유는 없었다. 무신은 그녀에게 마음을 두고는 몰래 그녀를 아내로 맞이하겠다고 약조했다. 과연 그는 제나라에 사신으로 가는 길에 하희를 거두어서는 진晉나라로 달아났다. 그녀는 결국 진나라로 가서 신공 무신과의 사이에서 아름다운 딸을 얻는다.

여담이지만 하희는 분명 정숙한 여인은 아니다. 그러나 약한 여인일 뿐 그리 악독한 여인도 아니었다. 다만 아름다움 때문에 혹독한 세월에 이리 치이고 저리 치였을 뿐이다. 그녀가 음모를 꾸민 것도 아닌데 남자들이 문제였다. 그녀는 지아비 없는 여인을 노린 음란한 제후와 대신들 때문에 진나라가 우환에 빠져드는 데 연루되어 아들도 잃고 말았다. 급기야《열녀전》이나《동주열국지》등의 역사소설에 의해 그녀는 만고의 요녀가 되어버렸다.

## 2. 무릎 꿇은 이를 일으켜 세우다 ━━━━━

이제 초나라가 노리는 실제 목표지인 정나라로 가보자. 진릉辰陵에서 정나라는 진陳나라와 함께 초나라를 섬기기로 맹약을 했으나, 마음을 바꾸어 다시 진晉나라 편이 되고자 했다. 남북 대결의 와중에 정나라가 얻은 소소한 몇 번의 승리가 이 오판을 불렀다.

장왕은 즉위한 후 북방의 정나라를 초나라의 맹방으로 끌어들이기 위한 작업을 해왔다. 군사 충돌에서 정나라가 자체적으로 승리를 거둔 적도 적지 않았다. 장왕 11년 여厲의 싸움에서 정나라는 초군을 이겼다. 장왕 15년에 초나라는 여의 패배를 보복한다는 구실을 들어 다시 정나라를 침입했다. 이때 정나라는 진晉나라의 도움을 받아 초군을 격퇴했다. 그래서 나라 사람들이 승리에 도취되었다. 그러나 자량子良만은 이렇게 걱정했다.

"이는 나라의 재난이다. 내가 죽을 날이 얼마 남지 않았다."

그 이듬해 장왕이 직접 진陳나라와 정나라를 치러 오자 자량은 화친을 주장했다.

"지금 진晉나라와 초나라는 덕을 닦는 데 힘쓰지 않고, 그저 군사를 내어 싸우려 합니다. 침공하는 자와는 화해하면 될 따름입니다. 진과 초가 신의가 없는데 우리가 어떻게 신의를 보인단 말입니다."

이리하여 진릉의 맹서가 이루어졌다. 다음 권에서 고찰하겠지만 자량도 판단력이 뛰어난 사람이지만 후배 자산子産과 같은 장기적인 안목은 없었다. 큰 나라들이 무도한 짓을 할 때 작은 나라들이 무조건 임시방편을 추구하는 것은 장구한 대책이 될 수 없다. 자량은 정나라가 큰 나라를 이기는 것이 해가 되는 줄은 알았지만, 밀고 들어오는 초에게는 임시방편으로 항복하는 것만 생각했지 재발을 막을 방책은 생각하지 못했다.

물론 자량은 그나마 나은 사람이었고 문제는 군주였다. 정 양공이 자신의 실력을 고려하지 않고 도박을 감수한 것이다. 그는 작은 전투에 몇 번 이긴 것을 가지고 자신의 실력을 과대평가했다. 이제 이 작은 싸움은 거침없이 확대되어 다시 북방의 진이 개입하는 대규모 국제 전쟁으로 발전한다.

장왕은 지체 없이 북상했다. 싸움은 서서히 확대되었다. 때는 기원전 597년 봄이었다.

장왕은 곧장 정나라의 도읍 신정을 포위했다. 초군에는 손숙오와 신숙시를 비롯한 장기전 전문가들이 여럿 있었다. 손숙오는 송나라를 칠 때도 이미 한 달에 걸쳐 장기전을 위한 공격용 성을 쌓은 적이 있다. 신숙시는 훗날 송나라를 공격할 때 성 밖에서 아예 농사를 짓는 작전으로 송나라의 투지를 완전히 꺾어놓았다. 손숙오와 신숙시는 모두 기본적으로 전쟁을 반대하지만 일단 전쟁이 벌어지면 끝장을 보는 사람들이었다. 이들은 춘추의 사적에서 처음으로 보이는 장기전의 대가들이었다.

성을 포위하고 물러갈 낌새가 보이지 않자 정나라 양공은 막바지까지 몰렸다. 항복을 하든지 사직을 걸고 일전을 펼치든지 두 가지 길밖에 없었다. 그래서 조상의 사당을 찾아 곡을 하고 항복할 일을 점쳤으나 불길했다. 이어 도로에 전차를 출전시키고 결사의 일전을 치를 일을 점치니 길했다. 여러 사람이 보는 앞에서 친 점이니 이제 일전은 피할 수가 없었다. 정나라 대신들이 선조의 사당에 모여 이제 나라가 망하게 되었다고 슬피 울었다. 성벽을 지키던 사람들도 모두 따라 울었다.

밖에서 이 모습을 본 장왕은 가엾기도 하고, 또 항복을 준비하는 것 같아서 군사를 30리 뒤로 물렸다. 그러나 막상 물러나니 정나라는 다시 성을 수리했다. 그러자 장왕은 다시 군대를 돌려 도성을 포위했다. 성을 함락시키는 데는 무려 세 달이 걸렸다. 세 달이면 농사철을 넘기는 기간으로, 춘추시대에 이렇게 긴 공성전 역시 최초였다.

초군이 물러나기를 이제나 저제나 기다렸으나 물러나지 않자 더는 버틸 도리가 없던 정나라의 성은 드디어 함락되었다. 초군은 황문皇門을 통해 들어가서 성 중앙의 광장에 이르렀다. 정나라 양공은 망한 나라의 군주로서 나와서 죄를 빌었다. 그는 웃옷을 벗고 양을 끌고 초왕 앞으로 나갔다. 완전한 투항을 뜻하는 '육단견양肉袒牽羊'이라는 고사는 여기서 비롯되었다. 웃옷을 벗는 행위는 죄인에게 채찍질을 해달라는 뜻이고, 양을 끌고 온 것은 멀리 온 군사들을 대접하겠다는 뜻으로 처절한 항복 의식이었다. 양공은 말한다.

"저는 진실로 하늘의 뜻을 알지 못하고, 군주를 제대로 섬기지 못했습니다. 군주를 노하게 하여 우리 폐읍에 납시게 했으니, 이는 저의 죄입니다. 그러니 어찌 어떤 명령인들 따르지 않을 수 있겠습니까? 저를 강남 땅에 유배시켜 멀리 바닷가에 살게 하더라도 그 명을 받을 것이옵니다. 우리 땅을 갈라 제후들에게 나누어주고, 저로 하여금 섬기게 하더라도 그 명을 받겠습니다. 만약 은혜를 베푸시어 예전의 우호관계를 생각해주시고, 우리 선조들의 복을 받도록 하여 저희 사직을 폐하지 않도록 해주시고, 여러 현의 장관들과 같이 군주를 섬기게 해주신다면 이는 군주의 크나큰 은혜이옵니다. 이는 못난 저의 바람일 뿐 꼭 그리해 달라고 하지도 못하겠습니다. 감히 속마음을 보여드리오니, 군주께서는 헤아려주소서."

그러자 좌우 사람들이 분분히 반대했다.

"받아들일 수 없습니다. 나라를 취하고 용서하지 마시옵소서."

그러나 장왕은 생각이 달랐다.

"저 군주는 능히 남의 아래에 처할 수 있으니, 분명히 그 백성들을 믿음으로 부릴 수 있을 터이다. 어찌 나라를 차지할 수 있으랴?"

이렇게 말한 후 퇴각을 명령했다.

《신서》〈잡사〉에는 이 일의 후속담이 이어져 있다. 자중子重(장왕의 동생 웅영제熊嬰齊)은 불만을 토로했다.

"대저 우리 도성 영에서 정나라까지는 수천 리 떨어져 있는데 우리가 이까지 왔습니다. 여러 대부들 중에 죽은 이가 수명이고, 이 전쟁에서 죽은 병사들이 수백입니다. 지금 이기고도 취하지 않는다면 백성의 힘을 낭비하는 것이 아닙니까?"

장왕이 대답했다.

"나는 이렇게 들었소. 옛날 사람들은 그릇이 뚫어지지 않도록 아끼고 가죽이 좀먹지 않도록 아끼면서도(그렇게 가난하면서도) 밖으로 출정하지 않음으로써 군자는 예를 중시하고 이익을 천시함을 보였다고 하오. 사람이 필요할 뿐이지 땅은 필요없소. 저이가 따르겠다고 하는데 용서해주지 않으면 이는 상서롭지 못한 행동이오. 내가 상서롭지 못한 일을 하면서 천하에 군림한다면 나 자신에게 곧 화가 닥치지 않겠소?"

결국 장왕은 정나라를 취하지 않았다. 정나라는 항복의 표시로 자량을 초나라에 인질로 보냈다. 장왕은 진陳나라와 정나라를 모두 점령하고 모두 복권시켰다. 이러한 조치들을 보면 장왕은 불같은 성격인 동시에 정에 약하거나 명성을 너무 귀하게 생각한다는 느낌을 지울 수 없다.

아무튼 장왕 대 이후 초나라의 기본 정책은 동진이었다. 북쪽의 인구는 많고 다스리기는 어려운 중원의 여러 나라들에 비해 동쪽은 신천지나 마찬가지였다. 장왕은 중원을 차지하고 싶지 않았을까? 아니면 실력이 부족하다고 생각했을까? 다음 장에서 이 주제를 자세히 살펴보자.

# 제8장

## 패업의 완성

### : 필의 싸움

추적추적 비가 오는 초가을 필邲의 전투 유적장을 걸어보았다. 안개가 앞을 가려 백 미터도 보이지 않는다. 여기서 어떻게 매복을 하고, 또 대군을 궁지로 몰 수 있단 말인가? 역사의 기록이 틀렸는가? 지도에도 산은 보이지 않는다. 그러나 좀 더 걷다 보면 언뜻언뜻 황하 변에 시커먼 덩어리들이 보인다. '산인가?'

필은 지금의 정주 북쪽 형양滎陽의 황하 변에 있는 지명이다. 정주에서 버스를 타고 황하로 가다 보면 생각지도 않은 특이한 지형의 변화가 나타난다. 지금까지 판판하던 땅이 황하 가에 이르면 구릉지로 바뀐다. 황하의 남안南岸에는 크지는 않지만 그런대로 모습을 갖춘 산들이 펼쳐져 있다. 기원전 597년 이곳에서 싸움이 벌어졌다. 성복의 싸움 때 문공의 신하들은 패하면 황하를 건너면 될 뿐이라고 했다. 실제로 패하면 황하 변에 길게 배를 대고 건너가면 그뿐이었다. 그러나 이번에는 달랐다. 만약 진晉나라가 패한다면 황하를 건너기 위해 강변으로 모여들게 되는데, 갑자기 나타난 산들 때문에 군사가 빠져나가지 못하는 병목현상이 벌어진다. 병가兵家에서 가장 무서워하는 것이 퇴각할 때 병목지대를 통과하는 것이다. 앞에는 강이요 뒤에는 적군인데, 산이 길을 막으면 군대는 마음대로 퇴각하지도 못한다. 반면 초군은 이미 정나라를 함락시켰기 때문에 퇴각로로는 보장받은 상황이었다. 과연 이 전투의 결과는 어떻게 되었을까?

이제 초 장왕이 패자로 군림하게 되는 전투로 들어간다. 이 전투는 《좌전》 전체를 통틀어 가장 극적이며 또 길게 묘사되어 있다. 기타 사적들도 뿔뿔이 그날의 일을 전해주며, 숱한 일화들이 생겨났다. 이 전쟁에서 장왕은 무력군주로서 자신의 개성을 유감없이 드러낸다. 동시에 《좌전》은 진나라 사령관들에 대해서도 똑같은 지면을 할애한다. 이 필의 싸움은 남북대전이지만, 그 속에 남북 평화협정의 씨앗도 들어 있었다. 그래서 사가들이 장왕을 패자의 반열에 올려놓았을 것이다. 《좌전》을 중심으로 하고, 여러 사적들에 흩어진 일화들을 곁들여 그때 전투에서 어떤 일들이 벌어졌는지 살펴보자.

## 1. 뒤늦게 원병이 도착하다 ━━━━━━━

여름, 드디어 진晋나라 구원병이 정나라를 향해 출발했다. 그 오랜 포위 기간 동안 출격하지 않은 것은 오산이었다. 초나라가 그렇게 오랜 시간 동안 성을 포위할 줄 몰랐던 것이다. 이미 정나라가 항복한 마당에 진나라 군은 작전목표를 명확하게 설정하지 못한 채 급히 군진을 꾸리고 출발했다. 일전에 진 문공을 패자로 등극시킨 호언은 목적이 불분명한 군대는 용감하지 못하다고 경고했다. 이 군대가 과연 그 어려움을 극복할 수 있을까?

진나라의 중군은 순임보가 이끌고 선곡先縠이 보좌했다. 사회는 상군을 이끌었고 극극郤克이 그를 보좌했다. 조삭趙朔이 하군을 이끌고 난서欒書가 보좌했다. 그 아래로 조괄趙括과 조영제趙嬰齊가 중군의 대

|  | 대장 | 부장 | 대부 |
|---|---|---|---|
| 중군 | 순임보 | 선곡* | 조괄,* 조영제 |
| 상군 | 사회 | 극극 | 공삭, 한천 |
| 하군 | 조삭 | 난서 | 순수, 조동* |
| 사마 | 한궐** |  |  |

• 대체로 최고 사령부는 전쟁을 피하려 하고, 오히려 부장들이 전쟁을 선호함을 알 수 있다. 중군과 하군은 각각 주전파와 주화파가 섞여서 의견이 갈렸으나 사회가 이끄는 상군만은 통일성을 유지하고 있다. 그러나 총참모 격인 한궐은 전투의 승리라는 목적보다 전후 책임의 관점에서 결단을 내리고 말았다. 통일성이 없는 군대였다. (*주전파, **관망파)

부가 되고, 공삭鞏朔과 한천韓穿은 상군대부, 순수荀首와 조동趙同이 하군대부, 한궐韓厥이 사마가 되었다. 원래 순임보는 조돈을 도와 중군의 부장을 역임하다 조돈이 죽자 대장으로 승진한 사람이고, 조삭은 조돈의 아들이다. 대체로 이 군대는 지난날 진나라를 이끌었던 조돈의 씨족이 주도하고, 여러 다른 씨족의 수장들이 연합하는 형세였다. 그런데 이들 지휘부에는 전쟁을 선호하는 이들과 피하려는 이들이 골고루 섞여 있었다.

황하에 다다르자 척후가 도착하여 이미 정나라는 초나라에 항복했다고 전했다. 이미 전쟁의 1차 명분은 사라졌다. 그래서 전군 사령관 순임보는 돌아가는 것이 좋겠다고 생각했다.

"정나라를 구하지도 못하게 되었는데 이제 구태여 우리 백성들을 고생시켜 무엇 하겠는가. 초나라 군대가 돌아간 후에 움직여도 늦지 않을 것이오."

상군대장 사회도 동의했다.

"맞습니다. 저 사회가 듣건대, '군대를 쓸 때는 상대의 틈을 보아 움직인다고 하고, 또 덕과 형벌, 정령과 행사, 법과 예가 굳건한 상대라면 감당하기 힘들다'고 하니 이번 출정은 어렵겠습니다. 초나라가 정나라를 정벌한 것은 정나라가 여기에 붙었다 저기에 붙었다 하는 데 화가 났기 때문이며, 토벌한 후에는 그 군주가 잘못을 비는 것을 애석하게 생각했습니다. 배반하자 치고 복종하자 이를 용서했으니, 이는 덕과 형벌이 올바르게 집행된 것입니다. 배반한 자를 치는 것은 형벌을 집행함이고 복종한 자를 부드럽게 대하는 것은 덕을 베푸는 것이니, 덕과 형벌이 모두 바로 섰다고 할 수 있습니다. 지난해에 진陳나라에 쳐들어갔고 올해는 정나라에 들어갔건만, 그 백성들은 피로하다 하지 않고 그 군주가 원망을 받지 않는다는 것은 초나라의 정치가 도리대로 행해지고 있음을 말합니다.

저 형인들은 시尸의 진법으로 군대를 쓰니˙ 상농공고商農工賈가 그 업을 그르치지 않고, 보병과 전차병이 모두 화목하여 상하(좌우)가 서로 침범하지 않습니다. 위오蔿敖(손숙오)는 재상이 되자 초나라의 훌륭한 군령을 가려서 이 법을 채택했습니다. 군대가 행군할 때 우측은 수레를 끌고(군수품을 나르고), 좌측은 띠풀을 마련하며(숙영지를 만들기 위한 준비를 하고), 전위는 적의 복병이 있나 살피고, 중군은 작전을 세우며, 후위

---

• 《좌전》의 원문은 '형시이거荊尸而舉'라고 되어 있다. 《좌전》 '장공 4년'에도 '형시'라는 말이 나오는데, 두예나 공영달은 모두 이를 초나라의 진법陣法이라고 해석했다.

는 방비를 엄격히 합니다.\* 백관이 군기에 따라 움직이고 군정이 구태여 훈계하지 않아도 완비되었으니, 이는 군법을 제대로 쓸 줄 안다는 말입니다.

저 나라 군주(장왕)는 인재를 쓸 때 내무를 보는 사람은 될 수 있는 대로 자신과 가까운 사람들을 쓰고, 외정을 담당하는 이는 될 수 있는 대로 오래된 사람을 씁니다. 그러니 인재를 씀에 실덕하지 않고, 상을 내림에 빠트림이 없고, 노인에게는 추가로 은혜를 베풀고, 사신들에게는 불편함이 없게 했습니다. 군자와 소인의 복장을 구분하여 귀한 이는 존중받고 천한 이도 마땅한 위의威儀를 가지게 되었으니, 예가 거꾸로 되는 일이 없습니다. 덕이 서고 형벌이 제대로 행해지며, 정령이 관철

---

• 이 부분의 《좌전》 기사도 지나치게 소략하여 해석이 분분하다. 원문은 다음과 같다. "右轅左追蓐前茅慮無中權後勁." 전체적으로 초군의 질서가 정연하다는 내용이다. 그런데 시의 진법을 쓰는데 왜 농공상민의 생업에 지장을 주지 않을까? 좀 자세히 살펴보아야 한다. 이 글은 원래 어려워 선인들도 의견이 분분했다. 북송대의 완일阮逸이 쓴 《당태종여이정문대唐太宗與李靖問對》에 다음과 같은 기사가 있다.

> 태종이 물었다. "춘추시기 초나라 군주가 이광二廣의 진법을 썼다는 글에 보니, '백관이 군기를 따라 움직이니, 구태여 훈계하지 않아도 군정이 완비되었다'고 한다. 이것도 주나라의 제도인가?"
> 그러자 이정이 대답했다.
> "《좌전》에 따르면, 초나라 군주의 한 광에는 전차 30대가 따랐고 졸이 한 부대 있었는데, 졸은 두 부대로 나뉘어 있었습니다. 군대가 행군할 때 우측은 수레를 끌었으니 수레를 끄는 것을 법으로 정했는데, 이리하여 수레 끌채를 끌면서 싸움을 했습니다[軍行右轅 以轅爲法 故挟轅而戰]. 이는 모두 주나라의 제도입니다."

그러니 대략 이렇게 추측할 수 있다. 초나라 군대는 원정군이다. 보통 원정군이 나설 때는 농민들은 잡역을 맡고, 공인들이 따라와 물품을 만들며, 상인들은 사전에 전투 물자를 유통시킨다. 그러나 초나라 원정군은 달랐다. 졸들이 스스로 수레를 끌고, 풀을 베어 잘 자리를 만든다는 것은 이 군대가 장기전을 위한 자급자족형 군대임을 의미한다. 곧 이 군대는 군수품을 나를 많은 잡부들도 없다. 이들은 스스로 수레를 끌고, 숙영지를 마련한다. 당시 초나라 군대는 장기전을 수행하는 매우 훈련된 군대임을 알 수 있다.

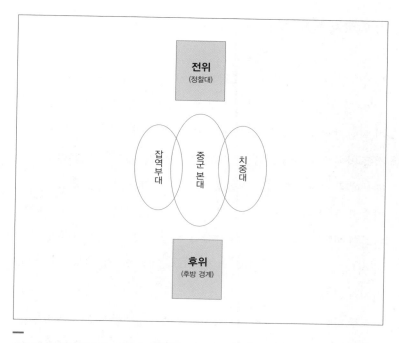

초나라의 시P의 진법(상상도). 원정을 떠나는 부대가 별도의 잡역부나 공병부대를 쓰지 않고 완결된 장기전 체제를 갖추고 있었던 것으로 보인다. 시P는 이렇게 길죽한 진형의 모양을 묘사한 듯하다.

되고 하는 일이 때에 맞으며, 사람들이 법(군령)을 준수하고 예를 따른다면, 그런 나라를 어떻게 감당하겠습니까? 이길 수 있을 때 진격하고 어려우면 퇴각하는 것이 군사를 부리는 좋은 방법이며, 약한 자를 쳐서 합치고 우매한 자를 공격하는 것이 무력을 쓰는 올바른 도리입니다. 그러니 어른께서는 군대를 정돈하고 무력을 쓰는 도리를 따르시지요. 하필 초나라겠습니까? 중훼仲虺'께서 남긴 말이 있습니다. '어지러운 자를 쳐서 취하고, 망하는 자는 업신여기고, 약한 자는 쳐서 합친다'고요."

## 2. 매파가 득세하다

사회의 말이 끝나자 중군의 부장副將 선곡이 바로 반박했다.

"안 됩니다. 진나라가 패자가 된 것은 군사가 무력을 떨치고 신하들이 힘썼기 때문입니다. 지금 제후들을 잃으면 힘을 쓴다고 할 수 없고, 적을 앞에 두고도 쫓지 않으면 무력을 갖추었다고 할 수 없습니다. 저 때문에 우리가 패자의 지위를 잃게 된다면 저는 차라리 죽겠습니다. 더욱이 군대를 편성해서 출정했는데 적이 강하다는 소리를 듣고 물러난다면 이는 장부가 아닙니다. 군대를 이끄는 임무를 명령받고도 장부가 아니라 졸부가 되는 일은 여러분이나 할 수 있는 일이지 저는 그리하지 못하겠습니다."

그렇게 말하고는 자신에게 소속된 중군의 부대를 이끌고 황하를 건넜다. 군법에 따르면 원수 순임보는 당연히 선곡에게 벌을 내려야 했다. 그런데도 그는 과감하게 결정하지 못했다. 이 선곡이라는 인물은 조돈의 보살핌으로 하군부장의 자리에 오른 이다. 순임보 또한 조돈의 신임으로 전군의 원수까지 진출한 인물이다. 조삭은 조돈의 아들이며, 조괄, 조동, 조영제는 모두 조돈의 동생이다. 그러므로 전체적으로 이번 출정에는 조씨 가문의 그림자가 짙게 드리워져 있었다. 그런 까닭인지 순임보는 황하를 건너는 선곡 수하의 중군 일대를 제지하지 못했

---

• 《상서》에 나오는 상나라 탕왕의 재상인데 직간으로 유명하다. 그래서 후대 사람들은 간언을 하면서 중훼를 자주 언급했다.

다. 이 모습을 보고 하군대부 순수는 혀를 찼다.

"이 군대는 위태롭다. 주역에 사괘師卦가 임괘臨卦가 되는 것이 있다. 괘에 말하길, '군대는 군율로 움직이니, 아래가 위를 따르지 않으면 흉하다' 했다[師出以律否臧凶]. 일을 함에 따라서 이루는 것을 '장臧'이라고 하고, 거스르는 것을 비否라고 한다. 군대가 나뉘면 약해지고 내가 막히면 소택지가 되는데[川壅爲澤], 군율이 버젓이 있건만 제멋대로 하는구나. 그래서 말하길 '군율이란 어그러지면 바로 망가진다'라고 한 것이다. 가득 찼더라도 (새로 흘러들어오지 못해) 말라버리고, 또 물길을 찾아 흘러가지도 못하니 이를 흉하다 하는 것이다. 흐르지 못함을 임臨이라고 한다. 지금 대장이 있건만 따르지 않으니, 정말 심한 임臨이란 바로 이를 말함이 아닌가? 저 군대는 적을 만나면 반드시 패하리라. 저이가 요행히 화를 면해 돌아올 수 있다고 하더라도 반드시 큰 벌을 받을 것이다."

선곡의 일탈로 일은 이상하게 돌아갔다. 이때 한궐이 순임보에게 권했다.

"체자甤子(선곡)가 얼마 안 되는 군대로 진격했다가 적의 진중에 빠지면 어른의 죄는 실로 크게 되옵니다. 어른께서는 지금 원수元帥이온데, 군대가 명령을 따르지 않았다면 이는 누구의 죄겠습니까? 우리 편의 제후(정나라)들을 잃어버리고 군대를 패하게 한다면 그 죄는 아주 무거우니, 진격하는 것이 차라리 낫습니다. 이리하면 싸움에 이기지 못하더라도 책임은 나누어 질 수 있습니다. 어른께서 혼자 죄를 뒤집어쓰시는 것보다는 여섯 사람이 함께 지는 것이 낫지 않겠습니까?"

이리하여 진나라 군대는 황하를 건넜다. 앞으로 이 한궐이라는 사람도 춘추의 무대에서 한 자리를 차지한다. 한궐 역시 조최의 신임을 받아 출세한 사람이다. 그는 천성이 인자해서 차마 선곡을 혼자 보내지 못했다. 선곡의 일탈과 순임보의 우유부단이 점점 더 진나라를 불리하게 만들었다.

## 3. 평화를 지지하는 기적: 사슴이 전쟁을 막다 ——————

초나라 영윤 손숙오는 기본적으로 전쟁을 선호하지 않았다. 그는 만전을 기하는 사람이었다. 초나라 군사가 강한 것은 이미 증명되었지만 여러 번의 사역과 장거리 원정으로 이미 지쳐 있었다. 장왕 또한 신중한 사람이었다. 이미 정나라를 항복시킨 마당에 밖에 오래 나와 있는 군대로 다시 강한 적과 싸움을 하는 것은 가혹하다고 생각하던 차였다. 그는 퇴각을 염두에 두고 군대를 물릴 참이었다. 바로 그런 찰나에 선곡의 부대 일대가 황하를 건넜다는 소식을 들었다. 이렇게 되자 자존심이 센 장왕은 당장 말머리를 북쪽으로 돌렸다.

당시 초군의 중군은 심윤이 맡고, 자중이 좌군, 자반子反이 우군을 맡고 있었다. 역시 사서로서 가치는 많이 떨어지지만 《신서》〈잡사〉에 나오는 자중과 장왕의 대화를 끌어와 보자. 자중은 이 싸움이 어렵다고 보았다.

"진은 강국입니다. 오는 길은 짧고, 힘은 남아돕니다. 허나 우리 초군은 지쳐 있습니다. 도전을 받아들이지 마시옵소서."

그러자 장왕이 대답한다.

"그럴 수는 없소. 강한 자(진晉)는 피하고 약한 자(정鄭)는 억누른다면 과인이 어떻게 천하에 떳떳이 설 수 있겠소."

선곡의 도발에 심사가 뒤틀린 장왕은 군대를 돌려 적을 맞으려 했다. 그러나 손숙오의 생각은 달랐다. 당시 장왕의 총애를 받던 오삼伍參이 싸우려고 하니 손숙오가 말렸다.

"지난해에는 진陳나라에 쳐들어갔고 올해는 정나라를 쳤으니 전역이 없는 해가 없었네. 싸워서 못 이기면 자네 오삼의 고기를 씹어 먹어도 시원치 않을 것이야."

오삼도 혈기를 부렸다.

"만약 싸워서 이긴다면 손숙님께서 계책이 없으신 것이옵니다. 만약 싸움에 진다면 저 삼의 살이야 진나라 군중에 널브러져 있을 텐데 먹을 수 있겠습니까?"

그러나 손숙오는 오삼 등 주전파들의 주장을 묵살하고 군기와 수레를 남쪽으로 돌렸다. 왕이 출정한 지 너무 오래였고, 만약 전투에서 패하면 그동안 얻은 것도 다 잃을 판이었다. 싸우지 않더라도 초는 잃을 것이 없었다. 그러자 오삼은 말이 통하지 않는 손숙오는 그대로 두고 장왕에게 직접 가서 다시 유세했다.

"진나라의 집정이 바뀌어서 새 집정(순임보)의 영이 서지 않는 상황입니다. 그를 보좌하는 선곡은 성정이 강퍅하고 어질지 못한 자라서 위의 명령을 따르지 않고 있습니다. 3군의 수장들이 모두 자기 멋대로 하여 하나로 통솔되지 않습니다. 명령을 따르려 해도 내릴 상부가 없는데 군졸들이야 누구를 따르겠습니까? 이번에 싸움을 붙으면 반드시 이길 수 있습니다. 또 군주께서 저쪽의 일개 신하를 피하신다면 사직은 장차 어찌하오리까?"

오삼은 지기 싫어하는 장왕의 성격을 잘 알고 있었다. 장왕은 이 말을 듣자 기분이 상했다. 그는 손숙오에게 다시 명해서 군사를 북쪽으로 돌리게 했다. 손숙오도 어쩔 도리가 없었다. 다만 장왕은 진군이 먼저 도발하지 않는 한 싸울 필요는 없다고 보았다.

당시 진나라 군대는 오敖와 호鄗 사이에 있었다. 이 두 곳에 대한 고증이 여러 가지 있지만 거의 믿을 수 없고 황하 남안 형양 주변의 여러 산들의 이름인 듯하다. 이 길로 종대로 들어왔으니 일이 여의치 않으면 다시 이 길로 퇴각해야 했다. 문제는 이 길이 너무 좁았다는 것이다. 병가에서 극히 꺼리는 것이 좁은 길 안에 갇히는 것이고, 더 꺼리는 것이 좁은 길로 달아나는 것이다. 황급히 작전을 수행하기 위해 들어온 진나라 군대의 사령관은 퇴각로를 깊이 고려하지 못했다. 춘추 2대 패자인 문공이 성복의 싸움에서 여의치 않으면 황하를 재빨리 건널 준비를 해둔 것과 순임보의 무모한 진격은 커다란 차이가 있다.

그때 정나라의 황술皇戌이 진나라 진영에 사자로 가서 넌지시 고했다. 진나라의 힘을 빌려 나라의 수치를 갚을 요량이었다.

"정나라가 초나라를 따른 것은 다만 사직을 지키고자 한 따름이지 다른 마음은 없습니다. 초나라 군대는 승리를 얻은 후 교만해져 있고, 이미 지쳐서 따로 방비를 하지 않고 있습니다. 어른들께서 공격을 하시면 정나라 군사가 안에서 호응하겠습니다. 그러면 초나라 군대는 반드시 패합니다."

선곡이 말했다.

"초나라를 이기고 정나라를 복종시키는 것은 이번 일에 달려 있습니다. 저 제의는 반드시 수락하십시오."

난서가 대답했다.

"안 되오. 초나라는 용나라를 격파한 이래 그 군주는 매일같이 국인들에게 이렇게 훈계하고 있소. '백성들이 살아가는 일은 쉽지 않고 화는 무시로 닥치니, 삼가고 두려워하는 일을 게으리지 말라.' 또 군대를 데리고 나오면 하루도 빠짐없이 실로 거듭해서 경계하길 다음과 같이 말합니다. '승리는 항상 지탱할 수가 없다. 상나라 주왕紂王은 백 번이나 이겼지만, 한 번의 패배로 자신이 죽으면서 후대가 끊겼다.' 또 저들의 선조 약오, 분모가 보잘것없는 수레를 타고 남루한 옷을 걸치고 산림을 개간하던 일로 훈계하며 말하길, '사람의 삶은 부지런함에 달려 있으니, 부지런하면 궁하지는 않을 것이다'고 하더이다. 이런데도 저쪽이 교만하다고 할 수 있겠소? 선대 대부인 자범子犯(호언)께서 하신 말씀이 있소이다. '군사들이란 바르면(정의의 명분을 가지고 있으면) 씩씩하고, 굽으면(명분이 없으면) 지친다.' 우리가 덕이 없어서 초나라의 원망을 사고 있으니 저쪽이 곧고 우리가 굽은 것이고, 그러니 우리가 지쳤지 저쪽이 지쳤다고 할 수 없습니다.

저 초나라 군주의 직할 부대는 두 광廣(초나라의 군사단위)으로 나뉘어 있고 광에는 졸이 한 부대 따라붙는데, 졸은 다시 두 부대로 나뉘어 있습니다. 먼저 우광의 병사들이 전차를 타고 있다가 정오가 되면 좌광의 인원들로 교대하여 날이 어두워질 때까지 움직이지 않고, 밤이 되면 내부의 관원들이 차례대로 교대하며 만일의 사태에 대비하니 준비가 없다고 할 수는 없습니다. 자량은 정나라의 훌륭한 신하고, 사숙(정나라와의 화친을 주도한 초나라 반왕潘尪)은 초나라에서 숭배받은 사람입니다. 사숙이 정나라로 들어가 맹서를 했고, 자량은 초나라에 인질로 있습니다. 그러니 지금 초나라와 정나라는 사이가 좋습니다. 사자가 와서 우리더러 싸우라고 부추기는데, 우리가 이기면 우리 편에 오겠지만 지면 저쪽 편에 붙을 뿐입니다. 저자는 우리를 두고 점을 치고 있는 것입니다.(양편을 기웃거린다는 뜻) 정나라의 말을 따를 수 없습니다."

그러나 각각 중군대부와 하군대부를 맡은 조괄과 조동은 싸우자고 주장했다.

"군대를 이끌고 왔으니 적을 만나면 무조건 싸울 뿐입니다. 적을 물리치고 우리의 속국을 되찾으면 되지, 또 무엇이 필요합니까? 반드시 체자(선곡)를 따라야 합니다."

순수는 탄식했다.

---

• 《좌전》의 원문은 "廣有一卒 卒偏之兩"으로, 역자는 간단히 직역했다. '졸'이라는 단위는 비교적 명백하다. 《주례》에 졸은 100명으로 구성된다고 쓰여 있는데, 《주례》가 쓰일 당시까지 졸이라는 편제는 유지되었을 것이기에 그대로 믿을 수 있을 듯하다. 그런데 《주례》에 양兩이라는 단위도 묘사되어 있다. 한 양은 25인으로 구성된다. 그래서 《좌전》의 기사는 두 가지로 해석이 가능하다. 필자처럼 한 광은 한 졸로 되어 있는데, 졸은 두 부대로 나뉜다고 할 수도 있다. 또는 《주례》를 참고하여 광은 한 졸로 이루어지는데 졸은 25명 단위로 다시 편성된다고 해석할 수도 있다. 확실한 것은 초나라 왕의 직속부대는 좌광과 우광으로 나뉘어 있는데 각 광의 인원은 50명이나 100명이다. 이들은 초나라 최정예 부대라고 할 수 있다.

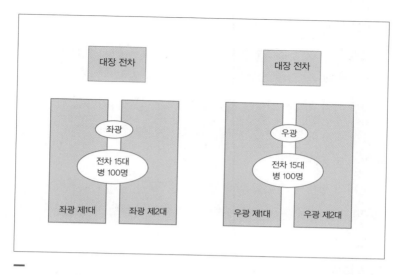

초나라의 광 개념도. 좌광과 우광이 번갈아가면서 적을 타격하고, 좌광과 우광의 대장 전차의 주장 자리는 비어 있다. 왕은 좌·우광의 대장 전차를 번갈아가면서 탔다. 필의 싸움에서는 초군이 압도했기 때문에 장왕은 좌광의 대장 전차에서 내리지 않고 전투를 마감했다.

"조동과 조괄은 벌을 받아야 할 자들이다."

또 조삭은 탄복했다.

"난백欒伯(난서)은 훌륭한 사람이구나. 그 말대로 잘 지킨다면, 반드시 진나라의 집정이 될 것이다."

조씨 가문의 적자로서 조삭이 하군을 이끌고 있었지만 집안의 항렬을 보면 조괄, 조동 등이 조삭의 숙부다. 조씨 가문 내부에도 분란의 조짐이 보였다.

이제 진나라 진영의 입장은 대체로 정리되었다. 중군대장 순임보는 싸우기 싫었지만 확고한 결단을 내리지 못했고, 부장인 선곡은 명령을 어기고 독자적으로 움직였다. 상군을 이끌던 사회는 확고하게 일전을 반대했다. 그러나 중군부장 선곡, 중군대부 조괄, 하군대부 조동 등의 부장들은 싸움을 원했다. 참모장 격인 사마 한궐은 전투에는 소극적이었지만 이미 출격한 선곡을 지원해야 한다는 입장이었다. 오삼의 말대로 진나라 군중의 의견은 제각각이었고, 총사령관 순임보의 영은 아직 먹히지 않았다.

하지만 장왕은 여전히 신중한 입장을 취했다. 선곡이 적은 군대로 싸움을 걸어왔지만 진나라 지휘부도 싸움을 피하려 한다는 것을 알았고, 초군도 오랜 원정으로 지쳐 있었기 때문이다. 장왕은 소재少宰를 사자로 보냈다.

"저희 군주께서는 어려서 선대 군주의 상을 당하는 바람에 글을 제대로 배우지 못했습니다. 제가 듣기로, 저희 선대 군주 두 분이 정나라로 자주 출정하신 것은 그들로 하여금 이랬다저랬다 하지 못하게 훈계하기 위해서였다고 합니다. 어찌 감히 진晉나라에 죄를 짓고자 했겠습니까? 여러 어른들께서는 여기에 오래 머물지 말아주셨으면 합니다."

그러자 사회가 대답했다.

"예전에 주나라 평왕께서 우리 선대 군주이신 문후에게 말씀하기시를, '정나라와 함께 주나라 왕실을 보좌하고, 왕명을 거역하지 말라' 했습니다. 지금 정나라가 따르지 않기에 저희 군주께서 저희들을 보내 정나라에 따져 물어보라고 하셨을 뿐입니다. 어찌 사자를 욕보이고자 했겠습니까? 감히 절하며 귀국 군주의 명을 받아들이옵니다."

하지만 주전파 선곡은 사회의 답변이 초나라에 굴복하는 것이라고 느꼈다. 그래서 조괄을 시켜 사자를 따라잡아 고쳐 말하게 했다.

"우리 측 사자가 실언을 했소이다. 저희 군주께서는 저희들에게 정나라에서 대국(초나라)의 자취를 옮기라고(싸워서 몰아내라고) 명령하시면서, '싸움을 피하지 말'고 하셨습니다. 저희 신하들은 군주의 명을 어길 수가 없습니다."

선곡은 사령관의 명을 어기고, 또 공식적인 사자들의 약속까지 바꾸고 말았다. 그러나 장왕은 인내심을 가지고 또 사자를 보냈다. 이번에도 진나라 사령부는 협정을 약속했다. 이리하여 맹서의 날짜가 잡혔다. 그런데 이번에는 초나라의 진중 사람들이 말썽을 일으켰다.

초나라 측 고관들이 객기를 이기지 못하고 싸움을 걸어온 것이다. 허백許伯이 악백樂伯의 전차를 조종하고, 섭숙攝叔이 오른쪽에 탔다. 이름에 백이나 숙이 들어 있는 것으로 보아 이들은 초나라 진영의 고관일 것이다. 모두 무용을 떨치지 못해 안달인 사람들로 진나라의 선곡과 같은 이들이었다.

허백이 말한다.

"듣자 하니 적에게 싸움을 걸 때는 깃발을 꽂고 전차를 몰아 적진에 육박한 후 돌아온다 하더이다."

악백이 대꾸한다.

"제가 듣기로는 도전자 측의 거좌는 왼쪽으로 좋은 화살을 날리면서 수레 고삐를 대신 잡아주고, 수레를 모는 이가 내려서 말 장식을 고치고 말의 배띠를 중앙에 바르게 한 후에 돌아온다고 하더이다."

그러자 섭숙이 대꾸했다.

"제가 듣기로는 도전자 측 거우는 적에게 육박하여 적을 베어 귀를 끊고 포로를 잡아서 돌아온다고 하더이다."

이렇게 말하고 이들 셋은 기어이 자신들의 호언대로 먼지바람을 일으키며 진나라 진영으로 내달았다. 그러자 진나라 군대가 이들을 쫓아 좌우에서 육박해왔다. 악백은 좌우로 화살을 날리는데 실력이 남달라 진나라 군이 감히 접근하지 못했다. 그러나 화살이 다하자 그도 사로잡힐 지경에 이르렀다. 드디어 화살이 하나만 남았다. 바로 그때 사방에서 몰아치던 진나라 군대 때문에 놀란 커다란 사슴 한 마리가 그 앞으로 갑자기 달려왔다. 악백은 꾀를 냈다. 악백은 마지막 남은 화살 하나를 사슴에게 날렸다. 화살은 사슴의 등뼈를 그대로 관통했다. 진나라의 포계鮑癸가 바짝 쫓자 악백은 섭숙으로 하여금 사슴을 바치게 했다. 섭숙이 기지를 발휘해서 둘러댔다.

"시절이 사냥할 때가 아니라 바칠 새들이 아직 도착하지 않았습니다. 감히 이것이나마 선물로 드립니다."

그러자 포계는 추격을 중지하고 말했다.

"왼쪽에 탄 전사는 활을 잘 쏘고, 오른쪽 전사는 말을 잘도 하는구려. 모두 군자들이로다."

이렇게 말하고는 그들을 놓아주었다.

초나라 장사들은 호기뿐만 아니라 임기응변이 있었고, 진나라 포계는 절제를 알았다. 이때 포계가 이들을 잡았다면 당장 싸움이 시작되었을 것이다.

그런데 이번에는 진나라 위기魏錡가 싸움을 걸었다. 그의 진짜 속마

초나라 전사들. 초의 전차는 습기로 인한 부패를 막기 위해 채색되어 있다. 초나라 군인들이 쓰던 특이한 대나무 활도 보인다.

음은 모르겠지만《좌전》에는 위기가 공족이 되려 하다가 거부당하자 일부러 진나라를 패하게 할 마음이 있었다고 쓰여 있다. 여하튼 그도 선곡, 조괄 등과 같은 주전파의 일원이었다. 그는 독자적으로 초나라 군사를 도발하겠다고 했지만 사령부의 허락을 얻지 못했다. 그러자 이 번에는 사자로 가겠다고 해서 허락을 얻었다. 그러나 그는 사자로 가서는 싸움을 청했다. 이번에는 초나라의 반당潘黨이 위기를 쫓았다. 반당은 양유기와 함께 초나라에서 손꼽히는 명사수였다. 위기는 달아나다가 형택滎澤에서 사슴 여러 마리를 발견하고 그중 한 마리를 맞혔다. 위기도 똑같은 말을 했다.

"그대는 지금 군사 일을 보고 있으니 짐승고기를 요리하는 사람이 없을 것입니다. 그래서 제가 신선한 놈을 하나 잡아서 감히 이렇게 바칩니다."

앞서 진나라 포계가 베푼 은혜도 있었기에 반당도 위기를 잡지 못하고 놓아주었다.

일촉즉발의 위급한 상황에서 사슴 두 마리가 제 몸뚱이를 바쳐 평화를 선물했다.《좌전》에 등장하는 이 장면은 너무 극적이어서 믿기지 않는 면도 있다. 그러나 이 일화는 사실일 것이다. 전투 대형은 사냥 대형과 같기 때문에 양군이 마주칠 때 중간에 짐승들이 갇히는 것은 당연했다. 특히 당시 황하 일대의 개발되지 않은 소택지들은 사슴들의 천국이었을 것이다.

다만 여기서 그쳤으면 좋았을 것이다.


## 4. 손숙오가 나서다

진나라 군중에는 또 한 명의 반골이 있었다. 조전趙旃도 위기처럼 지위가 올라가지 못하는 것에 불만을 품고 있었다. 그도 싸움을 통해 자신을 증명해 보이고 싶었을 것이다. 또 조전은 악백 등이 도전했을 때 사로잡지 못한 것에 분개했다. 그래서 자신이 도전하겠다고 했지만 역시 허락을 받지 못했다. 그도 위기처럼 잔꾀를 냈다. 사자로 가서 맹서를 하도록 사람들을 청하겠다고 거짓말을 했다. 그러자 지휘부는 이를 허락했다. 하지만 극극은 이 둘이 사고를 칠까 불안했다.

"불만을 품은 자 둘이 떠났으니, 준비를 하지 않으면 반드시 패할 것이다."

황하를 먼저 건너서 문제를 크게 만들어놓은 선곡은 오히려 빈정거렸다.

"정나라 사람들이 싸우자고 권할 때 감히 따르지 못했고, 초나라 사람들이 맹서를 하자고 할 때도 좋게 대답하지 못했소. 어떻게 하겠다는 명이 아직 서지 않았는데, 무엇 하러 열심히 싸울 준비를 하겠소?"

사회가 타일렀다.

"대비하는 것이 좋소이다. 만약 저 두 사람이 초나라 사람들을 노하게 해서 저들이 우리를 공격하면 우리 군대가 패하는 것은 시간문제니 당장 준비하는 것이 좋겠소. 지금 초나라가 악감정이 없어 우리를 공격하지 않더라도, 그때 가서 준비를 풀고 맹서를 하면 되니 손해될 것은 없지 않소? 만약 저들이 화가 나 달려든다 해도 준비를 해두면 패하지 않을 것이오. 심지어 제후들이 서로 만날 때도 호위 무사들을 물려 경계를 풀지는 않는 법인데 전장터에서 준비를 하는 것이 무슨 잘못이오."

선곡은 그럴 필요가 없다고 고집했다. 사회는 그 나름대로 자신이 이끄는 상군의 대부인 한천과 공삭을 불러 명을 내렸다.

"일곱 부대를 이끌고 오산에 매복하라."

조전은 밤중에 초나라 군중에 도달하자 군문 밖에서 돗자리를 깔고 앉아 자신이 데리고 간 사람들로 하여금 초군의 진영에 들어가 싸우자

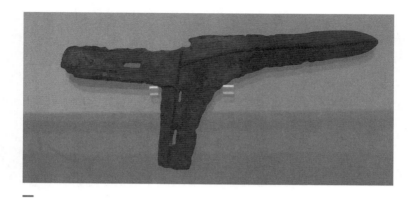

굴탕의 과. 굴숙타屈叔沱의 과라고 적혀 있다. 필의 싸움에서 장왕의 거우로 활약한 굴탕의 과로 추측된
다.(호남성박물관 소장)

고 고했다. 실로 무모한 도전이었다. 남의 군문에 돗자리를 깔 배짱이
있었던 조전의 운명은 어떻게 되었을까?

　다음 날 아침 양군이 대치하자 장왕이 몸소 전투에 나섰다. 장왕의
직속부대 전차 30대는 좌우 광으로 나뉘어 있었다. 좌광의 대장 전차
는 팽명彭名이 고삐를 잡았고 굴탕屈蕩이 오른쪽 전사가 되었다. 우광
의 대장 전차는 허언許偃이 고삐를 잡고 양유기가 오른쪽 전사가 되었
다. 그러니 양유기와 굴탕은 초나라에서 가장 무예가 출중한 사람들이
고, 허언과 팽명은 말을 가장 잘 다루는 사람들이었다. 장왕은 두 전차
중 어디에 타도 되었다. 그날 장왕은 팽명과 굴탕이 탄 전차를 택했다.
장왕은 전차를 타자 바로 조전에게로 들이쳤다. 애초부터 조전은 장왕
과 굴탕의 상대가 되지 않았다. 당장 장왕의 전차가 조전의 전차를 몰
아붙이자 조전은 혼비백산해 전차마저 버리고 숲으로 달아났다. 숲으

로 들어가면 전차가 추격하지 못하리라 생각했을 것이다. 그러나 굴탕은 전차에서 내려 숲속으로 들어가 조전을 잡고는 갑옷을 벗겼다.

진나라 사령부에서는 위기와 조전이 초나라 군사의 화를 돋우어 싸움을 일으킬까 걱정하던 차에 이들이 쫓겨오자 전차를 보내 이들을 맞을 준비를 했다.

반당은 진군을 쫓다가 진나라 본진에서 전차가 일으키는 먼지가 뿌옇게 솟아오르는 것을 보고는 바로 초나라 본진에 보고했다.

"진나라 군사들이 들이쳤습니다!"

초나라 본진에서는 장왕의 전차가 진나라 군중 깊숙이 들이쳐 고립될까 걱정하고 있었다. 드디어 손숙오가 명령을 내렸다. 처음에 손숙오는 싸움을 피하고자 했다. 그러나 피할 수 없다면 이겨야 한다는 것이 그의 생각이었다.

"진격하라. 우리가 저들에게 들이쳐야지 저들이 먼저 우리에게 들이치게 하지 말라[寧我薄人 無人薄我].《시》에 말하길 "큰 차 열 대가 길을 뚫는다"고 했으니 이는 적보다 먼저 공격하는 것을 이름이다. 병법에도 '먼저 공격하면 적의 사기를 꺾는다' 했으니 다들 진격하라."

온화한 사령관의 추상같은 명이었다. 초나라 전차와 보병이 동시에 벌떼처럼 진나라 군중으로 들이쳤다.

애초에 승부는 결정되어 있었다. 진군은 딱히 선봉이 없었고, 싸움을 건 조전은 잡히고 그의 군사들은 장왕의 기세에 눌려 달아나기 바빴다.

중군 사령관 순임보는 어쩔 줄을 모르고, 북을 울려 군중에게 퇴각을 명했다.

"먼저 황하를 건너는 자들에게 상을 줄 것이다."

이렇게 하여 진나라 군사들은 썰물처럼 빠져나갔다. 중군과 하군이 질서 없이 강변에 도착하여 먼저 배를 타겠다고 다투는데, 먼저 오른 이들이 늦게 기어오르려는 사람들의 손가락을 뎅겅뎅겅 잘라서 손가락이 수북이 움켜쥘 정도가 되었다고 한다. 사령관의 다른 명령들은 먹히지 않았지만 먼저 달아나면 상을 주겠다는 명령은 너무나 잘 먹혔다.


## 5. 진흙탕 속의 진주들

초나라 공윤 제가 진나라 하군(좌익)을 몰아대니 진나라 군대는 전체적으로 오른쪽으로 쏠렸다. 그러나 노련한 사회가 이끄는 진나라 상군(우익)은 동요하지 않았다. 진나라 군대가 완전히 무너지지 않은 것은 상군이 그나마 대오를 유지했기 때문이다.

그러나 장왕은 아예 진나라 전군을 모두 패퇴시킬 요량이었다. 그래서 당교唐狡와 채구거蔡鳩居에게 시켜 초나라 연합군에 속한 당나라 군주에게 고하게 했다.*

---

* 초나라 군중에는 여러 지역에서 차출된 군인들이 있다. 당교나 채구거 등이 씨로 쓰는 당, 채 등은 모두 지명이다. 당나라 군주는 장왕을 따라 참전했다.

"이 못난 이가 덕은 없으면서 욕심이 과해서 이렇게 큰 적을 맞게 되었습니다. 이는 저의 죄입니다. 허나 초가 이 싸움에서 이기지 못한다면 이는 역시 귀 군주의 수치이기도 합니다. 감히 군주의 총명함에 의지해서 우리 초나라 군사들을 살릴까 합니다."

이렇게 청하고는 반당에게 남은 전차 40대를 가지고 당나라 군주의 휘하에 들어가 좌군을 이끌고 진나라 상군을 치게 했다. 그러자 진나라 중군과 하군이 퇴각하느라 정신이 없을 때도 흐트러지지 않고 자리를 지키고 있던 상군도 위협을 받게 되었다. 상군부장 극극이 다급하게 물었다.

"저들을 기다려 맞서 싸울까요?"

상군대장 사회는 그럴 수 없다고 대답했다.

"지금 초나라 군사는 위세가 장성하니 집중해서 공격하면 우리 군대는 반드시 전멸이오. 군대를 수습하여 퇴각하는 것이 낫소. 퇴각했다는 비난을 나누어 받더라도 우리 백성을 살리는 것이 낫지 않겠소?"

이리하여 진나라 상군도 퇴각했다. 사회는 진나라 상군이 최후미에서 퇴각하면서 전열이 흐트러지지 않게 했다. 상군은 대열을 정비해서 물러났기 때문에 패배를 당하지 않았고, 이미 오산에 일곱 군데나 매복을 해두었으므로 초군도 감히 추격하지 못했다. 다만 중군과 하군은 아비규환 속에서 죽는 이들이 수도 없었다.

장왕은 열심히 싸우다가 우광의 대장 전차를 보고 갈아타려 했다. 그러나 굴탕은 장왕의 거우로서 맹렬히 활약하고 있는 차라 호기를 내어 소리쳤다.

"주군께서는 이 차로 시작하셨으니 이 차로 끝맺음하시옵소서."

이때부터 초나라의 전차부대는 좌광이 우광보다 우위에 섰다. 굴탕의 말은 말(전차)을 바꾸지 않고서도 승리할 수 있다는 대단히 자신에 찬 것이었다.

이제 승부는 너무나 명백해져서 차라리 연민이 느껴질 지경이었다. 진나라 군의 전차 한 대가 흙 속에 빠져서 도망가지 못했다. 이때 초나라 군은 달려들어 잡지 않고 이렇게 충고했다.

"횡대(가로막이)를 뽑으시오."

아마도 횡대가 걸려서 구덩이를 빠져나가지 못하는 듯했다. 그러나 횡대를 뽑아도 수레는 앞으로 조금 나가다가 빙빙 돌기만 했다. 전차는 가벼운데 커다란 깃발이 흔들거리니 차가 빙빙 돌면서 앞으로 나가지 못한 것이다. 그러자 초인은 다시 훈수를 뒀다.

"깃발을 뽑아 멍에 위에 걸치시오."

진나라 전차병이 다시 이 충고를 받아들여 깃발을 내리자 전차가 움직이기 시작했다. 구덩이를 빠져나와 달아나면서 그들을 초나라 군인들에게 한마디 했다.

"우리는 큰 나라(초나라) 사람들이 여러 번 달아나면서 쌓은 경험에 미칠 수 없소이다."

칭찬인지 욕인지 모호한 말이지만 당시 진나라 군진이 얼마나 형편없이 무너졌는지 여실히 보여주는 대목이다. 큰 기를 꽂은 전차라면 진나라의 이름 있는 사람이 탔거나, 부대를 지휘하는 역할을 하는 전차였을 것이다. 그런 전차가 달아나지도 못하고 적의 도움을 받은 것이다. 그런데도 자존심은 있어 달아난 경험이 없어 그랬다고 말한다. 반면 초군은 승패가 정해지자 심하게 몰아치지 않는 여유를 보였다. 전장이지만 동정심은 살아 있었다.

싸움을 부른 조전은 아마도 굴탕에 의해 갑옷이 벗겨진 후 곧 석방된 듯하다. 그래서 다시 싸움에 등장한다. 《좌전》에는 퇴각하는 날 혼전 중 조전이 한 행동이 또 기록되어 있다. 조전이 자신의 튼튼한 말 두 마리를 형과 숙부에게 주어 그들을 탈출시키고 형과 숙부가 쓰던 허약한 말을 데리고 자기 수레로 돌아오는데 적이 이미 닥쳐 접근할 수 없었다. 그래서 이번에도 그는 숲속으로 달아났다. 그 모양을 보고 봉대부逢大夫는 함께 타고 있던 두 아들에게 말했다.

"신경 쓰지 마라."

일단 가족들을 살리고자 하는 심사였다. 그러나 아들들은 고지식하게 대답한다.

"조씨 영감이 뒤에 있습니다."

봉대부는 버럭 성을 내며 나무 하나를 가리키며 소리쳤다.

"내려라. 저 나무 밑에서 너희들 시체를 찾겠다."

그러고는 돌아가 조전에게 손잡이 줄을 던져서 아들들 대신 태웠다. 이리하여 조전은 죽음을 면했다. 그다음 날 나무 밑으로 가서 시체를 찾으니 형제는 과연 나무 밑에 모여 죽어 있었다.

초나라의 웅부기熊負羈가 전투 중에 지앵知罃을 사로잡았다. 아버지 순수는 아들을 돌려받기 위해 자신의 친족 병사들을 데리고 격렬히 싸웠다. 위기가 순수의 전차를 몰고, 하군의 병사 여럿이 그를 따랐다. 그때 순수는 화살을 날릴 때마다 좋은 것은 골라서 위기의 전통에 넣었다. 그러자 위기는 화가 나서 소리쳤다.

"아들을 구하려는 것이 아니라, 버드나무(화살대)를 아끼시는 것입니까? 동택董澤의 버드나무야 쓰고도 남습니다."

"적의 아들을 잡지 않고서 내 아들을 돌려받을 수 있겠는가? 좋은 화살을 아껴서 남의 아들을 잡아야지."

순수는 이렇게 말하고는 과연 연윤連尹 양로를 쏘아서 그 시체를 수레에 싣고, 초나라 공자 곡신穀臣을 쏘아서는 포로로 잡아 돌아왔다. 양로는 앞에서 나온 하희의 새 남편이다. 하희의 운명도 이렇게 기구했다. 그리고 이때 진군이 얻은 포로 곡신과 양로의 시체는 훗날 지앵을 돌려받기 위한 협상에 요긴하게 쓰인다.

날이 어두워지자 초나라 군대는 더 추격하지 않고 필에 군진을 쳤다. 그러나 진나라 패잔병은 진도 치지 못하고, 밤늦도록 황하를 건너기 위해 아우성을 쳤다.

장왕은 진나라 군사들을 황하 변에 몰아넣은 후에는 더 공격하지 못하게 했다. 당시 황하 변에서 진나라 군대는 서로 배에 오르려고 난리가 났다. 먼저 배에 오른 군관이 배가 뒤집힐까 봐 뱃머리를 잡은 사람들의 손가락을 마구 끊었다. 그러자 장왕은 탄식했다.

"저 나라(군주)와 서로 함께할 수 없을 뿐이다. 백성들이야 무슨 죄가 있겠는가?"

《신서》의 저자는 장왕을 이렇게 평가했다.

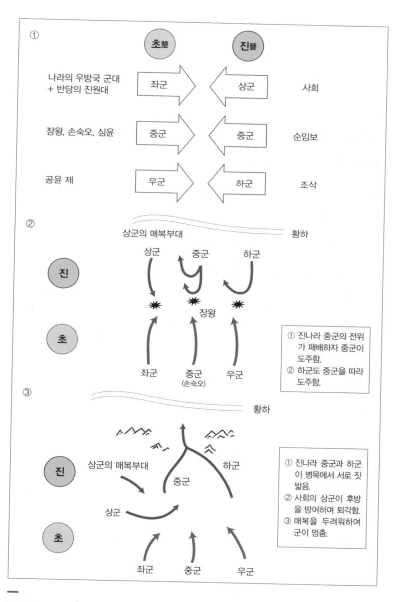

① 

초楚          진晉

나라의 우방국 군대      좌군    상군      사회
+ 반당의 진원대

장왕, 손숙오, 심윤     중군    중군      순임보

공윤 제          우군    하군      조삭

② 

상군의 매복부대                        황하

상군    중군    하군

진

초

좌군    중군    우군
(손숙오)

① 진나라 중군의 전위
가 패배하자 중군이
도주함.
② 하군도 중군을 따라
도주함.

③ 

황하

상군의 매복부대                        하군
중군

상군

좌군    중군    우군

① 진나라 중군과 하군
이 병목에서 서로 짓
밟음.
② 사회의 상군이 후방
을 방어하며 퇴각함.
③ 매복을 두려워하여
군이 멈춤.

필의 싸움 시의도.

《시》에 "부드럽다고 삼키지 않고, 단단하다고 뱉지 않았네. 홀아비 과부라도 업신여기지 않고, 강하고 사나운 이도 두려워하지 않았네" 라고 하더니 이는 장왕을 두고 하는 말인가?

싸움은 이렇게 처절했고 숱한 이야기들을 남겼다. 어떤 이는 전차를 버려 퇴각하고, 어떤 이는 퇴각하는 적을 도와주었다. 귀족들은 아버지와 아들이 함께 출격했고, 아들을 죽여 곤경에 처한 자를 구했다. 어떤 대장은 자신의 군대를 보호하기 위해 가장 뒤에서 퇴각했고, 어떤 군주는 사람들이 너무 많이 죽는 것을 한탄했다.

처절한 싸움의 와중에도 인간들은 제 나름대로 가능한 것을 추구했다. 봉대부는 싸움을 불러일으킨 조전을 위해 두 아들을 죽였고, 그 무모한 조전도 형과 숙부를 위해 자기 말을 내주었다. 그러나 이 싸움의 주인공은 확실히 장왕이었다. 장왕은 퇴각하는 군대를 몰아치지 않음으로써 더 이상의 살상을 막았다.


## 6. 절영지회: 승리의 이유 ━━━━━━━━━

필의 싸움을 그림을 그리듯이 묘사하는 가장 원시적인 사료인 《좌전》은 싸움이 벌어지기 전에 진나라 지휘부가 초나라 군대의 질서 정연함에 이미 겁을 먹었다고 적었다. 여러 환경적, 전략적 측면들이 복합적으로 작용했겠지만 필의 싸움에서 진군이 참패를 당한 일차적인 원인은 초나라 군대의 전투력 때문이었다. 이제 또 한 번 승패의 원인들을 파악해보자.

《설원》〈복은復恩〉 편에 유명한 '절영지회絶纓之會' 고사가 나온다. 앞에서도 언급했지만 그 대목을 그대로 옮겨본다.

장왕이 여러 신하들에게 술을 내리며 잔치를 벌였다. 날이 어두워지고 술이 한참 올랐을 때 촛불이 꺼졌다. 그때 어떤 신하가 초왕을 모시던 미인의 옷을 끌어당겼다. 미인이 그자의 갓끈을 끊고는 왕에게 고했다.

"방금 촛불이 꺼졌을 때 어떤 자가 첩의 옷을 끌어 당겨 수작을 걸더이다. 불을 켜거든 군주께서는 갓끈이 끊어진 자를 잡아내소서."

장왕은 묵묵히 듣다가 돌연 좌중에 명령을 내렸다.

"오늘 과인과 술을 마시는데, 갓끈이 끊어지지 않은 이는 제대로 즐기지 않은 것으로 알겠소."

이리하여 100명이 넘는 신하들이 갓끈을 다 끊자 불을 켰다. 이리하여 상하가 질탕하게 즐긴 후 자리를 파했다.

3년이 지나서 진晉과 싸움이 벌어졌다. 그때 어떤 용사 하나가 앞장서서 용전하는데, 적과 다섯 번 싸워서 모두 격퇴시켰다. 이리하여 결국 싸움에서 이겼다.

장왕이 이 용사를 가상하게 여겨 물었다.

"과인이 덕이 부족하여 그대처럼 뛰어난 이를 아직 알아보지 못했다. 그대는 어떻게 죽음도 무서워하지 않고 용맹하게 싸웠는가?"

그러자 그 용사가 대답했다.

"신은 오래전에 죽어야 할 몸이었습니다. 예전에 술에 취해 실례를 범했을 때, 왕께서는 몰래 참고 저를 죽이지 않으셨습니다. 저는 감히 그 은덕을 감추고 끝내 왕께 보답하지 않을 수 없었습니다. 항상 간뇌를 땅에 흩뿌리고, 목의 피로 적을 적실 날을 기다렸습니다. 신은 그 날 밤 갓끈을 뜯긴 자이옵니다."

이 고사는 한나라 때 유향이 여러 문서들을 찾아 정리한 것이다. 약 2600년 전의 이 고사를 증명할 길은 없지만 이 고사는 장왕의 개성을 가감 없이 보여준다. 장왕은 흔히 말하는 통 큰 지도자의 원형이었다. 필의 싸움에서 선봉은 바로 장왕의 친위병인데 친위병들 속에는 갓끈을 끊겼다가 용서받은 고사의 장수와 같은 사람들이 있었을 것이다.

이렇게 강한 군대를 만든 사람은 다름 아닌 손숙오다. 손숙오가 초나라의 전통을 현대적으로 재구성해서 장기전 진법을 만들고, 결속력과 기강을 동시에 갖춘 군대를 만들어냈다. 손숙오는 원래 싸움을 좋아하는 사람이 아니었기 때문에 더욱 병사들의 신임을 얻었다. 손숙오는 전장에서 아군의 피해를 줄이기 위해서 모든 노력을 다했다. 그러나 그는 일단 싸움이 벌어지면 가차 없이 명령을 내렸다. 사령관이 전사들을 아끼면 전사는 목숨을 아끼지 않는 것은 어쩌면 인지상정이다. 장왕과 손숙오가 모두 아랫사람들을 끔찍이 아꼈기 때문에 아랫사람들은 오히려 자신을 아끼지 않았던 것이다.

이제 진나라 군중으로 들어가 보자. 중군대장의 말을 듣지 않는 군대가 전투에서 승리할 수는 없다. 그러나 진나라 사회는 알고 있었다. 전투 이전에 진나라 군대는 이미 명분을 잃었다. 정나라를 구한다고 했지만 이미 잃었고, 화친 제의를 수차례 받고도 어겼기 때문이다. 또한 정나라는 이미 정식으로 항복한 나라인데 구원하는 것도 관례에 맞지 않았다.

사슴이 말렸을 때, 혹은 초나라가 화친을 원할 때 멈췄으면 좋았을 것이다. 그랬다면 그렇게 많은 사람들이 죽지는 않았을 것이다.


## 7. 초나라의 전후처리: 창을 멈추는 무武

드디어 초나라의 치중차輜重車(군수품을 실은 무거운 수레)가 필에 도착하자 반당이 건의했다.

"응당 승리의 군영을 만들고 적의 시체를 모아 경관京觀을 만드시지요. 들건대 적을 물리치고는 반드시 자손에게 고해 무공을 잊지 않게 한다고 하더이다."

그러나 장왕의 생각은 달랐다.

"이는 그대가 잘못 알고 있는 것이다. 대저 무武라는 글자는 '창을 멈춘다(止+戈)'는 뜻이다."

이것이 유명한 창을 멈추는 무, 곧 '지과지무止戈之武'라는 고사의 기원이다. 후대에 지과지무는 무인들의 이상이 되었는데 우리나라 충무공 이순신의 칼에도 '지과'라는 명문이 새겨져 있다. 장왕은 이어서 말한다.

"무왕께서 상나라를 정벌한 후 송頌(노래의 종류 : 신에게 고하는 노래)을 만들어 말씀하시길, '창과 방패를 거두어들이고, 활과 화살은 집(활집, 전통)에 넣었네. 내 아름다운 덕을 구하여 이제 큰 공업을 이루었네. 진실로 왕은 이를 지켜나갈 것인저'라 했고, 또 무武를 찬양하는 노래를 지어 그 3장에서 '내가 정벌에 나선 것은 오직 천하를 안정시키기 위해서였네[我徂惟求定]'라 했다. 대저 무武라는 것은 포학한 것을 금하고, 병기를 거두어들이며, 큰 것(나라)을 지켜가고, 공업을 이루어 안정시키며, 백성들을 편안하게 하고, 여러 나라를 화합하게 하고, 재물을 풍족하게 하는 것이다.˙ 그런 까닭에 자손들에게 저 시의 구절들을 잊지 못하게 하는 것이네.

지금 나는 두 나라 장정들의 뼈가 들판에 나뒹굴게 했으니 이는 포학한 것이며, 군사의 힘으로 제후들에게 시위한 것은 병기를 거두어들인 것이 아니다. 잔폭하면서도 병기를 거두어들이지도 못했으니 어찌 큰 나라를 유지할 수 있겠는가? 아직 진晉은 그대로 있는데 어찌 공을 이루어 안정시킬 수 있겠으며, 백성들의 마음을 거스른 것이 많은데 어찌 백성을 편안하게 할 것이며, 덕도 없이 힘으로 제후들과 다투었으니 어찌 여러 나라를 화목하게 했다 할 것이며, 남의 위기를 자신의 이익으로 삼고 남의 혼란을 자신의 편안함으로 삼아 자신의 영달을 꾀했으니 어찌 풍년을 기대할 것인가? 무예에는 그렇게 일곱 가지 덕이

---

• 원문은 풍재豐財인데 풍년을 뜻한다. 고대에는 상서로운 일을 해야만 풍년이 든다고 믿었다.

있건만 나는 하나도 갖추지 못했으니, 무슨 면목으로 자손들에게 자랑할 것인가? 선군의 사당을 지어 싸움에 이겼다고 고하면 족할 따름이다. 이번의 승리에 나의 공은 없다.

옛날에 밝은 왕들께서 불경한 자들을 벌하시고 그 우두머리를 잡아 죽여 큰 흙더미를 만들고는 크게 주륙했다고 여겼다. 이리하여 경관이라는 것이 만들어졌는데, 이는 황음하고 간특한 자들을 징계하기 위해서였다. 지금 죄 지은 것도 없고 저들은 모두 충성을 다하여 군주의 명을 받든 사람들인데 어찌 경관을 만들 수 있겠는가?"

이렇게 말하고는 황하에 제사를 지내고 선군들의 사당을 지어 승전을 고하고는 물러났다. 일전에 문공이 성복의 싸움에서 승리한 후 초나라 병사들의 시체를 모아 경관을 만든 일과는 완전히 상반되는 처사였다.

장왕의 대범한 행동은 개인의 품성 때문일 수도 있다. 그러나 그 행동이 국제사회에 미치는 영향은 컸다. 은연중에 사람들은 장왕이 문공보다도 더 뛰어난 군주라고 여기게 되었기 때문이다. 성복의 싸움에서 문공은 세 번 물러났다. 그러나 그것은 약속을 지키는 것처럼 보였지만 사실은 유인한 것이었다. 그러나 필의 싸움에서 장왕은 처음에는 싸움을 피하고자 했다. 그것은 진심이었다. 또 성복의 싸움에서 문공은 승리를 기쁘게 생각했지만 장왕은 승리를 슬프게 생각했다. 그리고 자신을 주 무왕과 비교하며 스스로 공이 없음을 시인했다. 후대 사람들의 평가가 엇갈리는 것도 당연하다.

## 8. 진나라의 전후처리: 대국의 풍모 ━━━━━━

이제 진晉나라의 사후처리를 살펴보자. 비록 한 번 싸움에 졌다지만 진나라는 여전히 체계가 있는 대국이었다.

순임보는 패전의 책임을 져서 죽음을 청했다. 진 경공은 청을 받아들이려 했다. 그러자 사정자士貞子가 간했다.

"성복의 싸움이 끝나고 우리 진나라 군사들이 적의 식량을 빼앗아 사흘이나 먹었지만 문공께서는 오히려 걱정하는 기색이셨습니다. 좌우에서 '기쁜 일이 있는데 이토록 걱정하시니, 걱정스러운 일이 있으면 오히려 기뻐하시겠습니까?' 하니 문공께서 대답하시길, '득신(자옥, 곧 성득신)이 아직 살아 있는데, 걱정을 그칠 수 있겠는가? 짐승도 곤경에 처하면 달려드는데 한 나라의 재상임에랴' 하셨습니다. 그런데 초나라 성왕이 자옥에게 성복대전 패전의 책임을 물어 자결을 강요해 자옥이 죽자, 공께서 기뻐하시며 '나를 해칠 자가 없어졌구나' 하셨습니다. 초가 득신을 죽임으로써 진나라가 두 번 이기고 초나라는 두 번 진 것입니다. 초는 이 일 후로 선대 두 군주가 다스릴 동안 우리와 감히 다투지 못했습니다.

(초나라에 패한 것은) 지금 하늘이 장차 우리 진나라를 크게 경계하는 것이 아니겠습니까? 그런데 또 임보를 죽이시어 초나라가 또 한 번 승리하게 하신다면 우리는 오랫동안 초나라와 다투지 못하지 않겠습니까? 임보가 군주를 섬김에 나아가서는 오직 충성을 다할 것을 생각하고, 물러나서는 오직 허물을 고칠 것만 생각하옵니다. 하오니 그는 사

직을 지키는 중신입니다. 그런데 어찌 그를 죽이겠습니까? 그가 이번에 패한 것은 해와 달에 일식과 월식이 있는 것과 같으니, 어찌 그 밝음에 손상을 주겠습니까[如日月之食焉 何損於明]?"•

이 말을 듣고 경공은 순임보를 살리고 복직시켰다. 그 대신 진나라는 송나라, 조나라, 위나라와 함께 동맹을 맺어 전후에 느슨해진 결속을 다졌다.

그렇다면 싸움의 빌미를 준 선곡은 어찌 되었을까? 그도 사면을 받았다. 사면받은 후 선곡은 진-송-조-위의 회맹을 주관하는 등의 활약을 했다. 그러나 이듬해 그는 다시 군사일로 구설수에 말려들었다. 적적赤狄이 진나라로 쳐들어왔는데 사람들은 그를 의심했다. 《좌전》에는 "선곡이 이들을 불러들였다[先縠召之]"고 써놓았다. 그가 적을 일부러 청했을 리는 없을 테고, 아마도 필의 싸움과 마찬가지로 적을 화나게 해서 싸움을 초래한 듯하다.

진나라는 결국 선곡의 죄를 물었다. 선곡 자신뿐만 아니라 그의 족인들이 모두 필의 싸움과 적족 군대를 끌어들인 일에 연루되어 몰살당했다. 진나라가 선곡 개인의 일로 그 씨족을 다 죽인 일은 물론 상도를 벗어난 가혹한 것이었다. 그러나 선곡은 이미 너무 많은 사람들에게서 미움을 받고 있었다. 필의 싸움에서 가족을 잃은 사람들은 이제나 저제나 선곡을 실각시킬 궁리를 했다. 한때의 소나기는 피할 수 있으나

---

• 순임보의 자질이 뛰어난데 한 번 실수했다고 그 바탕이야 흐려지겠느냐는 말이다. 그래서 '해는 일식이 있고 달은 월식이 있다[日月之食]'는 말은 '원숭이도 나무에서 떨어질 수 있다'는 이야기와 같은 의미로 이용된다.

장맛비는 결국 맞기 마련이다. 한때 진 문공을 도와 진나라의 패업을 일군 선진先軫의 후대는 이리하여 진나라에서 크게 위축되고 말았다.

## 9. 필의 전투의 의미

제 환공이 소릉에서 초나라를 겁준 이래 초나라와 북방세력의 싸움은 반세기 넘게 줄기차게 이어졌다. 성복의 싸움으로 진나라가 패자가 되었고, 이제 또 필의 싸움이 벌어졌다. 필의 싸움은 초나라의 일방적인 승리로 끝났지만 성복의 싸움과는 성격이 달랐다. 성복의 싸움 때 진나라는 북방의 각 나라들을 모두 모아 싸웠지만 필의 싸움 때는 자국의 군대만 보내서 싸웠다. 필의 싸움에서 졌다고 해도 진나라가 국제사회에서 져야 할 책임은 크지 않았다.

필의 싸움에서 장왕은 대결을 피하기 위해 여러 방면에서 노력했고, 진나라 사령부도 싸움을 피하고 싶기는 마찬가지였다. 싸움이 끝난 후 장왕이 위세를 과시하고 않고 재빨리 물러난 것도 진나라를 더 이상 자극하지 않고 싶었기 때문이다. 장왕은 황하를 기준으로 남북세력이 병존하는 것을 기대했다. 그 대신 그는 동쪽에 목표를 두었다. 전후에 장왕이 바로 동쪽으로 출정을 떠나는 것을 보아도 이 사실은 자명하다. 향후 남북대결은 지속되지만 초나라의 기본 정책은 동진이었다. 이제 진과 초는 싸움이 양자에게 모두 이롭지 않다는 것을 서서히 느끼고 있었다. 작은 나라들도 점점 노회해져서 기꺼이 양강의 싸움을 이용할 준비가 되어 있었다. 진나라의 난서가 "정나라가 진나라를 두고 점을 치고 있다"고 평한 것을 보아도 이를 확인할 수 있다. 결국 장왕은 필의 싸움에서 아량을 베풀어줌으로써 진나라의 간섭을 덜 받고 동쪽을 경략하는 데 집중할 수 있었다. 향후 초나라는 동진을 계속하여 전국시대에 이르면 황해까지 도달한다. 물론 초의 동진은 동쪽에서 또 다른 격렬한 싸움을 준비하고 있었다.

반면 애초에 싸움의 원인을 제공한 정나라는 항상 친초파親楚派와 친진파親晉派가 반목했다. 제 환공이 강할 때는 정나라 태자 화華가 나라의 반을 제나라에 바치고 반란을 일으킬 생각까지 했으니 정나라의 분열상은 연원이 오랜 것이다. 이번에는 석제石制가 초나라를 등에 업고 난리를 일으키려고 생각했다. 《좌전》의 기사에는 석제가 초나라 군사를 불러들여 공자 어신魚臣을 군주로 세우고 나라의 반을 초나라에게 할양하려 했다고 쓰여 있다. 이런 까닭에 초나라 군사가 정나라를 공략한 것이다. 이런 상황인데 친진파는 또 진나라를 끌어들여 초나라를 치려 했으니 마치 어린 양이 늑대를 불러 호랑이를 물리치려는 무모한 형국이었다. 《좌전》의 평을 들어보자.

신미일, 정나라가 공자 어신과 석제를 죽였다. 군자가 말하길, "주나라 태사 일佚이 말한 소위 '난리에 의지하지 말라[毋怙亂](난리를 틈타서 자신의 이익을 꾀하지 말라)'는 말은 바로 이를 이름인가? 《시》에 이르길 '난리의 우환이란 이를 일으킨 사람에게 돌아간다'고 했으니, 결국 난리를 불러들여 일을 꾀하려는 자에게 화가 돌아가는 것이리라.

외줄을 타기도 어려운데 강대국 틈에 끼어 이리저리 줄을 바꾸어 가며 타기가 쉬울까? 하지만 정나라는 이 일로 반성하는 점이 많았다. 이런 우여곡절 끝에 다음 세대의 정치가들은 큰 나라들 사이에서 당당히 살아남는 기술을 배우게 된다.

# 제9장

## 동쪽에서 패업을
## 완성하다

# 1. 소蕭나라를 멸하다

초나라는 필의 싸움을 마무리한 바로 그해 겨울 소蕭나라를 쳤다.

왜 장왕이 소나라를 쳤을까? 먼저 소나라가 어떤 나라인지 살펴보자. 《좌전》과 《사기》 〈송미자세가〉에 송 민공閔公 시절 소나라에 대한 기사가 나온다. 또 《사기》의 기사를 보면, 송 민공 시절 남궁만南宮萬이 난리를 일으켰을 때 "여러 공자들이 소나라로 도망갔다. 소나라와 송나라의 여러 공자들이 함께 (남궁만의 동생) 남궁우를 공격해서 죽이고, (남궁만이 세운) 송나라 새 임금도 죽이고 나서 민공이 아들 어설御設을 세웠다"고 기록되어 있다. 그렇다면 소나라는 송나라와 매우 가까운 거리에 있으며 사이도 좋은 곳이라고 볼 수 있다. 아마도 작은 나라로 송나라의 속국이었던 듯하다. 《좌전정의》에 "소는 패국沛國 소현蕭縣이

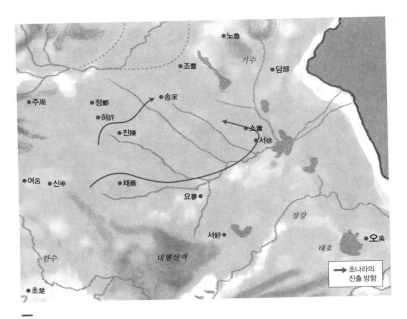

소국의 위치. 장왕의 목표는 송나라다. 송나라를 위협하기 위해 먼저 동쪽의 송나라 속국을 멸망시켰다.
소 땅은 사통팔달의 요지로 훗날 오吳와 초도 이 땅을 두고 격돌한다.

다"라고 되어 있다. 그렇다면 이곳은 지금의 안휘성 소현으로 송나라
의 수도인 상구에서 동쪽으로 거의 100킬로미터 떨어진 곳으로, 강소
성 서주에 가까운 곳이다.

이제 상황이 명백해진다. 장왕은 회하 북쪽의 땅들을 위협하고 있었
던 것이다. 이미 영윤 손숙오가 회하 남쪽의 땅들을 대규모로 개척한
터였다. 북방 진나라와의 정면 대결을 피하고 회하 북쪽으로 우회해서
들어오겠다는 심사였으니, 과연 초나라는 끈질긴 존재였다. 이곳에서
동쪽으로 200킬로미터 더 가면 바다가 나온다. 장왕은 지금 동진을 하

여 거점 기지들을 건설하고, 또 그 기지들을 기반으로 회하 북쪽의 땅들을 겸병하려는 것이다.

송나라로서도 더는 묵과할 수 없는 상황이었다. 송나라의 화초華椒가 채蔡나라 군사들을 데리고 즉각 소나라를 응원했다. 당시 회북 여러 국가들이 초나라의 우회 전략에 위협을 받았음이 분명하다. 싸움은 대단히 격렬했다. 소나라는 이 전투에서 초나라의 웅상의료熊相宜僚와 공자 병丙을 포로로 잡았다. 웅상의료는 웅씨인 것으로 보아 공족이며, 공자 병은 장왕의 아들일 것이다. 장왕은 이들을 죽일 수 없어 휴전을 제의했다.

"죽이지 마시오. 내가 퇴각하리다."

그러나 소나라는 이들을 죽이고 말았다. 이에 분노한 장왕은 소나라 도성을 포위하고 소나라를 완전히 멸망시키려고 마음먹었다. 침략을 받은 소나라는 원래 죄가 없었지만 장왕의 제안을 거부한 큰 실수를 저지르고 말았다. 때는 겨울인지라 남방에서 온 초나라 군사들은 추위에 떨고 있었다. 신공 무신이 말했다.

"우리 군사들이 추위에 떨고 있습니다."

그러자 장왕은 몸소 3군을 일일이 돌아다니며 병사들의 등을 두드리며 격려했다. 이에 병사들이 모두 용기를 내어 성으로 진격했다. 이렇게 하여 장왕은 송나라의 동남쪽을 초나라 땅으로 만들었다. 전국시대의 지도를 보면 초나라의 땅은 지금의 형주에서 동쪽으로 나아가 산동평원의 남부까지 뻗어 있다. 영토로는 여타 경쟁국들을 압도하는데, 이 큰 영토는 장왕의 동진을 기반으로 만들어진 것이었다.

## 2. 제나라로 간 사신이 살해당하다

그 이듬해 장왕은 송나라가 소나라를 지원한 것을 응징하고 새로 얻은 땅을 공고히 하기 위해 송나라를 쳤다. 물론 장왕은 당장 송나라 땅을 차지할 의도는 없었지만 초나라에 대항하면 반드시 응징한다는 것을 보여주기 위한 행동이었다.

그다음 해 장왕은 신주申舟를 제나라에 사신으로 보내며 "송나라를 지나면서 길을 빌린다고 하지 말라" 하고, 공자 풍馮을 진나라에 사신으로 보내며 "정나라를 지나면서 길을 빌린다고 하지 말라"고 명했다.

제나라로 사신을 보낸 이유는 명백했다. 제나라와 묵계를 맺음으로써 진나라의 북방연합에 가담하고 있던 나라들 중 제나라와 초나라 사이에 있는 소국들에게 압력을 행사하고, 또 겸병할 수 있는 나라들은 겸병하기 위해서였다. 당시 제나라는 진晉나라와 이해관계를 달리하고 있었다. 대체로 제나라와 초나라 사이에 있던 나라들은 진나라의 힘에 의지하여 제나라와 초나라를 견제하려 했다. 점점 거칠어지는 강대국 간의 힘겨루기에 맞서 힘이 약한 소국들의 생존전략을 《좌전》에 나오는 노나라의 행동을 통해 잠시 살펴보자.

: 초나라가 한창 송나라를 두드리고 있던 '선공 15년'  :

"처음으로 토지의 면적에 따라 세를 걷었다[初稅畝]."

(경) 3월, 구갑제를 만들었다[作丘甲].⁝⁝

(전) 겨울, 장선숙이 부세를 거두고 (장비를) 보수하고, 수비할 준비를 갖춘 후에 말했다.

"제나라와 초나라가 우호관계를 맺었고, 우리는 새로 진과 동맹을 맺었다. 진과 초가 맹주 자리를 다투고 있으니, (이 틈을 노려) 제나라 군대가 반드시 쳐들어올 것이다. 제나라 군대가 쳐들어오면 진나라가 비

---

• 겨우 세 글자에 불과한 이 구절은 대단히 중요한 의미를 갖는다. 의미는 명백하다. 토지의 면적에 따라 세금을 매겼다는 것이다. 정전제하에서는 공전의 수확물만 거두면 된다. 그러므로 이 말은 농민들이 경작하는 땅에 직접 세금을 물렸다는 말이다. 관중이 토지의 생산성에 따라 구획을 정한 후 춘추시대의 정전제는 서서히 와해되는 중이었다. 주나라 왕실문화를 잇고 있다고 자부하는 노나라도 토지의 면적에 따라 세금을 물고 있으니 정전제는 와해 직전이었던 것으로 보인다. 《좌전》의 문맥으로 보아 토지 면적에 따른 세금 부과는 전쟁에 대비하기 위한 것이었다. 또 토지들이 대량으로 개간되고 있었던 것으로 보인다. 국가는 새로 개간되는 토지들에 세금을 매겨 군비를 충당했다. 공자는 이 행위가 전제를 어지럽히고 백성들의 삶을 피폐하게 한다고 생각하여 경문에 썼다.

•• 이 문구의 의미도 명백하다. 진晉나라가 진秦나라에 대응하기 위해 지방의 주둔군인 주병州兵을 제도화한 것은 《춘추전국이야기 2》 1부(163~166쪽 참조)에서 살펴보았다. 노나라는 초나라와 제나라에 끼인 나라로서 스스로 살 길을 도모했다. 구丘라는 행정단위마다 군수품이나 갑사들을 차출하는 방법을 쓴 것이다. 두예는 《주례》를 인용하여 구丘란 아홉 가구로 된 정井이 16개 모인 것이라고 했다. 전투 시 한 구마다 전마 한 필에 소 세 마리를 차출한다고 한다. 또 4구마다 갑사 세 명, 보졸 72명을 차출한다고 한다. 《주례》의 근거가 명확하지 않기 때문에 구갑제의 실상을 파악하기는 어렵다. 다만 명나라 태조가 시행한 이갑제里甲制는 분명히 이 구갑제의 모델을 참조했을 것이다. 이갑제는 110호가 한 이里가 되는데 11호짜리 단위 10개로 구성되었다.
《좌전》의 전투묘사에서 뚜렷하게 보이듯이 춘추의 경이나 대부라면 전투 시 자신의 족병들을 대거 끌고 나왔다. 그래서 한 가족이 한 전차에 모두 타기도 했다. 국인(주로 사士)들은 기본적으로 전투를 수행할 의무가 있었기에 전투가 발생하면 대다수가 출정했다. 그렇다면 구갑제는 지방의 농민들을 대상으로 한 새로운 제도로 추측할 수 있다. 기원전 562년 노나라도 3군을 만들었다. 이들 군인 중 다수는 물론 비대해진 경대부들의 가병이었다. 가병은 국도에 주둔하기도 하지만 다수는 경대부들의 채읍에 주둔했다.
종합하면 이제 작은 나라들도 농민들을 더욱 정교한 행정단위로 편제해나갔음을 알 수 있다.

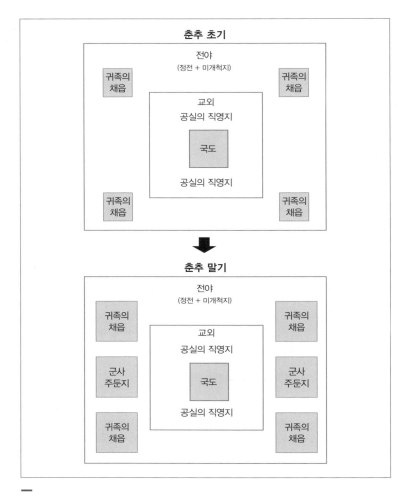

중원의 세제와 병제의 변혁. 춘추 초기에는 한 나라 안에 미개간지가 많았으나 점차 귀족들의 채읍 확대와 농지개간으로 줄어든다. 관중이 전야의 정전의 경계를 토지의 생산성에 맞추어 재구획하면서 세제의 변화가 발생했다. 춘추 중기로 넘어가면서 귀족의 채읍이 확대되어 전야의 정전제가 붕괴하기 시작한다("삼환의 세력이 공실을 능가했다", "극씨 가문의 가산이 공실의 반에 달했다"). 또한 정전제하의 사전私田에도 세금을 부과하면서 사실상 정전제는 전부제로 이행한다("초세무初稅畝": 처음으로 토지의 면적에 따라 세를 걷었다). 또 지방의 군사 주둔 도시들이 성장하기 시작한다["관중이 곡에 성을 쌓음으로써 제나라가 누대로 복을 받았다", "주병州兵(주둔군)제를 실시했다"]. 전쟁 비용을 조달하려는 목적으로 조세제도가 나라 안의 전 지역으로 확장된다. 일반 전야민들의 사전에도 세금이 매겨졌고, 귀족들의 채읍에도 세금이 매겨졌다(노나라의 장선숙의 구갑제丘甲制, 정나라 자산의 구부제丘賦制, "그의 채읍에 세금을 두 배로 물렸다").

록 제나라를 치겠지만, 초나라는 반드시 제나라를 구원할 것이다. 제나라나 초나라나 모두 우리를 노리고 있다. 닥칠 위험을 예견하고 준비한다면 위험을 헤쳐 나갈 수 있을 것이다."

이런 기사들을 볼 때 초와 제 사이의 나라들은 제각각 자구책을 강구하고 있었고, 장왕은 진나라와는 휴전을 공고히 하면서 동시에 제나라와는 동맹을 맺어 사이에 낀 나라들을 압박하려 했음을 알 수 있다. 이런 임무를 위해 장왕은 진과 제에 사자들을 보낸 것이다. 그렇다면 남의 나라를 지나면서 길을 빌리지 않는다는 것은 무슨 까닭일까? 그것은 정나라와 송나라가 초나라를 어떻게 대하는지 알아보는 동시에 초나라의 힘을 공공연히 과시하기 위해서였다.

두 해 전에 나라를 들어 항복한 정나라야 이의를 제기하지 않겠지만 송나라의 입장은 달랐다. 장왕의 요구는 지나친 것이었다. 그러자 송나라로 가기로 되어 있던 신주申舟는 불안했다. 신주는 초 목왕 시절 송나라 군주의 가신이 불을 준비하지 않았다는 이유로 벌을 준 무외毋畏다. 장왕은 그의 강직함을 높이 샀을 것이다. 그러나 송나라 입장에서 당시 신주의 행동은 초나라의 위세에 기댄 안하무인격인 월권행위로 비쳤을 것이다. 그때의 일이 마음에 걸린 신주가 말한다.

"정나라는 이치를 알지만 송나라는 귀머거리입니다. 진나라로 간 사신은 해를 입지 않겠지만, 저는 반드시 죽을 것이옵니다."

장왕이 대답했다.

"만약 그대를 죽인다면 내가 그들을 공벌하겠노라."

그러자 신주는 아들 서犀를 왕에게 알현시키고 사신의 직을 수행하러 떠났다. 사지로 떠나며 아들을 부탁한 것이다. 과연 송나라에 이르자 초나라 사신 일행은 억류당하고 말았다. 당시 송나라 소공과 문공 2대에 걸쳐 송나라의 정치를 맡고 있던 화원華元은 단호하게 말했다.

"우리 땅을 지나면서 길을 빌리지도 않는 것은 우리를 자기 나라의 한 지방[鄙]으로 여기는 것입니다. 우리를 자기 땅으로 여긴다면 나라는 이미 망한 것입니다. 이렇게 무시당하면 곧 망합니다. 우리가 저 사자를 죽이면 초왕은 반드시 우리를 공벌할 것입니다. 우리를 벌하면 망하겠지만, 이러나 저러나 망하는 것은 매한가지입니다."

무시당하느니 싸워보기나 하자는 결연한 말이지만 사실 정치를 책임지고 있는 대신이 할 말은 아니었다. 사신을 정중히 꾸짖어서 도덕성을 과시하고 싸움을 피하면 그뿐이었다. 위의 말은《좌전》으로 구성한 것이고,《여씨춘추》는 화원이 과거의 일로 신주에게 독기를 품은 것으로 묘사하고 있다.

"초나라가 사냥을 한다고 맹제孟諸에서 제후들을 모았을 때, 저자가 고의로 군주의 가복을 매질했습니다. 청컨대 저자를 죽이소서."

이리하여 제나라로 가던 사자 신주는 억울하게 죽음을 당했다. 사자가 급히 이 소식을 장왕에게 전했다. 그때 장왕은 침실에 있었다.

장왕은 이 소식을 듣고는 단말마의 비명을 지르며 소매를 떨치고 일어나 밖으로 뛰어나갔다. 얼마나 급했던지 신은 문지방 너머 마당에서 신고, 칼은 침문을 지나서야 차고, 그대로 달려나가 수레는 포서蒲胥라는 거리에 이르러서 탔다. 아마도 분노와 후회가 뒤섞인 심정이었을 것이다. 불같은 성격의 왕은 이렇게 자신의 가장 뛰어난 신하 한 사람을 잃었다.

그해 가을 장왕은 약속대로 송나라 도성을 포위했다. 정나라나 진陳나라를 칠 때와 마찬가지로 초나라 군병들은 장기전을 준비하고 아예 도성을 함락시킬 태세를 취했다.


## 3. 인재의 이름을 높이다

당시 초 장왕의 기세는 송나라 인접 국가들까지 떨게 했다. 마치《삼국지》의 유비가 관우의 복수를 위해 대군을 일으킨 것과 유사했다. 얼마나 무시무시했는지 송나라의 인접국 노나라가 약삭빠른 꾀를 낸 일이 노나라 역사서인《좌전》에 가감 없이 기록되어 있다. 중손멸仲孫蔑이 노 선공宣公에게 간했다.

"신이 듣기로 작은 나라가 큰 나라의 공벌을 면하려면, 사자를 보내어 백 가지 선물을 바치고 공이 직접 조현하여 치적을 보고하는데, 이때는 용모를 치장하고 기물을 갖춘 후에 좋은 문사로 치하하고 또 바칠 물건을 덧붙인다고 합니다. 이는 다 대국이 주는 벌을 면하지 못할까 걱정하기 때문입니다. 이미 공격이 시작되면 뇌물을 준다 해도 소용이 없습니다. 지금 초왕이 송나라에 있습니다. 군주께서는 손을 쓰소서."

초나라의 기세에 놀란 노나라가 빨리 초나라에 뇌물을 보내 불똥이 노나라에 튀지 않도록 대비하자는 말이다. 그렇다면 북방의 맹주 진나라의 태도는 어떠했는가? 이제 다시 전장으로 들어가 보자.

당시 송나라는 진나라의 북방연맹에 속하여 열심히 소임을 다하고 있었다. 특히 소나라를 구한 일로 초나라의 미움을 산 터였다. 진나라는 송나라를 구원하는 것이 마땅했다. 진나라 군주는 송나라를 구하려 했다. 그러나 대부 백종伯宗이 급히 말렸다(이 백종이라는 사람도 기억하자. 그 아들 백주리는 춘추 말기에 매우 독특한 역할을 수행하게 된다).

"아니 됩니다. 옛사람이 하신 말씀이 있사온데, '채찍이 길어도 말 배까지는 미치지 못한다'고 하였습니다. 지금 하늘이 한창 초나라에 행운을 안겨주고 있사온데 저들과 다툴 수는 없습니다. 비록 우리 진이 강하다고 할지라도 하늘을 거스를 수 있겠습니까? 속담에 말하길, '고고한 것과 낮추는 것이 다 마음먹기 달렸다'고 합니다. 천택은 더러운 물도 받아들이고[川澤納汚], 산과 숲은 독을 가진 짐승도 용납하며[山藪藏疾], 아름다운 옥이라도 하자가 있는[瑾瑜匿瑕] 법입니다. 나라의 임금이 된 사람이 한때의 수치를 용납하는 것은 하늘의 도입니다. 주군께서는 기다리시옵소서."

이리하여 송나라를 지원하기 위한 출병은 중지되었다. 그 대신 송나라의 항전을 독려하기 위해 사신으로 해양解揚을 보냈다. 진나라 경공은 해양으로 하여금 "진나라 군대를 모두 들어서 구원하러 오겠다"고 송나라에 전하게 했다. 그러나 그는 가는 도중에 정나라 사람들에게 잡히고 말았다. 침략을 받지도 않은 노나라가 초나라의 기세를 보고

---

• 여기서 '천택납오川澤納汚', '산수장질山藪藏疾', '근유닉하瑾瑜匿瑕' 등의 성어들이 생겨났다. 훗날 진나라 재상 이사가 '큰 강과 바다는 작은 물줄기를 가리지 않는다[河海不擇細流]'는 유명한 말을 남겼는데, 이 말들은 《좌전》에서 백종이 한 말에서 비롯했다.

겁에 질릴 정도였으니 이미 항복한 전력이 있는 정나라의 두려움은 더 컸을 것이다. 해양은 이리하여 장왕의 면전으로 불려갔다. 장왕은 후하게 선물을 주면서 요청했다.

"진나라 군대가 오지 않으니 항복하라고 하겠는가?"

처음에 해양은 거부했다. 그러나 장왕은 세 차례나 끈기 있게 요청했고, 해양도 이를 승낙했다. 이리하여 해양은 높은 누각을 세운 전차에 타고 송나라의 성벽 아래로 갔다. 그러나 해양은 원래 계획대로 외쳤다.

"진나라가 온 군사를 들어 구원하러 온다!"

장왕은 분기탱천해서 그를 죽이려고 사람을 보냈다.

"그대가 이미 과인의 청을 받아들이고서 그 반대로 말한 까닭은 무엇인가? 나는 그대를 믿었건만 그대가 신의를 저버렸다. 빨리 형을 받아라."

그러자 해양이 대꾸했다.

"신은 이렇게 들었사옵니다. 군주가 능히 (바른) 명령을 내릴 수 있음은 의義고, 신하가 능히 그 명을 따름은 신의[信]고, 신의로써 의를 받들어 행하는 것은 나라의 이익[利]이며, 일을 도모하면서 나라의 이익을 저버리지 않아 사직을 위호衛護하는 것은 백성을 다스리는 이의 책무이며, 의義(곧 올바른 명령)를 행함에는 두 마음을 가질 수 없으며, 한 마음을 가지고서 두 가지 명령을 받을 수는 없다'고 말입니다. 군주께서 제게 뇌물을 주심은 바른 명령을 모르시는 일이었습니다. 명을 받아 출사한 후에는 죽어도 그 명을 놓지 않는 것이온데, 뇌물을 받는 것이 가

당키나 하오리까? 신이 귀 군주의 명을 받아들인 것은 우리 군주의 명을 완수하기 위해서였습니다. 죽어도 명령을 완수하는 것은 신의 행복이외다. 우리 주군께 신의 있는 신하가 있고, 이 미천한 신하는 명령을 받들어 죽을 수 있는데 또 무엇을 원하리까?"

장왕은 탄복하여 그를 사면하고 돌려보냈다. 송나라의 결사항전으로 싸움이 장기전으로 치닫고 성과가 없자 장왕은 드디어 군사를 돌리려 했다. 그러자 신주의 아들 서가 장왕의 수레 앞에 엎드려 고했다.

"저의 아비 무외는 죽을 줄 알았으니 감히 왕의 명을 어기지 않았나이다. 그런데 왕께서는 그때의 약속을 버리시나이까?"

장왕은 어떻게도 대답할 수가 없었다. 그때 왕을 수행하던 신숙시는 필자가 보기에 중국사를 바꾼 진언 중에 몇 손가락 안에 드는 말을 한다.

"근처에 머물 집을 짓고 물러나 땅을 갈고 있으면 송나라는 반드시 명을 들 것이옵니다[築室而反耕者宋必聽命]."

장왕은 이 말을 따랐다. 일단 신숙시는 매파가 아니다. 그는 확실한 명분이 있을 때만 전쟁을 해야 한다고 생각하는 사람이다. 이번에 그는 장왕이 신주의 아들에게 한 약속을 지키게 하기 위해 계책을 냈다. 위의 문장은 단순해 보이지만 실은 매우 중대한 발언으로 향후 중국식 군사작전의 중요한 축이 되는 둔전屯田이라는 제도의 기원을 설명해준다.

흔히 둔전의 기원을 설명하면서 "시황제가 몽염을 시켜 오르도스를 점령한 후 44개 현을 만들고 죄수들을 보내 수자리를 서게 했다"는 《사기》〈흉노열전〉의 기사를 언급한다. 오르도스의 황하 연안에는 경작이 가능한 땅들이 많기 때문에 이들은 분명히 농사를 지었을 것이다. 이보다 더 명확한 것으로는 한 문제 때 조조晁錯가 문제에게 "죄인과 노역수들을 뽑아 변경에 거주케 하여 땅을 경작하게 한다"고 건의한 기사가《한서》〈원앙조조전爰盎晁錯傳〉에 등장한다. 또 후한 말 조조曹操는 산동반도 황건적의 잔당들을 모아 청주병靑州兵이라 이름하고 이들 가솔들의 노동력을 이용해 대규모로 둔전을 개발함으로써 삼국 시대의 절대강자로 부상한다.

그러나 기록에 의거하는 한 이들의 대선배는 분명 초나라의 신숙시다. 손숙오는 장기전이 가능한 군대의 편제를 만들었는데, 신숙시는 이제 한 걸음 더 나아가 아예 둔전을 만들어 초가 장기전으로 적을 지치게 하는 전술을 채택하고 있다. 그러니 최소한 기록상으로 전쟁과 경작을 결합한 것은 초나라가 처음이다.

다시 전투의 현장으로 돌아가보자. 송나라 사람들은 아예 집을 짓고 씨를 뿌리는 초나라 군인들의 행동에 버틸 의지를 잃어버렸다. 그래서 화원을 시켜 강화를 주선하게 했다.

화원이 밤에 초나라 군영으로 가서 사마 자반子反의 침실까지 들어갔다. 그가 자반을 깨우고 말했다.

"저희 군주께서 저 원을 시켜 이렇게 괴로운 사정을 이야기하게 하셨습니다. 지금 폐읍(송나라 도성) 사람들은 자식을 바꾸어 먹고, 죽은 사람의 뼈다귀를 쪼개어 땔감으로 쓰고 있습니다. 그런 지경이라 하더라도 도성 아래서 맹서를 하는 일은 나라가 망하는 한이 있어도 못 하겠습니다. 군사를 30리만 물려주시면 명령하시는 대로 따르겠습니다."

자반이 깜짝 놀라 그와 약조를 맺고 장왕에게 보고했다. 그리하여 장왕은 30리를 물러났고 송나라와 강화를 맺었다.《사기》는 장왕이 이 말을 듣고, "(저들은) 군자로구나[君子哉]" 하고 물러났다고 썼고,《여씨 춘추》는 "송나라 군주가 웃옷을 벗고 희생을 잡고 항복을 청했다"고 썼다.《여씨춘추》의 기록과 같은 일은《좌전》의 문맥으로 보아 일어나지 않은 듯하다. 다만 송나라가 초나라의 행보에 크게 겁을 먹고 완전히 항복한 것은 사실이다. 화원은 인질이 되어 초나라로 갔고, 초나라는 항복을 받아들이며 다음의 맹서를 강요했다.

"우리는 그대들을 속이지 않을 것이다. 그러니 그대들도 우리를 우롱하지 말라."

간결하면서도 사리에 맞는 내용이었다. 그래서《좌전》은 맹서가 모범이 될 만하다고 생각하여 그 내용을 기록한 것이다. 이렇게 장왕은 북방연합에 속하는 나라들 중 자신에게 대항하는 이들은 모두 공벌했다. 이리하여 초의 국력은 진晉과 비등한 수준으로 커졌다.

그러나 단순히 무력을 갖추었다고 해서 패자라고 하지는 않는다. 이 싸움에서 장왕은 두 명의 인재를 높였다. 한 명은 사자로 가다가 죽음을 당한 신주다. 그는 죽음을 무릅쓰고 공무를 수행했다. 또 한 명은 적의 사자인 해양이다. 그 역시 죽음을 무릅쓰고 명령을 지켰다. 자신의 신하와 한 약속을 지키기 위해 공벌을 시작하고, 적의 사자를 가상히 여겨 풀어주었다. 그리고 송나라 공벌이라는 목적도 성취했다. 장왕은 이렇게 인재들의 이름을 높임으로써 스스로도 높아졌다. 춘추 세 번째의 패자라 해도 무방할 공업이었다.

이런 '오랑캐 군주'의 행동은 어떤 면에서 보면 실리가 부족한 것처럼 보인다. 그러나 필의 싸움이나 송나라 정복과 같은 거대한 사건의 후과는 점차적으로 드러나는 경향이 있다. 그리고 장왕과 같이 대국을 보는 사람들의 계산은 한참 시간이 지나야 알 수 있는 경우가 많다.

장왕이 한 행동의 영향은 컸다. 먼저 초가 중원의 반열에 들어섰다. 초가 중원과 물질적인 면은 물론 명분적인 면에서도 대등해지자 중원 중심의 중국관이 요동치기 시작한 것이다. 필의 싸움과 연이은 송나라 공벌에서 장왕은 북방의 군주들이 이제껏 보여주지 못한 아량을 보여주었다. 이리하여 그는 '간접적으로' 진晉을 중심으로 한 북방연합을 와해시켰다. 제나라는 우왕좌왕하며 일관성이 없는 진나라의 주도권을 인정할 수 없다는 태도를 보이며 오히려 초에 접근했다. 이제까지 초楚-진秦의 동맹은 중원나라들의 입장에서는 한낱 오랑캐들의 결합으로 보였을 뿐이다. 그러나 초와 제의 결합은 달랐다. 제가 춘추 질서의 담지자로서 초를 인정한 것이다. 이후 전국시대에 이르기까지 초와 제는 오랜 시간 동안 동맹을 유지한다. 정나라 역시 이전의 진나라 우대 정책을 수정할 생각을 품게 된다.

결과적으로 초 장왕의 북벌은 중국사의 지평을 크게 확장시켰다. '오랑캐 군주'가 중원의 군주보다 낫다? 오랑캐의 우월을 인정해야 하는가? 이런 상황에서 즉각 화하인 특유의 민첩성이 발휘되었다. 물론 중원이 오랑캐보다 못할 수는 없다. 그렇다면 초의 오랑캐라는 꼬리표를 떼면 될 것 아닌가? 장왕 이래 초는 중국사에서 더 이상 오랑캐 나라가 아니었다. 그리고 전국시대가 되면 초는 대국이자 문명국으로서 위상을 떨친다. 이후 북방에서 유가와 법가 철학이 무르익고 있을 때 남방에서는 기술학과 노장 철학이 만개하게 된다. 남북의 우열 시대는 끝난 것이다.

# 제10장

---

## 노자와 장왕

---

: 도가적 군주

---

···

이제 인간 장왕과 그의 행동을 정리할 시간이 되었다. 장왕은 송나라를 정벌한 후 3년이 지나 죽었다. 생명의 위협을 받으며 왕위에 올라 23년간 통치하며 황하 이남의 나라들을 초나라 편으로 끌어들였으며, 동쪽으로는 회하에서 장강 사이의 거대한 땅을 초나라의 판도 안에 넣었다. 그럼에도 '오랑캐'의 땅에서 태어났기 때문에 정사正史류 사서의 기록은 극히 소략하다.

코뿔소 관을 쓰고 화려한 수를 놓은 옷을 입고, 사냥터란 사냥터는 다 돌아다니고, 여자란 여자는 가리지 않을 정도의 호색한. 화가 나면 체면도 잊고 맨발로 뛰어나가는 다혈질에, 군주가 되어 선봉에서 전차를 몰고 달리는 열혈남. 장왕은 여러모로 주 문왕文王이 만들어놓은 전통적인 군주의 상과는 달랐다. 그는 글을 충분히 배우지 못했다고 하지만 그 대범함은 역대 어떤 군주도 따라올 수 없었다.

필자는 여기서 조금 도발적이지만 충분히 개연성이 있는 추론으로 장왕을 정리하려 한다.

'장왕과 노자는 무武와 문文이라는 이름을 가진 쌍둥이다.'

과연 그럴까? 그 이유는 천천히 살펴보기로 하고 필자는 그를 좀 더 일반화하여 '도가적道家的 군주'라고 부르고자 한다. 믿음의 군주 환공을 '유가적 군주', 엄격한 상벌을 중시한 문공을 '법가적 군주'라고 한다면, 무모한 듯하면서도 멈추고 하는 일이 없는 듯하면서도 성취하는 장왕은 분명 도가적이다. 특히 장왕이 도가적인 것은 그가 어떤 때 멈춰야 하는지 갈파했기 때문이다. 이제 장왕이 왜 도가적인 군주인지 춘추전국시대 사상들 중에도 독보적으로 우뚝 서 있는 《노자》를 불러보자.

# 1. '노자'는 누구인가?

장왕과 '노자'의 관계를 구체적으로 다루기 전에 노자 이야기를 잠시 해보자. '노자'는 누구인가? 노자라는 사람은 정말 있었을까, 아니면 그냥 책 이름일까? 결론부터 말하면 '노자'는 구체적인 사람이 아니라 책 이름으로 보는 것이 옳다.

일단 두 가지는 확실하다. 먼저 사마천이《사기》의 열전을 쓸 당시에 '노자'는 이미 대중적인 사람이었다. 당시 그는 실존인물로 여겨졌고 그의 책인《노자》, 곧 흔히《도덕경》으로 알려진 책은 지식인이라면 거의 아는 책이었다. 또 하나는 사마천이 열전을 쓸 당시에도 노자가 누구인지는 정설이 없었다. 그래서 용의주도한 사마천은 자신이 여러 사서를 참조했지만 확신할 수는 없다고 선을 그었다.《사기》〈노자한비열전〉 중 문제의 몇 구절을 읽어보자.

> 노자는 초나라 고현苦縣 여향厲鄕 곡인리曲仁里 사람이다. 성은 이李씨
> 요 이름은 이耳다. 자는 담聃으로 주나라 장서실의 사관이다.

초나라 사람이 어떻게 주나라 장서실의 사관이 되었을까? 일단 의
문으로 남겨두고 다음으로 넘어가자.

> 관(함곡관)에 이르자 관령 윤희尹喜가 요청했다.
> "어르신께서는 장차 은둔하려 하십니다. 저를 위해 책을 써주시기를
> 요청드립니다."
> 이리하여 노자는 책 상하편을 썼는데, 도덕의 뜻을 5000여 자로 서술
> 하고는 떠났다. 그 후 그가 어디서 생을 마쳤는지는 알 수가 없다.

이 기록에 의하면 일단 노자가 남긴 책은 약 5000자로 되어 있다. 현
재 유통되고 있는 왕필王弼본《노자》가 약 5000자이고, 왕필본《노자》
는 근래 장사長沙 마왕퇴馬王堆에서 발견된 백서帛書본《노자》와 큰 차
이가 없으니 현행 판본과 사마천이 알고 있던 판본은 거의 차이가 없
을 것이다. 또 백서본《노자》가 한 문제 시기(기원전 2세기 상반기)의 것이
므로 사마천이 알고 있던 책은 백서본《노자》라고 추측해도 무방하다.
이제 다음 언급으로 넘어가 보자.

함곡관 앞의 노자 상. 노자가 지은 것으로 알려진 《노자》는 지식인이라면 거의 아는 책이지만, 노자가 누구인지는 정설이 없다.(하남성 소재)

혹자는 말하길 노래자老萊子 역시 초인인데, 책 50편을 지었다고 한다. 그는 도가 사상의 쓰임을 말했으며, 공자와 동시대 사람이라고 한다.

곧 노래자라는 사람도 공자의 동시대 사람인데 그도 책을 지었다고 한다. 물론 그가 노자일 수도 있다는 말이다. 의문을 가지고 다음으로 넘어가 본다.

대체로 노자는 백예순 살을 살았다고 하고, 어떤 이는 200살을 살았다고 하는데, 이는 도를 닦아 양생을 한 까닭이다.

고대에 대단한 양생 비결이 있었는지 모르겠으나 필자는 노자가 160~200년을 살았다는 것은 일단 부정하겠다. 노자의 수명이 긴 것은 아마도 공자가 예의를 물었다는 노자와 후대에 노자로 추측되는 사람들의 연대가 맞지 않아서, 그들을 같은 사람으로 놓기 위한 고대인의 고심을 반영한 것으로 추측된다. 또 이런 기록이 이어진다.

공자가 죽은 지 129년 후, 기록에는 주나라 태사 담儋이 진나라 현공을 알현하고 말하길, "먼저 진秦과 주가 합쳐지고, 합쳐진 지 500년이 지나면 분리되며, 분리된 지 70년이 되면 패왕이 출현할 것이다"라고 했는데 어떤 이들은 이 담이라는 사람이 노자라 하고, 어떤 이는 아니라고 한다. 노자는 은둔 군자다.

사마천도 기록의 혼란으로 노자가 도대체 어떤 사람인지는 결론을 내릴 수 없다고 했다. 급기야 주나라 태사 담이라는 세간의 설도 소개한다. 결국 어쩔 수 없이 그는 은둔한 사람이라고도 설명한다. 그러나 다음 기사는 비교적 구체적이다.

노자의 아들 이름은 종宗이고, 종은 위魏나라의 장수를 역임했다. 그는 단간段干에 봉해졌다.

단편적인 기록들을 믿는다면 초나라 사람 노자는 주나라의 태사가 되고, 그의 아들 종은 위나라의 장수가 되었다. 그는 매우 가능성이 희박한 파란만장한 가족사를 가지고 있다.

일단 필자가 보기에 노자라는 사람의 정체는 현재까지는 확인할 수가 없다. 초나라 고현 사람으로서 당시에 세습되었을 것으로 보이는 주나라의 태사 관직을 얻은 것부터가 의문이고, 그가 썼다는 책의 글자 수가 5000자라는 것도 의문이다. 《노자》의 가장 원시적인 형태인 곽점郭店본 초간楚簡은 글자 수가 2000자에 불과하기 때문이다. 이미 사마천 시대에 《노자》는 많은 보충을 거쳐 오늘날의 형태로 발전한 듯하다. 특히 그의 정체를 알려줄 수 있는 제자들은 전혀 없다.

다만 그의 아들이 알려져 있는데 그는 위나라의 장수를 역임했다고 한다. 그러나 위나라가 정식으로 성립한 것은 위 문후 시절이니, 공자 사후에도 40년이나 지난 일이었다. 그때는 공자의 선배인 노자의 아들은 분명히 죽었을 것이다. 그렇다면 노자가 공자의 동시대 사람이 될 수는 없다. 이렇게 인간 노자에 대한 이야기들은 모순이 가득하고 후대에 끼워 맞춘 흔적마저 보인다.

이렇듯 사료만으로는 노자가 정확히 어떤 사람인지 알 수 없다. 그러나 실망할 필요는 없다. 노자라는 사람이 누군지 정확히 몰라도 《노자》라는 책이 어떻게 만들어지고 어디에서 유통되었는지는 짐작할 수 있다. 일단 《노자》는 《좌전》보다 먼저 만들어질 수 없다는 점은 확실하다. 가장 연대를 높게 잡아도 기록에 의하면 '노자'라는 인물은 공자와 동시대 사람이다. 정황상으로는 공자의 후대 사람으로 보인다. 그리고 《노자》는 물론 그 '노자'라는 인물 이후의 책일 것이다.

곽점본 《노자》는 전국 중후기의 초나라 무덤에서 출토되었고, 백서본 《노자》는 옛 초나라 땅에서 발견된 한대의 무덤에서 나왔다. 전국 말기와 진나라 초기의 저작인 《여씨춘추》에는 노자의 흔적이 강하게 보이지만, 《묵자》와 《맹자》, 심지어 《순자》에도 노자의 흔적이 거의 보이지 않는다. 이는 황하의 동부와 북부에서는 전국시대 중반에도 《노자》의 영향력이 그리 크지 않았음을 보여주는 방증이다.

반면 전국시대에 초나라의 판도로 들어간 황하 남쪽 몽蒙 땅 사람인 장자는 《노자》를 강하게 계승했다. 초나라 위왕威王이 장자를 재상으로 임명하려 했을 정도로 장자는 신분이 분명한 사람이다. 초 임금이 장자를 등용하려 한 이유는 그가 현명하다는 소문이 퍼졌기 때문인데, 장자의 학문은 물을 나위도 없이 《노자》를 기반으로 하고 있다.

《사기》에 나오는 장자에 대한 기록은 분명하므로 전국 중기 초나라에서는 《노자》 철학이 상당히 유행한 듯하다. 곽점의 초나라 묘에서 출토된 죽간은 이를 뒷받침한다. 그리고 역시 초나라 땅에서 백서본이 발견되었다. 또한 《사기》의 기록은 어쩔 수 없는 모순으로 가득 차 있지만 노자와 노래자는 어쨌든 모두 초나라 사람이라고 한다. '노자'를 인물로 보든 책으로 보든 모두 초나라와 관계가 있다. 그래서 필자는 당시 초나라에서 《노자》의 학문이 유행했기에 노자를 초나라 사람이라고 보았다고 추측한다. 결론적으로 노자가 어떤 사람인지는 모르지만 《노자》는 초나라에서 형성되고 발전한 사상서다. 그렇다면 《노자》가 초나라의 역사와 무관할 수는 없다. 그리고 당시에 책을 만드는 형식의 특성상 초나라에서 가장 유명한 군주의 행적을 참고하지 않았을 가능성도 적다. 당시 왕실의 서고는 민간에서 절대 모방할 수 없는 규모의 죽간더미였다.

그런데 지금껏 《노자》의 가장 이른 판본인 곽점본 《노자》의 어투와 핵심사상이 《좌전》에 나오는 장왕의 언사와 매우 비슷하다는 점을 지적하는 사람은 거의 없었다. 필자는 《노자》의 사상이 초나라에서 꽃 핀 이유를 초나라를 대표하는 군주 장왕과 분리할 수 없다고 생각한다. 혹자는 장왕과 《노자》가 무슨 관계가 있느냐고 반문하겠지만 장왕의 행동들은 《노자》 사상의 맹아와도 같다. 다만 장왕은 현실의 군주이기에 행동과 사상 사이에는 모순이 있고, 《노자》는 온전히 사상서이기 때문에 더욱 일관성이 있을 뿐이다. 그러나 《노자》가 초나라 군주들의 행동에서 큰 모티브를 얻었음을 부인할 수는 없다. 일단 가설적인 주장이지만 필자는 《노자》와 장왕을 쌍둥이와 같은 존재로 본다. 그 증거들을 찾아보자. 《노자》는 무엇을 말하고 있나?

## 2. 멈춤을 알면 위태롭지 않다 ━━━━━━━

《노자》 사상은 정점에 이르는 것을 경계한다. 《노자》는 정점을 넘어서면 감당할 수 없다고 말한다. 이것이 《노자》 사상의 핵심이다. 당시의 평민이 달할 수 있는 정점이란 겨우 안정된 식생활 정도였다는 것을 감안하면 《노자》의 말은 왕, 혹은 최소한 정치를 하는 사람들을 겨냥한 것이다. 《노자》를 위정자를 보좌하는 선비의 입장에서 해석한다면 한 마디로 국가의 힘을 과시하지 말라는 것이다. 《노자》는 말한다.

죄는 욕심을 심하게 부리는 것보다 큰 것이 없고, 허물은 욕심대로 하는 것보다 큰 것이 없으며, 화는 만족을 모르는 것보다 큰 것이 없다 〔罪莫厚乎甚欲 咎莫憯乎欲得 禍莫大乎不智足〕.

장왕은 어떻게 행동했는가? 그는 네 차례 완벽한 승리를 거두었다. 기존의 치고 돌아가는 방식이 아니라 완전히 점령하여 항복을 받았다. 그러나 그는 네 번 다 돌아섰다. 하징서의 난을 진압한다는 명분으로 진陳나라를 쳐서 도성을 빼앗았지만 돌려주었다. 정나라의 배신을 응징한다는 명분으로 정나라 도성을 점령했지만 돌려주었다. 필의 싸움에서 진晉나라 진영을 무너뜨리자 진군을 더 이상 죽이지 않았다. 그리고 송나라 사람들이 성에서 서로 잡아먹는 비참한 지경에 빠졌다는 소문을 듣자 포위를 풀고 항복을 받아주었다. 《노자》는 말한다.

기어이 하려고 하는 일은 그르치며, 잡으려고 하면 오히려 멀어지네 (놓치네). 그래서 성인은 기어이 하려 하지 않기에 실패하지 않으며, 잡으려 하지 않기에 놓치지 않네. 일에 임하는 근본은 끝에도 처음처럼 신중한 것이라네. 이리하면 일을 그르치지 않네. 성인이 바라는 것은 바라는 것이 없음이며, 성인은 얻기 어려운 재화를 귀하게 여기지 않네〔爲之者敗之 執之者遠之 是以聖人亡爲 故亡敗 亡執 故亡失 臨事之紀 愼終如始 此亡敗事矣 聖人欲不欲 不貴難得之貨〕.

《노자》의 성인을 장왕으로 바꾸어서 읽어보라. 장왕이 보기에 어렵사리 얻은 것이라 해도 자신이 갖지 못한다면 버리는 것이 더 낫다. 정나라 군주가 항복을 청하자 장왕은 한계를 인정했다. 남의 아래에 처할 수 있는 군주라면 아직 민심을 잃지 않았다. 그런 나라는 아직 삼킬수 없다. 장왕이 "재물을 얻기 위해 전쟁을 하지 않는다"고 말하고 정나라를 얻고서 땅을 취하지 않는 것을 모티브로 《노자》는 "성인은 귀한재화를 귀하게 여기지 않는다"고 한 것이다.

그래서 《노자》는 또 강조한다.

> 되돌아 서는 것[返]은 도의 움직임이며, 약한 것은 도의 쓰임이다. 천하의 만물은 유有에서 생겨나고, 무無에서 생겨난다.*

장왕도 진나라를 얻은 후 신숙시의 충고를 받고 되묻는다. "좋은 충고다. 그렇다면 돌려주면[返] 허물을 없앨 수 있겠는가?" 그리고 진陳나라를 이긴 후 하희를 차지하려다 역시 충고를 듣고 포기했다. 그녀를당당히 차지할 사람에게 돌려주었다. 그래서 《노자》는 말한다.

> 그러니 만족을 알면 욕을 보지 않고 멈춤을 알면 위태롭지 않아 가히장구할 수 있네[古智足不辱 智止不怠 可以長舊].

---

* 가차자를 통용자로 바꾼 원문은 "返也者道動也 弱也者道之用也 天下之物 生於有生於亡"이다. 왕필본 《노자》에는 천하만물은 유에서 생겨나고 유는 무에서 생겨난다고 단계를 나누어놓았다[天下萬物生於有 有生於無].

앞에서도 이야기했지만 하회라는 아름다운 여인을 취한 사람들은 어떻게 되었는가? 그들은 모두 끝이 좋지 않았다. 장왕은 싸움에 이겼으나 무리하게 취하지 않았다. 하지만 진陳나라는 결국 누구의 소유가 되었는가? 장왕 사후 겨우 100년이 지나자 진陳은 자연스레 초나라로 귀속되었다. 그때는 진陳나라를 도와줄 이들은 없었고, 초나라를 비난하는 이들도 없었다. 《노자》가 다시 강조한다.

처음 제도를 만들면서(공업을 이루면서) 이름이 생겼으니, 이름이 이미 생겼으면 장차 멈출 줄 알아야 하네. 멈출 줄 알기에 위태롭지 않네〔始制有名 名亦既有 夫亦將知止 知止所以不殆〕.

늘려서 가득 채우는 것은, (그 전에) 멈추는 것보다 못하네. 급류처럼 한꺼번에 내려오는 물은 오래 지탱할 수가 없네. 금과 옥이 방을 가득 채우면 이를 지킬 방법이 없네. 귀하고 복되면 교만해져 스스로 허물을 남기네. 공을 이루면 몸을 물리는 것이 하늘의 도라네〔殖而盈之不若已 湍而羣之不可長保也 金玉盈室莫能守也 貴福驕自遺咎也 功遂身退天之道也〕.

## 3. 군사력은 최상의 수단이 아니다 ▬▬▬▬

《노자》는 《묵자》와 함께 춘추전국시대의 반전反戰사상을 대표하는 책이다. 그러나 혼란기의 전쟁은 외면할 수 없는 현실이었다. 그래서 《노자》는 완전한 비전非戰이 불가능하다면 전쟁과 평화 시를 분리하라고 말한다. 공격할 때와 방어할 때, 다스릴 때와 공벌할 때의 원칙은 모두 다르다.《노자》는 말한다.

> 바름으로써 나라를 다스리고, 기이한 술책으로 용병하며, 무사無事로 써 천하를 취한다[以正治邦 以奇*用兵 以無事取天下].

평상시에는 바름으로써 나라를 다스린다. 평상시 초나라를 다스리는 사람은 장왕이 아니라 손숙오다.《여씨춘추》에서 지적했듯이 장왕은 일을 하지 않았다. 그는 거의 '일을 하지 않음[無事]'으로 다스렸다. 그러나 그는 바름[正], 곧 가장 큰 명분을 움켜잡고 있다. 그의 바름에 대해서는 뒤에서 다시 이야기할 것이다.

그러나 싸움이 벌어지면 어떻게 하는가? 저돌적으로 기선을 잡아 적을 무너뜨리든지, 적의 밭에 씨를 뿌려 기가 질리게 하든지, 확실한 수단이 있어야 한다. 장왕은 단기전이든 장기전이든 기발한 승리의 묘책이 있었다. 물론 그것들은 자신이 아니라 신하들에게서 나온다. 그리고 막상 승리하면 어떻게 하는가? 사람들의 예상을 깨고 욕심을 버린다. 그러고는 객관적인 조건들의 흐름을 따른다. 다시《노자》를 보자.

> 도로써 군주를 보좌하는 이는 군사력으로 천하에 시위할 욕심을 내

---

• 가곽점본《노자》의 원문에는 '기奇'가 '기奇'+'과戈'로 되어 있다.

지 않는다. 목적을 취하면 될 뿐 군사력을 쓰지는 않는다[以道佐人主者 不欲以兵强於天下 善者果而已 不以取强].

이는 손숙오를 설명하는 말이다. 손숙오는 필의 전쟁을 피하기 위해 갖은 노력을 다했다. 진晉이 손숙오의 노력을 받아들였다면 싸움은 일어나지 않았을 것이다. 신숙시도 손숙오와 같은 사람이다. 그렇다면 군주는 전쟁에 대해 어떤 태도를 가져야 하는가?《노자》는 주장한다.

군자가 거할 때는 왼쪽을 중하게 여기지만, 용병을 할 때는 오른쪽을 높이네. 이리하여 말하기를, 병兵이란 상서롭지 못한 기물이니 부득이하게 쓸 때는 예리하게 속전속결하는 것을 최고로 치고 군사를 쓰는 것을 미화하지 말라. 만약 군사軍事를 미화한다면 이는 살인을 즐기는 것이요, 대저 살인을 미화하는 짓은 천하에서 뜻을 이룰 수가 없다. 그런 고로 좋은 일에는 왼쪽을 높이고, 상사에는 오른쪽을 높이는 것이다. 그런 까닭에 편장군이 왼쪽에 있고 상장군이 오른쪽에 있으니, 이는 상례를 치르는 방식으로 군사를 처리함을 말함이다. 그러니 많은 사람을 죽이면 슬픔으로 대하고, 전쟁에서 승리하면 상례로써 처리하라[君子居則貴左 用兵則貴右 故曰兵者不祥之器也 不得已用之銛襲爲上 不美也 美之是樂殺人 夫樂殺人不可以得志於天下 故吉事上左 喪事上右 是以偏將軍居左 上將軍右 言以喪禮居之也 故殺衆人則哀悲莅之 戰勝則以喪禮居之].

---

• 곽점 병丙본의 결락자는 백서본을 참고해서 보충했다.

이 구절은 바로 필의 전투 후에 한 장왕의 행동을 설명한 것이다. 춘추시대 미증유의 대승을 거두고 슬퍼한 사람은 이제껏 장왕밖에 없다. 그는 말했다. "무란 창을 멈추는 것이다. 그런데 나는 두 나라 장정들의 뼈가 들판에 나뒹굴게 했다. 잔혹한 짓을 했다." 진晉나라 문공은 항상 싸움에서 이기면 승리를 과시했다. 그러나 장왕은 무력을 미화하지 않았다. 그래서 그는 상례로 전쟁을 마무리했다.

물론 장왕이 평화를 사랑한 군주는 아니었다. 그는 중원을 대신하여 동쪽으로 무자비하게 국토를 확장했다. 그는 현실의 군주일 뿐 '노자'와 같은 심오한 사상가는 아니었다. 그는 북쪽으로는 명성을 얻으면서 사실은 동쪽에서 이익을 챙겼다. 그러나 그가 동쪽으로 진출하면서 잔혹한 방법만 썼다면 실패했을 것이다. 소나라는 장왕의 포로들을 풀어주지 않았다가 망하고 말았다. 비록 침략자지만 그는 자신의 사람과 남의 사람을 최대한 살린다는 제 나름의 규칙이 있었다. 그래서 장왕은 무武라는 이름을 가진 형이며, 노자는 문文이라는 이름을 가진 동생이다.


## 4. 남보다 뛰어남은 미덕이 아니다

장왕이 《노자》에 가장 근접한 것은 자신을 낮춤으로써 일을 성취한다는 사상을 계승한 것이다. 《노자》는 말한다.

크게 이룬 것은 어그러진 듯하나 아무리 써도 깨어지지 않고, 크게 가
득 찬 것은 텅 빈 것 같지만 아무리 써도 다함이 없네〔大成若缺其用不弊
大盈若盅其用不窮〕.

그리고 군주는 마치 '쓸모없어 보이는 통나무'와 같다고 말한다. 크
게 이루고 크게 가득 차야 할 사람은 바로 군주다. 그러나 군주는 완벽
함을 자랑해서는 안 된다. 군주는 자신보다 나은 사람들을 찾아야 할
뿐이다. 그 자신은 비어 있는 큰 그릇과 같아서 사람들이 와서 그 그릇
을 채운다.《신서》〈잡사〉에 이런 이야기가 있다.

장왕이 손숙오에게 물었다.
"과인은 어떻게 국시國是를 정할지 아직 모르겠습니다."
손숙오가 대답했다.
"나라의 국시는 여러 비방 잘하는 대중들이 세우기 싫어하는 것입니
다. 신은 왕께서 국시를 정하지 못하실까 걱정되옵니다."
"국시를 정하지 못하는 것이 오직 나만의 책임이겠습니까? 신하들에
게도 책임이 있지 않습니까?"
손숙오가 대답했다.
"나라의 임금이 선비들을 깔보며 말합니다. '내가 아니면 선비들이
어떻게 부귀를 누리겠는가?' 그러면 선비들도 임금을 깔보며 말합니
다. '우리 선비들이 아니면 나라가 어떻게 편안하고 강해질 수 있는
가?' 이리하여 임금 된 이는 나라를 잃을 때까지 그 이유를 모르고, 선

비 된 이들은 굶주리고 추위에 떨면서도 벼슬자리로 나가지 못합니다. 그러니 임금과 신하가 의기투합하지 않으면 국시는 정해질 수 없습니다. 하나라의 걸왕桀王과 상나라의 주왕紂王은 국시를 정하지 못하고 멋대로 하면서 자기 마음에 들면 옳고, 마음에 들지 않으면 그르다 했습니다. 그랬으니 망할 때까지도 그 이유를 몰랐던 것입니다."

**장왕이 대답했다.**

"좋은 말씀입니다. 상국께서 여러 제후와 사대부들과 함께 국시를 정하세요. 과인이 어찌 나라를 속이고 사민들을 깔보겠습니까?"

세상의 모든 재물을 가지고 남에게 베푼다고 깔보면 고까워서 누가 받겠는가?《노자》는 가득 찼다고 자랑하지 않지만 끊임없이 줄 수 있는 이가 바로 군주라고 말한다. 그래서《노자》는 군주는 과인寡人(덕이 적은 이)이네 불곡不穀(못난 사람)이네 하고 군주가 남보다 못하다는 호칭을 쓰기 때문에 남들 위에 있을 수 있다고 한다.《순자》〈요문堯問〉에는 이렇게 적혀 있다.

위나라 무후가 계책을 내는데 여러 신하들이 그에 못 미쳤다. 그러나 무후는 조회를 마치면서 우쭐한 기색이었다. 그러자 오기가 말했다. "아직 좌우에서 초나라 장왕의 이야기를 해준 사람이 없었습니까?" 문후가 대답했다.

"초나라 장왕 이야기요? 무슨 이야기요?"

오기가 대답했다.

"장왕이 계책을 내는데 잘 들어맞았고, 여러 신하들은 그에 미치지 못했습니다. 그러나 그 안색이 불안했습니다. 신공 무신이 물어보았습니다. '왕께서 근심하시는 기색이 있사옵니다. 무슨 까닭인지요?' 장왕이 대답했습니다. '이 못난 이가 내는 계책이 들어맞는데 여러 신하들이 나보다 못하니 근심하는 것이오. 중훼仲虺가 한 말이 있소이다. '제후가 스스로 스승 될 사람을 얻으면 그는 왕자가 되고, 벗 될 사람을 얻으면 패자가 되며, 의심을 해보는 사람을 얻으면 나라를 잃지는 않으며, 혼자 계획을 세우는데 주위에 자기만도 못한 사람들만 있으면 망한다'라고요. 지금 과인은 재능도 한심한데, 여러 신하들이 과인보다 못하니 나라가 망하기 않겠소이까? 그래서 근심하는 것이오.'"

이 이야기를 듣고 문후는 깊이 반성했다고 한다. 군주가 신하보다 잘난 것이 자랑할 일인가?《설원》〈군도君道〉에 나오는 이야기는 위의 이야기를 보충한 것으로 보인다.

장왕은 이미 정나라를 굴복시키고 진나라 군대를 패퇴시켰다. 그런데 이 싸움의 사령관인 자중이 세 번 작전을 냈는데 모두 적중하지 않았다. 장왕이 돌아가면서 신후申侯의 채읍에 들르니 신후가 수라를 올렸다. 그런데 해가 중천에 뜨도록 밥을 먹지 않으니 신후가 무슨 잘못을 하였나 하여 죄를 물었다. 그러자 장왕이 한탄하며 대답했다.

"내가 듣건대, '군주가 현명하고 또 그를 보좌할 훌륭한 스승이 있으면 왕자가 되고, 군주는 중간치라도 훌륭한 스승이 있으면 패자가 되며, 군주가 하등인데 보좌하는 신하들마저 그보다 못하면 망한다'고 하오. 지금 나는 하등의 군주요. 그런데 신하들이 못난 나보다 못하니 나는 망할까 두렵소. 세상에 성인이 없을 수 없고, 나라에 현인이 없는 것도 아니오. 세상에 현인들이 많을진대 유독 나만 그런 이들을 못 찾고 있으니 어찌 살아보겠다고 밥을 먹겠는가?"

세상에 잘난 사람들은 수도 없다. 군주가 신하들보다 잘났다는 것은 자랑이 아니라 부끄러움이다. 군주는 '쓸모없는' 통나무나 빈 그릇과 같은 사람이다. 자신은 질박하고 비어 있어서 '쓸모 있는' 신하들이 모여야 나라가 풍성해지는데, 그 자신이 '쓸모 있는' 것이 자랑할 일인가? 장왕은 부끄러워했다. 이렇게 장왕과 《노자》는 쌍둥이다.

## 5. 지극한 사랑은 위엄보다 낫다

이제 《노자》를 벗어나는 장왕의 면모를 잠시 살펴보자. 물론 군주는 《노자》의 원칙으로 나라를 다스릴 수는 없다. 《노자》의 일관성을 지키기에 현실은 지나치게 냉엄하다. 장왕은 《노자》가 말한 바름[正], 곧 중심을 잡는 법을 알고 있었다. 그러나 그의 중심잡기는 사람을 죽이는 살벌함이 아니라 감동을 자아내게 하는 묘한 매력이 있다. 감동은 사람을 움직인다. 그래서 장왕의 막하에는 안타깝게도 자신의 목숨을 바치는 이들이 많았다. 《여씨춘추》〈십이기〉 '지충至忠'에 이런 이야기가 있다.

장왕이 운몽택에서 사냥을 하다가 수시隨兕*를 쏘아 맞혔다. 그러자 신공 자배가 달려들어 이것을 빼앗았다. 장왕은 갑작스럽고 무례한 행동에 기가 찼다.

"어찌 이리 난폭하고 불경스럽단 말인가?"

그러고는 관리에게 명해서 죽이라고 했다. 그러자 좌우의 대부들이 모두 나서서 간했다.

"자배는 현명한 사람입니다. 또 왕을 위해서 온몸을 바치는 신하입니다〔爲王百倍之臣〕. 필시 무슨 까닭이 있사옵니다. 살펴주소서."

그러고 나서 세 달이 지나지 않아 자배는 병이 들어 죽었다. 그 후 장왕이 군사를 일으켜 양당兩棠(필郊)에서 진나라 군대를 대파했다. 돌아와 공을 세운 사람들에게 상을 주는 차에, 자배의 동생이 앞으로 나와서 주관하는 관리에게 상을 요청하며 말했다.

"다른 분들의 공은 전투에 참가한 것이지만, 저희 형의 공은 왕을 대신하여 수레 밑에 깔린 것입니다."

장왕이 물었다.

---

- 아마도 코뿔소의 일종일 것이다. 당시 초나라에는 코뿔소가 있었다. 《설원》 등에는 과치科雉라고 되어 있다. 과치는 진귀한 새의 일종일 것이다.

"이는 무슨 말인가?"

그러자 이렇게 대답했다.

"전에 신의 형이 광폭하고 불경하다는 오명을 얻고 왕께 죽을 죄를 지었습니다. 허나 그것은 왕의 신변이 걱정되고, 또 왕께 천세의 수명을 드리기 위해서였습니다. 신의 형이 일찍이 옛날 기록을 읽었사온데, 거기에 '수시를 죽인 이는 세 달이 지나지 않아 죽는다'고 되어 있었습니다. 그래서 신의 형은 왕의 신변이 걱정되어 사냥감을 빼앗은 것입니다. 그러고는 그 화로 인해 죽게 되었습니다."

장왕은 사람을 시켜 문서고에서 기록을 찾아보게 했다. 그랬더니 과연 그런 기록이 있었다. 그래서 크게 상을 내렸다.

이보다 더한 충성이 있을까? 그런데 자배는 왜 목숨을 걸었던가? 목숨을 건 사람들은 또 있다. 손숙오도 목숨 걸고 일한 사람이다. 《한비자》〈외저설〉에 손숙오의 사람됨이 묘사되어 있다.

손숙오가 초나라의 재상이 되었는데 허술한 수레를 타고 암말이 끌게 했다. 현미밥에 나물죽, 물고기 반찬을 먹으며 겨울에는 염소 가죽옷, 여름에는 갈포를 입었는데, 얼굴에는 굶주린 기색이 있었다. 그는 훌륭한 대부였지만 그 검소함이 지나쳐 아랫사람들을 핍박했다.

한비자가 보기에 손숙오의 절검은 지나치다. 《여씨춘추》에는 "몸을 돌볼 겨를도 없이 잠도 잊고 일을 했다"고 한다. 그러니 오래 명을 유지하기 어려웠을 것이다.《여씨춘추》〈십이기〉'이보異寶'에 손숙오 이야기가 하나 더 들어 있다.

> 손숙오가 병이 들었다. 장차 임종을 앞두고 아들을 불러 경계했다.
> "왕이 여러 차례 나에게 봉지를 내렸지만 나는 다 사양했다. 내가 죽으면 왕은 너에게 봉지를 내려줄 텐데, 절대로 좋은 땅을 받지 마라. 초와 월 사이에 침구라는 땅이 있다. 그 땅은 좋지 않기로 악명이 높다. 초나라 사람들은 귀신을 무서워하고 월나라 사람들은 기機(귀신의 일종으로 보인다)를 믿는다. 오랫동안 보유할 수 있는 땅은 오직 그곳밖에 없다."
> 손숙오가 죽자 과연 왕은 그 아들에게 좋은 땅을 주려 했다. 그러나 아들은 사양하고 침寢 땅의 언덕(다른 사서에 나오는 침구寢丘)*을 요청했다. 그리하여 아직까지도 그 봉지를 잃지 않고 있다.

손숙오는 길게 가는 법을 알았다. 다만 손숙오는 장왕과 같이 화려하면서도 절제하는 사람이 아니라, 애초에 절제가 몸에 밴 사람이었다. 누가 누구에게 배웠을까? 묵자와 맹자 등 대학자들은 모두 장왕이 손숙오에게 물들었다고 말한다. 장왕은 당시 초나라에는 없던 세습봉지를 손숙오에게 내려서 보답했다.

---

* 침 땅의 언덕을 그대로 해석하면, '(사자死者들이) 누워 있는(침寢) 언덕'으로 볼 수도 있으니, 묘지들이 즐비한 곳이거나 초와 월의 경계의 전장터로 사람이 많이 죽은 곳인 듯하다. 그래서 손숙오가 초나라 사람과 월나라 사람이 귀신을 무서워한다고 한 것으로 추측한다.

이렇듯 한 사람은 왕을 대신하여 저주를 받았고, 절영지회가 있은 후 한 용사는 목숨을 걸고 싸웠으며, 손숙오는 병이 들도록 일했다. 겨울에도 초나라 장정들은 추위를 잊고 북방에서 분투했다. 그 고통 속에서도 왕에게 보답한다고 했다. 왜 그랬을까? 윗사람의 지극한 애정은 아랫사람의 충성을 낳는다.

그러나 그는 사랑은 있으나 사정私情은 없었다. 그것이 아랫사람들을 더욱 목숨 걸게 했다. 다시《한비자》〈외저설〉의 한 대목을 보자.

장왕이 급히 태자를 불렀다. 초나라 법에 수레는 묘문茆門을 넘을 수 없었다. 그때 마침 비가 와서 마당에 흙탕물이 고여 있었다. 태자는 수레를 타고 묘문 가까이에 닿았다. 그러자 수문장이 말했다.

"수레를 타고 묘문에 닿아서는 안 됩니다. 불법입니다."

태자가 대답했다.

"왕께서 급히 나를 부르셨네. 게다가 마당에 흙탕물이 고여 있지 않나."

그렇게 말하고는 기어이 묘문에 닿았다.

그러자 수문장은 몽둥이를 들어 말을 때리고 수레도 두들겨 부수었다. 그예 태자가 분을 못 참고 들어가 왕을 알현하며 울었다(당시 태자의 나이가 어렸다).

"마당에 흙탕물이 많아 수레를 몰아 묘문에 닿았습니다. 그런데 수문장이 '불법입니다' 하면서 몽둥이로 제 말을 때리고 차를 부쉈습니다. 꼭 그자를 죽여주소서."

그러자 장왕이 반대로 대답했다.

"나이 든 주군의 명이라고 넘겨버리지 않고 대를 이을 태자라고 빌붙지 않으니 자랑스럽도다. 그는 진실로 법을 지키는 과인의 신하로다."

이리하여 장왕은 수문장의 작위를 두 단계 올려주고 후문을 열어 태자를 쫓아 보내며 타일렀다.

"또다시 잘못을 저지르지 마라."

일설에는 그 수문장이 태자의 마부를 죽였다고 되어 있으나 억지인 듯하다. 아들보다 부하를 더 아끼기는 쉽지 않다. 못난 아들도 훌륭한 부하보다 더 귀여운 것이 인지상정이다. 자신의 여자를 희롱한 장사를 용서하고 자신의 아들을 위협한 부하에게 상을 줄 수 있다면 그는 군주 역할의 요체를 아는 사람이다. 그 요체는 바로《노자》가 말한 바름[正]이다. 가까운 곳과 먼 곳을 구분하지 않고 중심을 잡기 때문에 먼 곳에 있는 이들은 그 바름을 애정으로 이해했고 목숨까지 바쳤다.

순자가 군자는 '견강이불폭堅彊而不暴'이라 했는데 대체로 장왕이 그런 사람이 아닐까?


## 6. 총명한 아들을 남기다 ━━━━━━━━━

다행히 장왕은 총명한 아들을 두었다. 장왕이 죽자 어린 아들 공왕共王이 뒤를 이었다. 선대 군주를 따라다니던 기라성 같은 장수들이 건재

하고, 또 선대 군주가 남긴 업적도 컸다. 아버지가 만든 법을 어겼다가 크게 혼난 아들의 자질은 어느 정도였을까? 치세 동안 많은 오점을 남겼지만 그 역시 아버지만큼 대범했고, 상황을 파악하는 능력이 뛰어났다. 《좌전》에 나오는 일화 두 가지로 그의 자질을 평가해보자.

먼저 그의 대범함이다. 필의 싸움에서 하희의 새 남편인 양로가 전사했다. 앞서 신공 무신이 하희를 거두어서 진나라로 달아났다고 했다. 그 이야기를 잠깐 보충해보자. 신공 무신은 왕과 중신들이 하희를 차지하는 것을 반대했지만 막상 그녀를 보고는 마음이 움직인 모양이다. 그래서 그녀에게 언질을 주었다.

"친정으로 돌아가시오. 내가 그대를 맞이하리라."

그런 차에 정나라에서 사신이 왔다.

"남편의 시신을 찾아갈 수 있으니 와서 맞으라."

하희는 왕에게 이 사실을 고했고, 왕이 무신에게 자문을 구하자 무신은 그 말을 믿을 수 있다고 조언했다. 그래서 하희는 정나라로 돌아가게 되었다.

이후 제나라가 진晉나라에 반기를 들고 양자 간에 싸움이 벌어지는데 그때 초나라는 제나라를 지원하는 일을 협의하기 위해 무신을 사신으로 보냈다. 그런데 이 무신이 정나라를 통과하면서 하희를 데리고 달아난 것이다. 처음에는 제나라로 가려 했지만 제나라가 진晉나라에게 패하며 궁지에 빠져 있어서 포기하고 진나라로 방향을 바꾸었다. 초나라의 중신이자 초왕의 총애를 받던 무신이 오자 진나라는 크게 환영하고 형대부邢大夫의 지위를 주었다. 원래 하희를 노리고 있던 자반

공왕 상. 장왕의 뒤를 이어 등극한 장왕의 어린 아들 공왕은 치세 동안 많은 오점을 남겼지만 그 역시 아버지만큼 대범했고, 상황을 파악하는 능력이 뛰어났다.

은 화가 나서 무신에게 보복하고 싶었다. 그래서 왕에게 고했다.

"진나라에 뇌물을 듬뿍 주어서 저자의 벼슬길을 막으시지요."

그러자 아직 어린 공왕이 대답했다.

"그만하시게. 그자가 자신을 위해 도모한 것은 잘못이오. 그러나 우리 선군을 위해 도모한 것은 충성스러운 것이었소. 충성은 사직을 공고히 하는 것이니 그 잘못을 덮음이 많소. 또 저이가 국가에 이익을 줄 수 있다면 우리가 뇌물을 준들 진이 그를 쓰지 않을 리 있겠소? 또 진에 도움이 안 된다면 진이 장차 그를 버릴 것이오. 그러니 무엇 하러 구태여 그의 벼슬길을 막겠소."

이로 보아 당시 공왕은 어리지만 대체大體를 알았다고 할 수 있다. 사리는 대개 명백했다. 비록 무신이 사신으로서의 임무는 방기했지만 그는 한 여인과의 약속은 지켰다. 또 사신으로서 제나라로 가지고 가던 예물은 모두 초나라로 돌려보냈다. 그러니 탐욕스러운 사람은 아니었다. 공왕의 말은 한 나라의 군주가 되어 남의 나라로 망명한 사람의 벼슬길이나 막는 일을 하지 않겠다는 것이다. 당시 어린 군주의 대범함은 좌중을 압도했다.

또 공왕은 사람을 알아보고 상황을 파악하는 능력이 탁월했다. 앞장에서 필의 싸움에서 진나라 순수의 아들 지앵이 초나라에 포로로 잡혔고, 초나라 공자 곡신이 진나라에 포로로 잡히고 양로는 죽었다고 했다. 전쟁이 끝나고 시간이 지나자 포로 교환에 관한 이야기가 진행되었다. 초나라는 지앵을 돌려보내고 곡신과 양로의 시신을 받기로 했다. 그래서 지앵을 전송하며 공왕이 물었다. 둘의 대담이 이어진다.

"그대는 나를 원망하는가?"

"두 나라가 군사로 만났는데, 신이 재주가 없어 임무를 감당하지 못하고 포로가 되었나이다. 저를 죽여서 북에 피를 바르지 않으시고, 이렇게 돌아가서 우리 군주에게 죽음을 받게 해주심은 군주의 은혜이옵니다. 신이 무능해서 그런 것이거늘 어찌 감히 원망하겠습니까?"

"그럼 그대는 내게 은덕을 입은 것인가?"

"두 나라가 함께 사직을 도모하고 그 백성들을 편안히 하기 위해 각자 분을 억누르고 서로 타협하여 포로들을 교환하여 우호관계를 맺기로 하였나이다. 두 나라가 우호관계를 맺음에 신이 관여한 것도 없는데 감히 누구의 덕을 입었다고 하겠나이까?"

"그대는 돌아가서 나에게 어떻게 보답하겠는가?"

"신이 원망을 품은 것도 아니옵고, 왕께서 은덕을 베푸신 것도 아니옵니다. 원망도 없고 은덕도 없는데 갚을 바가 무엇인지 모르겠사옵니다."

"허나 꼭 과인에게 무어라도 말해주시게."

"군주의 영명함에 힘입어 포로가 된 신이 진나라로 돌아가고 저희 군주께서 죽이고자 하신다면, 죽어도 저의 이름은 썩지 않을 것이옵니다. 만약 군주의 은혜를 입어 죽음을 면하여 군주의 외신外臣인 저희 아비 순수에게 보내주시어 저희 아비가 저희 군주에게 청하여 종묘에서 저를 죽인다 해도 저의 이름은 썩지 않을 것이옵니다. 그러나 죽지 아니하고 다시 종사를 돌보는 관리가 되고 또 일이 있어 얼마간의 군대를 끌고 우리 땅을 지키는 소임을 맡게 된다면, 적(초나라)을 만나더라도 감히 물러나지 않고 혼신의 힘을 다해서 죽음에 이르더라도 두 마음을 품지 않겠습니다. 이로써 저는 신하의 도리를 다하고 군주께 보답하겠사옵니다."

그러자 공왕이 감탄했다.

"아직 진과 더불어 다투지 못하겠다."

이렇게 말하고는 예우를 다하여 그를 돌려보냈다. 이 두 일로 보건대 공왕의 자질은 아비 못지않았다. 제나라 환공의 아들이나 진나라 문공의 아들 모두 범용한 인물들이지만 장왕은 그들에 비하면 운이 좋았다.

# 제11장

## 장왕 사후의 정세

．．．

남방에서 한바탕 광풍을 몰고 온 장왕은 패업을 이루자마자 죽었다. 초나라가 흔들어놓은 질서를 다시 잡는 데는 상당한 시간이 걸렸다. 북방의 진晉은 또다시 군사력을 확충하는 동시에 초나라 편으로 넘어간 황하 이남의 나라들을 다시 추슬렀다. 또 초나라와 연맹하여 황하 남쪽의 진晉나라 연합국들을 노리던 제나라는 급기야 진나라와 일전을 감수하게 된다. 그 사이 서방의 진秦은 일관되게 진晉의 배후를 노렸다. 장왕은 북방의 진나라 연합을 뒤흔들어놓고 갔다. 그 뒤에는 아직 어린 아들이 있었다. 국제질서는 다시 요동칠 수밖에 없었다.

당시 국제정세의 변화는 크게 네 가지로 요약할 수 있다. 첫째, 초가 잠시 주춤한 틈을 타서 진晉은 다시 군사력을 키웠다. 한 번의 패배로 약해질 진이 아니었다. 그들은 국제사회에서 떨어진 명망을 군사력으로 만회하려 했다. 둘째, 제나라가 진나라의 패자 지위에 의문을 품고 도전했다. 그 배후에는 물론 초가 있었다. 그래서 진晉-제齊 양국은 규모로는 필의 싸움에 버금가는 대군이 동원되는 국제전을 벌인다. 셋째, 서방의 진秦은 진晉-초楚, 진晉-제齊 간의 알력이 있을 때마다 진晉의 후방을 노렸다. 급기야 진晉-진秦은 결별의 수순을 밟게 된다. 마지막으로 동쪽에서 신흥 강호 오吳가 등장한다. 초의 동진은 오에게 위협이었다. 그러자 진晉은 오를 이용해 초를 견제하는 전략을 구사하게 된다. 이리하여 초는 오와의 기나긴 싸움에 돌입하게 되고 북방에 힘을 쓸 겨를이 없었다. 결국 이런 전선의 확대는 초나 진에게 모두 버거운 일이었고, 양자는 내부를 추스르기 위해 잠시 휴전에 들어간다. 그러나 휴전은 그야말로 잠시일 뿐이었고 갈등의 원인은 그대로 남아 있었다.

## 1. 진晉의 재팽창: 적족들을 밀어내다 ━━━━━

진晉은 전국시대가 되면 한韓, 조趙, 위魏로 나뉜다. 원래 진의 토지는 그렇게 크지 않았는데 어떻게 갈라진 세 나라가 모두 대국이 될 수 있었을까? 첫 번째 방법은 이미 개척된 중원의 토지들을 빼앗는 것이었다. 한韓나라는 정나라를 핍박하고, 위魏나라는 위衛나라를 핍박해서 토지를 늘렸다. 또 다른 방법은 북쪽의 적족狄族이나 비화하非華夏계 민족들의 토지를 빼앗는 것이었다. 주된 대상은 적족이었다. 진의 대적 정책을 요약하면 끊임없는 침략과 영토 탈취였다. 전국시대에 이 역할을 충실하게 이어받은 나라가 바로 조나라다.

이제 한때 중국 북부의 실질적인 주인이었던 적족들이 어떻게 서서히 중원의 무대에서 쫓겨나는지 살펴보자. 태행산맥의 커다란 골짜기

둘 중 오른쪽에는 심하沁河 계곡이 있다. 이 커다란 분지에서 동쪽으로 태행산맥 주맥을 넘어 한단까지 태행로가 하나 나 있다. 그 태행로 입구, 지금의 산서성 노성潞城에 노潞라는 적족의 국가가 있었다. 지도를 흘끗 보면 이 땅이 진나라가 개척할 수 있는 이민족들의 토지 중에는 가장 탐나는 곳임을 단번에 알 수 있다. 이곳이 전국시대 중원의 목줄을 쥐고 있는 땅이라 부르던 상당上黨의 바로 북부에 있는 요지다. 진나라로서는 이제나 저제나 이 땅을 차지할 기회만 노리고 있었다.

당시 노나라에는 풍서鄷舒라는 뛰어난 인물이 정치를 장악하고 있었다. 그리고 진晉나라에서 망명한 호역고狐射姑(진 문공의 총신 호언의 아들) 같은 명사들도 있었다. 그런데 풍서의 세도가 지나쳐 노나라 군주와 틈이 생기고 말았다. 당시 노나라 군주의 부인은 진晉나라 경공景公의 누나인데 풍서가 정치를 하면서 군주의 부인을 죽이고 군주의 눈을 상하게 했다. 상대편 나라의 재상과 군주 사이에 틈이 생겼을 때가 바로 큰 나라들이 전형적으로 정벌을 나서는 시기다. 이에 진나라 조정에서는 토론이 벌어졌다. 진나라 여공公으로서는 고모의 죽음을 묵과할 수 없었다. 그래서 그는 노나라를 치려 했다. 그러나 대부들이 이구동성으로 반대했다. 필에서 초에게 패한 충격파가 아직 가시지 않은 상황이었다.

"풍서는 뛰어난 재주가 세 가지 있습니다. 그다음 사람이 나오길 기다려 치는 것이 낫습니다."

그러나 대부 백종의 생각은 달랐다.

"반드시 정벌해야 합니다. 그자는 다섯 가지 죄가 있습니다. 비록 뛰어난 재주가 많다고 하나 어찌 그 죄를 벌충하겠습니까? 제사를 지내지 않음이 첫 번째이며, 술을 탐닉함이 두 번째이며, 중장中章(인명)을 버리고 여씨黎氏의 땅을 빼앗은 것이 세 번째입니다. 우리의 백희伯姬(경공의 누나)를 죽인 것이 네 번째이며, 자기 군주의 눈을 상하게 한 것이 다섯 번째입니다. 자신의 뛰어난 재능을 믿어 덕을 닦는 데 힘쓰지 않고 나날이 죄를 더하고 있습니다. 그 후임이 장차 공경하고 받들며 덕과 의를 갖추어 신과 사람을 섬기고, 나아가 그 정령을 공고히 한다면 어찌할 것이옵니까? 죄를 지은 자를 토벌하지 않고 장차 후임을 기다려 도모하려 한다고 말하나, 그 후임이 좋은 말로 친하게 대해 오면 칠 수 없는 일 아닙니까?"

사실 진나라는 그동안 노나라를 치고 싶은데 구실이나 실력이 부족했다. 그러나 풍서가 여黎나라를 없애고 태행로를 완전히 장악할까 봐 걱정되었다. 이제 기회가 왔다. 노나라를 치면 태행로를 장악할 수 있다. 결국 순임보가 원수가 되어 군대를 이끌고 동쪽으로 진격했고 과연 내란을 겪은 노나라는 제대로 대항하지 못한 채 멸망하고 말았다. 풍서는 죽음을 당했다. 이제 진은 태행로 하나를 온전히 장악하게 되었다.

진나라 군주는 이 땅을 얻고 얼마나 기뻤는지 순임보에게 새로 점령한 땅 중 1000호를 내렸다. 1000호라면 5000~7000명이나 되는 인구다.

그 이듬해 사회士會가 갑씨甲氏, 유우留吁, 탁진鐸辰 등 세 적족 지파를 멸망시켰다. 그리고 이 싸움에서 얻은 포로들을 주나라 천자에게 바쳤

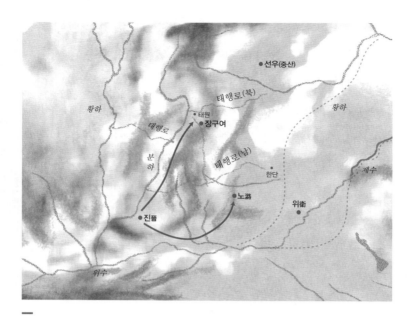

노나라와 장구여의 위치. 노와 장구여는 남북 태행로의 길목에 있다. 이 두 적족을 멸망시킴으로써 진晉은 태행로를 개척했다. 전국시대 조나라의 탄생을 알리는 전조였다.

다. 이들이 누구인지 정확히 알 수는 없으나 대체로 노나라와 비슷한 위치에 있었을 것으로 짐작된다. 태행산 골짜기에서 이민족들이 살 땅은 점점 줄어들었다.

그로부터 5년 후 이번에는 진나라와 위나라가 함께 장구여屬咎如를 협격했다. 그 이유는 장구여가 적족 유민들을 받아들였기 때문이다. 대체로 장구여는 분하 골짜기와 심하 골짜기가 만나는 지점인 태원으로 추정된다. 구실이야 어떻든 진나라는 태행산맥 오른쪽 골짜기도 공략하고, 두 골짜기가 만나는 요지 중의 요지 태원을 공략한 것이다. 이 싸움으로 장구여도 멸망하고 말았다.

이리하여 태행산맥의 요지들은 모두 진의 수중으로 떨어졌다. 더 확장할 수 있는 공간은? 골짜기를 따라 계속 북쪽으로 갈 수도 있다. 바로 전국시대 조趙나라의 선택이었다. 아니면 남쪽으로 황하를 건널 수도 있다. 바로 한韓나라의 선택이었다. 마지막으로 동쪽으로 태행산맥을 넘어 화북 평원으로 진출할 수도 있다. 바로 위魏나라의 선택이었다. 태행산맥의 원래 주인이었던 적족이 설 땅은 점점 좁아졌다. 진나라는 집요하게 남방 필에서의 패배를 북방에서의 팽창으로 보충해갔다.


## 2. 제齊가 진晉과 맞서다: 미계의 싸움 ━━━━━

필의 싸움은 간접적으로 북방연합을 와해시키고 있었다. 특히 진晉과 함께 항상 초나라의 북상을 막던 제나라가 태도를 바꾸어 초나라와 연대했다. 필에서 진은 명분과 실력 모두 초나라에게 밀렸다. 그러니 이제 초나라를 딱히 오랑캐라고 할 명분도 없었다. 장왕은 제나라와 우호관계를 맺고 초와 제 사이에 있는 국가들을 공략했다. 힘 있는 자가 쓰는 전형적인 원교근공책이었다. 공왕 역시 그 정책을 충실히 이었고 제나라는 초의 요청에 부응했다. 이는 북방의 맹주 진나라로서는 묵과할 수 없는 일이었다. 장왕이 죽기 한 해 전, 제나라의 태도 변화에 불만을 품고 있던 진나라는 극극을 사자로 보내 제나라에게 회맹에 참석하라고 요청했다.

그러나 제나라의 태도는 이전과 같지 않았다. 스스로 대국이라고 자임하던 제나라로서는 호전적인 진나라와 가까이해도 장기적으로 별 이득이 없다고 생각했다. 진나라 사자 극극은 절름발이였다. 그런데 제나라 경공頃公이 채신머리없이 어머니로 하여금 방에서 몰래 극극을 엿보도록 했다. 극극이 경공을 알현하기 위해 단을 오를 때 방에서 그를 보고 있던 경공의 어머니가 깔깔 웃는 사건이 발생했다. 국가의 대사를 수행하러 온 사신이 상대편 군주의 어머니에게 모욕을 당하는 일은 있을 수 없는 일이었다. 극극은 극도로 화가 나서 밖으로 나와 맹세했다.

"이 치욕을 갚지 않고는 황하를 건널 수 없다."

극극은 귀국해서 당장 제나라를 치자고 건의했다. 그러나 그 정도 일로는 전쟁을 벌일 수 없어서 거부당했다. 그러자 그는 자신의 씨족병으로 공격하겠다고 했다. 그러나 그마저 거절당했다. 하지만 싸움의 불씨는 점점 커졌다. 그해 여름 진나라는 회맹을 소집했다. 제나라에서는 고고高固, 안약晏弱, 채조蔡朝, 남곽언南郭偃 등을 보냈다. 그중 고고는 제나라의 장사이고, 안약은 후대에 이름을 떨치는 명신 안영의 부친이다. 회맹의 분위기가 심상치 않다고 생각한 고고는 회맹에 참석하지 않고 달아났다. 그러나 나머지 세 명은 모두 포로가 되고 말았다.* 비록 제나라가 초나라를 지지하여 진나라의 위상을 실추시켰지만, 회맹

---

• 《사기》 〈제태공세가〉에는 극극이 제나라 사자 네 명을 잡아서 죽였다고 되어 있다. 그러나 《좌전》에 의하면 고고는 참여하지 않았고, 나머지 셋도 나중에 탈출했다. 《사기》의 기사가 틀린 것으로 보인다.

에 참여하는 대신들을 억류한 것은 국제법에 맞지 않은 포악한 행동이었다.

극극의 분노가 얼마나 극에 달했는지 당시 진나라의 정경 사회는 불똥을 피해 은퇴하고자 했다. 그리고 아들을 불러 당부했다.《국어》〈진어〉에 나오는 대화를 보자.

> 섭燮아. 노여움을 품은 사람을 건드리면 반드시 큰 해를 입는다고 한다. 지금 극자(극극)의 분노가 참으로 심하니, 만약 제나라에 화풀이를 하지 못하면 화를 국내에서 풀려 할 것이다. 그가 정경이 되어 나라의 정치를 맡지 않으면 어떻게 화를 풀겠느냐? 나는 이제 퇴임하여 극자의 마음을 채워서, 밖의 일을 가지고 안에서 화풀이하지 않게 하리라. 너는 여러 대부들을 따르고, 군주의 명을 받되 (해를 입지 않도록) 오로지 공손해야 한다.

그러나 극극의 원한은 그대로 남았고, 진나라와 제나라의 싸움도 다가오고 있었다. 이듬해 초나라 장왕이 죽자 진나라와 노나라가 연합하여 제나라를 쳤다. 얼마 후 제나라도 노나라와 위衛나라를 쳐서 땅을 얻으려 했다. 기원전 589년 여름 진나라는 노나라와 위나라를 지원해서 개입했고 북방의 두 강자는 산동의 미계靡笄에서 마주쳤다. 결국 싸움이 벌어졌다. 이제 이 싸움의 경과를 살펴보자.

싸움이 일어나던 그해 봄, 제나라 경공이 직접 노나라의 북방 비읍인 용龍을 포위했다. 그때 경공이 총애하는 노포취괴盧蒲就魁가 성문을 공격하다 포로로 잡혔다. 이름으로 보아 노포취괴는 제나라에 포로로 잡힌 이민족 전사인 듯하다. 경공은 그를 아껴 협상을 제안했다.

"죽이지 말라. 과인이 맹서하건대 성으로 들이쳐 빼앗지 않겠다."

그러나 용 사람들은 이 말을 듣지 않고 그를 죽여서 성벽에 내다 걸었다. 그러자 경공은 화가 치밀어 손수 북을 잡고 군사들을 독려해서 사흘 만에 성을 함락시키고 남쪽으로 내려왔다. 사실 진나라도 가차 없이 적족의 땅과 황하 북부의 노른자위 땅을 병합해나갔고, 초나라는 동쪽으로 나가서 지금의 안휘성 일대를 아우르고 있었다. 제나라도 강국인데 작은 노나라를 노리지 못할 이유는 없었다. 다만 노회한 노나라는 진나라를 꽉 붙들고 있는 동시에, 여의치 않으면 초나라에게 굴복할 준비도 하면서 제나라를 견제하고 있었다.

당장 회맹의 약속에 따라 위衛나라가 노나라를 지원했다. 그래서 손양부孫良夫, 석직石稷 등이 군대를 이끌고 출정했지만 원래 대단한 투지는 없었다. 막상 제나라 군대와 마주치자 그들은 갈등했다. 석직은 싸움을 피해 돌아가자는 입장이었다. 그러나 군의 주장인 손양부는 반대했다.

"군대를 이끌고 정벌을 나왔는데 적의 군대를 만났다고 돌아간다면 군주께 뭐라고 보고하려 하시오. 싸울 자신이 없으면 애초에 출정을 하지 말았어야 하오. 지금 적을 만났으니 싸우는 것이 낫소."

물론 호기는 있지만 싸움이란 말처럼 그리 쉽게 되는 것이 아니다. 싸움이 벌어지자 당장 실력의 차이가 드러났다. 제나라 군사가 위나라 군사를 몰아서 한창 기세를 올리고 있을 때 석직이 손양부에게 말했다.

"싸움에 졌습니다. 어른께서 잠시 멈추지 않으시면 우리 군대가 전멸할까 두렵습니다. 군사들을 모두 죽이면 어떻게 돌아가 복명하려 하십니까?"

아무도 대답하지 못했다. 그러자 석직이 다시 권했다.

"어른은 우리나라의 정경正卿이십니다. 어른께서 사로잡히시면 이는 국가의 치욕입니다. 어른은 군대를 이끌고 퇴각하십시오. 제가 남아서 저들을 막겠습니다."

이렇게 말하고는 지원 전차가 무수히 오고 있다는 소문을 퍼뜨렸다. 이런저런 곡절 끝에 제나라 군도 일단 멈추었다.

손양부는 귀국하자마자 진나라로 가서 군대를 요청했다. 또 노나라도 진나라로 가서 군대를 요청했다. 이들은 모두 극극에게 유세했고 극극은 다시 군주에게 유세했다. 결국 진나라 군주는 전차 700대를 허락했다. 그러나 극극은 한술 더 떴다.

"700대는 성복의 싸움에서 쓴 전차의 수입니다. 그때는 선군의 영명함과 선대부들의 지모가 있었기에 이길 수 있었습니다. 저 극은 선대부들의 재능도 없으면서 싸움에 나서게 되었나니, 청컨대 800대를 주시옵소서."

이리하여 극극은 전차 800대의 대군단을 이끌고 제나라로 향했다. 진晉-노魯-위衛는 모두 희성 제후국들이다. 남방의 '오랑캐'인 초나라가 흥기하자 희성 제후들끼리 연합하는 현상이 두드러졌다. 급하면 일가를 찾는 것은 개인이나 국가나 비슷하다.

진-노-위 연합군은 일단 위나라 땅에서 제나라 침략군을 몰아내고 계속 진군해서 제나라 땅 미계에서 대치했다. 사실 진나라 군대의 주장이 극극이 아니었다면 제나라 군대가 자국 영토 내로 물러났을 때 더 이상 추격하지 않았을 것이다. 그러나 극극은 이참에 묵은 원한을 풀려고 벼르고 있었다. 자국 영토로 진-노-위 연합군이 계속 따라오자 제나라 경공도 일전을 각오하고 선전포고문을 보냈다.

"그대로 하여금 군주의 군대를 이끌고 폐읍까지 오는 욕을 보였소이다. 우리의 변변치 않은 군사이나 내일 아침에 만나 겨루어봅시다."

그러자 극극이 답신을 보냈다.

"진과 노, 위는 형제지간입니다. 그들이 와서 고하길, '큰 나라가 조석으로 우리를 침범하면서 우리나라들에 대한 나쁜 감정을 풀려고 한다'고 합니다. 저희 군주께서는 이를 참지 못하시고 신들로 하여금 대국에 그러지 말라고 요청하게 하시고, 또 군대를 군주의 땅에 오래 머물게 하지는 말라 하셨습니다. 오직 진격만 있고 물러날 수는 없으니, 군주께서는 굳이 욕되이 명을 내릴 것도 없사옵니다. 명을 받겠습니다."

정중해 보이지만 매우 오만한 대답이었다. 제 경공도 용력은 있는 사람이라 발끈했다.

"대부께서 허락하시니 과인이 바라던 바요. 만약 허락하지 않았더라도 맞으려 했었소."

이리하여 전쟁의 서막이 올랐다. 싸움이 벌어지기 전에 제나라 고고는 진나라 군중으로 들이쳐 돌을 집어들어 한 사람을 맞추고 그를 붙잡아 자기 수레에 실었다. 힘을 과시하려고 뽕나무 한 줄기를 그대로 뽑아 차에 싣고 제나라 군 진영을 돌면서 사기를 돋웠다.

"용기가 필요한 이들은 나의 남는 용기를 사 가라!"

싸움이 벌어지자 제나라 경공도 투지를 불살랐다.

"내 잠깐 사이에 저것들을 다 쓸어버리고 아침을 먹으리라."

그러고는 말에 갑옷도 입히지 않고 내달렸다. 경공은 명사수였다. 제나라는 만만한 상대가 아니었다.

싸움 중에 중군 원수인 극극은 화살에 맞아 피가 신까지 흘러내렸다. 그럼에도 계속 북을 치면서, "상처가 심하다"고 괴로워했다. 그러자 전차를 몰던 해장이 분발을 촉구했다.•

"3군의 사기가 모두 이 전차에 실려 있습니다. 그들의 이목은 이 차의 군기와 북에 집중되어 있습니다. 이 차가 퇴각 기를 올리지 않고 퇴각의 북소리를 울리지 않는다면 승리를 이룰 수 있습니다. 참으소서. 괴롭다고 말해서는 안 됩니다. 종묘에서 명을 받고 사직에서 제사 음식을 받고 나오면 갑옷과 투구를 쓰고 죽는 것이 군대의 법도입니다. 죽음에 이르지 못한 상처는 사기를 와해시킬 뿐입니다."

실로 무서운 투지였다. 진나라 중군원수의 전차는 계속 북을 올리며 앞으로 나갔다. 이리하여 3군이 모두 물러나지 않고 진격했다.

싸움에서 경공은 진나라 사마인 한궐을 만났다. 한궐은 원래 전차의 주인으로 왼쪽에 앉아 활을 쏴야 했다. 그런데 전날 밤 꿈에 아버지가

---

• 이 부분을 묘사하면서 전체적으로 《좌전》의 내용을 따르고 있지만 《좌전》에 나오는 대화는 호흡이 너무 길고 교훈적인 내용으로 되어 있다. 그러나 《국어》는 좀 더 호흡이 짧고 급박하다. 내용은 크게 다르지 않으니 《국어》를 따른다.

나타나 전차의 좌우에 타지 말라는 계시를 주었다고 한다. 그래서 그는 자리를 바꾸어 수레를 몰고 있었다.

경공의 전차를 몰던 병하邴夏가 한궐의 전차를 보고 경공에게 급히 말했다.

"수레를 모는 자를 쏘소서. 군자(계급이 높은 자)입니다."

그러자 경공이 말했다.

"저이를 군자라고 하면서 쏜다면 이는 예가 아니다."

그러고는 왼쪽에 있는 사람을 쏘아 전차 아래로 떨어뜨리고, 오른쪽에 있는 사람을 쏘아서 차 안에 거꾸러뜨렸다. 그러나 한궐도 만만치 않았다. 그는 화살을 맞은 이를 똑바로 누이고는 계속 독전했다. 그런 와중에 제 경공의 전차가 나무에 걸려 앞으로 나가지 못했다. 꼼짝 못하고 잡힐 찰나였다. 한궐이 다가와 절하며 경공을 사로잡으려 했다.

"저희 군주께서 우리 신하들을 시켜 위나라와 노나라를 돕게 하시고는 이렇게 말씀하셨습니다. '제나라 군주의 땅으로 들어가지 말라.' 그런데 불행히도 이 미천한 신하가 군주의 군대를 만나 달아날 곳도 없고, 또 달아났다가 두 나라 군주를 부끄럽게 할까 두려워서 이렇게 군사들을 수고롭게 하였나이다."

그러나 경공의 자리에 앉아 있는 사람은 사실은 경공의 거우인 봉축보逢丑父였다. 군주가 포로가 될까 봐 자신이 군주로 가장한 것이다. 봉축보는 경공에게 수레에서 내려 샘으로 가서 물을 길어오라고 했다. 그때 군주를 보좌하는 전차가 나타나 경공을 싣고 달아났다. 봉축보는 물론 사로잡혔다.

군주의 수레 오른쪽에 타는 전사는 국가에서 가장 뛰어난 용사여야 한다. 봉축보는 제나라 최고의 용사였으나 전투가 있기 전 밤에 잠을 자다가 침소로 기어들어온 뱀을 때리다가 팔을 다쳤다. 그럼에도 그는 전투에 참여했고 결국 잡히고 말았다.

극극이 봉축보를 죽이려는데 봉축보가 소리를 질렀다.

"이제부터는 군주를 대신해 우환을 받을 자는 없을 것이다. 오늘 한 사람이 있지만 이제 곧 죽음을 당할 테니까."

용맹으로는 남에게 뒤지지 않는 극극은 이 말을 가상하게 여겨 봉축보를 살려주었다. 경공은 마음이 아팠다. 그는 봉축보를 구하려고 진나라 군진에 세 번이나 들어갔다. 그 군영 안에는 적인狄人들이 다수 있었는데 창을 빼들고도 막상 제 경공의 용맹한 모습에 공격하지는 못했다.

제나라 군주는 한바탕 시위를 한 후 도주했는데 극극은 멈추지 않고 제나라 국경 안으로 계속 들어와 마형馬陘을 공격했다. 그래서 경공은 빈미인賓媚人*을 사자로 보내 뇌물을 먹이고 협상하게 했다. 만약 극극이 협상 조건을 받아들이지 않으면 다시 일전을 펼칠 각오를 했다. 빈미인이 제나라의 국보인 옥과 토지를 주겠다고 제안했다. 그러나 극극은 고집을 부렸다.

"소동숙蕭同叔의 딸**"을 인질로 삼고, 제나라 영토 내의 밭고랑을 모두

---

• 이름인지 관직인지 불분명하다. 이름으로는 좀 괴이하다.

•• 소나라 동숙의 딸, 곧 경공의 어머니를 말한다.

동쪽으로 내면 화의를 받아들이겠소."

이는 턱없이 무리한 요구였다. 빈미인은 정색을 하고 대꾸했다.

"소동숙의 딸이라면 바로 우리 군주의 어머님이 아닙니까? 진과 제는 필적하는 나라이니(진과 제의 군주는 후작으로 작위가 같다) 그분은 또한 진나라 군주의 어머님이라고도 할 수 있습니다. 그대는 제후들에게 (패자로서의) 큰 명을 내리고 나서, 이제 반드시 상대방 군주의 어머님을 인질로 잡아야 믿을 수 있다고 하니 왕명을 어떻게 할 것입니까?"(중략)

선왕께서 천하의 왕토를 보살필 때는 작물과 토지가 맞는지 헤아려서 그 이익을 크게 하도록 했습니다. 그래서《시》에도 '우리 땅은 우리가 보살펴서, 남쪽으로도 이랑을 내고 동쪽으로도 이랑을 내네[我彊我理 南東其畝]'라고 한 것입니다. 오직 그대들의 전차가 들어오기 편하게 하고자 토지의 성질도 무시하고 이랑을 동쪽으로 내라고 하니 이는 선왕의 명이 아니지 않습니까? (중략)

저희 임금께서 저를 보내며 하신 말씀이 있습니다. '그대로 하여금 군주의 군대를 끌고 폐읍까지 오는 수고를 시켰기에, 우리 군세의 미약함을 고려하지 않고 그대의 요청을 받아 일전을 치렀소이다. 허나 그대 군주의 위세에 눌려 우리 군사는 패배했소이다. 그대가 은혜를 베풀어 우리 제나라에 복을 주고 우리 사직을 무너뜨리지 않고 옛날의 우호를 다시 잇게 해준다면, 선군의 보물과 우리의 토지를 아끼지 않겠소이다. 그러나 받아들이지 않는다면 남은 군사들을 모아서 성을 등

---

- 효를 중시하는 주나라 왕실의 명을 저버렸다는 뜻이다.

지고 일전을 치를 것이오. 우리가 이기고 있었더라도 그대의 싸우자는 요청을 받아들였을 텐데, 이미 패배한 마당에 감히 그 청을 받아들이지 않을 까닭이 있겠소?'"

그러자 좌우에 있던 노나라와 위나라 사람들이 극극을 말렸다.

"이번 싸움에서 죽은 사람들은 모두 제나라 군주의 총신들입니다. 만약 저들의 요청을 받아들이지 않으면 우리에게 호되게 복수할 것입니다. 이미 싸움에서 이겼으니 땅을 되찾고 보물을 받으면 되지 원수는 이제 더 무엇을 바라십니까?"

결국 극극은 화해를 받아들였다. 이리하여 제나라는 다시 진나라에 굴복했다. 그러나 그 앙금이 없어지지는 않았다. 상황에 따라 합치더라도 언제든지 결별할 준비가 되어 있었다. 진은 미계의 싸움에서 이기고 6군을 두었다. 6군을 두었다는 것은 독자적인 작전을 수행하는 병단을 두 개 두었다는 뜻이다. 이제 진은 동시에 두 곳에서 작전을 수행할 수 있게 되었다. 원래 6군은 주나라 천자를 상징하는 군제로, 사실은 주나라 천자도 가져보지 못한 대규모였다. 이제 진은 다시 패권국의 위치에 섰다. 그러나 공실의 직할부대가 아닌 군대가 지나치게 많아지는 것도 위험한 일이다.

미계의 싸움으로 진나라는 체면을 세웠지만 그 이상은 아니었다. 세상에 공짜는 없는 법이다. 지나친 싸움은 백성들의 생산력을 갉아먹으면서 군부만 살찌우는 결과를 만든다. 진나라는 이제 비대해진 군부의 지도자들 때문에 곤욕을 치를 운명을 준비하고 있었다.

미계의 싸움이 벌어지려 하자 초나라는 제나라를 구한다는 구실로

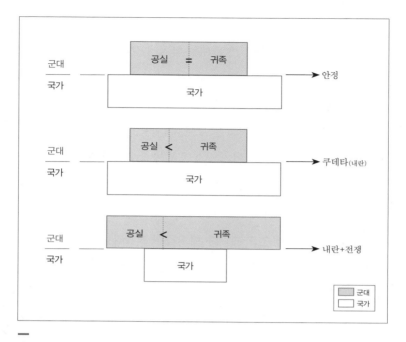

군대의 규모와 쿠데타, 내외의 균형(강한 군대의 딜레마). 국가의 생산력 수준을 벗어나는 강한 군대는 필연적으로 내부의 분란과 이익 없는 없는 전쟁을 부른다.

노나라의 촉蜀 땅으로 공격해 들어왔다. 그러나 장왕이 죽은 지 얼마 되지 않았기 때문에 초나라의 출병은 사실상 시위에 불과했다. 영윤 자중은 대대적으로 호구조사를 실시하여 장정들을 모으고, 국왕의 친병까지 모두 끌고 세를 과시하며 북상했다. 초가 대규모 병단을 이끌고 아예 진晉이 개입할 엄두도 내지 못하게 하려는 심사였다. 그러나 초나라 공왕은 너무 어려 출정하지 못하고 허나라, 채나라의 군주가 대신 초나라 군주의 전차를 타고 출정했다.

예상대로 진나라는 초나라의 군세에 부담을 느껴 출정하지 않았다. 그러나 약삭빠른 노나라는 초나라 군대가 싸울 마음이 없음을 이미 짐작하고 있었다. 그래서 재빨리 공족인 형衡을 인질로 주고 맹서를 했다. 그때 맹서에는 진秦나라 우대부 열說, 송나라 화원, 위나라 손양부, 정나라 거질, 제나라 대부 등이 참여했으니 명목상으로는 초나라를 패자로 인정한 것이었다. 그러나 어제 진晉나라에 복종하고 오늘 초나라에 복종할 수는 없는 일이다. 여기에 참석한 나라들 중에서 진秦의 우대부만 진심이었을 것이다. 다른 나라들은 진晉나라가 무서워 맹서한 사실을 비밀로 했다. 사실상의 맹서는 아니었던 것이다. 관중이 맹약을 국제법으로 규정한 지 100년도 안 되어 거짓 맹약을 맺는 시절까지 도달했다.

춘추시대 전체의 형세를 보면 사실상 제나라와 진晉나라는 이 싸움으로 건널 수 없는 강을 건넜다. 비록 표면적으로 화해했다고 하더라도 내부에서는 갈등이 계속되었다. 제는 직접 부딪칠 일이 없는 초를 선호했다. 그래서 제나라의 차세대 주자인 안자晏子가 활약한 시절에도 진은 제로 쳐들어왔고, 제나라는 진나라에서 망명 온 난영을 이용해서 진나라로 진격하기도 한다. 그러니 진-제 관계에서는 전국시대가 이미 도래한 것이다. 장왕 사후 진은 필 싸움의 후유증을 재빨리 극복했지만, 제나라와의 관계 악화는 이후 진이 패권을 행사하는 데 잠재적인 위협이 되었다.

## 3. 진晉-진秦의 결별

기원전 578년 진晉나라 신흥 군주 여공이 보낸 길고도 긴 문서 한 장이 진秦나라 조정에 도착한다. 절교 문서, 아니 선전포고였다. 이 문서는 길고도 긴 진-진의 은원을 압축적으로 보여준다.

효산의 싸움 후 한시도 끊이지 않던 전쟁에 대한 염증, 그간 잘잘못에 대한 회의, 마지막으로 진秦나라의 집요함에 대한 원망이 한꺼번에 들어 있는 보기 드문 역사 자료다. 동시에 이 문서는 새로 등극한 강퍅한 여공의 성격을 드러내 보이는 것이기도 하다.

오래 쌓인 원한은 쉽게 씻을 수 없다. 진秦나라 입장에서 보면 효산에서 죽은 이들의 자식들이 이제 반은 할아버지가 되었고, 영호令狐의 싸움에서 죽은 이들의 아들들은 정권을 잡고 있을 나이다. 두 싸움 모두 잊을 수 없는 한스러운 일이었다. 그러니 새로 등극한 진晉의 여공이 장구한 계책이 있었다면 자신의 등극을 기회로 절교가 아니라 다시 한번 우호의 손짓을 보내야 했다. 장구한 계책보다는 짧은 용기만 가득 찬 이 신출내기 군주는 이 절교 문서가 앞으로 얼마나 무서운 피바람을 불러올지 몰랐다. 원한을 풀든지 아니면 진秦이 재기하지 못할 정도로 타격을 가하든지 양단간에 선택해야 했다. 그러나 원한은 너무 깊었고, 진秦도 무너뜨리기에는 너무 강했다.

하지만 여공은 자신이 있었다. 그간 초를 적으로 두고 있는 한 서방을 공략할 여력이 없었다. 그러나 한 해 전 진과 초는 휴전에 합의했다. 《좌전》의 문장을 그대로 옮겨보자.

예전에 우리 헌공과 귀국(진秦)의 목공께서는 사이가 좋아서 마음과 힘을 합치고, 나아가 맹서를 맺었으며, 그 맹서를 중히 여기셔서 혼인을 맺었습니다. 그런데 하늘이 우리 진晉나라에 화를 내리셔서, 문공께서는 제나라로 망명하고 혜공께서는 귀국으로 망명하게 되었습니다. 우리 헌공께서 돌아가시자 귀국의 목공께서는 옛날의 덕을 잊지 않으시고 혜공을 우리나라로 들여보내셨습니다. 그런데 또 마무리를 좋게 하지 못하시고 한원의 싸움이 일어나게 되었습니다. 그러나 목공께서는 그 일을 후회하시고 우리 문공을 귀국시키시니 이는 목공의 큰 공덕이었습니다.

우리 문공께서는 몸소 갑주를 두르고, 산천을 건너고 험지를 넘어 동쪽의 제후들을 정벌하시어, 우虞(순임금)·하夏(하나라)·상商(상나라)의 후예인 제후들과 주나라가 봉한 제후들을 귀국에 조현하게 하였습니다. 이는 역시 옛날 목공의 은덕에 보답하기 위해서였습니다. 정나라 사람들이 군주(목공)의 강역을 소란케 함에 우리 문공께서는 제후들을 이끌고 진秦과 함께 정나라를 포위했건만, 귀국의 대부들이 우리 군주의 명을 따르지 아니하고 오히려 정나라와 맹서를 하고 말았습니다. 그예 제후들이 화가 나서 장차 귀국을 치려 했을 때, 우리 문공께서 두려워하며 제후들을 말리어 귀국 군사들은 무사히 귀국할 수 있었습니다. 이 또한 우리나라가 귀국에 큰 도움을 준 것이었습니다.

우리 문공께서 세상을 떠나시자, 귀국의 목공께서는 조문도 하지 않으시고 돌아가신 우리 군주를 멸시하고 새로 즉위한 양공을 깔보았습니다. 또한 우리의 효 땅을 침범하여 예전의 우호관계를 함부로 끊었으며, 우리 성루를 공격하고 (우리와 동성인) 활나라를 멸망시켰습니다. 그예 우리의 형제들을 흩어지게 하고, 우리의 동맹을 교란시키고, 우리 국가를 기울어 엎을 지경에 이르게 했습니다. 그래서 우리 양공께서는 군주의 옛 공을 잊지 않으셨으나 사직이 무너지는 것이 두려워 효산의 싸움을 감수한 것입니다. 싸움이 끝나고 우리는 귀국의 목공께 사죄했으나 들어주지 않으시고 초나라와 함께 우리를 도모하려 했습니다. 그러나 하늘도 우리 군주의 진심에 감동하시어 초나라 성왕을 운명하게 하시니, 이리하여 목공께서는 우리나라를 도모하지 못하셨습니다.

목공과 양공이 돌아가시고, 귀국의 강공康公과 우리나라의 영공이 즉위하셨습니다. 강공은 우리나라에서 시집간 분이 낳으셨으나 역시 우리 공실을 파헤쳐 없애고 사직을 전복하려 하여 우리들의 적을 이끌고 와서는 우리 변경을 소란케 했습니다. 그리하여 영호令狐의 싸움이 벌어진 것입니다. 그러고도 마음을 고치지 아니하고 우리의 하곡河曲으로 쳐들어 왔으며, 우리의 속천涑川을 쳤으며, 우리의 왕관王官을 빼앗았을 뿐 아니라 기마羈馬를 함락시켰습니다. 그래서 하곡의 싸움을 벌이게 된 것입니다. 귀국이 동쪽으로 나가는 길이 끊어진 것은 강공이 우리와의 우호관계를 끊었기 때문입니다.

군주께서 즉위하시자 우리 선대 군주 경공은 서쪽을 바라보며 말씀하시기를, "부디 우리를 어루만져 주소서"했으나, 여전히 군주께서는 은혜를 베풀어 화평의 맹서를 하지 않으시고, 우리가 적인狄人들에게 공격받는 것을 이용하여 우리의 하현河縣을 침입했습니다. 그리하여 우리의 기箕와 고郜 두 읍을 불사르고, 우리 백성들이 애써 농사지은 것을 베어갔으며, 우리 변경의 백성들을 살육했습니다. 그리하여 보씨輔氏의 싸움이 일어난 것입니다. 허나 군주께서는 전화가 너무 길어지는 것을 후회하시고, 선군이신 헌공과 목공의 복을 받고자 백거伯車를 보내어 우리 선군인 경공께 말씀하셨습니다. "우리는 우호관계를 회복하고 질시하던 일을 버립시다. 이리하여 옛날의 우호관계를 회복하고 선대 군주들의 공훈을 잊지 맙시다." 허나 서약을 행하기도 전에 우리 경공께서 돌아가셨지만, 저는 영호에서 회합을 가져 맹서를 튼튼히 했습니다. 그럼에도 군주께서는 맹서를 배반하셨습니다.

백적白狄은 군주의 나라와 인접하고 있기에 군주의 오랜 원수입니다. 그러나 우리는 군주와 혼인관계를 맺은 나라입니다. 그래서 군주께서는 우리나라에 와서 "우리 함께 백적을 칩시다" 하셨습니다. 저는 감히 혼인관계를 생각지 않을 수 없고, 또 군주의 위세가 두려워 명을 받아들였습니다. 그런데도 군주께서는 두 마음을 가지시어 백적에게 말하기를 "진晉나라가 장차 그대들을 치려 한다"고 했습니다. 허나 백적은 군주의 명에 대답은 하고도 그런 행동을 싫어해서 우리에게 모두 일러주었습니다. 초나라 사람도 군주께서 여러 마음을 품은 것을 미워하여 역시 우리에게 와서 일러주었습니다. 그들이 말하기를 진秦은 영호의 맹서를 배반하고 지금 우리 초에 와서 동맹을 맺고 싶어 합니다. 그때 귀국의 사신은 "우리가 비록 진晉을 출입하지만, 우리는 그저 이익 취할 틈만 노리고 있습니다"라고 했다 하더군요. 그래서 초나라 군주는 말을 전하길, "과인은 진秦나라의 덕이 없음을 미워하여, 이를 귀국에 전해주어 진秦나라 군주의 마음이 한결같지 않음을 징계합니다"라고 했습니다.

여러 제후들이 이 말을 듣고는 마음이 쓰리고 머리가 아파 과인을 지지하게 되었습니다. 과인이 군대를 이끌고 군주의 명을 받고자 하는데 그저 우호관계를 원할 뿐입니다. 군주께서 만약 은혜를 베풀어 제후들의 마음을 헤아려주시고 과인을 궁휼히 여기시어 화해의 맹서를 허락해주신다면, 이는 과인이 고대하는 바이므로 제후들의 군대를 이끌고 물러나겠으니 어찌 감히 소란을 일으키겠습니까? 군주께서 만약 은혜를 베풀지 않으신다면, 과인이 비록 못났으나 제후들의 군대를 이끌고 물러날 수는 없습니다. 감히 귀국의 담당관에게 저의 마음을 다 털어놓았으니 그로 하여금 이해를 잘 헤아리게 하소서.

이것은 선전포고였다. 그러나 진秦도 물러서지 않았다. 이리하여 진晉의 여공은 제나라·송나라·위나라·정나라·조나라·주邾나라·등나라 군주들을 모두 모아 대규모 병단을 조직했다. 원래 진秦을 지원하기로 한 적족과 초는 개입하지 않았다.

진晉의 난서가 중군원수가 되고, 사섭이 상군을 이끌고, 한궐이 하군을 이끌었다. 또 조전趙旃은 새로 확충한 신군을 이끌었다. 그러니 진나라는 이 싸움에 4개 병단을 동원한 것이다. 진나라 네 병단을 약 4만 명으로 보고 제후 연합군들도 각자 반 개의 병단만 거느렸다고 보아도 어림잡아 최소 7만의 대병력이 동원된 엄청난 싸움이었다. 필의 싸움보다도 더 많은 인원이 동원된 동서의 대전이었다. 그러나 안타깝게도 이 싸움에 대한 기록은 자세히 남아 있지 않다. 《좌전》에만 짤막히 그때의 일이 기록되어 있다.

진秦나라는 마수麻隧(섬서 경양涇陽현)에서 연합군을 맞아 싸웠다. 그러나 백전노장인 난서와 잘 조직된 진晉나라 병단을 이기지 못했다. 이 싸움에서 진秦나라 장수 성차成差와 여보女父 등이 연합군에게 사로잡혔다. 연합군은 그대로 경수를 넘어 후려侯麗까지 쳐들어갔다가 돌아갔다. 바로 기원전 578년의 일이었다.

실로 대진對晉 관계에서 가장 일관된 정책을 편 나라는 초가 아니라 진秦이었다. 진晉이 있는 한 관중을 벗어나고자 하는 진秦의 욕망은 실현될 수가 없었다. 수많은 싸움 중에서 결초보은이라는 일화는 남긴 보씨輔氏의 싸움만을 이야기해보자.

진秦나라는 이전에 진晉이 적적赤狄 노로潞나라를 치는 틈을 타서 바로 보씨로 쳐들어갔다. 그러나 진晉의 대응은 빨랐다. 적인들을 공격한 후 바로 군사를 돌려 반격했다. 이 싸움에는 위주의 아들인 위과魏顆가 참전했는데 진秦나라 역사 두회杜回를 사로잡았다.

《춘추전국이야기 2》1부(369~370쪽 참조)에서 위주(위무자)의 첩 이야기를 했다. 위무자는 젊은 애첩이 있었는데, 평소에는 자신이 죽으면 반드시 그 여자를 개가시키라고 아들들에게 말했다. 그 젊은 여인을 진정으로 사랑한 모양이다. 그러나 막상 죽을 때가 되자 말을 바꾸어 자신과 같이 있도록 순장시키라고 말했다. 아들로서 아버지의 유명을 반드시 따라야 했지만 위과는 그 여인을 재가시켰다. 그때 위과는 이렇게 말했다.

"질병이 들면 정신이 혼미해지는 법이다. 나는 아버지가 정신이 맑았을 때 한 말을 따르겠다."

물론 위과의 행동은 인본주의의 발로였다. 그날 싸움이 있기 전에 어떤 노인이 진나라 역사 두회가 앞으로 나오지 못하도록 하겠다며 열심히 풀을 묶는 것을 보았다. 긴 풀을 묶어서 다리가 걸려 넘어지게 하는 어린아이들 놀이는 있지만 전투에서 효력을 발휘할 수 있을지는 미지수다. 그런데 실제로 싸움이 벌어지자 두회가 묶어놓은 풀에 걸려 넘어졌다. 그래서 위과는 두회를 잡을 수 있었다.

그날 밤 위과의 꿈에 한 노인이 나타나 말했다.

"저는 그대가 재가시킨 여인의 아비입니다. 그대가 그대 부친이 정신이 맑았을 때 한 명을 따랐기에 제가 보답한 것입니다."

이 이야기가 그 유명한 '풀을 묶어서 은혜를 갚다'라는 결초보은結草報恩의 유래다. 이 이야기는《좌전》'선공 15년'에 등장하는 작은 일화에 불과하다. 그러나《좌전》이 말하고자 하는 것은 위과가 승리할 수 있었던 이유다. 전투에 임하는 지도자가 인덕을 갖추고 있으면, 비록 힘없는 노인이라 할지라도 전력을 다해서 돕는다는 것이다. 사서에 그 해(기원전 594) 진秦나라 군대가 쳐들어와 진晉나라 농민들을 학대하고 읍에 불을 질렀다고 되어 있다. 그 노인은 아마도 그 지방의 농민이었을 것이다. 보씨의 싸움은 진晉의 승리로 끝났다.

그런 후 양국은 장기적인 전쟁상태에 지쳐 휴전협상에 돌입한다. 그것은 초와 진晉이 휴전협정을 맺은 영향 때문이었다. 그러나 틈만 생긴다면 서쪽의 진秦은 싸울 준비가 되어 있었다. 그러나 초가 후원하지 않을 경우 아직까지 진秦은 독자적으로 동쪽을 공략할 역량이 없었다. 그래서 진秦 환공은 진정으로 화합할 마음은 없었으나 전술적으로 한 발 물러섰다. 그러니 이 맹서는 처음부터 삐걱거렸다. 원래 양측은 황하 동쪽 영호슈狐에서 휴전의 맹서를 하기로 되어 있었다. 그러나 환공은 어쩐 일인지 황하를 건너지 않고 하서의 왕성王城에 머무르면서 사신 사과史果를 보내 맹서하게 했다. 그래서 진晉 여공도 극주郤犨를 하서로 보내 맹서하게 했다. 이 꼴을 보고 사회는 한탄했다.

"이번 맹서가 무슨 이득이 되겠는가? 둘이 맹서를 함은 진실로 신의를 지키겠다는 것이다. 회합을 하는 장소는 신의의 출발점이다. 그런데 맹서의 장소부터 어기는 마당에 신의를 진실로 지키겠는가?"

과연 진秦 환공은 돌아가자마자 이 맹서를 파기했다. 드디어 진晉과 초가 휴전을 하자 혈기왕성한 젊은 여공은 서쪽으로 나가 연합군을 이끌고 진秦과 일전을 겨루고자 했다. 주나라 천자마저 지원하는 대규모 연합군을 결성하고 주나라 도읍에서 출정식을 한 후 서쪽으로 진군한 것이다.

지금이야 진晉이 배반을 당했지만 애초에 배반의 문을 연 이는 바로 그들이었다. 과거 진晉 혜공이 진秦 목공을 속여서 한원韓原의 싸움이 벌어졌고, 선진이 무리수를 두어 효산에서 관중의 장사들을 몰살시켰다. 마지막으로 조돈은 사자를 보내서 진秦나라에 있는 공자를 세우려다가 중간에 마음을 바꾸어 도리어 공격하고 호위무사들을 무더기로 죽였다. 이렇게 동쪽으로 나가려는 진秦의 열망과 누대에 쌓인 원한이 겹쳐 진-진의 갈등은 좀처럼 풀기 어려웠다. 싸움은 하기 쉬우나 원한은 풀기 어려운 법이다.

## 4. 오의 등장과 4강 판도의 재조정

장왕 사후 공왕 집권 초반기 국제정세에는 변수가 또 하나 등장했으니 바로 오吳나라다. 오는 신흥 강국으로 그동안 상대하던 군소 이민족 국가들과는 차원이 달랐다. 오나라의 등장에 중원 각국들은 일순 긴장했지만 중원의 노련한 정치가들은 오의 창끝을 중원에서 서방의 초로 바꾸는 데 성공했다. 초의 동진에 위협을 느낀 오와 북진에 위협을 느낀 진晉의 결합은 예고된 수순이었는지 모른다. 진은 철저하게 오를 이용할 준비가 되어 있었다. 오로 초를 치는 것이다.

미계의 싸움에서 패한 제나라는 잠시 진晉나라의 눈치를 보는 형국을 맞았다. 그래서 전통적인 진-진-초-제의 4강 구도가 변형되어 오나라가 제나라를 제칠 형국이 되었다. 그래서 진晉-오吳 연합이 기존의 진秦-초楚 연합에 대응했다. 이른바 2 대 2의 싸움이었다.

앞으로 오나라 사람들에 대해 자세히 설명하겠지만 이들은 중원민족들에게는 초나라보다 더 이질적인 이들이었다. 이들은 아마도 남방 월족越族의 여러 지파 중 춘추 중기에 급격히 세력을 넓힌 한 종족으로 추정된다. 노련한 정치가들이 지배하고 있는 진晉나라는 이들의 등장이 위협이자 기회임을 당장 알아챘다. 그들은 이 신흥세력에게 먼저

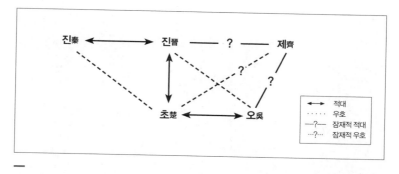

4강 판도의 변화와 전선면 줄이기.  오나라의 등장으로 초나라의 전선은 확대되었다. 제나라가 배신할 기미를 보이자 진晉나라의 전선도 확대되었다. 양국 모두 2개 이상의 전선을 유지하기는 힘들었다. 그래서 휴전협상이 시작된다. 휴전 없이는 호전적인 진秦이나 신흥강국 오, 혹은 기회를 보고 있는 제만 득을 보게 된다.

손을 내밀어 초를 견제하게 했다. 그러나 계속 동쪽으로 나아갈 마음이 있던 초는 오와의 충돌을 피할 마음이 없었다. 《좌전》 '성공 7년', 그러니까 기원전 584년 오나라는 강력한 싸움꾼으로 역사의 무대로 들어온다. 기록은 이렇게 되어 있다.

　　오나라가 담郯나라를 쳤다〔吳伐郯〕.
　　오나라가 주래州來나라로 들어갔다〔吳入州來〕.

　지도에서 담나라와 주래나라의 위치를 찾아보자. 담나라는 기수를 따라 북쪽으로 제나라, 노나라와 연결되는 회하 북쪽의 교통의 요지다. 곧 남쪽에서 북쪽으로 가기 위해서는 반드시 거쳐야 하는 곳으로 작지 않은 나라였다. 주래나라는 어디인가? 주래는 지금의 안휘성 봉

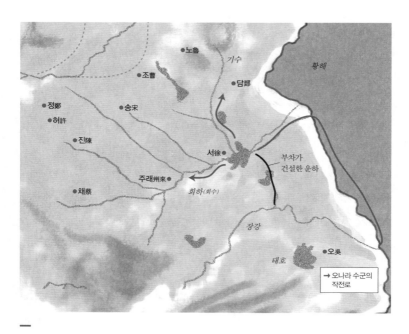

담나라와 주래나라의 위치. 훗날 오왕 부차는 중원을 노리고 회하와 장강을 연결하는 운하를 만들었다.

대鳳臺현 회수 가에 있다. 여기서 배를 타면 송·채·진陳 어디든지 마음 대로 갈 수가 있는 물목이다. 어떻게 오는 한 해에 두 번이나 출정할 수 있었을까? 이 질척질척한 땅에서 전차라면 두 번 출정하기 불가능하지 만 배라면 가능하다. 공격지점이 모두 물가에 있던 나라들이고 아직 오가 전차전을 하지 않았음을 고려하면 이들은 배를 타고 침략했음이 틀림없다. 또 그때는 아직 회하와 장강이 잘 연결되어 있지 않았다. 이들은 태호에서 배를 띄워 장강으로 나가고, 다시 장강 하구를 빠져나가 황해를 거슬러 올라간 후, 회하를 따라 북진하거나 서진했을 것이다.

중원의 국가들도 긴장할 수밖에 없었겠지만 초로서는 아연실색이었다. 담나라나 주래나라 모두 초가 노리는 지역들이다. 마치 제국주의 시절 아프리카를 프랑스가 가로로 자르고 영국이 세로로 잘라 들어가다가 두 강국이 부딪치는 것과 같은 형국이었다.

노나라의 계문자는 이 일을 두고 평했다. 오나라가 회북으로 들어오면 가장 먼저 사정권에 들어오는 나라는 바로 노나라다.

> 중국의 나라들이 군대를 떨치지 못하니, 오랑캐가 들어와 정벌하는데도 불쌍히 여기는 이들이 없구나. 정말 불쌍히 여기는 이들이 없구나. 《시》에 말하길 "하늘이 불쌍히 여기지 않으니, 난리가 끝나지 않으리라" 했는데 이를 말함인가? 위에서 불쌍히 여겨주지 않으니 어떻게 난을 피할 수 있을 것인가? 우리가 망할 날도 멀지 않았다.

계문자는 당시의 패자인 진晉나라를 원망하고 있다. 그러나 진나라가 한층 더 시커먼 속을 가지고 있는 줄은 그도 몰랐을 것이다. 그런 진나라의 열망을 실현시켜준 이는 다름아닌 초나라에서 망명한 신공 무신이었다.

무신은 여러모로 뛰어난 사람이었고 장왕의 중용을 받았다. 그러나 그는 정권의 실세들과 사이가 좋지 않았다. 먼저 하희 문제로 자반과 사이가 틀어져 있었다. 또 군공 문제로 영윤 자중과도 사이가 틀어져 있었다. 송나라를 정벌한 싸움에서 돌아온 뒤 자중이 장왕에게 신申과 여呂를 자신에게 상으로 내려달라고 하니 왕이 허락하려 했다. 그러나 무신은 반대했다. 명색이 신공인 무신이 반대하는 것도 당연했다.

"신과 여는 (나라에 부세를 내는) 읍입니다. 그런 까닭에 그 부세를 받아 북방을 방어하고 있습니다. 그런데 개인이 그곳을 차지하면 신과 여는 이제 없는 것입니다. 그러면 진晉과 정이 반드시 한수까지 닿을 것입니다."

그래서 장왕은 상을 내리는 것을 취소했다. 함부로 채읍을 내리지 않는 것은 초나라의 기본적인 방침이었다. 신과 여는 지금의 남양 땅에 자리를 잡고 있다. 남양은 초나라의 요지 중의 요지인데 개인의 채읍으로 줄 수는 없는 노릇이었다. 자중은 지나친 욕심을 부렸다. 그럼에도 그는 깨닫지 못하고 무신을 원망했다. 그러다 무신이 하희 문제로 진晉으로 망명하자 자중과 자반은 무신의 일족을 모두 죽이고 그 가산을 나누어 가졌다. 무신이 비록 진으로 망명했지만 장왕 대에 큰 공을 세웠으며, 국가의 중임을 받은 신하였다. 그리고 그가 진으로 달아났지만 초에 못할 짓을 한 것은 아니었다. 그런데도 일족을 죽이고 가산을 나누어 갖자 무신은 격분했다. 그는 자중과 자반에게 서신을 보냈다.

"너희들은 참람하고 간특한 탐욕으로 군주를 섬기면서 무고한 사람들을 수없이 죽였다. 나는 반드시 너희들이 명을 받아 여기저기 내달리다 지쳐 죽게 만들 것이다."

자중과 자반은 이런 저주를 한 망명자의 한탄쯤으로 받아들였을 것이다. 그리고 자신들의 탐욕이 나라를 전화로 몰아넣으리라고는 생각지 못했을 것이다. 그러나 무신은 호락호락한 사람이 아니었다. 그는 자신을 오나라와 국교를 맺는 사신으로 보내달라고 주청했다. 이미 초와 오는 서로 만난 적이 있기에 초나라 출신인 그는 사신으로서 적임이었고, 또 복수심이 무섭게 타오르고 있었기에 진晉과 오의 연합을 통해 초를 견제하는 역할을 맡기에도 안성맞춤이었다. 결국 무신은 오나라로 떠났다.

무신은 오나라에 가면서 전차부대 1량과 따르는 군졸 100명을 데리고 갔다. 물론 오나라 군주 수몽壽夢은 진나라와의 통교가 달가웠다. 오나라가 직접 경쟁해야 할 상대는 진이 아니라 초였다. 그런 차에 초의 원수가 찾아드니 그보다 기쁜 일이 없었다. 사신으로 간 무신은 부대의 반을 떼어서 오나라에 남겨두고, 수레를 몰고 활을 쏘며 진을 치는 법을 가르쳤다. 그러고는 초나라에 반기를 들라고 부추겼다. 또 아들 호용狐庸을 오나라에 사신으로 보내 초나라를 치라고 하니 드디어 오나라가 초나라를 치게 되었다.

오나라는 초나라가 먼저 친 소巢나라, 서徐나라, 주래나라를 연이어서 쳤고, 자중은 정신없이 명령을 받아 전장을 옮겨 다녔다. 자중이 한 해에 전장 일곱 군데를 옮겨 다니며 방어해도 소용이 없었다. 회하의 지류들을 따라 전광석화처럼 움직이는 오나라 군대를 쫓아다니는 것은 실로 버거웠다. 이리하여 오나라는 초나라가 동쪽에서 어렵사리 개척해놓은 땅을 모조리 차지했다. 결국 무신은 오나라를 지렛대로 자신의 말 그대로 복수에 성공했다. 국제정치에서 망명객들이 얼마나 큰 역할을 할 수 있는지 보여주는 전형적인 사건이었다.

급기야 기원전 575년이 되면 진나라의 사섭이 직접 오나라로 가서 제나라, 위나라, 정나라 사람들과 함께 회합을 가졌다. 오나라가 드디어 정식으로 중원나라들의 반열에 이름을 올린 것이다. 이제 진秦과 초가 하나가 되고, 진晉과 오가 하나가 되었다. 초의 북상이 다시 우려되었기 때문이다.


## 5. 진晉-초楚의 불안한 휴전

필의 싸움으로 진晉은 잠시 체면을 구겼지만 미계의 싸움에서 다시 그들의 전사로서의 실력을 뽐냈다. 새로 등극한 초나라의 공왕은 아직은 아버지의 위업을 잇기에는 어렸고 진나라의 기백은 여전히 살아 있었다. 기원전 585년 진晉은 오래 이용한 탓에 지력이 고갈된 도성 강絳을 버리고 신전新田으로 천도하여 심기일전할 것을 표명했다. 또한 정나라를 자신의 편으로 넣기 위한 줄다리기는 그대로 이어졌다. 정나라는 장왕 사후 초의 세력이 일시적으로 약해지자 다시 진에 붙어 국가를 연명하려 했다. 바로 진나라가 천도할 무렵의 일이다. 초나라 자중은 정나라를 구원한다는 명목으로 군대를 출정시켰지만 감히 맞서 싸우지는 못하고 돌아왔다. 또 진나라 난서는 한술 더 떠서 초의 우방국들을 공략하고 한수 동쪽의 초나라 땅을 침략했다. 초로서는 이미 정나라가 진나라에 붙은 상황에서 정면대결은 쉽지 않았다.

급기야 초나라는 정공법을 버리고 뇌물로 정나라를 매수하려고 했다. 새로 즉위한 정나라 성공成公은 마음이 움직였다. 그러나 정나라 성공의 줄타기는 금방 진에게 발각되고 말았다. 그해 가을 성공이 진나라를 예방하자 진나라는 그를 억류했다. 이어서 진은 정나라를 쳤으며, 정나라가 보낸 화해의 사신마저 죽여버렸다. 극히 상식에서 어긋나는 행동이었지만 약한 정나라는 감수할 수밖에 없었다. 그때 초나라 자중은 진晉나라 측에 붙어 있던 진陳을 쳐서 정나라를 지원했다. 역시 정면대결은 어려웠다. 이런 난맥상의 와중에 진秦이 백적과 연합하여 진晉을 공격했다. 앞에서 이야기한 것처럼 진晉과 초가 싸울 때면 진秦은 으레 그 틈을 노렸다.

진晉은 진秦과 초를 동시에 상대할 수 없었고, 초는 오와 진晉을 동시에 상대할 수 없었다. 전체적으로 진秦-초楚와 진晉-오吳의 연합이 형성되었지만 2 대 1의 싸움을 벌여야 하는 쪽은 여전히 초와 진晉이었다. 다음의 그림에서 보이듯이 진秦과 오가 싸울 일은 없다. 그래서 그들은 철저한 계산하에 전쟁의 피로를 줄일 방안을 찾고 있었다. 그때 송나라의 화원華元이 다시 등장한다. 송나라야 두 나라가 싸우지 않는 것이 가장 좋았다. 화원은 초나라 자중과 사이가 좋았고, 진晉나라 난서와도 사이가 좋았다. 그래서 화원이 초나라와 진나라를 오가며 가교 역할을 했다. 드디어 역사적인 제1차 미병弭兵, 곧 춘추시대 초와 진晉의 휴전협정이 체결된다. 물론 이 협정은 오래 지속되지는 않았지만 수많은 계산과 정치적인 노력들이 합쳐져서 어렵사리 만들어진 작품이었다.

기원전 579년 여름 진晉나라 사섭이 송나라 도성의 서문 밖에서 초나라 공자 피罷와 허언許偃을 만나서 맹약했다. 맹약에서 그들은 이렇게 약속했다.

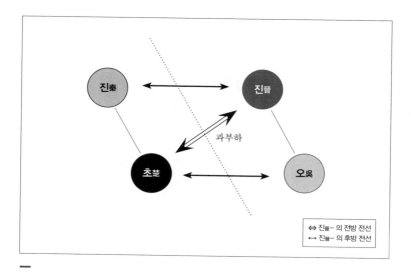

過부하

⟷ 진晉－의 전방 전선
⟷ 진晉－의 후방 전선

2:2 대결 전선과 강국들이 전선면을 줄이는 정책의 개념. 초−진秦 : 진晉−오의 대결에서 초와 진晉만 전후방 전선을 모두 가지고 있다. 이럴 경우 한 진영 내부의 방위비 분담이 불공평해진다. 그럴 경우 전후방 전선 중에 전방 전선을 줄이는 경향이 있다.

대저 진과 초는 더 이상 서로 싸우지 않으며, 좋고 나쁜 바를 함께하여, 함께 환난과 위난을 걱정해주고, 흉사와 우환이 있으면 서로 구원해준다. 만약 누가 초를 해치면 진이 공벌하고, 누가 진을 해치면 초가 공벌한다. 서로 예물을 든 사자를 주고받으며 길을 막지 않는다. 두 나라에 협조하지 않는 나라들은 함께 도모하고, 따르지 않는 나라들은 토벌한다. 이 맹서를 진실로 지키지 않고 어긴다면, 밝은 신께서 그를 죽이고 그 군사를 패하게 하고 그 나라를 이어가지 못하게 하리라.

진晉은 즉각 이 맹약의 효험을 봤다. 이듬해 마음 놓고 연합군을 이끌고 진秦을 칠 수 있었기 때문이다. 이것이 바로 위에서 설명한 마수의 싸움이다. 그러나 초로서는 진晉이 오나라와 여전히 통교하는 것이 마음에 들지 않았다. 결국 이 약속이 얼마나 지켜질지 미지수였다.

# 제12장

## 통한의 언릉

### : 초나라 패권의 종말

대저 전쟁이란 국가의 존망을 건 대사이기에 이기고도 불안하다. 역사상 전쟁에 이기고 나라를 잃은 군주도 수없이 많다. 제 환공, 진 문공, 초 장왕 등 패자라고 불린 사람들은 한결같이 전쟁을 신중하게 했다. 전쟁은 감정으로 할 수 없고, 전쟁은 싸우기 전에 이미 이기고 해야 하는 것이다. 그래서 뛰어난 군주는 승산이 없으면 절대로 나서지 않는다.

젊은 초 공왕은 마찬가지로 젊은 진晉의 여공에게 경쟁의식을 가지고 있었던 것 같다. 그럼에도 이미 휴전협정을 맺었고 서방의 진秦도 초를 지원할 입장이 아니라면 내실을 기하는 것이 옳았다. 동방의 오나라가 무섭게 성장하는 차에 진晉나라와의 휴전 효과를 활용하여 동방을 공고히 하는 데 주력했어야 했다. 장왕이 북쪽으로 무섭게 들이친 후 바로 더 나아가지 않고 동쪽을 굳히는 정책을 쓴 것도 초나라의 한계를 인정했기 때문이다. 그러나 젊은 공왕과 초나라의 지도부는 그런 사리분별을 하지 못했다. 그에 또다시 전쟁의 암운이 드리워졌다.

## 1. 맹약을 깨고 초가 북진하다

미병의 맹서를 한 지 3년이 지나, 초나라는 정나라로 밀고 올라갔다. 이유는 다시 정나라를 초나라의 밑에 두겠다는 것이었다. 그러나 반대 의견도 만만치 않았다. 명분이 부족한 싸움이었다. 자낭子囊(장왕의 아들 웅정熊貞)이 간했다.

"새로 진晉과 맹약을 맺은 지 얼마 되지 않았는데 이를 배신하면 되겠습니까?"

그러나 자반은 고집을 부렸다.

"적이 틈을 보이면 진격하는 것이지, 맹약이 무슨 소용인가."

그때 신숙시는 나이가 많아 신申에 머물고 있었다. 자반의 말을 듣고는 탄식했다.

"자반은 반드시 화를 면치 못할 것이다. 신의로써 예를 지키고, 예로 써 자신의 몸을 지키는 것이다. 신의와 예의를 모두 저버리고 화를 면 하고자 한들 되겠는가?"

공왕은 반대의견을 묵살하고 북침을 감행했다. 정나라를 쳐서 폭수 暴隧에 이르고, 위나라까지 들이쳐 수지首止에 이르렀다. 그러나 이번 에는 정나라도 가만히 있지 않았다. 정나라 자한子罕은 역으로 초나라 의 신석新石을 공격해서 취했다.

이런 상황에서 노련한 진晉나라의 경들은 어떤 태도를 보였을까? 일 단 난서는 바로 보복하려 했다. 그러나 한궐이 말렸다.

"그럴 필요 없습니다. 차라리 저들로 하여금 더욱 죄를 짓도록 하여 백성들의 마음이 이반하게 합시다. 백성들이 없으면 누구를 데리고 싸 우겠습니까?"

그래서 그해 진-초의 싸움은 일어나지 않았다.

그런데 이듬해 초 공왕은 또다시 나라의 군주로서 하지 말아야 할 행동을 했다. 정나라에게 여수汝水 남쪽의 땅을 조건으로 진나라를 배 반하게 한 것이다. 명색이 큰 나라의 군주라면 땅으로 충성을 흥정해 서는 안 되었다. 그런데 정나라는 또다시 큰 나라들 사이에서 이익을 보려는 무리수를 두었다. 필의 싸움이 있기 전 정나라 조정의 한쪽은 초를 끌어들여 나라를 반으로 나누려 생각했고, 또 다른 일파는 진나 라를 끌어들여 양자의 싸움의 경과를 보면서 거취를 결정하려 했다. 그래서 결국 나라가 초토화된 것이다. 그런데도 교훈을 얻지 못했다. 이번에는 초가 던져준 땅이라는 미끼를 덥석 물었다. 큰 나라들 사이에서 작은 이익을 취하려 한들 지킬 수 있겠는가? 정나라의 행동은 마치 늑대가 주는 먹이를 먹기 위해 우리 문을 열고 나가는 암탉과 같았다. 이제 진나라도 가만히 있을 수가 없게 되었다.

언릉의 싸움터로 가기 전에 먼저 기억해야 할 사람들이 있다. 이 싸움에 기름칠을 한 이들이 있었으니 바로 두 명의 망명객이다. 초에서 진으로 달아난 이는 진에 훈수를 두었고, 진에서 초로 달아난 이는 초에 조언을 했다. 이들의 조언이 옳든 그르든 이들의 존재는 진-초 양자가 은근히 자신감을 갖게 하는 역할을 했다. 특히 초나라 공왕은 진나라에서 온 망명객을 신임했다. '진의 능력 있는 신하가 나에게 있다.'

그들은 누구일까? 초에서 진으로 망명한 사람은 묘분황苗賁皇이다. 그는 약오씨 문중의 총아로 장왕에게 대들었다가 일족이 몰살당한 투초의 아들이다. 그가 진나라로 망명하자 진나라는 그를 중용했다. 아니나 다를까 묘분황은 초나라 군대의 허실을 속속들이 꿰고 있었다.

또 한 명은 진나라 대부 백종伯宗의 아들 백주리伯州犁로 진에서 초로 망명했다. 백종이 누구인가? 적적赤狄 노潞나라를 무너뜨리는 데 결정적인 공을 세웠으며, 조정의 중요한 일이 있을 때마다 조언을 하던 명신이었다. 그런데 그의 아들은 어찌하여 초나라로 달아났을까?

백종은 조정에서 크게 위세를 떨치고 있던 극씨 일족에게 미움을 받았다. 당시 진나라는 구조적인 모순이 하나 있었다. 바로 비대해진 군대의 수장들에게 줄 상이 부족했다. 싸움이 끝나면 군대에 포상을 해야 했다. 그러나 토지의 크기는 정해져 있었고 군대의 규모는 나날이 커졌다. 그러니 신하들끼리도 한편이 실각하면 그 재산과 권력을 나누어 가지려 경쟁하는 형국이 발생했다. 제한된 토지와 비대해진 관료사회라는 고질적인 병폐는 군주 중심의 국가들은 절대로 비켜 갈 수 없는 커다란 문제다. 그러니 이익을 위해 서로 모함하고 함정에 빠뜨리는 일도 부지기수였다. 전투에서 비호처럼 용맹한 장부들도 이런 유혹을 피해 가지는 못했다.

극씨의 대표주자인 3극, 곧 극지郤至, 극주郤犨, 극기郤錡는 백종의 입바른 말이 거슬렸다. 그래서 백종과 가까운 난불기欒弗忌가 죄를 입어 죽게 되었을 때 여러 극씨들이 백종을 무함해서 죽였다.《국어》와《좌전》의 기록은 선후 관계가 좀 다르지만 공히 백종이 무함을 받아 죽었다고 되어 있다. 어떤 책에는 백종의 일에 난불기가 연루되어 죽었고, 어떤 책은 난불기의 일에 백종이 연루되었다고 한다.《국어》〈진어〉에 백종의 사람됨을 알려주는 일화가 남아 있다.

> 백종은 매우 똑똑한 사람이었다. 그가 조정에서 집으로 돌아오는데 얼굴에 희색이 만연했다. 그래서 아내가 그 이유를 물었다. 그러자 백종이 이렇게 대답했다.
> "조정 사람들이 내 지혜가 양자陽子(양처보)*에 버금간다고 하더이다."
> 그러나 아내는 오히려 언짢아했다.
> "양처보는 겉만 번지르르하지 속은 부실한 사람으로, 말이 앞서고 대

---

* 춘추시기 경대부들을 부르는 호칭은 대단히 다양하다. 양자라면 '양씨 어른'이라는 뜻으로 상대를 높이는 경칭이다. 대부들 사이에 제3자를 호칭할 때 흔히 쓰는 용법이다. 양처보는 호역고의 난리 때 죽었는데, 언변이 좋고 외양이 화려한 것으로 유명했다.

책은 없는 사람이었습니다. 그래서 결국 화가 자기 몸에까지 미쳤습니다. 그런데 양처보에 버금가는 것이 기뻐할 일입니까?"

그래서 부부는 대부들을 청한 후 대부들의 수준을 알아보고자 했다. 백종의 아내도 상당한 혜안이 있었던 모양이다. 과연 대부들을 초청하여 이야기를 나누는데 백종을 따를 사람이 없었다. 그러자 아내가 말했다.

"맞습니다. 여러 대부들이 모두 당신만 못합니다. 그러나 사람이란 자기보다 나은 사람이 자신의 위에 있는 걸 오래 두고 못 보는 법입니다. 반드시 당신이 재난을 입을 것이니, 좋은 선비를 찾아 아들 주리를 부탁합시다."

그래서 부부는 필양畢陽이라는 현사를 찾아냈다. 과연 극씨들이 백종을 무함해서 죽일 때 필양이 주리를 데리고 초나라로 망명했다.


묘분황과 백주리는 모두 현사였다. 다만 그들이 충성할 대상이 바뀌었을 뿐이다. 이들의 대사는 언릉 싸움의 백미라고 할 수 있다.


## 2. 노신들이 전쟁에 반대하다

진나라는 출병을 두고 토론을 벌였다. 진 여공은 출정하고자 했다. 그러자 사섭(범문자)이 반대했다.

"만약 우리 마음대로 해서 모든 제후들이 다 배반한다면 차라리 우리 마음대로 할 수 있습니다. 그러나 정나라만 배반한다면 진나라에는 장차 걱정이 기다릴 것입니다."

그러자 난서가 말했다.

"허나 우리 세대에 이르러 제후들을 잃어버릴 수는 없습니다."

사섭이 이어 말한다."

"제후들이 바로 난리의 원인입니다. 정나라를 얻어 걱정만 더 키운다면 얻어서 무엇 하렵니까?"

극지가 끼어들었다.

"그렇다면 왕은(주나라 천자) 제후들을 거느리고 있으니 우환이 더 크겠습니다그려."

그러자 사섭이 쏘아붙였다. 극지의 의도를 간파한 것이다.

"대체 우리가 왕입니까? 대저 왕이란 그 덕을 이루어 멀리 있는 나라도 예물을 들고 찾아오게 하는 이요. 그러니 걱정이 없소. 지금 우리는 덕은 적으면서 왕의 공을 얻으려 하니 걱정거리가 많은 것이오. 그대는 땅도 없으면서 부자가 된 이를 보았을 것이오. 그가 즐겁소?"

일단 전쟁이 끝나면 사섭이 하는 말의 의미는 분명해질 것이다. 사

---

- 이 부분에서 《좌전》과 《국어》의 화자는 상당한 차이가 있다. 개략적인 내용은 비슷하지만, 극주가 말했는지 난서가 말했는지 상반되는 경우가 있다. 그러나 난서와 극주가 싸움에 찬동하고 사섭이 반대한 것은 분명하다. 여기서 필자는 《좌전》과 《국어》를 절충했다. 많은 부분 따로 출처를 밝히지 않았지만 싸움의 진상을 더 자세히 알리기 위해 두 책의 문장들을 서로 엮었다. 어투로 보아 《국어》가 현장을 더 잘 전달해주고 내용이 자세하지만, 《좌전》이 좀 더 착오가 적은 듯하다.

- 《좌전》은 위의 문장에서 끊어진다. 그래서 필자가 이 문장부터 《국어》로 이었다. 문단 안에서 문맥을 보아 잇기는 하되 한 문장 안에 두 책을 뒤섞지는 않았다. 앞으로 출처를 모두 밝히지는 않는다.

섭은 지금 극지의 의중을 완전히 꿰뚫고 힐난한다. 극지는 전쟁을 통해 씨족의 세력을 확장하려 한다. 그러나 당시 진나라 중군을 이끌던 난서가 찬성하고 하군을 이끌던 극지도 찬성하니, 사섭이 반대해도 어찌할 도리가 없었다.

그리하여 군대가 편성되었다. 초나라 중군은 사마 자반이 맡았고, 좌군은 우윤 자신子辛이 맡고, 영윤 자중은 좌군을 맡았다. 이에 응하는 진나라 군은 중군대장 난서와 부장 사섭, 상군대장 극지와 부장 순언, 하군대장 한궐과 부장 순앵, 신군대장 극주와 부장 극지가 나섰다. 순앵은 뒤에 남아 본토를 지켰고, 극주는 동맹군을 얻기 위해 제나라 등지로 사신으로 나갔다. 그러니 현재 진나라 군영은 상군과 신군을 장악한 극씨들이 주도하고 있었다.

초나라 군대는 정나라로 출병하면서 신 지방을 지나는 길에 신숙시에게 자문을 구했다. 사마 자반이 물었다.

"우리 군대가 이기겠습니까?"

늙고 현명한 선배가 대답한다.

"은덕, 형벌, 상서로움, 의리, 예의, 신의는 전쟁을 하는 도구입니다. 덕으로써 은혜를 베풀고, 형벌로써 그릇된 것을 바로잡으며, 상서로움으로 신을 섬기고, 의리로써 이익을 취하며, 예의로써 시절에 순응하며, 신의로써 만물을 지키는 것입니다. 백성들의 삶이 풍족해지면 덕이 바로 서고, 삶이 편리해지면 절의를 숭상하며, 시절에 순응하면 만물이 성하며, 상하가 화합하고, 순리대로 돌며 서로 거스르지 않고, 구하는 것은 모두 구비되고, 각자 스스로 분수를 알게 됩니다. 그러기에

《시》에도 이르길, '우리 많은 백성들의 자리를 잡아주니, 분수를 지키지 않는 이 없네[立我蒸民 莫匪爾極]'라고 한 것입니다. 그리하니 신께서 복을 내려주시고, 시절이 순행하여 재해가 없으며, 백성들의 생활은 풍족해져서 서로 한마음이 되어 경청하며, 위에서 내린 명령은 전력을 다해 따르지 않음이 없고, 죽음으로써 부족한 바를 메우려는 것입니다 (일이 여의치 않으면 죽음이라도 마다하지 않는다). 이것이 전쟁에서 이기는 비결입니다.

지금 초나라는 안으로 백성들을 내팽개치고 밖으로는 이웃나라와의 우호관계를 끊고 맹서를 더럽히고, 약속을 어겼으며, 농사철을 꺼리지 않고 백성을 동원하여 지친 백성들을 부리려 합니다. 그러니 백성들은 위를 믿지 않고, 앞으로 나가나 뒤로 가나 모두 죄를 짓게 되었습니다.˙ 사람이 끝장을 두려워하는데 누가 목숨을 걸고 싸우겠습니까? 공자께서는 그저 최선을 다하십시오. 저는 공자를 다시 보지 못할 것입니다."

출전하는 사람에게 하는 말로는 지나치게 비관적이다. 그러나 한창 농사를 지을 여름에 끊임없이 전란에 시달리는 백성들을 데리고 원정을 떠난다는 것은 실로 무리였다. 진나라 군대가 이미 황하를 건넜기에 초군은 더욱 바빴다. 양편의 전력이 비슷하다면 언제나 기다리는 쪽이 유리하다.

그러나 사섭은 황하를 건너고도 여전히 싸울 마음이 없었다. 사섭이 우려하는 것은 전쟁 자체가 아니라 진나라 내부의 화란이었다. 그는

---

• 이 구절의 《좌전》 원문은 '進退罪也'다. 정확한 의미를 짐작하기 어려워 위와 같이 추측했다.

중군대장 난서에게 다시 간했다.

"우리가 거짓으로 초나라를 피하면 우환을 면할 수 있을 것이외다. 대저 제후들을 모으는 일은 우리가 할 수 없는 일이니, 후대의 능력 있는 이들을 기다립시다. 내가 은퇴하고 여러 대신들이 화목하여 군주를 모신다면 다행이겠습니다."

그러나 난서는 거절했다. 난서는 그때 연합군을 기다리고 있었다. 연합군으로 싸워야 만약 패하더라도 책임을 면할 수 있었고, 싸움의 명분을 세울 수 있었다. 사섭은 이런 차에 극지가 싸움을 걸까 걱정이 된 것이다.

드디어 양군은 언릉에서 대치했다. 사섭이 다시 싸움에 반대하자 난서가 말했다.•

"옛날 한원에서 싸울 때 우리 혜공께서는 돌아오지 못하셨고, 필의 싸움에서는 3군이 힘을 한번 펴보지도 못했고, 기箕의 싸움에서는 원수 선진이 죽어 돌아와 복명하지 못했소. 이것이 우리 진나라의 3대 치욕이오. 지금 나는 진나라의 정치를 맡은 이로서 진나라의 치욕을 씻지 않고 오히려 만이蠻夷들을 피하는 치욕을 더할 수는 없소. 비록 후환이 있더라도 그것은 내가 관여할 바가 아니오."

난서도 앞으로 닥칠 후환을 잘 알고 있었다. 그렇지만 그가 따로 두려워하는 것이 있었다. 그의 두려움은 나중에 드러날 것이다. 사섭은

---

• 《좌전》에는 극지가 말했다고 나오나, 《국어》에는 난서가 말했다고 되어 있다. 그러나 《국어》에 "나는 진나라의 정치를 맡은 이로서[我任晉國之政]"라는 구체적인 표현이 나오기 때문에 이 부분은 《국어》가 옳다고 생각한다.

다시 설득했다.

"우리 선대 군주들이 자주 싸움을 한 것은 다 이유가 있었습니다. 당시는 진秦, 적, 제, 초가 모두 강해서 온 힘을 다하지 않으면 자손들이 장차 약해질 형국이었지요. 지금 세 강적은 모두 복속했고 초만 우리에게 대적할 뿐입니다. 오직 성인이라야 국가의 내우와 외환을 모두 없앨 수 있습니다. 성인이 아닌 이들에게는 밖이 편안하면 반드시 안의 우환이 있습니다[唯聖人能外內無患 自非聖人 外寧必有內憂]. 초를 놓아두어서 바깥의 두려워할 대상으로 삼는 것이 어떻겠습니까?"

내우외환內患外憂이라는 말이 여기에서 나왔는데, 그 뜻은 오늘날 우리가 흔히 쓰는 것보다 훨씬 미묘하다.

이어서 그는 정곡을 찌르는 말을 한다.

"그러면 여러 대신들이 안에서 서로 화목할 것입니다. 그러나 지금 우리가 초나라와 정나라를 이긴다면 우리 군주는 장차 그 지혜와 힘을 더욱 자랑할 것이고, 예교를 버리고 더 심하게 거두어들이며, 자신이 사적으로 아끼는 이들을 더욱 대우하고 부인들의 전지를 더 늘릴 것입니다.˙여러 대부들의 땅을 빼앗지 않으면 어디에서 이 땅을 얻을 것입니까? 여러 신하들 중에 순순히 자기 집을 맡기고 땅을 넘기고 은퇴할

---

- 《국어》의 원문은 '大其私暱 益夫人田'이다. 매우 중요한 문장임에도 오해할 소지가 있다. '부인의 전지를 늘린다'는 뒤 문장은 간단하다. 문제는 앞의 '대기사닐'이라는 문장이다. 혹자는 '사적으로 아끼는 사람들의 봉록을 늘린다'로 해석하지만 무리가 있다. 봉록은 국가의 법으로 정해져 있어서 함부로 흔들 수 없다. 이는 글자 그대로 사적으로 아끼는 총신들을 더욱 중용한다는 뜻이다. 그러면 그들은 자연히 더 많은 전지를 가지게 된다. 그래서 《좌전》에도 여공은 "언릉의 싸움에서 여러 대부들을 모두 제거하고 자신의 좌우 사람들을 대부로 세우려 했다[欲盡去群大夫而立其左右]"고 지적한 것이다.

사람들이 몇이나 되겠습니까? 그 재산의 손상이 실로 클 것이옵니다. 어찌 잠시 싸움을 미루지 않습니까?"

그러나 난서는 그 말을 듣지 않았다. 그도 그 나름대로 계산이 있었다.

싸움 전에 사섭은 이런 말도 했다. 그는 백성들을 우려했다. 역시《국어》〈진어〉에 기록되어 있다. 그의 당부는 신숙시의 당부에 버금가는 명연설이다. 그는 아직 출정하지 않았을 때 이렇게 사정하며 말했다.

"저는 이렇게 들었습니다. '신하 된 자는 안을 능히 화목하게 할 수 있어야 밖을 도모하는 것이니, 안이 화목하지 않은데 밖을 도모하면 반드시 안에서 싸움이 일어난다'고요. 잠시 내부의 화목을 다지고, 여러 대중의 의견을 물어보고 출정한다면 원망이 가라앉을 것입니다."

그리고 양군이 대치하고 있을 때 다시 한번 부탁했다.

"지금 우리나라의 사구司寇(형법을 집행하는 우두머리)가 쓰는 중간 범죄자용 형구의 날은 나날이 상하고 있으나, 큰 범죄자를 참하는 도끼는 아예 쓰이지 않고 있습니다.˙ 안으로 형벌이 제대로 집행되지 않는데 어찌 밖으로 형벌을 집행한단 말입니까? 대저 전쟁이란 형벌과 같아서 가장 큰 잘못을 벌하는 것입니다. 지금 큰 잘못은 대인들에게서 비롯되었는데, 원망은 소민小民들에게서 나옵니다. 그래서 (잘 다스리는 나

---

• 《국어》의 원문은 '今吾司寇之刀鋸弊日弊 而斧鉞不行'이다. 곧 '지금 우리나라 사구의 도거 날은 나날이 상해가지만, 부월은 쓰지 않고 있다'는 뜻이다. 도거는 사형은 아니나 비교적 무거운 벌, 예컨대 신체형을 가하는 칼과 톱이다. 그리고 부월은 수급을 참하는 도끼다. 《국어》〈노어〉에 '큰 형은 군사를 동원하고, 그다음은 부월을 쓰며, 중간 형은 도거를 쓰고, 그다음은 첩착鉆筆(집고 긁는 것. 예를 들어 먹물을 들일 때 쓰는 도구)를 쓰며, 그다음은 채찍과 회초리를 쓴다'는 기록이 있고 《한서》〈형법지〉에도 똑같은 내용이 나온다[大刑用甲兵 其次用斧鉞 中刑用刀鋸 其次用鉆鑿].

라는) 소민들의 작은 원한은 은덕으로써 없애주고, 대인들의 큰 잘못은 눈을 질끈 감고 베어내는 것입니다. 소민들은 원한이 없고 대인들은 잘못을 저지르지 않을 때야 비로소 무력을 행사할 수 있고, 외부의 복종하지 않는 자들을 벌줄 수 있는 것입니다. 지금 대인들에게는 형이 떨어지지 않고 소민들에게는 잔인하게 행하고 있으니 장차 누가 무武를 행하겠습니까? 무가 행해지지 않는데 이기는 것은 요행일 뿐입니다. 요행으로 정치를 하면 반드시 내부의 우환이 생깁니다."

그러나 진군의 사령관들은 결국 싸움을 원했다. 어쩌면 싸움을 원하지 않는다는 의견을 공개하는 위험을 지지 않으려 했을 것이다. 그러나 백전노장 난서는 신중한 태도를 취했다. 연합군을 기다려 전투를 개시하고자 했다.

갑오일 그믐날 초나라 군대가 드디어 진나라 군영에 접근해서 진을 쳤다. 막상 싸움이 벌어지려 하자 진영은 술렁거렸다. 진 여공은 초군이 진을 치기 전에 먼저 들이치려 했다. 그때 사섭의 아들 범개范匄(사개)가 젊은 혈기에 감히 나섰다.

"우물을 묻고 솥을 다 없애고, 전투진을 쳐서 군대가 나갈 길을 트게 하지요. 진이든 초든 하늘이 준 명을 받을 뿐인데 걱정할 것이 무어란 말입니까?"

젊은이다운 패기였지만 이 말에 아버지 사섭은 무섭게 분노했다. 그는 창을 들고 아들을 쫓으며 말했다.

"국가의 존망이 하늘에 달렸다. 어린놈이 뭘 안다고 지껄이느냐?"

그러자 난서가 거들었다.

"초나라 군사들은 경솔하게 쉽사리 움직이니 우리는 보루를 단단히 하고 기다리면 됩니다. 사흘이면 분명 물러날 것입니다. 물러날 때 치면 반드시 이길 수 있을 것입니다."

중군대장으로서 신중한 태도였다. 적이 물러나면 다행이고 물러나지 않으면 연합군을 모아서 싸울 심산이었다. 난서가 연이어 말했다.

"지금 우리 사자들이 이미 제나라와 노나라에 가서 출병을 요청했습니다. 그들이 온 후에 싸우시지요."

그러나 극지는 당장 쳐야 한다고 주장했다.

"지금 초는 여섯 가지 불리한 점을 안고 있으니 우리가 이 기회를 놓쳐서는 안 됩니다. 군대를 이끄는 두 경(자중과 자반)은 서로 미워하고, 초왕의 친병은 늙었으며, 정나라의 진은 정돈되지 않은 상태이며, 만이蠻夷 •의 군대는 아직 진을 치지도 못했으며, 진을 치면서 그믐날을 피하지 않았고, •• 진중에서 떠들어대며, 참여한 각 군대는 각자 자기 살 길만 살피고 있으니 투지가 없습니다. 늙은 병사들이 경험이 많다고 꼭 좋은 것은 아니며, 또 저들은 불길한 날을 피하지도 않았으니 우리는 반드시 이길 것입니다."

진 여공은 이 말을 듣고 기뻐했다. 초군이 진을 제대로 치기 전에 진군이 들이닥쳤다. 드디어 싸움이 시작되었다.

---

• 《국어》에는 이들을 구체적으로 남이, 동이 등으로 칭했다. 이때 초군은 자신들이 갓 점령한 회하 중하류 일대의 민족들을 끌고 온 듯하다.

•• 군대가 진을 칠 때는 일반적으로 그믐날을 꺼린다. 원래는 어두워질 때 진을 치다가 야습을 당할 수 있기 때문이겠지만 점차 관습으로 굳어졌다.

## 3. 싸움 직전 양군의 진영

: 초군 진영

싸움이 일어나기 바로 전날 반왕潘旺의 아들 반당潘黨과 초나라 제일의
명사수 양유기가 활쏘기 시합을 했다. 이들은 모두 필의 싸움에서 진
나라 군을 대파한 경력이 있는 초나라 군대의 자랑이었다. 당시 반당
은 군주의 거우로 초나라에서 가장 용맹한 사람으로 대접받았고, 양유
기는 명실공히 초나라 최고의 사수였다. 이 둘이 갑옷을 겹쳐놓고 화
살을 날리자 갑옷 일곱 겹이 뚫렸다. 그러자 반당은 기고만장하여 왕
에게 자랑했다.

"주군께서는 이렇게 활을 잘 쏘는 신하가 둘이나 있사옵니다. 싸움
은 걱정할 필요가 없나이다."

공왕은 이들 백전의 용사들의 철없는 행동이 기가 차서 화를 버럭
냈다. 주장들은 싸움을 앞두고 이런 경솔한 행동을 해서는 안 된다.

"그대들은 나라를 크게 욕보였다. 다음 날 아침 그대들이 함부로 활
을 쏘면, 그 재주 때문에 죽게 될 것이다."

물론 양유기가 활을 너무 잘 쏘기에 적의 표적이 될까 봐 두려워서
였다.

싸우기 직전 초왕은 누대를 설치한 전차에 올라 진나라 군진을 살펴
보며 백주리에게 물었다.

"좌우로 달리는 것은 무슨 까닭이오?"

"군리들을 소집하고 있습니다."

"모두 중군으로 모였소이다."

"모여서 작전을 짜는 것입니다."

"장막을 쳤소."

"선대 군주의 신위를 놓고 점을 치고 있습니다."

"장막을 치웠소."

"명령을 내리려 하고 있습니다."

"심히 소란스럽소. 먼지가 이는데……."

"우물을 메우고 솥을 없애고 행동을 하려는 차입니다."

"모두 전차를 탔는데, 전차 좌우의 사람들이 무기를 들고 내렸소."

"싸움의 선서를 듣고 있습니다."

"이제 들이치겠소?"

"아직은 모르겠습니다."

"다 탔다가 좌우가 모두 내리는 까닭은 무엇이오?"

"전쟁에 나서며 기도를 드리는 것입니다."

백주리는 진나라 여공의 친위병에 대해 공왕에게 말해주었다.


**: 진나라 병영**

초나라에 백주리가 있으면 진나라에는 묘분황이 있었다. 여전히 진나라 진영은 술렁였다.

그는 여공에게 공왕의 친병에 대해 알려주었다. 여공 주위의 사람들이 모두 두려워하면서 말했다.

"우리의 대부가 저쪽에 붙어 있고 또 저들은 병졸도 많으니 당해낼 수가 없겠습니다."

그러나 묘분황은 여공에게 이렇게 말했다.*

"초나라 군대는 충분히 도모할 만합니다. 저들 중 뛰어난 장사들은 중군의 왕족군뿐입니다. 우리가 중군과 하군을 바꿔 놓으면 초나라 중군은 반드시 좋아라고 달려들 것입니다. 만약에 교전이 일어나 우리 중군과 혼전을 벌이면[陷][혹은 우리 중군(원래의 하군)을 몰아치면], 우리 상군과 하군(원래의 중군)은 반드시 저들의 좌우군을 패퇴시킬 것이고, 그런 후에 3군이 저들의 왕족군을 협공하면 대승을 거둘 수 있습니다."

실로 묘분황은 초군의 허실을 모두 꿰뚫고 있었다. 당시 초군의 좌군은 영윤 자중이 맡고 있었는데 아마도 동이東夷의 병사들은 거기에 끼어 있었을 것이다. 그런 혼성 군대는 쉽게 와해된다. 중군대장 난서는 과연 묘분황의 의견을 따랐다.


## 4. 초군이 함정에 말려들다

드디어 싸움이 벌어졌다. 진晉나라의 중군과 하군이 바뀌었기 때문에 초왕은 하군을 상대하게 되었다. 그날 싸움에서 극지는 공왕과 세 번

---

• 《국어》〈초어〉에는 묘분황이 아니라 옹자雍子라는 이가 난서에게 말했다고 되어 있다. 그러나 《좌전》 '양공 26년'에 옹자와 묘분황은 분명히 다른 사람으로 묘사되어 있다. 옹자는 팽성의 싸움에서 조언했다. 그러니 《국어》의 이름은 분명히 착각이다. 그러나 내용은 《국어》가 더 현장감이 있고 상세하다. 인용문은 《국어》를 따른다.

조우하고 모두 전차에서 내려 절을 올리고 물러났다. 기록들은 극지의 행동을 예라고 칭찬하지만 실상은 초나라 중군을 끌어들이려는 전술적인 차원으로 추측된다. 전투는 일대 혼전이었다. 비록 초나라의 좌우가 무너지고 있었지만 중군은 과연 백전의 용사들이 포진해 있었기 때문에 일방적인 싸움은 아니었다.

공왕은 싸움 중에 붉은 가죽바지를 입은 이가 세 번씩이나 인사를 하고 물러나는 것을 보고 가상히 여겨 활을 선물로 보내 답례했다. 그는 바로 적장 극지였다.

"싸움이 한창인데 붉은 가죽바지를 입은 이는 군자로 보였소. 과인을 알아보고는 뒤로 물러나더이다. 그래 다친 데는 없소?"

그러자 극지는 이렇게 대답하며 사자에게 세 번 인사하고 물러났다.

"군주(공왕)의 외신外臣 극지는 저희 임금의 군대를 따라와, 군주의 영명함에 힘입어 갑옷을 둘렀습니다. 어찌 절로써 명을 받들지 아니하고, 감히 다쳤다고 고할 수 있으리까?"

그러나 공왕은 여유를 부릴 틈이 없었다. 초나라 좌우군이 무너지자 진나라 3군이 함께 들이쳤다. 설상가상으로 진나라 위기(여기呂錡)가 날린 화살이 공왕의 눈에 박혔다. 사태가 급박하자 공왕은 활을 함부로 쏘지 말라고 명령한 양유기를 불러 화살 두 대를 주었다. 양유기가 시위를 놓자 화살은 그대로 여기의 목에 꽂혔다. 양유기의 손에는 아직 화살 한 대가 남아 있었다.

한궐은 정나라 군주의 전차를 몰아붙였고, 초나라 군대도 계속 험지로 몰렸다. 그때 숙산염叔山冉이 양유기에게 재촉했다.

"군주께서 비록 함부로 화살을 쏘지 말라고 명하셨지만, 나라가 위급하니 그대는 반드시 쏘아야 하오."

이리하여 양유기가 다시 화살을 날리는데 두 발 날려서 모두 맞추었다. 숙산염은 상대 전차를 들이받고는 적을 들어서 던지니 전차의 가로대가 두동강났다. 이 둘이 야차처럼 싸우자 진나라 군대도 멈칫했지만 초나라 공자 패茷는 사로잡히고 말았다.

진나라 군주의 거우인 난침欒鍼(난서의 아들)이 초나라 영윤 자중子重의 깃발을 보고 호기를 부렸다.

"제가 전에 초나라에 사신으로 갔을 때 자중이 물었습니다. '진나라의 용맹한 사람들은 어떻소?' 그러기에 제가 '항상 진열을 정돈하는 것을 좋아합니다'라고 대답했습니다. '또 무엇이 있소?' 하기에 저는 '항상 여유만만합니다'라고 했습니다. 지금 사자와 술을 보내서 우리가 정돈되어 있고 여유만만함을 보여주시지요."

그리하여 그는 사람을 보내 자중에게 술을 올렸다. 자중도 만만치 않게 응대했다.

"님께서 언젠가 우리 초나라에서 나와 말씀을 나눈 적이 있는데, 역시 이런 까닭이었구려. 내 어찌 모를 수 있겠소."

그는 술을 받아먹고 사자를 보냈다. 그러고는 다시 북을 두드리며 싸웠다. 싸움은 아침부터 시작해서 별이 떠서야 일단 그쳤다. 그러자 초나라 중군을 이끌던 자반은 전군에 명을 내렸다.

"부상자 수를 조사하고, 보병과 전차병을 보충하고, 갑옷과 병기를 수리하고, 전차와 말의 대형을 갖추고, 닭이 울면 식사를 하고 명령을 기다려라."

진나라 쪽에서도 초군의 동태를 살피고 그들의 투지가 꺾이지 않은 것을 두려워했다. 그러나 진나라에는 묘분황이 있었다. 그는 맞불을 놓았다. 묘분황은 전군을 돌며 명령을 내렸다.

"전차를 살피고 보병을 보충하고, 말을 먹이고 병기를 벼리고, 진열을 정돈하고, 잠자리에서 아침을 먹고 신께 기도를 올려라. 내일 다시 싸우리라!"

이렇게 큰 소리로 명하고는 초나라 포로들을 일부러 놓아주었다. 포로들이 돌아와 진군이 일전을 불사하려고 준비한다는 말을 고하니 초나라 군의 사기가 급격히 떨어졌다. 그러자 공왕은 사령관인 자반과 의논하기 위해 자반에게 사람을 보냈다. 그런데 심부름꾼은 돌아와 청천벽력 같은 말을 전했다. 자반이 술에 취해 자고 있다는 것이었다. 그때 자반의 시종을 드는 곡양수穀陽豎가 그를 위로하기 위해 술을 주었는데 자반이 그만 취한 것이다. '수豎'는 어린 사내아이를 뜻하므로 그는 자반의 침실 수중을 드는 시동인 듯하다. 이 시동은 사령관이 당연히 내일 일전을 감행할 것이라고 생각했기에 술을 올린 것이고, 자반은 내일 더욱 열심히 싸우기 위해 술을 마시고 잠을 잤을 뿐이었다. 그러나 이 술 한 잔이 그의 운명을 가를 줄 누가 알았겠는가. 퇴각을 염두에 둔 공왕은 이 소식을 듣고 아연실색하고 말았다. 그러지 않아도 싸움에 밀리는 차에 사령관이 술에 취해 있다고 하니 겁을 먹었다. 그래서 공왕은 전군에 퇴각 명령을 내리고 야음을 타서 도주했다.

일단 하瑕로 퇴각한 후 공왕은 자반에게 사람을 보냈다. 그는 자반이 자결할까 두려웠다.

"전에 자옥이 싸움에 나섰을 때는 군주가 출정하지 않았다. 공자는 이번 패배를 자신의 잘못으로 돌리지 말라. 못난 나의 잘못이다."

그러자 자반은 재배한 후 이렇게 대답했다.

"군주께서 저에게 죽음을 내리시면 저는 죽어도 썩지 않을 것이옵니다. 신이 거느린 군사들이 달아났음은 실로 저의 죄이옵니다."

영윤 자중은 사람을 보내 자반을 문책했다.

"예전에 전쟁에서 패했을 때의 일은 그대도 알고 있을 것이오. 응당 책임을 지시오."

자반은 이렇게 대답하고 목숨을 끊었다.

"선대의 선례가 없다고 하더라도, 대부께서 명하시는데 저 측側(자반) 이 어찌 따르지 않을 수 있겠습니까? 군사를 망치고 제가 어찌 목숨을 구하겠습니까?"

공왕은 다시 사람을 보내 자살을 막고자 했다. 그러나 자반은 이미 이 세상 사람이 아니었다. 신공 무신의 저주는 이렇게 현실이 되었다.

공왕은 이 언릉 싸움의 충격을 영원히 잊지 못했다. 그리고 이후 전력을 다해 초나라 부흥에 힘을 쏟았다. 세월이 많이 흐르고 죽음에 이르러서도 그는 언릉을 잊지 않았다.《국어》〈초어〉와《좌전》에 그의 통한의 유언이 남아 있다.

> 못난 이 사람이 부덕하여 어려서 사직을 물려받았소이다. 태어나 십 년 만에 선군을 여의고 스승의 보우와 가르침을 받지 못하고도 이렇

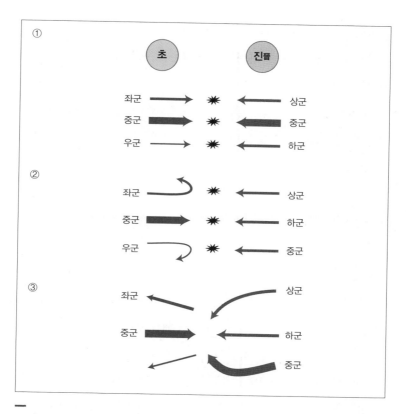

① 

초    진晉

좌군 ➡ ✳ ⬅ 상군
중군 ➡ ✳ ⬅ 중군
우군 → ✳ ⬅ 하군

② 

좌군 ↰ ✳ ⬅ 상군
중군 ➡ ✳ ⬅ 하군
우군 ↴ ✳ ⬅ 중군

③ 

좌군 ⬅ 상군
중군 ➡ ⬅ 하군
⬅ 중군

**언릉 싸움의 전투 시의도.**

게 다복한 군주가 되었소. 이 못난 이가 부덕하여 선군의 패업을 잃고
언릉에서 초나라 장정들을 몰살시켰으니, 이는 스스로의 죄요. 만약
몸이나마 무사하게 땅에 묻힌다면, 제사를 주관하는 이들은 내 시호
를 '영靈'이나 '여厲'로 해주시오.

대부들이 대답하지 못하자 다섯 번이나 이렇게 요구했다고 한다. '영'이란 공업을 이루기 위해 힘쓰지 않은 군주를 칭하고, 포학한 군주에게는 '여'라는 시호를 붙인다. 공왕이 언릉의 패배 이후 얼마나 뼈저리게 반성하고 살았는지 알아볼 수 있는 일화다. 그러나 한번 죽은 사람들은 되돌아올 수 없고 지난 일은 되돌릴 수 없는 것이다.

## 5. 승리가 위기를 부르다

싸움은 이렇게 진晉의 승리로 끝났다. 그러나 이 승리를 두려워하는 사람이 있었으니 바로 사섭이다. 그는 언릉에서 돌아와 종묘에 제사를 맡은 관원에게 자신이 빨리 죽도록 기도해달라고 부탁했다.

"군주는 교만하고 사치하면서도 전쟁에서 적수를 이겼다. 그러니 이는 하늘이 그 잘못을 더하고자 하는 것이니 장차 난리가 나리라. 나를 아끼는 이는 오직 나를 위해 기도해달라. 나를 빨리 죽여 난리를 보지 않게 하라. 그게 우리 범씨의 축복이다."

그리고 곧 세상을 떠났다.

이렇게 또 한 명의 진정한 춘추귀족이 떠났다. 손숙오도 가고, 신숙시는 늙었다.

《국어》〈진어〉에 진나라의 후대 정경인 조무趙武(조문자)가 숙향叔向과 함께 선대 경대부들을 평하는 대목이 나온다. 그들은 여러 경대부들의 무덤을 거닐면서 그들에 대한 이야기를 나누었다. 먼저 조무가 물었다.

"죽은 사람이 다시 살아나 일할 수 있다면, 그대는 누구와 더불어 함께하고 싶소[吾誰與歸]?"*

"양자陽子(양처보)가 어떻겠습니까?"

"양자의 행동은 나라에 대해 청렴하면서도 강직했다고 할 수 있소. 그러나 자신의 몸이 화를 당하는 것을 면치는 못했으니, 그 지혜는 칭찬할 정도는 아니오."

"그러면 구범舅犯(구범咎犯, 곧 호언狐偃)이면 될까요?"

"대저 구범은 이익을 보면 그 군주를 잊었으니, 그 인仁은 칭찬할 정도는 아니오. 수무자隨武子(범무자范武子, 곧 사회士會)가 있지 않소? 간쟁할 때는 그 스승을 잊지 않고, 말하고 행동할 때는 그 친구들을 잊지 않고, 군주를 섬기면서 나아갈 때는 자기 사람들을 끌고 들어가지 않고, 물러날 때는 아첨하지 않았으니까요[不援而進 不阿而退]."**

춘추시기 최상의 평가를 받은 귀족 범무자 사회, 그가 가르친 아들이 사섭이다. 미계의 싸움에서 사섭은 후미에서 들어왔다. 늙은 사회는 눈이 빠지도록 아들을 기다렸다. 제일 후미에 오는 아들이 너무 반

---

* 필자는 이 오묘한 말의 진짜 의미를 아직도 잘 알 수가 없다. '그대는 누구와 함께 돌아가리요?' 혹은 '누구와 함께 세상을 마치고 싶소?' 혹은 '누구와 함께 도에 귀의하리오?' 등의 의미로 추측된다. 《국어》의 여러 문장 중에서도 함축성이 극히 풍부한 부분이다.

** 《예기》〈단궁〉편에도 이 대화가 있는데 더 간략하다. 조무는 사회에 대해 "군주를 이익되게 하면서도 자신의 몸을 잊지 않았고, 신변의 안위를 도모하면서도 친구를 저버리지 않았다[利其君不忘其身 謀其身不遺其友]"고 평했다.

가운 나머지 잔소리를 한번 했다.

"너도 이 애비가 그토록 기다린다는 것을 알지 않느냐?"

그러자 사섭이 대답했다.

"제가 앞에 서면 국인들의 시선이 저로 향할까 두렵습니다. 그래서 감히 그렇게 하지 못했습니다."

이 말을 듣고 사회는 기뻐했다.

이렇게 춘추의 대인 범문자 사섭도 갔다. 어쩌면 전형적인 춘추형 귀족들은 그의 죽음과 함께 거의 사라졌는지 모른다. 물론 그의 후배 격인 숙향, 자산, 안영 같은 이들이 다시 춘추의 질서를 일으키려 노력하지만, 그들 세대가 가자 결국 춘추의 시대도 사라져갔다.

그런데 이 싸움의 와중에 사섭이 경고한 말들에 주목해야 한다. 결국 그의 우려는 모두 현실이 되고 말았다. 싸움이 승리로 끝나자 진나라 내부에는 엄청난 권력투쟁의 회오리가 몰아쳤다. 어떻게 전쟁의 승리가 위기를 초래했는가? 여기에 바로 춘추시대에서 전국시대로 넘어가는 열쇠가 있다. 그렇다면 전쟁의 이면에 있던 알력과 그 후과를 살펴보아야 한다. 도대체 왜 싸움은 시작되었는가?

일단 언뜻 싸움의 명분으로 돌아가자. 싸움의 명분은 분명하다. 패자를 가리자는 것이다. 그러나 실질적인 이유들은 그 뒤에 숨어 있다. 진나라가 내세운 구실 중 정나라를 자기편으로 만든다는 주장은 결국 실현되지 못했다. 정나라는 싸움에 패한 후에도 진나라에 굴복하지 않았을 뿐만 아니라, 이듬해 역으로 사실상 진나라의 속주인 허虛와 활滑을 공격했기 때문이다. 그러자 제후들이 다시 모여 정나라를 치려 하다가 초나라 영윤 자중이 위나라를 위협하자 제후들은 감히 행동하지 못했다. 겨울에 또다시 정나라를 포위했지만 초나라 공자 신申이 구원해서 제후들은 돌아갔다. 간단히 말해서 한 번의 승리로 국제질서는 크게 바뀌지 않았다.

초나라 입장에서는 어떤가? 장왕 이래 초나라는 황하를 건널 마음이 없었다. 그들은 동쪽을 지향했다. 그렇다면 동쪽에서 내실을 다지는 것이 현실적이었다. 그러나 북쪽에 대한 미련을 버리지 못하고 맹약을 어겼기 때문에 국제적으로 따돌림당하는 처지가 되었다. 그래서 정나라를 제외한 우호적인 제후들은 다 떨어져나갔다. 그렇다고 정나라가 초나라를 영원히 따를 것인가? 전혀 보장할 수 없다. 정나라는 나름대로 살 길을 모색하고 있었다. 물론 초왕이 정나라를 구원하고자 화살까지 맞은 마당에 당장은 배반할 수 없었을 것이다. 그러나 언제 진나라 편으로 갈지는 아무도 모른다. 그리고 훗날 정나라가 초나라만 바라보고 있지 않다는 사실이 그대로 밝혀졌다. 동방 개척으로 초는 오나라라는 벌집을 이미 건드려놓았는데, 엉뚱하게 북방의 들판에서 벌들을 막을 그물을 다 헤어놓은 격이었다. 이 싸움이 초나라에게 준 이익도 모호했다. 다만 동쪽에서 일할 수 있는 많은 장사들만 잃었다.

그리고 정나라로서도 크게 바뀐 것은 없었다. 그들은 여전히 줄타기를 시도해야 했다. 도대체 정나라가 과거에 얼마나 자주 바뀌었고, 또 앞으로 얼마나 변하는지 셀 수도 없을 것이다. 그 백성들은 또 어떻게 살았을까? 필의 싸움도 그렇고 언릉의 싸움도 그렇고 사실은 정나라가 부른 것이다. 필의 싸움의 상처가 가시기도 전에 초나라가 제시하는 토지를 덥석 물었다. 이 전장에서 진나라 장병들도 수없이 죽었는데 과연 정나라를 곱게 볼 것인가? 또 점점 더 세력이 강해지는 진나라의 여러 군수권자들이 정나라를 가만둘 것인가?

드디어 싸움의 이면을 이론적으로 살펴볼 때가 왔다. 두 가지 관점, 곧 국가의 '팽창 관성'과 토지와 권력을 둘러싼 '군주와 경대부들의 구조적인 갈등'으로 나누어 분석해보자.

먼저 초나라의 입장을 보자. 장왕 대의 팽창은 일종의 관성을 만들어냈다. 마치 후대의 한족들이 만리장성을 심리적인 경계로 삼았듯이 초나라는 황하를 잠재적인 국경으로 만들고 싶었다. 황하 이남에 적대국들을 두는 것은 불안했다. 그래서 정나라를 활용하고 싶어 한 것이다. 또 동쪽으로 나가려면 회하를 따라 나가야 했기에 항상 후방이 불안했다. 역시 정나라는 초나라가 동방으로 나갈 경우 후방의 위협이 된다. 사섭의 말처럼 초가 진에게 직접적인 위협이 되는 것도 아니었다. 그러나 진과 그 동맹국은 동쪽으로 나가려는 초에게 배후의 위협이 되었다. 그러기에 상황을 고려하지 않고 정나라를 무조건 자기들의 수중으로 넣으려 했다. 장왕 대의 팽창이 관성이 되어 무턱대고 밖으로 나간 것이다.

진나라 입장에서 보면 전쟁은 내정의 연장이었다. 전쟁을 통해 가문을 세우고, 전쟁을 통해 땅을 늘릴 수 있었다. 군주도 욕심이 있었고 경대부들도 욕심이 있었다. 전쟁은 그 욕심을 채우는 도구가 되었다. 명목상으로 전쟁은 국가와 국가 간의 대결이지만 전쟁의 주체들은 매우 복잡했다. 전쟁에서 지면 누가 책임질지를 두고 격론이 벌어졌고, 이기면 누구의 공인지를 두고 알력이 생겼다. 한정된 토지를 두고 상급 귀족과 상급 귀족, 귀족과 군주, 상급 귀족과 하급 귀족이 서로 갈등했는데, 이들은 모두 전쟁을 통해 이 문제를 해결하려 했다. 상급 귀족들은 전쟁에서 공을 세우면 토지에 대한 권리를 요구할 수 있었고, 전쟁을 통해 편제된 군대는 족병으로 흡수할 수 있었다. 한마디로 세력 키우기였다. 하급 귀족들은 그 나름대로 전공을 통해 상급 귀족으로 발돋움하려 했다. 또 전쟁을 통해 얻은 전리품, 포로, 땅은 모두 귀족들이 노리는 재산목록이었다. 군주도 그 나름대로 계획이 있었다. 군주는 전쟁으로 부상한 하급 귀족들을 이용해 상급 귀족들을 견제하려 했다. 특히 군주 자신이 출정해서 승리한 경우 국인들의 여론을 틈타 공실의 권위를 높이고 군주권을 강화할 수 있었다. 외가나 친가의 인재들을 등용하고 하급 귀족들에게 전리품을 분배함으로써 상급 귀족들을 제어할 수도 있었다.

드디어 사섭의 우려는 현실로 드러났다. 언릉에서 이긴 후 진은 주 왕실에 전리품을 바쳤다. 그때 극지는 싸움의 공이 자신의 것이라고 자랑했다. 여공이 보기에 그런 행동은 월권이었다. 사실 경대부들의 세력은 이미 너무 커져 있었다. 미계의 싸움에서 극극은 극씨 가문의 씨족군으로 제나라를 치겠다고 할 정도였으니 그들 씨족의 세력이 얼마나 컸는지 충분히 짐작된다. 여공은 여타 군주들과 마찬가지로 공실을 경대부들의 위에 두고 싶었을 것이다. 하지만 그의 시도는 결국 성공하지 못했다. 그러자면 군주를 지지하는 광범위한 농민대중이 있어야 한다. 그런데 춘추시대에는 아직 그런 대중이 없었다. 그 대신 그는

## 1. 토지 쟁탈전

– 상급 귀족은 하급 귀족의 토지를 침탈했고, 하급 귀족은 군주를 이용해 상급 귀족의 토지를 노렸다.

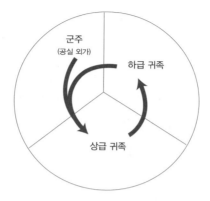

## 2. 권력 쟁탈전

– 상급 귀족은 군주권을 위협하고, 군주는 하급 귀족을 이용해 상급 귀족을 견제했다.

## 3. 합법적인 갈등 해결 방법

① 토지 확장 → 침략
② 군공을 통한 재분배 → 하급 귀족의 호전성, 상급 귀족의 보수성으로 귀결.

그러나 이런 방법이 통하지 않을 때, 음모를 써서 상대를 제거하고, 제거된 상대의 재산을 분할함.

진나라 내부의 갈등구조.

경대부들 사이의 알력을 이용하여 군주권을 강화하려 했다. 이런 얕은 수는 일견 쉬워 보이지만 항상 뒤가 좋지 않은 방법이다. 경대부들은 이익을 좇아 당파싸움을 벌이지만, 막상 군주와 알력이 생기면 군주권의 대항마로서 제 나름대로 동업자 의식을 발휘하는 사람들이다.

언릉의 싸움을 끝낸 이듬해 진나라 조정에서 어떤 일이 일어났는지 알아보자. 싸움의 승리를 자신의 공으로 여긴 여공은 구 대부들을 모두 제거하고 자신의 총신들로 채우려 했다. 제거 대상은 물론 극씨 가문이었다. 그는 그 적임자로 서동胥童을 찾았다. 서씨는 원래 대씨족이었지만 6군 수장의 한자리를 차지하지 못해 서서히 위상이 추락한 상황이었고, 특히 서동은 아버지 서극胥克이 극결거郤缺 때문에 하군의 부장이 되지 못한 일로 극씨를 원망하고 있었다. 또 극씨와 토지 분쟁을 일으킨 사람도 많았다. 여공은 이들을 이용하려 했다. 극기는 이양오夷陽五의 토지를 빼앗았고, 극주는 장어교長魚矯의 토지를 빼앗았다. 그러니 둘은 극씨 가문을 저주하고 있었다. 이를 보면 당시 대부 가문들 사이에서도 유력 가문이 미력한 가문의 토지를 뺏는 일이 얼마나 비일비재했는지 짐작할 수 있다. 이것이 바로 사섭이 걱정하는 진나라의 상황이었다. 유력 가문이 세도를 피워도 함부로 형을 집행할 수 없었다. 다만 작은 가문들만 형을 받을 뿐이었다. 물론 군주가 그런 유력 가문을 좋아할 리 없었다. 정전제가 붕괴하고 유력 가문들의 채읍이 나날이 늘어가고 그들의 씨족군이 군대의 주류가 되는 형편이었지만, 군주가 간섭하고 통제하기는 어려워졌다.

이 문제를 타결하는 방법은 두 가지다. 일단 국도 주위의 토지를 6군을 이끌고 있는 경대부들에게 전공으로 주고도 남으면 된다. 그들의 욕구를 다 채울 수 있다면 아마 분쟁이 일어나지 않을 것이다. 그러나 실상은 그렇지 않았다. 지나친 토지 이용으로 토지가 척박해지자 진나라는 도읍을 옮겨야 했다. 국도 주변의 토지는 이미 다 개간되었다. 물론 외부의 토지를 개간하는 방법도 있다. 그러나 중앙을 떠나 새로 개간된 외부의 토지로 갈 경대부는 아직 많지 않았다.

이렇게 토지를 대대적으로 늘리는 방법이 안 된다면 두 번째 방법은 경대부들의 채읍을 줄이든지, 군주의 직할지를 줄이든지, 경대부들의 수를 줄이든지, 어떻게든 가지고 있는 토지를 잘 분배하는 것이다. 사실 군주와 경대부, 경대부와 경대부, 경대부와 총신들 사이에 알력이 터져 나오는 것은 많은 원정으로 군공을 받을 사람들은 늘어나는데 토지는 한정되어 있었기 때문이다. 토지를 늘리기는 어려웠기 때문에 두 번째 방법이 더 현실적으로 다가왔다.

이렇게 사섭이 말했듯이 경대부 거족들의 권한 강화는 그 아래 사람들의 희생을 강요했다. 그들은 토지를 빼앗기고, 조금만 잘못해도 형벌을 받았다. 거족들을 겨냥한 도끼는 쓰지 않고 자잘한 사족들을 겨냥한 칼날만 번뜩였다. 만약 여공이 엄격한 도덕성을 가지고 경대부 거족들에 대한 이들 하급 사족들의 불만을 개혁의 힘으로 승화시켰다면 그의 시도는 성공했을 수도 있다. 권력관계를 재편하는 이에게는 항상 최고의 도덕성이 요구된다. 그러나 여공은 그런 인물이 아니었다. 그는 사족 대중의 힘을 이용할 능력도 없었고, 개혁을 수행할 도덕성도 없었다. 그는 필부로서 다만 욕심이 많았을 뿐이다. 그는 경대부들 내부의 알력과 일부 총신들의 욕심을 이용했다.

그래서 난서가 나섰다. 난서 역시 극씨 가문이 정국을 주도하는 것을 원하지 않았다. 특히 언릉의 싸움에서 극지가 연합군을 기다리지 않고 독자적으로 공격한 것을 월권행위이자 공을 탐낸 행위로 여겼다. 그러던 차에 여공이 극지를 노리고 있으니 기회가 온 것이다. 난서는 포로로 와 있던 초나라 공자 패를 이용하여 여공에게 극지를 모함하게 했다.

"극지가 초왕과 내통하여 초군을 끌어들였습니다. 그는 초왕에게, '이번에 우리는 반드시 패할 것입니다. 저는 공손 주周를 공으로 받들어 올리고 군주(공왕)를 섬기겠나이다'라고 했습니다."

여공의 의심과 질투에 불을 지피는 고도의 모략이었다. 여공은 난서를 불러 상황을 물어보았다. 난서는 음흉하게도 맞장구쳤다.

"아마도 그랬을 것입니다. 그렇지 않다면 어떻게 언릉의 싸움에서 죽음을 무릅쓰고 적이 보낸 사자를 맞았겠습니까? 군주께서는 한번 그를 주나라 왕실에 사자로 보내 살펴보시지요."

그래서 극지를 사자로 보냈는데, 난서는 따로 사람을 보내 당시 주나라에 있던 공손 주에게 극지를 만나보라고 했다. 물론 그 둘은 만났고, 그들의 만남은 바로 여공의 정보망에 포착되었다. 난서의 음모는 성공했다.

여공은 이미 극씨를 제거하기로 마음을 먹었다. 이후 여공은 경대부들과 함께 사냥을 나갔다. 그 자리에서 여공은 다시 경대부들을 무시하고 부인과 먼저 사냥감으로 술을 먹었다. 그런 후에 경대부들이 먹게 했다. 한편 극지는 자신이 잡은 돼지를 여공에게 올렸다. 그때 군주의 시중관이 무례하게 그 돼지를 빼앗으려 했다. 그러자 극지는 활로 그 시중관을 쏘아 죽였다. 경대부들의 불만을 드러내 보인 것이다. 무례한 군주와 무례한 신하가 벌인 한바탕 활극이었다. 이 일에 여공은 분노를 삼켰다.

"계자季子(극지)는 나를 우습게 보는구면."

여공이 기회를 보아 드디어 대부들을 제거하려 할 때 서동이 제안했다.

"반드시 먼저 3극을 쳐야 합니다. 씨족이 비대해졌고 원망도 많이 사고 있습니다."

그런 소문이 극씨 측에도 들어갔다. 그러자 극기가 선수를 치려 했다.

"우리를 치면 그쪽도 편하지는 않을 것이다."

그러나 극지가 말렸다. 극지는 무례하고 욕심이 많았지만 여전히 춘추의 예의를 몸에 익힌 귀족이었다. 평소의 행동과 관념 사이의 간격이 그를 우물쭈물하게 했다.

"아니 됩니다. 사람이 몸을 세우는 것은 신의와 지혜, 용기 때문입니다. 신의가 있는 이는 군주를 배반하지 않고, 지혜로운 이는 백성을 해치지 않으며, 용감한 이는 난리를 일으키지 않습니다. 이 세 가지를 잃으면 누가 우리와 함께하겠습니까. 내가 죄가 있으면 지금 죽어도 늦은 것이고, 죄가 없다면 군주는 민심을 잃을 것입니다. 명을 기다리겠습니다. 군주의 녹을 받아서 이렇게 무리들을 모았습니다. 그런데 무리들이 있다고 군주의 명을 거역한다면 그 죄가 크지 않겠습니까?"

그러나 설마 했던 일이 드디어 일어났다. 기다리던 명은 오지 않고 여공의 총신들이 들이쳤다. 그들은 극씨 가문을 급습해 창을 휘둘렀다. 극주는 분노했다.

"너 따위 녀석의 창날에 맞을쏘냐?"

그는 탈출을 시도했지만 너무 늦었다. 장거교가 극주의 수레까지 쫓아와 창으로 찍었다. 이렇게 진나라 최고의 맹장은 허무하게 죽었다. 그러나 서동은 여기서 그치지 않았다. 서동은 조정에서 무기로 난서와 중행언(순언)까지 위협했다. 위기 때 동업자 정신을 발휘하는 상급 귀족들의 속성을 간파하고 있었기 때문이다. 장어교는 난서와 중행언도 죽여야 한다고 주장했다.

"저 둘을 죽이지 않으면 반드시 군주가 우환을 입을 것입니다."

그러나 여공은 이번에는 반대했다. 그는 살육을 시작했지만 막상 일이 커지자 당황했다.

"하루아침에 삼경을 죽이는 일은 차마 하지 못하겠소."

그 대신 그는 난서와 중행언을 불러 은근히 협박했다.

"관인이 극씨들을 토벌해서 죽인 것은 그들의 죄 때문이오. 대부들은 욕보실 거 없으니, 원래 직위로 돌아가시오."

그러자 난서와 중행언은 진땀을 흘리며 물러났다.

"군주께서 죄 있는 자들을 토벌하심에, 저희 둘은 죽음을 면했으니 이는 모두 군주의 은혜이옵니다. 저희 둘은 설령 죽는 한이 있더라도 군주의 은혜를 잊지 않겠나이다."

어쩌면 일이 여기서 일단락될 수도 있었을 것이다. 그러나 여공의 행동은 비열했다. 그는 나라에 큰 공을 세운 극씨들의 시신을 조정에 널어놓았고, 가산을 나누어 여러 첩들에게 나누어 주었다. 앞서 말한 대로 경대부들은 서로 싸우기도 하지만 동지의식도 가지고 있는 계급이다. 그들은 여공의 비열하고 부도덕한 행동에 치를 떨었다. 여공은 서동을 경으로 승진시켰다. 난서와 중행언이 위협을 느끼는 것은 당연했다.

만약 여공이 극씨에게서 뺏은 땅을 국인들에게 나누어 주고 그들의 지지를 얻었다면 상황은 달라졌을 것이다. 그러나 여공은 그럴 만한 안목이 없었다. 그는 당장 고립되었다.

난서와 중행언은 돌아가자마자 여공을 죽이기로 모의했다. 그들은 한궐과 사섭의 아들 범개(사개)를 끌어들이려 했지만 이들은 모두 거절했다. 그러나 한궐과 범개는 군주의 편도 되지 않았다. 항상 거사에는 관망파들이 있다. 결국 난서와 중행언은 서동을 죽이고 여공도 죽였다. 고립된 군주는 필부에 불과했다. 그들은 극지가 세우려 했다고 한 공자 주를 데려와서 세웠다. 극지가 공자 주를 세우고자 반란을 기도한다고 모함하고는 자신들이 그 반란을 실천한 것이다. 그러니 애초에 군주를 위한다는 명분은 허사일 뿐이고 사실은 모두 자신의 활로에만 관심이 있었다. 이 활극은 강대국 공실과 대부들, 그리고 대부들 내부의 알력이 어디까지 진행되었는지 잘 보여준다.

전쟁은 참전자들의 권력을 강화시킨다. 사섭은 전쟁을 막아서 그 갈등이 극에 달하지 않게 하려고 노력했다. 그러나 세상은 점점 험악해졌다. 그해 제나라는 대부 국좌國佐를 죽였다. 이유는 3극의 죽음과 별

| | 대외 상황 | 국내 상황 |
|---|---|---|
| 진 | 제의 배반으로 전선이 3개(초, 진秦, 제)로 확대됨. | 군주, 상위 귀족, 하위 귀족 간의 토지·권력 쟁탈전이 격심해짐. |
| 초 | 오의 등장으로 전선이 2개(진晉, 오)로 확대됨. | 오랜 정벌전으로 국인들과 위성 국가(도시)들이 이반할 조짐을 보임. |

• 진나라 입장에서는 전쟁이 계속되면 국내의 혼란을 정리할 시간이 없고, 초나라 입장에서는 전쟁이 계속되면 신흥 오를 제어할 방법이 없었다. 그래서 양자는 평화협정을 물색했다.

로 다르지 않았다.

물론 언릉의 싸움이 아무런 성과도 없는 것은 아니었다. 비록 사섭과 신숙시의 충고는 받아들여지지 않았지만 서서히 진과 초 양국 내에서는 그들 사이의 싸움이 쌍방의 이익에 부합하지 않는다는 암묵적인 상호합의가 생겨났다. 어떤 국가도 두 개의 전선을 동시에 유지할 수 없다. 진秦과 오吳가 다가오고 있었다. 마냥 양대 강국이 서로 싸우다가는 진秦과 오吳만 배불릴 판이었다. 그리고 양국의 대규모 싸움은 필연적으로 내부의 갈등을 격화시켰다. 그들은 아직 그 갈등을 처리할 준비가 되어 있지 않았다. 그렇다면 싸움을 멈춰야 했다.

# 제13장

## 대단원

### : 성공적인 팽창의 조건

...

춘추 세 번째 패자를 자임한 초나라 이야기를 서서히 정리할 시간이 되었다. 이 시대는 실로 싸움의 시대였다. 장왕이 포문을 열었고 공왕이 뒤를 이었다. 장왕은 유례없는 영토 팽창을 이루었다. 그러나 공왕 대에 이르자 그 속도는 유지되지 않았다.

장왕과 공왕의 차이점은 무엇인가? 그리고 또 초가 춘추 중기에서 전국 초기까지 모든 국가들을 제치고 가장 넓은 땅을 차지할 수 있었던 비결은 무엇일까?

## 1. 절제: 임계점을 넘지 않는다 ━━━━━

장왕과 공왕의 차이점은 '멈춤'이다.

고무풍선을 분다고 생각해보자. 불어넣는 공기의 양을 풍선의 탄성을 계산하여 정해놓았다고 가정하자. 처음에 고무풍선 내부의 압력이 외부보다 크기 때문에 풍선은 부풀어 오른다. 만약 부풀어 오르지 못하게 손으로 잡는다면 다른 부분들이 갑자기 부풀어 올라서 풍선은 터지고 만다. 이때는 풍선을 놓아주는 것이 안전하다. 팽창이 가능한 시기다. 그리고 공기가 다 들어가면 내부와 외부의 압력이 같아지고 풍선은 안정된다. 이 상태가 바로 내외부의 기압과 풍선 표면의 인장강도가 균형을 이루는 지점이다. 팽창이 멈추는 시기다.

그런데 그 풍선에 공기를 더 불어넣으면 어떻게 되는가? 풍선은 터

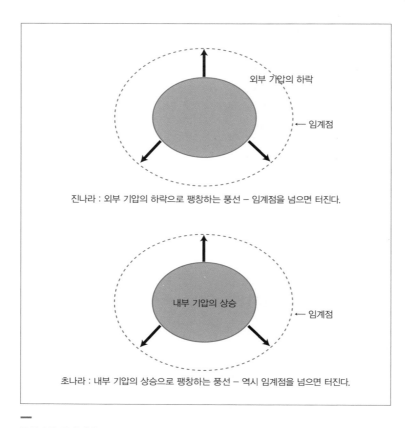

진나라 : 외부 기압의 하락으로 팽창하는 풍선 – 임계점을 넘으면 터진다.

초나라 : 내부 기압의 상승으로 팽창하는 풍선 – 역시 임계점을 넘으면 터진다.

풍선과 진–초의 관계.

지고 만다. 혹은 풍선을 하늘 높이 올려서 외부의 기압을 낮추면 어떻게 되는가? 역시 풍선은 부풀어서 터지고 만다. 신숙시는 풍선에 바람을 너무 많이 넣어서 터지는 것을 우려했다. 그래서 초나라가 견딜 수 있는 힘 이상으로 힘을 쓰지 말라고 했다. 사섭은 풍선 외부의 기압이 떨어져 풍선이 팽창해서 터지는 것을 우려했다. 그래서 초나라가 약하다고 진나라가 견딜 수 없을 만큼 달려들지 말라고 했다. 그런 행동을 그는 요행이라고 했다. 내부의 기압이 너무 높아도, 외부의 기압이 너무 낮아도 임계점에 오른 풍선은 터진다.

뛰어난 정치가란 누구인가? 그 임계점을 알고 있는 사람, 바로 장왕 같은 사람이다. 그래서 필자는 장왕의 멈춤은 노자의 사상과 상통하며, 또 멈춤을 아는 것이 바로 정치가의 임무라고 했다. 그러나 대부분의 운동은 관성의 지배를 받기 때문에 평형에서 멈추지 못한다. 특히 격렬한 폭발기의 운동은 균형점을 쉽게 지난다. 장왕이 흔들어놓은 질서가 바로 그런 것이었다. 어린 공왕은 그 균형점을 계산할 만큼 노련한 감각은 없었다. 균형을 지나치면 지나칠수록 후과는 컸다.


## 2. 통합: 차이는 있으되 차별은 없다 ━━━━

그렇다고 하더라도 장왕 대의 급격한 팽창과 공왕 대의 동진은 놀라운 성과였다. 그 이면에 사회경제사적인 측면도 있지 않았을까? 어떻게 초는 그렇게 빠른 시일 안에 강대해졌을까? 태행산맥 일대의 적족들과 관중 주위의 여러 융족들은 진晉과 진秦이 아무리 강해진다고 해도 자발적으로 복종하지 않았다. 특히 적족은 항상 위협적인 존재였다. 그런데 초나라는 한수를 넘자마자 회하로 들어갔고 그 일대의 수많은 종족들이 초의 휘하로 들어왔다. 회이든 동이든 월족이든, 모두 초와는 확연히 다른 민족들이었다. 그런데도 그들과 초 사이에는 중원민족과 적족狄族의 강렬한 투쟁은 없었다. 그 이유는 무엇일까?

어떤 이들은 초인들의 관대함을 이유로 꼽는다. 그들은 전쟁에서 이겨도 상대편을 노예로 부리지 않았다는 것이다. 《좌전》에는 진나라가 전쟁에서 승리한 후 노획한 재물과 포로에 대한 기록들이 즐비하다. 적인이든 초인이든 포로로 잡히면 주 왕실에 진상되고, 대부급 인물이 아니면 전리품으로 분배되었다. 이민족을 포로로 잡아 노예로 부리는 것은 황화 주변 화하족의 오랜 전통이었다.

노예로 쓸 수 있는 사람들은 당연히 이민족이었다. 화하 여러 나라들은 형식적으로는 모두 주 왕실의 신하이기 때문에 서로 종속관계를 맺을 수는 없었다. 그러나 이민족들이라면 포획해서 물건으로 취급할 수 있었다. 그렇기 때문에 성복의 싸움 뒤에 진晉 문공은 '초나라 포로 1000명과 말 400필'을 천자에게 진상했지만, 장왕은 육혼의 융을 공격한 후 포로를 바치지는 않았다. 또 '선공 15년'에 진晉의 순임보가 적족을 쳐서 승리하자 그에게 적족의 '1000호'를 상으로 주었으니 이들은 사실상 농노가 되었다. 또 그때 싸움에서 얻은 포로들을 주나라 천자에게 바쳤다. 그 이듬해에도 적족 포로들을 바쳤다. 물론 천자에게 바치지 않고 경대부들의 씨족군으로 편입된 이나 노예가 된 이들도 많았을 것이다. 왜냐하면 진나라가 수행하는 전쟁마다 적족들의 참전이 확인되기 때문이다. 그러나 장왕은 자중이 송나라와의 전쟁에 참여하

---

• 장정명 지음, 남종진 옮김, 《초문화사》(동문선, 2002년), 70~74쪽 참조. 장정명의 지적은 아직 고고학적으로 밝히기는 무리지만 탁견이라 할 수 있다.

여 승리한 상으로 신申과 여呂를 채읍으로 달라고 하자 거부했다. 물론 신과 여는 초나라 땅이지만 국가의 공지이기 때문에 개인에게 줄 수는 없다는 이유였다. 그 땅에는 이미 지방관인 윤尹이나 공公이 있었다. 국가의 동량이던 손숙오에게 준 땅을 제외하면 초나라는 기본적으로 세습을 인정하지 않았다. 장왕이 진나라를 쳐서 데려온 사람들을 한곳에 모아 살게 하고는 하주夏州라고 불렀지만 역시 그들을 노예로 쓰지는 않았다.

초에 노예제가 존재했는가? 물론 포로들에 대한 기록들은 있다. 그리고 계급제의 기록도 있다. 전쟁이 있으면 포로는 당연히 생긴다. 그러나 그 포로들을 물건처럼 증여했다는 기록은 없다.

주나라 천자에게 전리품을 바치는 데는 원칙이 있었다. 곧 제후들이 사방의 오랑캐를 쳐서 얻은 전리품은 천자에게 바친다[凡諸侯有四夷之功則獻于王]. 그러나 주나라 천자가 봉한 국가들끼리 치른 싸움에서 얻은 전리품은 바치지 않으며 또 제후들끼리는 서로 포로를 넘기지 않는다[中國則否 諸侯不相遺俘]. 이 기묘한 이분법의 기준은 무엇일까?

한때 제 환공이 산융을 쳐서 이긴 후 전리품을 바쳤는데《좌전》은 이를 예의에 어긋난 것이라고 적었다. 산융도 천자의 제후국이라는 뜻이다. 그런데 시간이 좀 지나면 천자는 진이 적狄을 치거나 초와의 싸움에서 이겼을 때의 전리품을 좋아라고 받는다. 중원국가들과 산융은 교류가 적었지만 초와는 교류가 많았다. 그런데도 초는 오랑캐고 산융은 천자의 제후국인가? 주나라가 조금이라도 권위가 있을 때는 중국을 비교적 넓게 잡았다. 그래서 사실은 아무런 관계도 없는 산융도 중국의 일부로 대한 것이다. 그러나 제후들이 강해지고 주나라가 힘이 없어지자 점점 더 동성을 중시하고 나머지는 오랑캐로 대했다. 그리고 전리품이나 포로는 주면 그저 고마울 뿐이었다.

중원과 오랑캐의 제도 중에 무엇이 더 야만적인가? 중국에 속하지 않는 나라들을 무조건 배척하고 그 사람들을 노예로 쓰는 사회가 야만적인가, 아니면 자신과 다른 종족들을 포용하고 장점을 흡수하여 새로운 문화를 만들어내는 사회가 야만적인가? 낡은 중원의 사상으로는 팽창하는 세계를 담지할 수 없었다. 아마도 초가 등장하지 않았다면 중국의 팽창은 거기에서 멈추었을지도 모른다.

생산의 주체로 인간을 대하는 관념 면에서 초는 제하 국가들보다 선진적이었다. 동방의 수많은 나라가 초나라에게 점령당했다. 그러나 이들은 별다른 저항 없이 초나라로 흡수되었다. 그래서 초는 급격히 영토를 늘려나갈 수 있었다. 춘추시기 북방의 진晉나라는 물론 강했지만 당시에는 땅을 넓히는 재주는 적었다. 이후 전국시대 초엽에 독립한 진나라의 대씨족들이 무자비한 정복활동을 벌여 땅을 키웠을 뿐이다.

실제로 초가 어떤 나라인지 아직 다 알기는 어렵다. 그러나 장왕이 점령한 땅을 손숙오가 논으로 만들었다는 것은 역사적인 사건이다. 그리고 최소한 기록상으로는 대단한 반항은 없었다. 남방의 여러 민족을 통합하고 아울러 전국시대, 나아가 통일기에 중국의 영토를 회하는 물론 장강 이남까지 확장시킨 나라는 제나라도 아니고 진나라도 아닌 바로 초나라였다.

앞으로 실증적인 연구를 기다려야겠지만 동주시기 초나라에 다수의 전쟁포로 노예들이 존재했는지는 아직 알 길이 없다. 만약 없었다면 이것이 엄청난 발전의 동력이 되었음을 부인할 수 없다. 가장 많은 '오랑캐' 민족들을 가장 빠른 시간에 아우른 이들 역시 '오랑캐'였다는 것은 시사하는 점이 크다. 초는 오랑캐의 힘을 보여주었다. 이후 이 오랑캐들은 문화적인 면에서도 중원을 앞지른다. 이제 우리는 오랑캐의 정의를 다시 만들어야 한다.

《노자》에 "골짜기는 낮은 곳에 처하기에 물을 받아들인다"고 했는데, 초는 화하가 아닌 2류 민족이었기에 그 많은 민족들을 받아들일 수 있었을 것이다. 아마 초가 없었으면 화하는 황하를 벗어나 더 이상 발전하지 못했을 것이다.

이 모든 것을 증명하기가 매우 어렵다 해도 필자는 장왕과 손숙오가 기존의 인간들과는 확연히 다른 변화무쌍한 '초나라 사람들'이라는 것을 부인하지는 못한다. 이제 다음 권에서 초와의 격렬한 투쟁과 화합을 거치면서 탄생한 중원의 뛰어난 정치인들을 만나게 될 것이다. 초가 없었다면 역시 그들도 없었을 것이다.

깊이 읽기

초인楚人은
누구인가?

...

현재의 중국은 한때 중원인들과는 판이하게 다른 종족으로 여긴 초인들이 살던 땅까지 차지하고 있다. 그뿐 아니라 춘추시대에는 정체도 알지 못하던 곳들까지 버젓이 차지하고 있다. 심지어 히말라야 북쪽의 고원지대, 타림 분지 일대의 사막지대도 모두 '중국 사람'들이 살고 있다. 이 땅들은 모두 처음에는 중국인들이 적대시하던 민족들이 살던 곳이었다. 그래서 오늘날 중국에서 어떤 민족의 근원을 따지는 일은 늘 정치적으로 민감한 문제다. 56개 민족이 '화합하여' 중국을 만들었기 때문에, 민족의 근원을 지나치게 강조하는 사람들은 항상 경계의 눈초리를 받는다.

"역사는 현재와 과거 사이의 대화"*라는 유명한 명제는 오늘날 역사가 처한 운명을 암시적으로 묘사한다. 사실상 과거는 이미 사라졌고 오직 현재만 남았다. 그래서 현재의 힘은 점점 더 강력해진다. 오직 현재만 말할 수 있기 때문에 사라진 사람들은 "후손들의 무지막지한 저평가"[5]에 시달리기도 한다. 중국의 고대 중원인들이 한자로 남긴 기록의 위력을 목도하고 나면, "현재"와 "후손"을 '기록'으로 바꾸어 말해도 좋을 것이다. 최소한 중국을 중심으로 한 역사는 '기록과 사실의 대결'이며, '기록은 사실을 무자비하게 저평가한다.' 기록에 의하면 북쪽에 사는 사람은 북쪽 오랑캐(북적北狄), 동쪽에 사는 사람은 동쪽 오랑캐(동이東夷)다. 기록의 힘은 거침이 없다.

어려운 문제이지만 초인楚人이 누구인지 언급해야 할 시점이다. 최소한 춘추시기에 초인은 중원인들의 대척점에 있었다. 이 사실은 무시하고 싶어도 무시할 수 없었다. 중원인들은 초인들을 이기면 좋고, 지면 야만인이라고

---

• E. H. 카의 강연집 《역사란 무엇인가》에 나오는 유명한 문구다.

무시하는 '정신승리법'에 만족할 수밖에 없었다. 진센가 중원이 초를 압도한 이후부터 중원인들 중심의 기록에 의해 초는 형편없이 줄어들었다. 그래서 초는 그야말로 무지막지한 저평가를 감내할 수밖에 없었다.

　그래서 거의 3000년 전에 형성된 초楚라는 집단의 실체를 밝히는 것은 난망하다. 그리고 수많은 전문가들이 하는 말들도 각각 다르다. 사실 필자도 초인의 실체를 밝힐 능력이 없다. 따라서 여기서는 다만 기록들이 전하는 이야기를 비판적으로 검토하고, 초인들의 연원이 어떻든 춘추시기에는 중원과는 다른 독자적인 문화를 가지고 있었다는 점을 말하려 한다. 중국이 보기에는 마찬가지로 '소수민족'인 한민족韓民族의 입장에서 중국의 거대함을 부정하겠다는 것이 아니다. 다만 단편적으로 남아 있는 기록들에 기대어 견강부회하는 태도를 버리겠다는 것이다. 앞에서 문서를 비판적으로 검토하겠다고 한 것이 바로 이 뜻이다. 고문서가 모두 진실은 아니다. "우리들은 이 사람들같이 속임을 당해도 좋을 만큼 넓은 도량이 없음을 부끄러워하지만, 동시에 이러한 사람들과 같은 노예근성이 없음을 기쁘게 생각한다"*는 어느 학자의 비판적인 태도를 견지하면 이야기는 훨씬 다채롭고 재미있어진다. 결론적으로 말해서 민족들의 연원에 대한 고대의 한자 기록들은 최소한 5할은 허구다. 초인은 원래 중원이 아니라 남방에 기원을 둔, 중원인들과는 완전히 다른 종족이었다.

---

* 루쉰의 소설 《아큐정전》에 나오는 주인공 아큐의 심리는 당시 중국인의 허세를 대변한다. 그는 실력이 부족하면 항상 "내가 봐줘서 그런 것이다"라고 자위한다.

# 1. 고대 국가들의 기원에 대한 《사기》의 기록 ━━━━━

《사기》〈오제본기〉는 스스로 밝히듯이 사마천이 온갖 자료들을 모아 그중에 어느 정도 신빙성이 있다고 생각하는 것을 일관성 있게 정리한 책이다. 중국의 상고사는 다음과 같이 정리된다.

오제에 들어가지는 않지만 이야기를 연 사람은 염제 신농炎帝神農씨다. 쿠데타를 통해 염제의 치세를 끝내고 집권한 황제 헌원黃帝軒轅씨가 있으니 그가 바로 오제의 첫 번째다. 그다음으로 황제의 혈맥을 이은 사람이 손자인 전욱 고양顓頊高陽씨다. 그다음은 고양씨의 아들은 아니지만 역시 혈족으로 황제의 증손인 제곡 고신帝嚳高辛씨다. 그다음은 제곡의 아들인 요임금 도당陶唐씨고, 그다음은 요임금에게서 선양받은 순임금 유우有虞씨다. 유우씨는 또한 전욱의 손자인 우임금 하후

•오제와 하나라의 세계표

| | 염제 신농炎帝神農씨 | |
|---|---|---|
| 제1제 | 황제 헌원黃帝軒轅씨 | 전쟁으로 염제를 몰아냄. |
| 제2제 | 전욱 고양顓頊高陽씨 | 황제의 혈통. 세습. |
| 제3제 | 제곡 고신帝嚳高辛씨 | 황제의 혈통. 세습. |
| 제4제 | 요임금 도당陶唐씨 | 황제의 혈통. 세습. |
| 제5제 | 순임금 유우有虞씨 | 능력으로 선양받음. |
| 하나라의 시조 | 우임금 하후夏后씨 | 능력과 혈통(황제 혈통)으로 선양받음. |

씨에게 자리를 물려준다.

이리하여 우임금에 이르러 전설적인 하왕조가 성립된다. 그리고 하나라 500년의 역사를 종식시킨 이는 명실공히 실존한 역사상의 왕조인 상商을 연 탕湯이다. 상은 아마도 기원전 18세기 무렵에 세워진 듯하다. 상의 역법은 대단히 정교하고 갑골문 기록들이 상 왕조의 세계世系를 보충해주기 때문에 그 실재에 대한 의문은 비교적 적다.

〈오제본기〉의 정확성에 대해서는 확언할 길이 없다. 다만 그중 일부는 사실을 반영한 것이라는 추측만 가능하다. 그리고 이어지는 이야기의 모티브들은 서로 비슷하기도 하고, 시간을 두고 뒤섞여 있기 때문에 시대에 관계없이 후대인의 상상력이 들어간 것임은 분명하다. 이야기를 이어가 보자.

상商의 시조 설契은 제곡의 둘째 부인 간적簡狄의 아들이다. 간적은 제비 알을 삼켜 설을 낳았다. 설은 순임금에게서 자성子姓을 받았다.

바로 의문이 제기된다. 왜 제곡의 부인 간적은 제곡의 피를 받지 않고 제비의 알을 삼켜서 잉태했을까? 학자들은 이 이야기가 모계사회를 반영한다고 한다. 그렇다면 제곡의 부인 이야기는 후대에 추가했을 가능성이 크다. 모계사회가 부계사회의 상징인 오제와 병행할 수 있을까? '성姓'은 대체로 모계사회의 부족명을 말한다. 그런데 어떻게 왕이 성을 하사할 수 있을까? 왕은 주로 '씨氏'를 하사한다.'

그다음 기사로 넘어가자.

주周의 시조 후직后稷은 제곡의 첫째 부인 강원姜原의 아들이다. 강원은 거인의 발자국을 밟아 후직을 낳았다. 후직은 요임금에게서 희姬성을 받았다.

누가 봐도 알 수 있는 똑같은 구조다. 버젓이 아비가 있지만 거인의

---

• 오늘날에는 '성'과 '씨'가 구별 없이 사용되지만 고대 중국에서 성과 씨의 의미는 완전히 달랐다. 원래 한자로 성姓은 '여자[女]가 낳은[生] 자녀들'이라는 뜻으로 모계 씨족사회에서 동일한 모계 혈족을 구분하기 위해 나타났다. 그래서 '희姬', '강姜', '영嬴' 등 초기의 성들에는 '계집 녀女' 자가 포함된 것이 많다. 그런데 사회가 점차 부계사회로 바뀌면서 성이 부계 혈통을 나타내는 것으로 쓰이게 되었다.

이어 사회가 발달하면서 종족의 인구가 늘고 거주 지역이 확산되자, 하나의 성에서 갈라진 지파가 생겨나고, 이들은 새로운 거주지나 조상의 이름 등을 따서 자신들을 구별할 새로운 칭호를 사용하기 시작했다. 이처럼 하나의 성에서 갈라진 계통을 구별하기 위해 씨라는 칭호가 사용된 것이다. 예를 들어 초나라 왕들은 대대로 웅씨熊氏가 계승했지만, 성姓은 미羋였다.

이러한 성과 씨의 구별은 춘추전국시대에 이르기까지 뚜렷하게 나타났는데, 당시 귀족들이 분봉받은 채읍의 지명이나 관직, 조상의 자字나 시호諡號, 작위爵位, 거처居處 등을 씨로 하는 경우가 많았다. 그러다 보니 부자父子 사이에도 성은 같지만 씨가 다른 경우가 생겼고, 성은 다른데 씨가 같은 경우도 나타났다. 이러한 성과 씨의 구별은 종법질서가 무너진 춘추전국 시대를 거쳐 진한 대에 이르러 점차 그 차이를 잃고 오늘날과 같은 의미를 갖게 되었다.

| | 시조 | 탄생 | 성姓(권위)의 획득 | 추론 |
|---|---|---|---|---|
| 상나라 | 설契 | 제곡의 둘째 부인 간적簡狄의 아들. 간적은 제비 알을 삼켜 설을 낳았다. | 우의 치수를 도와 순임금에게서 자성子姓을 받음. | 상나라와 주나라 시조설화는 비슷한 시기에 생겼다. 주인들은 상인들을 극복했기 때문에 상인들보다 우월한 조상을 원했다. 그래서 주나라 시조의 어머니는 상나라 시조의 어머니보다 순위가 앞서고, 성을 받은 사람도 순임금보다 한 대 위인 요임금이다. |
| 주나라 | 후직后稷 | 제곡의 첫째 부인 강원姜原의 아들. 강원은 거인의 발자국을 밟아 후직을 낳음. | 농사를 잘 지어 요임금에게서 희姬성을 받음. | |
| 진秦나라 | 대업大業 | 전욱의 후예인 여수女修가 제비 알을 먹고 낳음. | 대업의 후예 백예가 짐승을 잘 부려 순임금에게 영贏성을 받음. | 진나라 시조 설화는 상나라와 주나라 시조설화보다 늦게 만들어졌다. 진인들도 주인들보다 우월한 조상을 만들기 위해 제곡보다 순위가 앞서는 전욱을 끌어들였다. 그러나 기존에 잘 짜여진 통설들 속에 자신들의 시조설화를 끼워 넣기 어려웠기 때문에 '전욱의 후예', '대업의 후예' 등 비교적 모호한 수사를 이용했다. |

발자국을 밟아 잉태한다. 또 아비의 성을 따르지 않고 요임금에게서 성을 받는다.

결국 이렇게 추리할 수 있다. 상의 시조는 제곡의 둘째 부인의 아들이다. 그렇다면 상을 무너뜨린 주는 한 단계 더 나가야 한다. 그래서 강원은 정부인이 된다. 상의 시조가 순임금에게서 성을 받았다면 주의 시조는 한 단계 더 올라가 요에게서 받아야 한다. 상의 시조가 제비 알의 자손이라면 주의 시조는 최소한 새보다는 나은 거인 정도는 되어야 한다.

다만 이 이야기를 주인周人들이 만들어냈을 거라 추측할 뿐 어떤 근거로 했는지는 알 수 없다.

이제 주를 이은 진秦으로 가보자.

> 진의 시조 대업大業은 전욱의 후예인 여수女修가 제비의 알을 먹고 낳았다.

이 이야기는 상상력이 좀 떨어진다. 그리고 아버지는 아예 등장하지 않는다. 왜냐하면 진은 상당히 뒤늦게 출발한 종족이기 때문에 이미 자리 잡고 있던 기존 신화들 틈으로 비집고 들어갈 틈이 비교적 적었다. 그래도 상이나 주와 비견되어야 한다. 그래서 자신들의 조상으로 제곡보다 빠른 전욱을 잠깐 등장시킨다. 진의 시조는 전욱의 후예인 여수라는 여인이 제비의 알을 먹고 낳았다고 한다. 제비의 알 모티브는 이미 등장했다. 이번에는 특이하게 여자가 전욱의 후예가 된다. 이 고사도 어쩔 수 없이 모계사회를 반영한다. 특히 아버지가 전혀 등장하지 않는다는 점이 두드러진다.

참고로 《사기》 〈세가〉 부분으로 넘어가서 오월吳越의 연원이 어떻게 기록되었는지 보자. 오의 시조 태백은 고공단보古公亶父의 아들이다. 이것은 사실일 가능성이 있다. 물론 주족은 수레를 끌고 전투를 했는데, 왜 오나라는 춘추시대에야 수레로 싸우는 법을 배웠다는 기사가 있는지 궁금하지만 말이다. 더 오랑캐인 남쪽 월의 시조는 하나라 6대 왕 소강少康의 서자라고 한다. 이들은 나중에 전국을 통일한 진보다 훨씬 더 구체적인 연원을 가지고 있다. 그런데 왜 《좌전》의 끄트머리에야 겨우 등장하는지는 의문이다.

《사기》〈열전〉으로 가면 "흉노의 선조는 하후씨의 후예다"라고 이야기한다. 이렇게 흉노도 하나라와 연결이 된다. 물론 하후씨의 후예가 왜 그렇게 이질화되었는지《사기》는 구체적으로 어떤 설명도 하지 않는다.

항상 말하지만《사기》는 조작한 것이 아니다. 그러나《사기》의 1차 자료들의 신빙성은 현재로서는 확인할 수 없다. 알다시피 기원전 14세기~기원전 11세기 무렵의 갑골문이 한자의 전신임은 분명하나 문법이 확고히 정립된 문자는 아니다. 그리고 대부분의 글자는 사물을 형상화한 것이다. 그래서《사기》〈오제본기〉의 내용들은 그야말로 전설이지, 상고시대의 구체적인 기록들을 모은 것이 아니다. 갑골문 이전의 문법으로 염제와 황제의 일을 자세히 전하는 것은 거의 불가능하다. 청동기시대 이전에 이미 강력한 중앙집권적 부계국가가 존재했다는 것도 증명하기가 난망하다. 사마천이 보는 것은 갑골편이나 청동기 명문이 아니라 2차 문서다. 이 문서들은 또한 전설을 모은 것일 뿐이다. 이런 이유로, 안타깝지만《사기》〈세가〉의 내용을 다 믿을 수가 없다.

## 2. 초의 기원에 대한 기록과 변주

드디어 이야기의 주인공인 초인들의 연원으로 들어가 보자. 일단《사기》〈초세가〉의 기록들을 모아보자.

죽웅 상.

초의 시조 중려重黎는 전욱의 증손자이며, 제곡의 화정火正을 담당했다. 제곡은 중려를 축융祝融에 임명했다.

중려가 공공씨의 반란을 제대로 진압하지 못하자, 제곡은 중려를 죽이고 중려의 동생 오회吳回를 축융에 임명했다.

오회는 육종陸終을 낳았고, 육종은 아들이 여섯 있었는데 맏이가 곤오, 셋째가 팽조, 막내가 계련季連이다. 계련의 성은 미芈다. 따라서 초나라 왕족은 미성이 된다.

곤오씨, 팽조씨는 각각 하나라 은나라에서 관직을 맡았다. 계련의 손자 혈웅穴熊 이후 그들은 점점 쇠미해져서 중원과 남방으로 뿔뿔이 흩어졌다.

그러다가 주 문왕 대에 계련의 후손인 죽웅鬻熊이 있었는데, 그는 문왕을 섬겼다. 그러나 일찍 죽었다.

계보는 죽웅 – 웅려熊麗 – 웅광熊狂 – 웅역熊繹으로 이어지는데, 웅역은 주 성왕 시절에 살았다.

주 성왕(?~기원전 1021 재위)은 문왕과 무왕 시절의 공신들의 논공행상을 하여 웅역을 초만楚蠻 지역에 봉해 자남子男으로 삼고 성을 미라고 했다.

주 소왕은 형만을 치다가 죽었다(기원전 977).

웅거熊渠는 주 이왕(?~기원전 878 재위) 때 왕을 칭하고 아들들을 왕으로 봉했다.


일단 기록의 구조를 살펴보자. 기록에 의하면 초의 시조는 전욱의 증손자다. 그렇다면 제곡의 화정을 담당하는 것도 이상하지 않다. 초의 시조들은 화정의 직책을 계속 이어오다 혈웅 이후에는 여기저기로 흩어졌다. 이들의 성은 미芈다. 이들은 이리하여 역사의 무대에서 사라졌다가 주 문왕 대에 구체적인 이름으로 다시 등장한다. 바로 죽웅이라는 사람이다.

여기서 이미 중요한 시사점을 몇 가지 얻을 수 있다. 일단《사기》의 기록 자체에도 큰 단절이 보인다. 구체적인 역사에 등장하는 죽웅의 바로 선대들에 대한 기록이 없는 것이다.《국어》〈정어〉의 내용에도 똑같은 단절이 보인다.

축융의 후예는 여덟 성입니다. 주대에 이르러서는 후백의 지위를 가진 이가 없었습니다. 전대에 정치를 보좌한 이로는 곤오가 하나라의 백이 되었고 대팽과 시위는 상나라의 백이 되었는데, 주대에 이르면 없어졌습니다. (중략) 축융의 후예로 흥성할 이는 미성이 아니겠습니까? 미성의 기월夔越은 명을 받기에 부족하고, 만미蠻羋는 야만스럽고, 오직 형荊(초)만이 덕을 밝혔습니다.

《국어》도 축융의 후예 중 주대에 이름을 날린 사람이 없음을 시인한다. 그러니 주대는 잘 모르면서 하대와 상대만 아는 현상은 춘추 말기에도 여전했다. 그러나 하대와 상대의 실상에 대해 당시 사람들이 얼마나 이해하고 있었는지는 의문이다.˙ 아무튼 기록상에서도 초의 연원을 밝혀줄 중요한 부분이 빠져 있다. 다만 주나라 문왕의 등장과 함께 초의 선조가 다시 등장한다.

아직까지 초의 실체는 구체적으로 밝혀지지 않았지만 이야기 자체의 구성은 대체로 개연성이 있다. 물론 허구인 소설도 개연성이 있기 마련이다. 하지만 역사라면 이야기가 다르다. 등장인물의 실존이 증명되지 않으면 그 역사는 개연성 있는 허구일 뿐이다. 그럼에도 이 기록들이 선택적인 자료선별과 추론을 거치면 그럴듯한 이야기로 바뀔 수

---

• 공자는 주대 이전의 기록이 적어서 제도를 고증하기가 어렵다고 실토한다.
"하나라의 예는 내가 말할 수 있지만 이를 지금의 기杞나라[하나라의 후예]의 제도로 증명하기는 부족하고, 은나라의 예를 이야기할 수는 있지만 이를 송宋나라[은(상)나라의 후예]의 제도로 증명하기는 부족하다. 문헌이 부족하기 때문이다. 문헌이 충분하다면 내가 증명할 수 있을 것이다[子曰 夏禮吾能言之 杞不足徵也 殷禮吾能言之 宋不足徵也 文獻不足故也 足則吾能徵之矣]《논어》〈팔일〉).

있다. 단 한 가지 예로 그 위험성을 파악해보자.

초문화에 대한 한 권위 있는 저술인《초문화사楚文化史》[7]에 나오는 초의 연원에 관한 추론을 검토해보자. 추론과 주장은 다음과 같이 이어진다.

1. 초문화는 강한江漢 일대에서 성장했지만 여기에 주된 근거를 두지는 않았다.

2. 초인들은 축융부락 연맹에서 기원했으며, 축융부락의 옛 터전은 춘추시기의 정나라였다(《좌전》, "鄭 祝融之虛也").

3. 축융이 제곡의 화정이 되었다는 것은 고신(제곡)부락과 축융부락의 주종관계를 나타낸다.

4. 축융의 관직은 하늘의 태양과 대화성을 관찰하여 농사의 시기를 정하는 것이다(《국어》〈정어〉,〈초어〉, "祝融亦能昭顯天地之光明 以生柔嘉材者也", "重司天以屬神 黎司地以屬民";《좌전》, "古之火正 (중략) 以出內火").

5. 초인의 선조가 미씨가 된 것은 북쪽의 양을 키우는 강인羌人과 통혼했기 때문이다(《세본世本》〈제계帝系〉, "陸終娶於鬼方氏之妹謂之女是生嬭六子").

6. 축융부락은 상나라 사람들의 공격을 받아 흩어졌고, 이들은 삼묘의 땅으로 들어갔다(《국어》〈정어〉, "彭祖豕韋諸稽商滅之矣").

세세한 주장들을 다 반박하는 것이 이 글의 목적은 아니다. 그러나 위와 같은 주장은 사료의 정확성을 검토하지 않았다는 점을 빼더라도 아전인수 격으로 사료를 취사선택한 수준이 너무 과하다. 일단 초의 시조 중려가 제곡의 화정이 되어 축융의 칭호를 받았다는 기사를 축융부락과 고신부락의 주종관계를 나타낸다고 하면서 왜 같은 책에 나오는 중려가 전욱의 증손자라는 기록은 무시하는가? 전욱의 증손자라면 중려는 전욱 고양씨와 같은 부락연맹 사람이 아닌가? 그렇다면 축융부락과 고신부락을 분리하기는 어렵다.

이어서 검토해보자. 먼저 위의 주장에서 초문화의 연원이 중원이라는 근거는 아주 제한된 사료들의 기록들뿐이다. 그나마 인용한 사료들의 문맥은 고려하지 않고 있다. "정나라는 축융의 옛터다"라는 이 기사도 문맥을 무시하고 이야기하기 때문에 신뢰할 수가 없다. 《좌전》 '소공 17년'의 기사를 그대로 옮겨본다. 이 기사는 기원전 525년 노나라의 대부들이 혜성을 보고 나눈 한담을 옮긴 것이다. 겨울에 혜성이 대진大辰(대화성大火星)을 넘어 서쪽으로 은하수까지 닿았다. 이 모습을 보고 신수라는 이가 여러 제후국에 화재가 날 것이라고 예측했다. 그러자 재신이라는 사람이 이렇게 맞장구를 친다.

혜성이 대화성과 같이 있은 지 오래니 어찌 그렇지 않겠습니까? 불이 날 것입니다. (중략) 화재가 난다면 송, 진陳, 정鄭, 위衛 네 나라에서 날 것입니다. 송나라는 대진의 터이고, 진나라는 태호大皥(복희씨)의 터이며, 정나라는 축융의 터입니다. 이들은 모두 대화성大火星이 머무는 곳입니다. (중략) 위나라는 전욱의 터이기에 제구라고 합니다.

이것은《좌전》에 흔히 등장하는 꿈 해몽이나 점 해석 등과 비슷한 맥락이다. 한담의 주인공들은 이들 지역이 모두 별자리, 혹은 불과 관련된 신인神人들과 관계가 있으니 불이 날 것이라고 이야기한다. 그런데 위의 내용은 사실은 혜성이 지나는 것을 보고 노나라를 기준으로 서쪽에 있는 나라들을 하늘의 별자리의 방위에 대비해서 열거한 것뿐이다. 이것이 어떻게 축융부락의 기원을 설명하는 역사적인 자료로 이용될 수 있는가?

고대의 신화적인 반신반인인 인물들의 출생에 대한 의견들은 그야말로 중구난방에 가깝다. 예를 들어 흔히 인용되는《수경주水經注》에 의하면 복희씨는 위수渭水 상류에서 태어났다고 한다. 위수라면 관중 지역이다. 그러면 진陳나라와는 상관이 없다.《수경주》가 아무 근거도 없이 이런 기록을 남기지는 않았을 것이다. 그러면 위의《좌전》의 인용문을 믿어야 하는가, 아니면《수경주》를 믿어야 하는가? 두 저작 모두 구체적인 근거를 밝히지 않았다. 또 황제가 태어난 곳이라고 주장하는 곳은 얼마나 많은가? 줄잡아 수백 군데는 된다. 십분 양보해서 위의 기사를 사실이라고 믿더라도, 정나라가 원래 축융의 중심지가 아니라 축융부락의 분포지가 정나라까지 미쳤다고 해석할 수도 있는 것이 아닌가? 초인들이 중원에서 남방으로 갔는지, 남방에서 중원으로 올라왔는지 이 기사로는 파악할 수 없다. 이렇게 사서의 맥락을 고려하지 않고 한 문구를 뚝 떼어서 역사적인 근거로 삼아 상고사를 해석하는 일은 위험이 따른다.

그다음으로 축융부락이 고신씨 부락과 주종관계를 맺었다는 주장을 살펴보자. 물론 초인들이 축융을 숭배했기 때문에 그들이 축융을 숭배하는 부락연맹에 속했다는 것은 확실해 보인다.《좌전》에 초나라가 축융에 제사를 지내지 않는 기나라를 정벌했다는 구체적인 기록이 나오기 때문이다. 그러나 중려가 제곡의 관리가 되었다는 것을 부락 간의 주종관계로 보는 것은 순수한 추측일 뿐이다. 중국 역사에 등장하는 모든 민족은 모두 그 나름대로 계보가 있다. 앞에서 보았듯이 여러 민족의 계보에서 조작의 흔적들을 쉽게 찾을 수 있다. 계보를 조작하는 가장 일반적인 방법은 잘 알려진 오제 시기의 어떤 부분에 자신들의 조상을 끌어다 놓는 것이다. 축융을 추종하는 부족이 오제 시기의 어떤 틈에 자신들의 조상을 밀어넣는 것도 어쩌면 당연하다. 민족의 원류를 탐구하면서 후대에 만들어진 계보 따위에 의존하는 것은 극히 위험하다.

그리고 축융의 관직이 농사를 관장하는 직위라는 것은 초가 농경민족임을 드러내기 위해서다. 그런데 초인이 미씨인 이유는 무엇일까?* 물론 초인이 양(혹은 염소)과 관련이 있다는 것은 시사점이 크다. 그래서 위에서는 이유를 양을 키우는 강인들과의 통혼관계에서 찾는다. 이 역시 위험한 발상이다. 일단 근거로 드는《세본》은 당대의 역사서라고 할 수 없다. 이 책의 많은 내용은 전국시대의 책들에서 인용한 것이다. 그 근거들 또한 전설이며, 그중에는 조작된 것이 많다. 물론《사기》와 마찬가지로《세본》도 작자가 내용을 조작한 것이 아니라,《세본》이 참고

---

• 《설문》에 의하면 '미소羋'는 양의 울음소리를 나타내는 것이라고 하며, 발음은 '미예'다.

한 자료 자체가 조작되었다는 말이다.《세본》은 근거가 불분명한 여러 자료를 모아 정리한 책이다. 물론 이 부분은 초인과 목양 부족의 연관 관계를 알려주기 때문에 다시 검토해봐야 하지만 사료를 마음대로 취사선택하다 보니 앞뒤가 맞지 않게 되었다.

마지막으로 축융부락민들이 상족(은인)들과 항쟁관계였을 가능성은 크다. 상족의 남방거점은 분명히 장강 중류 일대까지 미쳤다. 이 과정에서 분명히 기존 부족들을 밀어냈을 것이고, 초 부족도 상족의 남진에 영향을 받았을 것이다.


## 3. 초인과 초문화

이제 결론을 내려보자. 앞에서 언급한 주장의 핵심은 초인이 중원에서 기원했으며, 오래전부터 중원과 주종관계를 맺어왔고, 남방 초문화의 주체는 토착민이 아니라 이주민이었다는 것이다. 그 근거는 기록에 나오는 계보다. 그러나 이런 주장은 두 가지 면에서 의미가 크지 않다.

먼저 초인, 초 민족이라는 용어의 정의가 불분명하다. 고대의 부족들은 끊임없이 서로 유동적으로 바뀐다. 이미 앙소문화기부터 중원과 한수 일대의 부족들은 서로 교류했다. 연맹체가 생겨나기도 하고, 병합이 발생하기도 한다. 그 사이에서 새로운 씨족이 발생하기도 한다. 그런데 초인과 하인夏人은 관계를 맺었지만 초인은 하인의 언어에 동화되지 않았다. 그리고 그 둘 사이의 주종관계를 말해주는 근거는 발

굴가령문화 토기.

견되지 않는다. 초인은 초인의 언어가 있었다. 초인은 춘추시기까지 초인으로서의 정체성을 강조했다.

민족을 정의하려면 정체성 의식이 가장 중요하고 언어는 두 번째 지표가 된다. 그래서 하인들과의 상고시대의 모호한 관계가 초인의 정체성에서 중요한 부분을 차지하지 못했다면, 초라는 민족은 비교적 후대에 독자적으로 생성된 것으로 볼 수 있다. 모계사회의 요소를 가진 초의 기원을 부계 조상을 중심으로 짜놓은 중원의 족보와 연결해서는 아무리 오랜 시간이 지나도 초의 근원을 밝히지 못할 것이다. 설사 밝혔다고 하더라도 까마득한 과거의 그들을 후대와 동일한 초인이라고 말하기도 어렵다.

두 번째로 초인이라는 어떤 사람들이 어디에서 들어왔건 우리가 알고 있는 초문화는 토착문화와 연속성을 가진다. 초라는 민족의식이 생긴 시기와 초문화가 형성된 시기가 일치한다면, 초문화에 고대 민족들 간의 우열을 끌어들이는 것은 무의미하다. 초문화는 단연 복합적이며, 초라는 민족도 여러 갈래가 섞인 연합체였기 때문이다.

호북성 의도宜都 성배계城背溪 신석기 유적지는 기원전 7000년~기원전 8000년대의 문화다.[8] 장강 중류 신석기 문화는 성배계-대계大溪(기원전 6300~기원전 5000) - 굴가령屈家嶺(기원전 5000~기원전 4600) - 석가하石家河(기원전 4600~기원전 4000) 문화*으로 정리된다. 이 문화들은 명백한 계통성이 확인된다. 그렇다면 초문화와 이들 문화의 계통성이 확인되면 초문화는 토착문화를 기반으로 한 것이 분명해진다.

상주시기 강한江漢 유역의 일정한 공간 내에 확실히 공통성이 있는 문화지대가 존재했다. 이들은 상주문화의 영향을 받았다. 그래서 장강 중류의 토착문화는 중원문화의 영향으로 그 지위가 내려갔다. 초기에 초문화를 만든 이들은 상주문화의 주류에 속하지 않았기 때문에, 상주문화의 변방에 있는 사람들이거나 원래 그곳에 있던 원주민들이었다. 이들이 구체적으로 누구인지 밝히기는 어렵다. 그러나 초문화는 장강 중류의 신석기 문화와 중원의 청동기 문화가 만나서 만들어진 복합적인 것으로 보는 것이 맞다. 그리고 그 문화의 주체는 분명 토착민들이

---

• 대계, 굴가령, 석가하 문화의 연대는 호북성 형주박물관의 설명을 따른다.

었다. 장강 중류-악서鄂西지구-악동鄂東지구* 세 곳은 상호 공통성이 있는 고고학적 벨트가 있는데, 춘추시기 초나라 고분에서 대량 출토되는 초식격楚式鬲은 그 연원이 굴가령문화로 소급된다. 또 상商대 이전 강한 일대에서 가장 큰 세력이었던 파인巴人들은 커다란 흔적을 남기며 서쪽으로 이동했다. 한수 일대에서 발견되는 주나라 초기의 상족 계열의 청동기들에는 상이라는 족호가 그대로 찍혀 있다. 이는 주나라 초기에 상나라 유민들이 이쪽으로 밀려왔음을 방증한다.

초라는 민족의 씨앗이 어디에서 기원했는지는 사실 알 수가 없다. 다만 그들은 강한江漢 일대에서 자랐고, 또 강한 일대의 정체성을 가지고 성장했다. 초민족은 강한 일대에서 정치적인 실체로 자라면서 형성되었다. 그들은 스스로 "우리는 만이蠻夷의 지역에 산다"고 말했다. 또 주 왕실을 무시하고 왕을 칭하고, 황하가 아니라 한수와 장강에 제사를 지냈다. 초인들의 정체성은 이렇게 만들어졌다. 만약 초인들이 중원의 정나라를 자신들의 발상지로 여겼다면 왜 초나라 왕들은 정나라를 무수히 침공하면서도 정나라가 원래 자신들의 발상지였음을 강조하지 않았겠는가? 당시 초인들은 정체성은 의심할 여지 없이 강한평원에 뿌리를 내리고 있었다.

그러니 전욱과 제곡을 끌어들여서 문헌과 사실들을 뒤섞는 방법으로는 초의 실체를 밝힐 수 없을 것이다. 상고시대의 일은 고증하기 어렵다. 그렇다고 몇몇 문헌에서 필요한 문구를 뽑아 아전인수 격으로

---

• 대체로 오늘날의 무한을 기준으로 장강 연안을 따라 서쪽은 악서, 동쪽은 악동으로 분류한다.

해석하기보다는, 모르는 것은 모르는 것으로 인정하는 것이 좋다. 그래서 필자는 초를 '그 뿌리 민족이 누구인지는 모호하지만 강한 일대의 토착문명을 중심으로 하고, 상주문명의 영향을 받았지만 중원민족들과는 다른 정체성을 가진 어떤 민족'이라고 정의한다. 그리고 그들의 정체성은 중원문명과의 대립과 교류를 통해 비교적 후대에 형성된 것으로 본다.

그러나 제도, 언어, 의식, 세계관 모두에서 초 지역의 중원에 대한 독자성은 매우 컸다. 초의 정체성은 곧 그들의 독자성이다. 초인들은 남방 여러 민족의 혼혈아로서 그들의 독자적인 언어와 문화, 종족적인 정체성을 가진 존재였을 것이다.

답사기

초 땅에서
두 강골을 만나다

• • •

북방에서는 겨울이 한창일 때 옛 초 땅을 찾아 떠났다. 1월 형산에는 아직 눈발이 거셌고, 야트막한 악록산 자락의 깊은 숲속에 자리잡은 악록서원은 기세가 웅골차다. 그리고 동정호 가의 갈대는 대나무처럼 억셌다. 근현대를 수놓은 수많은 인물들의 고향으로 손색이 없었다.

　명말, 청말, 그리고 현대의 인물 중 대중에게 가장 크게 각인된 사람들을 시대별로 한 명씩 꼽을 때 장거정張居正, 증국번曾國藩, 모택동毛澤東을 들면 크게 이의를 제기할 사람이 없을 것이다. 현대사를 주무른 사람들의 이름을 다 부른다면 호북과 호남, 옛 초나라 땅은 인재의 낙원이라 할 것이다. 악록서원 대련對聯에 "초나라의 인재들, 이때부터 성하였다[惟楚有才 於斯爲盛]"고 자찬하는 글이 씌어 있어도 어색하지 않다.

　그러나 오늘날 호북, 호남의 유유한 풍경 아래에 깔려 있는 정서는 애잔함이었다. 황학루의 우악스러움도 이 애잔함을 쉽사리 지우지 못했다. 시골 작은 읍에서 탈 때와 내릴 때 말을 바꾸는 오토바이 기사들, 말싸움이 벌어지면 우르르 몰려들어서 혼을 빼놓는 동업자들이야 세상 어디에나 있는 풍경이다. 나의 애잔함은 초 땅에 뼈를 묻은 두 강골이 전하는 비극에 오늘날 초 땅의 풍광이 겹쳐서 생기는 감상일 것이다. 먼 이역 땅에서 온 나그네가 초 땅을 여행하면서 그저 자기가 아는 이들을 편애하는 것도 당연할 것이다. 초 땅 하면 먼저 떠오르는 사람이 굴원이고, 그다음이 관우다.

## 1. 형주성에서 관우를 생각하다 ━━━━

대부분의 역사책들은 줄기의 입장에서 곁가지를 잘라낸다. 강자의 입장에서 약자들을 없는 존재로 만든다. 그러나 그럼에도 그렇게 근엄하게 포장된 정사正史들이 보여주는 역사는 숨 막힐 정도로 비정하다. 권력 앞에서 아들을 죽이는 아버지, 형을 죽이는 동생, 동생을 죽이는 형, 어머니를 해치는 아들, 아들을 해치는 어머니. 육욕을 위해 백성의 아내와 재산을 강탈하고, 총애를 받기 위해 동료들을 모함한다. 기록을 읽다 보면 그 비정함에 그만 정나미가 떨어진다.

그래서 보통 사람들은 항상 역사 속에 들어 있는 얼마간의 진실에 목마르다. 그리고 얼마간의 진실이 있던 사람들의 이야기에 열광한다. 내가 형주성을 거닐면서 관우라는 패배자를 제일 먼저 떠올리는 것도 어쩌면 그런 이유일지도 모른다.

　그것은 어떤 의미에서 역사에서 소외된 사람들의 건강한 반격이다. 《삼국연의》라는 역사소설도 좀 더 인간적인 역사를 구성해보려고 했던 민중의 소망으로 인해 생겼다. 그래서 수많은 이야기꾼들이 나서서 비정한 역사에 따뜻한 피와 온기를 불어넣었다. 유비와 그 형제들은 영원히 배반하지 않는 우애를 보이고, 그와 제갈량의 우정은 볼수록 심금을 울린다. 그들이 역사에서 실패자였다고 해도 민중에게는 중요하지 않다.

　《삼국연의》의 압권은 단연 형주에서 관우가 패망하는 장면이다. 관우는 고비마다 투항 권유를 받았지만 거부했다. 그리고 그 오랜 시간이 지나며 셀 수 없는 주인공들 중에 관우가 가장 유명한 사람이 되었다. 성공한 사람도 아니요, 정사에서 인정하는 위인도 아니다. 그가 천고의 영웅이 된 것은 수많은 보통 사람들의 염원이 결합되지 않으면 만들어질 수 없는 정사正史의 '왜곡'이다. 그러나 그 왜곡도 이제는 역사의 일부가 되었다. 그러나 최근 턱없이 승자들만 흠모하는 현상이 인문학에서도 무슨 유행처럼 번지면서《삼국연의》에 대한 과도한 오해들도 생겨났다.《삼국연의》가 비록 소설이며, 민중에게 위안을 주는 이야기들로 구성되어 있다고 하더라도 그 이야기들은 모두 충분히 개연성 있는 근거들을 가지고 있는 것들이다. 패배자들을 형편없이 비하하는 것이 상례인 정사의 기록들이 이례적으로 촉의 작은 영웅들에게 낮은 목소리로 찬사를 보내는 것 또한 사실이다. 촉한 정통론을 떠나 유비와 그의 형제들, 그리고 제갈량이 이상적인 주인공이 된 연유는

형주성 앞의 필자. 관우가 이 성을 가지고
있을 때 그는 위·오에 모두 고압적이었다.
그러나 이 성의 함락과 함께 촉의 형세 또
한 기울었다.

여러 가지가 있다.

촉의 창업자들의 자손들은 대부분 나라와 운명을 같이했다. 이로 인
해 유비 일행은 단순히 익주로 쳐들어가 그 땅을 차지했던 침략자의
굴레를 벗을 수 있었다. 장비의 손자, 그리고 제갈량의 아들 제갈첨은
물론 손자까지 촉이 무너질 때 전사했다. 그리고 맹장 조운의 작은 아
들도 강유의 북벌 때 전사했다. 비록 참혹하기는 해도 창업자의 자식
들이 대부분 나라를 따라 죽었다는 것은 소설가들에게 커다란 영감을
주었을 것이다.

유비의 삼고초려, 제갈량에게 "유선이 보좌할 만하면 보좌하고 재능
이 없으면 그대가 스스로 취하라"는 유언도 모두 정사 《삼국지》에 기

록되어 있다. 관우가 조조의 막하에 기식할 때 장요가 넌지시 투항을 권유했을 때, "나는 유장군께 은혜를 입었고 함께 죽기로 했으니 남을 수가 없습니다"라고 한 것도 기록에 있고, 손권에게 포위당해서 죽음에 가까워졌을 때 투항하지 않고 죽음을 택한 것도 사실이다. 실제로 제갈량과 유비는 좋은 친구였고, 관우는 우리가 생각하는 의리란 의리는 모두 갖춘 인물이었다.

《삼국지》와《자치통감》은 모두 관우가 죽자 유비는 오직 '관우의 죽음을 복수하기 위해' 오나라를 정벌했다고 적었다. 이런 무모한 결정은 정상적인 군주로서는 할 수 없는 것이다. 조조가 단지 형제의 복수를 위해 대규모 군대를 일으킨다는 것을 어떻게 상상할 수 있겠나. 당시 위나라 조정에 모인 전략가들은 모두 명장 관우가 죽은 마당에 촉이 손권을 치지는 못할 것이라고 의견을 모았다. 그러나 시중 유엽만은 유비가 반드시 복수할 것이라고 말했다. 그는 "유비와 관우는 명목상 군신의 관계지만 인정으로는 부자지간이나 마찬가지니 반드시 칠 것입니다"라고 말했다. 그리고 유비는 자신의 뜻대로 했다. 한날한시에 태어나지는 않아도 한날한시에 죽고자 한 우정은 거짓이 아니었다.

소설 속에서 누가 정통인지 무슨 상관이 있나. 유비는 못난 군주였고, 제갈량은 실력이 부족한 재상이었고, 관우와 장비는 분명 성격에 결함이 있었다. 특히 관우는 아래로는 관대하지만 위로는 치받는 뻣뻣한 무장이었다. 그러나 그들의 이야기들에는 인간성이 살아 있다.

《삼국연의》는 어쩌면 우리 삶의 일부가 되었다. 조선시대 사대부들은 겉으로는 욕하면서 혼자 있을 때는 이 책을 보았고, 오늘날 당대의 내로라하는 소설가들은 《삼국지》에 손을 대었다. 그러나 아직도 조위 정통론, 촉한 정통론을 두고 무의미한 논쟁을 벌이며 책장사에 활용하는 것이 왠지 조선시대 같은 기분이 든다. 이미 《자치통감》의 저자도 그런 논쟁이 별 의미가 없음을 이야기한 적이 있다. 그럴진대 하물며 소설에 누가 주인공이 되든 무슨 상관이 있으랴. 다만 관우가 주인공이 된 데는 좀 의리 있고, 권력을 가져도 변하지 않는 이상적인 인간, 그런 인간들이 극히 희박한 세상에 사는 민중의 염원이 끼어 있다는 것은 의심할 나위가 없다.

오늘날 형주성 위에 있는 헐츰한 간이서점에서 눈에 띄는 책을 하나 샀다. 《형주구침荊州鉤沉》이란 책인데 '형주 깊이 알기' 정도로 번역할 수 있으려나. 역시 그 안에는 관우에 관한 이야기들이 일곱 개나 들어 있다. 〈관우 문화는 형주 특유의 도시 브랜드다〉에서 〈관우가 패해서 맥성으로 달아났다는 데 대한 질의〉 〈관우를 제사 지내는 글〉까지. 그런 '시대착오적인' 듯한 이야기들에도 눈길이 가는 것은 아마도 우리 안에 아직 관우가 살아 있기 때문이리라.

## 2. 굴원의 사당에서 초나라 병사들을 애도하다 ━━━━

삼국시기 형주 땅에서 관우가 벌인 강렬한 행동들의 모티브는 그 땅의 선배인 대시인 굴원이 만들어놓았다. 굴원은 전국 말기 초나라의 전략가로서 초사楚辭의 시인으로 더 잘 알려져 있다. 그는 진秦나라 중심의

굴원 동상(왼쪽)과 《초사楚辭》(오른쪽). 굴원은 전국 말기 초나라의 전략가로서 '초사楚辭'의 시인으로 더 유명하다.

국제질서에 대항하여 초-제 연합을 주창한 사람인데 진나라의 유세객 장의張儀와의 대결에서 패하여 실각한 대표적인 합종론자다. 전국시대의 무상한 세월 동안 실각한 사람이 한둘이 아니고, 모두가 자기가 옳다고 하는데 굴원이 자신의 무결함을 목놓아 외친다고 해서 다른 사람들과 무슨 차별이 있을까? 조선시대 당파싸움꾼들도 저마다 굴원을 끌어들이지 않았나? 그렇다면 그는 그저 대세를 판별하지 못하는 아집쟁이에 불과하지 않을까?

2000년도 더 된 지금, 여전히 나와 같은 방랑자들이 그를 마음에 두고 아파하는 것은 그의 시 속에 숨길 수 없이 드러나는 진정성 때문이다. 사마천은 굴원의 삶이 아파서 견딜 수가 없었다. 그는 이렇게 썼다.

나는 〈이소〉 〈천문〉 〈초혼招魂〉 〈애영哀郢〉을 읽고 그 뜻에 비감해했다. 장사에 가서 굴원이 몸을 던진 깊은 강을 보며, 눈물을 떨구며 굴원 그 사람을 생각했다. 가의賈誼가 글을 지어 그를 조상하고, 또 글속에서 그의 재능으로 천하에 유세하면 어떤 나라인들 그를 받아들였을 텐데, 스스로 그런 지경에 다다랐는지 괴이해하는 것을 보았다. 그러나 〈복조부服鳥賦〉를 읽으면서, 그는 이미 삶과 죽음을 같은 것으로 보고 신변의 거취를 초월한 것을 알고는, 또 한 번 그로 인해 어안이 벙벙해졌다.

그러나 현대인인 내가 보기에 굴원의 진가가 가장 크게 드러나는 작품은 사마천이 열거한 것들이 아니다. 나는 〈국상國殤〉을 보고서 드디어 사마천의 심정을 이해할 수 있었다. 《사기》의 기록으로 보아 이 작품은 초 회왕이 장의에게 속은 후 분함을 이기지 못하고 출정했다가 8만의 병사를 잃고 한중마저 잃었을 때의 참상을 노래한 듯하다. 비록 전쟁을 노래한 시지만 사기를 돋우려는 것도 아니요, 또 애국심을 조장하기 위한 것도 아니다. 다만 그들의 죽음에 이름을 부여하고 있다. "청년들아 복수하자"라고 외쳤다면 나도 굴원의 진심을 믿지 않았을 것이다. 그러나 그는 자신이 그토록 반대한 정책으로 인해 발생한 전장에서 죽은 병사들을 조소하지 않았다. 그의 작품 곳곳에 임금에 대한 원망이 드러나는 것과는 정반대다. 그러기에 관우와 굴원은 쌍둥이처럼 같이 떠오른다.

　굴원은 그들의 죽음을 슬퍼하고, 그들의 행동에 의미를 부여하고, 마지막으로 그들의 안식을 기원한다.《시경》의 모호하면서 말할 듯 안 할 듯한 시보다 훨씬 더 격렬하고 직설적인 감정이 묻어난다. 전쟁시로서 고금을 통틀어 가장 높은 수준에 달한 작품 중 하나이리라.

　　　오吳나라 좋은 창 들고, 물소 가죽 갑옷 입었지
　　　전차들이 교차할 때 창칼들이 얽혔지
　　　깃발은 하늘을 가리고, 적은 구름같이 몰려왔지
　　　화살이 교차하며 땅에 꽂힐 때 우리 병사들 선봉을 다투었지
　　　적이 우리 진영을 침범하고 우리 대오를 무너뜨렸지
　　　왼쪽 말은 죽고 오른쪽 말은 베이고
　　　두 바퀴는 (진흙에) 빠졌건만 네 마리 말고삐는 꽉 잡고
　　　옥 북채를 들고 전고를 두드렸지
　　　대세는 기울고 신령은 노하니
　　　(적은 우리 군사를) 모조리 죽이고 들판에 버려두었지
　　　나갔으나 돌아오지 못하고
　　　들판은 스산하고 갈 길은 멀었지
　　　긴 칼을 차고 진秦나라 강궁을 끼고
　　　머리가 몸을 떠나도 심장의 고동은 그치지 않았지
　　　진실로 용감했고 무예를 아는 그들
　　　시종일관 강건하여 침범할 수 없었지

몸은 이미 스러지니, 정신은 몸을 떠났지

그대들의 혼백은 귀신들의 우두머리가 되리

〔操吳戈兮被犀甲, 車錯轂兮短兵接

旌蔽日兮敵若雲, 矢交墜兮士爭先

凌余陣兮躐余行, 左驂殪兮右刃傷

霾兩輪兮縶四馬, 援玉枹兮擊鳴鼓

天時墜兮威靈怒, 嚴殺盡兮棄原壄

出不入兮往不反, 平原忽兮路超遠

帶長劍兮挾秦弓, 首身離兮心不懲

誠既勇兮又以武, 終剛強兮不可凌

身既死兮神以靈, 子魂魄兮為鬼雄〕

물밀듯이 밀려오는 진秦나라 군대에게 속절없이 당하는 초나라 군병들의 처절한 상황을 노래하고 있다. 그러나 우리 병사들이 용감하지 못해서, 약해서 그런 것은 아니다. 천명이 기울고, 신령이 노했을 뿐이다. 끝까지 용감했던 그들은 결국 황천에서 신명들의 우두머리가 될 것이다. 유배지에서 8만 명이 몰살당한 전쟁의 소식을 들으며 굴원은 통탄했을 것이다. 그리고 어리석은 임금이 못내 원망스러웠을 것이다. "공을 세워보겠다고 군사를 내지만, 어찌 오래가겠는가?"라고 힐책했는데, 기어이 군대를 내어 사달을 내고 말았다.

겨울바람이 남국에도 남아 있던 1월 어느 날, 나도 굴원의 사당에서 그의 글을 읽으며 그날 그 전장의 병사들을 애도했다. 추적추적 겨울

보슬비 내리는 날 사당 대문 밖은 관광객으로 시끌시끌하다. 그러나 사당 안은 사람은 아무도 없는 채 초사의 격하면서도 애잔한 분위기에 잠겨 있었다.

# 부록

# 춘추시대 주요국 제후 재위 연표

| 연도<br>(기원전) | 동주<br>東周 | 노<br>魯 | 제<br>齊 | 진<br>晉 | 진<br>秦 | 초<br>楚 | 정<br>鄭 | 연<br>燕 | 오<br>吳 | 월<br>越 |
|---|---|---|---|---|---|---|---|---|---|---|
| 770 | | 효공孝公 | | | | | | 경후頃侯 | | |
| 769 | | | | | | | | | | |
| 768 | | | | | 양공襄公 | 약오若敖 | | | | |
| 767 | | | | | | | | | | |
| 766 | | | | | | | | 애후哀侯 | | |
| 765 | | | | | | | | | | |
| 764 | | | | | | | | | | |
| 763 | | | | | | | | | | |
| 762 | | | | | | 소오霄敖 | | | | |
| 761 | | | | | | | | | | |
| 760 | | | | | | | | | | |
| 759 | | | | 문후文侯 | | | | | | |
| 758 | | | | | | | 무공武公 | | | |
| 757 | | | | | | | | | | |
| 756 | | | | | | | | | | |
| 755 | | | 장공莊公 | | | | | | | |
| 754 | | | | | | | | | | |
| 753 | | | | | | | | | | |
| 752 | | | | | | | | | | |
| 751 | | | | | | | | | | |
| 750 | | | | | | | | | | |
| 749 | | | | | | 분모蚡冒 | | | | |
| 748 | | | | | | | | | | |
| 747 | 평왕平王 | | | | | | | 정후鄭侯 | | |
| 746 | | 혜공惠公 | | | | | | | | |
| 745 | | | | | 문공文公 | | | | | |
| 744 | | | | | | | | | | |
| 743 | | | | 소후昭侯 | | | | | | |
| 742 | | | | | | | | | | |
| 741 | | | | | | | | | | |
| 740 | | | | | | | | | | |
| 739 | | | | | | | | | | |
| 738 | | | | | | | | | | |
| 737 | | | | | | | | | | |
| 736 | | | | | | | | | | |
| 735 | | | | | | | | | | |
| 734 | | | | | | | 장공莊公 | | | |
| 733 | | | | | | | | | | |
| 732 | | | | | | 무왕武王 | | | | |
| 731 | | | | 효후孝侯 | | | | | | |
| 730 | | | | | | | | | | |
| 729 | | | | | | | | | | |
| 728 | | | | | | | | | | |
| 727 | | | 리공釐公 | | | | | | | |
| 726 | | | | | | | | 목후穆侯 | | |
| 725 | | | | | | | | | | |
| 724 | | | | | | | | | | |

| 연도<br>(기원전) | 동주<br>東周 | 노<br>魯 | 제<br>齊 | 진<br>晉 | 진<br>秦 | 초<br>楚 | 정<br>鄭 | 연<br>燕 | 오<br>吳 | 월<br>越 |
|---|---|---|---|---|---|---|---|---|---|---|
| 723 |  | 혜공惠公 |  |  |  |  |  |  |  |  |
| 722 | 평왕平王 |  |  |  |  |  |  |  |  |  |
| 721 |  |  |  |  |  |  |  |  |  |  |
| 720 |  |  |  | 악후鄂侯 |  |  |  |  |  |  |
| 719 |  |  |  |  | 문공文公 |  |  |  |  |  |
| 718 |  |  |  |  |  |  |  |  |  |  |
| 717 |  | 은공隱公 |  |  |  |  |  | 목후穆侯 |  |  |
| 716 |  |  |  |  |  |  |  |  |  |  |
| 715 |  |  |  |  |  |  |  |  |  |  |
| 714 |  |  |  | 애후哀侯 |  |  |  |  |  |  |
| 713 |  |  |  |  |  |  |  |  |  |  |
| 712 |  |  |  |  |  |  |  |  |  |  |
| 711 |  |  | 리공釐公 |  |  |  | 장공莊公 |  |  |  |
| 710 |  |  |  |  |  |  |  |  |  |  |
| 709 | 환왕桓王 |  |  | 영공寧公 |  |  |  |  |  |  |
| 708 |  |  |  | 소자小子 |  |  |  |  |  |  |
| 707 |  |  |  |  |  |  |  |  |  |  |
| 706 |  |  |  |  |  | 무왕武王 |  |  |  |  |
| 705 |  |  |  |  |  |  |  |  |  |  |
| 704 |  |  |  |  |  |  |  | 선후宣侯 |  |  |
| 703 |  | 환공桓公 |  |  |  |  |  |  |  |  |
| 702 |  |  |  |  |  |  |  |  |  |  |
| 701 |  |  |  | 출공出公 |  |  |  |  |  |  |
| 700 |  |  |  |  |  |  |  |  |  |  |
| 699 |  |  |  |  |  |  |  |  |  |  |
| 698 |  |  |  |  |  |  |  | 여공厲公 |  |  |
| 697 |  |  |  |  |  |  |  |  |  |  |
| 696 |  |  |  |  |  |  |  |  |  |  |
| 695 |  |  |  |  |  |  |  | 소공昭公 |  |  |
| 694 |  |  |  |  |  |  | 자민子亹 | 환공桓公 |  |  |
| 693 |  |  | 양공襄公 | 진후晉侯 |  |  |  |  |  |  |
| 692 |  |  |  |  |  |  |  |  |  |  |
| 691 |  |  |  |  |  |  |  |  |  |  |
| 690 |  |  |  |  |  |  |  |  |  |  |
| 689 | 장왕莊王 |  |  |  |  |  |  |  |  |  |
| 688 |  |  |  | 무공武公 |  |  | 자영子嬰 |  |  |  |
| 687 |  |  |  |  |  |  |  |  |  |  |
| 686 |  |  |  |  |  |  |  |  |  |  |
| 685 |  |  |  |  |  |  |  |  |  |  |
| 684 |  | 장공莊公 |  |  |  |  |  |  |  |  |
| 683 |  |  |  |  |  | 문왕文王 |  | 장공莊公 |  |  |
| 682 |  |  |  |  |  |  |  |  |  |  |
| 681 |  |  |  |  |  |  |  |  |  |  |
| 680 |  | 환공桓公 | 환공桓公 |  |  |  |  |  |  |  |
| 679 | 리왕釐王 |  |  |  |  |  | 여공<br>복위 |  |  |  |
| 678 |  |  |  | 무공武公• |  |  |  |  |  |  |
| 677 |  |  |  |  | 덕공德公 |  |  |  |  |  |
| 676 | 혜왕惠王 |  |  | 헌공獻公 |  | 도오堵敖 |  |  |  |  |

- 주나라 천자가 진晉나라의 공으로 승인함.

| 연도 (기원전) | 동주 東周 | 노 魯 | 제 齊 | 진 晉 | 진 秦 | 초 楚 | 정 鄭 | 연 燕 | 오 吳 | 월 越 |
|---|---|---|---|---|---|---|---|---|---|---|
| 675 | | | | | | | | | | |
| 674 | | | | | | 도오堵敖 | 여공 | | | |
| 673 | | | | | | | 복위 | | | |
| 672 | | | | | | | | | | |
| 671 | | | | | | | | | | |
| 670 | | | | | 선공宣公 | | | | | |
| 669 | | | | | | | | | | |
| 668 | | 장공莊公 | | | | | | | | |
| 667 | | | | | | | | | | |
| 666 | | | | | | | 장공莊公 | | | |
| 665 | | | | | | | | | | |
| 664 | | | | | | | | | | |
| 663 | 혜왕惠王 | | | 헌공獻公 | | | | | | |
| 662 | | | | | | | | | | |
| 661 | | 희공禧公 | | | 성공成公 | | | | | |
| 660 | | | | | | | | | | |
| 659 | | | 환공桓公 | | | | | | | |
| 658 | | | | | | | | | | |
| 657 | | | | | | | | | | |
| 656 | | | | | | | | | | |
| 655 | | | | | | | | | | |
| 654 | | | | | | | | | | |
| 653 | | | | | | | | | | |
| 652 | | | | | | | | | | |
| 651 | | | | | | | | | | |
| 650 | | | | | | 성왕成王 | 문공文公 | | | |
| 649 | | | | | | | | | | |
| 648 | | | | | | | | | | |
| 647 | | | | | | | | | | |
| 646 | | | | | | | | | | |
| 645 | | | | | | | | | | |
| 644 | | | | | | | | | | |
| 643 | | 리공釐公 | | 혜공惠公 | 목공穆公 | | | | | |
| 642 | | | | | | | | 양공襄公 | | |
| 641 | | | | | | | | | | |
| 640 | | | | | | | | | | |
| 639 | 양왕襄王 | | | | | | | | | |
| 638 | | | | | | | | | | |
| 637 | | | 효공孝公 | | | | | | | |
| 636 | | | | | | | | | | |
| 635 | | | | | | | | | | |
| 634 | | | | | | | | | | |
| 633 | | | | | | | | | | |
| 632 | | | | 문공文公 | | | | | | |
| 631 | | | | | | | | | | |
| 630 | | | 소공昭公 | | | | | | | |
| 629 | | | | | | | | | | |
| 628 | | | | | | | | | | |

| 연도<br>(기원전) | 동주<br>東周 | 노<br>魯 | 제<br>齊 | 진<br>晉 | 진<br>秦 | 초<br>楚 | 정<br>鄭 | 연<br>燕 | 오<br>吳 | 월<br>越 |
|---|---|---|---|---|---|---|---|---|---|---|
| 627 |  | 리공釐公 |  |  |  |  |  |  |  |  |
| 626 |  |  |  |  |  | 성왕成王 |  |  |  |  |
| 625 |  |  |  |  |  |  |  |  |  |  |
| 624 |  |  |  | 양공襄公 | 목공穆公 |  |  |  |  |  |
| 623 | 양왕襄王 |  |  |  |  |  |  | 양공襄公 |  |  |
| 622 |  |  |  |  |  |  |  |  |  |  |
| 621 |  |  |  |  |  |  |  |  |  |  |
| 620 |  |  | 소공昭公 |  |  | 목왕穆王 |  |  |  |  |
| 619 |  |  |  |  |  |  |  |  |  |  |
| 618 |  | 문공文公 |  |  |  |  |  |  |  |  |
| 617 |  |  |  |  |  |  | 목공穆公 |  |  |  |
| 616 | 경왕頃王 |  |  |  |  |  |  |  |  |  |
| 615 |  |  |  |  |  |  |  |  |  |  |
| 614 |  |  |  | 영공靈公 | 강공康公 |  |  |  |  |  |
| 613 |  |  |  |  |  |  |  |  |  |  |
| 612 |  |  |  |  |  |  |  |  |  |  |
| 611 |  |  | 의공懿公 |  |  |  |  |  |  |  |
| 610 | 광왕匡王 |  |  |  |  |  |  | 환공桓公 |  |  |
| 609 |  |  |  |  |  |  |  |  |  |  |
| 608 |  |  |  |  |  |  |  |  |  |  |
| 607 |  |  |  |  |  |  |  |  |  |  |
| 606 |  |  |  |  | 공공共公 |  |  |  |  |  |
| 605 |  |  |  |  |  |  | 영공靈公 |  |  |  |
| 604 |  |  |  | 성공成公 |  |  |  |  |  |  |
| 603 |  |  | 혜공惠公 |  |  |  |  |  |  |  |
| 602 |  |  |  |  |  | 장왕莊王 |  |  |  |  |
| 601 |  |  |  |  |  |  |  |  |  |  |
| 600 |  | 선공宣公 |  |  |  |  |  |  |  |  |
| 599 |  |  |  |  |  |  |  |  |  |  |
| 598 |  |  |  |  |  |  |  |  |  |  |
| 597 |  |  |  |  |  |  |  |  |  |  |
| 596 | 정왕定王 |  |  |  |  |  | 양공襄公 |  |  |  |
| 595 |  |  |  |  |  |  |  |  |  |  |
| 594 |  |  |  |  |  |  |  | 선공宣公 |  |  |
| 593 |  |  |  |  |  |  |  |  |  |  |
| 592 |  |  |  |  |  |  |  |  |  |  |
| 591 |  |  |  |  | 환공桓公 |  |  |  |  |  |
| 590 |  |  | 경공頃公 | 경공景公 |  |  |  |  |  |  |
| 589 |  |  |  |  |  |  |  |  |  |  |
| 588 |  |  |  |  |  |  |  |  |  |  |
| 587 |  |  |  |  |  |  | 도공悼公 |  |  |  |
| 586 |  |  |  |  |  |  |  |  |  |  |
| 585 |  | 성공成公 |  |  |  | 공왕共王 |  | 소공昭公 |  |  |
| 584 | 간왕簡王 |  |  |  |  |  |  |  |  |  |
| 583 |  |  |  |  |  |  | 성공成公 |  | 수몽壽夢 |  |
| 582 |  |  |  |  |  |  |  |  |  |  |
| 581 |  |  |  |  |  |  |  |  |  |  |
| 580 |  |  | 영공靈公 | 여공厲公 |  |  |  |  |  |  |

| 연도<br>(기원전) | 동주<br>東周 | 노<br>魯 | 제<br>齊 | 진<br>晉 | 진<br>秦 | 초<br>楚 | 정<br>鄭 | 연<br>燕 | 오<br>吳 | 월<br>越 |
|---|---|---|---|---|---|---|---|---|---|---|
| 579 |  |  |  |  |  |  |  |  |  |  |
| 578 |  |  |  |  | 환공桓公 |  |  |  |  |  |
| 577 |  |  |  |  |  |  |  |  |  |  |
| 576 | 간왕簡王 | 성공成公 |  | 여공厲公 |  |  |  | 소공昭公 |  |  |
| 575 |  |  |  |  |  |  | 성공成公 |  |  |  |
| 574 |  |  |  |  | 경공景公 |  |  |  |  |  |
| 573 |  |  |  |  |  |  |  |  |  |  |
| 572 |  |  |  |  |  |  |  |  |  |  |
| 571 |  |  |  |  |  |  |  |  | 수몽壽夢 |  |
| 570 |  |  |  |  |  | 공왕共王 |  |  |  |  |
| 569 | 영왕靈王 |  |  |  |  |  | 리공釐公 |  |  |  |
| 568 |  |  | 영공靈公 |  |  |  |  |  |  |  |
| 567 |  |  |  |  |  |  |  |  |  |  |
| 566 |  |  |  | 도공悼公 |  |  |  |  |  |  |
| 565 |  |  |  |  |  |  |  |  |  |  |
| 564 |  |  |  |  |  |  |  | 무공武公 |  |  |
| 563 |  |  |  |  |  |  | 간공簡公 |  |  |  |
| 562 |  |  |  |  |  |  |  |  |  |  |
| 561 |  |  |  |  |  |  |  |  |  |  |
| 560 |  |  |  |  |  |  |  |  |  |  |
| 559 |  |  |  |  |  |  |  |  |  |  |
| 558 |  | 양공襄公 |  |  |  |  |  |  |  |  |
| 557 |  |  |  |  |  |  |  |  | 제번諸樊 |  |
| 556 |  |  |  | 경공景公 |  |  |  |  |  |  |
| 555 |  |  |  |  |  |  |  |  |  |  |
| 554 |  |  |  |  |  |  |  |  |  |  |
| 553 |  |  |  |  |  | 강왕康王 |  | 문공文公 |  |  |
| 552 |  |  | 장공莊公 |  |  |  |  |  |  |  |
| 551 |  |  |  |  |  |  |  |  |  |  |
| 550 |  |  |  |  |  |  |  |  |  |  |
| 549 |  |  |  |  |  |  |  |  |  |  |
| 548 |  |  |  |  |  |  |  |  |  |  |
| 547 |  |  |  |  |  |  |  | 의공懿公 |  |  |
| 546 |  |  |  |  |  |  |  |  |  |  |
| 545 |  |  |  | 평공平公 |  |  |  |  |  |  |
| 544 |  |  |  |  |  |  |  |  | 여제餘祭 |  |
| 543 |  |  |  |  |  |  |  |  |  |  |
| 542 |  |  |  |  |  | 겹오郟敖 |  |  |  |  |
| 541 |  |  | 경공景公 |  |  |  |  |  |  |  |
| 540 |  |  |  |  |  |  |  | 혜공惠公 |  |  |
| 539 | 경왕景王 |  |  |  |  |  |  |  |  |  |
| 538 |  |  |  |  |  | 영왕靈王 |  |  |  |  |
| 537 |  |  |  |  |  |  |  |  |  |  |
| 536 |  | 소공昭公 |  |  |  |  |  |  |  |  |
| 535 |  |  |  |  | 애공哀公 |  |  |  |  |  |
| 534 |  |  |  |  |  |  |  | 도공悼公 |  |  |
| 533 |  |  |  |  |  |  |  |  |  |  |
| 532 |  |  |  |  |  |  |  |  |  |  |

| 연도 (기원전) | 동주 東周 | 노 魯 | 제 齊 | 진 晉 | 진 秦 | 초 楚 | 정 鄭 | 연 燕 | 오 吳 | 월 越 |
|---|---|---|---|---|---|---|---|---|---|---|
| 531 | | | | | | | | | | |
| 530 | | | | | | 영왕靈王 | 간공簡公 | | 여제餘祭 | |
| 529 | | | | | | | | 도공悼公 | | |
| 528 | | | | 소공昭公 | | | | | 여매餘昧 | |
| 527 | | | | | | | | | | |
| 526 | | | | | | | | | | |
| 525 | 경왕景王 | | | | | | | 공공共公 | | |
| 524 | | | | | | | | | | |
| 523 | | | | | | | | | | |
| 522 | | | | | | | | | | |
| 521 | | | | | | 평왕平王 | 정공定公 | | | |
| 520 | | 소공昭公 | | | | | | | 요僚 | |
| 519 | | | | | | | | | | |
| 518 | | | | 경공頃公 | | | | | | |
| 517 | | | | | | | | | | |
| 516 | | | | | | | | | | |
| 515 | | | | | 애공衰公 | | | | | |
| 514 | | | | | | | | | | |
| 513 | | | | | | | | 평공平公 | | |
| 512 | | | | | | | | | | |
| 511 | | | | | | | | | | |
| 510 | | | 경공景公 | | | | | | | |
| 509 | | | | | | | | | | |
| 508 | | | | | | | | | | |
| 507 | | | | | | | | | | |
| 506 | | | | | | | 헌공獻公 | | | |
| 505 | | | | | | | | | | |
| 504 | | | | | | | | | 합려闔閭 | |
| 503 | | | | | | | | | | |
| 502 | | 정공定公 | | | | | | | | 윤상允常 |
| 501 | 경왕敬王 | | | | | 소왕昭王 | | | | |
| 500 | | | | | | | | | | |
| 499 | | | | | | | | 간공簡公 | | |
| 498 | | | | | | | | | | |
| 497 | | | | 정공定公 | | | | | | |
| 496 | | | | | | | | | | |
| 495 | | | | | 혜공惠公 | | | | | |
| 494 | | | | | | | | | | |
| 493 | | | | | | | | | | |
| 492 | | | | | | | 성공聲公 | | | |
| 491 | | | | | | | | | | |
| 490 | | | | | | | | | | |
| 489 | | 애공哀公 | 안유자晏孺子 | | | | | | 부차夫差 | 구천句踐 |
| 488 | | | | | | | | 헌공獻公 | | |
| 487 | | | | | 도공悼公 | | | | | |
| 486 | | | 도공悼公 | | | 혜왕惠王 | | | | |
| 485 | | | | | | | | | | |
| 484 | | | 간공簡公 | | | | | | | |

| 연도 (기원전) | 동주 東周 | 노 魯 | 제 齊 | 진 晉 | 진 秦 | 초 楚 | 정 鄭 | 연 燕 | 오 吳 | 월 越 |
|---|---|---|---|---|---|---|---|---|---|---|
| 483 | | | | | | | | | | |
| 482 | | 간공簡公 | | | | | | | | |
| 481 | | | | | 도공悼公 | | | | | |
| 480 | 경왕敬王 | | | | | | | | | |
| 479 | | | | 정공定公 | | | | | | |
| 478 | | | | | | | | | 부차夫差 | |
| 477 | | | | | | | | | | |
| 476 | | 애공哀公 | | | | | | | | |
| 475 | | | | | | | | | | |
| 474 | | | | | | | | 헌공獻公 | | 구천句踐 |
| 473 | | | | | | | 성공聲公 | | | |
| 472 | 원왕元王 | | | | | | | | | |
| 471 | | | | | | | | | | |
| 470 | | | | | | | | | | |
| 469 | | | | | | | | | | |
| 468 | | | 평공平公 | | | 혜왕惠王 | | | | |
| 467 | | | | | | | | | | |
| 466 | | 도공悼公 | | | | | | | | |
| 465 | | | | | 여공공 厲共公 | | | | | |
| 464 | | | | 출공出公 | | | | | | |
| 463 | | | | | | | | | | |
| 462 | | | | | | | | | | |
| 461 | | | | | | | | 애공哀公 | | |
| 460 | | | | | | | | | | 녹영鹿郢 |
| 459 | 정정왕 貞定王 | | | | | | | | 효공孝公 | |
| 458 | | | | | | | | | | |
| 457 | | | | | | | | | | |
| 456 | | | | | | | | | | |
| 455 | | | 선공宣公 | | | | | | | 불수不壽 |
| 454 | | | | | | | 공공共公 | | | |
| 453 | | | | | | | | | | |
| 452 | | | | | | | | | | |
| 451 | | | | 경공敬公 | | | | | | |

# 춘추시대 주요 사건

| 연도(기원전) | 주요 사건 |
|---|---|
| 661 | 진晉이 2군을 창설함. |
| 658 | 제 환공이 초구에 성을 쌓아 위나라를 부활시킴. |
| 656 | 제 환공이 소릉에서 초나라를 위협함. |
| 655 | 진晉이 우와 괵을 멸망시킴. 중이가 적나라로 망명함. |
| 636 | 진晉 문공 즉위. |
| 633 | 진晉이 3군을 창설함. |
| 632 | 진 문공이 성복에서 초군을 대파하고 회맹을 주관함. |
| 629 | 진晉이 5군을 창설함. |
| 628 | 진 문공 사망. |
| 627 | 효산에서 진晉의 선진이 진군秦軍을 대파함. |
| 626 | 초 성왕이 아들에게 피살당함. |
| 614 | 초 장왕 즉위. |
| 611 | 초나라가 용庸나라를 멸망시킴. |
| 606 | 장왕이 육혼융을 치고 구정의 무게를 물음. |
| 601 | 초나라가 서료舒蓼 나라를 멸망시킴. |
| 598 | 장왕이 하징서의 난을 구실로 진陳나라를 침. |
| 597 | 초-진晉 필의 싸움에서 초가 대승함. |
| 594 | 진晉이 적족 노潞나라를 멸망시킴. <br> 노나라가 사전私田에 부세를 거둠. |
| 593 | 진晉이 적족의 세 지파를 멸망시킴. |
| 591 | 초 장왕 사망. |
| 584 | 오나라가 담郯나라를 침. |
| 579 | 진晉-초 1차 휴전협정. |
| 578 | 진晉-진秦이 절교를 선언함. |
| 575 | 진晉-초 언릉의 싸움에서 진이 대승함. |
| 573 | 진晉나라에 정변이 일어나 난서가 여공을 죽임. |

# 주석

## 제1부

1. 주요 논문으로는 Edward L. Shaughnessy, "Historical Perspectives on the Introduction of the Chariot into China," *Harvard Journal of Asiatic Studies 48.1* (1988) 참조.
2. 沈長雲, 〈西周二韓國地望考〉, 《中國史研究》(1982年 第2期).
3. 카알 폰 클라우제비츠, 김만수 옮김, 《전쟁론》(갈무리, 2005).
4. 존 G. 스토신저, 임윤갑 옮김, 《전쟁의 탄생》(플래닛미디어, 2009), 515쪽.
5. 필립 드 수자 외, 오태경 옮김, 《그리스 전쟁》(플래닛미디어, 2009), 112쪽.
6. 동북아역사재단, 《후한서 외국전 역주 상》(동북아역사재단, 2009)의 〈서강전〉 역주도 그런 범주를 벗어나지 못한다.
7. 이 문제를 가장 명확하게 밝힌 저작으로는 왕명가, 이경룡 옮김, 《중국 화하 변경과 중화민족》(동북아역사재단, 2008)이 있다. 8장 '화하 변경의 변이: 누가 강인인가?' 참조. 주요한 설명은 이 책에서 나왔으므로 세세한 출처는 모두 밝히지 않는다.

## 제2부

1. 何介鈞, 《마왕퇴한묘》(문물출판사, 2006년).
2. 霍德維, 《초도기남성복원연구》(문물출판사, 1999년).
3. 구체적인 자료는 《중국광업연감》 각 년을 참조.
4. 嚴中平, 《중국근대사통계자료선집》(과학출판사, 1955년), 360~361쪽.
5. 'the enormous condescension of posterity'. E. P. Thompson, *The Making of the English Working Class* (Vintage, 1966), p. 13.
6. 고힐강, 김병준 옮김, 《고사변자서》(소명출판사, 2006년), 83쪽.
7. 장정명, 남종진 옮김, 《초문화사》(동문선, 2002년), 37~48쪽.
8. 고고학적 발견은 楊权喜, 《楚文化》(문물출판사, 2009년), 12~37쪽에서 가져옴.

# 찾아보기

733

# 춘추전국이야기 2

**합본 개정2판 1쇄 인쇄**  2023년 11월 30일
**합본 개정2판 1쇄 발행**  2023년 12월 28일

**2권 초판 1쇄 발행**  2010년 8월 20일
**2권 개정판 1쇄 발행**  2017년 10월 20일
**3권 초판 1쇄 발행**  2010년 12월 30일
**3권 개정판 1쇄 발행**  2017년 10월 20일

**지은이**  공원국
**펴낸이**  이승현
**기획**  H2 기획연대, 박찬철

**출판2 본부장**  박태근
**지적인 독자 팀장**  송두나
**교정교열**  문용우
**디자인**  김태수

**펴낸곳**  ㈜위즈덤하우스  **출판등록**  2000년 5월 23일 제13-1071호
**주소**  서울특별시 마포구 양화로 19 합정오피스빌딩 17층
**전화**  02) 2179-5600  **홈페이지**  www.wisdomhouse.co.kr

ⓒ 공원국, 2023

**ISBN**  979-11-7171-070-6  04900
979-11-7171-075-1 (세트)